Die elektronische Welt mit Arduino entdecken

Erik Bartmann

Beijing · Cambridge · Farnham · Köln · Sebastopol · Tokyo

Die Informationen in diesem Buch wurden mit größter Sorgfalt erarbeitet. Dennoch können Fehler nicht vollständig ausgeschlossen werden. Verlag, Autoren und Übersetzer übernehmen keine juristische Verantwortung oder irgendeine Haftung für eventuell verbliebene Fehler und deren Folgen.

Alle Warennamen werden ohne Gewährleistung der freien Verwendbarkeit benutzt und sind möglicherweise eingetragene Warenzeichen. Der Verlag richtet sich im wesentlichen nach den Schreibweisen der Hersteller. Das Werk einschließlich aller seiner Teile ist urheberrechtlich geschützt. Alle Rechte vorbehalten einschließlich der Vervielfältigung, Übersetzung, Mikroverfilmung sowie Einspeicherung und Verarbeitung in elektronischen Systemen. Kommentare und Fragen können Sie gerne an uns richten:

O'Reilly Verlag
Balthasarstr. 81
50670 Köln
E-Mail: kommentar@oreilly.de

Copyright:
© 2011 by O'Reilly Verlag GmbH & Co. KG
1. Auflage 2011

Bibliografische Information der Deutschen Nationalbibliothek
Die Deutsche Nationalbibliothek verzeichnet diese Publikation in der Deutschen Nationalbibliografie; detaillierte bibliografische Daten sind im Internet über *http://dnb.d-nb.de* abrufbar.

Lektorat: Volker Bombien, Köln
Fachliche Unterstützung: Markus Ulsaß, Hamburg
Korrektorat: Tanja Feder, Bonn
Satz: III-Satz, Husby; www.drei-satz.de
Umschlaggestaltung: Michael Oreal, Köln
Produktion: Karin Driesen, Köln
Belichtung, Druck und buchbinderische Verarbeitung:
Media-Print, Paderborn

ISBN 978-3-89721-319-7

Dieses Buch ist auf 100% chlorfrei gebleichtem Papier gedruckt.

Inhalt

Grußwort von Wolfgang Rudolph VII
Einleitung IX

Kapitel 1: Was ist ein Mikrocontroller 1
Wozu kann man ihn verwenden? 2
Allgemeiner Aufbau 3

Kapitel 2: Das Arduino-Board 11
Die Stromversorgung 15
Die Kommunikationswege 17
Die Programmiersprachen C/C++ 19
Wie und womit kann ich Arduino programmieren? 22
Die Arduino-Entwicklungsumgebung 27
Das Starten der Entwicklungsumgebung 27
Die Portkommunikation 39
Befehl und Gehorsam 44

Kapitel 3: Die Elektronik 49
Scope 49
Was ist Elektronik eigentlich? 49
Bauteile 60
Weitere interessante Bauteile 85

Kapitel 4: Elektronische Grundschaltungen 97
Scope 97
Widerstandsschaltungen 97
Kondensatorschaltungen 105
Transistorschaltungen 107

Kapitel 5: Das Zusammenfügen der Bauteile 113
    Scope. 113
    Was ist eine Platine? 113
    Das Steckbrett (Breadboard) 115
    Die flexiblen Steckbrücken 118

Kapitel 6: Nützliches Equipment. 121
    Scope. 121
    Nützliches Equipment. 121

Kapitel 7: Grundlegendes zur Programmierung 133
    Was ist ein Programm bzw. ein Sketch? 133
    Was bedeutet Datenverarbeitung? 135
    Die Struktur eines Arduino-Sketches 152
    Wie lange läuft ein Sketch auf dem Board? 155

Kapitel 8: Die Programmierung des Arduino-Boards 157
    Scope. 157
    Die digitalen Ports 157
    Die analogen Ports 159
    Die serielle Schnittstelle 167

Projekt 1: Der erste Sketch 169

Projekt 2: Einen Sensor abfragen 181

Projekt 3: Blinken mit Intervallsteuerung 197

Projekt 4: Der störrische Taster 209

Projekt 5: Ein Lauflicht 221

Projekt 6: Porterweiterung 235

Projekt 7: Porterweiterung mal 2 255

Projekt 8: Die Statemachine 271

Projekt 9: Der elektronische Würfel 293

Projekt 10: Der elektronische Würfel (und wie erstelle
   ich eine Bibliothek?) 315

Projekt 11: Das Miniroulette 339

Projekt 12: Lichtsensoren 353

Projekt 13: Der Richtungsdetektor 367

Projekt 14: Die Ansteuerung eines Servos 377

Projekt 15: Das Lichtradar 387

Projekt 16: Die Siebensegmentanzeige 397

Projekt 17: Die Siebensegmentanzeige (mir gehen die Pins aus)..... 411

Projekt 18: Der Reaktionstester 423

Projekt 19: Das KeyPad 439

Projekt 20: Das KeyPad (Diesmal ganz anders) 457

Projekt 21: Eine Alphanumerische Anzeige 471

Projekt 22: Kommunikation über I²C 489

Projekt 23: Der Schrittmotor 509

Projekt 24: Der ArduBot 521

Projekt 25: Die Temperatur 535

Projekt 26: Der Sound und mehr 551

Projekt 27: Data Monitoring 567

Projekt 28: Der Arduino-Talker 581

Projekt 29: Die drahtlose Kommunikation über Bluetooth 593

Projekt 30: Bluetooth und das Android-Smartphone 607

Projekt 31: Der ArduBot wird funkgesteuert 613

Projekt 32: Netzwerk-Kommunikation 621

Projekt 33: Digital ruft analog 639

Projekt 34: Shieldbau 653

Anhang A: Befehls-Referenz 663

Anhang B: Wo bekomme ich was? 673

Index 675

Grußwort von Wolfgang Rudolph

Ich bin begeistert!

Ich habe immer Bücher gern gehabt, die auf eine einfache und unkonventionelle Art und Weise Wissen vermitteln konnten und in ihrer Schreibweise nicht belehrend waren, sondern wie ein Freund daher kamen.

Das vorliegende Buch ist ein solches Werk. Leicht und locker geschrieben und mit lustigen Bildern aufgelockert, taucht man in die Welt der Elektronik und des Arduino ein.

Vielleicht werden Sie, liebe Leserin oder lieber Leser, jetzt denken: »Warum überhaupt noch ein Buch in der Zeit des Internet?« Das kann ich Ihnen beantworten.

Auch ich hole mir die meisten Informationen aus den unerschöpflichen Tiefen des Internet, aber oft weiß ich nicht, wonach ich genau suchen muss, um meine aktuelle Wissenslücke zu füllen. Auch habe ich schon viele Halbwahrheiten oder gar vollständig falsche Informationen im Internet gefunden oder verzweifelt und entnervt aufgegeben, weil ich nach 43 Forenbesuchen, 517 Werbelinks und 2716 Meinungen selbstkluger Mitmenschen weniger wusste als vorher.

Als Grundlage, für den Anfang des Wissens, ist ein solches Buch, auch heute noch die erste Wahl für mich! Hier finde ich Informationen, die gründlich recherchiert sind, ausprobiert wurden und mit eigener Erfahrung praxisgerecht aufbereitet sind. Hinter einem Buch steht eine Person und ein Verlag, kein anonymer Internetschreiberling. Ein solches Buch, und gerade dieses Buch, kann durch das Internet mit seinen vielen Hobbyisten und selbsternannten Experten nicht ersetzt werden.

Gute Fachbücher sind auch heute noch für mich die Grundlage des Wissens, und das Internet ergänzt, wenn ich genug verstanden habe, mein Wissen um spezielle Lösungen und aktuelle Neuigkeiten.

Dem Autor Erik Bartmann möchte ich zu dem gelungenem Werk gratulieren und dem O'Reilly Verlag danken, dass er es möglich macht, ein solches Buch auf den Markt zu bringen. Es hilft Interesse für diese Technologie zu entwickeln, denn gerade in Deutschland brauchen wir die Fachkräfte, welche durch solche Bücher »geboren« werden können.

Wolfgang Rudolph

Wolfgang Rudolph moderierte gemeinsam mit Wolfgang Back ab 1983 die TV-Sendung »WDR Computerclub«. Mit der nicht nur bei Technikbegeisterten sehr beliebten TV-Sendung erreichten sie weit über die Grenzen von Deutschland hinaus Beachtung. Wolfgang Rudolph gilt als Mitbegründer und Urgestein des deutschen Computerjournalismus und ist in der »Hall of Fame« des »Heinz Nixdorf MuseumsForum« in Paderborn – dem größten Computermuseum der Welt – unter den 100 bekanntesten Computerpionieren der Welt vertreten.

Einleitung

Was mir in unserer heutigen und sehr schnelllebigen Zeit auffällt, ist die Tatsache, dass wir immer häufiger mit Dingen konfrontiert werden, die vorgefertigt sind, und keine oder nur sehr geringe Möglichkeiten bestehen, etwas an diesen zu verändern. Wir werden über die unterschiedlichsten Medien wie Zeitung, Fernsehen oder Internet, teilweise mit Pseudowahrheiten, versorgt, die viele als gegeben hinnehmen, ohne sie zu hinterfragen. Dadurch besteht die Gefahr einer schleichenden Entmündigung der Menschen, deren wir uns bewusst sein sollten. Die Benutzung des eigenen Verstandes wird auf diese Weise auf ein Minimum reduziert. Wo bleibt da die Kreativität? Du fragst dich jetzt möglicherweise, ob du das richtige Buch liest und was das alles mit *Arduino* zu tun hat. Ich habe absichtlich diese kurzen, provokanten und doch mit einer gewissen Wahrheit behafteten Zeilen geschrieben, denn um die Wiederentdeckung der Kreativität soll es in diesem Buch gehen.

Die Elektronik ist ein weites Feld und eignet sich hervorragend, um nach Lust und Laune seiner Kreativität freien Lauf zu lassen. Es soll in diesem Buch nicht um die Präsentation fertiger Lösungen bzw. Schaltungen gehen. Ganz ohne geht es natürlich nicht. Doch vorrangiges Ziel ist es, Ansätze zu liefern, die zum Weiterentwickeln animieren. Das Abliefern von vorgefertigten Bausätzen, die nach einem *Schema F* zusammengebaut werden, ist zwar auf den ersten Blick effizient und verlockend und wir können uns relativ sicher sein, dass alles so funktioniert, wie der Entwickler es sich erdacht hat. Aber seien wir einmal ehrlich zu uns selbst und stellen uns die Frage: »War das eine bemerkenswerte Leistung?« Sicherlich nicht! Wir wollen mehr und vor allen Dingen etwas, das ausschließlich unseren eigenen Ideen oder der eigenen Kreativität entsprungen ist.

Sicherlich benötigen wir gerade am Anfang noch etwas Anschub, denn ohne das Vermitteln von erforderlichen Grundlagen kann es nicht funktionieren. Dieser Prozess ist aber vollkommen normal, denn wir mussten ja auch Krabbeln und Laufen, Lesen und Schreiben lernen und waren auf die Hilfe anderer angewiesen. Doch was wir später daraus gemacht haben, hing ganz allein von uns selbst ab.

Arduino fällt in die Kategorie *Open-Source*. Sicherlich hast du diese Bezeichnung schon einmal im Zusammenhang diverser frei verfügbarer Software gehört. Jedermann bzw. -frau kann sich an der Entwicklung dieser Projekte beteiligen und seinen Beitrag dazu leisten. Diese Art der Zusammenarbeit vieler interessierter und engagierter Menschen birgt ein großes Potential in sich und treibt die betreffenden Projekte deutlich voran. Die Ergebnisse können sich sehen lassen und brauchen sich vor kommerziellen Projekten nicht zu verstecken. Da es sich bei *Arduino* nicht alleine um *Hardware* handelt, sondern natürlich auch um *Software*, wird der Symbiose dieser beiden ein eigener Name zuteil. *Physical Computing* stellt eine Beziehung zwischen Mensch und Computer dar. Unsere Welt, in der wir leben, wird als analoges System angesehen. Im Gegensatz dazu, agieren bzw. agieren die Computer in einem digitalen Umfeld, das lediglich die logischen Zustände von *1* und *0* kennt.

Es ist nun an uns kreativen Individuen, eine interessante Verbindung beider Welten zu (er)schaffen, die das zu Ausdruck bringt, wozu wir fähig sind.

Wir werden uns in diesem Buch zwei grundlegenden Themenbereichen widmen, ohne die wir unseren Weg nicht beschreiten könnten.

- Elektronik (Bauteile und deren Funktionen)
- Mikrocontroller (Arduino-Board)

Natürlich können wir, da ja jedes Buch in seinem Umfang begrenzt ist, diese beiden Themen nur anreißen und nicht erschöpfend behandeln. Doch das soll ja auch nicht unser Ziel sein. Der Weg ist das Ziel, und wenn dabei die Lust auf mehr erweckt wird, gibt es unzählige Literatur bzw. Informationen im Internet, um sich entsprechend weiterzubilden. Dieses Buch soll den Grundstein dafür legen und quasi eine Initialzündung sein, um bei dir einen unbändigen Wissensdurst zu stimulieren. Ich würde mich freuen, wenn ich dich diesbezüglich ein wenig inspirieren könnte. Doch konzentriere dich sich zunächst auf *das*, was du im Moment in den Händen hältst.

Zu Beginn werden wir relativ locker und einfach starten und der Eine oder Andere wird sich wohlmöglich fragen, ob das Blinken einer Leuchtdiode wirklich eine Herausforderung darstellt. Aber sei dir sicher, dass alles aufeinander aufbaut. Ein Satz setzt sich auch aus simplen Buchstaben zusammen, wobei jeder einzelne für sich alleine nicht unbedingt einen Sinn macht, und doch hat er eine Daseinsberechtigung, ohne die wir nicht sinnvoll kommunizieren könnten. Die geschickte Mischung aus den einzelnen Elementen macht das Ergebnis aus.

Aufbau des Buches

Du wirst sicherlich schnell bemerken, dass der Stil dieses Buches ein wenig von dem vielleicht gewohnten abweicht. Ich habe mich für eine lockere und fast kumpelhafte Sprache entschieden, die du vielleicht schon aus meinem Buch über die Programmiersprache *Processing* kennst. Außerdem habe ich dir durch das komplette Buch hindurch einen Begleiter zur Seite gestellt, der hier und dort Fragen stellt, die dich möglicherweise ebenfalls an bestimmten Stellen beschäftigen. Die Fragen mögen zeitweise den Charakter von »*Dummen Fragen*« haben, doch das ist durchaus beabsichtigt. Manchmal traut man sich wegen einer vermeintlichen Offensichtlichkeit oder Einfachheit mancher Zusammenhänge nicht, Fragen zu stellen, da man fürchtet, ausgelacht zu werden. Daher ist es immer angenehmer, wenn man das nicht selbst tun muss, sondern erleichtert aufatmen kann, weil ja zum Glück jemand anderes ebenso wenig Kenntnis hat und zudem die Frage für mich formuliert!

Ebenso wenig möchte ich dich gleich zu Beginn mit den kompletten Grundlagen der Elektronik bzw. der Programmierung des Mikrocontrollers *Arduino* konfrontieren. Das hätte einen gewissen Lehrbuchcharakter, den ich jedoch vermeiden möchte. Ich werde die entsprechenden Themenbereiche zu gegebener Zeit ansprechen und in die Beispiele integrieren. Du bekommst auf diese Weise immer nur *das* geliefert, was zum betreffenden Lernfortschritt erforderlich ist. Am Ende des Buches werde ich noch einmal die wichtigsten Befehle in einer Codereferenz zusammenfassen, so dass du immer die Möglichkeit hast, dort noch einmal nachzuschlagen, falls Nachholbedarf besteht.

Der Aufbau der einzelnen Kapitel folgt einem mehr oder weniger stringenten Ablauf. Am Anfang werde ich die zu besprechenden Teilthemen anreißen, damit du einen Überblick bekommst, was dich erwartet. Im Anschluss wird das eigentliche Thema besprochen und analysiert. Am Ende jedes Kapitels erfolgt noch einmal eine Zusammenfassung der behandelten Bereiche, um die gewonnenen Kenntnisse ein wenig zu festigen. Fast sämtliche Programmiersprachen haben ihren Ursprung im Amerikanischen, was für uns bedeutet, dass alle Befehle in der englischen Sprache ihren Ursprung haben. Natürlich werde ich zu allen Begrifflichkeiten die passende Erläuterung liefern. Bei Experimenten werde ich versuchen, folgendes Ablaufschema einzuhalten:

- Benötigte Bauteile
- Programmcode
- Code Review (Code-Analyse)
- Schaltplan
- Schaltungsaufbau
- Troubleshooting (Was tun, wenn's nicht auf Anhieb klappt?)
- Was haben wir gelernt?
- Workshop (Kleine Aufgabe zur Vertiefung der Thematik)

Einige Experimente sind mit Bildern von Oszilloskop- bzw. Logikanalyzeraufnahmen versehen, um die Signalverläufe besser verständlich zu machen. Innerhalb des Textes findest du immer mal wieder farbige Piktogramme, die je nach Farbe abweichende Bedeutungen haben.

⏩ Das könnte wichtig für dich sein

Hier findest du nützliche Informationen, Tipps und Tricks zum gerade angesprochenen Thema, die dir sicherlich helfen werden. Darunter befinden sich auch Suchbegriffe für die Suchmaschine *Google*. Ich werde dir nur wenige feste Internetadressen anbieten, da sie sich im Laufe der Zeit ändern können oder einfach wegfallen. Gerade, wenn es um Datenblätter elektronischer Bauteile geht, sind die angeführten Links aber sehr hilfreich.

⏸ Eine Bemerkung am Rande

Die Information hat nicht unmittelbar etwas mit dem Projekt zu tun, das wir im Moment behandeln, doch man kann ja mal über den Tellerrand schauen. Es ist allemal hilfreich, ein paar Zusatzinformationen zu bekommen.

Achtung Wenn du an eine solche Stelle gelangst, solltest du den Hinweis aufmerksam lesen, denn er wird für den erfolgreichen Aufbau des Experimentes und die spätere Durchführung wichtig sein.

Ich habe die einzelnen Kapitel – nach Möglichkeit nicht unabhängig voneinander aufgebaut. So kommt eins zum anderen und die Sacherhalte werden nicht so hart voneinander getrennt. Der fließende Übergang von einer Thematik zur nächsten mit der entsprechenden Überleitung macht die Sache in meinen Augen interessanter. Zeitweise werden von mir auch *Quick and Dirty*-Lösungen angeboten, die auf den ersten Blick möglicherweise etwas umständlich erscheinen. Anschließend folgt dann eine verbesserte Variante, was dich zum Nachdenken anregen soll, so dass du vielleicht sagst: *Ohh, das geht ja auch anders und sieht gar nicht schlecht aus! Ich habe da aber noch eine andere Lösung gefunden, die in meinen Augen noch besser funktioniert.* Wenn das geschieht, dann habe ich genau das erreicht, was ich beabsichtigt hatte. Falls nicht, auch gut. Jeder geht seinen eigenen Weg und kommt irgendwann ans Ziel.

An dieser Stelle möchte ich auch auf meine Internetseite *www.erik-bartmann.de* hinweisen, auf der du u.a. einiges zum Thema *Arduino* findest. Vor allen Dingen habe ich dort zahlreiche Links platziert, die z.B. auf von mir erstellten Videos zum Thema Arduino verweisen. Hierin werden Themen der einzelnen Kapitel aus diesem Buch behandelt. Sie sollen dich ein wenig bei deinen Experimenten unterstützen und zeigen, wie alles funktioniert. Da der Seitenumfang dieses Buches beschränkt ist, ich aber noch weitere interessante Themen auf dem Schirm habe, wirst du dort auch noch das eine oder andere Zusatzkapitel finden, das sicherlich einen Blick lohnt. Schaue einfach mal vorbei, und es würde mich sehr freuen, wenn du bei dieser Gelegenheit ein wenig Feedback (*positiv* wie *negativ*) geben würdest. Die entsprechende Emailadresse lautet: *arduino@erik-bartmann.de* und ist auch auf der Internetseite noch einmal aufgeführt.

Voraussetzungen

Die einzige persönliche Voraussetzung, die du mitbringen solltest, ist das Interesse am Basteln und Experimentieren. Du musst kein Elektronik-Freak sein und auch kein Computerexperte, um die hier im Buch gezeigten Experimente nachvollziehen bzw. nachbauen zu können. Da wir sehr moderat beginnen werden, besteht absolut keine Gefahr, dass irgendjemand auf der Strecke bleibt. Setz' dich also nicht selbst unter Druck und mach' die Dinge nicht schwieriger als sie sind. Der Spaßfaktor steht immer an oberster Stelle.

Benötigte Bauteile

Unser *Arduino-Board* für sich alleine ist zwar ganz nett und wir können uns daran erfreuen, wie klein und schön alles konzipiert wurde. Doch auf Dauer ist das wenig befriedigend und wir sollten uns daher im nächsten Schritt ansehen, was wir so alles von außen an das Board anschließen können. Falls du noch niemals in irgendeiner Weise mit elektronischen Bauteilen (wie z.B. Widerständen, Kondensatoren, Transistoren oder Dioden, um nur einige zu nennen) in Berührung gekommen bist, ist das nicht weiter schlimm. Die benötigten Teile werden in ihrer Funktion ausführlich beschrieben, so dass du nachher weißt, wie sie einzeln und innerhalb der Schaltung reagieren. Vor jedem Experiment werde ich also eine Liste mit den erforderlichen Teilen zur Verfügung stellen, die dir die Möglichkeit gibt, diese entsprechend zu erwerben. Kernelement ist natürlich immer das *Arduino-Board*, das ich nicht immer explizit erwähnen werde. Falls du dich an dieser Stelle fragen solltest, was um Himmels Willen denn ein solches *Arduino-Board* kosten mag und ob du nach dieser Investition deinen gewohnten Lebensstil fortführen kannst, kann ich nur sagen: *Yes, you can!* Das Board kostet so um die 25 €, und das ist wirklich nicht viel.

Ich verwende in allen Beispielen das im Moment neuste Arduino-Board, das sich *Arduino-Uno* nennt. Es ist absolut programmkompatibel mit dem Vorgängermodell *Arduino-Duemilanove*.

Eine Komplettliste aller in diesem Buch benötigten Bauteile findest du im Anhang. Ich werde aber nach Möglichkeit keine ausgefallenen, exotischen bzw. teuren Bauteile verwenden. Falls du zu den Jägern und Sammlern zählst, hast du vielleicht noch einen Haufen alter elektronischer Geräte, wie Scanner, Drucker, DVD-Player, Video-Recorder, Radios, etc. im Keller oder auf dem Dachboden, die du ausschlachten kannst, um an diverse Bauteile zu gelangen. Stelle aber vor dem Öffnen derartiger Geräte immer sicher, dass sie vom Stromnetz getrennt sind. Ansonsten besteht *Lebensgefahr* und du willst doch sicherlich noch bis zum Ende des Buches gelangen.

Alle Experimente werden übrigens mit Versorgungsspannungen von *5V* bzw. *12V* betrieben.

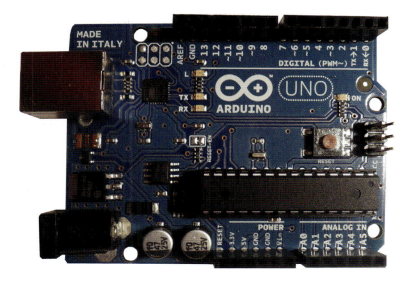

◀ **Abbildung 1**
Das Arduino-Mikrocontroller-Board Uno

Verhaltensregeln

Wenn du dich so richtig im Brass befindest und du voll konzentriert bist auf etwas, das dir unheimlich viel Spaß macht, treten folgende Effekte auf:

- Verminderte Nahrungsaufnahme, die zu kritischem Gewichts- und besorgniserregendem Realitätsverlust führen kann.
- Unzureichende Flüssigkeitszufuhr bis hin zu Dehydrierung und vermehrter Staubentwicklung
- Vernachlässigung sämtlicher hygienischer Maßnahmen wie Waschen, Duschen, Zähneputzen, verbunden mit erhöhtem Auftreten von Ungeziefer.
- Abbruch jeglicher zwischenmenschlicher Beziehungen

Lasse es nicht so weit kommen und öffne auch ab und zu das Fenster, um zugewanderten Insekten das Verlassen des Zimmers zu ermöglichen und um Frischluft bzw. Sonnenlicht hereinzulassen. Um den oben genannten Effekten entgegen zu wirken, kannst du z.B. den Wecker stellen, damit du in regelmäßigen Zeitintervallen zu einer Unterbrechung deiner Tätigkeiten aufgefordert wirst. Hierzu ist natürlich eine gewisse Selbstdisziplin erforderlich, die du ganz alleine an den Tag legen musst. Ich möchte mich nach der Veröffentlichung dieses Buches nicht mit einer Beschwerdewelle konfrontiert sehen, die von erbosten Partnern oder vernachlässigten Freunden auf mich niederprasseln. Sagt also nicht, ich hätte euch nicht mit den Risiken vertraut gemacht.

Was ratsam ist

Da es sich bei dem Arduino-Board um eine Experimentierplatine handelt, an der wir allerlei Bauteile bzw. Kabel anschließen können, und der Mensch nun einmal nicht unfehlbar ist, rate ich zur erhöhten Aufmerksamkeit. Das Board wird über die USB-Schnittstelle direkt mit dem PC verbunden. Im schlimmsten Fall kann das bedeuten, dass bei einer Unachtsamkeit, z.B. bei einem Kurzschluss auf dem Board, Ihr PC, speziell die USB-Schnittstelle, darunter leidet und das Mainboard beschädigt wird. Du kannst dem vorbeugen, indem du einen USB-HUB zwischen Computer und Arduino-Board schaltest. Du bekommst diese HUBs mit 4 Ports teilweise schon für unter 10 €. Diese Investition zahlt sich auf jeden Fall aus, und ich benutze selbst diese Konstellation der Anordnung.

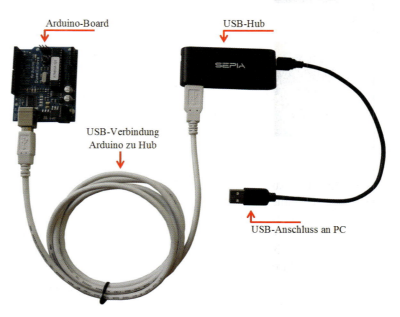

Abbildung 2 ▶
Das Arduino-Mikrocontroller-Board am besten über einen HUB mit dem PC verbinden

Der zweite wichtige Punkt ist die Tatsache, dass das Arduino-Board auf der Unterseite recht viele Kontakte aufweist, was in der Natur der Sache liegt. Es handelt sich dabei um Lötpunkte, über die die Bauteile auf dieser Seite des Boards fixiert und miteinander verbunden werden. Das bedeutet natürlich, dass sie leitfähig sind und extrem anfällig für etwaige nicht beabsichtigte Verbindungen untereinander. Im schlimmsten Fall, und sei dir sicher, dass dieser Fall nach Murphy eintreten wird, erzeugst du einen Kurzschluss. Ich spreche da aus Erfahrung und habe mir auf diese Weise schon so einiges »zerschossen«. Lerne also aus den Fehlern anderer und mache es besser. Das bedeutet natürlich nicht, dass du nicht auch Fehler machen dürftest, denn sie tragen sicherlich am meisten zum Lernerfolg bei. Aber es müssen ja nicht immer gleich die schlimmsten Missgeschicke passieren und die Bauteile einer Kernschmelze zugeführt werden.

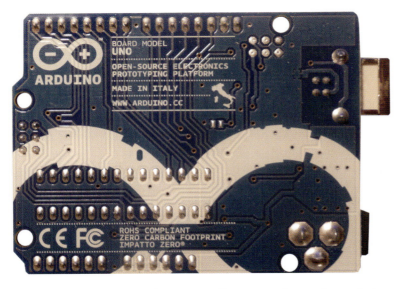

◀ **Abbildung 3**
Das Arduino-Mikrocontroller-Board Uno von der Rückseite gesehen

Wenn du das Board auf eine metallene Unterlage oder auf eine unsaubere Tischplatte legen würdest, auf der sich blanke Kabelreste befinden, wäre der Kurzschluss so sicher wie das Amen in der Kirche und der Ärger gewaltig. Lege eine gewisse Sorgfalt an den Tag, damit es nicht so weit kommt, dann hast du sicherlich viel Freude an der Materie.

An dieser Stelle möchte ich schon mit dem ersten Tipp um die Ecke kommen. Vielleicht sind dir die vier Bohrungen mit einem Durchmesser von *3mm* in der Platine des Arduinoboards aufgefallen. Sie befinden sich nicht zur besseren Belüftung des Boards an diesen Stellen, sondern haben einen anderen Zweck. Damit das Board nicht mit der Lötseite direkt auf der Arbeitsunterlage liegt und - wie schon erwähnt – ggf. mit leitenden Materialien in Berührung kommt, kannst du dort sogenannte *Gummipuffer* bzw. *Abstandshalter* für Leiterplatten anbringen. Sie gewährleisten einen Sicherheitsabstand zur Unterlage und können dadurch einen Kurzschluss verhindern. Ich rate trotzdem zur Vorsicht. Elektronische Schaltungen, insbesondere integrierte Schaltkreise, wie z.B. der Mikroprozessor, reagieren sehr empfindlich auf elektrostatische Entladungen (ESD). Beim Laufen über einen Teppich mit dem entsprechenden Schuhwerk kann durch diese Reibung der Körper aufgeladen werden, so dass bei Berührung mit elektronischen Bauteilen kurzzeitig ein sehr hoher Strom fließen kann. Das führt in der Regel zur Zerstörung des Bauteils. Bevor du dich also deinem Mikrocontroller-Board näherst, solltest du sicherstellen, dass du nicht geladen bist. Ein kurzer Griff an ein blankes Heizungsrohr kann diese Energie ableiten. Sei also vorsichtig.

Das, was nicht fehlen darf

Auch jetzt komme ich wieder nicht umhin, einige Worte über Familie, Freunde und liebgewonnene Menschen zu verlieren. Es ist dir freigestellt, diesen Passus zu überspringen. Die Arbeit an meinem ersten Buch über die Programmiersprache *Processing* beim O'Reilly-Verlag – höre ich da jemanden sagen: »Jetzt macht er auch noch Werbung für sein erstes Buch...« – hat eigentlich dazu geführt, dass ich mich einerseits gut und andererseits nicht so gut fühle. Gut ist, dass ich es geschafft habe, meinen Lebenswunsch, ein Buch über Programmierung zu schreiben, endlich noch vor einem eventuellen Ableben verwirklichen konnte. Nicht so gut war die Tatsache, dass ich mich für einen längeren Zeitraum von meiner Familie distanzieren musste. Sie hat es aber verstanden und mich ab und an mit Nahrung versorgt, so dass ich keine allzu großen körperlichen wie seelischen Schäden davon trug.

Und was soll ich sagen... Kurz nach der Veröffentlichung habe ich meinem Lektor *Volker Bombien* von meiner Vorliebe für den Mikrocontroller Arduino erzählt und schon konnte ich mich nicht mehr aus der Sache herauswinden. Er hatte mich schon wieder am Haken und dafür bin ich ihm sehr dankbar. Mein Interesse an Elektronik, das ich in jungen Jahren hatte und das lange Zeit auf Eis lag, trat plötzlich wieder hervor und dann hat es mich wirklich gepackt. Was heutzutage alles machbar ist, da haben wir vor *30* Jahren nur von geträumt. Ich würde mich riesig freuen, könnte dieser Funke der Begeisterung für die Thematik auf den einen oder anderen Leser überspringen. Mit der Arduino-Plattform und ein wenig Grundwissen bezüglich Elektronik uns Tür und Tor weit offen für Dinge, die wir schon immer machen wollten. Der Dank gilt auch meiner Familie, die bestimmt im Stillen stöhnte: »Nein, jetzt zieht er sich schon wieder für längere Zeit zurück. Ob das vielleicht an uns liegt?« Schließlich einen großen Dank in Richtung des Fachgutachters Herrn *Markus Ulsaß* und der Korrekturleserin Frau *Tanja Feder*. Sie sind die Personen im Hintergrund, ähnlich den Souffleusen in einer Theateraufführung. Man bekommt sie nie zu Gesicht, doch ihr Wirken macht sich an der Qualität des Stückes bemerkbar. Man kann und will nicht auf sie verzichten!

Vielen Dank für die großzügige Unterstützung

Ein so umfangreiches Projekt wie das Schreiben eines Buches mit diesem Umfang und einer solch breiten Themenfront ist ohne eine entsprechende Unterstützung von außen kaum zu realisieren. In meiner Einleitung habe ich ja schon die Menschen erwähnt, die mich kontinuierlich bei meinem Schaffensprozess begleitet haben und noch begleiten. Es gibt aber auch noch weitere Personen bzw. Firmen, denen ich zu Dank verpflichtet bin.

Ing.-Büro Friedrich

Herzlichen Dank an den Produktmanager *Herrn Markus Friedrich*, der mir die CAD-Software *Target 3001!* für den Leiterplattenentwurf zur kommerziellen Nutzung zur Verfügung gestellt hat. Die URL für diese Software lautet *www.target3001.de*.

National Instruments

Vielen Dank an *Frau Eva Heigl* von der Firma *National Instruments*, die mir erlaubt hat, das Programm *NI Multisim* in der Version *10* für mein Buchprojekt zu verwenden. Es war mir daraufhin möglich, von einigen Schaltungssimulationen Screenshots zu erstellen und diese zu verwenden. Die URL für diese Software lautet *www.ni.com/multisim/d*.

KOMPUTER.DE

Auch vielen Dank an *Herrn Bauer* von *komputer.de,* der mir für das Bluetooth-Kapitel ein *Stackable Bluetooth-Shield v2.1* zur Verfügung gestellt hat. Die URL zu seinem Online-Shop lautet *www.komputer.de*

ITead-Studio

Ein herzlicher Dank geht auch an *Alex* von der Firma *ITead-Studio*. Ich bin gleich mit *3* Shields (*2x* Bluetooth + SD-Card Shield) verwöhnt worden, die ich für meine Projekte verwenden konnte. Die URL zur entsprechenden Internetseite lautet *http://iteadstudio.com*.

Ach ja, bevor ich's vergesse. Ich möchte dir an dieser Stelle schon mal deinen Wegbegleiter vorstellen. Er begleitet dich durch das gesamte Buch und wird dir zur Seite stehen. Sein Name ist übrigens *Ardus*.

> Ist echt cool, Mann! Ich bin ganz schön aufgeregt, was hier so auf mich und dich zukommt. Aber wir werden das Kind – ähm – das Arduino-Board schon schaukeln, nicht wahr!?

Klar *Ardus*, das machen wir!

Ich überlasse nun euch beiden eurem Schicksal und ziehe mich erst einmal diskret zurück.

Viel Spaß und viel Erfolg beim *Physical Computing* mit deinem Arduino-Board wünscht dir

Erik Bartmann

Kapitel 1

Was ist ein Mikrocontroller

Falls du es nicht erwarten kannst, deinen Arduino anzuschließen und das erste Experiment durchzuführen, kannst du dieses Kapitel getrost überspringen und vielleicht später hierauf zurückkommen. Das ist absolut kein Problem. In diesem ersten Kapitel wollen wir uns den Mikrocontroller-Grundlagen widmen. Bei Mikrocontrollern handelt es sich um integrierte Schaltkreise (IC = **I**ntegrated **C**ircuit), d.h. komplexe Schaltungen, die auf kleinstem Raum auf Halbleiterchips untergebracht sind. Was zu den Pionierzeiten der Elektronik noch mit unzähligen Bauteilen wie Transistoren, Widerständen oder Kondensatoren platzraubend auf mehr oder weniger großen Platinen verlötet wurde, findet jetzt Platz in unscheinbaren kleinen schwarzen Plastikgehäusen mit einer bestimmten Anzahl von *Pins*. So werden die Anschlüsse genannt, die aus den ICs herausragen, und mittels derer dann die Komminukation erfolgt. Im folgenden Bild siehst du den *ATmega328*-Mikrocontroller, der auch auf dem Arduino-Board verbaut wurde.

◀ **Abbildung 1-1**
Der ATmega328-Mikrocontroller
(Quelle:Atmel)

Er ist in seinen Ausmaßen wirklich recht bescheiden, doch er verfügt über eine ganze Menge Rechenpower. Eigentlich müsstest du lediglich diesen Controller auf eine Platine löten, dann mit Spannung versorgen und schon könntest du mit ihm arbeiten. Es fehlen natürlich noch ein paar Komponenten wie z.B. Spannungsstabilisatoren und Anschlüsse zur Programmierung – doch dazu später mehr. Er ist aber in dieser Form schon (fast) einsatzbereit.

Wozu kann man ihn verwenden?

Vielleicht stellst du dir jetzt die berechtigte Frage, wozu so ein Mikrocontroller denn gut ist und was man mit ihm alles so anstellen kann? Da kann ich dir sagen, dass hier unzählige Möglichkeiten bestehen, deren Umsetzung einzig und allein von deiner Kreativität abhängt. In folgenden Bereichen spielen Mikrocontroller eine entscheidende Rolle. Diese Liste kratzt natürlich lediglich an der Oberfläche und soll dir vor allem ein Gefühl für diverse Einsatzgebiete vermitteln:

- Überwachungsfunktionen in kritischen Umgebungen, wie z.B. Brutkästen (Temperatur, Feuchtigkeit, Herzfrequenz und Blutdruck des Frühchens, etc.).
- Heizungssteuerung (Kontrolle von außen- bzw. Innentemperatur zur optimalen Beheizung von Räumlichkeiten)
- Herzschrittmacher (Überwachung der Herzfrequenz und ggf. Stimulierung des Herzens)
- Haushaltsgeräte (z.B. Programmsteuerung in modernen Waschmaschinen oder Geschirrspülern)
- Hobbyelektronik (MP3-Player, Handy, Fotoapparate, etc.)
- Robotik (z.B. Steuerung von Industrierobotern zur Montage von Kraftfahrzeugteilen)

Diese Liste kann schier endlos fortgeführt werden, doch wir können eines beobachten. Mikrocontroller erfassen äußere Einflüsse über Sensoren, verarbeiten sie intern mit Hilfe eines Programms und schicken dann entsprechende Steuerbefehle nach draußen. Sie zeigen also eine gewisse Eigenintelligenz, die natürlich vom implementierten Programm abhängt. Ein Mikrocontroller kann Mess-, Steuer- und Regelfunktionen übernehmen. Schauen wir uns doch die Funktion eines Regelkreises, bei dem es sich um einen geschlossenen Prozessablauf mit einer Störgröße handelt, einmal genauer an. Diese Störgröße wird über einen Sensor an den Mikrocontroller übermittelt, der dann entsprechend seiner Programmierung reagiert.

Stelle dir folgendes Szenario vor. Wir befinden uns inmitten einer Heizungssteuerung, die die Temperatur in unserem Arbeitszimmer reguliert.

Der Sensor sagt zum Mikrocontroller: »*Du, es ist ziemlich warm hier im Arbeitszimmer!*« Der Mikrokontroller seinerseits regiert darauf mit der Regelung der Heizung. Die Heizung führt weniger Energie in Form von Wärme in den Raum. Der Sensor merkt dies und teilt dem Mikrocontroller mit: »*Ok, jetzt ist die Temperatur so, wie sie angefordert wurde. 20 Grad Celsius sind ok.*« Im Laufe der Zeit kommt kalte Luft von draußen herein. Der Sensor schlägt Alarm und teilt dem Mikrocontroller mit: *Hey, es wird etwas frisch hier und mein Mensch fängt ein wenig an zu frieren. Unternimm was!* Der Mikrocontroller regelt die Temperatur entsprechend nach oben. Du siehst, dass das ein Ping-Pong Spiel ist, ein Regelkreis eben, der auf äußere Störeinflüsse wie Temperaturschwankungen reagiert.

Allgemeiner Aufbau

Kommen wir jetzt zum allgemeinen Aufbau eines Mikrocontrollers, um dir die einzelnen Komponenten innerhalb des Chips zu zeigen.

> Stopp, stopp! Ich habe da zu Beginn eine Frage. Du hast gesagt, dass wir mit dem Mikrocontroller eigentlich schon arbeiten können. Wo legt er denn sein Programm ab oder wo speichert er denn seine Daten? Du hast sicherlich vergessen, die Speicherbausteine zu erwähnen, die noch angeschlossen werden müssen.

Ein guter Einwand, doch du kennst bisher noch nicht die ganze Wahrheit über unseren Mikrocontroller. Wenn wir es genau nehmen – und das tun wir – dann ist unser kleiner Freund hier ein kompletter Computer auf kleinstem Raum mit all der Peripherie, die du vielleicht von deinem PC her kennst, als da wären:

- Zentrale Recheneinheit (CPU)
- Arbeitsspeicher
- Datenspeicher
- Taktgeber
- Ein- bzw. Ausgabeports

Ein Mikrocontroller kann grob in drei Hauptbereiche unterteilt werden:

- Zentrale Recheneinheit (CPU)
- Speicher (ROM + RAM)
- Ein- bzw. Ausgabeports

Den Taktgeber, also den Oszillator zur Triggerung der Zentraleinheit, habe ich in dieser Differenzierung außen vor gelassen. Du erkennst die Übereinstimmung mit den Peripherieelementen des PC's. Der Unterschied liegt jedoch darin, dass alle drei Bereiche des Mikrocontrollers ein integraler Bestandteil desselben sind. Sie befinden sich in ein und demselben Gehäuse, daher ist alles so einfach und kompakt. Werfen wir einen Blick auf das vereinfachte Blockschaltbild unseres Mikrocontrollers:

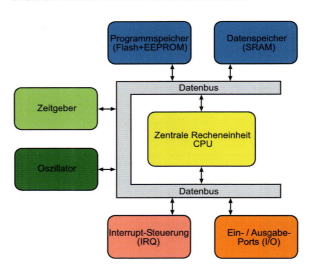

Abbildung 1-2 ▶
Das Blockschaltbild eines Mikrocontrollers

Du fragst dich jetzt bestimmt, was denn die einzelnen Blöcke in diesem Schaltbild bedeuten und was ihre genaue Aufgabe ist, richtig? Nun, dann wollen wir mal sehen.

Die Zentrale Recheneinheit (CPU)

Das Arbeitstier in einem Mikrocontroller ist die zentrale Recheneinheit, auch kurz CPU (**C**entral **P**rocessing **U**nit) genannt. Die Hauptfunktion besteht in der Dekodierung und Ausführung von Befehlen. Sie kann Speicher adressieren, Ein- bzw. Ausgänge verwalten und auf *Interrupts* reagieren. Ein Interrupt ist eine Unterbrechungsanforderung (IRQ = **I**nterrupt **Req**uest) an die CPU, um den gerade laufenden Rechenzyklus zu unterbrechen und auf ein bestimmtes Ereignis reagieren zu können. Interrupts sind eine wichtige Funktionalität, auf die wir noch zu sprechen kommen werden.

Der Datenbus

Den Datenbus können wir uns im wahrsten Sinn des Wortes als einen Bus vorstellen, der die Daten von einem Block zum nächsten transportiert. Die CPU fordert z.B. Daten aus dem Speicher an, die auf den Bus gelegt werden und der CPU unmittelbar zur weiteren Verarbeitung zur Verfügung stehen. Wenn das Ergebnis der Berechnung vorliegt, wird es wieder auf den Bus transferiert und vielleicht an einen Ausgangsport übermittelt, der z.B. einen Motor eines Roboters ansteuert, um ein bestimmtes Ziel anzufahren. Es handelt sich bei dieser Bus-Struktur um eine Datenautobahn, die gemeinsam von allen genutzt wird, die daran angeschlossen sind.

◀ **Abbildung 1-3**
Auf der Datenautobahn: »Nächster Halt: Speicher!«

Speicherbereiche

In einem Mikrocontroller werden in der Regel zwei Speicherbereiche unterschieden:

- Programmspeicher
- Datenspeicher

Der Programmspeicher dient zur Aufnahme des Programms, das die CPU abarbeiten soll, wohingegen der Datenspeicher zur Verwaltung von temporär anfallenden Rechenergebnissen genutzt wird.

> Da scheint es aber ein Problem zu geben. Wenn ich meinen PC ausschalte, sind alle Programme, die sich im Speicher befunden haben, weg und ich muss sie erst wieder von meiner Festplatte laden, um mit ihnen arbeiten zu können.

Das ist vollkommen korrekt und deshalb ist der Programmspeicher in einem Mikrocontroller ein ganz besonderer. Ein Mikrocontroller hat von Haus aus natürlich keine Festplatte, doch kann er sein Programm nach der Trennung von der Versorgungsspannung im Gedächtnis behalten. Dazu wird eine besondere Art von Speicher verwendet. Er nennt sich *Flash-Speicher*, und wie der Name schon sagt handelt es sich um einen nicht flüchtigen Speicher. Seine Bits und Bytes *flüchten* nicht nach dem Abschalten und stehen uns auch weiterhin zur Verfügung. Du hast diese Speicherform schon unzählige Male bei deinem PC genutzt. Das *BIOS* ist in einem *Flash-EEPROM* untergebracht und kann bei Bedarf mit neuen Daten überschrieben werden, wenn eine neue Version vom Hersteller bereitgestellt wurde. Man sag auch: »Das *BIOS* wird neu geflashed.«

Im Gegensatz dazu haben wir natürlich noch den Datenspeicher im sogenannten *SRAM*. Dabei handelt es sich um einen flüchtigen Speicherbereich, der die Daten, die zur Laufzeit des Programms anfallen, nach dem Ausschalten verliert. Das ist aber auch nicht weiter schlimm, denn diese Daten werden nur benötigt, wenn das Programm auch ausgeführt wird. Wenn der Mikrocontroller stromlos ist, muss er auch nichts berechnen. Allerdings hat dieser Speicher einen entscheidenden Vorteil gegenüber unserem Flash-Speicher: Er ermöglicht einen schnelleren Zugriff.

Die Ein- bzw. Ausgabeports

Die Ein- bzw. Ausgabeports sind der Draht des Mikrocontrollers zur Außenwelt. Sie sind quasi die Schnittstelle, an der die Peripherie angeschlossen werden kann. Zur Peripherie zählt eigentlich alles, was sinnvoll mit der Schnittstelle verbunden werden kann. Das können z.B. folgende elektronischen oder elektrischen Komponenten sein:

- LED (Leuchtdiode)
- Taster
- Schalter

- LDR (Lichtempfindlicher Widerstand)
- Transistor
- Widerstand
- Lautsprecher oder Piezo-Element

Diese Liste ließe sich noch endlos weiter fortführen und wir werden noch auf das eine oder andere Element und wie wir was mit welchem Port verbinden zu sprechen kommen.

◀ **Abbildung 1-4**
Ein- bzw. Ausgabeports

Grundsätzlich werden aber zwei unterschiedliche Portvarianten unterschieden:

- Digitale Ein- bzw. Ausgänge
- Analoge Ein- bzw. Ausgänge

Was analoge und digitale Signale unterscheidet, werden wir später noch erörtern.

Interrupt-Steuerung

Ein Mikrocontroller ist mit einer sogenannten Interrupt-Steuerung ausgestattet. Was aber ist das und wozu wird sie benötigt? Stelle dir folgendes Szenario vor:

Du gehst abends zu Bett und möchtest aber pünktlich um 6:00 Uhr aufstehen, um dich noch zu waschen, zu frühstücken und zur Arbeit zu fahren, damit du rechtzeitig zum anberaumten Termin in der Firma erscheinst. Wie gehst du in dieser Sache vor? Es gibt da zwei unterschiedliche Ansätze mit abweichenden Ergebnissen:

Ansatz Nr. 1

Du gehst abends zu Bett und stellst vorher die Weckzeit deines Radioweckers auf *6:00* Uhr. Du kannst dich also völlig dem geruhsamen Schlaf hingeben und brauchst keinen Gedanken an ein mögliches Verschlafen zu verschwenden. Der Wecker weckt dich zur vorgesehenen Zeit und du erscheinst ausgeruht und voller Tatendrang auf deiner Arbeitsstelle.

Ansatz Nr. 2

Du gehst am Abend zu Bett und weil du keinen Radiowecker besitzt, stehst du alle halbe Stunde auf, um die aktuelle Uhrzeit zu erfahren und um nicht einzuschlafen. Ist es dann endlich *6:00* Uhr in der Früh, fühlst du dich gerädert und absolut unfähig zu arbeiten, weil du deine kostbaren Kräfte für das kontinuierliche Lesen der Uhr verbraucht hast.

Sicherlich denkst du über die beiden Ansätze genauso, wie jeder andere normal denkende Mensch auch. Ansatz 1 ist der bessere und Ressourcen schonendere. Übertragen wir das Beispiel einmal auf unseren Mikrocontroller. An einem digitalen Eingangsport ist ein Schalter angeschlossen, der den Zustand eines Ventils überwacht. Unser Mikrocontroller könnte jetzt so programmiert werden, dass er in regelmäßigen kurzen Abständen diesen Schalter auf seinen Zustand hin abfragt. Dieses zyklische Abfragen, wird *Polling* (was so viel wie *abfragen* bedeutet) genannt und ist in diesem Fall eher ineffektiv, da unnötige CPU-Leistung verbraucht wird. Weitaus sinnvoller wäre eine mittels Interrupt gesteuerte Überwachung. Die CPU geht ihrer regulären Programmausführung nach und reagiert erst, wenn ein bestimmter Interrupt ausgelöst wurde. Die Hauptarbeit wird für kurze Zeit unterbrochen und in eine Unterbrechungsroutine (ISR = **I**nterrupt **S**ervice **R**outine) verzweigt. Dort finden sich Instruktionen, wie beim Eintreffen des Interrupts verfahren werden soll. Wenn die Abarbeitung beendet wurde, wird im Hauptprogramm zurück an *die* Stelle gesprungen, an der die Unterbrechung stattfand, als wenn nichts geschehen wäre.

Ist Arduino ein Mikrocontroller?

In diesem Kapitel haben wir uns den allgemeinen Grundlagen eines Mikrocontrollers gewidmet. Die wichtigsten Hauptkomponenten wie *CPU*, *Speicher* und *Ports* hast du nun kennengelernt und deren Aufgabe im Ansatz verstanden. Alles schön und gut. Jetzt stellen wir uns die berechtigte Frage: »Ist unser Arduino ein waschechter Mikrocontroller?« Die Antwort lautet – oder hättest du etwa etwas anderes erwartet – *eindeutig JA*! Er besitzt all die oben genannten Baugruppen und vereinigt sie in seinem (einem einzigen) Inneren. Natürlich ist da noch ein wenig mehr, denn der Mikrocontroller hängt ja nicht einfach so irgendwo herum. Sein Zuhause teilt er mit anderen elektronischen Bauelementen auf einer kompakten Platine, die wir uns im nächsten Kapitel etwas näher anschauen wollen.

Das könnte wichtig für dich sein

Hier ein paar Begriffe für die Suchmaschine, die dir sicherlich weitere interessante Informationen liefern:

- Mikrocontroller
- AVR Mikrocontroller
- Atmel

Das Arduino-Board

Kapitel 2

In diesem Kapitel möchte ich mit dem Hauptakteur beginnen, um den sich alles dreht. Das *Arduino-Microkontroller-Board*. Doch werfen wir zunächst einen Blick auf das Objekt der Begierde.

◀ **Abbildung 2-1**
Das Arduino-Board

Auf diesem Bild kannst du natürlich nicht erkennen, welche geringen Ausmaße das *Arduino-Mikrocontroller-Board* aufweist. Es ist wirklich sehr handlich und hat die folgenden Maße:

- Breite: ca. 7 cm
- Länge: ca. 5 cm

Das bedeutet, dass es locker in eine Hand passt und wirklich kompakt ist. Wir erkennen auf der Platine die unterschiedlichsten Bauteile, auf die wir noch im Detail eingehen werden. Der größte Mitspieler, der uns direkt ins Auge fällt, ist der Mikrocontroller selbst. Er ist vom Typ *ATmega 328*. Über die Jahre wurden die unterschiedlichsten *Arduino-Boards* entwickelt, die mit abweichender Hardware bestückt sind. Ich habe mich für das Board mit der Bezeichnung *Arduino Uno* entschieden, das im Moment *das* aktuellste ist. Es gibt aber noch eine Reihe weiterer Boards, die ich dann zum Abschluss am Ende des Buches erwähnen möchte.

Jetzt ist es endlich an der Zeit, unseren Blick in Richtung *Arduino* zu lenken. Aus welchen einzelnen Komponenten besteht unsere kleine Platine, die zunächst so unscheinbar wirkt? Manch einer wird vielleicht behaupten, dass auf so kleinem Raum kaum etwas Platz haben kann, mit dem sich ernsthaft etwas anfangen lässt. Doch in den letzten Jahren sind die Bauteile immer kleiner geworden und was früher z.B. noch auf fünf separaten Chips untergebracht war, leistet heute ein einziger.

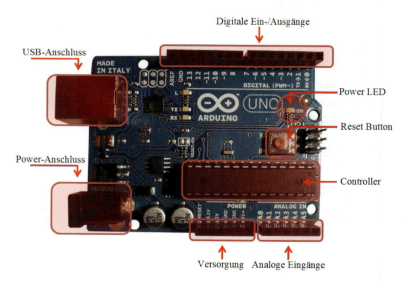

Abbildung 2-2 ▶
Was ist wo auf der Arduino-Experimentierplatine?

Das sind für den Anfang erst einmal die wichtigsten Komponenten auf dem *Arduino-Board*, was natürlich nicht bedeutet, dass die restlichen für uns uninteressant wären. Auf einige andere werden wir noch zu gegebener Zeit zu sprechen kommen. Jetzt endlich die Frage, die uns sicherlich alle brennend interessiert. Was kann das

Arduino-Board? Nun, hier sind einige Eckdaten, die ich dir nicht vorenthalten möchte:

- Mikrocontroller ATmega *328*
- *5V* Betriebsspannung
- *14* digitale Ein- bzw. Ausgänge (6 als PWM Ausgänge schaltbar)
- *6* analoge Eingänge (Auflösung *10* Bit)
- *32* KByte Flash Speicher (vom Bootloader werden *0.5* KByte belegt)
- *2* KByte SRAM
- *1* KByte EEPROM
- *16* MHz Taktfrequenz
- USB Schnittstelle

> Eine bescheidene Frage habe ich da mal. Wenn ich mir das Board so anschaue, dann frage ich mich, was daran so besonders sein soll. Kann ich in irgendeiner Weise mit dem Mikrocontroller kommunizieren? Und wenn ja, dann wie?

Wie du aus der eben gezeigten Liste entnehmen kannst, stehen uns zur Kommunikation mit dem *Arduino-Board* eine bestimmte Anzahl von Ein- bzw. Ausgängen zur Verfügung. Sie stellen die Schnittstelle zur Außenwelt dar und ermöglichen uns, Daten an den Mikrocontroller zu senden bzw. von ihm zu empfangen. Wirf einen Blick auf das folgende Diagramm:

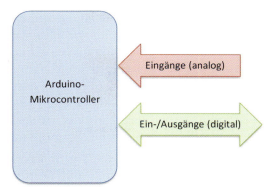

◀ **Abbildung 2-3**
Ein- und Ausgänge des Arduino-Boards

Der blaue Kasten auf der linken Seite symbolisiert den *Arduino-Mikrocontroller*, der über bestimmte Schnittstellen mit uns kommunizieren kann. Manche *Ports*, sind als Eingänge, andere als Ein- bzw. Ausgänge vorhanden. Ein *Port* ist dabei ein definierter Zugangsweg zum Mikrocontroller, quasi eine Tür in das Innere, derer wir uns bedienen können. Wirf noch einmal einen Blick auf das Board und du wirst an der Ober- bzw. Unterkante jeweils schwarze Buchsenleisten erkennen.

Haa, Moment mal! Irgendetwas stimmt hier nicht. Unser Mikrocontroller sollte doch analoge wie digitale Ein- bzw. Ausgangsports vorweisen. Im Diagramm sehe ich jedoch von den analogen Ports nur Eingänge. Wo sind die Ausgänge geblieben? Da hast du sicherlich etwas vergessen!

Das hast du gut beobachtet, *Ardus*! Ich muss dir aber sagen, dass das Diagramm völlig korrekt ist. Der Grund ist folgender und wird später auch noch näher erläutert: Unser Arduino-Board ist nicht mit separaten analogen Ausgängen bestückt. Das hört sich jetzt bestimmt erst einmal recht merkwürdig an, doch bestimmte digitale Pins werden einfach als analoge Ausgänge *zweckentfremdet*. Du fragst dich jetzt bestimmt, wie das denn funktionieren soll? Hier ein kleiner Vorgriff auf das, was noch im Kapitel über die *Pulsweitenmodulation*, auch *PWM* genannt, kommt. Bei PWM handelt es sich um ein Verfahren, bei dem ein Signal mehr oder weniger lange An- bzw. Ausphasen aufweist. Ist die Anphase, in der Strom fließt, länger als die Ausphase, leuchtet zum Beispiel eine angeschlossene Lampe augenscheinlich heller als in dem Fall, in dem die Ausphase länger ist. Ihr wird also mehr Energie in einer bestimmten Zeit in Form von elektrischem Strom zugeführt. Durch die Trägheit unseres Auges können wir schnell wechselnde Ereignisse nur bedingt unterscheiden und auch beim Umschalten der Lampe zwischen den beiden Zuständen Ein bzw. Aus kommt eine gewisse Verzögerung zum Tragen. Dadurch hat es für uns den Anschein einer sich verändernden Ausgangsspannung. Klingt etwas merkwürdig, nicht wahr? Du wirst es aber ganz sicher besser verstehen, wenn wir zum entsprechenden Kapitel gelangen. Einen offensichtlichen entscheidenden Nachteil hat die hier vorliegende Art der Portverwaltung allerdings schon. Wenn du einen oder mehrere analoge Ausgänge verwendest, geht das zu Lasten der digitalen Portverfügbarkeit. Es stehen hierfür dann eben weniger zur Verfügung. Doch das soll uns nicht weiter stören, denn wir kommen nicht an die Grenzen, die eine Einschränkung unserer Versuchsaufbauten bedeuten würde.

> Bevor du weiter in dem Tempo erzählst, muss ich dich wieder einmal stoppen. Du hast in der Aufzählung der Eckdaten des Arduino-Boards eine Sache erwähnt, die ich aufgreifen möchte. Was genau ist ein *Bootloader*?

Ok *Ardus*, das hätte ich beinahe vergessen! Ein *Bootloader* ist ein kleines Programm, das in einem bestimmten Bereich des *Flash*-Speichers auf dem Mikrocontroller-Board seinen Platz findet und für das Laden des eigentlichen Programms verantwortlich ist. Normalerweise erhält ein Mikrocontroller sein Arbeitsprogramm über eine zusätzliche Hardware, z.B. einen *ISP-Programmer*. Durch den *Bootloader* entfällt diese Notwendigkeit und so gestaltet sich das Uploaden der Software wirklich komfortabel. Nach dem erfolgreichen Übertragen des Arbeitsprogramms in den Arbeitsspeicher des Controllers wird es unmittelbar zur Ausführung gebracht. Angenommen, du müsstest deinen Mikrocontroller *ATmega 328* auf der Platine aus irgendeinem Grund austauschen, dann würde der Neue nicht wissen, was zu tun wäre, da der *Bootloader* standardmäßig noch nicht geladen ist. Diese Prozedur kann mittels verschiedener Verfahren erfolgen, die ich aber aus Platzgründen nicht erklären kann. Im Internet finden sich aber genügend Informationen, wie du den passenden Bootloader für den Mikrocontroller installieren kannst. Besuche doch einfach einmal meine Internetseite.

Die Stromversorgung

Damit unser Arduino-Board auch arbeiten kann, muss es in irgendeiner Weise mit Energie versorgt werden. Diese Versorgung erfolgt in erster Linie über die *USB-Schnittstelle*, die das Board mit dem Rechner verbindet. Über diesen Weg werden übrigens auch Daten zwischen Board und Rechner ausgetauscht. Wenn du dich also in der Entwicklungsphase mit deinem Arduino befindest, ist das die primäre Versorgung für das Board. Die zweite Möglichkeit besteht im Anschluss einer Batterie oder eines Netzgerätes an den Poweranschluss, der auch *Power-Jack* genannt wird. Diese Variante kannst du z.B. verwenden, wenn du ein fahrbares Vehikel gebaut hast, das durch den Arduino gesteuert wird. Das Gefährt soll sich unabhängig, ohne Kabelanschlusses frei im Raum bewegen können damit es nicht an einem meist zu kurzen USB-Kabel hängen bleibt. Es soll sich eben um ein autarkes Gerät handeln.

Abbildung 2-4 ▶

Spannungsversorgung des Arduino-Boards

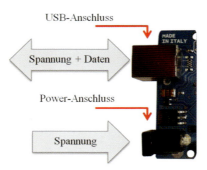

Hier zeige ich dir einmal die unterschiedlichen Steckervarianten. Du kannst sie nicht vertauschen, da sie vollkommen unterschiedliche Formen aufweisen und auch die Funktionen völlig voneinander abweichen.

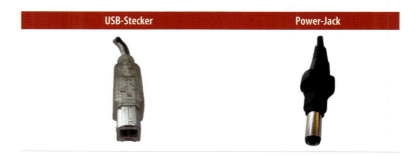

Wenn es um Strom bzw. Spannung geht, dann sollten wir einen Blick auf die folgende Tabelle werfen:

Tabelle 2-1 ▶

Strom- bzw. Spannungswerte

Kategorie	Wert
Betriebsspannung	5V (DC)
Spannungsversorgung über Extern (empfohlen)	7 – 12V (DC)
Spannungsversorgung über Extern (Grenzwerte)	6 – 20V (DC)
Gleichstrom pro Pin (maximal)	40mA

Die Bezeichnung *DC* hinter den Voltangaben bedeutet *Direct Current*, was übersetzt Gleichstrom bedeutet. Die USB-Schnittstelle kann maximal einen Strom von *500mA* liefern. Das reicht in der Regel aus, um die meisten Versuchsschaltungen aus diesem Buch zu realisieren. Sie ist sogar gegen Kurzschlüsse und zu hohe Ströme derart geschützt, das eine sogenannte *Poly-Sicherung* ausgelöst wird. Das sollte aber nicht bedeuten, dass du weniger Sorgfalt beim

Aufbau einer Schaltung walten lassen solltest. Erinnere dich daran, was ich dir in der Einleitung über den *USB-Hub* mit auf den Weg gegeben habe und beherzige es.

Die Kommunikationswege

So ein Mikrocontroller-Board hat schon wirklich viele Anschlüsse, die es auseinander zu halten gilt. Du musst stets den Überblick bewahren, damit du nichts durcheinander bringst. Doch diese Verwirrung – falls sie denn überhaupt aufgekommen ist – zeigt sich nur am Anfang. Nach ein paar Tagen gehen dir diese Feinheiten in Fleisch und Blut über. Wollen wir einmal die Unterschiede aufzählen.

Der USB-Port

Da haben wir zum einen den *USB-Port*. Ohne ihn wärst du nicht in der Lage mit dem Board in irgendeiner Weise eine Kommunikation zu initiieren. Wir können das Arbeiten mit dem Arduino-Board in zwei Phasen unterteilen. Die Zeit, in der du die Vorbereitungen triffst, um dein Projekt umzusetzen, also Programmierarbeit leistest und dir Gedanken über die Peripherie machst, nennt sich Entwicklungszeit (engl.: *Designtime*). Die Programmierung erfolgt mit Hilfe einer Entwicklungsumgebung, die du in wenigen Augenblicken kennenlernen wirst. Hierin wird das von dir erstellte Programm eingegeben und zum Mikrocontroller übertragen. Wenn das erfolgreich verlaufen ist, beginnt sofort die Laufzeit (engl.: *Runtime*). Du musst dem Mikrocontroller also nicht explizit sagen: »So, mein Freund, jetzt fange an zu arbeiten!« Er legt sofort los, wenn er alle Instruktionen von dir erhalten hat. Zusätzlich kannst du aber auch Daten über den USB-Port von deinem Computer empfangen oder an ihn versenden. Wie das funktioniert, werden wir später noch sehen.

Die Ein- bzw. Ausgabeports

Kommen wir zu *den* eigentlichen Ports, die die Schnittstelle des Mikrocontrollers darstellen. Es sind wie die Augen, die Ohren und der Mund beim Menschen Wege oder Kanäle, um Daten zu empfangen bzw. aussenden. Durch und über diese Kommunikationskanäle findet eine Interaktion mit der Umgebung statt. Dein Arduino nutzt Sensordaten (z.B. Temperatur, Licht und Feuchtigkeit) zur internen Bewertung, die wiederum durch seine Programmierung vorgegeben ist. Er wird dann entsprechend reagieren und entsprechende Aktionen durchführen. Das können Lichtsignale, Töne oder auch Bewegungen über angeschlossene Aktoren (*Motoren + Sensoren*) sein.

Du hast sicherlich erkannt, dass wir es mit zwei steuerungstechnischen Signal-Kategorien zu tun haben. Sensoren liefern Daten und Aktoren wandeln Eingangsgrößen in Ausgangsgrößen um. Dieser Prozess verläuft nach dem *EVA* (**E**ingabe, **V**erarbeitung, **A**usgabe) Prinzip.

Abbildung 2-5 ▶
Das EVA-Prinzip

Wo befinden sich diese Ein- bzw. Ausgabeports auf unserem Arduino-Board? Wenn du es so hältst, dass du den Schriftzug *UNO* lesen kannst, dann befinden sich die digitalen Ein- bzw. Ausgabe-Ports am oberen Rand (2 x Achterblock).

Abbildung 2-6 ▶
Digitale Ein- bzw. Ausgänge

Natürlich ist es wichtig zu wissen, welcher Port welche Bezeichnung hat, um ihn später in der Programmierung eindeutig ansprechen zu können. Deshalb ist jeder einzelne Pin mit einer Nummer versehen. Beachte, dass die Nummerierung des ersten Pins mit *0* beginnt. Auf dieses Phänomen wirst du während deiner Programmierung noch des Öfteren stoßen. Fast jede Aufzählung beginnt mit der Ziffer *0*. Unterhalb einiger Ziffern befindet sich ein Tilde-Zeichen (~), das auf den Umstand hindeutet, dass dieser Pin auch als analoger Ausgang geschaltet werden kann. Es handelt sich um einen *PWM-Pin* (du erinnerst dich: Pulsweitenmodulation, die wir noch ausführlich eingehen werden). Am unteren Ende der Platine findest du sowohl die Versorgungs-Ports (links), als auch die analogen Eingangs-Ports (2 x Sechserblock, rechts).

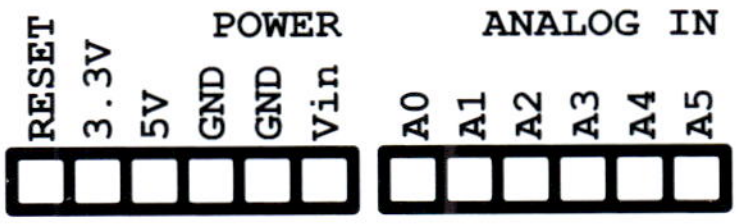

Abbildung 2-7
Versorgung + analoge Eingänge

Auch hier siehst du wieder, dass die Nummerierung der anlogen Ports mit 0 beginnt, doch dieses Mal von links gesehen.

Das könnte wichtig für dich sein

Bevor du die einzelnen Pins verkabelst, orientiere dich immer an den entsprechenden Bezeichnungen, die entweder *darüber* oder *darunter* stehen. Man kann sich aufgrund der dicht beieinander stehenden Pins zum einen schnell verlesen und zum anderen beim Verkabeln einfach einen Pin links oder rechts daneben erwischen. Ganz schlimm kann es werden, wenn du zwei oder mehr benachbarte Pins durch Unachtsamkeit miteinander verbindest und einen Kurzschluss erzeugst. Das könnte dazu führen, dass der eine oder andere Kamerad auf der Schaltung evtl. Rauchzeichen von sich gibt. Am besten schaut man senkrecht von oben auf die Leisten. Ein Blick schräg von der Seite birgt die genannten Gefahren in sich. Die spätere Fehlersuche gestaltet sich dann etwas mühsam. Liegt ein Fehler in der Programmierung oder in der Verkabelung vor? Zu allem Übel kann eine falsch verdrahtete Leitung unter Umständen einen Schaden am Board verursachen. Verkable nie ein Board, wenn es über den USB-Port noch oder schon unter Spannung steht. Also nicht hektisch werden beim Verkabeln der Schaltung, und vermeide es dabei stets, schon an den nächsten Schritt, nämlich den späteren Versuchslauf, zu denken. Sei immer ganz konzentriert bei der Sache, und zwar im Hier und Jetzt, dann wird nichts schief gehen.

Die Programmiersprachen C/C++

Damit die Kommunikation mit dem Arduino-Board auch erfolgreich verläuft, mussten sich die Entwickler auf eine Sprachbasis einigen. Nur, wenn alle Beteiligten die gleiche Sprache sprechen, kann es zur Verständigung untereinander kommen und ein Informationsfluss einsetzten. Wenn du ins Ausland fährst und die Landessprache nicht beherrschst, musst du dich oder der Andere sich in irgendeiner Form anpassen. Die Art und Weise ist dabei egal. Das kann entweder durch Laute oder auch mit Händen und Füßen sein. Wenn ihr eine Basis gefunden habt, kann's losgehen. Bei unserem Mikrocontroller ist das nicht anders. Wir müssen da jedoch zwischen zwei Ebenen unterscheiden. Der Mikrocontroller versteht auf seiner Interpretationsebene nur Maschinensprache, auch *Nativer Code* genannt, die für den Menschen nur sehr schwer zu verstehen ist, da sie lediglich aus Zahlenwerten besteht. Wir haben aber von Kindesbeinen an gelernt, mit Worten und Sätzen zu kommunizieren. Das ist aber reine Gewohnheitssache. Würden wir uns von Geburt an mithilfe von Zahlenwerten mitteilen, wäre auch diese Kommunikationsform völlig ok. Jedenfalls benötigen wir aufgrund dieses Sprachdilemmas eine Möglichkeit, in verständlicher Form mit dem Mikrocontroller kommunizieren zu können. Deshalb wurde eine *Entwicklungsumgebung* geschaffen, die Befehle über eine sogenannte *Hochsprache* – das ist eine Sprache, die eine abstrakte Form ähnlich der unseren aufweist – entgegen nimmt. Doch damit stecken wir dann wieder in einer Sackgasse, denn der Mikrocontroller versteht diese Sprache leider nicht. Es fehlt so etwas wie ein Übersetzter, der als Verbindungsglied zwischen Entwicklungsumgebung und Mikrocontroller arbeitet und dolmetscht. Diese Aufgabe übernimmt der sogenannter *Compiler*. bei dem es sich um ein Programm handelt, das ein in einer Hochsprache geschriebenes Programm in die Zielsprache des Empfängers (hier unsere *CPU* des Mikrocontrollers) umwandelt.

Abbildung 2-8 ▶
Der Compiler als Dolmetscher

Da sich fast alle Programmiersprachen des englischen Wortschatzes bedienen, kommen wir nicht umhin, auch diese Hürde nehmen zu müssen. Es ist also ein weiterer Übersetzungsvorgang erforderlich, doch ich denke, dass das Schulenglisch hier sicher in den meisten Fällen ausreichen wird. Die Instruktionen, also die Befehle, die die Entwicklungsumgebung *versteht*, sind recht kurz gehalten und gleichen denen in der Militärsprache. Es handelt sich um knappe Anweisungen, mit denen wiedergeben wird, was zu tun ist.

Mikro hergehört: Lampe an Port *13* anschalten. *Ausführung*!

Diese werden wir Schritt für Schritt lernen, es besteht also kein Grund zur Besorgnis. Wie schon aus der Überschrift zu diesem Absatz korrekterweise ersichtlich ist, handelt es sich bei *C* bzw. *C++* ebenfalls um Hochsprachen. Alle professionellen Programme werden heutzutage in *C/C++* oder verwandten Sprachen wie *C#* oder *Java* geschrieben, die allesamt ähnliche Syntaxformen aufweisen. Um Proteststürmen von *den* Programmierern, die ihre favorisierte Sprache hier nicht aufgelistet sehen, entgegenzuwirken, möchte ich hier Folgendes anmerken: Das soll in keiner Weise bedeuten, dass alle restlichen Sprachen – und hiervon gibt es eine Menge – nicht in die Kategorie *professionell* fallen. Wir wollen uns hier auf *C/C++* konzentrieren, weil Arduino bzw. der Compiler bereits über eine Teilmenge der Funktionalität der Sprachen *C/C++* verfügt. Wer also schon mit *C* bzw. *C++* programmiert hat, wird sich hier bereits in vertrauter Umgebung befinden. Alle anderen werden wir dahin führen, dass sie sich ebenfalls recht schnell zuhause fühlen werden. Viele andere Mikrocontroller-Entwicklungspakete verwenden außerdem *C/C++*-ähnliche Compiler, so dass das Studium dieser Sprachen auch diesbezüglich recht bald Früchte tragen wird, doch wir wollen uns ja hier mit Arduino beschäftigen und uns ganz diesem Thema widmen. Wie wir was in welcher Form programmieren, wird integraler Bestandteil dieses Buches sein. Hab' noch ein wenig Geduld, im Abschnitt »Befehl und Gehorsam« auf Seite 44 wirst du umfangreich mit der Programmiersprache in Berührung kommen. Du kannst gespannt sein, was wir alles anstellen werden.

> Ich möchte aber gerne jetzt schon ein wenig Code sehen. Komm, zeig' mir doch einfach schon ein Beispiel, nur damit ich einen kleinen Einblick bekomme, ok!?

Na du bist wohl auch einer von denen, die es nicht erwarten können. Also gut. Aber nur ein einfaches Beispiel, das wir später sowieso als erstes kennenlernen werden:

```
int ledPin = 13;            // Variable mit Pin 13 deklarieren +
                            // initialisieren
void setup(){
  pinMode(ledPin, OUTPUT);  // Digitaler Pin 13 als Ausgang
}

void loop(){
  digitalWrite(ledPin, HIGH);   // LED auf High-Pegel (5V)
  delay(1000);                  // Eine Sekunde warten
  digitalWrite(ledPin, LOW);    // LED auf LOW-Pegel (0V)
  delay(1000);                  // Eine Sekunde warten
}
```

Die Programmiersprachen C/C++

Und, zufrieden? Mit diesem Beispiel lässt du eine angeschlossene Leuchtdiode blinken, die am digitalen Ausgang Pin *13* angeschlossen wird. Sag' nur, du willst das jetzt schon ausprobieren? Aber ich habe doch noch gar nicht die Grundlagen für die Treiberinstallation erläutert. Die solltest du aber schon noch abwarten und dann vor den weiteren Schritten erst einmal die Entwicklungsumgebung richtig konfigurieren. Können wir so verbleiben?

Wie und womit kann ich Arduino programmieren?

Wie ich schon erwähnt habe, steht uns zur Programmierung des Arduino-Mikrocontrollers eine Entwicklungsumgebung – auch IDE (**I**ntegrated **D**evelopment **E**nvironment) – zur Verfügung, mittels derer wir direkten Kontakt mit dem Board aufnehmen und das Programm in den Mikrocontroller übertragen. Ein Programm wird übrigens im Arduino-Kontext *Sketch* genannt, was grob übersetzt so viel wie *Skizze* bedeutet. Wir sprechen also ab jetzt nur noch von *Sketchen*, wenn es sich um Arduino-Programme handelt. Um ein möglichst breites Publikum mit Arduino anzusprechen, wurden für die unterschiedlichsten Plattformen Entwicklungsumgebungen geschaffen, die sich alle gleichen. Das bekannteste und verbreitetste Betriebssystem ist *Windows*. Alle meine Sketche, die ich in diesem Buch anführe, habe ich unter Windows entwickelt, was jedoch nicht bedeutet, dass andere Plattformen schlechter wären. Auf der Internetseite von Arduino, die *http://www.arduino.cc/* lautet, stehen im Downloadbereich die unterschiedlichen Versionen für folgende Betriebssysteme zur Verfügung:

- Windows
- Linux (32 Bit)
- Mac OS

Dort findest du auch die sogenannten *Release Notes* (übersetzt: Freigabevermerk), die wichtige Informationen über die betreffende Version der IDE enthalten. Da geht es z.B. um neue Features oder behobene Fehler, die in der Vorgängerversion aufgetreten sind. Es lohnt sich allemal, hier einen Blick zu riskieren.

Die Installation der Entwicklungsumgebung inklusive Treiber

Ich habe jetzt so lange auf die Entwicklungsumgebung hingewiesen, dass es nun langsam an der Zeit ist, diese ein wenig näher zu betrachten. Der Download von der o.g. Seite erfolgt mittels einer gepackten Datei. Sie liegt entweder im *zip*-Format (Windows) oder im *tgz*-Format (Linux) vor und kann an eine beliebige Stelle im Dateisystem entpackt werden. Direkt nach dem Entpacken ist sofort alles lauffähig. Ein *Setup* mittels einer Installationsroutine ist nicht erforderlich. Im letzten Schritt vor der Programmierung muss jedoch für Windows noch der Treiber für das aktuelle *Uno*-Board installiert werden, damit die Kommunikation mit dem angeschlossenen Board über die USB-Schnittstelle auch reibungslos funktioniert. In der neuesten *Ubuntu*-Version *11.10* ist der Treiber schon installiert.

Installation für Windows 7

Schritt 1
Entwicklungsumgebung entpacken

Schritt 2
Das Uno-Board über ein USB-Kabel mit einer der freien USB-Buchsen an deinem Rechner verbinden.

Werfen wir noch einen kurzen Blick auf das zu verwendende USB-Kabel mit den unterschiedlichen Steckertypen, damit du beim Kauf eines solchen Kabels – es ist nämlich nicht Bestandteil des Arduino-Boards – nichts falsch machst.

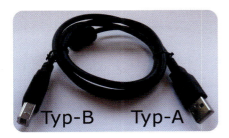

◀ **Abbildung 2-9**
USB-Kabel zum Anschluss des Arduino-Boards an den PC

Die Seite mit dem Stecker *Typ-B* wird mit dem Board und die mit *Typ-A* mit dem PC verbunden. Bedenke, wie schon in der Einleitung erwähnt, dass die Verwendung eines *USB-HUB* die sicherere Variante ist. Nach einiger Zeit sollte dein Betriebssystem melden, dass es neue Hardware gefunden hat, und den Treiber Installationsprozess starten. Da sich natürlich auf diese Weise kein passender Treiber finden lässt, wird nach einiger Zeit ein Dialog angezeigt, der auf diesen Umstand hinweist. Du kannst ihn getrost schließen.

Schritt 3

Gehe jetzt über die Computerverwaltung (rechte Maustaste auf das Computer Desktop-Icon und *Verwaltung* wählen) und öffne den *Gerätemanager*. Du findest in der angezeigten Hierarchie unter *Andere Geräte* einen Eintrag für das Arduino Uno-Board. Den Namen hat das System also schon einmal richtig erkannt, doch das nützt uns an dieser Stelle nicht viel. Der passende Treiber würde hier mehr Sinn machen.

Abbildung 2-10 ▶
Ein Gerät mit fehlendem Treiber wurde erkannt.

Schritt 4

Klicke mit der Maustaste auf den Eintrag *Arduino Uno* und öffne mit der rechten Maustaste das Kontextmenü. Über den Menüpunkt *Treibersoftware aktualisieren* lässt sich ein Dialogfenster öffnen, bei dem du die Option *Treibersoftware manuell suchen und installieren* auswählst.

Abbildung 2-11 ▶
Die Auswahl »Treibersoftware manuell suchen und installieren«

Schritt 5

Anschließend musst du über den Browser an die Stelle navigieren, an der die Treiberdatei *Arduino UNO.inf* gespeichert ist. Sie befindet sich im Stammverzeichnis von Arduino unterhalb des Ordners *drivers*. Die Dateinamenerweiterung ist bei bekannten Dateien standardmäßig deaktiviert, daher ist die Dateinamenerweiterung *.inf* nicht zu sehen.

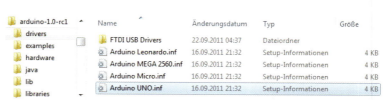

Abbildung 2-12 ▶
Die Datei »Arduino UNO.inf« auswählen

Nach erfolgreicher Installation dieses Treibers kannst du dich der Arduino-Entwicklungsumgebung zuwenden und sie starten. Wie das funktioniert, sehen wir gleich.

Das könnte wichtig für dich sein

Die neue Arduino-Entwicklungsumgebung mit der Versionsnummer 1.0 steht in den Startlöchern. Um den Entwicklern einen Vorgeschmack auf das zu geben, was da bald erscheint, werden sogenannte Beta-Versionen zur Verfügung gestellt, um sich schon einmal mit den Neuerungen vertraut zu machen. Sie sollten jedoch noch nicht für produktive Zwecke verwendet werden, da sicherlich noch einige Fehler enthalten sein könnten. Steht die Veröffentlichung der neuen Version kurz bevor, gibt ein Hersteller Versionen heraus, die mit RC (Release Candidate) gekennzeichnet sind. Es handelt sich um einen Freigabekandidat, der schon alle in der Endversion angekündigten Features enthalten soll. Aus diesem Grund hat der Ordner im Filesystem die Bezeichnung arduino-1.0-rc1.

Installation für Ubuntu

Für die *Ubuntu*-Linux *11.04* Version liegt schon ein Installationspaket der Arduino-Version *0022* vor. Ich zeige dir hier die unkomplizierte Variante der Installation über die Softwareverwaltung *KPackageKit*. Ich selbst habe übrigens auch *KUbuntu* bei mir installiert, und zwar *Ubuntu* mit der Arbeitsumgebung *KDE* statt *Gnome*.

Schritt 1

Über *Anwendungen|System* die Softwareverwaltung *KPackageKit* öffnen und dort *DeveloperTools* selektieren.

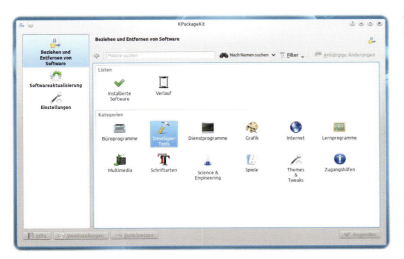

◀ **Abbildung 2-13**
KPackageKit bei KUbuntu

Wie und womit kann ich Arduino programmieren?

Schritt 2

Das Softwarepaket *Arduino-Entwicklungsumgebung* aus der angebotenen Liste selektieren und dann auf den rechts angezeigten *Installieren*-Button klicken.

Abbildung 2-14 ▶
Arduino-Entwicklungsumgebung auswählen

Wenn es sich dabei um das einzige Paket handelt, das du installieren möchtest, dann klicke zum Abschluss auf den *Anwenden*-Button rechts unten. Im Anschluss wird das Paket heruntergeladen und installiert.

Abbildung 2-15 ▲
Herunterladen und Installieren des Paketes bzw. der Pakete

Nach Beendigung dieses Prozesses befindet sich unter *Anwendungen|Entwicklung* der neue Eintrag zu der *Arduino-Entwicklungsumgebung*. Dieses Verfahren ist viel kürzer als bei Windows, was!?

Die Arduino-Entwicklungsumgebung

Was ist überhaupt eine *Entwicklungsumgebung* und was können wir mit ihr machen? Nun, sie bietet dem interessierten Programmierer bzw. angehenden Arduino-Experten, der du ja in Kürze sein wirst, ein Werkzeug zur Umsetzung seiner programmiertechnischen Ideen. Wir haben es ja zum einen mit Hardware zu tun, deren Hauptbestandteil natürlich das Arduino-Board ist. Hieran werden die unterschiedlichsten elektronischen bzw. elektrischen Bauteile angeschlossen, auf die wir noch im Detail zu sprechen kommen. Das sind alles greifbare Dinge, die eben in ihrer Struktur *hart* sind. Daher der Ausdruck *Hardware*. Was aber nützt uns eine Hardware, die nicht weiß, was sie tun soll? Etwas fehlt noch, um die Sache rund zu machen. Genau, da ist andererseits die *Software*. Das ist die Welt der Programme – oder im Falle von Arduino der *Sketche* – und *Daten*. Die Software ist »weich«, d.h. du kannst sie eben nicht unmittelbar mit deinen Händen greifen, es sei denn, du druckst alles auf Papier aus. Die Software macht Hardware erst zu dem, wozu sie eigentlich gedacht ist, nämlich Befehle zu interpretieren und auszuführen. Beide zusammen bilden eine untrennbare Einheit, denn keiner kommt ohne den anderen aus.

Das Starten der Entwicklungsumgebung

Kommen wir jetzt endlich zu etwas Konkretem. Der Start der *Entwicklungsumgebung*, ich werde sie von jetzt an nur noch *IDE* nennen, steht unmittelbar bevor. Im entpackten Verzeichnis, das du von der Internetseite für Windows heruntergeladen hast, befindet sich u.a. eine Datei mit dem Namen *Arduino*. Du erkennst sie an dem typischen Icon.

◀ **Abbildung 2-16**
Die Datei »Arduino« zum Starten der Entwicklungsumgebung

Nach einem Doppelklick auf dieses Icon erhältst du die folgende Ansicht.

Abbildung 2-17 ▶
Die leere IDE (Windows)

Bei Linux musst du über *Anwendungen|Entwicklung* den folgenden Eintrag auswählen:

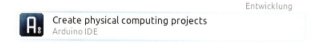

Das Fenster der IDE gleicht seinem Pendant unter Windows. Wenn du genau hinschaust, kannst du vielleicht bestimmte voneinander getrennte Bereiche erkennen, in denen sich vielleicht später etwas abspielt. Auf diese Bereiche wollen wir nun einen genaueren Blick werfen und sie systematisch von oben nach unten durchgehen.

Die Titelzeile

Die *Titelzeile* ist *die* Zeile am oberen Fensterrand, die zwei Informationen enthält:

- den Sketch-Name (hier: *sketch_sep22a*) Dieser Name wird automatisch vergeben und beginnt immer mit *sketch_*. Danach folgen der *Monat*, der *Tag* und ein laufender Buchstabe *a* bis *z*, falls an diesem Tag noch weitere Sketche erstellt werden. Dieser Sketch wurde demnach am *22. September* in der ersten Version dieses Tages erstellt.
- die Arduino IDE-Versionsnummer (hier Version *1.0, die sich im Laufe der Zeit aber noch erhöhen wird*, wenn Fehler behoben wurden oder neue Funktionen hinzugekommen sind)

Die Menüleiste

In der *Menüleiste* werden unterschiedlichste Menüeinträge zur Auswahl angeboten, über die du bestimmte Funktionen der IDE aufrufen kannst.

Die Symbolleiste

Unterhalb der Menüleiste befinden sich die *Symbolleiste*, die mit einigen Piktogrammen – auch Icons genannt – versehen ist. Auf deren einzelne Funktionen komme ich gleich zu sprechen.

Der Tabulatorbereich

Der *Tabulatorbereich* zeigt an, wie viele Quellcodedateien zum jeweiligen geöffneten Arduino-Projekt gehören.

Im Moment können wir lediglich einen Tabulator-Reiter mit dem Namen *sketch_sep22a* erkennen. Es können hier aber, je nach Programmieraufwand, weitere Registerkarten hinzugefügt werden. Dazu dient das am rechten Rand befindliche Icon.

Der Editor

Kommen wir zu Herzstück der IDE. Der *Editorbereich*, der sich im Moment noch vollkommen jungfräulich darstellt, ist der zentrale Ort, an dem du dich mit deinen Ideen austoben kannst. Hier gibst du den Quellcode ein, also die Instruktionen, die den Mikrocontroller veranlassen sollen, *das* zu tun, was du ihm aufträgst. Das ist die Welt der *Sketche*.

Die Infozeile

In der *Infozeile* wirst du über bestimmte durchgeführte Aktionen der IDE informiert.

Hast du z.B. einen Sketch erfolgreich auf deiner Festplatte gespeichert, bekommst du den hier gezeigten Wortlaut angezeigt. Alles in Englisch natürlich. Hat der Compiler bei der Übersetzung einen Fehler in deinem Sketch entdeckt, weil du dich vielleicht vertippt hast, so tut er das hier u.a. mit einer entsprechenden Aussage kund. Weitere Details zu erkannten Fehlern werden im Nachrichtenfenster, das jetzt folgt, angezeigt.

Das Nachrichtenfenster

Über das *Nachrichtenfenster* versorgt dich die DIE mit allen notwendigen Informationen, um dich auf dem Laufenden zu halten. Was könnten das z.B. für Informationen sein?

- Informationen über Sketch-Transfer zum Arduino-Board (erfolgreich oder fehlerhaft)
- Informationen über Übersetzungsaktivitäten des Compilers (erfolgreich oder fehlerhaft)
- Informationen über den seriellen Monitor (erfolgreich oder *COM-Port* nicht gefunden)

Die Statuszeile

In der Statuszeile wird entweder ein einzelner Wert angezeigt, der die Zeilennummer des Cursors wiedergibt, (hier Zeile 3)

oder einen markierten Bereich, der sich über einen Bereich erstreckt (hier Zeile *1* bis *4*)

Zusätzlich erkennst du am rechten Rand den Namen deines Arduino-Boards und den verwendeten *COM-Port* der seriellen Schnittstelle.

Die Symbolleiste im Detail

Beim täglichen Umgang mit der *IDE* wirst Du sicherlich bemerken, dass die Symbolleiste dein wichtigster Begleiter ist. Es handelt sich zwar nicht um sehr viele Icons in der Leiste, doch ihre Funktionalitäten solltest du beherrschen.

Icon	Funktion
	Das Icon hat die Aufgabe, den im Editor befindlichen Sketch auf seine Syntax hin zu überprüfen (*Verify* bedeutet übersetzt *prüfen*) und zu übersetzen. Beim Start der Überprüfung (Kompilierung) wird ein horizontaler Balken angezeigt, der Aufschluss über den Fortschritt gibt. 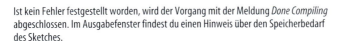 Ist kein Fehler festgestellt worden, wird der Vorgang mit der Meldung *Done Compiling* abgeschlossen. Im Ausgabefenster findest du einen Hinweis über den Speicherbedarf des Sketches. `Binary sketch size: 450 bytes (of a 32256 byte maximum)`
	Um einen neuen Sketch anzulegen, benutzt du dieses Symbol. Denke aber daran, dass die IDE immer nur einen Sketch zur selben Zeit verwalten kann. Startest du einen neuen, denke daran, den alten Sketch unbedingt zu speichern. Andernfalls verlierst du sämtliche Informationen.
	Alle Sketche werden in einem *Sketchbook* abgelegt, das sich im Verzeichnis „`C:\Benutzer\<Benutzername>\Eigene Dokumente\Arduino`" befindet. Für den Benutzernamen musst du deinen eigenen Benutzernamen eintragen. Über dieses Symbol kannst du einen gespeicherten Sketch von der Festplatte in die IDE laden. Hierüber erreichst du auch die zahlreich vorhandenen Beispiel-Sketche, die die IDE von Haus aus mitbringt. Schau Sie dir an, denn du kann einiges von ihnen lernen.
	Über das Speichern-Symbol sicherst du deinen Sketch auf einen Datenträger. Standardmäßig erfolgt die Speicherung im eben genannten *Sketchbook*-Verzeichnis.

◀ **Tabelle 2-2**
Iconfunktionen der Symbolleiste

Tabelle 2-2 ▶
Iconfunktionen der Symbolleiste

Icon	Funktion
	Dieses Symbol sorgt für eine Übertragung des erfolgreich kompilierten Sketches auf das Arduino-Board in den Mikrocontroller. Beim sogenannten *Upload* des Sketches passieren folgende Dinge, die du visuell beobachten kannst. Auf dem Board befinden sich einige kleine Leuchtdioden, die Aufschluss über bestimmte Aktivitäten geben.  **LED L:** Ist mit Pin *13* verbunden und leuchtet kurz, wenn die Übertragung beginnt **LED TX:** Sendeleitung der seriellen Schnittstelle des Boards (blinkt bei Übertragung) **LED RX:** Empfangsleitung der seriellen Schnittstelle des Boards (blinkt bei Übertragung) Die Sendeleitung (TX) ist hardwaremäßig mit dem digitalen Pin *1* und die Empfangsleitung (RX) mit dem digitalen Pin *0* verbunden.
	Der *serielle Monitor* kann über dieses Icon geöffnet werden. Es öffnet sich ein Dialog, der einem Terminal ähnelt.  In der oberen Zeile kannst du Befehle eingeben, die an das Board verschickt werden, wenn du die *Send*-Taste drückst. Im mittleren Bereich bekommst du die Daten angezeigt, die das Board über die serielle Schnittstelle versendet. So können bestimmte Werte angezeigt werden, für die du dich interessierst. Im unteren Abschnitt kannst du auf der rechten Seite über eine Auswahlliste die Übertragungsgeschwindigkeit (*Baud*) einstellen, die mit dem Wert korrespondieren muss, den du beim Programmieren des Sketches verwendet hast. Stimmen diese Werte nicht überein, kann es zu keiner Kommunikation kommen.

⏩ Das könnte wichtig für Dich sein

Falls Du einmal die Funktion hinter einer der 6 Icons vergessen haben solltest, dann fahre mit der Maus einfach über ein Symbol und schaue rechts neben die Symbolleiste. Dort wird die Bedeutung des Icon angezeigt.

Der Editor im Detail

Der Editor, in den du deinen Quellcode eingibst, unterstützt dich in vielerlei Hinsicht beim Programmieren. In der folgenden Abbildung siehst du den Inhalt eines Editorfensters, bei dem es sich um Quellcode handelt, den du an dieser Stelle noch nicht verstehen musst. Es soll lediglich gezeigt werden, wie bzw. in welcher Form dieser Quellcode dargestellt wird.

```
void setup()
{
  Serial.begin(9600);
}

void loop()
{
  Serial.println("Hallo mein Arduino-Freund!");
}
```

◀ **Abbildung 2-18**
Quellcode eines Arduino-Sketches

Welche optischen Merkmale fallen uns sofort auf? Ich fasse einmal kurz zusammen, was wir sehen:

1. Die IDE verfügt über die Möglichkeit, bestimmte Wörter innerhalb des Editors farblich hervorzuheben. Aber welche Wörter sind das?
2. Die Schriftstärke variiert in Abhängigkeit von bestimmten Wörtern.
3. Bestimmte Elemente werden besonders hervorgehoben. Hier ist es die schließende geschweifte Klammer.
4. Bei der Darstellung des Quellcodes liegt eine gewisse optische Gliederung vor. Manche Bereiche sind weiter nach rechts eingerückt als andere.

Das ist natürlich nicht reine Willkür oder sieht einfach nur schick aus. Alles hat seinen Grund. Gehen wir also auf die einzelnen Punkte einmal genauer ein:

Zu Punkt 1

Bestimmte Wörter, auch *Schlüsselwörter* genannt, werden farblich hervorgehoben. Es handelt sich dabei um reservierte Namen, die z.B. Befehlen zugewiesen wurden. Unsere Entwicklungsumgebung bzw. der Compiler verfügt ja über einen bestimmten Wortschatz, dessen wir uns bedienen können, um unseren Sketch zu programmieren. Wenn ein der IDE bekanntes (Schlüssel-)Wort von dir eingegeben wird, reagiert sie in der Art darauf, dass sie es sofort farblich hervorhebt. In diesem Fall sind Schlüsselwörter immer in Orange gehalten. Auf diese Weise behältst du zum einen einen besseren Überblick und zum anderen bemerkst du sofort, wenn ein Befehl falsch geschrieben wurde. Er wird dann nämlich nicht in der entsprechenden Farbe dargestellt. Dadurch hast du fantastischerweise immer eine optische Rückmeldung und ein Feedback zu dem, was du gerade in den Editor eingibst.

Zu Punkt 2

Einige Wörter, die als Schlüsselwörter erkannt wurden, werden von der IDE fetter dargestellt. Das sind hier z.B. die Wörter *setup* und *loop*, denen in einem Sketch eine elementare Rolle zukommt. Bei diesen beiden Wörtern handelt es sich um *Funktionsnamen*. Was das genau ist und was sie bedeuten, soll an dieser Stelle erst einmal zweitrangig sein. Durch die fettere Darstellung fallen sie aber leichter ins Auge. Sie dient somit ebenfalls einem besseren Überblick.

Zu Punkt 3

Instruktionen bzw. Befehle werden in der Programmierung mit der Arduino-IDE immer blockorientiert eingegeben. Das bedeutet, dass bestimmte Befehle, die untereinander aufgelistet sind, zu einem bestimmten *Ausführungsblock* gehören. Ein solcher Block wird durch ein geschweiftes Klammernpaar gekennzeichnet. Die öffnende Klammer signalisiert den *Beginn* und die schließende Klammer das *Ende* des Blocks. Auch darauf gehen wir natürlich noch zu gegebener Zeit genauer ein. Jedenfalls gehören beide Klammern immer zusammen und können nur paarweise verwendet werden. Wird eine von beiden vergessen, kommt es unweigerlich zu einem Fehler, da die zu erwartende und zwingend notwendige Blockstruktur nicht gegeben ist. Wenn du den Cursor hinter eine Klammer setzt, wird automatisch die korrespondierende Klammer mit einer rechteckigen Umrandung versehen. Du kannst das in diesem Beispiel in der *setup*-Funktion sehen. Ich habe den Cursor hinter der öffnenden geschweiften Klammer positioniert und die zugehörige schließende Klammer hat entsprechend reagiert. Das funktioniert übrigens auch mit den runden Klammern. Worin der Unterschied zwischen beiden Klammern besteht, werden wir natürlich auch noch sehen.

Zu Punkt 4

Der Quellcode innerhalb eines Ausführungsblocks wird in der Regel weiter nach rechts eingerückt als der Block bzw. die Blockbezeichnung selbst. Das dient ebenfalls zur besseren Übersicht und ist auch bei der Fehlersuche sehr hilfreich. Wenn mehrere Blöcke vorhanden sind, können sie durch die optische Gliederung besser unterschieden werden. Natürlich ist es auch möglich, den gesamten Quellcode in eine einzige Zeile zu schreiben. Der Compiler würde keinen syntaktischen Fehler feststellen, doch die Übersicht wäre katastrophal. Ebenso könntest du alle Codezeilen linksbündig eingeben, was ebenfalls ein grauenhafter Programmierstil wäre. Es gibt übrigens auch einen interessanten Menüpunkt, der eine automatische Einrückung durchführt. Er wird über *Tools|Auto format* aufgerufen.

Eine Bemerkung am Rande

Falls du vielleicht schon einmal mit einer Entwicklungsumgebung in einer anderen Sprache, wie z.B. C#, programmiert hast, dann fällt dir garantiert ein Unterschied zur Arduino-Entwicklungsumgebung auf. Diese hier ist recht spartanisch gehalten und besitzt nicht den gewaltigen Funktionsumfang wie andere IDEs. Das hat wiederum seine Bewandtnis. Die Entwickler von Arduino wollten die Philosophie der Einfachheit und Unkompliziertheit auch bei der Handhabung bzw. Programmierung der Software umsetzen. Viele Menschen schrecken davor zurück, sich mit den der technisierten Welt eigenen komplizierten Bereichen wie Mikrocontroller oder Programmierung zu befassen, weil sie befürchten, dass alles viel zu kompliziert ist und sie versagen könnten. Du musst dir aber keine Gedanken machen, dass dich dieses Schicksal ereilen wird. Lass' dich einfach überraschen und vom Charme des Arduino einfangen.

Die Übertragung des Sketches zum Arduino-Board

Wenn du deinen Sketch zur Zufriedenheit programmiert hast und auch die Überprüfung bzw. Kompilierung erfolgreich war, wird es ernst. Die Übertragung zum Mikrocontroller steht nun auf dem Plan. Doch Stopp! Eine wichtige Kleinigkeit, habe ich noch nicht erwähnt. Da es sehr unterschiedliche Arduino-Boards auf dem Markt gibt, die sich alle mehr oder weniger hardwaremäßig unterscheiden, aber dennoch durch eine einzige IDE mit Daten versorgt werden, musst du eine grundlegende Einstellung vornehmen. Das ist nicht weiter kompliziert. Schau' her:

Abbildung 2-19 ▶
Auswahl deines Arduino-Boards in der IDE

Du wählst also unter dem Menüpunkt *Tools* die Option *Board* aus und erhältst eine Liste aller Boards, die die IDE unterstützt. Da wir mit dem neuesten *Uno*-Board arbeiten, selektierst du den ersten Listeneintrag, der hier bei mir schon markiert ist, weil ich das schon vorher entsprechend eingestellt habe. Der Menüeintrag *Serial Port* unterhalb des *Board*-Eintrags ist *ausgegraut*. Er kann also nicht selektiert werden. Warum ist das so? Nun, wenn du dein Arduino-Board noch nicht über die USB-Schnittstelle mit deinem Rechner verbunden hast, dann hat die IDE das Board natürlich noch nicht erkannt. Auch der Gerätemanager zeigt es nicht an. Ich verbinde es jetzt einmal, und du wirst sehen, wie sich die IDE verhält.

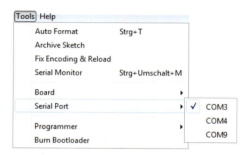

Kapitel 2: Das Arduino-Board

Aha! Der *COM-Port 3* wurde erkannt, an dem mein Board jetzt angeschlossen ist. Alles klar?

> Nein, ganz im Gegenteil! Du hast da bestimmt etwas durcheinander gebracht. Einerseits sprichst du von einer seriellen Schnittstelle und einem *COM*-Port und dann schließt du das Board über den *USB*-Anschluss an den Rechner an. Das sind doch zwei völlig unterschiedliche Paar Schuhe!?

Natürlich hast du Recht und fast hätte ich es vergessen zu erwähnen. Na wenigstens passt du auf! Ältere Arduino-Boards haben tatsächlich noch eine serielle Schnittstelle (*RS232*) in Form eines *D-Sub*-Anschlusses, der 9-polig ist und über ein serielles Kabel mit dem Rechner verbunden wurde. Die Computer der neueren Generationen besitzen allesamt einen *USB*-Anschluss, der nach und nach die serielle Schnittstelle verdrängt. Die heutigen Rechner besitzen standardmäßig schon keine serielle Anschlussmöglichkeit mehr. Die interne Verarbeitung erwartet aber eine serielle Komponente. Was also tun? Auf deinem Arduino-Board befindet sich u.a. ein eigener kleiner Mikrocontroller vom Typ *ATMEGA8U2-MU*, *der von Hause aus so programmiert wurde, dass er als USB zu Seriell Konverter* fungiert. Das ältere Board mit der Bezeichnung *Duemilanove* hatte noch einen *FTDI*-Chip, der in ähnlicher Weise arbeitete. Der neue Chip weist folgende Vorteile gegenüber dem älteren auf:

- Er hat kürzere Latenzzeiten (die Zeit zwischen einer Aktion und einer verzögerten Reaktion).
- Er ist programmierbar.
- Er kann sich am System als USB-Tastatur anmelden.

Bei der Linux-Variante hast du übrigens keine *COM-Ports*, sondern findest einen Eintrag, der wie folgt aussehen kann:

/dev/ttyACM0

Dev ist die Abkürzung für *Device*, was *Gerät* bedeutet. Nähere Informationen findest du im Internet.

> Kannst du mir ein bisschen etwas dazu erläutern, was bei der Übertragung des Sketch-Codes zum Arduino-Board so passiert? Oder ist diese Frage verfrüht?

Nein, *Ardus*, die Frage ist nicht verfrüht und hat durchaus ihre Berechtigung. Ich hatte dir ja schon ein wenig über die *Entwicklungsumgebung*, den *Compiler* und die Programmiersprachen *C/*

C++ berichtet. Manche Menschen nehmen einfach alles so hin, doch du stellst Fragen und das ist gut so!

Abbildung 2-20 ▶
Was geschieht bei der Übertragung des Sketches zum Arduino-Board im Hintergrund?

Wir können den Ablauf in einzelne logische Schritte unterteilen:

Schritt 1

Es findet eine Überprüfung des Sketch-Codes durch die Entwicklungsumgebung statt, um sicherzustellen, dass die *C/C++* Syntax korrekt ist.

Schritt 2

Danach wird der Code zum Compiler (avr-gcc) geschickt, der ihn in eine für den Mikrocontroller lesbare Sprache, die *Maschinensprache*, übersetzt.

Schritt 3

Im Anschluss wird der Code mit einigen Arduino-Bibliotheken, die grundlegende Funktionalitäten bereitstellen, zusammengeführt und als Ergebnis eine *Intel-HEX* Datei erzeugt. Es handelt sich dabei um eine Textdatei, die binäre Informationen für Mikrocontroller speichert. Hier zeige ich dir einen kurzen Ausschnitt aus dem ersten Sketch, den ich dir eben als *Appetizer* gezeigt habe.

Abbildung 2-21 ▶
Ausschnitt aus einer Intel-HEX Datei

```
ErsterSketch.cpp.hex
1  :100000000C9461000C947E000C947E000C947E0095
2  :100010000C947E000C947E000C947E000C947E0068
3  :100020000C947E000C947E000C947E000C947E0058
4  :100030000C947E000C947E000C947E000C947E0048
5  :100040000C949D000C947E000C947E000C947E0019
6  :100050000C947E000C947E000C947E000C947E0028
7  :100060000C947E000C947E0000000000002400270009
8  :100070002A000000000250028002B0000000000DE
9  :100080002300260029000404040404040202DA
```

Dieses Format *versteht* der Mikrocontroller, denn es ist seine *Native Language* (übersetzt: Muttersprache).

Schritt 4

Der Bootloader überträgt die Intel-HEX Datei über USB in den Flash-Speicher des Mikrocontroller-Boards. Der sogenannte Upload-Prozess, also die Übertragung zum Board, erfolgt mit dem Programm avrdude. Es ist Bestandteil der Arduino-Installation und befindet sich unter *arduino-1.0-rc1\hardware\tools\avr\bin*. Nähere Informationen über die Parameter, die beim Aufruf mit übergeben werden, findest du im Internet bzw. auf meiner Internetseite.

Die Portkommunikation

Du hast die Kommunikation mit deinem Arduino-Board bisher lediglich auf der Ebene der Programmierung kennen gelernt. Ein Sketch wird von dir programmiert und über den *USB*-Port auf das Board übertragen. Dort beginnt der Sketch unmittelbar nach dem erfolgreichen *Load* mit der Ausführung und der Verarbeitung von Daten. Diese Daten müssen aber irgendwie in Form von Sensorenwerten über Schnittstellen in den Mikrocontroller gelangen und später ggf. wieder nach draußen geschickt werden, um z.B. einen Motor anzusteuern. Das haben wir schon anfangs, im Rahmen der Ausführungen zu analogen bzw. digitalen Ports, kurz angerissen.

Was sind Schnittstellen?

Der Ausdruck *Schnittstelle* ist jetzt schon so oft gefallen, dass es nun an der Zeit ist, auch eine gültige und plausible Definition für diesen Begriff zu liefern. Eine *Schnittstelle* oder auch *Interface* genannt dient zur Kommunikation eines in sich geschlossenen Systems mit der Außenwelt. Schauen wir uns dazu die folgende Grafik an.

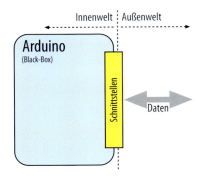

◀ **Abbildung 2-22**
Schnittstellen sind die Verbindungskanäle zwischen zwei benachbarten Welten.

Eine *Schnittstelle* hat sowohl einen Fuß in der Innen- als auch in der Außenwelt und hält somit den Kontakt zwischen beide Sphären aufrecht. Zwischen ihr strömen Informationen in Form von Daten hin und her. Eigentlich könnte dein Arduino auch in einer kleinen schwarzen Kiste verpackt sein, denn du musst gar nicht wissen, wie es auf dem Board aussieht und welche einzelnen Bauteile dort welche Funktion haben. Ein solches Gebilde nennt man auch *Black-Box*.

Was ist eine Black-Box?

Eine *Black-Box* ist ein mehr oder weniger komplexes System mit einem Innenleben, das durch seine Kapselung der Außenwelt verborgen bleibt bzw. bleiben soll. Die innere Struktur ist dabei nicht weiter von Bedeutung. Als Nutzer hat uns einzig und alleine zu interessieren, was die *Black-Box* zu leisten vermag und wie wir uns ihrer bedienen können. Aus diesem Grund liegt jeder *Black-Box* eine detaillierte Beschreibung ihrer Schnittstellen bei, die Aufschluss über die Funktionalitäten liefert. Dein Arduino-Board kann als eine solche Box angesehen werden und wir werden im Laufe dieses Buches einiges über die Schnittstellen und ihre Besonderheiten bzw. ihr Verhalten erfahren.

Na, dann wollen wir mal sehen, was passiert!

Wenn man sich nicht über die Funktion einer *Block-Box* im Klaren ist, kann der Schuss vielleicht nach hinten losgehen. Vielleicht schlummert etwas Explosives im Verborgenen. Soweit lassen wir es aber nicht kommen.

Was ist der Unterschied zwischen Digital und Analog?

Jetzt greife ich schon ein wenig auf das vor, was ich später noch im Kapitel über die Grundlagen der Elektronik erwähnen werde. Doch wenn wir schon bei der *Black-Box* und der Portkommunikation sind und unser Arduino ja, wie schon gezeigt, mit digitalen und analogen Ports ausgestattet ist, dann ist das jetzt kein schlechter Zeitpunkt, auf die Unterschiede einzugehen.

In der Digitaltechnik (lat. *digitus* bedeutet übersetzt »Finger«) wird mit zwei definierten Zuständen gearbeitet:

- *LOW*-Pegel (wird mit *L* oder *0* abgekürzt)

- *HIGH*-Pegel (wird mit *H* oder *1* abgekürzt)

Hier siehst du ein Signal, das digitalen Charakter besitzt.

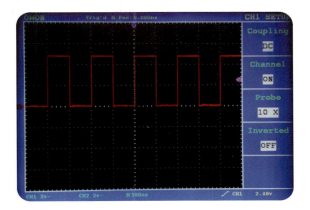

◀ **Abbildung 2-23**
Digitaler Signalverlauf (Rechtecksignal)

Diesen beiden logischen Zuständen können Spannungswerte zugewiesen werden. In unserem Fall haben wir es bei den digitalen Signalen mit der *+5V Logik* zu tun. Was bedeutet das? In der Digitaltechnik werden Spannungspegel binären Zuständen zugeordnet. Der Spannungswert *0V* entspricht in der Regel dem binären *LOW*-Wert (niedriger Pegel) und *+5V* dem binären *HIGH*-Wert (hoher Pegel). Da es aber aufgrund unterschiedlicher Bauteiltoleranzen zu kleineres Abweichungen hinsichtlich der Widerstände kommen kann, ist es notwendig, einen Toleranzbereich für die logischen Zustände zu definieren. Würden wir statt *+5V* nur *+4.5V* messen, wäre das streng gesehen ein *LOW*-Pegel. Aus diesem Grund wurden Toleranzbereiche mit den folgenden Werten geschaffen:

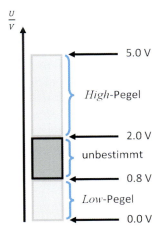

◀ **Abbildung 2-24**
Toleranzbereiche

Die Portkommunikation

Im Gegensatz dazu haben analoge Signale eine ganz andere Qualität. Sie können nicht nur im zeitlichen Verlauf zwischen den zwei Pegeln *HIGH* bzw. *LOW* unterscheiden, sondern haben die Eigenschaft, stufenlos zwischen einem minimalen und einem maximalen Wert zu pendeln.

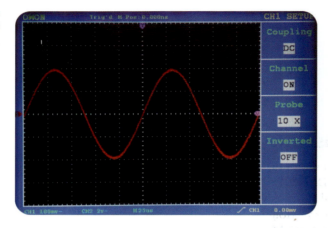

Abbildung 2-25 ▶
Analoger Signalverlauf (Sinussignal)

In unseren Beispielen werden wir uns beiden Signalarten widmen.

Der Eingang (INPUT)

Ein Informationsfluss kann in beide Richtungen verlaufen und wird somit zu einem Informationsaustausch. Daher verfügt das Arduino-Board über Ports, die sich unterschiedlich verhalten. Natürlich müssen wir hier wieder zwischen *digital* und *analog* unterscheiden. Fangen wir mit den Eingängen an.

Digitale Eingänge

Die digitalen Eingänge des Bords werden von Sensoren gespeist, die digitalen Charakter aufweisen. Der einfachste digitale Sensor ist eigentlich der Schalter. Er ist entweder offen und liefert kein Signal (*LOW*-Pegel) oder er ist geschlossen und liefert ein Signal (*HIGH*-Pegel). Ebenso kannst du dir auch einen *Transistor* vorstellen, bei dem es sich um einen elektronischen Schalter handelt. Er liefert vergleichbare Signalpegel an einen digitalen Eingang. Wie unterschiedliche Sensorschaltungen funktionieren, wirst du in Kürze erfahren.

Analoge Eingänge

Die analogen Eingänge des Boards können ebenfalls von Sensoren gespeist werden, die sowohl analogen, als auch digitalen Charakter besitzen. Stelle dir einen Temperatursensor vor, der in Abhängigkeit von der Umgebungstemperatur seinen Widerstand ändert und einen mehr oder weniger hohen Spannungspegel an den Eingang liefert. Dieser empfangene Wert kann zu weiteren Berechnungen herangezogen werden, um darauf basierend auf die wahre Temperatur schließen zu können. Ein Spannungswert wird in einen entsprechenden Temperaturwert übertragen und möglicherweise entsprechend angezeigt oder er steuert vielleicht einen Ventilator, der für eine bessere Kühlung sorgt.

Der Ausgang (OUTPUT)

Was rein kommt, muss auch irgendwie wieder raus. Das liegt in der Natur der Dinge. Das Arduino-Board ist natürlich ebenfalls mit einer Anzahl von Ausgängen versehen, mit deren Hilfe Steuerungen oder Anzeigen erfolgen. Der Gegenpart zu einem *Sensor* ist ein *Aktor*, wie z.B. ein Motor oder ein Relais.

Digitale Ausgänge

Die digitalen Ausgänge kannst du z.B. dazu verwenden, optische Signalgeber, die interne Zustände widerspiegeln, anzuschließen. Das sind in der Regel Leuchtdioden, auch LEDs (**L**ight **E**mitting **D**iode) genannt, die mit einen entsprechenden Vorwiderstand versehen an den betreffenden Stellen angeklemmt werden. Natürlich kann ein digitaler Ausgang auch einen Transistor regeln, der seinerseits eine größere Last steuert, als es der Arduino-Port in der Lage wäre zu tun. Diese Zusammenhänge werden wir ebenfalls noch näher erläutern.

Analoge Ausgänge

Mit den analogen Ausgängen ist das bei deinem Arduino so eine Sache. Auf diesen Umstand bist du ja selbst schon sehr schnell gestoßen. Derartig dedizierte, also nur für diesen Zweck ausgelegte Ports gibt es nicht. Einige digitale Ports übernehmen quasi die Funktion und simulieren ein analoges Signal, das über die *Pulsweitenmodulation* generiert wird. Auch zu diesem Thema wirst du noch einiges erfahren, wenn wir einen analogen Ausgang programmieren.

Befehl und Gehorsam

Wenn es für einen Computer keine Software geben würde, dann hättest du zwar ein ganz schönes Stück Hardware herumstehen, die jedoch keinerlei Fähigkeiten besäße. Erst intelligente Software haucht der Hardware Leben ein und lässt sie die ihr zugedachten Aufgaben erfüllen. Diese müssen wir unserem Arduino-Mikrocontroller aber in irgendeiner Form mitteilen.

Du tust, was ich dir sage

Die Kommunikation erfolgt mittels sogenannter *Befehle*. Bei einem *Befehl* handelt es sich um eine Anweisung an den Mikrocontroller, den dieser aufgrund seiner Spezifikation versteht und in entsprechende Aktionen umsetzt. Wir wollen uns einfach mal einen Befehl anschauen, damit du siehst, was ich meine. Der Sinn ist erst einmal nicht von Bedeutung:

`pinMode(13, OUTPUT);`

Wenn du diesen Befehl in die Entwicklungsumgebung eintippst, dann erkennst Du, dass das *Syntaxhighlighting* in Aktion tritt und erkannte Schlüsselwörter farblich hervorgehoben werden, zu denen auch die Befehle gehören. Dadurch wird die Übersichtlichkeit verbessert und du siehst sofort, wenn du z.B. einen Befehl falsch geschrieben hast.

Schreibe folgende Zeile:

`pinModes(13, OUTPUT);`

Du wirst sehen, dass der vermeintliche Befehl nicht als solcher erkannt wird. Er wird jetzt in der Farbe schwarz angezeigt, was darauf hindeutet, dass etwas nicht stimmt. Der Befehl *pinMode* bedarf aber bezüglich seiner Struktur noch weiterer Erklärung. Du siehst hinter ihm eine Anfügung in runden Klammern. Dabei handelt es sich um die *Argumente*, die dem Befehl beim Aufruf mit übergeben wurden. Es ist wie bei einer Tasche, in die du Dinge packst, die am Zielort benötigt werden.

Abbildung 2-26 ▶
Der Befehl »pinMode«

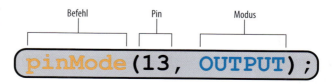

Argumente sind Zusatzinformationen, die ein Befehl zur Abarbeitung benötigt. Was Sie in diesem Fall genau bewirken, wirst du in Kürze noch sehen. Die *Argumente* bei diesem Befehl geben an, dass der Port *13* als *Output*, also Ausgang, arbeiten soll. Etwas Entscheidendes haben wir aber noch vergessen. Am Ende eines jeden Befehls findet sich ein *Semikolon*. Das ist für den Compiler der Hinweis, dass der Befehl jetzt endet und ggf. ein neuer Befehl zu erwarten ist. Nicht jeder Befehl benötigt übrigens Argumente, wobei das runde Klammernpaar aber trotzdem erforderlich ist. Es bleibt dann leer. Bitte beachte auf jeden Fall die Klein- bzw. Großschreibung. Genau wie in den Programmiersprachen *C/C++* erfolgt eine Unterscheidung hinsichtlich der Schreibweise. Solche Sprachen werden als *Case-Sensitive*, bezeichnet. Daher ist *pinMode* ist nicht gleich *pinmode*!

Was passiert, wenn ein Befehl unklar formuliert wurde?

Ein Befehl, den du an den Mikrocontroller schickst, wird auf jeden Fall ausgeführt, es sei denn, er wurde falsch geschrieben. Du musst dich mit dem Wortschatz des Mikrocontrollers bzw. der Entwicklungsumgebung, die ja mit *C++* verwandt ist, vertraut machen und versuchen, ihn wie deine Muttersprache zu beherrschen. Das geht natürlich nicht von heute auf morgen und braucht seine Zeit. Es ist wie bei einer Fremdsprache. Je öfter du dich in dieser Sprache mitteilst und sie anwendest, desto schneller beherrschst du sie. Wenn du z.B. deiner ausländischen Bekanntschaft eine E-Mail schreibst und du dich vielleicht bei dem einen oder anderen Wort verschreibst, dann ist der Empfänger möglicherweise doch noch imstande, das Wort und den Sinn zu verstehen. Bei einem Computer ist das anders. Er kennt in dieser Hinsicht kein Pardon. Entweder du drückst dich klar und deutlich aus und verwendest die exakte Schreibweise, oder er lehnt die Anweisung einfach ab und streikt. Woher soll er auch wissen, was du meinst? Diese Intelligenz können wir ihm nicht unterstellen. Wird ein Befehl falsch geschrieben oder nicht auf die Klein- bzw. Großschreibung geachtet, dann gibt es einen Compilerfehler. Zum Glück teilt uns der Compiler in den meisten Fällen mit, worum es sich beim erkannten Fehler handelt, und gibt auch die Stelle und den Grund an.

Er wird zwischen drei Fehlertypen unterschieden:

- syntaktische Fehler
- logische Fehler
- Laufzeitfehler

Der syntaktische Fehler

Du kannst froh sein, wenn es sich um einen *syntaktischen Fehler* handelt. Er wird vom Compiler erkannt und ist einfach zu lokalisieren. Schaue dir folgende Fehlermeldung genauer an.

Ich habe den Befehl *pinMode* komplett mit Kleinbuchstaben geschrieben. Das ist natürlich falsch und der Compiler bemerkt dies auch. Dementsprechend teilt er uns mit, dass er *pinmode* in diesem Bereich nicht kennt.

Der logische Fehler

Logische Fehler sind äußerst unangenehm, denn dabei handelt es sich um Fehler, die im Verborgenen ihr Unwesen treiben. Sie führen zu keiner Fehlermeldung, denn mit den Anweisungen ist alles ok. Und dennoch stimmt etwas nicht. Der programmierte Sketch will nicht so funktionieren, wie du dir das vorgestellt hast. Es muss an etwas anderem liegen. Der Compiler ist nicht schuld an der Misere. Die Ursache kann z.B. eine falsche Formel sein oder ein falscher Wert, den du an einer Stelle definiert hast. Oder ein erforderlicher Ausgangsport wurde als Eingang definiert. Die Fehlerquellen sind breit gefächert. Du bekommst das, was du bestellt hast, und das ist nicht immer das, was du eigentlich wolltest.

Wie man solchen Fehlern dennoch auf die Schliche kommt, werden wir sehen, wenn wir zum Thema *Debugging* kommen. Dabei handelt es sich um eine Methode, mit der du Fehler im Programm ausfindig machen kannst.

Laufzeitfehler

Bei einem *Laufzeitfehler* handelt es sich um ein Problem, das erst zur Laufzeit des Sketches auftritt. Syntaktisch ist auch hier alles in Ordnung und der Compiler hat alles für gut befunden, doch irgendwo tickt eine Zeitbombe, die nur darauf wartet, hochzugehen. Das kann eine Zeit lang gut gehen und du denkst, dass alles zur Zufriedenheit läuft. Und dann eines Tages erwischt es dich und du fluchst: »Das hat doch bisher immer funktioniert. Warum jetzt nicht mehr? So ein Sch...«

Hier ein Beispiel aus der Windowswelt: Angenommen, du hast deine MP3-Sammlung auf einer externen Platte mit der Bezeichnung *D:* abgelegt. Ein Musikprogramm greift regelmäßig darauf zu und spielt die dort gespeicherten Lieder ab. Alles läuft wunderbar. Aus irgendeinem Grund ist die Platte nicht mehr verfügbar, sei es weil sie kaputtgegangen ist oder das USB-Kabel aus der Buchse gerutscht ist. Jedenfalls versucht das Programm weiterhin, auf die Musikdateien zuzugreifen, doch der Programmierer war nachlässig und hat den Aufruf auf das Laufwerk nicht mit einer Fehlerbehandlung versehen. Der gestartete Zugriff ist nicht mehr möglich und das Programm bricht sang- und klanglos ab. Das scheint vielleicht an den Haaren herbeigezogen, doch so manches ein Programm reagiert einfach mit Abbruch, anstatt eine Fehlermeldung zu erzeugen. Solche unkontrollierten Abbrüche können ganz schön nerven.

Das könnte wichtig für dich sein

Hier ein paar Begriffe für die Suchmaschine, die dir sicherlich weitere interessante Informationen liefern:

- Arduino
- Freeduino
- Arduino Projects

Befehl und Gehorsam

Die Elektronik

Kapitel 3

Scope

Wir wollen in diesem Kapitel einen geeigneten Einstieg in die Elektronik finden, damit du in den Arduino-Projekten hinsichtlich der zusätzlich verwendeten elektronischen Bauteile nicht völlig im Regen stehst. Die Themen werden folgende sein:

- Grundlagen zur Elektronik
- Was sind Strom, Spannung und Widerstand?
- Das Ohmsche Gesetz
- Der geschlossene Stromkreis
- Was sind passive bzw. aktive Bauelemente?
- Die wichtigsten elektrischen und elektronischen Bauteile
- Der integrierte Schaltkreis

Was ist Elektronik eigentlich?

Wir hören heutzutage des Öfteren die Äußerung, dass unsere hochtechnisierte Welt erst durch die *Elektronik* zu dem wurde, was sie jetzt ist. Sie ist in allen denkbaren und undenkbaren Lebensbereichen vertreten. Doch was können wir uns unter dem Begriff *Elektronik* vorstellen? In *Elektronik* ist ja irgendwie das Wort *Elektronen* enthalten, auf die wir gleich noch zu sprechen kommen. Diese *Elektronen* wandern durch einen Leiter, z.B. einen Kupferdraht, und bilden einen elektrischen Strom. Diesen Strom gilt es in bestimmte Bahnen zu lenken, an- oder abzuschalten oder in anderer Weise unter unserer Kontrolle zu bringen. Gelingt uns dies, dann lassen sich hiermit fantastische Dinge bewerkstelligen. Wir haben Macht über etwas, das man mit bloßem Auge nicht sehen kann und nur an den entsprechenden Auswirkungen zu erkennen ist. Wir berechnen die unterschiedlichsten Prozesse und steuern oder regeln sie dann nach unserem Willen. Auf sehr kleinem Raum werden die Elektronen in gewünschte Bahnen gelenkt und mal hierhin und mal dorthin geschickt. Das ist vereinfacht gesagt *Elektronik*. Wenn du schon einiges über die Grundlagen der Elektronik weißt, kannst du dieses Kapitel auch getrost überspringen.

Der Elektronenfluss

Jedes Kind lernt in der Schule im Fach Physik – wenn es denn noch unterrichtet wird – etwas über die grundlegenden Zusammenhänge von *Spannung*, *Strom* und *Widerstand*. Im Wesentlichen geht es dabei um kleinste Teilchen, auch *Elementarteilchen* genannt, die sich mit hoher Geschwindigkeit in einem Leiter bewegen. Das ist die Welt der *Elektronen*. Sie besitzen viele unterschiedliche Eigenschaften, von denen ich hier einige nennen möchte:

- negative Ladung ($-1{,}602176 * 10^{-19}$ C)
- nahezu masselos ($9{,}109382 * 10^{-13}$ kg)
- stabil (Lebensdauer > 10^{24} Jahre)

Ich habe weder Kosten noch Mühen gescheut und mit einer Spezialkamera einmal eine Aufnahme von einem stromdurchflossenen Leiter gemacht, um diese kleinsten Teilchen für dich sichtbar zu machen. Sie bewegen sich gemeinsam in eine Richtung und sind für den Stromfluss verantwortlich.

Abbildung 3-1 ▶
Elektronen auf dem Weg durch einen Kupferleiter

Wenn ich gerade von einer negativen Ladung des Elektrons gesprochen habe, dann wirst du sicherlich bemerken, dass der Wert $-1{,}602176 \times 10^{-19}$ sehr klein ist. Die Maßeinheit C bedeutet *Coulomb* und steht für die *Ladung Q*, die in einer festgelegten Zeit durch einen Leiter mit einem bestimmten Querschnitt fließt. Die Formel zur Berechnung der Ladung Q lautet folgendermaßen:

$$Q = I \cdot t$$

Es handelt sich um das Produkt aus Stromstärke *I* in *Ampere* und der Zeit *t* in *Sekunden*.

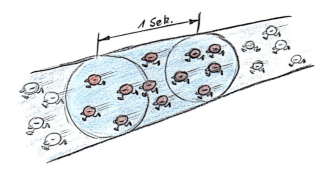

◀ **Abbildung 3-2**
auf dem Weg durch einen Kupferleiter in einem Zeitraum von 1 Sekunde

In dieser hochauflösenden Aufnahme der Wanderung der Elektronen durch einen Kupferleiter habe ich einen Abschnitt markiert, den die Elektronen in einer Sekunde zurücklegen. Wir können festhalten, dass eine Ladung von einem *Coulomb* transportiert wurde, wenn in einer Sekunde ein *Strom* von einem *Ampere* geflossen ist. Jetzt habe ich schon so oft den Begriff *Strom* verwendet, dass es Zeit langsam wird, diese physikalische Größe ein wenig näher zu beleuchten.

Der Strom

Wie du in der letzten Formel ersehen kannst, stehen *Ladung* und *Strom* in einer gewissen Beziehung zueinander. Wir können es so formulieren, dass Strom die Bewegung elektrischer Ladung bedeutet. Je mehr Ladung pro Zeiteinheit bewegt wird, desto größer ist der elektrische Strom, der durch den Formelbuchstaben *I* gekennzeichnet wird:

$$I = \frac{Q}{t}$$

Die folgende Aufnahme zeigt uns einen niedrigen Elektronenfluss. Es sind nur wenige Ladungsträger pro Zeiteinheit im Leiter unterwegs.

◀ **Abbildung 3-3**
Niedriger Elektronenfluss – wenige Elektronen bilden einen niedrigen elektrischen Strom.

Im Gegensatz ist in der nächsten Abbildung eine Aufnahme zu sehen, bei der viele Ladungsträger pro Zeiteinheit durch den Leiter sausen und einen höheren Strom bilden.

Abbildung 3-4 ▶
Hoher Elektronenfluss – viele Elektronen bilden einen hohen elektrischen Strom.

Die Stromstärke *I* wird in der Maßeinheit *Ampere* (A) gemessen, wobei *1 Ampere* für Mikrocontroller schon eine sehr hohe Stärke darstellt. Die maximale Belastung eines digitalen Ausgangs deines Arduino-Boards beträgt ja *40 mA*, was *Milliampere* bedeutet. Ein *Milliampere* ist der tausendste Teil eines *Amperes* (*1000 mA = 1 A*).

Die Spannung

Wenn wir uns die Aufnahmen der rasenden Elektronen in einem Leiter anschauen, dann haben wir eines bisher außer Acht gelassen. In unserer Welt gibt es für jedes Tun einen Grund oder einen entsprechenden Antrieb. Es gibt immer etwas, das uns zu unseren Handlungen antreibt oder motiviert. Bei den Elektronen ist das nicht anders. Sie streben alle wie die Lemminge in eine Richtung auf den Abgrund zu. Es muss also eine treibende Kraft geben, die das bewirkt. Es wird oft der Vergleich mit Wasser angestellt, das sich auf einem höheren Niveau befindet und von oben nach unten fließt. Diese Analogie ist wirklich treffend und deswegen verwende ich sie auch hier.

Abbildung 3-5 ▶
Elektronen bewegen sich aufgrund eines Potentialunterschiedes.

Wenn ich hier von einem *Potentialunterschied* spreche, dann handelt es sich in Wahrheit um einen *Ladungsunterschied*. Elektrische Ladungen sind immer bestrebt, Ladungsunterschiede auszugleichen. Nehmen wir als Beispiel eine geladene Batterie. Sie hat zwei Anschlüsse bzw. Pole, zwischen denen ein Ladungsunterschied besteht. Der eine Pol hat einen *Ladungsüberschuss*, der andere einen *Ladungsmangel*. Wenn zwischen den beiden Polen keine elektrische Verbindung besteht, kann kein Ladungsausgleich stattfinden und es fließt demnach auch kein Strom. Die elektrische Spannung U wird in *Volt* (V) gemessen und ist ein Maß für den Potentialunterschied.

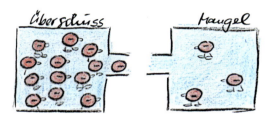

◀ **Abbildung 3-6**
Ein Ausgleich des Ladungsunterschiedes ist aufgrund der Unterbrechung nicht möglich.

Die Unterbrechung zwischen den beiden Potentialen verhindert einen Ausgleich und es fließt kein Strom.

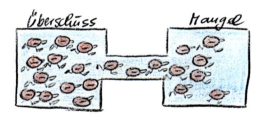

◀ **Abbildung 3-7**
Ein Ausgleich des Ladungsunterschiedes findet statt.

Erst wenn wieder eine Verbindung hergestellt wurde, können die Ladungsträger einen Ausgleich herbeiführen und es fließt ein Strom.

> Wie lange fließt denn eigentlich der Strom? Bis auf der linken Seite keine Elektronen mehr vorhanden sind und sich alle auf der rechten Seite befinden?

Der Strom fließt *so lange*, bis ein Ladungsgleichgewicht hergestellt wurde, also sich an beiden Polen gleich viele Ladungsträger befinden. Wenn alle Elektronen zum rechten Pol wandern würden, dann entstünde ja wieder ein Ungleichgewicht und der Vorgang würde in

umgekehrter Richtung erneut in Gang gesetzt werden. Außerdem
ließe sich nach einem Ladungsausgleich eine erneute Ladungstrennung nur mit einer Energiezufuhr erzielen. Diese ist aber nicht vorhanden und deswegen ist eine normale Batterie nach einem
Ladungsausgleich auch leer.

> Ich habe schon des Öfteren gehört, dass es unterschiedliche Stromformen gibt. Da gibt es *Gleichstrom*- und *Wechselstrom*. Kannst du mir das bitte ein wenig erläutern?

Klar, *Ardus*! Dein Arduino-Board wird mit Gleichstrom betrieben.
Diese Stromform zeichnet sich dadurch aus, dass sich Stärke und
Richtung über die Zeit gesehen nicht ändern. Gleichstrom wird in
Fachkreisen auch mit den Buchstaben *DC* für **D**irect **C**urrent
bezeichnet. Im folgenden Diagramm siehst du den Gleichstrom im
zeitlichen Verlauf. Wechselstrom wird auch mit AC (**A**lternating
Current) abgekürzt.

Abbildung 3-8 ▶
Der Gleichstrom im zeitlichen Verlauf

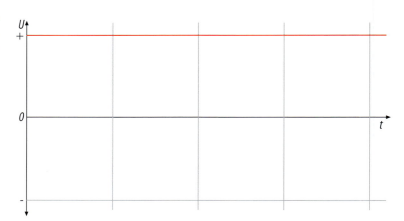

Auf der horizontalen *X-Achse* ist die Zeit *t* abgetragen und die vertikale *Y-Achse* zeigt die Spannung *U* an. Wir sehen, dass sich der Spannungswert über die Zeit hin nicht ändert. Werfen wir nun im Gegensatz dazu einen Blick auf einen *Wechselstrom*, der z.B. durch eine Sinuskurve repräsentiert wird.

Hier ändert sich der Wert der Spannung zu jedem Zeitpunkt und pendelt zwischen einem positiven bzw. negativen Grenzwert. In den Diagrammen habe ich für die Spannung das Formelzeichen *U* verwendet. Der elektrische Strom und die Spannung stehen in einem bestimmten Verhältnis zueinander, was uns zum nächsten Thema bringt.

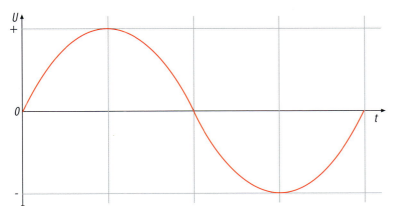

◀ **Abbildung 3-9**
Der Wechselstrom im zeitlichen Verlauf

Der allgemeine Widerstand

Den Elektronen, die sich durch einen Leiter bewegen, fällt es mal mehr oder weniger leicht, diesen zu durchqueren. Sie müssen sich nämlich gegen sehr unterschiedliche vorherrschende *Widerstände* zur Wehr setzen. Es gibt diverse Kategorien, die Aufschluss über die *Leitfähigkeit* eines Stoffes geben.

- Isolatoren (sehr hoher Widerstand, z.B. Keramik)
- schlechte Leiter (hoher Widerstand, z.B. Glas)
- gute Leiter (geringer Widerstand, z.B. Kupfer)
- sehr gute Leiter (Supraleitung bei sehr niedrigen Temperaturen, bei der der elektrische Widerstand auf *0* sinkt)
- Halbleiter (Widerstand kann gesteuert werden, z.B. Silizium o. Germanium)

Da habe ich schon zwei entscheidende elektrische Größen ins Spiel gebracht, die in einer gewissen Beziehung zueinander stehen: *Widerstand R* und *Leitfähigkeit G*. Je höher der *Widerstand*, desto geringer der *Leitwert* und je geringer der *Widerstand*, desto höher der *Leitwert*. Mathematisch gesehen besteht folgender Zusammenhang:

$$R = \frac{1}{G}$$

Der *Widerstand* ist der Kehrwert des *Leitwertes*. Ein erhöhter Widerstand ist mit einem Engpass vergleichbar, den die Elektronen überwinden müssen. Dadurch wird der Stromfluss gebremst und im Endeffekt geringer. Stell' dir dazu einmal vor, du läufst über eine glatte Fläche. Das Gehen bereitet dir in diesem Fall keine großen Schwierigkeiten. Jetzt versuche bei gleichem Kraftaufwand durch hohen Sand zu gehen. Das ist recht mühsam. Du gibst Energie in Form von Wärme ab und deine Geschwindigkeit sinkt. Ähnlichen Schwierigkeiten sehen sich die Elektronen gegenüber, wenn sie anstatt durch Kupfer plötzlich z.B. durch Glas müssen.

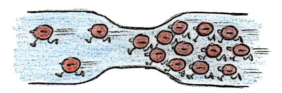

Abbildung 3-10
Ein Widerstand, der den Elektronenfluss bremst

Dieser zu überwindende Widerstand hat natürlich seine Auswirkungen. Aufgrund der verstärkten Reibung der Elektronen, z.B. an der Außenwand oder untereinander, entsteht Reibungsenergie in Form von Wärme, die der Widerstand nach außen abgibt. In den meisten elektronischen Schaltungen werden spezielle Bauteile verwendet, die den Stromfluss künstlich verringern, wobei der Widerstandswert *R* in *Ohm* (Ω) angegeben wird. Es handelt sich dabei um extra angefertigte Widerstände (z.B. Kohleschicht- oder Metallschichtwiderstände) mit unterschiedlichen Werten, die mit einer Farbkodierung versehen sind, die auf den jeweiligen Widerstandswert schließen lässt. Weitere Informationen erhältst du in i dem entsprechenden Kapitel, das dem *Bauteil Widerstand* gewidmet ist. Jetzt haben wir aber erst einmal alle elektrischen Größen erläutert, die für das Verständnis eines sehr wichtigen Gesetzes erforderlich sind.

Das Ohmsche Gesetz

Das *Ohmsche Gesetz* beschreibt den Zusammenhang von *Spannung U* und *Strom I* in einem stromdurchflossenen Leiter bei konstanter Temperatur. Die Formel lautet wie folgt:

$$R = \frac{U}{I}$$

Der *Widerstand* ist der Quotient aus *Spannung* und *Strom* und wird mit dem griechischen Buchstaben *Omega* Ω gekennzeichnet. Wir werden dieses Gesetz erstmals bei der Berechnung eines Vorwiderstandes für eine Leuchtdiode, die ohne diesen nicht betrieben werden kann, praktisch anwenden. Mehr hierzu erfährst du dann im entsprechenden Kapitel.

Der geschlossene Stromkreis

Du weißt jetzt, dass ein Stromfluss nur dann zustande kommen kann, wenn der Kreis geschlossen und eine treibende Kraft am Werk ist. Das ist bei Elektronen ebenso der Fall wie z.B. bei Wassermolekülen. Werfen wir einen Blick auf einen einfachen Schaltplan.

◀ **Abbildung 3-11**
Ein einfacher geschlossener Stromkreis mit Batterie und Widerstand

Auf der linken Seite des Schaltplanes befindet sich eine Gleichspannungsquelle in Form einer Batterie, an deren beiden Polen + bzw. − ein Widerstand angeschlossen ist. Der Stromkreis ist damit geschlossen, und es kann – sofern die Batterie geladen ist – ein Strom I fließen. Aufgrund dieses Stromflusses fällt über dem Widerstand R eine bestimmte Spannung U ab. Wie U, R und I untereinander in Beziehung stehen, werden wir jetzt sehen.

> Genau diese Größen sind Bestandteil des *Ohmschen Gesetzes*. Ich denke, dass wir es hier anwenden können. Richtig?

Das ist korrekt, *Ardus*! Wir wollen eine kleine Übungsaufgabe durchrechnen, wobei folgende Werte gegeben sind:

- Die Spannung U der Batterie beträgt $9V$.
- Der Widerstand R hat einen Wert von $1.000\,\Omega$ ($1.000\,\Omega = 1\,K\Omega$). Das K steht für Kilo und bedeutet 1.000.

Frage: Wie groß ist der Strom I, der durch den Widerstand und natürlich auch durch die Batterie fließt?

Wenn wir die Formel

$$R = \frac{U}{I}$$

nach *I* umstellen, dann erhalten wir folgendes Ergebnis:

$$I = \frac{U}{R}$$

Wenn wir nun unsere bekannten Werte einsetzen, sieht unsere Berechnung folgendermaßen aus:

$$I = \frac{U}{R} = \frac{9V}{1000\Omega} = 0{,}009\,A = 9\,mA$$

Es fließt demnach ein Strom *I* von *9mA* durch die Schaltung. Wenn du eine solche Schaltung aufgebaut hast, kannst du mit einem *Vielfachmessgerät* – auch *Multimeter* genannt – diese Werte nachmessen. Dabei ist jedoch etwas zu beachten: Eine zu messende Spannung *U* wird immer parallel zum entsprechenden Bauteil ermittelt und der Strom *I* immer in Reihe mit dem Bauteil.

Abbildung 3-12 ▶
Messen der Größen Strom bzw. Spannung

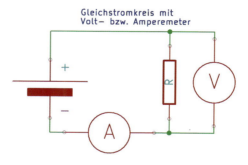

Jeder Leiter hat doch einen gewissen Widerstand, so auch bestimmt das Amperemeter. Wird dadurch die Messung der Stromstärke nicht verfälscht?

Hey super, *Ardus*! Das stimmt und deswegen haben Messgeräte, die auf »Stromstärke messen« eingestellt wurden, einen sehr geringen Innenwiderstand. Auf diese Weise wird das Messergebnis fast überhaupt nicht beeinflusst. Ich habe in den gezeigten Schaltungen für die Spannungsquelle das Batterie-Symbol verwendet. Es können aber in diversen Schaltplänen auch andere Varianten vorkommen.

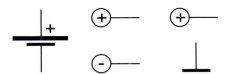

Abbildung 3-13
Unterschiedliche Spannungsquellensymbole

Das linke Symbol stellt eine Batterie dar. Die beiden mittleren Symbole werden sowohl bei Batterien als auch bei Netzteilen genutzt, und bei den beiden rechten Symbolen wird für den Minuspol das Massezeichen verwendet. Es kommt meistens dann zum Einsatz, wenn bei komplexeren Schaltplänen die Minusleitung nicht durch den ganzen Plan gezogen werden soll. Wir kommen später in diesem Kapitel noch zu den elektronischen Grundschaltungen, bei denen ich dann noch ein wenig genauer auf bestimmte Details eingehen werde. Ich glaube, dass es jetzt an der Zeit ist, dich ein wenig zu verwirren. Aber keine Angst, ich werde das Rätsel noch in diesem Abschnitt auflösen.

Achtung

In der Elektronik sind wir mit zwei entgegengesetzte Stromrichtungen konfrontiert. Du solltest deshalb wissen, worin der Unterschied besteht.

Also, so einen Quatsch habe ich ja schon lange nicht mehr gehört! Können die Elektronen sich jetzt ganz nach Belieben aussuchen, in welche Richtung sie durch den Leiter flitzen möchten. Das grenzt ja an Anarchie.

Also, *Ardus*, jetzt bleib mal ganz locker, denn es gibt in Wirklichkeit natürlich nur *eine* Stromrichtung. Die Ursache dieses Durcheinanders, wie ich es mal nennen möchte, war die Unkenntnis. Bevor sich die Wissenschaftler ein genaueres Bild über die Theorie der Elektronenbewegung machen konnten, hat man einfach mal so aus der Hüfte heraus definiert, dass am Pluspol ein Elektronenüberschuss und am Minuspol ein Elektronenmangel vorherrscht. Aus und fertig. Aufgrund dieser Festlegung müssen die Elektronen vom Plus- zum Minuspol wandern, wenn zwischen den beiden Polen eine leitende Verbindung hergestellt wird. Spätere Forschungen brachten es dann ans Tageslicht: Die Elektronen haben sich dem widersetzt und fließen in genau der entgegengesetzten Richtung. Da sich aber eine schlechte Angewohnheit nicht so schnell ablegen lässt und alle bis dato mit der falschen Richtung gearbeitet hatten, gab man dem Kind einen Namen. Die alte und falsche Richtung nannte man *Technische Stromrichtung*. Der neuen, jetzt richtigen Richtung gab man den Namen *Physikalische Stromrichtung*. Sie gibt die eigentliche Elektronenbewegung an.

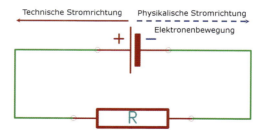

Tja, die Historie... Sie lässt sich nicht so einfach wegwischen, und wir müssen einfach damit leben. Aber du kennst nun den Unterschied und kannst in Zukunft auch mitreden.

Bauteile

Das erste grundlegende elektronische Bauteil, mit dem ich dich in Berührung gebracht habe, war der Widerstand. Es handelt sich um den einfachsten Vertreter von Bauteilen in der Elektronik. Es gibt aber noch eine unüberschaubare Menge an weiteren Teilen, die aufzuzählen ganze Bände füllen würde. Wir beschränken uns in diesem Kapitel auf die Basiselemente, die in zwei Kategorien unterteilt werden können: *passive* und *aktive* Bauelemente.

Der Unterschied zwischen passiven und aktiven Bauelementen

Passive Bauelemente

In der Regel ist die Bezeichnung *passive Bauelemente* ihre Bezeichnung recht passend, da sie in keinster Weise eine Verstärkungswirkung auf das anliegende Signal haben. In diese Kategorie fallen z.B. folgende Elemente:

- Widerstände
- Kondensatoren
- Induktivitäten (Spulen)

Aktive Bauelemente

Die *aktiven Bauelemente* können das anliegende Signal in einer bestimmten Art und Weise beeinflussen, so dass es zu einer Verstärkung kommen kann. Hierzu gehören z.B. die folgenden Elemente:

- Transistoren
- Thyristoren
- Optokoppler

Der Festwiderstand

Einen Widerstand, dessen Wert von außen nicht zu ändern ist – sehen wir einmal von der Temperatur ab, die zu einer Änderung führen würde – nennt man genau genommen *Festwiderstand*. Umgangssprachlich nennen wir ihn jedoch einfach nur *Widerstand*. Für die unterschiedlichsten Einsatzgebiete werden Widerstände mit verschiedenen Werten benötigt. Um diese zu unterscheiden, hat man sich für ein Farbkodiersystem entschieden, da aufgrund der kleinen Bauteile wenig Platz für eine ausführliche Beschriftung vorhanden ist. Außerdem gibt es verschiedene Größen, die einen ungefähren Rückschluss auf die maximal zulässige Verlustleistung geben.

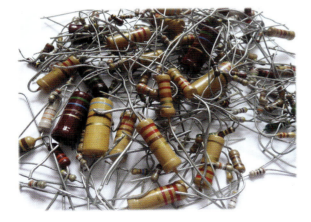

◀ **Abbildung 3-14**
Widerstandssammelsurium

Am Anfang scheint das System etwas verwirrend zu sein und es ist auch nicht ganz klar, von welcher Seite wir die einzelnen Farbringe lesen sollen. Dazu möchte ich im Folgenden nun ein paar Hilfestellungen liefern. Da aufgrund von Fertigungstoleranzen die Widerstandswerte vom angegebenen Wert mehr oder weniger abweichen können, wird zusätzlich zu den Ringen, die den Wert angeben, auch noch ein *Toleranzring* angefügt, der sich beim Ermitteln des Widerstandswertes auf der rechten Seite befinden muss. In den meisten Fällen ist dies ein *silberner* oder *goldener* Ring. Die restlichen drei Farbringe zur Linken geben Aufschluss über den *Widerstandswert*. Dann wollen wir einmal sehen, mit welchem Wert wir es bei dem hier gezeigten Kollegen zu tun haben:

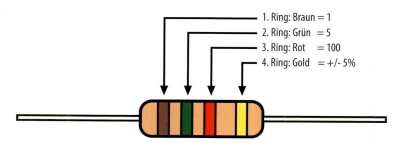

Abbildung 3-15
Ermittlung des Widerstandwertes anhand der Farbkodierung

1. Ring: Braun = 1
2. Ring: Grün = 5
3. Ring: Rot = 100
4. Ring: Gold = +/- 5%

Wenn wir diese Werte nebeneinander schreiben, ergibt sich folgender Wert für den Widerstand:

1. Ziffer	2. Ziffer	Multiplikator	Toleranz	Wert
1	5	100	+/- 5%	1500 Ω = 1,5 K

In der folgenden Tabelle findest du alle Farbkodierungen mit den korrespondierenden Werten:

Tabelle 3-1
Farbkodierungstabelle für Widerstände

Farbe	1. Ring (1. Ziffer)	2. Ring (2. Ziffer)	3. Ring (Multiplikator)	4. Ring (Toleranz)
● schwarz	x	0	$10^0 = 1$	
● braun	1	1	$10^1 = 10$	+/- 1%
● rot	2	2	$10^2 = 100$	+/- 2%
● orange	3	3	$10^3 = 1.000$	
● gelb	4	4	$10^4 = 10.000$	
● grün	5	5	$10^5 = 100.000$	+/- 0,5%
● blau	6	6	$10^6 = 1.000.000$	+/- 0,25%
● violett	7	7	$10^7 = 10.000.000$	+/- 0,1%
● grau	8	8	$10^8 = 100.000.000$	+/- 0,05%
● weiß	9	9	$10^9 = 1.000.000.000$	
● gold			$10^{-1} = 0,1$	+/- 5%
● silber			$10^{-2} = 0,01$	+/- 10%

Die Schaltzeichen, also die Symbole, die in Schaltplänen für Widerstände Verwendung finden, sehen wie folgt aus:

◀ **Abbildung 3-16**
Die Schaltzeichen für einen Festwiderstand

Es kann sich zum einen nach *DIN* (**D**eutsche **I**ndustrie **N**orm um ein Rechteck mit den elektrischen Anschlüssen zur rechten bzw. zur linken Seite handeln. Der Widerstandswert kann sich direkt innerhalb des Symbols befinden oder auch direkt darüber bzw. darunter. Zum anderen kann aber auch die US-Variante nach *ANSI* (**A**merican **N**ational **S**tandards **I**nstitute), Verwendung finden, bei der der Widerstand durch eine Zickzacklinie dargestellt wird. Diese Zickzacklinie stammt noch aus der Zeit, als die Widerstände noch aus mehr oder weniger umfangreichen Drahtwicklungen aufgebaut waren. Auf das *Ohm*-Zeichen wird in der Regel verzichtet, wobei bei Werten kleiner *1* Kilo-Ohm (*1000* Ohm) lediglich die nackte Zahl angeführt wird und bei Werten ab *1* Kilo-Ohm ein *K* für *Kilo* bzw. ab *1* Mega-Ohm ein *M* für *Mega* angehängt wird. Hier einige Beispiele:

Wert	Kennzeichnung
330 Ω	330
1000 Ω	1 K
4700 Ω	4,7 K oder auch 4K7
2,2 MΩ	2,2 M

◀ **Tabelle 3-2**
Unterschiedliche Widerstandswerte

Um hinsichtlich der maximalen Verlustleistung keine Probleme zu bekommen, können wir mit Hilfe der Formel

$$P = U \cdot I$$

die Leistung *P* errechnen. Die Einheit der Leistung ist *W* und steht für *Watt*. Die Widerstände, die wir für unsere Experimente verwenden, sind allesamt Kohlewiderstände mit einer maximalen Verlustleistung von ¼ Watt.

Der veränderliche Widerstand

Neben den Festwiderständen gibt es eine ganze Reihe veränderlicher Widerstände. Denke z.B. einfach mal an den Lautstärkeregler an deinem Radio. Dabei handelt es sich um einen Widerstand, der je nach Drehposition seinen Widerstandswert ändert.

Der Trimmer und der Potentiometer

Es gibt zwei unterschiedliche manuell verstellbare Widerstände. Sie nennen sich *Trimmer* bzw. *Potentiometer* – auch kurz *Poti* genannt – und verändern ihre Widerstandswerte durch Drehung an der beweglichen Achse. Im Prinzip funktionieren aber beide nach dem gleichen Schema. In der folgenden Abbildung siehst du den schematischen Aufbau. Auf einem nichtleitenden Trägermaterial befindet sich eine leitende Widerstandsschicht, an deren beiden Enden (*A* und *B*) Kontakte angebracht sind. Zwischen diesen beiden Kontakten herrscht immer der gleiche Widerstandswert. Damit der Widerstand veränderbar ist, wird ein dritter beweglicher Kontakt (*C*) angebracht, der sich auf der Widerstandsschicht in beiden Richtungen bewegen kann. Man nennt ihn *Schleifer* und er dient als Abgriffkontakt für den variablen Widerstandswert.

Abbildung 3-17 ▶
Schematischer Aufbau eines Trimmers bzw. Potentiometers in zwei unterschiedlichen Positionen

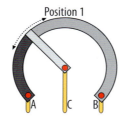

Bei Position *1* besteht zwischen den Punkten *A* und *C* ein kleinerer Widerstand als zwischen den Punkten *C* und *B*. Im Gegensatz dazu wurde bei Position *2* der Schleifkontakt weiter nach rechts gedreht, wobei sich der Widerstandswert zwischen Punkt *A* und *C* vergrößert und gleichsam zwischen *C* und *B* verkleinert hat.

Der Trimmer

Der *Trimmer* dient als einmalig einzustellender Widerstand, der meistens direkt auf einer Platine festgelötet wird. Dabei wird z.B. eine Schaltung über einen kleinen Uhrmacher-Schraubendreher kalibriert und der Wiederstandswert in der Regel dann nicht mehr verändert.

Trimmer gibt es in so vielen unterschiedlichen Formen, dass ich aus Platzgründen nicht jeden einzelnen vorstellen kann. Das entsprechende Schaltzeichen aber sieht folgendermaßen aus:

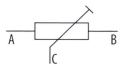

▶ **Abbildung 3-18**
Das Schaltzeichen für einen Trimmer

Der Potentiometer

Der/das *Potentiometer* wird als kontinuierlich verstellbarer Widerstand verwendet, der – wie schon eingangs erwähnt – z.B. zur Lautstärkeregelung bei Radios oder zur Helligkeitsregelung bei Leuchtkörpern verwendet werden kann. Sein beweglicher Schleifer ist über eine Welle, die aus einem Gehäuseinneren nach außen geführt wird, mit einem Drehknopf verbunden. So kannst du den Widerstandswert bequem mit der Hand regulieren.

Das Schaltzeichen für ein *Potentiometer* sieht wie folgt aus:

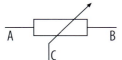

▶ **Abbildung 3-19**
Das Schaltzeichen für das Potentiometer

Der lichtempfindliche Widerstand

Der *lichtempfindliche Widerstand* wird auch *LDR* (**L**ight **D**epending **R**esistor) genannt. Es handelt sich um einen Photowiderstand, der seinen Widerstandswert in Abhängigkeit von der auftreffenden Lichtstärke ändert. Je höher der Lichteinfall ist, desto geringer wird sein Widerstand.

Wir werden mit diesem elektronischen Bauteil interessante Versuche im Zusammenhang mit einem *Servo* durchführen. Der *Servo-Motor* soll dabei einer Lichtquelle folgen und immer auf den hellsten Punkt weisen. Das Schaltzeichen für einen *lichtempfindlichen Widerstand* sieht folgendermaßen aus:

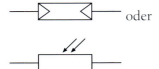 oder

▶ **Abbildung 3-20**
Die Schaltzeichen für einen lichtempfindlichen Widerstand

Ein Blick auf die Kennlinie eines *LDR* verdeutlicht noch einmal sein Widerstandsverhalten bei unterschiedlichen Lichtstärken, wobei die Lichtstärke in *Lux* angegeben wird.

Bauteile

Abbildung 3-21 ▶
Die Kennlinie eines LDR

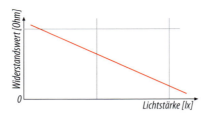

Die Einsatzgebiete eines *LDR* sind recht unterschiedlich. Hier einige Beispiele:

- als Dämmerungsschalter zur Ansteuerung einer zusätzlichen Lichtquelle wie z.B. Straßenlaternen oder Fahrzeuginnenraumbeleuchtung bei einsetzender Dunkelheit
- zur Messung der Lichtstärke für Fotoaufnahmen
- als Sensor in Lichtschranken wie z.B. bei Fahrstuhltüren oder bei Zutrittskontrollen in Sicherheitsbereichen

Der Widerstandbereich des *LDR* hängt vom verwendeten Material ab und weist einen ungefähren Dunkelwiderstand zwischen *1 MΩ* und *10 MΩ* auf. Bei einer Beleuchtungsstärke von ca. *1000 Lux (lx)* stellt sich ein Widerstand von *75 Ω* bis *300 Ω* ein. *Lux* ist dabei die Bezeichnung für die Einheit der Beleuchtungsstärke.

Der temperaturempfindliche Widerstand

Der temperaturempfindliche Widerstand ändert seinen Widerstandswert in Abhängigkeit von der ihn umgebenden Temperatur. Es werden zwei unterschiedliche Typen produziert.

- NTC (Negativer Temperatur Coeffizient) - Heißleiter
- PTC (Positiver Temperatur Coeffizient) - Kaltleiter

NTC

Der *NTC*-Widerstand verhält sich so, dass bei hohen Temperaturen die Leitfähigkeit steigt, was gleichzeitig bedeutet, dass der Widerstand sinkt.

Die Bauform gleicht der eines Keramik-Kondensators, wodurch hier hin und wieder auch mal eine Verwechslung erfolgt. Ein Aufdruck, der z.B. *4K7* lautet, gibt aber deutlich Aufschluss über einen Widerstandswert. Unter der Bezeichnung *Thermistor NTC 4K7* ist dieser Widerstand eindeutig zu identifizieren. Das Schaltzeichen sieht folgendermaßen aus:

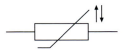

Abbildung 3-22
Das Schaltzeichen für einen NTC (Heißleiter)

An der Kennlinie eines *NTC* kannst du das Widerstandsverhalten erkennen.

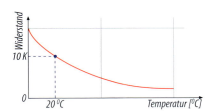

Abbildung 3-23
Die Kennlinie eines NTC

Wir können auf den ersten Blick erkennen, dass die Kennlinie kein lineares Verhalten aufweist. Der Verlauf erfolgt in einer Kurve und nicht in einer Geraden wie beim *LDR*. Das wichtigste Merkmal dieses Widerstandes ist der sogenannte *Kaltwiderstand*, der den Widerstandswert R_{20} bei 20^0C Raumtemperatur angibt. Ich habe in die Kurve als Beispiel einen fiktiven Wert von $10\ K\Omega$ eingetragen.

PTC

Der *PTC*-Widerstand ist das Gegenstück zum *NTC* und weist ein Temperaturverhalten auf, bei dem bei hohen Temperaturen die Leitfähigkeit sinkt, was bedeutet, dass der Widerstand steigt. Das Schaltzeichen sieht folgendermaßen aus:

Abbildung 3-24
Das Schaltzeichen eines PTC (Kaltleiter)

Die Kennlinie eines *PTC* verläuft genau umgekehrt wie die eines *NTC* und weist zudem noch besondere Merkmale auf. Sie kann im niedrigen wie auch im höheren Temperaturbereich über ein Minimum bzw. ein Maximum verfügen.

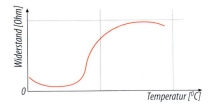

Abbildung 3-25
Die Kennlinie eines PTC

Bauteile

Tabelle 3-3 ▶
Das Verhalten von NTC und PTC bei unterschiedlichen Temperaturen

Typ	Temperatur	Widerstand	Strom
NTC	↑	↑	↑
	↓	↑	↑
PTC	↑	↑	↑
	↑	↑	↑

In der folgenden Tabelle habe ich das Verhalten beider temperaturabhängigen Widerstände (*NTC* und *PTC*) noch einmal kurz skizziert.

Der Kondensator

Bei einem Kondensator handelt es sich um ein Bauteil, das im Prinzip aus zwei gegenüberliegenden, leitenden Platten besteht. Liegt zwischen beiden Platten z.B. eine Gleichspannung an, dann baut sich dazwischen ein *elektrisches Feld* auf.

Abbildung 3-26 ▶
Das elektrische Feld (blaue Feldlinien) zwischen den beiden Kondensatorplatten

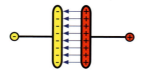

Beide Platten haben einen bestimmten Abstand zueinander und sind durch eine Isolierschicht – dem *Dielektrikum* – voneinander getrennt. Wenn der Kondensator aufgeladen ist, kann die Spannungsversorgung entfernt werden, wobei das elektrische Feld bestehen bleibt. Die beiden Platten speichern also die ihnen zugeführte Ladungsmenge Q in *As*. Die Einheit *As* bedeutet Ampere mal Sekunde:

$$Q = I \cdot t$$

In diesem Fall verhält sich ein Kondensator wie eine geladene Batterie.

■ **Achtung**
Ein geladener Kondensator sollte niemals kurzgeschlossen und immer über einen geeigneten Widerstand entladen werden.

Die Ladungsmenge, die der Kondensator aufnehmen kann, hängt von zwei Faktoren ab:

- Der Gesamtkapazität *C* des Kondensators, die in *Farard (F)* gemessen wird.
- Der Versorgungsspannung *U*, die am Kondensator anliegt.

Wir können festhalten, dass die Ladungsmenge Q eines Kondensators umso größer wird, je größer die Kapazität bzw. die Spannung ist. Die folgende Formel zeigt uns den Zusammenhang der drei Größen:

$$Q = C \cdot U$$

Hierzu ein kurzes Rechenbeispiel: Wir haben einen Kondensator mit einer Kapazität von C = 3,3 µF, der an einer Versorgungsspannung von 9V liegt. Wie groß ist die Gesamtladung Q?

$$Q = C \cdot U = 3,3\ \mu F \cdot 9V = 2,97 \cdot 10^{-5} As$$

Die Kapazität eines Kondensators liegt in der Regel weit unterhalb von einem Farad. Daher bewegen sich die Größen in den folgenden Bereichen:

- *µF* (10^{-6}) – Mikrofarad
- *nF* (10^{-9}) – Nanofarad
- *pF* (10^{-12}) - Pikofarad

Es gibt die unterschiedlichsten Arten von Kondensatoren, von denen ich nur einige aufführen möchte:

Polungsunabhängige Kondensatoren

- Keramikkondensatoren
- Kunststofffolienkondensatoren
- Metallpapierkondensatoren

Polungsrelevante Kondensatoren

- Elektrolytkondensatoren (auch *Elkos* genannt)

Ich habe hier einmal einen Elektrolytkondensator (links) und einen Keramikkondensator (rechts) abgebildet. Es gibt da schon enorme Größenunterschiede, wie du hier erkennen kannst.

Polungsunabhängige Kondensatoren können sowohl in Gleich- als auch Wechselstromkreisen eingesetzt werden, wohingegen *polungsabhängige* Kondensatoren, wie der Elektrolytkondensator, lediglich im Gleichstromkreis und bei richtiger Polung zum Einsatz kommen darf.

> Die Funktionsweise von Kondensatoren habe ich soweit verstanden, doch wo sie zu welchem Zweck eingesetzt werden, ist mir schleierhaft.

Es gibt die unterschiedlichsten Einsatzgebiete, von denen ich hier nur einige aufzeigen möchte:

- Zur Spannungsglättung bzw. Spannungsstabilisierung. Wenn z.B. ein komplexes Bauteil wie der integrierte Schaltkreis auf eine stabile Spannungsversorgung angewiesen ist, um seine Daten nicht zu verlieren, dann wird zwischen + und – am Bauteilgehäuse ein separater Kondensator geschaltet, der bei kurzzeitigen Spannungsschwankungen den vorherigen Pegel kurz aufrechterhält, so dass sich dieser Spannungseinbruch nicht bemerkbar macht.
- Zur Signalkopplung, z.B. bei mehrstufigen Transistorschaltungen.
- Bei Timerschaltungen, die nach einer bestimmten Zeit z.B. einen Kontakt eines Relais öffnen oder schließen.
- Bei Taktgebern, die in regelmäßigen Abständen Impulse an einen Ausgang schicken.

Die Schaltzeichen für Kondensatoren sehen folgendermaßen aus:

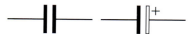

Abbildung 3-27 ▶
Die Schaltzeichen eines normalen Kondensators (links) und eines Elektrolytkondensators (rechts)

Wir wollen einmal sehen, wie sich ein Kondensator, den wir mit einer Batterie verbinden, denn so verhält:

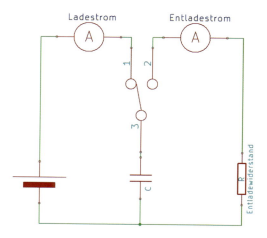

Abbildung 3-28 ▶
Schaltung zum Laden und Entladen eines Kondensators

In dieser Schaltung siehst du einen Kondensator, der über eine Batterie geladen wird, wenn sich der Wechselschalter in der momentanen *Position 1* befindet. Schalten wir hinüber zu *Position 2*, dann wird der Kondensator C über den Widerstand R kurzgeschlossen, und er entlädt sich wieder. An den beiden Strommessgeräten kann man auf diese Weise sowohl den Lade- als auch den Entladestrom messen. Das alles ist natürlich für dich jetzt reine Theorie und deswegen habe ich eine Schaltung aufgebaut, bei der der Vorgang des Schalterumlegens automatisch und elektronisch vollzogen wird. Als Spannungsquelle wird keine Batterie verwendet, sondern ein Frequenzgenerator, der so eingestellt ist, dass er Rechtecksignale erzeugt. Die Spannung schwankt also in regelmäßigen Abständen zwischen einer vorgegebenen Spannung U_{max} und 0 Volt.

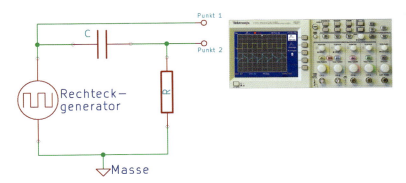

◀ **Abbildung 3-29**
Schaltung zum Laden und Entladen eines Kondensators über einen Rechteckgenerator

Ich habe an den beiden Messpunkten *1* bzw. *2* ein Zweikanaloszilloskop angeschlossen, das die Spannungsverläufe zeitlich darstellt. Messpunkt *1* wird mit Kanal 1 (gelbe Kurve) verbunden und liegt direkt am Ausgang des Rechteckgenerators. Messpunkt *2* wird mit Kanal 2 (blaue Kurve) verbunden und zeigt quasi die Spannung hinter dem Kondensator C an, die über dem Widerstand R abfällt. Damit wollen wir untersuchen, inwieweit ein Rechtecksignal durch den Kondensator gelangt. Die folgende Abbildung zeigt dir die Spannungsverläufe genauer:

Abbildung 3-30 ▶

Eingangs- und Ausgangsspannung des Kondensators (Aufnahme mit Multisim)

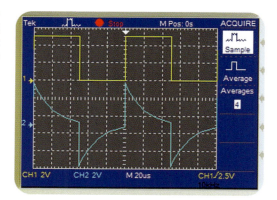

Wie ist das Oszillogramm nun zu deuten? Wenn der Spannungspegel vor dem Kondensator von *0V* auf z.B. *5V* (gelbe Kurve) springt, folgt der Ausgang des Kondensators (blaue Kurve) unmittelbar. Im ersten Moment wirkt der ungeladene Kondensator wie ein Kurzschluss und lässt den Strom ungehindert durch. Bleibt der Spannungspegel vor dem Kondensator aber längere Zeit auf *5V*, dann lädt sich der Kondensator auf und sein Widerstand steigt. Du siehst, dass die untere blaue Kurve langsam abflacht und fast auf *0V* zurückgeht. Ein geladener Kondensator stellt für den Gleichstrom eine Sperre dar und lässt ihn nicht mehr durch. Wenn das Rechtecksignal wieder auf *0V* abflacht, kann sich der Kondensator über den Widerstand entladen, wobei der Strom jetzt aber in eine andere Richtung fließt als beim Ladevorgang. Du erkennst das daran, dass die blaue Kurve einen Sprung nach unten macht. Die Ladung des Kondensators wird kleiner und kleiner und ebenso der Entladestrom. Die Spannung über dem Widerstand, die durch die untere Kurve repräsentiert wird, geht ebenfalls gegen *0V*. Anschließend wiederholt sich das ganze Spiel, und eine erneute Ladung des Kondensators steht an.

Stopp mal, denn irgendetwas stimmt doch hier nicht so ganz! Du hast doch gesagt, dass sich der Kondensator erst mit der Zeit auflädt und dennoch macht die blaue Kurve einen Sprung von *0V* auf den maximalen Pegel, wenn sich das Eingangssignal auf *5V* verstärkt. Wie soll ich denn das verstehen?

Gut, dass du hier einhakst, denn da bringst du wirklich etwas durcheinander. Schaue dir noch einmal den Schaltungsaufbau an. Das blaue Signal, auf das du hier anspielst, zeigt dir den Pegel, der direkt hinter dem Kondensator abgegriffen wird, also quasi den Strom, der durch den Kondensator fließt. Es handelt sich dabei *nicht* um die Kondensatorspannung. Um diese anzuzeigen, müssen wir die Schaltung ein wenig modifizieren. Vertauschen wir doch einfach einmal Widerstand und Kondensator. Es ergibt sich folgendes Schaltungsbild:

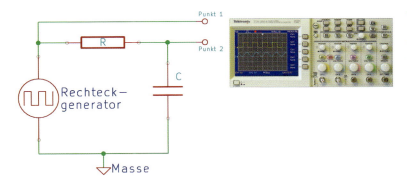

◀ **Abbildung 3-31**
Schaltung zum Laden und Entladen eines Kondensators über einen Rechteckgenerator

Du siehst, dass der Widerstand *R* jetzt als Ladewiderstand arbeitet und wir die Spannung parallel zum Kondensator *C* abgreifen. Das folgende Oszillogramm zeigt uns den Lade- bzw. Entladevorgang am Kondensator noch deutlicher.

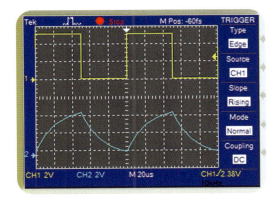

◀ **Abbildung 3-32**
Ladespannung des Kondensators (Aufnahme mit Multisim)

Wird das Rechtecksignal von $0V$ auf Maximum verstärkt, dann wird der Kondensator über den Widerstand geladen. Das braucht natürlich seine Zeit. Wir erkennen dies daran, dass die blaue Kurve sich nur langsam dem angestrebten Wert von $5V$ nähert. Springt das Rechtecksignal zurück auf $0V$, dann ist zu diesem Zeitpunkt der Kondensator noch geladen und gibt seine Energie jetzt langsam über den Widerstand ab. Die Ladespannung sinkt wieder gegen $0V$, bis wieder über das Rechtecksignal der Startschuss für das erneute Laden fällt. Anschließen beginnt alles von vorne.

Die Diode

Bei einer *Diode* handelt es sich um ein Bauteil, das in die Kategorie *Halbleiterelemente* (Silizium oder Germanium) fällt. Sie hat die Eigenschaft, den Strom nur in einer bestimmten Richtung (Durchlassrichtung) durchzulassen. Wenn er aus der anderen Richtung kommt, wird er gesperrt (Sperrrichtung). Dieses elektrische Verhalten erinnert natürlich augenblicklich an ein Ventil, wie du es z.B. an deinem Fahrrad vorfindest. Du kannst Luft von außen in den Schlauch hinein pumpen, aber es entweicht keine Luft von innen nach außen. Ich habe wieder meine hochauflösende Kamera bemüht, um die folgenden, einzigartigen Bilder zu machen.

Abbildung 3-33 ▶
Elektronen auf dem Weg durch die Diode in Durchlassrichtung

Du erkennst, dass die Elektronen kein Problem beim Passieren der Diode haben. Die interne Klappe öffnet sich problemlos in *die* Richtung, in die sie alle wollen. Die folgenden Kameraden haben bei ihrer Wanderung durch die Diode nicht so viel Glück:

Abbildung 3-34 ▶
Elektronen beim Versuch, die Diode in Sperrrichtung zu durchqueren

Die Klappe lässt sich nicht in die gewünschten Richtung bewegen, so dass es am Checkpoint zu Tumulten kommt, weil keiner passieren kann. Diode gibt es in den unterschiedlichsten Formen und Farben. Hier zwei Beispiele:

Da die Richtung, in der die Diode betrieben wird, enorm wichtig ist, muss eine entsprechende Markierung auf dem Bauteilkörper vorhanden sein. Es handelt sich diesmal nicht um eine Farbkodierung, sondern um einen mehr oder weniger dicken Strich mit einer zusätzlich aufgedruckten Bezeichnung. Tja, hier scheint es auf einmal genügend Platz für eine solche Beschriftung zu geben... Um sie auch sprachlich auseinander zu halten, haben beide Anschlüsse unterschiedliche Bezeichnungen:

- Anode
- Kathode

Eine Silizium-Diode arbeitet in Durchlassrichtung, wenn die Anode $+0{,}7V$ positiver ist als die Kathode. Sehen wir uns dazu einmal die gängigen Schaltsymbole an:

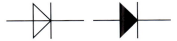

◀ **Abbildung 3-35**
Die Schaltzeichen für eine Diode, links die offene, rechts die geschlossene Variante.

Wo sind jetzt aber *Anode* bzw. *Kathode*? Ich merke mir das immer so: Die Kathode beginnt mit dem Buchstaben *K* und dieser hat links eine senkrechte Linie. Das Diodenschaltsymbol hat ebenfalls auf der rechten Seite eine lange senkrechte Linie. Dort befindet sich die *Kathode*.

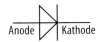

Das lässt sich doch recht einfach zu merken, oder? Wir sollten nun einen Blick auf die Arbeitsweise der Diode in einer Schaltung riskieren. Ich verwende statt eines Rechtecksignals ein *Sinussignal* am Eingang der Diode, das sowohl positive als auch negative Spannungswerte aufweist. Das Schaltbild sollte dir bekannt vorkommen.

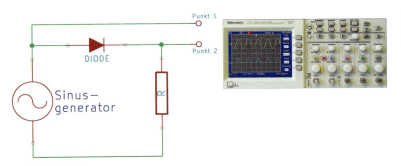

◀ **Abbildung 3-36**
Schaltung zur Ansteuerung einer Diode über einen Sinusgenerator

Der Eingang der Diode, also die *Anode*, wird mit dem Ausgang des Sinusgenerators verbunden. Dieser Verbindungspunkt wird durch die gelbe Kurve im Oszillogramm dargestellt. Der Ausgang, also die *Kathode*, wird durch die blaue Kurve repräsentiert. Wir sehen uns das wieder aus der Nähe an:

Abbildung 3-37 ▶
Eingang bzw. Ausgang einer Diode (Aufnahme mit Multisim)

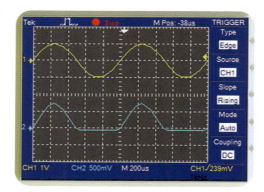

Das gelbe Eingangssignal zeigt uns einen klaren Sinusverlauf. Da die Silizium-Diode jedoch nur für positive Signale > +0,7V durchlässig ist und für negative Signale eine Sperre bedeutet, zeigt uns die blaue Ausgangskurve lediglich den positiven Flügel der Sinuskurve. Dort, wo sich eigentlich der negative Flügel der Sinuskurve befindet, haben wir eine Nulllinie, was auf die Sperrrichtung der Diode hindeutet. Wir sollten zum Abschluss der Diodenbetrachtung noch einen Blick auf die *Spannungs-Strom-Kennlinie* werfen. Diese Kennlinie zeigt dir, ab welcher Eingangsspannung der Strom durch die Diode zu fließen beginnt und sie anfängt zu leiten. Das geschieht nicht sofort, sondern beginnt langsam ab ca. +0,5V und wird dann fast schlagartig auf +0,7V verstärkt.

Abbildung 3-38 ▶
Spannungs-Strom-Kennlinie einer Silizium-Diode (Aufnahme mit Multisim)

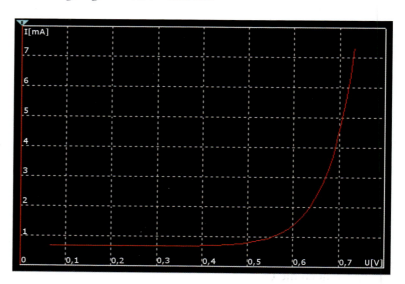

An den beiden folgenden sehr einfachen Schaltungen kannst du die eben beschriebene Funktionsweise als elektronisches Ventil gut erkennen. Sie bestehen jeweils aus zwei Dioden und zwei Lampen, die durch eine Batterie mir Strom versorgt werden.

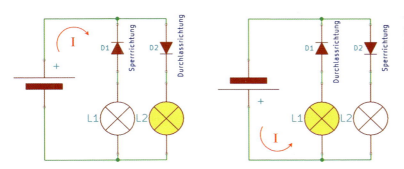

Abbildung 3-39
Durchlass- bzw. Sperrrichtung von Dioden in zwei Lampenschaltungen

Linke Schaltung

In der linken Schaltung liegt der Pluspol der Batterie oben, so dass er mit der Anode der Diode *D2* verbunden ist. Diese ist somit in Durchlassrichtung geschaltet, leitet den Strom durch und lässt Lampe *L2* leuchten. Diode *D1* sperrt, da ihre Kathode am Pluspol der Batterie liegt. Die Lampe *L1* bleibt dunkel.

Rechte Schaltung

In der rechten Schaltung wurde lediglich die Polarität der Batterie vertauscht, so dass der Pluspol unten liegt. Die Polaritätsverhältnisse sind jetzt genau umgedreht. Der Pluspol der Batterie liegt an der Anode der Diode *D1* und lässt die Lampe *L1* leuchten. Diode *D2* wird in Sperrrichtung betrieben, da der Pluspol an ihrer Kathode liegt. Die Lampe *L2* bleibt dunkel.

Vielleicht fragst du dich jetzt, wozu solche Bauteile benutzt werden. Die Anwendungsgebiete sind recht vielfältig, daher möchte ich dir hier nur einige nennen:

- Gleichrichtung von Wechselstrom
- Spannungsstabilisierung
- Freilaufdiode (zum Schutz vor Überspannung beim Abschalten einer Induktivität, z.B. bei einem Motor)

Es gibt viele unterschiedliche Diodentypen, z.B. *Z-Dioden* oder *Tunneldioden*, um nur zwei zu nennen. Alle Typen aufzuzählen und zusätzlich noch die Unterschiede zu erläutern, würde den Umfang dieses Buches sprengen. Ich verweise daher auf entsprechende Elektronik-Fachliteratur oder das Internet.

Der Transistor

Jetzt kommen wir zu einem sehr interessanten elektronischen Bauteil, das die Entwicklung integrierter Schaltkreise auf kleinstem Raum erst ermöglicht hat – dem *Transistor*! Es handelt sich dabei um einen *Halbleiterelement*, das sowohl als *elektronischer Schalter* als auch als *Verstärker* Verwendung findet. Es ist das erste elektronische Bauteil, das in die Kategorie *aktives Bauteil* fällt und dabei *drei Anschlüsse* besitzt. Nun, das muss ja dann schon etwas ganz Besonderes sein. Und das ist es tatsächlich. Auch hier gibt es wieder eine Unmenge an Varianten in verschiedenen Formen, Größen und Farben.

Abbildung 3-40 ▶
Ein Transistorsammelsurium

Stopp mal bitte! Da hast du eben schon wieder den Ausdruck *Halbleiter* verwendet. Kannst du mir mal bitte verraten, wie das funktionieren soll. Wie kann ein Material nur halb leiten? Das ist mir ein Rätsel!

Ok, *Ardus*. Der Ausdruck *Halbleiter* ist etwas widersprüchlich und gibt das bezeichnete elektrische Verhalten nicht ganz korrekt wieder. Es bedeutet, dass das verwendete Material – z.B. Silizium – unter gewissen Bedingungen leitet und dann wieder auch nicht. Es wäre für alle verständlicher, wenn anstelle des Ausdrucks *Halbleiter* z.B. die Bezeichnung *Steuerleiter* verwendet würde. Doch daran können wir jetzt nichts mehr ändern und müssen es so nehmen, wie es ist. Wir können den Transistor mit einem elektronisch regelbaren Widerstand vergleichen, dessen Schleiferposition über einen angelegten Strom beeinflusst werden kann und dessen Wert sich somit regulieren lässt.

Je größer der absolute Wert des Stromes am Punkt B ist, desto kleiner wird der Widerstand zwischen den Punkten C und E. Warum ich genau diese Buchstaben verwende, wirst du gleich sehen. Wenn wir uns ein Bauteil vorstellen, das wie schon erwähnt etwas steuern soll (schalten oder verstärken), dann muss es ja über eine Leitung verfügen, die diese Steuerung übernimmt, und zwei weitere, die den Elektronenfluss (rein bzw. raus) ermöglichen. Damit haben wir auch schon die drei Anschlüsse eines Transistors auf sehr rudimentäre Weise beschrieben. Ich möchte an dieser Stelle wieder auf meine Spezialkamera zurückgreifen und dich mit bisher nicht veröffentlichten Bildern überraschen.

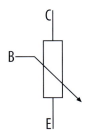

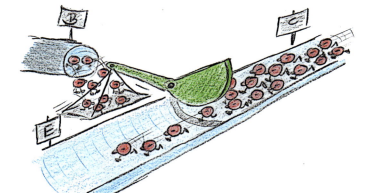

◀ **Abbildung 3-41**
Elektronen auf dem Weg durch den Transistor

Diese hochauflösende Aufnahme zeigt dir das Innere eines *NPN*-Transistors (was das ist, wird gleich noch erläutert), der mit dem Pluspol der Spannungsquelle über den Anschluss mit der Bezeichnung B gesteuert wird. Damit wir die einzelnen Anschlüsse eines Transistors auseinander halten können, hat jedes Beinchen eine Bezeichnung:

- **B** steht für Basis.
- **C** steht für Collektor (deutsch: Kollektor).
- **E** steht für Emitter.

Auf diesem hochauflösenden Bild siehst Du, wie sich der Strom von Elektronen zwischen *Kollektor* und *Emitter* bewegt. Es handelt sich um den *Arbeitsstromkreis*. Mit ihm werden z.B. andere Verbraucher wie Lampen, Relais oder auch Motoren gesteuert. Dann ist da noch der Strom, der durch die Basis fließt. Das ist der *Steuerstrom*. Er reguliert mit seiner Stärke den *Arbeitsstrom*. Mit einem sehr geringen Steuerstrom kann ein relativ hoher Arbeitsstrom geregelt werden. Dieses Verhalten wird *Verstärkung* genannt.

> Der Unterschied zwischen *Steuer-* und *Arbeitsstromkreis* ist mir noch nicht ganz klar. Warum haben wir auf einmal *zwei* Stromkreise? Ich dachte, dass man es immer nur mit einem Kreis zu tun hätte.

Schau her, *Ardus*. Ich werde dir das Prinzip anhand einer einfachen konventionellen Schaltung mit elektrischen Bauteilen zeigen.

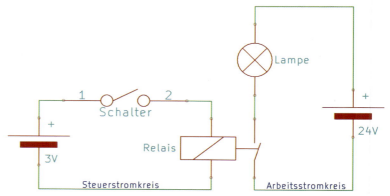

Abbildung 3-42 ▶
Steuer- und Arbeitsstromkreis mit elektrischen Bauteilen

Auf der linken Seite haben wir den Steuerstromkreis, der über einen Schalter das angeschlossene Relais steuert. Die genaue Funktionsweise eines Relais werde ich gleich noch erläutern. Für den Augenblick reicht es, wenn du weißt, dass es sich um ein elektromechanisches Bauteil handelt, das beim Anlegen einer Spannung einen Kontakt schließt. Die Spannungsversorgung von *3V* reicht aus, um das kleine Relais anzusteuern. Auf der rechten Seite befindet sich der Arbeitsstromkreis, der eine Lampe mit *24V* zum Leuchten bringen soll. Die Arbeitskontakte des Relais schließen bei geschlossenem Schalter diesen Stromkreis und die Lampe leuchtet. Es ist davon auszugehen, dass im Steuerstromkreis ein niedriger Strom fließt, als im Arbeitsstromkreis. Kleine Ursache, große Wirkung. Du siehst, dass wir hier mit zwei unabhängigen getrennten Stromkreisen arbeiten. Übertragen wir jetzt diese Arbeitsweise einmal auf den Transistor. Zuvor zeige ich dir aber noch die Schaltbilder des Transistors. Da es zwei unterschiedliche Typen gibt, haben wir es auch mit verschiedenen Schaltsymbolen zu tun. Auf die Unterschiede komme ich sofort zu sprechen.

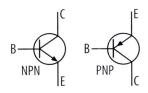

◀ **Abbildung 3-43**
Die unterschiedlichen Schaltzeichen eines Transistors

Die Unterschiede zwischen den Typen *NPN* und *PNP* liegen in der Anordnung der Siliziumschichten. Jeder Transistor weist drei aufeinander liegende Siliziumschichten auf, von denen die beiden äußeren immer gleich sind. Bei einem *NPN*-Transistor liegen die N-Schichten außen und bilden den *Kollektor* bzw. *Emitter*. Bei der in der Mitte liegenden Schicht handelt es sich um die *Basis*. Die Basis eines *NPN*-Transistors wird also durch die P-Schicht gebildet. Der *NPN*-Transistor schaltet durch, wenn das *Basis-Emitter-Potential* mindestens *+0,7V* beträgt. Mit *Durchschalten* ist dabei der beginnende Stromfluss zwischen Kollektor und Emitter gemeint. Im Gegensatz dazu schaltet der *PNP*-Transistor durch, wenn das *Basis-Emitter-Potential* negativ ist und mindestens *-0,7V* beträgt. So, nun kann ich dir das Prinzip von Steuer- und Arbeitsstromkreis mit einem Transistor zeigen.

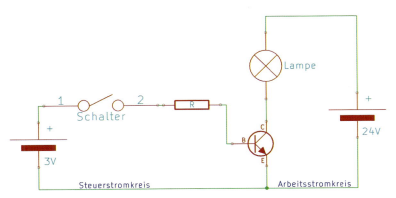

◀ **Abbildung 3-44**
Steuer- und Arbeitsstromkreis mit elektrischen und elektronischen Bauteilen

Das Relais wurde durch den *NPN*-Transistor ersetzt, der über einen Vorwiderstand *R* positiv angesteuert wird, wenn du den Schalter schließt. Dieser Widerstand ist unbedingt erforderlich, da ein zu hoher Basisstrom den Transistor überhitzt, was mit einem Totalausfall quittiert wird. Obwohl Steuer- und Arbeitsstromkreis eine gemeinsame Masse besitzen, sprechen wir hier immer noch von zwei getrennten Stromkreisen. Sehen wir uns aber nun einmal einen Transistor aus der Nähe an. Ich habe mich für den Typ *BC557C* entschieden, den du auf dem folgenden Bild siehst. Es handelt sich um einen *PNP*-Transistor, dessen Amtskollege der *NPN*-Transistor *BC547C* ist. Wie du auf dem Bild *Eine Hand voll Transistoren* gesehen hast, gibt es sehr unterschiedliche Gehäuseformen. Der hier gezeigte Transistor steckt in einem sogenannten *TO-92* Gehäuse aus Plastik.

Es handelt sich dabei um einen recht universellen Transistor, der für kleine Verstärkerschaltungen bzw. Schaltanwendungen geeignet ist. Die Pinbelegung dieser beiden Typen ist gleich und sieht folgendermaßen aus:

Abbildung 3-45 ▶
Die Pinbelegung der Transistoren BC547C und BC557C (Sicht von unten auf die Beinchen)

 Das könnte für dich wichtig sein

Alle notwendigen Informationen zu Transistoren oder allen anderen genannten Bauteilen in diesem Buch findest du in den entsprechenden Datenblättern, die im Internet frei verfügbar sind.

Wann und wo wir einen Transistor benötigen, wirst du in den entsprechenden Kapiteln sehen, wenn es z.B. darum geht, einen Motor oder mehrere Leuchtdioden anzusteuern. Da diese umfangreiche Thematik den Rahmen dieses Buches sprengen würde, kann ich an dieser Stelle nicht weiter auf sie eingehen und verweise wieder auf die Fachliteratur bzw. das Internet.

Der integrierte Schaltkreis

Alles fing mit der Entdeckung des Transistors an, der es den Entwicklern ermöglichte, Schaltungen auf kleinstem Raum unterzubringen. In den Anfängen wurden mehr oder weniger komplexe Schaltungen mittels einer auf Röhren basierender Technik umgesetzt. Diese waren um ein Vielfaches größer als ein Transistor und setzten entsprechend mehr Leistung um. Später platzierte man Unmengen einzelner Transistoren auf überdimensionalen Leiterplatten, um komplexe Arbeitsprozesse an einem Ort konzentrieren zu können. Dies führte aber auf die Dauer ebenso zu gigantischen

Ansammlungen von Platinen, daher kam man auf die Idee, mehrere diskrete Bauteile, also Transistoren, Widerstände und Kondensatoren, auf einem Silizium-Chip von wenigen Quadratmillimetern unterzubringen. Der *Integrierte Schaltkreis* (engl.: *IC* = **I**ntegrated **C**ircuit) war geboren. Natürlich erfolgte diese Miniaturisierung in mehreren Schritten. Hier ein paar Zahlen zu den Integrationsgraden:

- *1960*er Jahre: Ein paar Dutzend Transistoren pro Chip ($3\ mm^2$)
- *1970*er Jahre: Ein paar Tausend Transistoren pro Chip ($8\ mm^2$)
- *1980*er Jahre: Einige Hunderttausend Transistoren pro Chip ($20\ mm^2$)
- Heute: Mehrere Milliarden Transistoren pro Chip

Ein beeindruckendes Beispiel liefert z.B. der Mikrocontroller *ATTiny13* mit seinen nur 8 Anschlussbeinchen. Es handelt sich hier um einen richtigen Minicomputer mit allem, was dazu gehört, also ein Rechenwerk, Speicher, Ein- bzw. Ausgabeports, usw. Vor einigen Jahrzehnten hätte ein Computer mit dieser Komplexität noch zahllose Europlatinen (Maße: *160mm* x *100mm*) mit diskreten Bauteilen erfordert.

◀ **Abbildung 3-46**
Der Mikrocontroller ATTiny13 in einem DIP-Gehäuse der Firma Atmel

Achtung

Ich habe dich bereits in der Einleitung schon kurz auf die Gefahr hingewiesen, der die integrierten Schaltkreise hinsichtlich einer statischen Aufladung ausgesetzt sind. Ist dein Körper z.B. durch das Laufen über einen Polyesterteppich aufgeladen, dann kann diese elektrostatische Energie in Form eines Entladungsblitzes schlagartig abgeleitet werden. Da können dann leicht *30.000* Volt zusammen kommen und das haut ganz sicher den stärksten Transistor aus dem Gehäuse. Eine vorherige Erdung z.B. an einem nicht lackierten Heizungsrohr oder einem Schutzkontakt ist deshalb ratsam.

Bauteile

Die Leuchtdiode

Eine *Leuchtdiode* – auch kurz LED (**L**ight **E**mitting **D**iode) genannt – ist ein Halbleiterbauelement, das Licht mit einer bestimmten Wellenlänge abgibt, die wiederum abhängig vom verwendeten Halbleitermaterial ist. Wie der Name *Diode* schon vermuten lässt, ist beim Betrieb auf die Stromrichtung zu achten, denn nur bei Durchlassrichtung sendet die LED Licht aus. Bei entgegengesetzter Polung wird die LED nicht beschädigt, doch sie bleibt dann einfach dunkel. Es ist unbedingt darauf zu achten, dass eine LED *immer* mit einem richtig dimensionierten Vorwiderstand betrieben wird. Andernfalls leuchtet sie nur ein Mal in einer beeindruckenden Helligkeit und dann nie wieder. Wie du den Wert des Vorwiderstandes bestimmst, wirst du zu gegebener Zeit noch lernen. Leuchtdioden gibt es in vielen Farben und Formen.

Abbildung 3-47 ▶
Leuchtdiodensammelsurium

Genau wie bei einer Diode, hat die Leuchtdiode zwei Kontakte, von denen einer die *Anode* und der andere die *Kathode* ist. Das Schaltzeichen sieht ähnlich aus und hat zusätzlich noch zwei Pfeile, die das ausstrahlende Licht andeuten.

Abbildung 3-48 ▶
Die Schaltzeichen einer Leuchtdiode

In der folgenden Abbildung kannst du sehen, dass ein Anschlussbeinchen etwas länger ist als das andere.

Dadurch lassen sich Anode und Kathode besser unterscheiden. Der längere Draht ist immer die Anode. Damit die LED leuchten kann, müssen die Anode mit dem *Plus*- und die Kathode mit dem *Minuspol* verbunden werden. Die einfachste Schaltung zur Ansteuerung einer LED siehst du in der folgenden Abbildung:

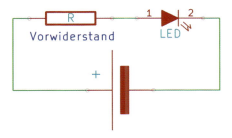

◀ **Abbildung 3-49**
Ansteuerung einer LED mit einem Vorwiderstand

Weitere interessante Bauteile

Die bisher erwähnten Schaltelemente zählen allesamt zur Kategorie der elektronischen Bauteile. Ich möchte dir jetzt ein paar Elemente vorstellen, die in die Kategorie *elektrische Bauteile* fallen.

Der Schalter

Ein Stromfluss kommt nur dann zustande, wenn der Stromkreis geschlossen ist und die Elektronen ungehindert fließen können. Damit du aber von außen Einfluss darauf nehmen kannst, musst du z.B. einen *Schalter* in den Stromkreis einbauen. Es handelt sich um einen Mechanismus, der einen Kontakt öffnet bzw. schließt. Es gibt die unterschiedlichsten Ausführungen, die einige, wenige oder mehrere Kontakte aufweisen.

◀ **Abbildung 3-50**
Eine Hand voll Schalter

Der einfachste Schalter besteht aus zwei Kontakten und kann durch unterschiedliche Schaltsymbole dargestellt werden.

Abbildung 3-51 ▶
Die Schaltzeichen eines Schalters

Der Zustand des Schalters kann als *stabil* bezeichnet werden. Wurde der Schalter betätigt, dann bleibt die Schalterposition erhalten, bis erneut umgeschaltet wird.

Der Taster

Der *Taster* ist mit dem Schalter verwandt und beeinflusst ebenfalls den Stromfluss. Wird er nicht betätigt, dann ist der Stromkreis in der Regel unterbrochen. Ich sage *in der Regel*, da es auch Taster gibt, die ohne Betätigung geschlossen sind und auf einen Druck hin den Stromkreis unterbrechen. Diese werden dann *Öffner* genannt.

Abbildung 3-52 ▶
Eine Hand voll Taster

Das Schaltzeichen für einen Taster gleicht ein wenig dem Symbol für den Schalter. Doch gerade die feinen Unterschiede sind recht wichtig und sollten nicht übersehen werden.

Abbildung 3-53 ▶
Die Schaltzeichen für einen Taster und für einen Öffner

Taster (Schließer)   Öffner

Der Zustand eines Tasters wird als *nicht stabil* bezeichnet. Drückst du ihn, dann schließt der Kontakt und der Strom kann fließen. Lässt du ihn jedoch wieder los, dann bewegt sich der Kontakt in die ursprüngliche Position zurück und der Stromkreis wird wieder unterbrochen. Für unsere Experimente verwenden wir recht häufig Taster, Schalter hingegen seltener. Die bevorzugte Variante sind Taster, die du direkt auf die Platine löten kannst. Sie nennen sich *Miniaturtaster*.

Das Relais

Ich habe dir das *Relais* schon einmal kurz bei der Einführung des Transistors gezeigt. Ich möchte an dieser Stelle noch etwas genauer auf dieses Bauteil eingehen. Ein Relais ist eigentlich nichts weiter als ein Schalter oder Umschalter, den du aus der Ferne betätigen kannst. Auf dem folgenden Foto aus vergangenen Tagen siehst du einen Arbeiter, der einen Kontakt aus der Ferne schließt, zu einer Zeit, als es noch keine Relais gab.

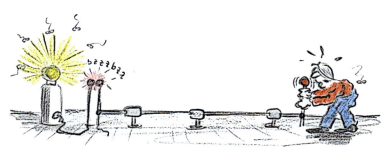

◀ **Abbildung 3-54**
Ein Fernschalter aus vergangenen Tagen

Ein Relais kann mit unterschiedliche Schaltzeichen dargestellt werden.

◀ **Abbildung 3-55**
Das Schaltzeichen für ein Relais (mit einem Arbeitskontakt)

Ich habe hier einmal ein Relais geöffnet, damit wir uns sein Innenleben genauer anschauen können.

Auf der linken Seite befindet sich die Spule, die im Inneren einen Eisenkern besitzt, damit die Magnetfeldlinien besser transportiert werden. Fließt ein Strom durch die Spule, wird der Anker angezogen und drückt die Arbeitskontakte nach rechts. Dadurch werden sowohl Kontakte geschlossen als auch geöffnet. Die nachfolgende schematische Abbildung zeigt uns, wie der Anker nach unten gezogen wird und dabei einen Kontakt schließt.

Weitere interessante Bauteile

Abbildung 3-56 ▶
Schema eines Relais

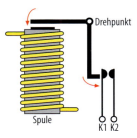

Wird der Anker durch die Spule nach unten gezogen, dann schließt er die beiden Kontakte *K1* bzw. *K2*. In gewisser Weise kannst du ein Relais – falls das erwünscht sein sollte – ebenfalls als Verstärker nutzen. Mit einem kleinen Strom, der durch die Spule fließt, kann bei entsprechender Dimensionierung der Relaiskontakte, ein viel größerer Strom gesteuert werden.

■ **Achtung**

Schließe niemals ein Relais unmittelbar an einen Ausgang des Arduino-Boards an! Es wird sicherlich mehr Strom fließen, als ein einzelner Ausgang in der Lage ist zu liefern. Die Folge wäre eine Beschädigung des Mikrocontrollers. Du wirst später noch sehen, wie ein Relais angesteuert werden kann.

Der Motor

Ich denke, dass du sicherlich weißt, was ein *Motor* ist. Wir sprechen an dieser Stelle jedoch nicht von einem Verbrennungsmotor, der z.B. mit Diesel betrieben wird, sondern von einem *Elektromotor*. Hierbei handelt es sich um ein Aggregat, das elektrische Energie in Bewegungsenergie umwandelt.

Abbildung 3-57 ▶
Eine Hand voll Motoren

Motoren gibt es in vielen unterschiedlichen Größen und mit diversen Spannungsbereichen. Sie werden sowohl für Gleichstrom- als auch für Wechselstromversorgungen hergestellt.

► **Abbildung 3-58**
Das Schaltzeichen eines Gleichstrommotors

Wir konzentrieren uns jedoch auf Gleichstrom. Ein Gleichstrommotor besteht aus einem starren Element, das den Magnet darstellt und einem beweglichen Element, der Spule, die drehbar auf einer Welle montiert ist. Wird ein Strom durch einen Leiter geschickt, dann bildet sich um ihn herum ein Magnetfeld. Das Magnetfeld wird umso größer, je mehr Drahtlänge auf einem bestimmten Bereich konzentriert wird. Aus diesem Grund hat man sehr viel Draht auf einen Träger gewickelt und damit eine Spule geschaffen.

► **Abbildung 3-59**
Ein stromdurchflossener Leiter

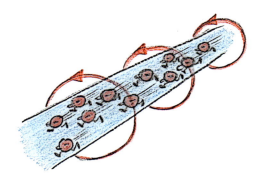

Du siehst auf diesem Bild einen Leiter, durch den die Elektronen in eine Richtung flitzen. Die roten Kreise zeigen uns die Magnetfeldlinien, die durch den Strom erzeugt werden. Würden wir jetzt eine Kompassnadel an den starren Leiter führen, käme es zu einer Reaktion seitens der beweglichen Nadel, die sich entlang der Magnetfeldlinien ausrichtet. Sowohl die Magnetfeldlinien des Drahtes, als auch die der Kompassnadel treten in eine Kräfte-Wechselwirkung. Haben wir aber stattdessen einen starren Magneten, in dem sich ein beweglicher Draht befindet, dann bewirkt die auftretende Kraft eine Bewegung des Drahtes.

► **Abbildung 3-60**
Stark vereinfachtes Schema eines Gleichstrommotors

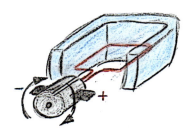

Weitere interessante Bauteile

In der Zeichnung siehst du eine einzige rote Drahtwindung, die sich frei drehbar innerhalb des blauen Permanentmagneten befindet. Lassen wir jetzt einen Strom durch den Draht fließen, dann reagieren die Magnetfelder des Drahtes mit denen des Magneten. Das führt dazu, dass sich der Draht entlang der Achse dreht. Aufgrund des zweigeteilten grauen Rotors, an dem der Draht befestigt ist, wird er nach einer 180^0 Drehung umgepolt und der Strom fließt in entgegengesetzter Richtung. Das jetzt gedreht zur vorherigen Polarität erzeugte Magnetfeld im Draht sorgt dafür, dass er sich weiter bewegt, bis es nach weiteren 180^0 zur erneuten Umpolung kommt. Dieser ständige Wechsel des Magnetfeldes sorgt für eine Drehbewegung des Drahtes mit dem Rotor. Damit sich die Kräfte zwischen den beiden Magnetfeldern verstärken, besitzt ein Motor natürlich vieler solcher Drahtwindungen, die dadurch eine Spule bilden und er eine gewisse Kraft beim Drehen entwickelt. Da die Ansteuerung eines Motors etwas mehr Strom verlangt, als ein einzelner Ausgang des Mikrocontrollers in der Lage wäre, benötigen wir einen Transistor, der die Aufgabe der Verstärkung übernimmt. Wie das funktioniert, wirst du noch sehen. Ein nicht zu vernachlässigendes Problem ergibt sich jedoch beim Abschalten der Stromversorgung zum Motor. Die Spule induziert nach dem Verlust des Versorgungsstromes selbst einen Strom (*Selbstinduktion*), der aufgrund der Höhe und entgegengesetzter Flussrichtung den Mikrocontroller bzw. den Transistor zerstören kann. Wie wir dem entgegenwirken können, wirst du ebenfalls noch sehen, wenn wir die *Freilaufdiode* behandeln.

Der Schrittmotor

Wenn wir einen *normalen* Motor ansteuern, dann dreht er sich solange, wie wir ihn mit Strom versorgen und durch den vorherigen Schwung noch ein paar Umdrehungen weiter. Er bleibt dann sicherlich an einer vorher nicht bestimmbaren Position stehen. Dieses Verhalten ist natürlich unerwünscht, wenn es darum geht, bestimmte Positionen gezielt und auch mehrfach hintereinander genau anzufahren. Damit das auch funktioniert, benötigen wir eine spezielle Art von Motor: Den *Schrittmotor*. Vielleicht hast du schon einmal Industrieroboter gesehen, die z.B. bei der Montage von Karosserieteilen zum Einsatz kommen, um diese Punktgenau zusammen zu schweißen. Da kommt es wirklich auf sehr hohe Positionsgenauigkeit an, denn alles muss nachher auch zusammen passen. Derartige Roboter werden durch Schrittmotoren gesteuert.

Aber auch in Flachbettscannern oder Plottern findest du diese Stellelemente, um eine exakte Positionierung zu ermöglichen.

◀ **Abbildung 3-61**
Eine Hand voll Schrittmotoren

Was fällt dir bei den Schrittmotoren in dem Bild auf, wenn du sie mit den *normalen* Motoren vergleichst? Diese Motoren haben mehr als zwei Anschlussdrähte. Das Schaltsymbol eines Schrittmotors kann unterschiedlich ausfallen. Meistens wird ein Motor mit zwei Spulen gezeichnet.

◀ **Abbildung 3-62**
Das Schaltzeichen eines Schrittmotors

Damit ein Schrittmotor bestimmte Positionen anfahren kann, muss er im inneren einen Aufbau vorweisen, der ihn dazu bewegt, an gewissen Stellen Halt zu machen. Da dies nicht mit mechanischen Mitteln, wie z.B. einem Zahnrad, das bei der Drehung an einer Stelle blockiert, gemacht wird, muss es irgendwie eine elektrische Lösung geben. Wenn ich z.B. einen Magneten auf einer Achse befestige und rundherum Spulen positioniere, dann dreht sich der Magnet zu *der* Spule hin, die vom Strom durchflossen wird, um dann dort stehen zu bleiben. Nach diesem Prinzip funktioniert ein Schrittmotor. Der Einfachheit halber habe ich einen Motor mit *4* Spulen und einer simplen Ansteuerung gewählt, dessen Positionierung dementsprechend grob ist. Aber es geht hierbei um's Prinzip und nicht um die Praxistauglichkeit.

Weitere interessante Bauteile

Abbildung 3-63 ▶
Die schematische Darstellung eines Schrittmotors mit 4 Spulen bzw. Positionen

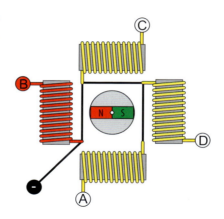

In der Mitte siehst du den drehbar gelagerten Magneten, der von *4* Spulen umgeben ist. Alle Spulen sind mit einem ihrer beiden Anschlüsse mit Masse verbunden. Zur Verdeutlichung der Funktionalität habe ich die Spule *B* mit einem Strom beaufschlagt, so dass sich der Magnet in diese Richtung gedreht hat und dort stehen bleibt. Wird immer nur eine Spule mit Strom versorgt, dann können maximal *4* unterschiedliche Positionen (jeweils 90^0) angefahren werden. Werden jedoch zwei benachbarte Spulen gleichzeitig versorgt, dann bleibt der Anker zwischen ihnen stehen. Auf diese Weise wird die Genauigkeit erhöht.

Abbildung 3-64 ▶
Gleichzeitiges Ansteuerung mehrerer Spulen

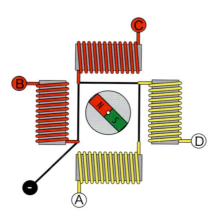

Statt mit 90^0-Schritten, kann jetzt mit 45^0-Schritten gearbeitet werden. Damit die angefahrene Position jedoch stabil bleibt, muss die jeweilige Spule bzw. Spulen immer mit Strom versorgt bleiben, bis eine neue Richtung vorgegeben wird. Willst Du, dass sich der Schrittmotor z.B. im Uhrzeigesinn dreht, dann müssen die Spulenanschlüsse in der richtigen Reihenfolge angesteuert werden. Beginnen wir z.B. bei Spule *B*: *B / BC / C / CD / D / DA / A / AB / B* / usw.

> Stopp mal kurz! Ich habe mir das Bild mit den verschiedenen Schrittmotoren einmal unter die Lupe genommen. Mir ist da etwas aufgefallen. Manche Motoren haben 4 und einer 5 Anschlüsse. Wo liegt denn da der Unterschied?

Hast du eine Lupe verwendet, um das zu erkennen? Aber ja, *Ardus*! Du hast vollkommen Recht. Es gibt zwei unterschiedliche Typen von Schrittmotoren.

- Unipolare Schrittmotoren (5 oder 6 Anschlüsse)
- Bipolare Schrittmotoren (4 Anschlüsse)

Der *unipolare Schrittmotor* ist einfacher anzusteuern, da der Strom immer in derselben Richtung durch die Spulen fließt. In unserem Beispiel habe ich deswegen diesen Typ erklärt. Für weitere Informationen muss ich dich auf weiterführende Literatur oder das Internet verweisen.

Der Servo

Modellflugzeuge oder auch Modellschiffe besitzen zur Steuerung der unterschiedlichsten Funktionen wie z.B. Geschwindigkeit oder Kurs, kleine *Servos*. Es handelt sich dabei meist um kleine Gleichstrommotoren, die mit drei Anschlüssen versehen sind und deren Stellposition über eine *Puls Weiten Modulation* (*PWM*) gesteuert wird. Was das genau ist, wirst du noch im Kapitel über die Programmierung des Arduino-Boards kennen lernen.

◀ **Abbildung 3-65**
Zwei unterschiedlich große Servos

Das Schaltplansymbol für einen Servo kann folgendermaßen ausschauen.

Abbildung 3-66 ▶
Das Schaltzeichen eines Servos

Lasse mich das *PWM*-Thema trotzdem kurz anreißen, damit du ungefähr weißt, worum es geht. Ein nicht modifizierter Servo hat in der Regel einen Wirkungskreis von *0°* bis *180°* und kann sich nicht wie ein Motor um *360°* drehen. Die Ansteuerung, wie weit sich ein Servo drehen soll, erfolgt über ein Rechtecksignal mit besonderen Spezifikationen.

Periodendauer

Die Periodendauer *T* beträgt konstant *20ms*.

Pulsbreite

Die Pulsbreite muss sich zwischen *1 ms* (linker Anschlag) und *2 ms* (rechter Anschlag) bewegen. Nachfolgend siehst du drei Servo-Positionen mit den entsprechenden Ansteuerungssignalen.

Mit dem ersten Beispiel von einer Pulsbreite von *1 ms* positionieren wir den Servo an den rechten Anschlag. Das entspricht dem Winkel von *0°*.

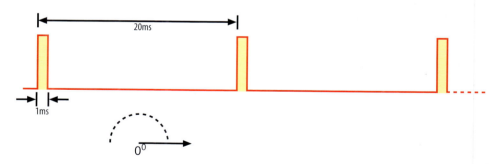

Im zweiten Beispiel steuern wir den Servo mit einer Pulsbreite von *1,5 ms* an, was ihn dazu veranlasst, auf die Mittelposition zu fahren, die einem Winkel von *90°* entspricht.

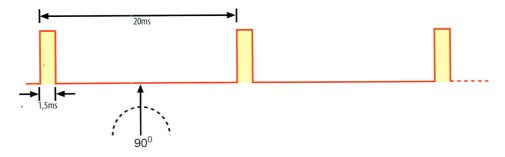

Im dritten Beispiel wird unser Servo mit einer Pulsbreite von *2 ms* angesteuert, der seinerseits auf in den linken Anschlag fährt, was einem Winkel von *180°* entspricht.

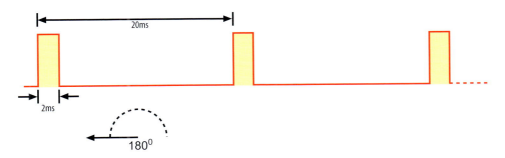

Jetzt hast du eine ungefähre Vorstellung davon, was *PWM* ist. Über die Pulsweite bzw. –breite kannst du ein elektronisches Bauteil wie den *Servo* ansteuern. Das gleiche Verfahren kann auch zur Helligkeitssteuerung z.B. bei Leuchtdioden verwendet werden. Doch dazu später mehr. Aufgrund der unterschiedlichen Servotypen, können abweichende Werte vorkommen, doch das Prinzip ist das Gleiche. Du brauchst dir nicht weiter den Kopf darüber zu zerbrechen, wie du denn deinen Servo mit welchen Werten ansteuern musst, denn die Arbeit haben sich schon andere Entwickler gemacht und wir können ihr Wissen nutzen. Es gibt fertigen Quellcode, den wir in unser Projekt mit einbinden können. Wie das genau funktioniert, wirst du noch sehen. Da die Positionierung über ein einziges Steuersignal an den Servo herangeführt wird, hat er dementsprechend wenige Anschlüsse.

Abbildung 3-67 ▶
Die Anschlussbelegung eines Servos

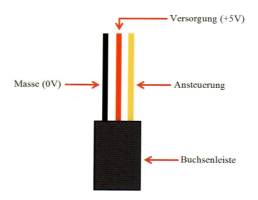

Das Piezo-Element

Ich möchte das Elektronik-Kapitel mit der Vorstellung des *Piezo-Elementes* abschließen.

Abbildung 3-68 ▶
Das Piezo-Element

Das Teil sieht schon etwas merkwürdig aus und man sollte kaum vermuten, dass es Krach machen kann. Wir haben es mit einem Bauteil zu tun, das im Inneren einen Kristall besitzt, der über eine angelegte Spannung anfängt zu schwingen. Der sogenannte *Piezo-effekt* tritt dann auf, wenn auf bestimmte Materialien Kräfte wie Druck oder Verformung wirken. Es ist dann eine elektrische Spannung messbar. Das *Piezo-Element* geht den umgekehrten Weg. Bei einer angelegten Spannung tritt eine regelmäßige Verformung auf, die als Schwingung wahrzunehmen ist und die Luftmoleküle anregt. Das nehmen wir als Ton wahr. Damit der Piezo etwas lauter wird, klebt man ihn am besten auf eine frei schwingende Unterlage, damit die ausgesendeten Schwingungen übertragen und verstärkt werden.

Kapitel 4

Elektronische Grundschaltungen

Scope

In diesem Kapitel werden wir folgende Themen behandeln:

- Widerstandsschaltungen (Reihen- und Parallelschaltung)
- Der unbelastete Spannungsteiler
- Kondensatorschaltungen (Reihen- und Parallelschaltung)
- Transistorschaltungen

Da du jetzt die Grundlagen der Elektronik im vorangegangenen Kapitel kennengelernt hast, besteht der nächste logische Schritt im Zusammenfügen mehrerer Bauteile zu einer Schaltung. Damit es für den Anfang nicht zu schwierig wird, werde ich dir einige elektronische *Grundschaltungen* zeigen, für die meist nur sehr wenige Bauteile erforderlich sind. In den späteren Kapiteln zu den Arduino-Projekten wird die Komplexität natürlich etwas zunehmen, aber du kannst auf den hier gezeigten Grundlagen auf jeden Fall aufbauen. Dieses Kapitel soll kein Kompendium elektronischer Grundschaltungen darstellen, sondern der Fokus liegt auf dem Verständnis der Arduino-Projekte. Erforderlichenfalls findest du nähere Erläuterungen im Rahmen der entsprechenden Projekte. Keine Sorge, alles Notwendige wird stets erläutert.

Widerstandsschaltungen

Ein einzelner Widerstand in einem einfachen Stromkreis arbeitet als Strombegrenzer. Den Elektronen, die sich durch den Widerstand quälen, wird das Durchqueren dieses Bauteils mehr oder minder schwer gemacht. Das Prinzip ist recht einfach zu verstehen.

Stelle dir eine große Menschenmenge vor, die sich für ein Musikkonzert durch einen kleinen *2 Meter* breiten Eingang zwängen muss, um in das Innere der Veranstaltungshalle zu gelangen. Da reiben sich die Körper aneinander und es kommt zu einem verlangsamten Strom der Menschenmassen. Das ist natürlich eine recht schweißtreibende Angelegenheit und es wird viel Wärme abgegeben. Und auf jeden Fall geht es langsamer voran, als wenn der Eingang z.B. *10 Meter* breit wäre.

Reihen- und Parallelschaltungen

Was passiert eigentlich, wenn wir mehrere Widerstände in einer bestimmten Konstellation zusammenschalten? Das muss ja in irgendeiner Weise einen Einfluss auf den Gesamtwiderstand haben. Schauen wir uns dazu ein paar Beispiele an.

Die Reihenschaltung

Wenn wir zwei oder mehrere Widerstände hintereinander schalten, dann sprechen wir von einer *Reihenschaltung*. Es liegt in der Natur der Sache, dass der Gesamtwiderstand umso höher wird, je mehr Einzelwiderstände sich hintereinander befinden. Der Gesamtwiderstand ist hierbei gleich der Summe der Einzelwiderstände. Nehmen wir einmal an, es wären die folgenden *3* Widerstände hintereinander geschaltet:

Der Gesamtwiderstand errechnet sich dann wie folgt:

$R_{ges} = R_1 + R_2 + R_3 = 1K + 2K + 1,5K = 4,5K$

Ich hätte gerne einmal deine Meinung bezüglich des Stromes gehört, der durch die Widerstände fließt. Was denkst Du, wie es sich mit diesem verhält? Gehen wir dabei einmal davon aus, dass der Strom von links nach rechts durch die Widerstände fließt.

Nun, der Strom müsste hinter jedem Widerstand geringer werden. Je weiter rechts ich hinter jedem Widerstand messen würde, desto geringer ist der Strom.

Kapitel 4: Elektronische Grundschaltungen

Tja *Ardus*, das stimmt nicht ganz. Der erste Teil deiner Aussage ist korrekt, denn jeder einzelne Widerstand verringert den Stromfluss. Dennoch wird im gesamten Stromkreis nur ein einziger Strom zu messen sein, der an jeder Stelle gleich ist. Schauen wir uns das in einer Schaltung an.

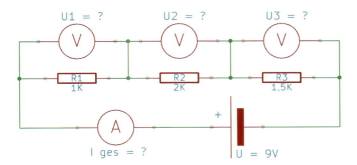

◀ **Abbildung 4-1**
Eine Reihenschaltung von 3 Widerständen in einem Stromkreis

Welche Werte sind in dieser Schaltung bekannt und welche sind unbekannt, so dass sie berechnet werden müssen?

Bekannt: U, R_1, R_2 und R_3

Unbekannt: I_{ges}, U_1, U_2 und U_3

Da du jetzt weißt, dass in einer Reihenschaltung der Strom I an jeder Stelle konstant ist, kannst du die folgende Formel verwenden:

$$I_{ges} = \frac{U}{R_{ges}} = \frac{U}{R_1 + R_2 + R_3}$$

Wenn du nun die Werte einsetzt, erhältst du folgendes Ergebnis:

$$I_{ges} = \frac{9V}{1K + 2K + 1{,}5K} = 2mA$$

Da du jetzt einen Strom $I=2mA$ ermittelst hast, der durch alle Bauteile fließt, kannst du auch den Spannungsabfall an jedem einzelnen Widerstand berechnen. Die allgemeine Formel hierfür lautet folgendermaßen:

$$U = R \cdot I$$

Die Lösungsgleichungen sehen dann wie folgt aus:

$$U_1 = 1K \cdot 2mA = 2V$$

$U_2 = 2K \cdot 2mA = 4V$

$U_3 = 1{,}5K \cdot 2mA = 3V$

Wenn du alle Teilspannungen (U_1, U_2, U_3) addierst, muss wieder die Gesamtspannung U herauskommen.

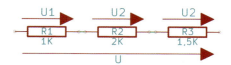

Der Spannungsabfall über einem Bauteil wird mit einem Pfeil gekennzeichnet und weist in Stromrichtung von *Plus* nach *Minus*.

▶▶ **Das könnte für dich wichtig sein**
Am Widerstand mit dem höchsten Wert fällt auch die höchste Spannung ab.

Die Parallelschaltung

Bei einer *Parallelschaltung* befinden sich zwei oder mehr Bauteile nebeneinander. Der Strom, der an einer solchen Schaltung ankommt, teilt sich in mehrere Zweige auf.

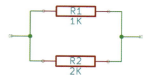

Es verhält sich hier wie bei einem Flusslauf, der sich an einer Stelle teilt und nach ein paar Kilometern wieder vereint wird. Der Gesamtwiderstand errechnet sich wie folgt:

$$\frac{1}{R_{ges}} = \frac{1}{R_1} + \frac{1}{R_2} = \frac{1}{1K} + \frac{1}{2K}$$

Das Ergebnis für den Gesamtwiderstand R_{ges} lautet folgendermaßen:

$R_{ges} = 666{,}67\ \Omega$

Werden mehr als zwei Widerstände parallel geschaltet, dann musst du die Formel um die entsprechende Anzahl von Summanden erweitern:

$$\frac{1}{R_{ges}} = \frac{1}{R_1} + \frac{1}{R_2} + \frac{1}{R_3} + \cdots \frac{1}{R_n}$$

Eine Schaltung mit zwei parallel geschalteten Widerständen sieht wie folgt aus:

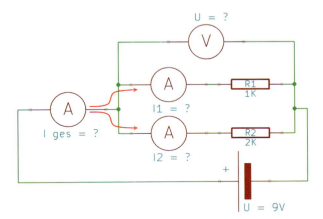

◀ **Abbildung 4-2**
Eine Parallelschaltung mit zwei Widerständen

Natürlich fließt in dieser Schaltung auch ein geringer Strom durch das Messgerät, das die Spannung über den Widerständen misst, doch das wollen wir hier vernachlässigen. Welche Werte sind in dieser Schaltung bekannt und welche sind unbekannt, so dass sie berechnet werden müssen?

Bekannt: U, R_1 und R_2

Unbekannt: I_{ges}, I_1 und I_2

Den Gesamtwiderstand haben wir mit 666,67 schon ermittelt. Auf dieser Grundlage kannst du auch den Gesamtstrom I_{ges} vor der Verzweigung recht einfach berechnen. Hier noch einmal zur Erinnerung:

$$I = \frac{U}{R}$$

Die Lösung lautet:

$$I_{ges} = \frac{9V}{666,67\Omega} = 13,5mA$$

Wie ermittelst du jedoch die Teilströme I_1 und I_2? Das ist recht simpel, denn du kennst den Widerstand jedes Teilzweiges und die

Widerstandsschaltungen

Spannung, die an jedem Widerstand anliegt, nicht wahr? Wenn sich Bauteile parallel zueinander befinden, dann fällt an jedem einzelnen die gleiche Spannung ab. In unserem Fall die 9V der Batterie. Dann lass uns mal rechnen:

$$I_1 = \frac{9V}{1K} = 9mA$$

$$I_2 = \frac{9V}{2K} = 4,5mA$$

Wenn du beide Teilströme I_1 und I_2 addierst, was mag dann wohl herauskommen? Richtig, der Gesamtstrom.

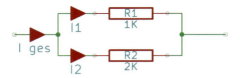

Was sich vorne (also in der Abbildung links) verzweigt, wird am Ende wieder zusammengeführt und bildet die Summe der Teile.

⏩ **Das könnte für dich wichtig sein**
Sind mehrere Widerstände parallel geschaltet, dann ist der Gesamtwiderstand kleiner als der kleinste Einzelwiderstand.

Hier ein Tipp hinsichtlich der Widerstandsgrößen. Wenn du zwei Widerstände mit gleichen Werten parallel anschließt, dann ist der Gesamtwiderstand genau die Hälfte des Einzelwiderstandes. Rechne es doch einfach mal nach.

Der Spannungsteiler

In vielen Fällen möchte man nicht unbedingt mit der vollen Betriebsspannung von +5V arbeiten, um diverse Bauteile mit Spannung zu versorgen. Da du ja jetzt gelernt hast, dass Widerstände dazu genutzt werden, um z.B. Ströme zu verringern, möchte ich dich mit einer Schaltung vertraut machen, die der Reihenschaltung von Widerständen gleicht. Die folgende Schaltung wird *unbelasteter Spannungsteiler* genannt.

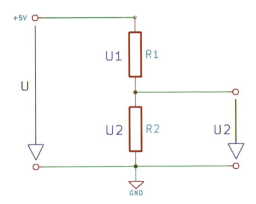

◀ **Abbildung 4-3**
Der unbelastete Spannungsteiler

Auf der linken Seite haben wir die Versorgungsspannung $U = +5V$ an den beiden Widerständen R_1 und R_2 anliegen. Auf der rechten Seite befindet sich der Abgriff U_2, der sich parallel zum Widerstand R_2 befindet. Wir greifen quasi eine Spannung zwischen den beiden Widerständen ab. Ein Teil der Versorgungsspannung fällt über R_1 und der andere über R_2 ab. Zur Berechnung der Spannung an U_2 kannst du folgende Formel nutzen:

$$U_2 = \frac{R_2}{R_1 + R_2} \cdot U$$

> Hey stopp mal! Kannst du mir mal bitte erklären, wie du auf diese Formel gekommen bist? Das ist mir irgendwie überhaupt nicht klar.

Ok, *Ardus*, kein Problem. Ich kann dir die Formel mittels einer Verhältnisgleichung plausibel machen. Ich stelle der anliegenden Spannung die entsprechenden Widerstände gegenüber. Die Spannung U liegt an den Widerständen R_1 und R_2 an und U_2 lediglich am Widerstand R_2. Demnach können wir folgende Verhältnisgleichung aufstellen:

$$\frac{U}{R_1 + R_2} = \frac{U_2}{R_2}$$

Wenn du diese Formel nach U_2 umstellst, erhältst du die o.g. Formel. Unter Umständen wollen wir die Schaltung aber möglichst flexibel gestalten und nicht für jeden gewünschten Spannungswert U_2 die Widerstände austauschen. Aus diesem Grund verwenden wir ein Bauteil, dass uns die Möglichkeit gibt, den Widerstandswert schnell nach unseren Vorstellungen anzupassen. Das Bauteil kennst du schon. Es heißt *Potentiometer*. Es verfügt über 3 Anschlüsse und einen Drehknopf in der Mitte, mit dessen Hilfe sich der Widerstandswert in den gegebenen Grenzen justieren lässt. Der mittlere Anschluss ist intern mit dem *Schleifer* verbunden. Je nach Potentiometereinstellung kann der Widerstand dort abgegriffen werden. Schau dir die folgende Abbildung an. Sie zeigt das Schaltbild eines Potentiometers, das der Schaltung des Spannungsteilers sehr ähnelt.

Abbildung 4-4 ▶
Der variable Spannungsteiler mittels Potentiometer

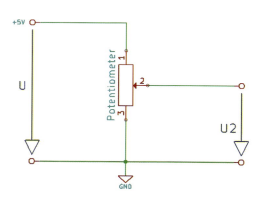

Der Schleifer des Potentiometers ist Pin *2* in der Schaltung. Wenn der Schleifer nach oben wandert, verringert sich der Widerstandswert zwischen Pin *1* und Pin *2* in dem Maße, in dem er sich zwischen Pin *2* und Pin *3* vergrößert. Wir können das Potentiometer als zwei sich ändernde Widerstände ansehen, mit einem Schleifer als Teiler, der die beiden Widerstände aufteilt. Die beiden folgenden Schaltungen zeigen das Verhalten des Potentiometers und die resultierenden Wiederstände R_1 und R_2.

Abbildung 4-5 ▼
Der variable Spannungsteiler mittels Potentiometer

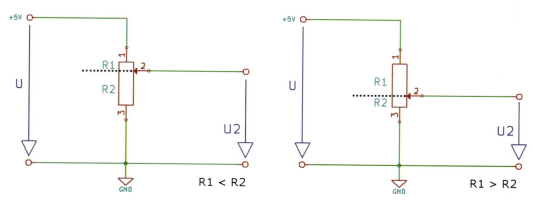

In der linken Schaltung siehst Du, dass der Widerstand R_1 kleiner als R_2 ist. Das bedeutet, dass wir an R_2 die größere Spannung messen werden, die ja auch die Ausgangsspannung U_2 ist. Das ist eigentlich ganz logisch, denn wenn der Schleifer des Potentiometers an Pin 2 immer weiter nach oben wandert, kommt er irgendwann mit der Versorgungsspannung $+5V$ in Berührung, die dann am Ausgang zur Verfügung steht. Umgekehrt wird die Ausgangsspannung immer kleiner, wenn der Schleifer des Potentiometers weiter nach unten in Richtung Masse wandert. Wenn er dort angekommen ist, liegen am Ausgang $0V$ an. Wir werden dieses Verhalten nutzen, um z.B. die analogen Eingänge des Mikrocontrollers mit variablen Spannungswerten zu versorgen, die beispielsweise über einem *LDR* oder *NTC* abfallen. Wie, du weißt nicht mehr, was diese Abkürzungen bedeuten? Dann blättere noch einmal ein Kapitel zurück und mache dich schlau!

Kondensatorschaltungen

Kondensatoren dienen als Ladungsspeicher und wirken im Gleichstromkreis wie eine Unterbrechung. Es fließt nur während des Aufladezyklus ein Ladestrom, der umso mehr abnimmt, je mehr der Kondensator geladen ist. Dieser wiederum stellt am Ende dann eine nicht mehr zu überwindende Hürde für die Elektronen dar.

Reihen- und Parallelschaltungen

Genau wie Widerstände kannst du auch Kondensatoren in unterschiedlichen Konstellationen zusammenschalten. Wir werden uns hier, da wir im Moment ausschließlich mit Gleichstrom arbeiten, nur auf die Kapazität konzentrieren und nicht auf den Widerstand. Ja, ein Kondensator hat ebenfalls einen Widerstand, der bei Wechselstrom frequenzabhängig ist. Kondensatoren verhalten sich bezüglich ihrer Kapazitäten bei Reihen- bzw. Parallelschaltungen genau entgegengesetzt zu Widerständen mit ihren Werten.

Die Reihenschaltung

Wenn du zwei oder mehr Kondensatoren in Reihe schaltest und die Gesamtkapazität ermitteln möchtest, kannst du hierzu die Formel zur Berechnung des Gesamtwiderstandes in einer Parallelschaltung verwenden.

Die Formel zur Berechnung der Gesamtkapazität lautet wie folgt:

$$\frac{1}{C_{ges}} = \frac{1}{C_1} + \frac{1}{C_2} = \frac{1}{22pF} + \frac{1}{33pF} = 13{,}2pF$$

Die Parallelschaltung

Werden zwei oder mehr Kondensatoren parallel geschaltet, dann kannst du die Formel für die Reihenschaltung bei Widerständen verwenden, um die Gesamtkapazität zu ermitteln.

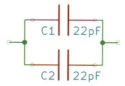

Die Formel zur Berechnung der Gesamtkapazität lautet folgendermaßen:

$$C_{ges} = C_1 + C_2$$

Du kannst die Parallelschaltung dieser beiden Kondensatoren leicht verstehen, und du wirst sofort erkennen, warum sich die Gesamtkapazität aus der Summe der beiden Einzelkapazitäten zusammensetzt. Ich habe die Kondensatorplatten durch die blauen Punkte einfach miteinander verbunden. Dadurch wurden die Platten entsprechend vergrößert, so dass in der Summe eine Kapazität aus beiden Einzelkondensatoren entstanden ist.

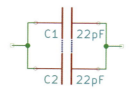

Das Ergebnis wäre in diesem Fall
$C_{ges} = C_1 + C_2 = 22pF + 22pF = 44pF$.

> Also, wenn wir nur eine Gleichstrombetrachtung bezüglich der Kondensatoren durchführen, ist mir aber nicht ganz klar, wo derartige Bauteile zum Einsatz kommen.

Vielleicht erinnerst du dich an die Stellen aus dem Elektronik-Kapitel, in denen ich erläutert habe, dass Kondensatoren u.a. zur Spannungsglättung und -stabilisierung eingesetzt werden. Kommen wir doch kurz auf die Spannungsstabilisierung zu sprechen. Wenn ein Mikrocontroller an seinen zahlreichen Ausgängen sehr viele Verbraucher wie z.B. Leuchtdioden oder Motoren versorgen muss, die möglicherweise alle zur gleichen Zeit aktiviert werden, dann kann es schon zu kurzen Einbrüchen der Versorgungsspannung kommen. Damit sich das nicht unmittelbar auf die Versorgung des Mikrocontrollers auswirkt und hier vielleicht eine Unterversorgung entsteht, so dass dieser seine Arbeit einstellt oder einen Reset durchführt, werden sogenannte *Stützkondensatoren* verwendet. Sie werden parallel zu den beiden Anschlüssen von V_{CC} (**V**oltage of **C**ommon **C**ollector = Positive Versorgungsspannung) bzw. *Masse* des Controllers direkt neben dem Pins platziert. Ein Elektrolytkondensator von z.B. *100 µF* speichert die Spannung und hält diese bei Einbrüchen eine Weile aufrecht. Es handelt sich quasi eine *USV* (**U**nterbrechungsfreie Stromversorgung) im Millisekunden Bereich.

Transistorschaltungen

Transistoren können sowohl Schaltelement als auch als Verstärker sein. Die einfachste Transistorschaltung weist einen Basiswiderstand und einen Verbraucher mit Vorwiderstand im Kollektorstromkreis auf und arbeitet als kontaktloser elektronischer Schalter. Wir werden den Transistor vorwiegend als Schalter einsetzen, so dass ich auf eine entsprechende Erläuterung seiner Verwendung als Verstärker aus Platzgründen verzichte.

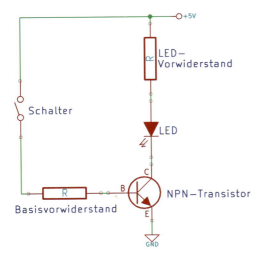

◀ **Abbildung 4-6**
Ein NPN-Transistor als Schalter

Diese Schaltung hat sowohl einen *Steuerstromkreis* (links von der Basis) als auch einen *Arbeitsstromkreis* (rechts von der Basis). Sehen wir uns doch diese beiden Stromkreise einmal genauer an.

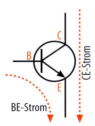

Abbildung 4-7 ▶
Steuer- und Arbeitsstromkreis fließen gemeinsam durch den Transistor

Der Steuerstrom I_B fließt über die *Basis-Emitter-Strecke* (BE) des Transistors, wohingegen der Arbeitsstrom I_C über die *Kollektor-Emitter-Strecke* (CE) fließt. Zwar wollte ich auf die Verwendung des Transistors als Verstärker nicht eingehen, doch folgende Formel ist vielleicht interessant, denn mit ihrer Hilfe kannst du die Stromverstärkung berechnen, die hier mit dem Buchstaben *B* angegeben ist:

$$B = \frac{I_C}{I_B} = \frac{300mA}{50\mu A} = 6000$$

Bei den in diesem Beispiel verwendeten Werten für Kollektor- bzw. Basisstrom wird der Stromverstärkungsfaktor *B = 6000* ermittelt. In vielen Datenblättern wird der Stromverstärkungsfaktor *B* auch als h_{FE} angeführt. Die Verstärkung schont quasi den Ausgangspin des Mikrocontrollers, der nur einen geringen Strom liefern muss, um dann eine größere Last (z.B. Relais, Motor oder Lampe) anzusteuern, die erheblich mehr Strom benötigt, damit das betreffende Bauteil korrekt arbeiten kann. Wenn du den Schalter schließt, liegen am Vorwiderstand ca. +5V Betriebsspannung an. Der Transistor schaltet durch und die *Basis-Emitter-Spannung* beträgt ca. *+0,7V*, so dass die zuvor im gesperrten Zustand hochohmige *Kollektor-Emitter-Strecke* niederohmig wird und der Arbeitsstrom fließen kann.

Hmm, wenn ich mir diese Schaltung anschaue, dann frage ich mich, warum die Leuchtdiode über einen Transistor angesteuert wird und nicht direkt über den Schalter. Macht das denn Sinn?

Was soll ich sagen, *Ardus*. Du hast ja Recht, denn diese Schaltung soll dir lediglich zeigen, wie *Steuer-* und *Arbeitsstromkreis* zusammenarbeiten. Um lediglich eine Leuchtdiode anzusteuern, ist das hier alles ein wenig *oversized* und nicht unbedingt notwendig. Wenn du aber einen Verbraucher hast, der sehr viel Strom zieht, den der Ausgang des Mikrocontrollers jedoch nicht in der Lage ist zu liefern, dann benötigst du eine Schaltung ähnlich der hier beschriebenen. Erinnere dich an die Spezifikationen unseres Mikrocontrollers, der an einem einzigen Ausgang maximal *40mA* zur Verfügung stellen kann. Alles, was darüber liegt, zerstört den Controller. Du hast in deiner Bastelkiste vielleicht ein Relais, das jedoch mit einer Spannung von *12V* betrieben werden muss. Da das Arduino-Board jedoch maximal *5V* liefern kann, gibt es hier ein Problem. Aber wer sagt uns denn überhaupt, dass wir lediglich eine einzige Stromquelle verwenden müssen? Du kannst mit zwei separaten Stromkreisen arbeiten. Hier ein Beispiel:

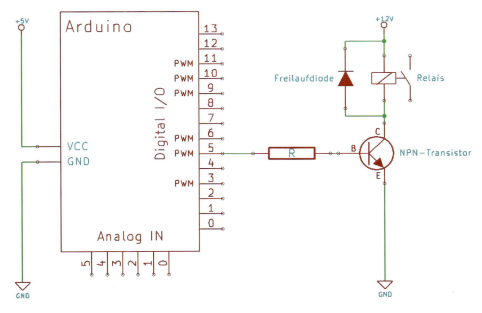

▲ **Abbildung 4-8**
Der Arduino-Mikrocontroller steuert über einen Transistor ein Relais an (Treiberschaltung).

Was fällt uns auf? Nun, wir haben auf der linken Seite die *+5V* Spannungsversorgung des Arduino-Boards und auf der rechten Seite die des Relais mit *+12V*. Beide sind eigenständige und unabhängige Stromquellen, die jedoch ein gemeinsames Massepotential haben müssen. Die beiden in der Schaltung gezeigten *GND* (Ground)-Punkte sind miteinander verbunden.

■ Achtung

Du darfst *auf keinen Fall* – ich wiederhole – *auf keinen Fall* die beiden Versorgungsspannungspunkte *+5V* und *+12V* miteinander verbinden! Das kracht auf jeden Fall und es wird mindestens der Mikrocontroller zerstört.

> Diese Diode, die sich parallel zum Relais befindet und sich *Freilaufdiode* nennt, bereitet mir noch ein paar Kopfschmerzen. Wozu ist die denn gut?

Da muss ich ein wenig ausholen, *Ardus*. Damit ein Relais arbeiten kann und die Kontakte bei einem Stromfluss geschlossen werden, bedarf es einer Spule, die ein Magnetfeld erzeugt und einen Anker bewegt. Eine Spule wird in der Elektronik auch als *Induktivität* bezeichnet. Diese Induktivität hat eine besondere Fähigkeit. Wenn durch den sehr langen Draht der Spule ein Strom fließt, wird dadurch ein Magnetfeld erzeugt. Soweit nichts Neues. Dieses Magnetfeld bewirkt jedoch nicht nur das Anziehen des Ankers, sondern induziert in der Spule selbst eine Spannung. Dieser Vorgang wird *Selbstinduktion* genannt. Die Spule zeigt uns dabei ein gewisses Maß an Widerspenstigkeit, denn die Induktionsspannung ist so gerichtet, dass sie einer Änderung immer entgegen wirkt. Wenn ich eine Spule mit Strom versorge, versucht die Selbstinduktionsspannung, der eigentlichen Spannung entgegen zu wirken. Die eigentliche Spulenspannung baut sich erst langsam auf. Schalten wir dagegen den Strom wieder ab, dann bewirkt die Änderung des Magnetfeldes eine Induktionsspannung, die dem Spannungsabfall entgegen wirkt und um ein vielfaches höher sein wird, als die ursprüngliche Spannung. Das ist nun genau das Problem, dem wir uns gegenüber sehen. Das Einschalten mit der leichten Verzögerung stellt kein Risiko für die Schaltung und dessen Bauteile dar. Beim Abschalten jedoch muss dem extrem unerwünschten Nebeneffekt der überhöhten Spannungsspitze *(>100V)* in irgendeiner Weise entgegengewirkt werden, damit die Schaltung anschließend noch zu gebrauchen ist. Die Überlebenschancen für den Transistor sind anderenfalls wirklich winzig. Aus diesem Grund wird eine Diode parallel zum Relais platziert, um die Spannungsspitze zu blocken bzw. den Strom in Richtung Spannungsquelle abzuleiten.

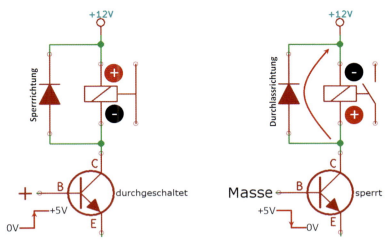

◄ Abbildung 4-9
Die Freilaufdiode schützt den Transistor vor Überspannung.

Wird der Transistor im linken Schaltbild durchgesteuert, dann zieht das Relais ein wenig verzögert an, so dass sich die gezeigten Potentiale an der Diode einstellen, Plus an Kathode und Minus an Anode. Das bedeutet, dass die Diode in Sperrrichtung arbeitet und sich die Schaltung so verhält, als wenn die Diode nicht vorhanden wäre. Wenn wir jedoch den Transistor mit Masse anschalten, fungiert er als Sperre, und durch die Änderung des Magnetfeldes der Spule stellen sich die gezeigten Potentiale ein, Plus an Anode und Minus an Kathode. Die Diode arbeitet in Durchlassrichtung und leitet den Strom in Richtung Spannungsversorgung ab. Der Transistor bleibt verschont.

Das Zusammenfügen der Bauteile

Kapitel 5

Scope

So langsam wird es ernst und wir wenden uns nach und nach der Hardware zu, mit der du bald in Berührung kommen wirst. Die grundlegenden elektronischen Bauteile kennst du jetzt und es fehlen dir eigentlich nur noch die Informationen, wo und wie du die Bauteile befestigst bzw. miteinander verbindest. Wir stellen uns die folgenden Fragen:

- Was sind *Platinen*?
- Was ist ein *Steckbrett*, auch *Breadboard* genannt?
- Was sind *flexible Steckbrücken* und welchen Nutzen haben sie?
- Kann man diese Steckbrücken vielleicht selbst günstig und ganz nach Bedarf herstellen?

Was ist eine Platine?

Um eine Schaltung permanent zu fixieren, verwendet man heutzutage *Platinen*. Eine Platine ist eine dünne Platte von vielleicht *2mm* Stärke, die als Träger für diverse Bauteile dient und aus verschiedenen Materialien, wie z.B. *Hartpapier* oder *Pertinax*, hergestellt wird. Es gibt unterschiedliche Arten von Platinen. Die professionell hergestellten werden geätzt, so dass sich auf der Unterseite oder auch Oberseite Leiterbahnen befinden, um die einzelnen Bauteile elektrisch leitend miteinander zu verbinden. Das folgende Foto zeigt eine solche Platine.

Abbildung 5-1 ▶
Professionell hergestellte Platine mit geätzter Unterseite (Motor-Shield)

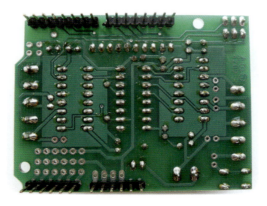

Natürlich kannst du unter Einsatz des entsprechenden Equipments und mit der erforderlichen Geschicklichkeit solche Resultate auch zu Hause erzielen, doch das ist mit relativ viel Arbeit verbunden. Wenn es etwas schneller gehen soll, was nicht zwangsläufig bedeutet, dass das Ergebnis entsprechend unsauber wird und am Ende nicht funktioniert, kannst du eine *Lochrasterplatine* verwenden. Sie besteht aus vielen kleinen vorgebohrten Löchern, die einen genormten Abstand (üblicherweise *2,54 mm*) zueinander haben, und bietet dir damit die Flexibilität, die benötigten Bauteile recht frei zu platzieren. Du musst natürlich die fehlenden Leiterbahnen durch frei zu verlegende Drahtbrücken ersetzten.

Abbildung 5-2 ▶
Semiprofessionell hergestellte Platine mit manuell hinzugefügten Drahtbrücken

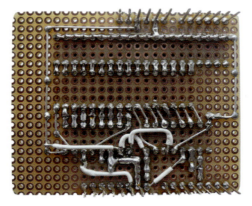

Wenn du dir Mühe gibst und eine relativ ruhige Hand hast, kann sich das Ergebnis durchaus sehen lassen. Möglicherweise ist dir das aber immer zu viel, und nach meiner Erfahrung sind gerade Einsteiger am Anfang recht experimentierfreudig und möchten nicht sofort fertige Platinen für die halbe Ewigkeit herstellen, dann gibt es eine viel charmantere Lösung, mit der sich viel Arbeit und Dreck vermeiden lässt.

Das Steckbrett (Breadboard)

Das *Steckbrett*, auch *Breadboard* genannt, dient zur Aufnahme von elektrischen sowie elektronischen Bauteilen, die über flexible Steckbrücken miteinander verbunden werden können. Auf diese Weise testen sogar Profis neuartige Schaltungen, um ihre Funktionsfähigkeit im Vorfeld zu überprüfen bzw. zu korrigieren, bevor sie sich daranmachen, fertig geätzte Platinen in Serie herzustellen.

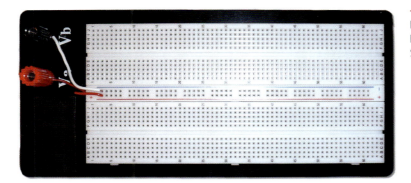

◀ **Abbildung 5-3**
Ein Breadboard von außen bzw. oben betrachtet (in stabiler Seitenlage)

Wir sehen auf diesem Breadboard eine Unmenge an kleinen Buchsen, bei denen es sich um die Verbindungsstellen für die Anschlüsse der Bauteile bzw. Steckbrücken handelt, wobei immer nur ein Anschluss in eine Buchse passt.

> Wenn aber immer nur ein Anschluss in solch ein kleines Loch passt, wie kann ich dann die Bauteile miteinander verbinden? Das verstehe ich nicht so ganz.

Viele Buchsen des Breadboards sind intern miteinander verbunden, so dass pro Buchse noch weitere zur Verfügung stehen, die elektrische Verbindung untereinander aufweisen. So stehen dir in der Regel immer genug Anschlüsse zur Verfügung, um die notwendigen Verbindungen herzustellen. Die Frage ist aber, nach welchem Muster sind diese unsichtbaren Verbindungen innerhalb des Boards aufgebaut? Schau her und staune. Die folgenden beiden Bilder zeigen dir sowohl ein Breadboard von außen, als auch von innen.

Abbildung 5-4 ▶
Ein Breadboard von außen (links) und von innen (rechts)

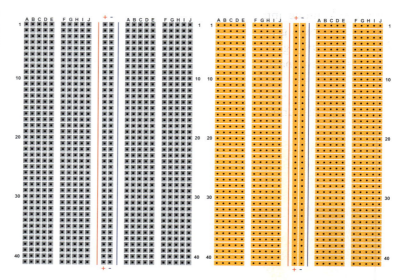

Wenn du die beiden Bilder übereinander legen würdest, dann könntest du genau erkennen, welche Buchsen über eine leitende Verbindung verfügen. Doch ich denke, dass du auch auf diese Weise gut erkennen kannst, was zusammen gehört. In jeder einzelnen Reihe (*1 bis 41*) bilden die Buchsen *A* bis *E* und *F* bis *J* einen leitenden Block. Die beiden senkrechten Buchsenreihen in der Mitte (*+* bzw. *-*) stehen für die evtl. benötigte Stromversorgung an mehreren Stellen zur Verfügung. Ich werde zum besseren Verständnis einfach einmal ein Bauteil mit mehreren Anschlüssen auf dem Steckbrett befestigen, damit du erkennst, worin der Vorteil derartiger interner Verbindungen liegt.

Abbildung 5-5 ▶
Ein integrierter Schaltkreis auf einem Breadbord

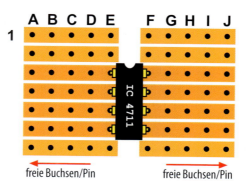

Kapitel 5: Das Zusammenfügen der Bauteile

Dieser zukünftige integrierte Schaltkreis mit ganzen 8 Beinchen wird in die etwas größere Lücke der beiden Verbindungsblöcke *A bis E* und *F bis J* gesteckt. Auf diese Weise hat jeder einzelne Pin nach links bzw. nach rechts 4 zusätzliche Buchsen, die mit ihm elektrisch verbunden sind. Dort kannst du sowohl weitere Bauteile als auch Kabel hineinstecken. Es gibt übrigens eine Menge unterschiedlicher Breadboards und für jeden Bedarf die passende Größe.

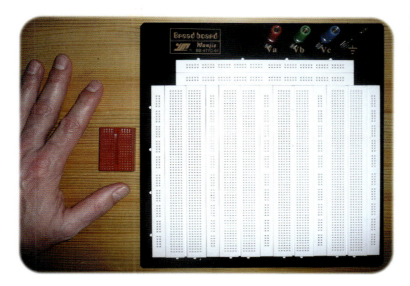

◀ **Abbildung 5-6**
Von ziemlich klein bis ganz schön groß

Achtung

Es gibt Breadboards, deren senkrechte Buchsenleisten, die auch *Power-Rails* genannt werden, mittig eine elektrische Unterbrechung aufweisen. Wenn du dir nicht sicher bist, ob du ein derartiges Board gekauft hast, dann führe eine Durchgangsprüfung mit einem Multimeter durch, in dem du eine Messung zwischen dem obersten und dem untersten Pin einer einzelnen senkrechten Buchsenreihe vornimmst. Falls keine Verbindung besteht und du eine durchgehende elektrische Verbindung benötigst, stelle sie über eine Steckbrücke her.

Das Steckbrett (Breadboard)

Die flexiblen Steckbrücken

Die Steckbrücken, die notwendig sind, damit einzelne Bauteile auf dem Board miteinander in Verbindung treten können, sind, wenn du sie in annehmbarer Qualität kaufen möchtest, recht teuer.

Abbildung 5-7 ▶
Gekaufte Flexible Steckbrücken (low-cost)

Es gibt sie in unterschiedlichen Farben und Längen und sind – ich müsste lügen, wenn ich etwas anderes behaupten würde – ganz passabel. Für einen Einsteiger reichen sie allemal und vergleichsweise günstig lassen sie sich z.B. bei der Firma *KOMPUTER.DE* (*www.komputer.de*) beziehen. Ganze 70 Stück in 4 Farben sind für knapp *4,00€* erhältlich. Sie nennen sich *Patchkabel* oder *Low Cost Jumper Wires*.

Kann ich die nicht selbst herstellen?

Ja, ich habe mir selbst einige Steckbrücken hergestellt und dazu bedarf es nicht sehr viel. Der Vorteil: Man kann sich den flexiblen Draht – auch *Schaltlitze* genannt – in der benötigten Stärke, den erforderlichen Farben und natürlich der passenden Längen selbst aussuchen. Das folgende Bild zeigt dir einen Umschalter, an den ich drei der selbst hergestellten flexible Steckbrücken gelötet habe.

Abbildung 5-8 ▶
Selbst hergestellte flexible Steckbrücken an einem Umschalter

Auf diese Weise kannst du natürlich alle von dir benötigten Bauteile wie z.B. Potentiometer, Motoren, Servos oder Schrittmotoren mit diesen Anschlüssen versehen. Dadurch gestaltet sich die Handhabung wirklich flexibel und die Zeit, die du vorher in das Herstellen der Steckbrücken bzw. Kabel investiert hast, wird im Nachhinein wieder eingespart.

Folgende Materialien benötigst du zur Herstellung der flexiblen Steckbrücken:

- Versilberter CU-Draht (*0,6mm*)
- Schaltlitze in der von dir bevorzugten Dicke (*max. 0,5mm²*)
- Schrumpfschlauch 3:1 (*1,5/0,5*)

◀ **Abbildung 5-9**
Benötigte Materialien für flexible Steckbrücken

Das folgende Werkzeug ist erforderlich:

- Feuerzeug
- Lötkolben
- Lötzinn
- Seitenschneider und ggf. eine Abisolierzange

Wenn du sehen möchtest, wie eine flexible Steckbrücke hergestellt wird, dann besuche meine Homepage. Dort findest du einen Link auf das Video. Ich möchte dir hier die einzelnen Phasen der Herstellung einmal kurz zeigen.

Abbildung 5-10 ▶
Die einzelnen Phasen bei der Herstellung von flexiblen Steckbrücken

Schritt 1
Die Schaltlitze auf die gewünschte Länge kürzen.

Schritt 2
Die Schaltlitze an beiden Enden ca. *0,5 cm* abisolieren.

Schritt 3
Die Enden der Schaltlitze mit Lötzinn verzinnen.

Schritt 4
Den versilberten Kupferdraht an die Enden der Schaltlitze löten.

Schritt 5
Die zuvor abgeschnittenen Stücke des Schrumpfschlauches (ca. *1 cm*) auf die beiden Enden schieben, so dass sowohl die Lötstellen als auch ein Teil der Isolierung der Schaltlitze abgedeckt werden.

Schritt 6
Die beiden Stücke des Schrumpfschlauches mit einem Feuerzeug ca. *3-4 Sekunden* erhitzen, so dass der Schlauch schrumpft und sich dem Draht anpasst. Führe die Flamme aber nicht zu dicht an den Schlauch, denn sonst verschmort er und hat keine Zeit zum Schrumpfen.

Kapitel 6

Nützliches Equipment

Scope

Kein Arbeiter kann ohne sein Handwerkszeug auskommen, denn alles nur mit den Händen und den Zähnen zu erledigen, wird auf die Dauer ein wenig mühsam und auch schmerzhaft. Ich möchte dir deswegen die folgenden Werkzeuge ans Herz legen. Wenn du über einige Grundgerätschaften verfügst, macht alles gleich doppelt so viel Spaß.

Nützliches Equipment

Wenn du schon einmal einen Blick in ein professionelles Elektroniklabor oder eine Elektronikwerkstatt geworfen hast und du dich wirklich für die Thematik interessierst, dann konntest du sicher deine Begeisterung kaum verbergen. Die Vielfalt an Messgeräten mit den vielen farbigen Kabeln und diversem Werkzeug ist für einen Laien unüberschaubar und lässt ihn ehrfürchtig staunen. Jedenfalls ging es mir beim ersten Mal so, als mich mein Vater mit zu seinen Arbeitsplatz genommen hat. Er arbeitete damals an einem der vielen Windkanäle des *Deutschen Zentrums für Luft- und Raumfahrt* (DLR). Aber wie dem auch sei, alle haben einmal klein angefangen. Ich möchte die Werkzeuge, die ich dir hier vorstelle, in zwei Kategorien einordnen. Da in der Elektronik wie auch in der Programmierung *Englisch* die Standardsprache ist, verwende auch ich an dieser Stelle Ausdrücke, die sich mehr oder weniger eingebürgert haben.

Kategorie 1

Must have! (Das Werkzeug ist unentbehrlich für deine Arbeit)

Kategorie 2

Nice to have! (Es ist nicht unbedingt erforderlich, das genannte Werkzeug zu besitzen, doch es könnte einerseits die Arbeit erleichtern und andererseits auch das Ego befriedigen, um dann beispielsweise zu sagen: *Ja, ich habe ein wahnsinnig tolles Messgerät! Ich kann es mir leisten.*

Diverse Zangen

Die folgende Abbildung zeigt dir ein kleines Set, das die gebräuchlichsten Zangen für einen Bastler beinhaltet.

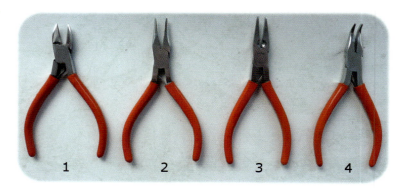

Abbildung 6-1 ▶ Diverse Zangen

1. Einen Seitenschneider zum Durchtrennen von Kabeln
2. Eine Spitzzange zum Greifen und Fixieren von kleinen Bauteilen
3. Eine Flachzange besitzt im Gegensatz zu einer Spitzzange breitere Backen und kann dadurch eine größere Kraft auf das zu greifende Objekt ausüben
4. Eine gebogene Zange bietet eine bessere Möglichkeit etwas zu greifen, das recht versteckt und unzugänglich platziert ist

In meinen Augen fällt das Zangenset in die Kategorie: *Must have!*

Die Abisolierzange

Eine Abisolierzange ist ein Werkzeug, das das Entfernen von Kabelummantelungen erleichtert, um an den blanken Draht heran zu kommen. Zwar ist auch ein Seitenschneider hierzu geeignet, doch wenn du hier zu viel Kraft auf die Ummantelung ausübst, dann hast du schnell das Kabel um ein Stück kürzer gemacht.

◀ **Abbildung 6-2**
Eine Abisolierzange

Dieses Werkzeug fällt bei mir in die Kategorie: *Nice to have*.

Schraubendreher

Kleine Uhrmacherschraubendreher eignen sich hervorragend zum Festschrauben von Kabeln an Schraubklemmen, wie du das auf dem folgenden Foto siehst.

Achtung

Uhrmacherschraubendreher sind nicht isoliert und leiten den Strom, da sie komplett aus Metall sind. Grundsätzlich solltest du erst an einer Schaltung arbeiten, wenn sie wirklich spannungslos ist.

Nützliches Equipment

Abbildung 6-3 ▶
Ein Set Uhrmacherschraubendreher

Wenn du ein *IC* auf einem Breadboard befestigt hast und es entfernen möchtest, ohne dass sich die Anschlussbeinchen um 90^0 verdrehen und möglicherweise abbrechen, kannst du auch hierzu einen passenden Uhrmacherschraubendreher verwenden.

Wenn du dies mit den bloßen Fingern versuchen solltest, kann dir das passieren, was du hier auf dem nächsten Bild siehst.

Du solltest also immer recht vorsichtig mit den empfindlichen Beinchen eines IC's umgehen. Wenn das hier Gezeigte ein- oder zweimal geschieht, dann ist das noch ok. Werden die Anschlussbeinchen aber einem größeren Stresstest unterzogen, dann könnten sie sich schnell in Wohlgefallen auflösen. Die Uhrmacherschraubendreher fallen eindeutig in die Kategorie: *Must have!*

Ein IC-Ausziehwerkzeug

Das Lösen eines IC's vom Breadboard klappt zwar mit einem Schraubendreher unter Berücksichtigung der enormen Hebelwirkung ganz gut, doch der ambitionierte Elektroniker benutzt hierfür ein spezielles Tool, das noch nicht einmal teuer ist. Das Werkzeug sieht aus wie Mamas Zuckerzange und kann in Notfällen auch diesen Zweck erfüllen, doch primär wurde es für das Loslösen eines integrierten Schaltkreises z.B. von einem Breadboard entwickelt. Ich würde sagen, dass es in die Kategorie *Nice to have* fällt und nicht unbedingt erforderlich ist, da sich – wie schon gezeigt – die betreffenden Arbeiten, wenn Sie vorsichtig vorgehen, auch mit anderen Mitteln bewerkstelligen lassen.

◀ **Abbildung 6-4**
IC-Ausziehwerkzeug

Ein digitales Multimeter

Bei einem *Multimeter* handelt es sich um ein Vielfachmessgerät, das in der Lage ist, elektrische Größen zu erfassen bzw. zu messen.

◀ **Abbildung 6-5**
Drei verschiedene digitale Multimeter

Die Geräte umfassen ein mehr oder weniger großes Spektrum an Messmöglichkeiten. Die meisten von Ihnen weisen jedoch folgende Grundfunktionalitäten auf:

- Ermitteln des Widerstands eines Bauteils
- Prüfen eines Stromkreis auf Durchgang (Durchgangsprüfer mit Ton)
- Messen von Gleichspannung / -strom
- Messen von Wechselspannung / -strom
- Ermitteln der Kapazitäten von Kondensatoren
- Überprüfen der Transistoren auf Funktionsfähigkeit

Nützliches Equipment

Wie du siehst, ist das eine ganze Menge und in der Regel ausreichend. Das Messgerät fällt in die Kategorie: *Must have!* Es gibt sie in diversen Preisklassen mit mehr oder weniger Funktionalität, doch in der Regel kannst du mit allen Geräten Widerstandsmessungen vornehmen, Stromkreise auf Durchgang prüfen und Strom- bzw. Spannungsmessungen durchführen. Die einfachsten Multimeter bekommst du schon für unter *10€*, mit denen du auch schon sehr gut arbeiten kannst. Auf der nach oben offenen Preisskala findest du natürlich viele weitere Geräte mit zusätzlichen Funktionen, die aber für einen Einsteiger alle in die Kategorie *Nice to have* fallen. Die entsprechende Entscheidung muss dann je nach dem zur Verfügung stehenden Geldbeutel getroffen werden.

Achtung

Bevor du anfängst, mit deinem Multimeter etwas zu messen, musst du dich vergewissern, dass sich der Drehschalter zur Einstellung der elektrischen Messgröße auf der richtigen Position befindet. Wenn du z.B. einen Widerstandswert eines Bauteils ermittelt hast (die Bestimmung eines Widerstandswertes muss immer im spannungslosen Zustand erfolgen) und danach eine anliegende Spannung messen, kann es u.U. dem Multimeter schaden, wenn du vergisst, den Messmodus auf die richtige Position zu stellen.

Das Oszilloskop

Das *Oszilloskop* gehört schon zur Königsklasse der Messgeräte. Es kann z.B. Spannungsverläufe grafisch darstellen und eignet sich u. a. hervorragend zur Fehlersuche.

Abbildung 6-6 ▶
Das Oszilloskop

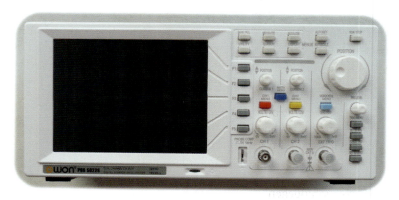

Es gehört absolut in die Kategorie: *Nice to have*. Es macht jedoch wahnsinnig Spaß, sich mit diesem Gerät auseinanderzusetzen und

Einsteigergeräte sind schon für knapp unter *300€* zu bekommen. Ich werde in diesem Buch einige Male Gebrauch von einem Oszilloskop machen, um dir zeitliche Verläufe von Spannungen an bestimmten Messpunkten einer Schaltung zu zeigen. Es eignet sich hervorragend zu Demonstrationszwecken und hilft beim Verständnis komplexer Vorgänge.

Externe Stromversorgung

Dein Arduino-Board wird zwar über den *USB*-Anschluss mit Strom versorgt und das reicht für einige Experimente sicherlich aus, doch wir kommen auch zu Schaltungen, mit denen wir z.B. einen Motor ansteuern wollen, der zum Betrieb etwas mehr *Saft* braucht, wie man so schön sagt. In diesem Fall ist eine externe Stromversorgung unerlässlich, da ansonsten das Arduino-Board Schaden nehmen würde.

◀ **Abbildung 6-7**
Ein stabilisiertes, regelbares Labor-Netzgerät (1,5V – 15V Gleichstrom) und ein Steckernetzteil

Hier kommt es natürlich auch wieder auf den Anwendungszweck an, wobei ein Steckernetzteil in der Regel viel günstiger ist als ein regelbares Labor-Netzgerät. Bei dem hier gezeigten Steckernetzteil werden verschiedene Ausgangsspannungen angeboten, die über einen kleinen Drehschalter ausgewählt werden können. Es sind Spannungen von *3V, 5V, 6V, 7,5V, 9V* und *12V* einstellbar. Eine weitere Kenngröße ist der maximale Strom, den ein Netzgerät in der Lage ist zu liefern. Je mehr Strom, desto teurer wird es. Dieses hier hat einen maximalen Strom von *800mA*, wohingegen das regelbare Netzgerät *1,5A* liefern kann. Preislich gesehen sind nach oben hin keine Grenzen gesetzt, so wie das eigentlich für fast alles im Leben gilt. Der Preis dieses Labor-Netzgerätes mit einer analogen Anzeige liegt bei etwa *50* Euro, wohingegen das Steckernetzteil nur um die *15* Euro kosten mag. Mit der folgenden Konstruktion kannst du dein Arduino-Board über eine *9V* Blockbatterie versorgen.

Nützliches Equipment

Abbildung 6-8 ▶

Spannungsversorgung über eine 9V Blockbatterie

Was du dafür benötigst sind:

- ein *9V* Batterieclip
- ein *2,1mm* Stecker
- eine *9V* Blockbatterie

Auf dem folgenden Bild siehst Du, wie der Batterieclip und der Stecker miteinander verlötet wurden.

Abbildung 6-9 ▶

Spannungsversorgung über eine 9V Blockbatterie

Achte unbedingt auf die korrekte Polung, so dass der Pluspol (+) sich in der Mitte des Steckers befindet und der Minuspol (-) an der sichtbaren silbernen Ummantelung. Kontrolliere nach dem Aufstecken der Batterie mit einem Multimeter die Polung der Anschlüsse, bevor du über den Stecker eine Verbindung mit deinem Arduino-Board herstellst.

Eine Widerstands-Biegelehre

Als ich mich bei der Konzeption dieses Buches dem folgenden Werkzeug zuwandte, habe ich erst einmal gestutzt und nachgeforscht, wie denn die genaue Bezeichnung dafür lautet. Es hat mich schon einiges an *Googelei* gekostet, bis ich auf den richtigen Namen *Widerstands-Biegelehre* stieß. Wenn mich einer vorher danach gefragt hätte... Nun ja, das ist ein Plastikteil, mit dem man Widerstände biegen kann, also eigentlich nicht die Widerstände selbst, sondern die Anschlussdrähte.

◄ **Abbildung 6-10**
Eine Widerstandsbiegelehre
(ugs.: Biegeklotz)

Das sieht ja schon irgendwie merkwürdig aus und ist doch ein sehr sinnvolles Tool. Für mich fällt es eindeutig in die Kategorie: *Must have!* Es kann schon in eine irrsinnige Frickelei ausarten, wenn du versuchst, die Anschlussdrähte eines Widerstandes *so* zu biegen, dass sie problemlos in die Löcher einer Lochrasterplatine flutschen. Ich finde, dass das Herstellen und Aussehen einer Platine etwas mit Kunst zu tun hat und ästhetisch ansprechend sein sollte. Wie sieht das denn aus, wenn die Bauteile krumm und schief darauf platziert wurden? Da hat wohl jemand keine richtige Lust gehabt oder es fehlte ihm das richtige Werkzeug. Die Standard Lochrasterplatine hat, wie schon einmal erwähnt, einen Lochabstand von *2,54mm*. Eben diese Biegelehre hat für unterschiedliche Widerstandsdimensionen (mit *Dioden* geht das natürlich genauso gut) verschiedene Auflageflächen, in die die Widerstände hineingelegt werden können. Du musst dann lediglich die Anschlussdrähte mit den Fingern stramm nach unten biegen und hast auf jeden Fall einen Abstand der parallel nach unten weisenden Drähte, der immer ein Vielfaches eines Lochabstandes beträgt. Das Bauteil passt dann wunderbar auf die Lochrasterplatine.

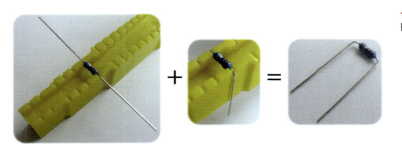

◄ **Abbildung 6-11**
Einlegen, Biegen, Fertig!

Für das Platzieren von Bauteilen auf einem Breadboard musst du dieses Verfahren natürlich nicht anwenden, denn eine Schaltung wird dort nicht für immer und ewig fixiert werden. Da kann es ruhig schon ein wenig *wilder* aussehen, als auf einer Platine. Den-

Nützliches Equipment

noch solltest du auch hier ein wenig Sorgfalt an den Tag legen, denn es ist schnell ein Kurzschluss erzeugt, der das Funktionieren der Schaltung und ggf. auch das Leben der Bauteile gefährdet.

Der Lötkolben inklusive Lötzinn

Ein Lötkolben ist zum Basteln unerlässlich und fällt in meinen Augen auf jeden Fall in die Kategorie *Must have*.

Abbildung 6-12 ▶
Eine Lötstation mit einer Rolle Lötzinn

Eine Lötstation ist natürlich dahingehend besser, als dass sie im Gegensatz zu einem Lötkolben die Temperatur der Lötspitze regeln kann, was gerade für temperaturempfindliche Bauteile wie integrierte Schaltkreise unter Umständen überlebenswichtig ist. Für einen Einsteiger reicht in der Regel jedoch ein Lötkolben (teilweise schon für um die *10* Euro erhältlich) vollkommen aus und ist auch preislich gesehen etwas attraktiver als eine Lötstation (Einstiegsmodelle schon ab *40* Euro). Wenn es aber später in diesem Buch um das Herstellen kleiner Platinen geht, dann wirst du wohl sicherlich um die Anschaffung eines solchen höherpreisigen Lötwerkzeugs nicht herum kommen. Die Entscheidung liegt aber ganz bei dir.

Die Entlötpumpe

Wenn du deine Bauteile auf einer Platine festgelötet hast und es aus irgendeinem Grund wieder entfernt werden (z.B. weil ein defektes oder falsches Bauteil eingelötet wurde), dann hast du ein Problem. Bei einem zweibeinigen Bauteil könntest du noch Glück haben. Du erhitzt den ersten Lötpunkt mit dem Lötkolben, so dass er wieder flüssig wird, und ziehst das Bauteil an der Bauteilseite nach oben.

Genauso gehst du dann beim zweiten Lötpunkt vor. Stelle dir aber jetzt einmal einen Transistor mit 3 Anschlüssen vor. Wenn du den ersten Lötpunkt erhitzt hast, halten zwei weitere Beinchen ihn in seiner aktuellen Position und das Herauslösen ist fast unmöglich.

Achtung

Wenn du ein elektronisches Bauteil mit einem Lötkolben über einen längeren Zeitraum erhitzt, dann besteht die Gefahr der Überhitzung und damit der Zerstörung. Gerade Halbleiter sind in puncto Hitze sehr empfindlich!

Jetzt kommt die *Entlötpumpe* ins Spiel.

◀ **Abbildung 6-13**
Eine Entlötpumpe

Sie sieht fast aus, wie eine Spritze, hat jedoch am vorderen Ende keine Nadel, sondern eine mehr oder weniger große Öffnung. Auf der gegenüberliegenden Seite befindet sich ein Druckknopf, mit dem du einen unter Federdruck stehenden Kolben in die Pumpe schieben kannst. Er rastet am Ende ein. Drückst du jetzt auf den kleinen Knopf, dann schnellt der Kolben in die Ausgangsposition zurück und erzeugt so an der Spitze der Pumpe kurzzeitig einen Unterdruck, der das zuvor verflüssigte Lötzinn einsaugt und die Lötstelle mehr oder weniger vom Lötzinn befreit. Es ist ein wenig Übung bzw. das richtige Timing erforderlich, um die Pumpe richtig einzusetzen, das Lötzinn zu erhitzten und im richtigen Augenblick den Auslöser zu drücken. Am besten übst du auf einer alten Platine mit Bauteilen, die du nicht mehr benötigst oder die schon kaputt sind. Dann kann im Ernstfall nichts schief gehen.

Grundlegendes zur Programmierung

Kapitel 7

In Kapitel 2 hast du schon so einiges über die Programmierung erfahren. Ich habe dir das erste Programm gezeigt, das im Arduino-Umfeld *Sketch* genannt wird, und einige allgemeine Informationen zur Programmiersprache *C* bzw. *C++* angeführt. Doch was *Programmieren* eigentlich wirklich bedeutet, darüber haben wir noch kein einziges Wort verloren. Wir wissen, dass hierzu eine Maschine benötigt wird, sei es ein *PC*, ein *Mac* oder ein *Mikrocontroller* wie auf unserem *Arduino-Board*, die über eine Schnittstelle zu uns Menschen verfügt. Eine solche Maschine besitzt keine eigene Intelligenz. Sie ist ohne unser Zutun nichts weiter als ein Stück Hardware und zu eigenständigem Handeln nicht in der Lage. Hard- bzw. Software leben quasi in einer Zwangsymbiose, denn keiner kann ohne den anderen auskommen. Erst die Programme hauchen der Hardware eine gewisse Form von *Leben* ein und lassen sie Dinge tun, die sich der Programmierer, also Du, erdacht hat.

Was ist ein Programm bzw. ein Sketch?

Bei der Programmierung haben wir es in der Regel mit zwei Bausteinen zu tun.

Programmbaustein 1: Der Algorithmus

Der *Sketch* soll eigenständig eine bestimmte Aufgabe erledigen. Aus diesem Grund wird ein sogenannter *Algorithmus* erstellt, der eine (An-)Sammlung von Einzelschritten beinhaltet, die für ein erfolgreiches Ergebniserforderlich sind. Ein *Algorithmus* ist also eine *Rechenvorschrift*, der wie ein Waschzettel abgearbeitet wird. Stell' dir einmal vor, du möchtest eine kleine Holzkiste bauen, um dein Arduino-Board dort unterzubringen, damit alles etwas schöner bzw. aufgeräumter aussieht und es auch deinen Freunden gefällt. Du baust dann ja auch nicht einfach drauf los und kaufst Holz, in der Hoffnung, dass alles nachher auch irgendwie zusammenpasst. Es muss also ein Plan her, der zum Beispiel folgende Punkte beinhaltet:

- Was sind die Maße der Kiste?
- Welche Farbe soll sie haben?
- An welchen Stellen müssen Öffnungen gebohrt werden, damit z.B. Schalter oder Lampen platziert werden können?

Wenn du das Material besorgt hast, folgt die eigentliche Arbeit, die in in einer ganz bestimmten Reihenfolge erledigt wird:

- Holzplatten fixieren
- Holzplatten auf entsprechende Maße zuschneiden
- Kanten mit Schmirgelpapier bearbeiten
- Einige Holzplatten mit Löchern versehen, damit die Anschlüssen angebracht werden können
- Holzplatten zusammenschrauben
- Kiste lackieren
- Arduino-Board einbauen und mit Schalter bzw. Lampe verkabeln

Das sind viele Einzelschritte, die notwendig sind, um das gesteckte Ziel zu erreichen. Genauso verhält es sich beim Algorithmus.

Programmbaustein 2: Die Daten

Sicherlich hast du z.B. auch die *Maße* der Kiste sorgfältig auf dem Plan vermerkt, damit du während des Baus immer mal wieder einen Blick darauf werfen kannst. Es soll ja später auch alles gut zusammenpassen. Diese *Maße* sind vergleichbar mit den *Daten* eines Sketches. Der Algorithmus nutzt zur Abarbeitung seiner Einzelschritte temporäre Werte, die ihm für seine Arbeit hilfreich sind. Dazu verwendet er eine Technik, die es ihm ermöglicht Werte abzuspeichern und später wieder abzurufen. Die Daten werden nämlich in sogenannten *Variablen* im Speicher abgelegt und sind dort jederzeit verfügbar. Doch dazu später mehr.

Was bedeutet Datenverarbeitung?

Unter *Datenverarbeitung* verstehen wir das Anwenden eines *Algorithmus*, der unter Zuhilfenahme von *Daten* andere Daten abruft, sie dann über unterschiedliche Berechnungen verändert und später wieder ausgibt. Dieses Prinzip wird *EVA* genannt:

- Eingabe
- Verarbeitung
- Ausgabe

◀ **Abbildung 7-1**
Das EVA-Prinzip

Was sind Variablen?

Ich hatte schon kurz erwähnt, dass Daten in *Variablen* abgespeichert werden. Sie spielen in der Programmierung eine zentrale Rolle und werden in der Datenverarbeitung genutzt, um Informationen jeglicher Art zu speichern. Du kannst für den Begriff *Variable* auch *Platzhalter* verwenden, obwohl das heutzutage niemand wirklich macht, aber das bringt es wirklich auf den Punkt. Eine *Variable* belegt innerhalb des Speichers einen bestimmten Platz und hält ihn frei. Der Computer bzw. Mikrocontroller verwaltet jedoch diesen (Arbeits-)Speicher mit seinen eigenen Methoden. All dies erfolgt mittels kryptischen Bezeichnungen, die sich unsereins bestimmt schlecht merken kann. Aus diesem Grund kannst du Variablen mit aussagekräftigen Namen versehen, die intern auf die eigentlichen Speicheradressen verweisen.

Abbildung 7-2 ▶
Eine Variable zeigt auf einen Speicherbereich im Arbeitsspeicher.

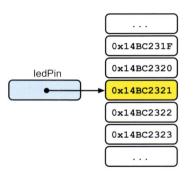

In dieser Abbildung siehst Du, dass die Variable mit dem Namen *ledPin* auf eine Startadresse im Arbeitsspeicher zeigt. Du kannst sie auch als eine Art *Referenz* betrachten, die auf etwas Bestimmtes verweist. In Kapitel 2 habe ich dir einen kurzen Sketch präsentiert, der u.a. die folgende Codezeile beinhaltete:

```
int ledPin = 13; // Variable mit Pin 13 deklarieren + initialisieren
```

Hier siehst du die Verwendung einer Variablen mit dem Namen *ledPin*, der der numerische Wert *13* zugewiesen wurde. Später im Sketch wird diese Variable ausgewertet und weiter verwendet.

> Verrate mir doch bitte noch eines. Was bedeutet das kleine Wort *int* vor dem Variablennamen?

Ja genau! Das kleine Wörtchen *int* ist die Abkürzung für das Wort *Integer*. *Integer* ist ein *Datentyp* und wird in der Datenverarbeitung dazu verwendet, um *Ganzzahlen* zu kennzeichnen, womit wir schon beim nächsten Punkt wären.

Die Datentypen

Wir sollten uns nun ein wenig mit den unterschiedlichen *Datentypen* und der Frage, was ein *Datentyp* überhaupt ist und warum es so viele unterschiedliche gibt, beschäftigen. Der Mikrocontroller verwaltet seine *Sketche* und *Daten* in seinem Speicher. Dieser Speicher ist ein strukturierter Bereich, der über Adressen verwaltet wird und Informationen aufnimmt oder abgibt, wobei Informationen in Form von Einsen und Nullen gespeichert werden. Die kleinste logische Speichereinheit ist das *Bit*, das eben die zwei Zustände *1* oder *0* speichern kann. Stelle es dir als eine Art elektronischen Schalter vor, der ein- bzw. ausgeschaltet werden kann. Da du mit einem *Bit* lediglich zwei Zustände abbilden kannst, sind natürlich mehrere

Bits zur Speicherung der Daten sinnvoll und notwendig. Der Verbund aus 8 Bits wird *1 Byte* genannt und ermöglicht es, $2^8 = 256$ unterschiedliche Zustände zu speichern. Die Basis *2* wird verwendet, weil es sich um ein *binäres System* handelt, das lediglich zwei Zustände kennt. Wir können mit *8 Bits* also einen *Wertebereich* von *0* bis *255* abdecken. Das uns vertraute Dezimalsystem hat als Basis die Zahl *10*. Doch siehe selbst, wie sich die einzelnen Stellenwertigkeiten ergeben:

Potenzen	10^3	10^2	10^1	10^0
Wertigkeit	1000	100	10	1
Bitkombination	4	7	1	2

◀ **Abbildung 7-3**
Das Dezimalsystem und seine Stellenwertigkeiten für die ersten 4 Stellen

Natürlich kannst du den Wert sofort ablesen, doch für jemanden, der ausschließlich im Binärsystem zu Hause ist, ist das nicht sofort ersichtlich und er muss die einzelnen Stellen addieren. Das wäre in diesem Fall

$$2 \cdot 10^0 + 1 \cdot 10^1 + 7 \cdot 10^2 + 4 \cdot 10^3 = 4712$$

Die Summierung habe ich bei der Stelle mit dem niedrigsten Wert begonnen und in Richtung der Stelle mit dem höchstem Wert fortgesetzt. Doch zurück zum Datentyp *byte*. In der folgenden Grafik siehst du die *8 Bits* eines Bytes, die einen bestimmten dezimalen Wert repräsentieren.

Potenzen	2^7	2^6	2^5	2^4	2^3	2^2	2^1	2^0
Wertigkeit	128	64	32	16	8	4	2	1
Bitkombination	1	0	0	1	1	1	0	1

◀ **Abbildung 7-4**
Die 8 Bits eines Bytes mit seinen Stellenwertigkeiten

Jede einzelne Stelle hat eine bestimmte Wertigkeit. Die Umrechnung in eine Dezimalzahl ergibt sich ebenfalls aus der Addition der einzelnen Stellenwertigkeiten:

$$1 \cdot 2^0 + 0 \cdot 2^1 + 1 \cdot 2^2 + 1 \cdot 2^3 + 1 \cdot 2^4 + 0 \cdot 2^5 + 0 \cdot 2^6 + 1 \cdot 2^7 = 157$$

Hier ergibt sich die Zahl *157*. Diese *8 Bits* nehmen im Speicher natürlich einen gewissen Raum ein, der zur Speicherung einer Zahl von *0* bis *255* benötigt wird. Für kleinere Rechenoperationen ist das möglicherweise vollkommen ausreichend, und deshalb wurde der Datentyp *byte* mit dem genannten Wertebereich erschaffen.

Was bedeutet Datenverarbeitung?

Wenn wir jedoch mit Werten > 255 arbeiten möchten, stoßen wir hier an die Grenzen des machbaren. Zur Berechnung größerer Werte wurde der nächsthöhere Datentyp geschaffen. Er nennt sich *int* und steht, wie schon erwähnt, für *Integer*. Es wurden einfach 2 Bytes zu einem Verbund zusammengefasst, so dass jetzt ein größerer Wertebereich zur Verfügung steht.

Ok, lass mich überlegen: Das wären dann 2^{16} = 65.536 Bitkombinationen, also ein Wertebereich von *0* bis *65.535*, richtig?

Fast, *Ardus*! Mit den 65.536 Bitkombinationen liegst du natürlich richtig, doch der Wertebereich ist nicht ganz der, den du angegeben hast. Du hast eines nicht bedacht oder konntest es auch nicht wissen. Es gibt nicht nur *positive*, sondern auch *negative* Zahlen, und die müssen ebenfalls in diesem Datentyp *int* untergebracht werden. Dazu hat man sich folgendes einfallen lassen. Wenn ein Datentyp sowohl für *positive*, als auch *negative* Zahlen vorgesehen, wird ein spezielles Bit dafür verwendet, eine Vorzeicheninformation zu speichern – quasi ein *Flag*. Dieses *Flag* ist in der Regel das höchstwertigste Bit, das *MSB* (**M**ost **S**ignificant **B**it) genannt wird. Dabei liegt es dann natürlich in der Natur der Sache, dass für die Abbildung des eigentlichen Wertes ein Bit weniger zur Speicherung zur Verfügung steht. Schauen wir uns das einmal an zwei Beispielen an. Zuerst haben wir eine positive Zahl, was du daran erkennst, dass das Vorzeichenbit den Wert *0* hat.

Abbildung 7-5 ▶
Die 16 Bits des Datentyps »int« (positive Zahl)

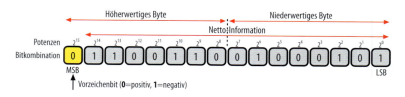

Der dargestellten Bitkombination entspricht der dezimale Wert *+26181*. Die gleiche Bitkombination mit einem Vorzeichenbit von *1* schaut dann wie folgt aus:

Abbildung 7-6 ▶
Die 16 Bits des Datentyps »int« (negative Zahl)

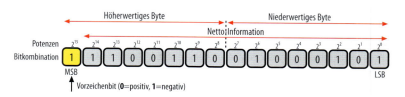

> Ok, das ist einfach. Bei dieser Bitkombination haben wir es mit dem Wert *-26181* zu tun. Das habe ich verstanden!

Und schon bist du reingefallen. Dem ist leider nicht so. Die letzte Bitkombination entspricht nicht dem negativen Wert des Wertes *+26181*. *Ein Test würde es ans Licht bringen.* Um einen negativen binären Wert in einen positiven umzuwandeln, sind zwei Schritte notwendig:

- Das Invertieren aller Bits (aus *1* wird *0* und aus *0* wird *1*)
- Das Hinzuaddieren des Wertes *1*

Eine Bemerkung am Rande

Die Invertierung aller Bits wird *Einerkomplementbildung* genannt und ist eine Operation bei Binärzahlen. Wenn am Ende noch der Wert *1* hinzuaddiert wird, nennt man den gesamten Prozess *Zweierkomplementbildung*.

Bei der Addition von Binärzahlen gelten folgende Regeln:

A	B	A+B	Übertrag
0	0	0	0
0	1	1	0
1	0	1	0
1	1	0	1

◀ **Tabelle 7-1**
Addition einer Binärstelle

Die Addition der einzelnen Stellen erfolgt analog zu der uns bekannten Berechnung im Dezimalsystem. Schauen wir uns diese Prozedur für eine andere Binärkombination genauer an:

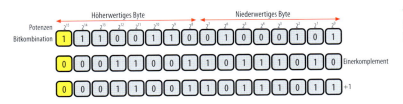

◀ **Abbildung 7-7**
Ermitteln der negativen Dezimalzahl

Die unterste Bitkombination ergibt den dezimalen Wert *+6.587*. Dies ist der negative Dezimalwert der obersten Bitkombination. Wir können also sagen, dass Folgendes gilt:

`1110011001000101 = -6.587`

Der Wertebereich des Datentyps *int* erstreckt sich von *-32.768* bis *+32.767* und ist somit um einiges umfangreicher und flexibler als der Datentyp *byte*.

> Das mit den negativen Zahlen habe ich durchaus verstanden, doch der Sinn der Bildung des *Zweierkomplementes* ist mir schleierhaft. Doch warum betreibt man diesen Umstand? Es müsste doch reichen, eine positive in eine negative Zahl zu konvertieren, wenn das Vorzeichenbit von *0* auf *1* gesetzt wird.

Ich möchte dir erst einmal beipflichten, denn auf den ersten Blick scheint das reine Willkür zu sein. Doch es steckt ein tieferer Sinn dahinter, den wir jetzt erschließen wollen. Nehmen wir doch der Einfachheit halber eine *8-Bit Zahl*, der aber nicht der eben gezeigte Datentyp *byte* Zugrunde liegt, denn dieser war ja vorzeichenlos.

Abbildung 7-8 ▶
Eine positive Binärzahl

Potenzen	2^7	2^6	2^5	2^4	2^3	2^2	2^1	2^0	
Wertigkeit	128	64	32	16	8	4	2	1	
Bitkombination	0	1	0	1	0	1	1	0	$= 86_{10}$

Diese positive Zahl (das *MSB* ist *0*) stellt einen dezimalen Wert von *86* dar. Wenn du es mit mehreren Werten unterschiedlicher Zahlensysteme zu tun hast, macht es Sinn, die zugehörige Basis in kleineren Ziffern dahinter zu setzen. Ok, dann wollen wir daraus also eine negative Zahl machen, indem wir lediglich das Vorzeichenbit von *0* auf *1* ändern. Das vermeintlich richtige Ergebnis wäre das Folgende:

Abbildung 7-9 ▶
Eine negative Binärzahl

Potenzen	2^7	2^6	2^5	2^4	2^3	2^2	2^1	2^0	
Wertigkeit	128	64	32	16	8	4	2	1	
Bitkombination	1	1	0	1	0	1	1	0	$= -86_{10}$

Wenn wir an dieser Stelle die Festlegung treffen würden, dass das der negative Wert der eben gezeigten positiven Zahl ist, wäre zunächst alles ok. Damit könnten wir leben. Doch in der Datenverarbeitung werden nicht nur Werte gespeichert und angezeigt. Es wird auch mit ihnen gerechnet. Und da laufen wir in ein Problem hinein. Nehmen wir einmal an, du wolltest einen Wert, sagen wir *+1*, hinzuaddieren, was ja bedeutet, dass das Ergebnis um den Wert *1* größer wird, als der Ursprungswert. Sehen wir uns das wieder auf Bitebene an:

Potenzen	2^7	2^6	2^5	2^4	2^3	2^2	2^1	2^0	
Wertigkeit	128	64	32	16	8	4	2	1	
Bitkombination	1	0	1	0	1	0	1	0	$= -86_{10}$
Addition + 1	0	0	0	0	0	0	0	1	+1
Ergebnis	1	1	0	1	0	1	1	1	$= -87_{10}$

Abbildung 7-10
Das Ergebnis der Addition (wohl nicht ganz richtig!)

Na, fällt dir etwas auf? Trotz Addition eines positiven Wertes ist das Ergebnis um den Wert *1* kleiner geworden. *-86 + 1 = -87 ???* Auf diese Art und Weise kommen wir also nicht zum Ziel. Jetzt wenden wir das eben angepriesene *Einerkomplement* auf den Ursprungswert an. Ich werde dabei aber auch direkt auf das nächste Problem hinweisen, das sich bei einer ganz besonderen Zahl ergibt. Von jedem Wert kann ich das negative Pendant bilden, in dem ich ein negatives Vorzeichen davor setze, so auch bei der Zahl *0*. Aber *0* und *-0* sind absolut identisch und es besteht kein arithmetischer Unterschied.

Potenzen	2^7	2^6	2^5	2^4	2^3	2^2	2^1	2^0	
Wertigkeit	128	64	32	16	8	4	2	1	
	0	0	0	0	0	0	0	0	=0
	1	1	1	1	1	1	1	1	=0

Abbildung 7-11
Zwei Bitkombinationen für den gleichen Wert

Das kann aber so nicht akzeptiert werden, da die Eindeutigkeit nicht gewährleistet ist. Aus diesem Grund wird der Wert *1* hinzuaddiert, was in Summe die *Zweierkomplementbildung* ergibt. Dieses Verfahren hast du gerade eben bei einer *16-Bit Zahl* kennengelernt. In der nachfolgenden Tabelle findest du ein paar Beispiele zu positiven bzw. negativen Werten:

Positiver Wert	Negativer Wert
$1_{10} = 00000001_2$	$-1_{10} = 11111111_2$
$64_{10} = 01000000_2$	$-64_{10} = 11000000_2$
$80_{10} = 01010000_2$	$-80_{10} = 10110000_2$

Tabelle 7-2
Positive und entsprechende negative Werte

Hier habe ich eine kurze Frage an dich: Angenommen, du findest die Bitkombination *10110010₂* im Speicher vor und jemand fragt

Was bedeutet Datenverarbeitung?

dich, welchem dezimalen Wert diese entspricht, kannst du ihm dann eine eindeutige Antwort geben?

Klar, warum denn nicht? Ich habe doch jetzt die notwendigen Informationen, um eine erfolgreiche Konvertierung durchführen zu können.

Nein, du hast noch *nicht* alle Informationen bekommen! Es wurde dir lediglich die Bitkombination gezeigt, aber nicht der zugrunde liegende *Datentyp*. Es existieren aber noch weitere *16-Bit Datentypen*, die ebenfalls genutzt werden können, da die zugrunde liegende Programmiersprache *C* bzw. *C++* ist. Da haben wir z.B. den Datentyp *unsigned int*, der ebenfalls ein Ganzzahltyp ist, jedoch – wie das Wort *unsigned = vorzeichenlos* sagt – nur positive Werte speichern kann. Ich möchte an dieser Stelle erwähnen, dass es dennoch einige Unterschiede gibt, die von Compiler zu Compiler variieren können, da einige *2* Bytes und andere *4* Bytes verwenden, um den Datentyp zu verwalten. In unserem Fall haben wir es aber mit *2* Bytes zu tun, was bedeutet, dass sich der Wertebereich von *0* bis +65.535 erstreckt.

Halt, halt! Ich verstehe den ganzen Aufwand nicht so recht. Warum wird nicht ein einziger Datentyp geschaffen, der groß genug dimensioniert ist, um alle möglichen Werte aufzunehmen? Dann hätten wir die ganzen Probleme mit den unterschiedlichen Wertebereichen nicht, die sich niemand merken kann.

Ok, du meinst also, wir sollten einen Datentyp schaffen, der eine Datenbreite von beispielsweise *16* Bytes hat und mit dem man für alle Eventualitäten gerüstet ist. Denken wir einmal scharf nach. Der Speicherplatz in einem Mikrocontroller ist begrenzt und kann, anders als bei einem PC, nicht einfach nach Belieben erweitert werden. Für jede kleine Variable, die lediglich von *0* bis *255* zählen muss, würde eine *16*-fache Überdimensionierung in Kauf genommen. Wenn du nun einmal alle benötigten Variablen in deinem Sketch aufsummierst, dann hast du schnell die Grenzen des zur Verfügung stehenden Speicherplatzes erreicht. Um dies zu verhindern, wurden unterschiedliche Datentypen mit unterschiedlichen Datenbreiten bzw. Wertebereichen geschaffen, so dass eigentlich für jeden Anwendungszweck eine entsprechende Auswahl getroffen werden kann. Mit der Zeit hast du auch die wichtigsten Wertebereiche verinnerlicht und musst nicht mehr in einer Tabelle nachschauen. Apropos Tabelle: Ich liste hier für den Anfang einmal die wichtigsten Datentypen auf, mit denen du in Zukunft konfrontiert werden wirst.

◀ **Tabelle 7-3**
Datentypen mit entsprechenden Wertebereichen

Dytentyp	Wertebereich	Datenbreite	Beispiel
byte	0 bis 255	1 Byte	`byte wert = 42;`
unsigned int	0 bis 65.535	2 Bytes	`unsigned int sekunden = 46547;`
int	-32.768 bis 32.767	2 Bytes	`int ticks = -325;`
long	-2^{31} bis $2^{31}-1$	4 Bytes	`long wert = -3457819;`
float	$-3.4 * 10^{38}$ bis $3.4 * 10^{38}$	4 Bytes	`float messwert = 27.5679;`
double	siehe float	4 Bytes	`double messwert = 27.5679;`
boolean	true oder false	1 Byte	`boolean flag = true;`
char	-128 bis 127	1 Byte	`char mw = 'm';`
String	variabel	variabel	`String name = "Erik Bartmann";`
Array	variabel	variabel	`int pinArray[] = {2, 3, 4, 5};`

Die hier gezeigten Datentypen werden wir mehr oder weniger im vorliegenden Buch später noch verwenden, so dass ich an dieser Stelle nicht weiter darauf eingehen möchte.

> Ich habe noch eine kurze Frage: Was passiert eigentlich, wenn ich z. B. eine Variable vom Datentyp *byte* habe und beim Hochzählen das Maximum von *255* überschritten wird? Kommt es dann zu einem Fehler?

Das sollte man tatsächlich vermuten, doch es kommt in diesem Fall zu *keinem* Fehler und der Variableninhalt beginnt wieder bei *0* zu zählen.

Was sind Schleifen?

In einem Sketch kann zur Berechnung von Daten das Ausführen vieler einzelner wiederkehrender Schritte erforderlich sein. Wenn es sich bei diesen Schritte z.B. um immer gleichartige Befehlsausführungen handelt, dann ist es weder sinnvoll noch praktikabel, diese Befehle in großer Anzahl untereinander zu schreiben und sequentiell, also hintereinander, ausführen zu lassen. Aus diesem Grund wurde in der Datenverarbeitung ein spezielles programmtechnisches Konstrukt geschaffen, das die Aufgabe hat, ein Programmstück, bestehend aus einem oder auch aus mehreren Befehlen, mehrfach hintereinander auszuführen. Wir nennen dies eine *Schleife*. Schauen wir uns an, wie eine *Schleife* grundsätzlich aufgebaut ist. Es gibt zwei unterschiedliche Schleifenvarianten:

- kopfgesteuerte Schleifen
- fußgesteuerte Schleifen

Beiden Varianten ist gemeinsam, dass sie eine *Instanz* besitzen, die die Kontrolle darüber übernimmt, ob und wie oft, die Schleife durchlaufen werden muss. Des Weiteren ist dieser Instanz ein einzelner Befehl oder ein ganzer Befehlsblock (Schleifenkörper) angegliedert, der durch die Instanz gesteuert und abgearbeitet wird.

Kopfgesteuerte Schleifen

Bei kopfgesteuerten Schleifen befindet sich die Kontrollinstanz im Schleifenkopf, der sich – wie der Name vermuten lässt – am oberen Ende der Schleife befindet. Das bedeutet wiederum, dass der Eintritt in den ersten Schleifendurchlauf von der Auswertung der Bedingung abhängt und ggf. nicht stattfindet. Die Schleife wird also möglicherweise überhaupt nicht ausgeführt.

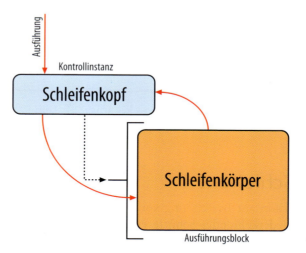

Abbildung 7-12 ▶
Grundsätzlicher Aufbau einer kopfgesteuerten Schleife

Die Verwendung des Plurals kurz vorher in der entsprechenden Überschrift ist schon ein Hinweis darauf, dass es verschiedene Typen von Kopfschleifen gibt, die in unterschiedlichen Situationen zum Einsatz kommen.

for-Schleife

Die *for*-Schleife kommt immer dann zum Einsatz, wenn vor Beginn des Schleifenaufrufs eindeutig feststeht, wie oft die Schleife durchlaufen werden soll. Werfen wir dazu einen Blick auf das *Flussdiagramm*, das zur grafischen Wiedergabe des Programmflusses dient.

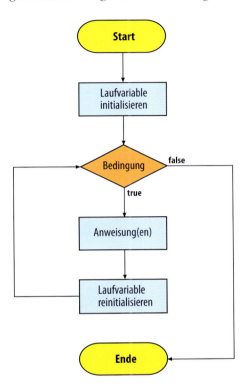

◀ **Abbildung 7-13**
Das Flussdiagramm einer »for«-Schleife

In der Schleife kommt eine Variable mit der Bezeichnung *Laufvariable* zum Einsatz. Sie wird in der Bedingung einer Bewertung unterzogen, die darüber entscheidet, ob und wie oft die Schleife durchlaufen wird. Der Wert dieser Variablen wird in der Regel im Schleifenkopf bei jedem neuen Durchlauf modifiziert, so dass die Abbruchbedingung irgendwann erreicht sein sollte, wenn du keinen Denkfehler gemacht hast. Hier ein kurzes Beispiel, auf das wir später noch genauer eingehen werden.

```
for(int i = 0; i < 7; i++)
    pinMode(ledPin[i], OUTPUT);
```

Was bedeutet Datenverarbeitung?

Zu detaillierten Beispielen kommen wir noch in den einzelnen Kapiteln.

while-Schleife

Die *while*-Schleife wird dann verwendet, wenn sich erst zur Laufzeit der Schleife ergeben soll, ob und wie oft sie zu durchlaufen ist. Wenn während des Schleifendurchlaufes z.B. ein Eingang des Mikrocontrollers kontinuierlich abgefragt bzw. überwacht wird und bei einem bestimmten Wert eine Aktion durchgeführt werden soll, dann bist du mit dieser Schleife gut bedient. Wir wollen mal schauen, wie das entsprechende Flussdiagramm aussieht:

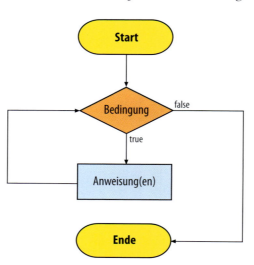

Abbildung 7-14 ▶
Das Flußdiagramm einer
»while«-Schleife

Die Abbruchbedingung befindet sich bei dieser Schleife ebenfalls im Kopf. Es wird dort jedoch keine Modifikation der in der Bedingung angeführten Variablen vorgenommen. Sie muss im Schleifenkörper erfolgen. Wenn dies vergessen wird, dann haben wir es mit einer *Endlosschleife* zu tun, aus der es kein Entrinnen gibt, solange der Sketch läuft. Auch hierzu ein kurzes Beispiel:

```
while(i > 1) // Kontrollinstanz
{
  Serial.println(i);
  i = i - 1;
}
```

Fußgesteuerte Schleife

Kommen jetzt zur *fußgesteuerten* Schleife. Sie wird so genannt, weil die Kontrollinstanz im *Schleifenfuß* beheimatet ist.

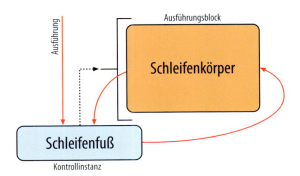

◀ **Abbildung 7-15**
Grundsätzlicher Aufbau einer fußgesteuerten Schleife

Ihr Name lautet *do...while*-Schleife. Da die Auswertung der Bedingung erst am Ende der Schleife stattfindet, können wir zunächst einmal festhalten, dass sie mindestens einmal ausgeführt wird.

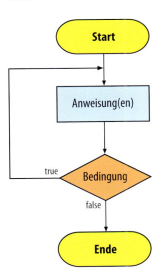

◀ **Abbildung 7-16**
Das Flussdiagramm einer »do-while«-Schleife

Diese Schleife wird recht selten Verwendung finden, doch der Vollständigkeit halber wollte ich sie dir dennoch nicht vorenthalten. Die Syntax gleicht der der *while*-Schleife, wobei du aber erkennen kannst, dass die Kontrollinstanz am Fuß der Schleife untergebracht ist.

```
  do
  {
    Serial.println(i);
    i = i - 1;
  } while(i > 1); // Kontrollinstanz
```

Was sind Kontrollstrukturen?

In Kapitel 2 hast du u.a. schon etwas über Befehle erfahren. Sie teilen dem Mikrocontroller mit, was er zu tun hat. Ein Sketch besteht aber in der Regel aus einer ganzen Reihe von Befehlen, die *sequentiell* abgearbeitet werden. Das Arduino-Board ist mit einer bestimmten Anzahl von Ein- bzw. Ausgängen versehen, an die du diverse elektrische bzw. elektronische Komponenten anschließen kannst. Wenn der Mikrocontroller auf bestimmte Einflüsse von außen reagieren soll, schließt du z.B. einen Sensor an einen Eingang ein. Die einfachste Form eines Sensors ist ein Schalter oder Taster. Wenn der Kontakt geschlossen wird, soll z.B. eine LED leuchten. Der Sketch muss also eine Möglichkeit haben, eine Entscheidung zu treffen. Ist der Schalter geschlossen, dann versorge LED mit Spannung (LED leuchtet), ist der Schalter offen, dann trenne die LED von der Spannungsversorgung (LED wird dunkel).

Wir werfen zu Beginn wieder einen Blick auf das Flussdiagramm, das uns zeigt, wie der Ablauf der Sketchausführung in bestimmte Bahnen gelenkt wird, so dass es sich nicht mehr um einen linearen Verlauf handelt. Der Sketch steht beim Erreichen einer Kontrollstruktur an einem Scheideweg und er muss schauen, wie es weiter gehen soll. Als Entscheidungsgrundlage dient ihm eine *Bedingung*, die es zu bewerten gilt. Programmtechnisch nutzen wir die *if*-Anweisung. Es handelt sich um eine *Wenn-Dann*-Entscheidung.

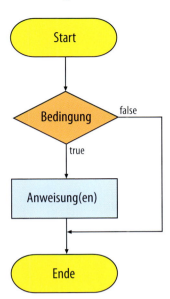

◀ **Abbildung 7-17**
Das Flussdiagramm einer »if«-Kontrollstruktur

Wurde die Bedingung als *wahr* erkannt, dann folgt die Ausführung einer oder auch mehrerer Anweisungen. Hier wieder ein kurzes Beispiel:

```
if(tasterStatus == HIGH)
   digitalWrite(ledPin, HIGH);
```

Wenn mehrere Befehle in einer *if*-Anweisung ausgeführt werden sollen, musst du einen *Befehlsblock* mit den geschweiften Klammerpaaren bilden. Er wird dann als komplette Befehlseinheit ausgeführt:

```
if(tasterStatus == HIGH)
{
   digitalWrite(ledPin, HIGH);
   Serial.println("HIGH-Level erreicht.");
}
```

Es gibt noch eine erweiterte Form der *if*-Kontrollstruktur. Es handelt sich dabei um eine *Wenn-Dann-Sonst*-Entscheidung, die sich aus einer *if-else*-Anweisung ergibt. Das entsprechende Flussdiagramm sieht wie folgt aus:

Was bedeutet Datenverarbeitung?

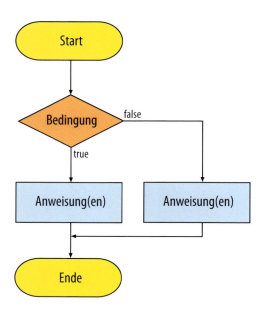

Abbildung 7-18
Das Flussdiagramm einer
»if-else«-Kontrollstruktur

Das folgende Codebeispiel zeigt dir die Syntax der *if-else*-Anweisung:

```
if(tasterStatus == HIGH)
  digitalWrite(ledPin, HIGH);
else
  digitalWrite(ledPin, LOW);
```

Sei kommunikativ und sprich darüber

Wenn Menschen sich einander mitteilen wollen, um z.B. Gefühle auszudrücken oder Informationen weiterzugeben, dann erfolgt das über Sprache in mündlicher oder schriftlicher Form. Nur so können wir etwas erfahren und unser Wissen und das Verständnis mehren. Unwissenheit und Unverständnis über einen längeren Zeitraum frustriert. Doch nun zum eigentlichen Thema. Wenn man sich als Programmierer eines Problems annimmt und kodiert, dann ist es sicher sinnvoll, sich hier und da ein paar Notizen zu machen. Manchmal hat man einen Geistesblitz oder eine geniale Idee und ein paar Tage später – mir geht es jedenfalls des Öfteren so – fällt es dann schwer, sich an die einzelnen Gedankengänge detailliert zu erinnern. Was habe ich da bloß programmiert und warum habe ich es so und nicht anders gemacht? Natürlich kann jeder Programmierer eigene Strategien für das Ablegen geeigneter Notizen entwickeln: Collegeblock, Rückseite von Werbeprospekten, Word-Dokumente etc. Alle diese Methoden haben jedoch entscheidende Nachteile:

- Wo habe ich denn bloß meine Notizen hingelegt?
- Sind sie auch auf dem neusten und aktuellsten Stand?
- Jetzt kann ich nicht mal meine eigene Schrift lesen!
- Wie kann ich meine Notizen einem Freund zur Verfügung stellen, der auch an meiner Programmierung interessiert ist?

Das Problem ist die Tennung von Programmiercode und Notizen, die dann keine Einheit bilden. Wenn die Notizen verloren gehen, wird es für dich unter Umständen recht schwirig, alles noch einmal zu rekonstruieren. Und jetzt stelle dir deinen Freund vor, der absolut keine Ahnung hat, was du mit deinem Code erreichen wolltest. Da muss eine andere Lösung her: Du kannst innerhalb deines Codes Anmerkungen bzw. Hinweise hinterlegen und das genau an *der* Stelle, für die sie gerade relevant sind. So hast du alle Informationen genau da, wo sie benötigt werden.

Einzeiliger Kommentar

Schaue dir einmal das folgende Beispiel aus einem Programm an:

```
int ledPinRotAuto = 7;     // Pin 7 steuert rote LED (Autoampel)
int ledPinGelbAuto = 6;    // Pin 6 steuert gelbe LED (Autoampel)
int ledPinGruenAuto = 5;   // Pin 6 steuert grüne LED (Autoampel)
...
```

Hier werden Variablen deklariert und mit einem Wert initialisiert. Zwar sind recht aussagekräftige Namen ausgewählt, doch ich denke, es ist recht sinnvoll, noch einige kurze ergänzende Anmerkungen anzuführen. Hinter der eigentlichen Befehlszeile wird ein Kommentar eingefügt, der durch zwei Schrägstriche (*Slashes*) eingeleitet wird. Warum ist das notwendig? Ganz einfach! Der Compiler versucht natürlich alle vermeintlichen Befehle, die an ihn herangetragen werden, zu interpretieren und auszuführen. Nehmen wir doch einfach einmal den ersten Kommentar:

```
Pin 7 steuert rote LED (Autoampel)
```

Es handelt sich um einzelne Elemente eines Satzes, die der Compiler jedoch nicht *versteht*, da es sich nicht um Anweisungen handelt. Es kommt bei dieser Schreibweise zu einem Fehler beim Kompilieren des Codes. Die beiden // maskieren jetzt aber diese Zeile und teilen dem Compiler mit: *Hey Compiler. Alles, was nach den beiden*

Schrägstrichen folgt, ist nicht für dich relevant und kann getrost von dir ignoriert werden. Es handelt sich um eine Gedankenstütze des Programmierers, der mal wieder zu dämlich ist, sich die einfachsten Sachen über einen längeren Zeitraum (> 10 Minuten) zu merken. Sei etwas nachsichtig mit ihm! Mittels dieser Schreibweise wird ein *einzeiliger Kommentar* eingefügt.

Mehrzeiliger Kommentar

Wenn du jedoch über mehrere Zeilen etwas schreiben möchtest, z.B. etwas, das deinen Sketch in groben Zügen beschreibt, kann es lästig sein, vor jede Zeile zwei Schrägstriche zu positionieren. Aus diesem Grund gibt es noch die mehrzeilige Variante, die folgendermaßen aussieht:

```
/*
  Autor: Erik Bartmann
  Scope: Ampelsteuerung
  Datum: 31.01.2011
  HP:    www.erik-bartmann.de
*/
```

Dieser Kommentar hat eine einleitende Zeichenkombination /* und eine abschließende Zeichenkombination */. Alles, was sich zwischen diesen beiden *Tags* (ein *Tag* ist eine Markierung, die zur Kennzeichnung von Daten benutzt wird, die eine spezielle Bedeutung haben) befindet, wird als Kommentar angesehen und vom Compiler ignoriert. Alle Kommentare werden von der Arduino-Entwicklungsumgebung mit der Farbe *Grau* versehen, um sie sofort kenntlich zu machen.

Die Struktur eines Arduino-Sketches

Wenn du einen *Sketch* für dein Arduino-Board schreiben möchtest, dann sind bestimmte Dinge unbedingt zu beachten. Damit der *Sketch* lauffähig ist, benötigt er zwei programmtechnische Konstrukte, die in dieselbe Kategorie fallen. Es handelt sich um sogenannte *Funktionen*, die quasi den Sketch-Rahmen bilden. Doch schauen wir uns zuerst einmal an, was eine *Funktion* überhaupt ist. Bisher hast du einzelne Befehle kennengelernt, die für sich alleine stehen und nicht unbedingt einen Bezug zueinander haben. Es ist aber möglich, mehrere Befehle zu einer logischen Einheit zusammenzufassen und diesem Konstrukt dann einen aussagekräftigen Namen zu geben. Anschließen rufst du den Funktionsnamen wie einen einzelnen Befehl auf und alle hierin enthaltenen Befehle werden als Einheit ausgeführt. Stellen wir vorab einige Überlegungen an, wie ein solcher Sketchablauf vonstattengehen kann. Angenommen, du möchtest eine Wanderung unternehmen und bestimmte Dinge mit auf den Weg nehmen. Dann packst du zu Beginn einmalig deinen Rucksack mit den benötigten Sachen und wanderst los. Während deiner Tour greifst du immer mal wieder in den Rucksack, um dich zu stärken oder z.B. um dich auf der Landkarte zu vergewissern, dass du noch auf dem richtigen Weg bist. Im übertragenen Sinne läuft es genau so in einem Sketch ab. Da erfolgt beim Start einmalig die Ausrührung einer bestimmten Aktion, um z.B. Variablen zu initialisieren, die später verwendet werden sollen. Im Anschluss werden in einer Endlosschleife bestimmte Befehle immer und immer wieder ausgeführt, die den Sketch auf diese Weise am Leben erhalten. Werfen wir einen Blick auf die Struktur des Sketches, wobei ich die grundlegenden Bereiche in 3 Blöcke unterteilt habe.

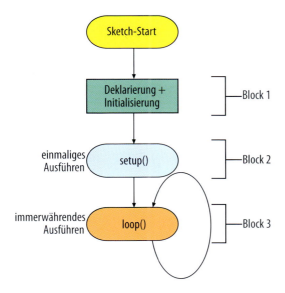

◀ **Abbildung 7-19**
Die grundlegende Sketch-Struktur

Diese Blöcke sind folgende:

Block 1: (Die Deklarierung und Initialisierung)

In diesem ersten Block werden z.B. – falls notwendig – externe Bibliotheken über die *#include*-Anweisung eingebunden. Wie das funktioniert, wirst du späer erfahren. Des Weiteren ist hier der geeignete Platz zur Deklaration *globaler Variablen*, die innerhalb des kompletten Sketches sichtbar sind und verwendet werden können. Mittels der *Deklaration* wird festgelegt, welchem Datentyp die Variable zugeordnet sein soll. Bei der *Initialisierung* hingegen wird die Variable mit einem Wert versehen.

Block 2: (Die setup-Funktion)

In der *setup*-Funktion werden meistens die einzelnen Pins des Mikrocontrollers programmiert. Es wird also festgelegt, welche der Pins als Ein- bzw. Ausgänge arbeiten sollen. An manchen werden z.B. Sensoren wie Taster oder temperaturempfindliche Widerstände angeschlossen, die Signale von außen an einen entsprechenden Eingang leiten. Andere wiederum leiten Signale an Ausgänge weiter, um z.B. einen Motor, einen Servo oder eine Leuchtdiode anzusteuern.

Block 3: (Die loop-Funktion)

Die *loop*-Funktion bildet eine Endlosschleife, in der die Logik untergebracht ist, über die kontinuierlich Sensoren abgefragt oder Aktoren angesteuert werden. Beide Funktion bilden zusammen mit ihrem Namen einen *Ausführungsblock*, der durch die geschweiften Klammerpaare {} gekennzeichnet wird. Diese dienen als Begrenzungselemente, damit erkennbar ist, wo die Funktionsdefinition beginnt und wo sie aufhört. Ich zeige dir am besten einmal die leeren Funktionsrümpfe, die einen lauffähigen *Sketch* bilden. Es passiert zwar nicht viel, doch es handelt sich tatsächlich um einen richtigen *Sketch*.

```
void setup(){
  // eine oder mehrere Anweisungen
  // ...
}

void loop(){
  // eine oder mehrere Anweisungen
  // ...
}
```

Müssen diese Funktionen eigentlich genau diese Namen besitzen oder kann ich sie beliebig benennen. Und was bedeutet das Wort *void*, das vor jeder Funktion angeführt ist?

Ja, die Funktionen müssen genau diese Namen aufweisen, denn beim Start des Sketches wird nach ihnen gesucht, weil sie als *Ein-*

stiegspunkte dienen, um einen definierten Start zu gewährleisten. Woher sollte der Compiler wissen, welche Funktion nur einmal ausgeführt werden soll und welche kontinuierlich in einer Endlosschleife? Diese Namen sind also zwingend erforderlich. Nun zu deiner zweiten Frage, was das Wort *void* bedeutet. Es handelt sich um einen Datentyp, der aber einfach aussagt, dass die Funktion keinen Wert an den Aufrufer zurückliefert. *void* kann mit *Leerstelle* oder *Loch* übersetzt werden. Es bedeutet nicht *0* sondern einfach *nichts*. Der allgemeine Aufbau einer Funktion sieht folgendermaßen aus:

```
Rückgabedatentyp Name(Parameter)
{
    // Eine oder mehrere Anweisungen
    return wert; // Nicht bei Datentyp void
}
```

◀ **Abbildung 7-20**
Allgemeiner Funktionsaufbau

Wenn eine Funktion den Rückgabedatentyp *void* besitzt, dann ist eine *return*-Anweisung, die einen Wert zurück liefert nicht erlaubt. Weist sie jedoch einen anderen Datentyp auf, dann *kann* sie einen Wert an den Aufrufer zurückliefern, der aber dem des angegebenen Datentyps entsprechen muss. Du kannst einer Funktion sogar Werte übergeben, mit denen sie dann arbeiten soll. Diese werden in runden Klammern angegeben und an die betreffenden Variablen übergeben. Variablen in einer Funktionsdefinition werden *Parameter* genannt. Auch wenn keine Übergabewerte notwendig sind, wie z.B. bei *setup()* und *loop()*, müssen die Klammerpaare dennoch mit angegeben werden. Sie bleiben dann einfach leer. Wie du eigene Funktionen schreiben kannst, wirst du später noch in vereinzelten Kapiteln erfahren.

Wie lange läuft ein Sketch auf dem Board?

Hast du einen Sketch erst einmal erfolgreich auf das Arduino-Board in den Mikrocontroller übertragen, dann wird er sofort ausgeführt. Dies geschieht so lange, wie das Board mit Strom versorgt wird und du keinen neuen Sketch überträgst. Entfernst du die Spannungsversorgung, sei es *USB* oder *extern*, dann wird die Abarbeitung natürlich gestoppt und dann erneut fortgeführt, wenn du das Board wieder anschließt. Der Sketch bleibt während des spannungslosen Zustandes im (Flash-)Speicher des Mikrocontrollers erhalten und muss nicht erneut geladen werden.

Das könnte wichtig für dich sein

Hier ein paar Begriffe für die Suchmaschine, die dir sicherlich weitere interessante Informationen liefern:

- Grundlagen Programmierung C++
- EVA Prinzip Informatik

Kapitel 8

Die Programmierung des Arduino-Boards

Scope

Im vorliegenden Kapitel wenden wir uns den *Schnittstellen* unseres Arduino-Boards zu. Es sind die Kommunikationskanäle zur Interaktion zwischen dem Board und der Außenwelt. Die grundlegenden Themen, die wir ansprechen, sind folgende:

- Was sind digitale Ports?
- Was sind analoge Ports?
- Was ist ein PWM-Signal?

Die digitalen Ports

Die digitalen Ports deines Arduino-Boards können sowohl als *Ein-* als auch als *Ausgänge* genutzt werden. Es ist jetzt aber nicht so, dass z.B. die Pins *0* bis 7 Eingänge und *8* bis *13* Ausgänge sind. Jeden einzelnen der *14* zur Verfügung stehenden digitalen Pins kannst du individuell als *Ein-* oder *Ausgang* konfigurieren. Dazu wird ein Befehl verwendet, der die Datenflussrichtung pro Pin definiert. Mit dem *pinMode*-Befehl wird über die Angabe der *Pinnummer* und der Richtung der Daten (*INPUT* oder *OUTPUT*) jeder einzelne Pin so programmiert, wie du es in deinem Sketch benötigst.

Die digitalen Eingänge

Um einen digitalen Pin als *Eingang* zu programmieren, wird der besagte Befehl *pinMode* verwendet. Die folgende Grafik zeigt dir die beiden erforderlichen Schritte zum Konfigurieren bzw. Abfragen eines digitalen Eingangs.

Abbildung 8-1 ▶
Konfiguration und Lesen des digitalen Eingangs an Pin 5

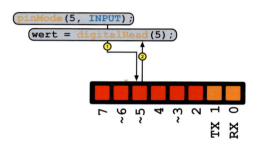

Im ersten Schritt erfolgt die Konfiguration des Pin 5 über *pinMode* als Eingang (*INPUT*), und zwar einmalig innerhalb der erstmals im Kapitel 7 erwähnten *setup*-Funktion. Im zweiten Schritt kannst du den logischen Pegel (*HIGH* oder *LOW*) des Pins über den *digitalRead*-Befehl abfragen. Er wird in diesem Beispiel der Variablen *wert* zugewiesen und kann später verarbeitet werden.

Die digitalen Ausgänge

Um einen digitalen Pin als Ausgang zu programmieren, wird natürlich wieder der Befehl *pinMode* verwendet, jedoch diesmal mit *OUPUT* als zweitem Argument. Die folgende Grafik zeigt dir die beiden erforderlichen Schritte zum Konfigurieren bzw. setzen eines digitalen Ausgangs.

Abbildung 8-2 ▶
Konfiguration und setzen des digitalen Ausgangs an Pin 5

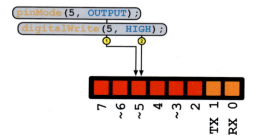

Im ersten Schritt erfolgt die Konfiguration des Pin 5 über *pinMode* als Ausgang (*OUTPUT*), und zwar einmalig innerhalb der erstmals im Kapitel 4 erwähnten *setup*-Funktion. Im zweiten Schritt kannst du den logischen Pegel (*HIGH* oder *LOW*) des Pins über den *digitalWrite*-Befehl setzen.

▶▶ **Das könnte für dich wichtig sein**

Die beiden digitalen Pins *0 (RX=Empfangen)* und *1 (TX=Senden)* haben eine Sonderfunktion und werden von der seriellen Schnittstelle genutzt. In den Grafiken sind sie in einer anderen

Farbe hervorgehoben. Um Probleme zu vermeiden, solltest du diese beiden Pins nicht unbedingt verwenden. Ich habe schon so einige Probleme damit gehabt und lasse sie bei meinen Schaltungen immer außen vor. Falls du ihre Verwendung dennoch aufgrund von Portknappheit in Erwägung ziehst, solltest du beim Übertragen des Sketches zum Mikrocontroller die vorgesehenen Verbindungen kurz entfernen. Andernfalls kann es zu Problemen kommen, so dass der Sketch nicht übermittelt werden kann.

Die analogen Ports

Die analogen Eingänge

Analoge Signale sind einem Mikrocontroller ebenso fremd wie Intelligenz, obwohl manche Wissenschaftler meinen, sie könnten ihren Maschinen eine Form von Persönlichkeit einprogrammieren. Doch werfen wir jetzt einen genaueren Blick auf *analoge Signale*.

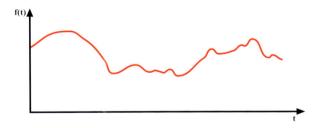

◀ **Abbildung 8-3**
Ein analoges Signal

Wir sehen, dass sie im zeitlichen Verlauf unterschiedliche Werte zwischen einem Minimum bzw. Maximum aufweisen und dass sie keine festen Abstufungen haben, wie sie z.B. bei digitalen Signalen vorliegen, bei denen nur ein Wechsel zwischen *HIGH*- bzw. *LOW*-Pegel stattfindet. Um ein analoges Signal von einem Mikrocontroller verarbeiten zu lassen, benötigen wir einen *analogen Eingang* und alles ist gut.

> Du hast gerade gesagt, dass analoge Signale stufenlos zwischen zwei Grenzen schwanken können. Das bedeutet also, dass bei Messungen am analogen Eingang jeder beliebige Wert angezeigt werden kann – richtig?

Das ist die Theorie, doch wir haben es hier mit einem Mikrocontroller zu tun, der eigentlich nur digitale Signale verarbeiten kann. Ich muss diesbezüglich ein wenig ausholen. *Analoge Signale* werden über eine besondere Schaltung, die *Analog/Digital-Wandler* (kurz: *A/D-Wandler*) genannt wird, verarbeitet bzw. gespeichert. Theoretisch besteht ein analoges Signal aus unendlich kleinen Schwankungen, die im zeitlichen Verlauf auftreten. Wie aber können diese Werte von einem Mikrocontroller erkannt werden? Schauen wir uns die eben gezeigte Kurve noch einmal genauer an.

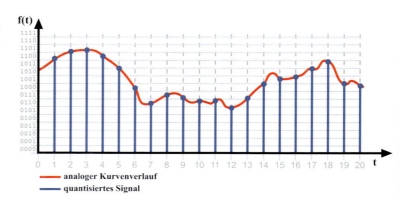

Abbildung 8-4
Ein analoges Signal wird digitalisiert (4-Bit Auflösung).

In dieser Grafik siehst du das *analoge Signal*, das durch den roten Kurvenverlauf dargestellt wird. Zu bestimmten Zeiten der Messung (auf der X-Achse, Zeitachse), entspricht jedem ermittelten Momentanwert eine Binärkombination (auf der Y-Achse, Binärzahl). Du kannst aber aus der Grafik ersehen, dass nicht jedem ermittelten Wert ein *eigener* digitaler Wert zugewiesen wird. Es gibt vielmehr bestimmte Bereiche, in die mehrere unterschiedliche analoge Messpunkte fallen. Schaue dir z.B. die analoge Werte zu den Zeitpunkten *8* und *9* an. Sie sind von unterschiedlicher Größe und fallen doch in den digitalen Bereich *0111*.

Aber warum ist das so? Es erfolgt dann doch keine Unterscheidung zwischen den beiden Werten und somit wären beide gleich.

Nun *Ardus*, ich hatte dir ja schon gesagt, dass ein *analoges Signal* im zeitlichen Verlauf unendlich unterschiedliche Abstufungen aufweist. Um allen minimalen Werten gerecht zu werden, müssten wir einen ebenso unendlich »breiten« Binärwert bereit stellen, damit alle Werte abgebildet werden können. Das lässt sich natürlich nicht realisieren und es ist auch nicht unbedingt notwendig. Unser Mikrocontroller stellt zur Auflösung eines analogen Signales *10 Bits* zur Verfügung. Dies ist übrigens auch die Bezeichnung für eine

Kapitel 8: Die Programmierung des Arduino-Boards

Kenngröße des *A/D-Wandlers*: *Auflösung 10 Bit*. Was aber bedeuten diese *10 Bits*? Mit ihnen können $2^{10} = 1.024$ unterschiedliche Bitkombinationen interpretiert werden. Wenn wir die Referenzspannung von *+5V*, die das Arduino-Board u.a. zur Verfügung stellt, nehmen, so kann ein analoger Eingang – und wir haben 6 an der Zahl (*A0* bis *A5*) – Werte zwischen *0V* und *+5V* verarbeiten.

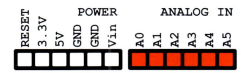

◀ **Abbildung 8-5**
Die analogen Ports A0 bis A5 an einer 6-poligen Buchsenleiste (rechte Seite)

Intern wird das Eingangssignal über einen *A/D-Wandler* pro Kanal in Bitkombinationen umgerechnet, und da ein einzelner Kanal aufgrund der *10 Bit* Auflösung *1.024* Abstufungen aufweist, lässt sich die kleinste Messeinheit – auch *Messgenauigkeit* genannt – wie folgt berechnen:

$$Messgenauigkeit = \frac{Referenzspannung}{Auflösung} = \frac{+5V}{1024} = 4.883 \, mV \approx 4.9 \, mV$$

Achtung

Wenn du an einen analogen Eingang eine höhere Spannung als *+5V* anlegst, dann wird der Mikrocontroller auf diesem Kanal auf jeden Fall beschädigt oder komplett zerstört. Achte also unbedingt darauf, mit welchen Spannungen du arbeitest. Das ist dann wichtig, wenn du externe Spannungsquellen wie z.B. eine *+9V* Blockbatterie oder sogar ein separates Netzteil verwendest. Für unsere analogen Beispiele verwende ich jedoch ausschließlich die Board-eigene Spannungsversorgung von *+5V*.

Das Abfragen eines an einem analogen Eingang liegenden Signales erfolgt über den Befehl *analogRead(Pinnummer)*. In der Grafik siehst du das Abfragen des analogen Pins mit der Nummer *0*.

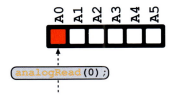

◀ **Abbildung 8-6**
Welcher Wert liegt am analogen Pin 0?

In der folgenden Tabelle siehst du einige Beispiele für gemessene Werte an einem analogen Eingang und dessen real anliegender Spannung.

Tabelle 8-1 ▶
Gemessene analoge Werte mit entsprechenden realen Eingangsspannungen

Gemessener analoger Wert	Entsprechender Wert
0	0V
1	4,9mV
2	9,8mV
...	...
1023	5V

Die analogen Ausgänge

Du hast ja vor kurzem schon selbst erkannt, dass das Mikrocontroller-Board keine analogen Ausgänge besitzt. Ob das ein Fehler ist und diese einfach vergessen wurden? Mmh, ich glaube nicht! Ich kann an dieser Stelle bereits sagen, dass es keine dedizierten, also eigens für analoge Signale erforderlichen Ausgänge gibt. Da aber trotzdem analoge Ausgänge für uns zur Verfügung stehen, so wirbt jedenfalls die Beschreibung des Arduino-Boards, muss es eine andere Lösung geben. Doch welche? Da sind wir auch schon beim Thema *PWM*. Drei Buchstaben und keine Ahnung, was sie bedeuten, was dann auch schon die Überleitung zum nächsten Abschnitt ist.

Was bedeutet PWM?

Du würdest es vielleicht auf Anhieb nicht vermuten, doch die vermeintlich fehlenden analogen Ausgänge befinden sich auf einigen digitalen Pins. Wenn du dir das Arduino-Board einmal genauer anschaust, dann befindet sich unterhalb einiger dieser Pins ein merkwürdiges Zeichen, das an eine Schlangenlinie erinnert. Dieses Zeichen wird *Tilde* genannt und kennzeichnet die analogen Ausgänge.

Abbildung 8-7 ▶
Analoge Pins auf digitaler Seite

*P*WM ist die Abkürzung für **P**ulse-**W**idth-**M**odulation und bedeutet übersetzt Pulsweitenmodulation. Jetzt bist du sicherlich genau so schlau wie vorher. Doch schau her. Bei einem *PWM*-Signal handelt es sich um ein digitales Signal mit konstanter Frequenz und Spannung. Das einzige, was variiert, ist der *Tastgrad*. Was das ist, wirst du gleich sehen.

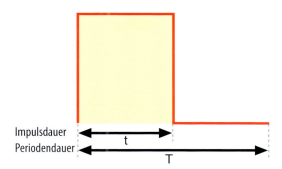

◀ **Abbildung 8-8**
Impulsdauer und Periodendauer im zeitlichen Verlauf (t variiert beim PWM; T ist konstant)

Je *breiter* der Impuls, desto *mehr* Energie wird an den Nutzer geschickt.

$$Tastgrad = \frac{t}{T}$$

Wir können auch sagen, dass die Fläche des Impulses ein Maß für die abgegebene Energie ist. Ich habe hier einmal vier Oszillogramme bei einem Tastgrad von *25%*, *50%*, *75%* und *100%* aufgenommen.

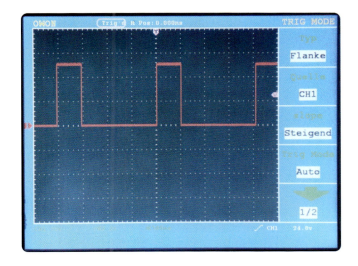

◀ **Abbildung 8-9**
Der Tastgrad liegt bei 25%.

Die analogen Ports

Wenn wir eine LED an den *PWM*-Ausgang anschlössen, dann erhielte sie nur ¼ der möglichen Energie zum Leuchten. Bevor sie richtig aufleuchten kann, wird sie auch schon wieder ausgeschaltet. Das bedeutet, dass sie nur recht schwach leuchtet.

Abbildung 8-10 ▶
Der Tastgrad liegt bei 50%.

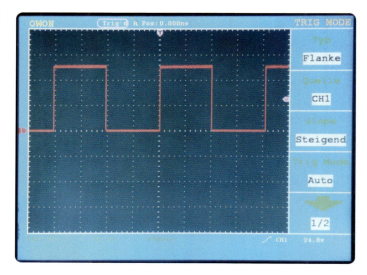

Bei einem Tastgrad von *50%* ist die *An-Zeit* gleich der *Aus-Zeit* pro Periodendauer. Die LED leuchtet auf jeden Fall heller als bei *25%*, da ihr pro Zeiteinheit mehr Energie zugeführt wird.

Abbildung 8-11 ▶
Der Tastgrad liegt bei 75%.

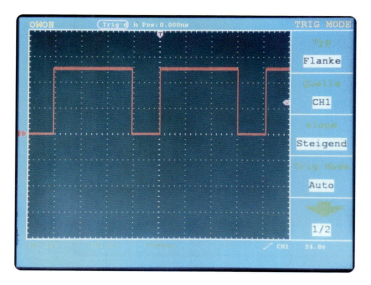

Kapitel 8: Die Programmierung des Arduino-Boards

Bei einem Tastgrad von 75% fällt das Verhältnis von *An-Zeit* zu *Aus-Zeit* eindeutig zugunsten der *An-Zeit* aus, was bedeutet, dass die LED wiederum heller leuchtet als bei 25% bzw. 50%.

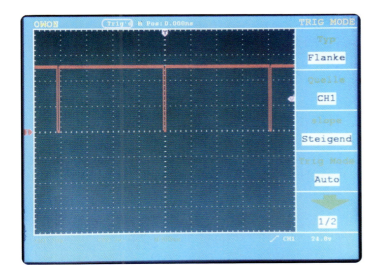

◀ **Abbildung 8-12**
Der Tastgrad liegt bei nahezu 100%.

Bei fast *100%* Tastgrad leuchtet die LED ständig und ist somit auch am hellsten. Bei der Verwendung von analogen Ausgängen liegt eines natürlich auf der Hand: Die Anzahl der verwendeten analogen Ausgänge geht natürlich zu Lasten der zur Verfügung stehenden digitalen Pins.

> Wenn ich jetzt den analogen Ausgang nutzen möchte, der sich aber auf einem digitalen Pin befindet, wie spreche ich ihn dann an? Verwende ich den *digitalWrite*-Befehl mit vielleicht einem weiteren Parameter?

Die Frage ist absolut berechtigt, *Ardus*! Für die analoge Ausgabe über ein *PWM*-Signal verwendest du den *analogWrite*-Befehl, der die Angabe des Pins und die des Wertes erfordert. Wir kommen zu gegebener Zeit natürlich noch genauer darauf zu sprechen. Der übergebene Wert kann sich zwischen *0* und *255* bewegen. In der folgenden Tabelle habe ich einige markante Werte dargestellt.

Abbildung 8-13 ▶
Der Befehl »analogWrite« mit ein paar Beispielwerten

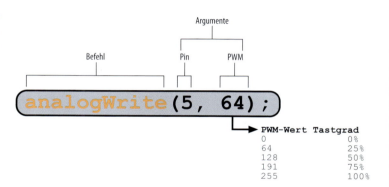

In diesem Beispiel wird *PWM*-Pin Nummer *5* angesprochen und über den *PWM*-Wert *64* ein Tastgrad von *25%* erreicht. Über die folgende Formel kannst du dir unter Verwendung des gewünschten Prozentwertes den erforderlichen *PWM*-Wert berechnen.

$$PWM-Wert = \frac{gewünschter\ Tastgrad\ [\%] \cdot 255}{100\%}$$

⏩ **Das könnte für dich wichtig sein**

Um einen analogen Ausgang zu nutzen, ist es nicht notwendig, den erforderlichen Pin mit dem *pinMode*-Befehl als Ausgang (*OUTPUT*) zu programmieren.

Abschließend zu diesem Thema muss ich natürlich betonen, dass es sich bei einem *PWM*-Signal nicht um ein wirkliches analoges Signal im eigentlichen Sinne handelt. Wenn jedoch ein solches benötigt wird, kannst du ein *RC-Glied* an den Ausgang schalten, was einen *Tiefpass* darstellt, wobei die Ausgangsspannung geglättet wird. Nähere Informationen dazu findest du im Internet oder auf meiner Internetseite.

⏩ **Das könnte wichtig für dich sein**

Hier ein paar Begriffe für die Suchmaschine, die dir sicherlich weitere interessante Informationen liefern:

- PWM Signal
- Pulsweitenmodulation

Die serielle Schnittstelle

Ein weitere Möglichkeit, mit deinem Arduino-Board in Kontakt zu treten, ist die *serielle Schnittstelle*, die – wie schon erwähnt – über den *USB*-Port zur Verfügung gestellt wird. Du benötigst zur Kommunikation noch nicht einmal ein externes Terminal-Programm, denn du kannst den *Serial Monitor* nutzen. Diese Art der Verbindungsaufnahme mit deinem Arduino-Board kann in zahlreichen Situationen nützlich sein:

- Bei der Eingabe von Werten während des Sketchlaufs
- Bei der Ausgabe von Werten während des Sketchlaufs
- Bei der Ausgabe von bestimmten Werten während des Sketchlaufs zur Fehlersuche

Da wir standardmäßig nicht über ein Eingabegerät am Arduino-Board verfügen, bietet sich die *serielle Schnittstelle* gerade dazu an, Daten manuell über die Tastatur einzugeben, um so den Ablauf des Sketches ggf. zu beeinflussen. Wir werden aber auch sehen, dass sich diese Schnittstelle sehr gut dazu verwenden lässt, eine gemeinsame Kommunikationsbasis für unterschiedliche Programme bzw. Programmiersprachen zu schaffen. Du wirst interessante Möglichkeiten kennenlernen, wie du dein Arduino-Board z.B. mit einer C#-Anwendung steuerst oder Daten an diese verschickst, um sie grafisch aufbereitet darzustellen. Du kannst die Programmiersprache *Processing* außerdem wunderbar auf eine solche Weise nutzen, dass sie als grafisches Frontend für das Arduino-Board arbeitet. Ein Buch über *Processing* ist ebenfalls von mir im *O'Reilly-Verlag* erschienen und bietet einen sehr guten Einstieg in diese Sprache. Falls dein Sketch einmal nicht *so* läuft, wie du es dir vorstellst, dann nutze den *Serial Monitor* der Schnittstelle als Ausgabefenster, um dir ggf. Inhalte von Variablen ausgeben zu lassen. Auf diese Weise kannst du Fehler im Source-Code ermitteln und eliminieren. Wie du dabei am besten vorgehst, wirst du später noch erfahren. Der Fachbegriff dafür lautet *Debugging*.

Der erste Sketch

Scope

In unserem ersten wirklichen Experiment beschäftigen wir uns mit folgenden Themen:

- Deklarierung und Initialisierung einer Variablen + Variante
- Programmierung eines digitalen Pins als Ausgang (*OUTPUT*)
- Der Befehl *pinMode()*
- Der Befehl *digitalWrite()*
- Der Befehl *delay()*
- Der komplette Sketch
- Analyse des Schaltplans
- Aufbau der Schaltung
- Workshop

Das Leuchtfeuer – »Hello World« auf Arduinisch

Tja, *Ardus*, jetzt wird's ernst! Aber nein, es wird nicht wirklich schwierig und wir fangen ganz gemächlich an. In den meisten Handbüchern über die unterschiedlichen Programmiersprachen wird zu Anfang immer ein so genanntes *Hello World*-Programm präsentiert. Es ist das Programm, das Einsteiger ganz zu Beginn meistens zu sehen bekommen. Es soll einen ersten Einblick in die Syntax der neuen Programmiersprache bieten und den Text »*Hello world*« in einem Fenster ausgeben. Auf diese Weise meldet sich die neue Programmiersprache bei dir und dem Rest der Welt, um zu zeigen: »*Hey Leute, ich bin da! Mach was mit mir.*« Jetzt haben wir schon ein kleines Problem, denn unser Arduino hat in seinem Urzustand kein Display, also kein Anzeigegerät, sich dir mitteilen zu können. Was also tun? Wenn eine Kommunikation nicht in schriftlicher Form möglich ist, dann vielleicht mittels optischer oder akustischer Signale. Wir entscheiden uns für die optische Variante, denn einen Signalgeber wie eine *Leuchtdiode*, auch *LED* genannt, können wir ohne allzu große Probleme an einen der digitalen Ausgänge klemmen und erregt bestimmt deine Aufmerksamkeit. Ich war jedenfalls sehr beeindruckt, als es bei mir auf Anhieb funktioniert hat.

Benötigte Bauteile

Da es sich ein sehr einfaches Beispiel ist, benötigen wir lediglich eine einzelne LED und einen Vorwiderstand.

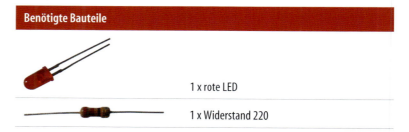

Im Kapitel über die *Arduino Grundlagen* habe ich dir kurz gezeigt, dass sich auf dem Board u.a. auch einige LEDs befinden, von denen eine direkt mit dem digitalen Pin *13* verbunden ist und einen eigenen Vorwiderstand besitzt. Also genau genommen müssten wir eigentlich keine externen Bauteile an das Board anklemmen.

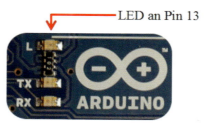

Diese LED befindet sich direkt links neben dem Arduino Schriftzug bzw. Logo.

Eine Bemerkung am Rande

Wenn du ein brandneues Arduino Board das erste Mal mit deinem Rechner verbindest, dann leuchtet diese *Onboard-LED* im Sekundentakt. Es wurde also nach dem Zusammenbau des Boards im Werk schon ein erster Sketch mit dieser Grundfunktionalität geladen.

Sketch-Code

Der Sketch-Code für das erste Beispiel sieht folgendermaßen aus:

```
int ledPin = 13;     // Variable mit Pin 13 deklarieren + initialisieren
void setup(){
  pinMode(ledPin, OUTPUT); // Digitaler Pin 13 als Ausgang
}

void loop(){
  digitalWrite(ledPin, HIGH);    // LED auf High-Pegel (5V)
  delay(1000);                   // Eine Sekunde warten
  digitalWrite(ledPin, LOW);     // LED auf LOW-Pegel (0V)
  delay(1000);                   // Eine Sekunde warten
}
```

Wenn du den Code in den Editor übertragen hast, kannst du ihn überprüfen. Der Compiler versucht ihn dann zu übersetzen. Hier die beiden erforderlichen Schritte:

◀ **Tabelle 1-1**
Schritte zum Kompilieren und Übertragen

Am Schluss erhältst du dann eine Meldung über die erfolgreiche Übertragung angezeigt. Außerdem werden dir die Größe des benötigten Speichers und der insgesamt zur Verfügung stehenden Speichers in *Bytes* angezeigt.

◀ **Abbildung 1-1**
Statusmeldung und Anzeige der Speicherinformationen

> Stopp mal eben, bevor du hier weiter machst. Wie verhält es sich eigentlich mit den Wörtern *OUTPUT*, *HIGH* oder *LOW*? Sind das Schlüsselwörter? Sie sind jedenfalls von der IDE farblich markiert worden.

Gut aufgepasst, *Ardus*! Da muss ich ein wenig ausholen. Wenn du in der Programmierung Variablen mit Werten initialisierst, von denen zunächst nur du weißt, was sie bedeuten, dann führt das bei anderen Personen, die mit dem betreffenden Code arbeiten, sicherlich zu Verständnisproblemen. Was um Himmels Willen bedeutet die Zahl *42*? Eine recht magische Zahl. So ein Programmierstil ist in meinen Augen nicht gerade überzeugend. Klar, wir haben auch gerade die Zahl *13* für die Pinbezeichnung des digitalen Ausgangs genommen, doch in Zukunft wollen wir den Programmcode ein wenig aussagekräftiger gestalten. Übrigens werden solche im Quellcode auftretende, ominöse Werte *Magic Numbers* genannt. Doch kommen wir wieder zurück zu den farblich hervorgehobenen Wörtern. Bei diesen handelt es sich um *Konstanten*. Das sind Bezeichner, die, genau wie Variablen, mit einem Wert initialisiert wurden und nicht mehr änderbar sind. Deswegen nennt man sie ja auch *Konstanten*. Ein solcher Konstantenname sagt doch schon gleich viel mehr aus als irgendein kryptischer Wert. Auf die Befehle *pinMode* und *digitalWrite* kommen wir gleich noch zu sprechen und ich werde dann auch die Bedeutung dieser Konstanten erklären.

Code-Review

Zu Beginn deklarieren und initialisieren wir eine *globale Variable*, die den Namen *ledPin* aufweist, vom ganzzahligen Datentyps *int* (*int* = Integer) ist und die in allen Funktionen sichtbar ist, mit dem Wert *13*.

Tabelle 1-2 ▶
Benötigte Variablen und deren Aufgabe

Variable	Aufgabe
ledPin	Enthält die Pin-Nummer für die LED am digitalen Ausgang Pin *13*

Die *Initialisierung* ist gleichbedeutend mit einer Wertzuweisung über den *Zuweisungsoperator* =. Die *Deklaration* und *Initialisierung* erfolgt hier in einer Zeile. Damit wird die Schreibweise gegenüber der zweizeiligen Variante verkürzt.

Abbildung 1-2 ▶
Variablen-Deklaration + Initialisierung

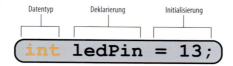

172 — Projekt 1: Der erste Sketch

Falls du dich dafür entscheiden solltest, diese beiden Aktionen getrennt zu schreiben, was natürlich vollkommen ok wäre, dürfen die beiden Zeilen aber nicht unmittelbar aufeinander folgen. Das folgende Beispiel führt zu einem Fehler:

```
int ledPin;      // Variable deklarieren
ledPin = 13;     // Variable mit dem Wert 13 initialisieren -> Fehler!!!
```

Die *Deklaration* der globalen Variablen *ledPin* erfolgt außerhalb der Funktionen *setup* bzw. *loop*. Die *Initialisierung* muss jedoch in der *setup*-Funktion vorgenommen werden, die einmalig aufgerufen wird. Der korrekte Sketch-Code würde dann wie folgt lauten:

```
int ledPin;      // Variable deklarieren
void setup(){
  ledPin = 13;   // Variable mit dem Wert 13 initialisieren
  // ...
}
```

Du hättest natürlich auch ohne Variable arbeiten können und direkt den Wert *13* überall in den Befehlen *pinMode* bzw. *digitalWrite* einsetzten können. Was wäre aber der Nachteil? Falls du dich entschließt, später einmal einen anderen Pin zu verwenden, musst du den kompletten Sketch-Code durchsuchen und alle entsprechenden Stellen anpassen. Das ist recht mühsam und vor allen Dingen sehr fehleranfällig. Vielleicht übersiehst du ja die eine oder andere zu editierende Stelle, und dann hast du ein Problem. Bei diesem kurzen Beispiel macht das noch nichts, doch wenn die Sketche länger werden, dann wirst du den eben erläuterten Programmieransatz wirklich schätzen lernen. Wir machen wir es daher von Anfang an richtig – soweit alles klar? Die *setup*-Funktion wird einmalig zu Beginn des Sketchstartes aufgerufen und der digitale Pin *13* als *Ausgang* programmiert. Sehen wir uns dazu noch einmal den Befehl *pinMode* an.

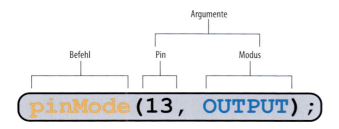

◀ **Abbildung 1-3**
Der Befehl »pinMode« mit seinen Argumenten

Das Leuchtfeuer – »Hello World« auf Arduinisch

Er nimmt zwei Argumente auf, wobei der erste für den zu konfigurierenden *Pin* bzw. *Port* steht und der zweite bestimmt, ob sich der Pin wie ein *Eingang* oder *Ausgang* verhalten soll. Du willst ja eine LED anschließen, und deswegen benötigen wir einen Ausgangspin. Der Befehl erwartet zwei numerische Argumente, wobei das zweite, das den Modus über die Informationsrichtung darstellt, eine Konstante mit einem bestimmten Wert ist. Hinter der Konstanten *OUTPUT* verbirgt sich der Wert *1*. Also mal ganz ehrlich, was würdest du zum folgenden Befehl sagen:

```
pinMode(13, 1);
```

Also mir wäre da irgendwie nicht so ganz klar, was hier eigentlich geschieht. Die ursprüngliche Form ist viel aussagekräftiger und du weißt sofort, worum es geht. Ebenso verhält es sich mit dem Befehl *digitalWrite*, der ebenfalls zwei Argumente entgegennimmt.

Abbildung 1-4 ▶
Der Befehl »digitalWrite« mit seinen Argumenten

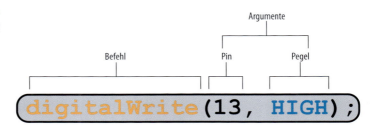

Hier haben wir ebenfalls eine Konstante mit dem Namen *HIGH*, die als Argument bewirken soll, dass ein *HIGH*-Pegel an Pin *13* anliegt. Dahinter verbirgt sich der numerische Wert *1*. In der folgenden Tabelle findest du die entsprechenden Werte:

Tabelle 1-3 ▶
Konstanten mit den entsprechenden numerischen Werten

Konstante	Wert	Erklärung
INPUT	0	Konstante für den Befehl *pinMode* (programmiert Pin als *Eingang*)
OUTPUT	1	Konstante für den Befehl *pinMode* (programmiert Pin als *Ausgang*)
LOW	0	Konstante für den Befehl *digitalWrite* (setzt Pin auf *LOW*-Level)
HIGH	1	Konstante für den Befehl *digitalWrite* (setzt Pin auf *HIGH*-Level)

Der letzte verwendete Befehl *delay* ist für die Zeitverzögerung zuständig. Er unterbricht die Sketchausführung für einen entsprechenden Zeitraum, wobei der übergebene Wert diese Zeitdauer in Millisekunden (ms) angibt.

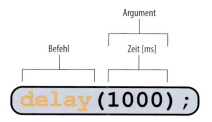

Der Befehl »delay«

Der Wert *1000* besagt, dass genau *1000 ms*, also *1* Sekunde gewartet wird, bis es weitergeht.

Doch nun weiter im Sketch. Nun startet die *loop*-Funktion, bei der es sich hier um eine Endlosschleife handelt, ihre Arbeit. Hier die einzelnen Arbeitsschritte:

1. LED an Pin *13* anschalten
2. Warte eine Sekunde
3. LED an Pin *13* ausschalten
4. Warte eine Sekunde
5. Gehe wieder zu Punkt *1* und beginne von vorne

Der Schaltplan

Wenn du dir den Schaltplan anschaust, wirst du sehen, dass eigentlich alles recht verständlich ist.

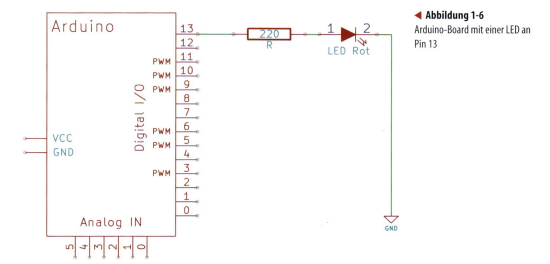

Abbildung 1-6
Arduino-Board mit einer LED an Pin 13

Das Leuchtfeuer – »Hello World« auf Arduinisch

Die *Anode* der LED (hier LED-Anschluss *1*) wird über den Vorwiderstand mit Pin *13* verbunden und das andere Ende, bei dem es sich um die *Kathode* handelt (hier LED-Anschluss *2*), mit der Masse des Arduino-Boards.

Schaltungsaufbau

Der Schaltungsaufbau ist dementsprechend einfach. Achte aber auf die korrekte Polung der LED, denn anderenfalls kannst du lediglich eine dunkle LED bewundern. Die aufgelötete LED auf dem Board selbst blinkt aber trotzdem. Du läufst mit einer falsch gepolten LED also nicht Gefahr, etwas zu beschädigen, doch du solltest es schon richtig machen.

Abbildung 1-7 ▶
Die blinkende LED als Leuchtfeuer für unseren ersten Sketch

Es ist zwar sehr schwer zu erkennen, doch wenn du genau hinschaust, dann siehst du, dass die Onboard-LED zur selben Zeit leuchtet wie die extern angeschlossene LED. Die LEDs sollten direkt nach der erfolgreichen Übertragen zum Board zu blinken beginnen. Wir wollen uns den zeitlichen Verlauf einmal näher anschauen. Die LED blinkt im Abstand von *2* Sekunden.

Abbildung 1-8 ▶
Der zeitliche Verlauf in einem Impulsdiagramm

Achtung

Im Internet kursieren Schaltskizzen, bei denen eine Leuchtdiode direkt zwischen *Masse* und Pin *13* gesteckt wurde. Da die beiden Steckbuchsen auf der Seite der digitalen Pins direkt nebeneinander liegen, könnte man dort sehr einfach eine LED einstecken. Ich warne ausdrücklich vor dieser Variante, da die LED ohne Vorwiderstand betrieben wird. Dabei mache ich mir weniger Sorgen um die LED als um deinen Mikrocontroller. Ich habe einmal die Stärke des Stromes gemessen und er beträgt ganze *60mA*. Dieser Wert liegt *50%* über dem Maximum und ist damit definitiv zu hoch. Erinnere dich daran, dass der maximal zulässige Strom für einen digitalen Pin des Mikrocontrollers *40mA* beträgt.

Troubleshooting

Falls die LED nicht leuchtet, kann es dafür wie schon erwähnt verschiedene Gründe geben:

- Die LED wurde verpolt eingesteckt. Erinnere dich noch einmal an die beiden unterschiedlichen Anschlüsse einer LED mit der *Anode* und *Kathode*.

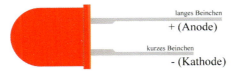

- Die LED ist vielleicht defekt und wegen Überspannung aus vergangenen Experimenten durchgebrannt. Teste Sie mit einem Vorwiderstand an einer *5V* Spannungsquelle.
- Kontrolliere noch einmal die Steckleistenbuchsen, die mit der LED bzw. dem Vorwiderstand verbunden sind. Sind das wirklich *GND* und Pin *13*?
- Überprüfe noch einmal den Sketch, den du in den Editor der IDE eingegeben hast. Hast du vielleicht eine Zeile vergessen oder dich verschrieben und ist der Sketch wirklich korrekt übertragen worden?
- Wenn die auf dem Board befindliche LED blinkt, dann sollte die eingesteckte LED ebenfalls blinken. In diesem Fall arbeitet der Sketch korrekt.

Was hast du gelernt?

- Du hast die korrekte Deklaration bzw. Initialisierung von globalen Variablen sowohl in einer als auch mehreren Zeilen kennengelernt.
- Die Datenübertragungsrichtung eines einzelnen Pins hast du mit dem Befehl *pinMode* auf *OUTPUT* gesetzt, so dass du ein digitales Signal (*HIGH* bzw. *LOW*) über den Befehl *digitalWrite* zum Ausgang schicken konntest, an der die LED angeklemmt war.
- Über den Befehl *delay* hast du eine zeitliche Unterbrechung des Sketches eingeleitet, damit die LED eine bestimmte Zeit an bzw. aus war.
- Du weißt, dass wenn du eine LED betreiben möchtest, hierzu ein entsprechend dimensionierter Vorwiderstand unerlässlich ist. Nachfolgend siehst du ein Ersatzschaltbild der LED mit einem *220* Ohm Vorwiderstand.

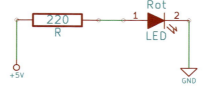

Workshop

In unserem ersten Workshop möchte ich dir die Aufgabe stellen, den Sketch so zu ändern, dass du die Zeit, in der die LED leuchtet, und die Zeit, in der die LED dunkel ist, in zwei Variablen auslagerst, so dass du den *Tastgrad* bequem modifizieren kannst. Der *Tastgrad* kann bei einer periodischen Folge von Impulsen angegeben werden und beschreibt das Verhältnis von *Impulsdauer* und *Periodendauer*. Das Ergebnis wird meist in Prozent angegeben. Im folgenden Impulsdiagramm siehst du die unterschiedlichen Zeiten für *t* bzw. *T*.

Abbildung 1-9 ▶
Der zeitliche Verlauf eines Impulses

Projekt 1: Der erste Sketch

t = Impulsdauer

T = Periodendauer

Die Formel zur Berechnung des *Tastgrades* lautet folgendermaßen:

$$Tastgrad = \frac{t}{T}$$

Programmiere den Sketch so, dass die LED *500 ms* leuchtet und *1 s* aus ist. Der *Tastgrad* ließe sich demnach wie folgt berechnen:

$$Tastgrad = \frac{500\ ms}{1500\ ms} = 0.\overline{33}$$

Das entspricht dann einem *Tastgrad* von *33%*. In Hinblick auf die gesamte Periodendauer leuchtet die LED also zu *33%*.

Einen Sensor abfragen

Projekt 2

Scope

In unserem zweiten Experiment behandeln wir folgende Themen:
- Deklarierung und Initialisierung mehrerer Variablen
- Programmierung von Pins als Eingang (*INPUT*) und Ausgang (*OUTPUT*)
- Der Befehl *digitalRead()*
- Die Verwendung der *if-else*-Kontrollstruktur
- Der komplette Sketch
- Analyse des Schaltplanes
- Aufbau der Schaltung
- Workshop

Drücke den Taster

In diesem Beispiel wollen wir den umgekehrten Weg gehen, und nicht wie in unserem ersten Sketch vom Arduino-Board Informationen in Form von Lichtsignalen an die Außenwelt schicken, sondern ein Bauteil an einen Pin anschließen, den Zustand des Bauteils abfragen und diesen wieder an eine angeschlossene LED senden. Dabei soll sich folgendes Verhalten zeigen:

- Taster nicht gedrückt – LED dunkel
- Taster gedrückt – LED hell

Benötigte Bauteile

Für dieses Beispiel benötigen wir die folgenden Bauteile.

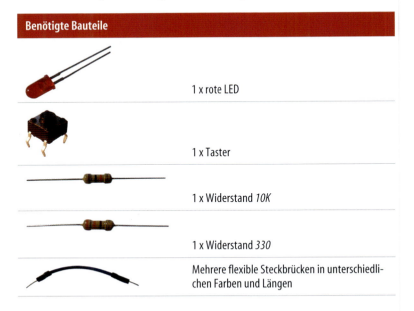

Benötigte Bauteile	
	1 x rote LED
	1 x Taster
	1 x Widerstand *10K*
	1 x Widerstand *330*
	Mehrere flexible Steckbrücken in unterschiedlichen Farben und Längen

Sketch-Code

Der Sketch-Code für das Beispiel sieht folgendermaßen aus:

```
int ledPin = 13;     // LED-Pin 13
int tasterPin = 8;   // Taster-Pin 8
int tasterStatus;    // Variable zur Aufname des Tasterstatus
void setup(){
  pinMode(ledPin, OUTPUT);   // LED-Pin als Ausgang
  pinMode(tasterPin, INPUT); // Taster-Pin als Eingang
}

void loop(){
  tasterStatus = digitalRead(tasterPin);
  if(tasterStatus == HIGH)
    digitalWrite(ledPin, HIGH);
  else
    digitalWrite(ledPin, LOW);
}
```

Wenn du den Code übertragen hast, dann kompiliere ihn wie du es gelernt hast und sende ihn zum Mikrocontroller.

Das könnte wichtig für dich sein

Ein digitaler Pin arbeitet standardmäßig als *Eingang* und muss deswegen nicht explizit über den *pinMode*-Befehl als solcher programmiert werden. Für eine bessere Übersicht ist es aber trotzdem sinnvoll. Du kannst diesen Schritt allerdings dann weglassen, wenn dein Speicher knapp und daher jedes Byte wichtig wird.

Code-Review

Du siehst, dass wir es in diesem Beispiel schon mit mehreren Variablen zu tun haben, die wir zu Beginn erst einmal deklarieren bzw. initialisieren müssen. Gehen wir der Reihe nach vor:

Variable	Aufgabe
ledPin	enthält die Pin-Nummer für die LED am digitalen Ausgang Pin *13*
tasterPin	enthält die Pin-Nummer für den Taster am digitalen Eingang Pin *8*
tasterStatus	dient als Aufnahme des Taster-Status für eine spätere Auswertung

◀ **Tabelle 2-1**
Erforderliche Variablen und deren Aufgabe

Werfen wir kurz einen Blick auf das Flussdiagramm:

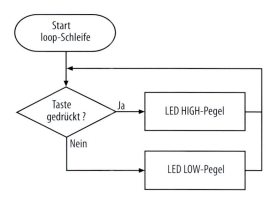

◀ **Abbildung 2-1**
Flussdiagramm zur Ansteuerung der LED

Das Diagramm liest sich recht einfach. Wenn die Ausführung des Sketches in der *loop*-Endlosschleife angelangt ist, wird der Zustand des Taster-Pins kontinuierlich abgefragt und in der Variablen *tasterStatus* abgelegt. Hier die entsprechende Codezeile:

```
tasterStatus = digitalRead(tasterPin);
```

Die Variable wird also auf diese Weise ständig neu initialisiert, und ihr Inhalt ändert sich in Abhängigkeit vom Tasterstatus. Die Syntax des Befehls *digitalRead* lautet wie folgt:

Abbildung 2-2 ▶
Der Befehl »digitalRead«

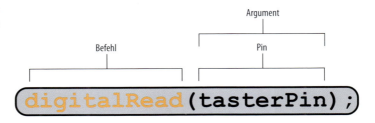

Diese Funktion wird nicht nur einfach aufgerufen, sondern sie liefert uns einen Rückgabewert, der für unsere Auswertung herangezogen werden kann. Über den *Zuweisungsoperator* = wird der Wert an die Variable *tasterStatus* übergeben. Bei den möglichen Werten kann es sich entweder um *HIGH* oder *LOW* handeln, die wiederum, wie du schon gelernt hast, Konstanten sind, die die Lesbarkeit erhöhen. Welche Werte sich dahinter verbergen, weißt du ja jetzt aus dem letzten Kapitel. Im Anschluss an die Abfrage erfolgt dann die Bewertung durch eine *Kontrollstruktur* mittels einer *if-else*-Abfrage (*Wenn-Dann-Sonst*):

```
if(tasterStatus == HIGH)
  digitalWrite(ledPin, HIGH);
else
  digitalWrite(ledPin, LOW);
```

Die *if*-Anweisung bewertet die in den runden Klammern stehende *Bedingung*, die frei übersetzt etwa wie folgt lautet: »Ist der Inhalt der Variablen tasterStatus gleich dem Wert HIGH? Falls ja, führe die Befehlszeile aus, die der if-Anweisung unmittelbar folgt. Falls nein, fahre mit der Anweisung fort, die der else-Anweisung folgt.

Abbildung 2-3 ▶
Abfrage durch
»if-else«-Kontrollstruktur

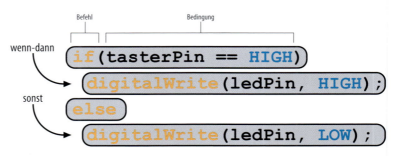

Wenn du dir das folgende Flussdiagramm anschaust, erkennst du die Arbeitsweise dieser Kontrollstruktur:

Projekt 2: Einen Sensor abfragen

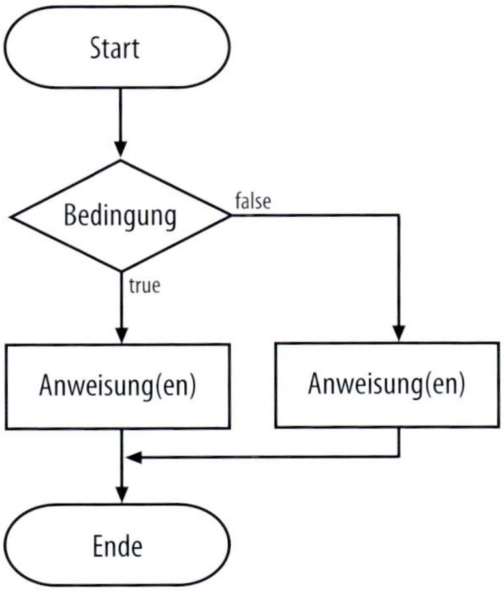

◀ **Abbildung 2-4**
Flussdiagramm zur
»if-else«-Kontrollstruktur

Es gibt auch noch eine einfachere Variante der *if*-Kontrollstruktur, bei der der *else*-Zweig nicht vorhanden ist. Wir werden auch hierauf noch zu sprechen kommen. Du siehst also, dass ein Programmablauf nicht unbedingt geradlinig verlaufen muss. Es können Verzweigungen eingebaut werden, die anhand von Bewertungsmechanismen unterschiedliche Befehle bzw. Befehlsblöcke zur Ausführung bringen. Ein Sketch *agiert* nicht nur, sondern *reagiert* auf äußere Einflüsse, z.B. auf Sensorensignale.

Achtung

Ein sehr häufiger Anfängerfehler ist die Verwechslung von *Gleichheits-* und *Zuweisungsoperator*. Der Gleichheitsoperator == und der Zuweisungsoperator = haben völlig unterschiedliche Aufgaben, werden aber oft vertauscht. Das Heimtückische ist, dass beide Schreibweisen in einer Bedingung verwendet werden können und gültig sind. Hier die korrekte Verwendung des *Gleichheitsoperators*:

`if(tasterStatus == HIGH)`

Nun die falsche Verwendung des *Zuweisungsoperators*:

`if(tasterStatus = HIGH)`

Aber warum um Himmels Willen erzeugt denn diese Schreibweise keinen Fehler? Ganz einfach: Es erfolgt eine Zuweisung der Konstanten *HIGH* (numerischer Wert 1) an die Variable *tasterStatus*. *1* bedeutet kein Nullwert und wird als *true* (wahr) interpretiert. Bei einer Codezeile, die *if(true)*... lautet, wird der nachfolgende Befehl immer ausgeführt. Ein numerischer Wert *0* wird in C/C++ als *false* (falsch) angesehen und jeder von *0* ver-

Drücke den Taster

schiedene als *true*. Derartige Fehler haben es in sich und es muss immer wieder sehr viel Zeit darauf ver(sch)wendet werden, sie ausfindig zu machen.

Der Schaltplan

Schauen wir uns zunächst den Anschluss des Tasters an den digitalen Eingang genauer an. Ich habe ihn an Pin *8* angeschlossen, um ihn räumlich ein wenig von Pin *13* zu trennen. Natürlich hätte ich auch jeden anderen digitalen Pin verwenden können.

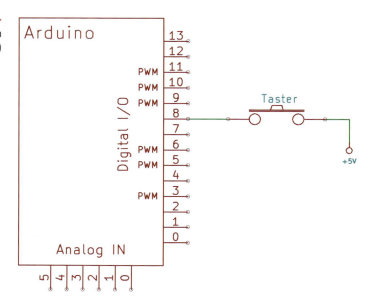

Abbildung 2-5 ▶
Arduino-Board mit einem Taster an Pin 8 (nicht ganz korrekt)

Du siehst hier den offenen Taster, der mit einem Anschluss am digitalen Pin *8* verbunden ist und mit dem anderen an der *+5V* Betriebsspannung des Arduino-Boards. Und hier beginnen die Probleme auch schon an. Die Schaltung, wie du sie hier siehst, funktioniert nicht so, wie du es dir vielleicht vorstellst. Wenn einem Eingang kein definierter Pegel in Form von *HIGH* bzw. *LOW* zugeführt wird, ist das Verhalten von den unterschiedlichsten Faktoren wie z.B. statischer Energie aus der Umgebung oder Luftfeuchtigkeit abhängig. Das gleicht eher einem Glücksspiel als einer stabilen Schaltung. Zur Behebung dieses Problems gibt es unterschiedliche Ansätze, von denen du einige nach und nach kennen lernen wirst. Abhilfe schafft z.B. ein sogenannter *Pull-Down*-Widerstand, der den Pegel bzw. das Potential quasi nach unten zieht. Da jedoch über diesen Widerstand auch ein Strom fließt, sollte er relativ hoch

Projekt 2: Einen Sensor abfragen

gewählt werden. Die folgende Schaltung zeigt diesen Widerstand, der Pin 8 über *10K* (das ist ein Erfahrungswert, der in der Literatur oftmals verwendet wird) nach Masse zieht, wenn der Taster nicht geschlossen ist.

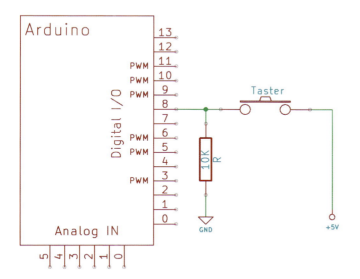

◀ **Abbildung 2-6**
Arduino-Board mit einem Taster an Pin 8 inklusive Pull-Down-Widerstand

Somit hat der digitale Eingang bei offenem Taster einen definierten *LOW*-Pegel, der von der Software eindeutig erkannt wird. Wenn der Taster jetzt gedrückt wird, fallen über dem Widerstand die *+5V* Betriebsspannung ab. Diese liegt sofort an Pin 8 an, dem dann entsprechend ein definierter *HIGH*-Pegel zugeführt wird. Mit diesem Vorwissen können wir uns nun der eigentlichen Schaltung widmen.

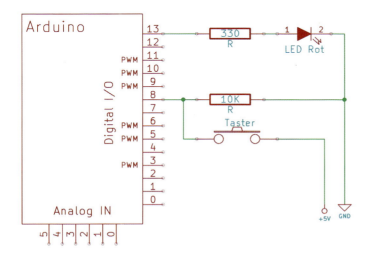

◀ **Abbildung 2-7**
Arduino-Board mit kompletter Schaltung für Taster und LED

Drücke den Taster

> Ich muss mal wieder unterbrechen, denn mich macht wieder einmal etwas stutzig. Als Vorwiderstand hast du im vorherigen Kapitel einen *220 Ohm*-Widerstand eingesetzt. Der hier verwendete weist aber einen Wert von *330 Ohm* auf. Das gleicht ja ebenfalls einem Glücksspiel. Was soll ich denn nun nehmen?

Ok, das ist natürlich ein berechtigter Einwand und das schreit nach einer Erklärung. Ich werde dir jetzt zeigen, wie man einen Vorwiderstand berechnet, der in einer Schaltung gut funktioniert und bei dem es zu keinerlei Problemen kommt. Die folgende Abbildung zeigt eine Schaltung mit einer LED und Vorwiderstand sowie die entsprechenden Strom- bzw. Spannungswerte.

Abbildung 2-8 ▶
Eine LED mit Vorwiderstand und Strom- bzw. Spannungswerten

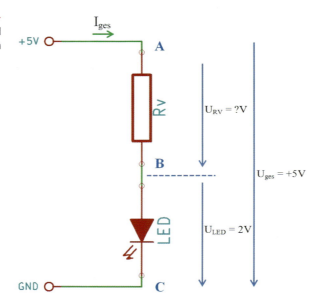

Um den Wert eines Widerstandes zu berechnen, wird wieder das Ohmsche Gesetz herangezogen. Ich habe die allgemeine Formel schon nach dem zu ermittelnden Widerstand R umgestellt.

$$R = \frac{U}{I}$$

Wie ermitteln wir aber jetzt die Werte von Spannung und Strom? Ganz einfach: An Vorwiderstand und LED, die ja in Reihe geschaltet sind, liegen *+5V* an. Diese Spannung liefert ja der Ausgang eines

Arduino-Pins. An der LED zwischen den Punkten *B* und *C* fallen in der Regel so um die *+2V* ab, je nach eingesetzter LED bzw. deren Farbe. Die Spannung am Vorwiderstand, also zwischen den Punkten *A* und *B* in der Schaltung, ist demnach die Differenz von *+5V* und *+2V*, also *+3V*. Jetzt müssen wir nur noch wissen, wie groß der Strom ist, der durch Widerstand und LED fließt. Erinnere dich daran, dass in einer Reihenschaltung von elektronischen Bauteilen der Strom durch alle gleich ist. Aus dem Datenblatt des Arduino-Boards kannst du erfahren, dass der maximale Strom, den ein Pin zu liefern in der Lage ist, *40mA* beträgt. Dieser Wert darf unter *keinen Umständen* überschritten werden, da der Mikrocontroller sonst auf jeden Fall Schaden nehmen würde. Daher begrenzen wir den Stromfluss durch eben diesen in der Schaltung eingefügten Vorwiderstand R_V. Es ist jedoch nicht ratsam, am Limit von *40mA* zu arbeiten, sondern zur Sicherheit immer etwas darunter. Zur Berechnung des Vorwiderstandes verwende ich einmal zwei unterschiedliche Stromwerte von *5mA* und *10mA*, wobei Werte zwischen *5mA* und *30mA* für eine LED vollkommen ok sind:

$$R_1 = \frac{U_{ges} - U_{LED}}{I_1} = \frac{5V - 2V}{10mA} = 300\Omega$$

und

$$R_2 = \frac{U_{ges} - U_{LED}}{I_2} = \frac{5V - 2V}{5mA} = 600\Omega$$

Der Wert des Vorwiderstandes kann sich also im Bereich von *300* bis *600 Ohm* bewegen, so dass der Ausgangsport des Arduino nur moderat belastet wird. Natürlich können auch höhere Widerstandswerte eingesetzt werden, um den Strom noch weiter zu begrenzen, doch für eine LED würde das bedeuten, dass ihre Helligkeit immer weiter abnehmen würde, und du möchtest ja schließlich noch sehen, wenn sie leuchtet. Ich habe mich für einen Wert von *330 Ohm* bei allen weiteren Schaltungen bei LEDs mit Vorwiderstand entschieden. Widerstände werden übrigens nicht in allen möglichen Werten produziert, sondern es gibt unterschiedlichen *E-Reihen* mit bestimmten Abstufungen. Du solltest bei dem Kauf von Widerständen, die in praktischen Sortimenten erhältlich sind, auch auf die maximale Verlustleistung achten. Widerstände mit einer Verlustleistung von ¼ Watt sind dabei vollkommen ausreichend. Soweit die Theorie. Es geht doch aber nichts über reale Messungen am lebenden Objekt. Ich habe ein Multimeter in den Stromkreis der LED Ansteuerung geschaltet, um den Strom zu messen.

Abbildung 2-9 ▶
Strommessung im LED-Ansteuerungskreis mit Vorwiderstand

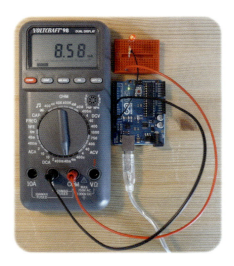

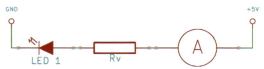

Um den Strom auf maximal *10mA* zu begrenzen, habe ich einen Vorwiderstand von *330 Ohm* gewählt. Das Multimeter zeigt einen Strom von *8,58mA* an, das entspricht fast dem vorgegebenen Wert von *10mA*. Der Unterschied kommt durch Bauteiltoleranzen zustande und ist sogar etwas geringer als in der Vorgabe vorgesehen.

Schaltungsaufbau

Der Schaltungsaufbau wird schon etwas komplexer und deswegen wollen wir uns das Ganze einmal mittels *Fritzing* anschauen. Dieses wirklich nützliche Tool findest du auf der Internetseite *http://fritzing.org/*. Es unterstützt uns beim Aufbau und Zusammenstecken elektronischer Bauteile auf einer Arbeitsunterlage. Du hast z. B. die Arduino-Mikrocontrollerplatine, ein Breadboard, diverse elektronische bzw. elektrische Komponenten und vieles mehr. Du kannst dir diese Software kostenfrei herunterladen und für deine Projekte verwenden.

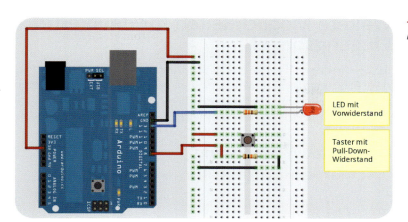

◀ **Abbildung 2-10**
Aufbau der Schaltung mit Fritzing

Das könnte wichtig für dich sein

Falls du dir nicht mehr sicher sein solltest, wie die einzelnen Buchsen eines Breadboards untereinander verbunden sind, dann schlage noch einmal im *Elektronikkapitel* unter *Steckbrett* nach. Dort findest du den grundlegenden internen Verdrahtungsplan.

Troubleshooting

Falls die LED nicht leuchtet, wenn du den Taster drückst, oder die LED ständig leuchtet, trenne das Board aus Sicherheitsgründen sofort vom *USB*-Anschluss und überprüfe Folgendes:

- Entsprechen deine Steckverbindungen auf dem Breadboard wirklich der Schaltung?
- Wurde die LED ist richtig herum eingesteckt, d.h. ist die Polung korrekt?
- Es gibt Taster mit 2 bzw. 4 Anschlüssen. Werden bei der Variante mit 4 Anschlüssen, die einzelnen Anschlüsse korrekt verwendet? Führe ggf. einen Durchgangstest mit einem Multimeter durch und überprüfe damit die Funktionsfähigkeit des Tasters und der entsprechenden Beinchen.
- Haben die beiden Widerstände die korrekten Werte oder wurden sie versehentlich vertauscht?
- Ist der Sketch-Code korrekt?

Drücke den Taster

Weitere Möglichkeiten für definierte Eingangspegel

Bevor wir dieses Kapitel beschließen, möchte ich noch – wie versprochen – auf weitere Möglichkeiten eingehen, einen definierten Pegel an einem Eingangspin zu erhalten, wenn kein Eingangssignal von außen anliegt. Folgende drei Varianten sind für uns wichtig:

Mit Pulldown-Widerstand

Diese Schaltung hast du gerade eben schon verwendet.

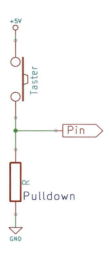

Abbildung 2-11 ▶
Schaltung mit Pulldown-Widerstand

Bei offenem Taster gelangt das Massepotential über den *Pulldown-Widerstand* an den Eingangspin deines Mikrocontrollers. Wird der Taster geschlossen, dann fällt über dem Widerstand die Versorgungsspannung von +5V ab und das Potential am Eingangspin steigt auf eben diesen Wert.

Tabelle 2-2 ▶
Pinpotentiale

Tasterstatus	Pin-Potential
Offen	0V (Masse, *LOW*-Pegel)
Geschlossen	+5V (Versorgungsspannung, *HIGH*-Pegel)

Mit Pullup-Widerstand

Was bei einem Widerstand nach Masse funktioniert, kann auch mit einem Widerstand in Richtung Versorgungsspannung realisiert werden. Die Potentiale sind jetzt genau umgekehrt.

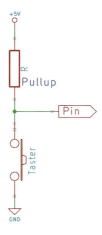

◀ Abbildung 2-12
Schaltung mit Pullup-Widerstand

Bei offenem Taster liegt die Versorgungsspannung von +5V über dem *Pullup-Widerstand* am Eingangspin deines Mikrocontrollers an. Wird der Taster geschlossen, dann wird der Pin sofort mit dem Massepotential verbunden.

Tasterstatus	Pin-Potential
Offen	+5V (Versorgungsspannung, *HIGH*-Pegel)
Geschlossen	0V (Masse, *LOW*-Pegel)

◀ Tabelle 2-3
Pinpotentiale

Mit internem Pullup-Widerstand des Mikrocontrollers

Die ganze Arbeit und der Aufwand mit einem separaten *Pulldown*- bzw. *Pullup-Widerstand* ist eigentlich überflüssig, denn dein Mikrocontroller besitzt intern an den digitalen Pins fest eingebaute *Pullup-Widerstände*, die bei Bedarf über die Software hinzugeschaltet werden können. Du kannst dir das folgendermaßen vorstellen:

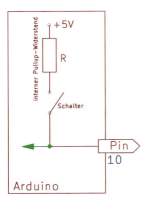

◀ Abbildung 2-13
Interner Pullup-Widerstand des Mikrocontrollers

Drücke den Taster

Ich habe in diesem Beispiel den Pin *10* ausgesucht, an dem z.B. dein Taster angeschlossen wird. Du erkennst den internen *Pullup-Widerstand R*, der über einen elektronischen Schalter den Pin *10* mit der Versorgungsspannung *+5V* verbindet. Die Frage ist jetzt aber, wie du diesen Schalter schließen kannst, damit der Pin bei fehlendem Eingangssignal einen *HIGH*-Pegel aufweist. Hierzu sind folgende Befehle erforderlich:

```
pinMode(pin, INPUT);        // Pin als Eingang programmieren
digitalWrite(pin, HIGH);    // Einschalten des internen Pullup-Widerstandes
```

Stopp mal! Hier stimmt doch was nicht. Du programmierst einen Pin als *Eingang*, weil wir hieran einen Taster anschließen wollen. Das ist mir noch klar. Aber dann sendest du etwas mit *digitalWrite* an eben diesen Pin, der nicht als *Ausgang* programmiert wurde. Was soll denn *das* bitte bedeuten?

Genau *das* ist ja der Punkt. Über die gerade gezeigte Befehlssequenz aktivierst du den internen *20K Pullup-Widerstand*, der das Potential in Richtung *+5V* zwingt, wenn kein Eingangssignal anliegt.

■ **Achtung**

Falls du dich für die beiden Varianten (externer bzw. interner *Pullup*-Widerstand) entscheiden solltest, dann musst du deinen Code ein wenig modifizieren. Überlege erst einmal, bevor du jetzt weiter liest. Wird der Taster nicht betätigt, dann liegt, wenn du mit einem *Pulldown-Widerstand* arbeitest, am Eingang des Pins ein *LOW*-Pegel an. Die Abfrage, ob der Taster gedrückt wird, erfolgt dann über folgende Zeile:

```
if(tasterStatus == HIGH)
```

So weit so gut. Jetzt arbeitest du jedoch mit einem *Pullup-Widerstand*, der bei offenem Taster ein *HIGH*-Signal am Pin verursacht. Um den Taster auf *gedrückt* hin abzufragen, musst du jetzt die Zeile

```
if(tasterStatus == LOW)
```

schreiben, bei der du das *HIGH* gegen *LOW* ausgetauscht hast. Klar?

▶▶ **Das könnte wichtig für dich sein**

Hier ein paar Begriffe für die Suchmaschine, die dir sicherlich weitere interessante Informationen liefern:

- Pullup Widerstand
- Pulldown Widerstand

Was hast du gelernt?

- Du hast die Verwendung mehrerer Variablen kennengelernt, die für die unterschiedlichsten Zwecke genutzt wurden (Deklaration für Eingangs- bzw. Ausgangspin und Aufnahme von Statusinformationen).
- Digitale Pins sind standardmäßig als Eingang programmiert und müssen nicht explizit als solche programmiert werden.
- Du hast die Funktion *digitalRead* kennengelernt, die in Abhängigkeit vom anliegenden Pegel an einem digitalen Eingang entweder *LOW* oder *HIGH* zurückliefert. Dieser Wert wurde einer Variablen zugewiesen, um sie später in einer weiteren Verarbeitung zu nutzen.
- Anhand der *if-else*-Kontrollstruktur hast du gesehen, wie innerhalb eines Sketches auf bestimmte Einflüsse reagiert werden kann, um den Ablauf zu steuern.
- Verschiedene Schaltpläne haben dir veranschaulicht, wie man Verbindungen zwischen elektronischen Komponenten grafisch darstellt, um die Schaltung in ihrer Funktion zu verstehen.
- Ein offener digitaler Eingang einer elektronischen Komponente, der keinen definierten Pegel (*HIGH* oder *LOW*) aufweist, führt in der Regel zu undefiniertem Verhalten der Schaltung, das nicht vorhersehbar ist.
- Aus diesem Grund wurde die Verwendung des *Pulldown*-Widerstandes bzw. des *Pullup*-Widerstandes erläutert, die jeweils ein definiertes Potential erzwingen.
- Der Mikrocontroller besitzt interne *20K Pullup*-Widerstände, die über die Software aktiviert werden können. Auf diese Weise kannst du dir das Hinzufügen von externen *Pullup*-Widerständen sparen.
- Die Berechnung eines Vorwiderstandes für eine LED bereitet dir jetzt keine Probleme mehr.
- Du hast das Tool *Fritzing* kennengelernt, mit dem du bei der Erstellung von Schaltungen per *Drag & Drop* sehr schnell Resultate erzielen kannst.

Workshop

In diesem Workshop möchte ich dir eine Aufgabe stellen, bei der es um das *Pullen* von digitalen Pegeln geht. *Pullen* heißt ja bekanntlich *ziehen* und genau das tut ein *Pull-Down*-Widerstand. Der umgekehrte Weg ist aber ebenso möglich. Über einen *Pullup*-Widerstand kannst du einen Pegel nach oben in Richtung *Versorgungsspannung* ziehen. Du siehst hier einen bereits bekannten Ausschnitt aus einer Schaltung:

Abbildung 2-14 ▶
Pull-Up-Widerstand

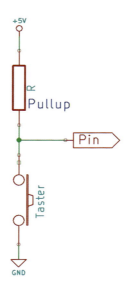

Programmiere deinen Sketch so um, dass die Schaltung wie hier gezeigt funktioniert. Drückst du den Taster, dann leuchtet die LED. Lässt du ihn los, dann geht sie wieder aus. Der Punkt *Pin* in der Schaltung wird dabei mit Pin *8* deines Arduino-Boards verbunden. Die Ansteuerung der LED bleibt dabei unverändert.

Blinken mit Intervallsteuerung

Projekt 3

Scope

In diesem Experiment behandeln wir folgende Themen:

- Deklarierung und Initialisierung mehrerer Variablen
- Programmierung mehrerer Pins sowohl als Eingang (*INPUT*) als auch als Ausgang (OUTPUT)
- Der Befehl *digitalRead()*
- Der Befehl *millis()*
- Die Verwendung der *if-else*-Kontrollstruktur
- Der komplette Sketch
- Analyse des Schaltplanes
- Aufbau der Schaltung
- Workshop

Drücke den Taster und er reagiert

In unserem ersten Beispiel hast du gesehen, wie wir über die Verzögerungsfunktion *delay* eine Unterbrechung in der Sketchausführung bewirkt haben. Die angeschlossene LED an dem digitalen Ausgang Pin *13* blinkte in regelmäßigen Abständen. Eine solche Schaltung bzw. Programmierung hat jedoch einen Nachteil, den wir erkennen und beheben wollen. Wir müssen die Blinkschaltung ein wenig erweitern. Was geschähe wohl, wenn du an einem digitalen Eingang zusätzlich einen Taster anschließen würdest, um seinen Zustand kontinuierlich abzufragen. Wenn du die Taste drückst, soll eine weitere LED leuchten. Vielleicht erkennst du schon jetzt, worauf ich hinaus möchte. Solange die Sketchausführung in der *delay*-Funktion *gefangen* ist, wird die Abarbeitung des Codes unterbrochen, und der digitale Eingang kann demnach nicht abgefragt werden. Du drückst also den Taster und nichts passiert.

Benötigte Bauteile

Für dieses Beispiel benötigen wir eine LED und einen Taster.

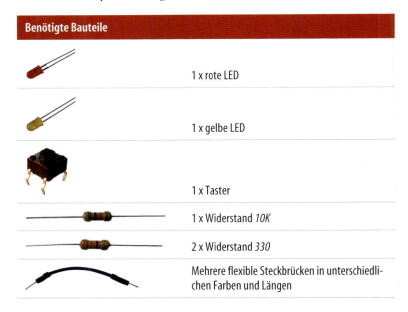

Benötigte Bauteile	
	1 x rote LED
	1 x gelbe LED
	1 x Taster
	1 x Widerstand *10K*
	2 x Widerstand *330*
	Mehrere flexible Steckbrücken in unterschiedlichen Farben und Längen

Sketch-Code

Der folgende Sketch-Code funktioniert nicht, wie wir es vielleicht erwarten würden.

```
// Der folgende Code funktioniert nicht wie erhofft ☹
int ledPinBlink = 13;    // Rote Blink-LED-Pin 13
int ledPinTaster = 10;   // Gelbe Taster-LED-Pin 10
int tasterPin = 8;       // Taster-Pin 8
int tasterStatus;        // Variable zur Aufname des Tasterstatus
void setup(){
  pinMode(ledPinBlink, OUTPUT);    // Blink-LED-Pin als Ausgang
  pinMode(ledPinTaster, OUTPUT);   // Taster-LED-Pin als Ausgang
  pinMode(tasterPin, INPUT);       // Taster-Pin als Eingang
}
```

```
void loop(){
  // Blink-LED blinken lassen
  digitalWrite(ledPinBlink, HIGH); // Rote LED auf High-Pegel (5V)
  delay(1000);                     // Eine Sekunde warten
  digitalWrite(ledPinBlink, LOW);  // Rote LED auf LOW-Pegel (0V)
  delay(1000);                     // Eine Sekunde warten
  // Abfrage des Taster-Status
  tasterStatus = digitalRead(tasterPin);
  if(tasterStatus == HIGH)
    digitalWrite(ledPinTaster, HIGH); // Gelbe LED auf High-Pegel (5V)
  else
    digitalWrite(ledPinTaster, LOW);  // Gelbe LED auf Low-Pegel (0V)
}
```

> Das verstehe ich irgendwie nicht. Die Ausführung kommt doch in der Endlosschleife irgendwann einmal an der Zeile für die Tasterabfrage vorbei. Dann wird der Status doch korrekt abgefragt.

Du hast es erfasst und auch richtig formuliert. Das entscheidende Wörtchen ist hier *irgendwann*! Du möchtest aber, dass zu *jedem* Zeitpunkt der Abarbeitung deines Codes auf den Taster reagiert wird und nicht nur dann, wenn die Ausführung irgendwann einmal dort vorbeischaut. Die *delay*-Funktionen behindern doch quasi die Fortführung des Codes. Klar? Ich zeige dir das Verhalten einmal an einem Impulsdiagramm, bei dem die drei relevanten Signale wie Blink-LED (Pin *13*), Taster (Pin *8*) und Taster-LED (Pin *10*) untereinander zu sehen sind:

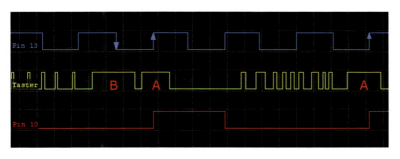

◀ **Abbildung 3-1**
Impulsdiagramm der Signale an Pin 13, 8 und 10

Schaue einmal auf das gelbe Signal, das den Zustand des Tasters darstellt. Ich drücke ihn mehrmals und dennoch reagiert das rote Signal an Pin *10* anfangs nicht. Halte ich den Taster jedoch für eine längere Zeit gedrückt (an den mit *A* markierten Stellen), dann siehst Du, dass das Signal an Pin *10* endlich ebenfalls auf *HIGH*-Pegel wechselt. Aber warum geschieht das nicht an der mit *B* markierten Stelle? Da halte ich doch auch den Taster längere Zeit gedrückt. Ganz einfach! Du hast zwei *delay*-Aufrufe und der zweite ist für die Verzögerung des *LOW*-Pegels zuständig. Wurde dieser abgearbeitet, dann wird der Zustand des Tasters ganz kurz abgefragt, und zwar genau zwischen dem Wechsel von *LOW* nach *HIGH*. Deswegen reagiert der Pegel an Pin *10* immer auf die *ansteigende (A)* und nicht auf die *abfallende (B)* Flanke. Ist doch eigentlich recht simpel, oder!? Aus diesem Grund müssen wir aber jetzt auf *delay* verzichten und einen anderen Weg wählen. Schau' einmal her, und lass' dich nicht durch den Umfang der Codezeilen irritieren, denn wir gehen alles schrittchenweise durch:

```
int ledPinBlink = 13;      // Rote Blink-LED-Pin 13
int ledPinTaster = 10;     // Gelbe Taster-LED-Pin 10
int tasterPin = 8;         // Taster-Pin 8
int tasterStatus;          // Variable zur Aufname des Tasterstatus
int interval = 2000;       // Intervalzeit (2 Sekunden)
unsigned long prev;        // Zeit-Variable
int ledStatus = LOW;       // Statusvariable für die Blink-LED

void setup(){
  pinMode(ledPinBlink, OUTPUT);   // Blink-LED-Pin als Ausgang
  pinMode(ledPinTaster, OUTPUT);  // Taster-LED-Pin als Ausgang
  pinMode(tasterPin, INPUT);      // Taster-Pin als Eingang
  prev = millis();                // jetzigen Zeitstempel merken
}

void loop(){
  // Blink-LED über Intervalsteuerung blinken lassen
  if((millis() - prev) > interval){
    prev = millis();
    ledStatus = !ledStatus; // Toggeln des LED-Status
    digitalWrite(ledPinBlink, ledStatus); // Toggeln der roten LED
  }
  // Abfrage des Taster-Status
  tasterStatus = digitalRead(tasterPin);
  if(tasterStatus == HIGH)
    digitalWrite(ledPinTaster, HIGH); // Gelbe LED auf High-Pegel (5V)
  else
    digitalWrite(ledPinTaster, LOW);  // Gelbe LED auf High-Pegel (0V)
}
```

Code-Review

Hier siehst Du, dass wir es mit immer mehr Variablen zu tun haben, die wir am Anfang erst einmal deklarieren bzw. initialisieren müssen. Gehen wir der Reihe nach vor:

◀ **Tabelle 3-1**
Erforderliche Variablen und deren Aufgabe

Variable	Aufgabe
ledPinBlink	Enthält die Pin-Nummer für die LED am digitalen Ausgang Pin *13*
ledPinTaster	Enthält die Pin-Nummer für die LED am digitalen Eingang Pin *10*
tasterPin	Enthält die Pin-Nummer für den Taster am digitalen Eingang Pin *8*
tasterStatus	Dient als Aufnahme des Taster-Status für spätere Auswertung
interval	Enthält den Wert für die Intervalsteuerung
prev	Nimmt den aktuellen Wert der *millis*-Funktion auf
ledStatus	Speichert den Status für die Taster-LED

Ich denke, dass ich mit der Intervalsteuerung beginne, denn sie ist hier das Wichtigste. Das folgende Diagramm zeigt uns einen zeitlichen Verlauf mit bestimmten markanten Zeitwerten. Zuvor muss ich aber noch einige Dinge im Quellcode erklären. Da ist zum einen die neue *millis*-Funktion, die die Zeit seit dem Starten des aktuellen Sketches in *Millisekunden* zurück liefert. Dabei ist auf etwas Wichtiges zu achten. Der Rückgabedatentyp ist *unsigned long*, also ein vorzeichenloser *32*-Bit Ganzzahltyp, dessen Wertebereich sich von *0* bis *4.294.967.295* ($2^{32}-1$) erstreckt. Dieser Wertebereich ist so groß, weil er über einen längeren Zeitraum (max. 49.71 Tage) in der Lage sein soll, die Daten aufzunehmen, bevor es zu einem *Überlauf* kommt.

Das könnte für dich wichtig sein

Ein *Überlauf* bedeutet bei Variablen übrigens, dass der maximal abbildbare Wertebereich für einen bestimmten Datentyp überschritten wurde und anschließend wieder bei *0* begonnen wird. Für den Datentyp *byte*, der eine Datenbreite von *8* Bits aufweist und demnach $2^8 = 256$ Zustände (*0* bis *255*) speichern kann, tritt ein Überlauf bei der Aktion *255 + 1* auf. Den Wert *256* ist der Datentyp *byte* nicht mehr in der Lage zu verarbeiten.

Es wurden von mir drei weitere Variablen eingefügt, die folgende Aufgabe haben:

- *interval* (nimmt die Zeit im *ms* auf, die für das Blinkintervall zuständig ist)
- *prev* (nimmt die aktuell verstrichene Zeit in *ms* auf. Prev kommt von *previous* und bedeutet übersetzt: *vorher*)
- *ledStatus* (In Abhängigkeit des Status von *HIGH* oder *LOW* der Variablen, wird die Blink-LED angesteuert)

Drücke den Taster und er reagiert

Abbildung 3-2 ▶
Zeitlicher Verlauf der Intervalsteuerung

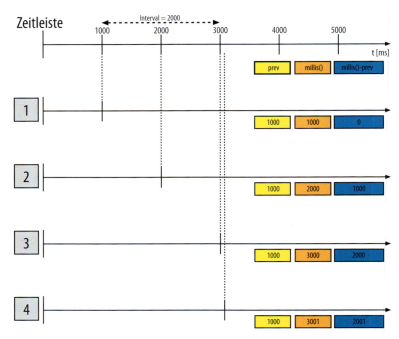

Wollen wir das Diagramm einmal analysieren, wobei ich markante Zeitpunkte zur Verdeutlichung herausgegriffen habe. Natürlich läuft die Zeit nicht real in diesen Schritten ab:

Tabelle 3-2 ▶
Variableninhalte im zeitlichen Verlauf

Zeitpunkt	Erklärung
1	Es wird die aktuelle Zeit (in diesem Fall *1000*) in Millisekunden in die Variable *prev* übernommen. Dies erfolgt einmalig in der *setup*-Funktion. Die Differenz *millis()* – *prev* liefert den Wert *0* zum Ergebnis. Dieser Wert ist nicht größer als der Intervalwert *2000*. Die Bedingung ist nicht erfüllt und der *if*-Block wird nicht ausgeführt.
2	Weitere *1000 ms* später wird wieder die Differenz *millis()* – *prev* gebildet und das Ergebnis dahingehend überprüft, ob es größer als der Intervalwert *2000* ist. *1000* ist nicht größer *2000*, also ist die Bedingung wieder nicht erfüllt.
3	Nochmals *1000 ms* später wird erneut die Differenz *millis()* – *prev* gebildet und das Ergebnis dahingehend überprüft, ob es größer als der Intervalwert *2000* ist. *2000* ist nicht größer *2000*, also ist die Bedingung wieder nicht erfüllt.
4	Nach *3001 ms* Laufzeit erbringt die Differenz jedoch einen Wert, der größer als der Intervalwert *2000* ist. Die Bedingung wird erfüllt und der *if*-Block zur Ausführung gebracht. Es wird der alte *prev*-Wert mit dem aktuellen Zeit aus der *millis*-Funktion überschrieben. Der Zustand der Blink-LED kann umgekehrt werden. Das Spiel beginnt auf der Basis des neuen Zeitwertes in der Variablen *prev* von vorne.

Während des ganzen Ablaufes wurde an keiner Stelle im Quellcode ein Halt in Form einer Pause eingelegt, so dass das Abfragen des digitalen Pins 8 zur Steuerung der Taster-LED in keinster Weise beeinträchtigt wurde. Ein Druck auf den Taster wird fast unmittelbar ausgewertet und zur Anzeige gebracht. Der einzige neue Befehl, bei dem es sich ja um eine *Funktion* handelt, die einen Wert zurück liefert, lautet *millis*.

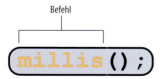

◀ **Abbildung 3-3**
Der Befehl »millis«

Du siehst, dass er keine Argumente entgegen nimmt und deswegen ein leeres Klammernpaar hat. Sein Rückgabewert besitzt den Datentyp *unsigned long*.

> Eine Zeile bereitet mir aber noch ein wenig Kopfschmerzen. Was bedeutet denn *ledStatus = !ledStatus* ? Und was heisst *toggeln*?

Du bist ja wieder schneller als ich, denn so weit war ich doch noch gar nicht. Aber ok, wenn Du's schon mal ansprichst, dann will ich auch sofort darauf eingehen. In der Variablen *ledStatus* wird der Pegel gespeichert, der die rote LED ansteuert bzw. für das Blinken zuständig ist (*HIGH* bedeutet leuchten und *LOW* bedeutet dunkel). Über die nachfolgende Zeile

```
digitalWrite(ledPinBlink, ledStatus);
```

wird die LED dann angesteuert. Das Blinken wird ja gerade *dadurch* erreicht, dass du zwischen den beiden Zuständen *HIGH* bzw. *LOW* hin- und herschaltest. Das wird auch *Toggeln* genannt. Ich werde die Zeile etwas umformulieren, denn dann wird der Sinn vielleicht etwas deutlicher.

```
if(ledStatus == LOW)
  ledStatus = HIGH;
else
  ledStatus = LOW;
```

In der ersten Zeile wird abgefragt, ob der Inhalt der Variablen *ledStatus* gleich *LOW* ist. Falls ja, setze ihn auf *HIGH*, andernfalls auf *LOW*. Das bedeutet ebenfalls ein *Toggeln* des Status. Viel kürzer geht es mit der folgenden einzeiligen Variante, die ich ja schon verwendet habe.

```
ledStatus = !ledStatus; // Toggeln des LED-Status
```

Drücke den Taster und er reagiert

Ich verwende dabei den logischen *Not*-Operator, der durch das Ausrufezeichen repräsentiert wird. Er wird häufig bei *booleschen* Variablen verwendet, die nur die Wahrheitswerte *true* bzw. *false* annehmen können. Der *Not*-Operator ermittelt ein Ergebnis, das einen entgegengesetzten Wahrheitswert aufweist, wie der Operand. Es funktioniert aber auch bei den beiden Pegeln *HIGH* bzw. *LOW*.

Am Schluss wird noch ganz normal und ohne Verzögerung der Taster an Port *8* abgefragt.

```
tasterStatus = digitalRead(tasterPin);
if(tasterStatus == HIGH)
  digitalWrite(ledPinTaster, HIGH);
else
  digitalWrite(ledPinTaster, LOW);
```

Ich zeige dir das Verhalten wieder an einem Impulsdiagramm, bei dem die drei relevanten Signale wieder Blink-LED (Pin *13*), Taster (Pin *8*) und Taster-LED (Pin *10*), wie auch schon eben, untereinander dargestellt sind:

Abbildung 3-4 ▶
Impulsdiagramm der Signale an Pin 13, 8 und 10

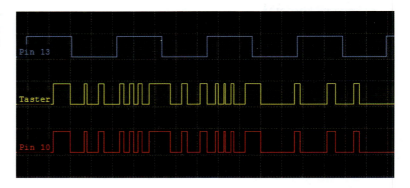

Wir erkennen, dass das blaue Signal die Blink-LED an Pin *13* darstellt. Wenn ich jetzt in unregelmäßigen Abständen den Taster an Pin *8* betätige - dargestellt durch das gelbe Signal - reagiert unmittelbar das rote Signal der Taster-LED an Pin *10*. Es ist keine Zeitverzögerung bzw. Unterbrechung zu erkennen. Das Verhalten der Schaltung ist genau das, was wir erreichen wollten.

Der Schaltplan

Das Lesen des Schaltplanes dürfte dir jetzt wohl keine Probleme mehr bereiten. Es ist lediglich eine weitere LED hinzugekommen, die auf den Druck des Tasters reagieren soll.

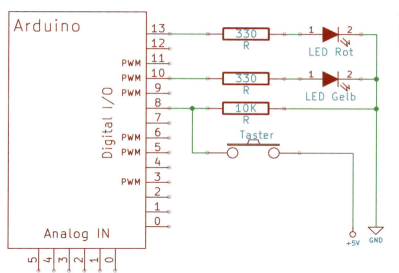

◀ Abbildung 3-5
Arduino-Board mit Taster und zwei LEDs

Schaltungsaufbau

Auf deinem Breadboard wird es jetzt schon ein wenig voller.

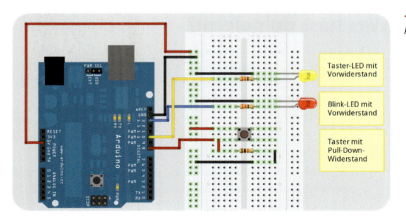

◀ Abbildung 3-6
Aufbau der Schaltung mit Fritzing

Das könnte wichtig für dich sein

Wie du dieser und auch im letzten Schaltungsaufbau sicherlich bemerkt hast, verwende ich unterschiedliche Farben für die flexiblen Steckbrücken. Wenn du Schaltungen auf deinem Breadboard zusammen steckst, dann ist es ratsam, dass du ebenfalls mit unterschiedlichen Farben arbeitest. Ich habe z.B. Rot für die Betriebsspannung und Schwarz für Masse verwendet. Weitere Signalleitungen kannst du in Blau, Gelb oder auch Rot stecken.

Drücke den Taster und er reagiert

Es gibt da keine festen Regeln, doch du solltest für dich selbst ein Farbsystem entwickeln, damit du den Überblick behältst. Es könnte auch für Außenstehende hilfreich sein, ein sauber konzipiertes Breadboard vorzufinden.

Troubleshooting

Falls die LED nicht leuchtet, wenn du den Taster drückst, oder die LED ständig leuchtet, überprüfe bitte Folgendes:

- Entsprechen deine Steckverbindungen auf dem Breadboard wirklich der Schaltskizze?
- Wurden die LEDs richtig herum eingesteckt? Denke an die richtige Polung!
- Achte auf den Taster mit 2 bzw. 4 Anschlüssen. Führe ggf. einen Durchgangstest mit einem Multimeter durch, und überprüfe so die Funktionsfähigkeit des Tasters und der entsprechenden Beinchen.
- Haben die beiden Widerstände die korrekten Werte? Wurden sie eventuell vertauscht?
- Ist der Sketch-Code korrekt?

Was hast du gelernt?

- Du hast die Verwendung mehrerer Variablen kennengelernt, die für die unterschiedlichsten Zwecke genutzt wurden (Deklaration für Eingangs- bzw. Ausgangspin und Aufnahme von Statusinformationen).
- Der Befehl *delay* unterbricht die Ausführung des Sketches und erzwingt eine Pause, so dass alle nachfolgenden Befehle nicht berücksichtigt werden, bis die Wartezeit verstrichen ist.
- Du hast über die Intervallsteuerung mittels der *millis*-Funktion einen Weg kennengelernt, dennoch den kontinuierlichen Sketchablauf der *loop*-Endlosschleife aufrecht zu erhalten, so dass weitere Befehle der *loop*-Schleife zur Ausführung gebracht wurden und damit eine Auswertung weiterer Sensoren, wie z.B. der angeschlossene Taster, möglich waren.
- Du hast verschiedene Impulsdiagramme kennen und lesen gelernt, die grafisch unterschiedliche Pegelzustände im zeitlichen Verlauf sehr gut darstellen.

Workshop

Entwerfe doch einfach mal einen Sketch, der bei einem Tastendruck die LED zum Leuchten bringt und beim nächsten wieder ausschaltet. Das soll immer in diesem Wechsel geschehen. Eine knifflige Angelegenheit, die wir für ein kommendes Kapitel benötigen werden. Vielleicht stößt du dabei auf ein Problem, dass wir später lösen wollen. Das Stichwort lautet *Prellen*. Doch dazu später mehr.

Der störrische Taster

Projekt 4

Scope

In diesem Kapitel wirst du erkennen, dass sich ein *Taster* oder auch ein *Schalter* nicht immer so verhält, wie du es dir vielleicht vorstellst. Nehmen wir für dieses Beispiel einen *Taster*, der – so die Theorie – eine Unterbrechung des Stromflusses aufhebt, solange er gedrückt bleibt, und die Unterbrechung wieder herstellt, wenn du ihn loslässt. Das ist nichts Neues und absolut einfach zu verstehen. Doch bei elektronische Schaltungen, deren Aufgabe z.B. im Ermitteln der exakten Anzahl von Tastendrücken liegt, um diese dann später auszuwerten, bekommen wir es mit einem Problem zu tun, das zunächst gar nicht augenfällig ist.

Ich wurde geprellt

Das Stichwort für unser nächstes Thema lautet *Prellen*. Wenn du einen ganz normalen Taster drückst und auch gedrückt hältst, sollte man meinen, dass der mechanische Kontakt im Taster einmalig geschlossen wird. Das ist jedoch meistens nicht der Fall, denn wir haben es mit einem Bauteil zu tun, das innerhalb einer sehr kurzen Zeitspanne – im Millisekundenbereich – den Kontakt mehrfach öffnet und wieder schließt. Die Kontaktflächen eines Tasters sind in der Regel nicht vollkommen glatt, und wenn wir uns diese unter einem Elektronenmikroskop anschauten, sähen wir viele Unebenheiten und auch Verunreinigungen. Diese führen dazu, dass die Berührungspunkte der leitenden Materialien bei Annäherung nicht sofort und nicht auf Dauer zueinander finden. Eine weitere Ursache für den hier angeführten Effekt kann im Schwingen bzw. Federn des Kontaktmaterials liegen, wodurch bei Berührung kurzzeitig der Kontakt mehrfach hintereinander geschlossen und wieder geöffnet wird.

Diese Impulse, die der Taster liefert, werden vom Mikrocontroller registriert und korrekt verarbeitet, nämlich so, als ob du den Taster absichtlich ganz oft und schnell hintereinander drückst. Das Verhalten ist natürlich störend und muss in irgendeiner Weise verhindert werden. Dazu schauen wir uns das folgende Impulsdiagramm einmal etwas genauer an:

Abbildung 4-1 ▶
Ein prellender Taster

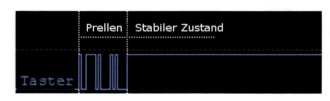

Ich habe den Taster *einmalig* gedrückt und dann gedrückt gehalten, doch bevor er den stabilen Zustand des Durchschaltens erreicht hat, zickte er ein wenig und unterbrach die gewünschte Verbindung mehrfach. Dieses Ein- und Ausschalten, bis der endgültige gewünschte *HIGH*-Pegel erreicht ist, wird *Prellen* genannt. Das Verhalten kann auch in entgegengesetzter Richtung auftreten. Auch wenn ich den Taster wieder loslasse, werden unter Umständen mehrere Impulse generiert, bis ich endlich den gewünschten *LOW*-Pegel erhalte. Das *Prellen* des Tasters ist für das menschliche Auge kaum oder überhaupt nicht wahrnehmbar, und wenn wir eine Schaltung aufbauen, die bei gedrücktem Taster eine LED ansteuern soll, dann würden sich die einzelnen Impulse aufgrund der Trägheit der Augen als ein *HIGH*-Pegel darstellen. Versuchen wir es nun mit einer anderen Lösung. Was hältst du davon, wenn wir eine Schaltung aufbauen, die einen Taster an einem digitalen Eingang besitzt und eine LED an einem anderen digitalen Ausgang.

Aber das ist doch nichts Neues. Was soll das bringen? Du hast eben gesagt, dass bei einer Schaltung dieser Art mögliches Prellen nicht erkennbar dargestellt wird.

Unsere Schaltung ist ja nicht die einzige Komponente. Neben *Hardware* haben wir doch noch die *Software*, und die wollen wir jetzt *so* gestalten, dass beim ersten Impuls die LED zu leuchten beginnt. Beim nächsten soll sie erlöschen und beim darauffolgenden wieder leuchten usw. Wir haben es also mit einem *Toggeln* des logischen Pegels zu tun. Wenn jetzt mehrere Impulse beim Drücken des Tasters von der Schaltung bzw. der Software registriert werden, dann wechselt die LED mehrfach ihren Zustand. Bei einem prellfreien Taster sollten sich die Zustände wie im folgenden Diagramm darstellen.

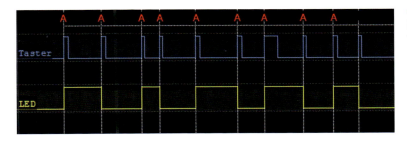

◀ **Abbildung 4-2**
Pegeländerung der LED bei einem Tasterdruck

Du siehst, dass bei mehrfachen Tastendrücken (ansteigende Flanke), die hier mit A markiert sind, der Zustand der LED *toggelt*. Wie können wir das softwaremäßig bewerkstelligen? Schauen wir erst einmal auf die Bauteilliste.

Benötigte Bauteile

Für die folgende Schaltung habe ich einen alten Taster aus meiner Kramkiste verwendet, der mit Sicherheit heftig prellen wird. Neue Taster, die man heutzutage erhält, haben möglicherweise einen mechanischen Prellschutz mit einem erkennbaren Druckpunkt eingebaut. Wenn du ihn drückst, kannst du ein leichtes Knacken wahrnehmen. Das deutet darauf hin, dass der Kontakt mit einem erhöhten Druck bzw. erhöhter Geschwindigkeit geschlossen wird, um so das Prellen zu verhindern bzw. zu minimieren.

Benötigte Bauteile	
	1 x rote LED
	1 x Taster (ohne Prellschutz)
	1x Widerstand *330*
	1 x Widerstand *10K*
	Mehrere flexible Steckbrücken in unterschiedlichen Farben und Längen

Ich wurde geprellt

Sketch-Code

Der Sketch-Code für das Beispiel schaut wie folgt aus:

```
int tasterPin = 2;          // Taster-Pin 2
int tasterWert = 0;         // Variable zur Aufname des Tasterstatus
int vorherTasterWert = 0;   // Variable zur Aufname des alten Tasterstatus
int ledPin = 8;             // LED-Pin 8
int zaehler = 0;            // Zählervariable
void setup(){
  pinMode(tasterPin, INPUT); // Taster-Pin als Eingang
  pinMode(ledPin, OUTPUT);   // LED-Pin als Ausgang
}

void loop(){
  tasterWert = digitalRead(tasterPin); // Abfrage des Taster
  // Ist vorheriger Tasterwert ungleich aktuellem Tasterwert?
  if(vorherTasterWert != tasterWert){
    if(tasterWert == HIGH){
      zaehler++; // Zähler inkrementieren (+1)
    }
  }
  vorherTasterWert = tasterWert; // Speichern des aktuellen
                                 // Tasterwertes
  if(zaehler%2 == 0)             // Ist Zähler eine gerade Zahl?
    digitalWrite(ledPin, HIGH);
  else
    digitalWrite(ledPin, LOW);
}
```

Der Code sieht auf den ersten Blick nicht sonderlich kompliziert aus, doch diesmal ist er etwas raffinierter. Inwiefern das so ist, wirst du gleich sehen.

Code-Review

Zu Beginn deklarieren und initialisieren wir wieder eine Reihe *globaler Variablen*.

Tabelle 4-1 ▶
Benötigte Variablen und deren Aufgabe

Variable	Aufgabe
tasterPin	Diese Variable enthält die Pin-Nummer für den angeschlossenen Taster an Pin *2*.
tasterWert	Diese Variable nimmt den Tasterstatus auf.
vorherTasterWert	Diese Variable dient zur Aufnahme des vorherigen Tasterstatus.
ledPin	Diese Variable enthält die Pin-Nummer für die angeschlossenen LED an Pin *8*.
zaehler	Diese Variable speichert die *HIGH*-Pegel des Tasterstatus.

Die Initialisierung der einzelnen Pins innerhalb der *setup*-Funktion bedarf keiner weiteren Erklärung, so dass wir uns direkt auf die *loop*-Funktion stürzen können. Der Pegel des angeschlossenen Tasters wird kontinuierlich über die *digitalRead*-Funktion abgefragt und in der Variablen *tasterWert* gespeichert:

```
tasterWert = digitalRead(tasterPin);
```

Die Aufgabe des Sketches besteht aber jetzt darin, jeden Tastendruck, der ja durch einen *HIGH*-Pegel repräsentiert wird, zu erkennen und eine Zählervariable entsprechend hochzuzählen. Normalerweise würden wir sagen, dass die folgenden Codezeilen dies bewerkstelligen könnten:

```
void loop(){
  tasterWert = digitalRead(tasterPin); // Abfrage des Taster
    if(tasterWert == HIGH){
      zaehler++; // Zähler inkrementieren (+1)
    }
// ...
}
```

Der Code birgt aber einen entscheidenden Fehler. Bei jedem erneuten Durchlauf der *loop*-Funktion wird bei gedrücktem Taster die Zählervariable inkrementiert, und je länger du den Taster gedrückt hältst, desto weiter wird die Variable hochgezählt. Es soll aber bei gedrücktem Taster lediglich der Inhalt der Variablen um *1* erhöht werden. Wie können wir dieses Verhalten des Codes ändern? Die Lösung ist eigentlich recht einfach. Du musst lediglich den Pegel des letzten Tastendrucks nach der Abfrage in einer Variablen zwischenspeichern. Bei der nächsten Abfrage wird der neue Wert mit dem alten verglichen. Sind beide Pegel unterschiedlich, dann musst du lediglich überprüfen, ob der neue Wert dem *HIGH*-Pegel entspricht, denn diese möchten wir ja zählen. Im Anschluss wird wieder der aktuelle neue Pegel für den nächsten Vergleich zwischengespeichert und alles beginnt von vorne.

> Wenn wir aber den Zähler bei jedem Tastendruck hochzählen, wie wird dann das Ein- bzw. Ausschalten der LED realisiert? Die LED muss doch bei jedem *1., 3., 5., 7.* usw. Tastendruck leuchten und bei jedem *2., 4., 6., 8.* usw. Tastendruck wieder ausgehen.

Ich wurde geprellt

Das ist genau *der* Ansatz, den wir zur Lösung des Problems genutzt haben. Du musst den Inhalt der Zählervariablen in irgendeiner Weise bewerten. Was fällt dir auf, wenn du dir die Werte anschaust, die für das *Leuchten* der LED verantwortlich sind?

> Ich hab's! Alle Werte, bei denen die LED leuchten soll, sind *ungerade*, und die übrigen sind *gerade*.

Perfekt, denn *das* ist die Lösung. Wir müssen also eine programmtechnische Möglichkeit finden, die es uns erlaubt, einen Wert auf gerade bzw. ungerade zu testen. Ich gebe dir einen Tipp. Wenn du Werte durch 2 dividierst, dann erhältst du für gerade Zahlen *keinen* Rest, bei den ungeraden hingegen schon. Wirf einmal einen Blick auf die folgende Tabelle:

Tabelle 4-2 ▶
Ganzzahl-Division durch den Wert 2

Division	Ergebnis und Rest der Division	Rest vorhanden?
1 / 2	0 Rest 1	Ja
2 / 2	1 Rest 0	Nein
3 / 2	1 Rest 1	Ja
4 / 2	2 Rest 0	Nein
5 / 2	2 Rest 1	Ja
6 / 2	3 Rest 0	Nein

Du siehst also, dass es nur für ungerade Werte einen Restwert gibt. In der Programmierung haben wir zur Ermittlung des Restwertes einen speziellen Operator. Es handelt sich dabei um den *Modulo-Operator*, der durch das Prozentzeichen % dargestellt wird. Die erste Zeile der Codezeilen überprüft den Zählerwert auf gerade bzw. ungerade:

```
if(zaehler%2 == 0)              // Ist Zähler eine gerade Zahl?
   digitalWrite(ledPin, HIGH);
  else
   digitalWrite(ledPin, LOW);
```

Bei geraden Werten wird die LED zum Leuchten gebracht, bei ungeraden erlischt sie wieder.

 Achtung

Die Operanden des Modulo-Operators % müssen einen ganzzahligen Datentyp aufweisen, wie z.B. *int*, *byte* oder *unsigned int*.

Nun wollen wir mal sehen, wie sich die Schaltung verhält, wenn wir den Taster mehrfach hintereinander im Abstand von sagen wir *1 Sekunde* drücken. Das Ergebnis siehst du hier wieder im folgenden Impulsdiagramm:

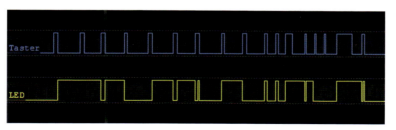

◀ **Abbildung 4-3**
Pegeländerung der LED bei einem Tasterdruck

Das ist sicherlich nicht das Verhalten, das wir beabsichtigt haben. Die LED toggelt nicht im Rhythmus des Tastendrucks, sondern zeigt das typische Verhalten, das bei einem prellenden Taster oder Schalter auftritt. Was also tun, damit das Prellen keine derartige Auswirkung auf die Schaltung bzw. den Zähler hat? Eine der Lösungen ist das Hinzufügen einer zeitlichen Verzögerung, um das Prellen abklingen zu lassen. Füge einfach einmal einen *delay*-Befehl hinter der Auswertung des Counters hinzu:

```
if(zaehler%2 == 0)
   digitalWrite(ledPin, HIGH);
 else
   digitalWrite(ledPin, LOW);
delay(10); // 10 ms warten, bevor eine erneute Abfrage des Tasters
           // erfolgt
```

Ich habe hier einen Wert von *10* Millisekunden genommen, der für meinen Taster genau richtig war. Der korrekte bzw. optimale Wert hängt natürlich immer davon ab, wie schnell du den Taster hintereinander betätigen möchtest, damit die Software noch darauf reagieren kann. Experimentiere ein wenig mit verschiedenen Werten und wähle dann den für dich passenden aus.

Der Schaltplan

Wenn du dir den Schaltplan anschaust, wird er dir bestimmt bekannt vorkommen. Die verwendete Software unterscheidet sich allerdings ein wenig.

Abbildung 4-4 ▶
Arduino-Board mit Taster und LED zur Veranschaulichung des Prellens

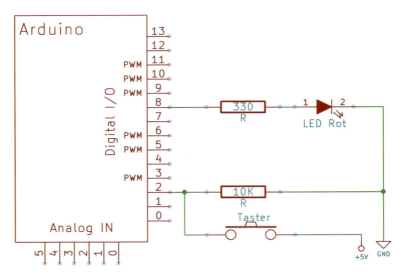

Weitere Möglichkeiten zur Kompensation des Prellens

Wir haben bisher lediglich eine Möglichkeit zur Kompensation, des Prellens eines mechanischen Bauelementes, z.B. des Tasters, kennengelernt. Es gibt aber noch weitere:

1. Spezielle Taster, die nicht prellen und einen festen Druckpunkt haben.
2. Mittels einer eigens zu diesem Zweck vorgesehenen Bibliothek, deren Name *Bounce-Library* lautet.
3. Mittels einer kleinen zusätzlichen hardwaretechnischen Lösung über ein *RC-Glied*

Ich möchte kurz auf den Punkte 2 eingehen. Falls dich auch Punkt 3 interessiert, findest du hierzu zahlreiche Informationen im Internet oder auch auf meiner eigenen Internetseite. Eine *Bibliothek*, auch *Library* genannt, ist eine Software-Komponente, die z.B. von anderen Programmierern entwickelt wurde, um ein spezielles Problem zu lösen. Damit das Rad nicht immer wieder neu erfunden werden muss, wurde der betreffende Code in eine *Library* verpackt und anderen Usern zur Verfügung gestellt, um ihnen Arbeit zu ersparen. Wenn es sich um frei verfügbare Bibliotheken handelt, und das ist im Arduino-Umfeld wohl meistens der Fall, kannst du sie bedenkenlos in deinem Projekt verwenden. Die *Bounce-Library* findest du im Internet auf der Seite *http://www.arduino.cc/playground/Code/Bounce*. Du kannst sie dort in Form einer gepackten Zip-Datei herunterladen. Entpacke sie in das Arduino-Verzeichnis *arduino-1.0-rc1\libraries*, in dem sich auch schon diverse andere Libraries befinden, die im Lieferumfang der Arduino-Software standardmäßig enthalten sind. Nach dem Entpacken sollte sich folgende File-Struktur ergeben

Wenn du jetzt deinen Sketch programmieren möchtest, in dem du diese Library verwenden willst, wirst du durch die Entwicklungsumgebung unterstützt, indem dir beim Einfügen der Bibliothek in dein Projekt entsprechende Hilfestellung geleistet wird. Du musst deinem Compiler zunächst in irgendeiner Weise mitteilen, dass du Fremdcode mit einbinden möchtest. Dies erfolgt mittels der Präprozessoranweisung *#include*. Nähere Erläuterungen hierzu folgen später. Du musst nach dem Entpacken des Codes in das o.g. Verzeichnis lediglich die *#include*-Anweisung über die in der folgenden Abbildung gezeigten Menüpunkte der IDE hinzuzufügen.

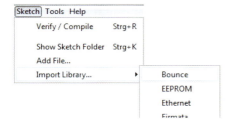

◀ **Abbildung 4-5**
Einbinden der Bounce-Library in deinen Sketch

Über *Sketch|Import Library...* kannst du eine Liste aller verfügbaren Bibliotheken im *libraries*-Verzeichnis anzeigen. Bei Auswahl der Option *Bounce* wird die erforderliche *#include-Präprozessoranweisung* automatisch in der ersten Zeile des Editors platziert. Nach dieser Zeile schreibst du deinen Code, der z.B. wie folgt ausschauen kann:

```
#include <Bounce.h>    // Bounce-Library einbinden
int ledPin = 12;       // LED-Pin 12
int tasterPin = 8;     // Taster-Pin 8
int warteZeit = 10;    // Wartezeit = 10ms
Bounce entprellung = Bounce(tasterPin, warteZeit); // Bounce-Objekt
                                                   // generieren

void setup(){
  pinMode(ledPin, OUTPUT);   // LED-Pin als Ausgang
  pinMode(tasterPin, INPUT); // Taster-Pin als Eingang
}
```

```
void loop(){
  entprellung.update ( );      // Update der Entprellung
  int wert = entprellung.read(); // Lese Update-Wert
  if (wert == HIGH)
    digitalWrite(ledPin, HIGH); // LED anschalten
  else
    digitalWrite(ledPin, LOW);  // LED ausschalten
}
```

Was ein *Objekt* ist, das wirst du später noch erfahren. Nimm den Code erst einmal so, wie er ist. Ich würde dir vorschlagen, dass du den Code verwendest, den wir für die Schaltung geschrieben haben, bei der die LED bei jedem Tastendruck *toggeln* soll. Er eignet sich am besten für die Überprüfung der Funktionsfähigkeit der *Bounce-Library*.

▶▶ Das könnte wichtig für dich sein

Hier ein paar Begriffe für die Suchmaschine, die dir sicherlich weitere interessante Informationen liefern:

- Prellen Taster
- Entprellen

Schaltungsaufbau

Da ich diese Schaltung schon einmal mit Fritzing ähnlich aufgebaut habe, lasse ich sie an dieser Stelle weg.

Troubleshooting

Falls die LED beim Tasterdruck nicht leuchtet oder toggelt, können hierfür mehrere Gründe vorliegen:

- Die LED ist verpolt eingesteckt worden. Erinnere dich noch einmal an die beiden unterschiedlichen Anschlüsse einer LED mit der *Anode* und *Kathode*.
- Die LED ist vielleicht defekt und durch Überspannung aus vergangenen Experimenten durchgebrannt. Teste sie mit einem Vorwiderstand an einer *5V* Spannungsquelle.
- Kontrolliere noch einmal die Verbindungen der LED bzw. die Bauteile auf deinem Breadboard.
- Überprüfe noch einmal den Sketch, den du in den Editor der IDE eingegeben hast. Hast du vielleicht eine Zeile vergessen oder dich verschrieben und ist der Sketch wirklich korrekt übertragen worden?

- Überprüfe die Funktionsfähigkeit des von dir verwendeten Tasters mit einem Durchgangsprüfer oder Multimeter.

Was hast du gelernt?

- Du hast erfahren, dass mechanische Bauteile wie *Taster* oder *Schalter* Kontakte nicht unmittelbar schließen oder öffnen. Durch verschiedene Faktoren, z.B. Fertigungstoleranzen, Verunreinigungen oder schwingende Materialien, können mehrere und kurz hintereinander folgende Unterbrechungen erfolgen, bevor ein stabiler Zustand erreicht wird. Dieses Verhalten wird von elektronischen Schaltungen registriert und entsprechend verarbeitet. Wenn du z.B. die Anzahl von Tastenrücken zählen möchtest, können sich solche Mehrfachimpulse als außerordentlich störend erweisen.
- Dieses Verhalten kann über unterschiedliche Ansätze kompensiert werden:
    - durch eine softwaretechnische Lösung (z.B. durch eine Verzögerungsstrategie beim Abfragen des Eingangssignals)
    - durch eine hardwaretechnische Lösung (z.B. *RC-Glied*)
- Du hast gelernt, wie du eine externe *Library* von anderen Entwicklern in deinen Sketch einbinden kannst und was eine *#include-Präprozessordirektive* ist.

Workshop

In diesem Workshop möchte ich dich dazu animieren, eine Schaltung zu konstruieren, die mehrere LEDs ansteuert. Sagen wir, dass es mindestens 5 LEDs sein sollten. Bei jedem Tastendruck soll die Software eine weitere LED in der Kette anschalten. Auf diese Weise kannst du wunderbar das Prellen ohne einen Logikanalyzer sichtbar machen, wenn nämlich auf einen Tastendruck direkt mehrere LEDs zu leuchten beginnen. Korrigiere dann die Programmierung so, dass das Prellen keine Auswirkungen mehr hat, und überprüfe es mit der Schaltung.

Tipp

Wenn du eine LED-Kette mit vielen hintereinander geschalteten LEDs realisieren möchtest, kannst du eine sogenannte Bar-Graph-Anzeige verwenden. Es gibt sie in unterschiedlichen Ausführungen, wobei die einzelnen LEDs jeweils platzsparend in einem Gehäuse untergebracht sind. Es sind Bauteile mit *10* oder auch *20* LED-Elementen verfügbar.

Abbildung 4-6 ▶
Bar-Graph-Anzeige vom Typ YBG 2000 mit 20 LED-Elementen

Du darfst aber hier auch nicht auf die entsprechenden Vorwiderstände verzichten.

Ein Lauflicht

Projekt 5

Scope

In diesem Experiment behandeln wir folgende Themen:
- Deklarierung und Initialisierung eines Arrays
- Programmierung mehrerer Pins als Ausgang (*OUTPUT*)
- Die Verwendung einer *for*-Schleife
- Der komplette Sketch
- Analyse des Schaltplans
- Aufbau der Schaltung
- Workshop

Ein Lauflicht

Du hast jetzt schon einiges über die Ansteuerung von LEDs erfahren, so dass wir in einigen kommenden Kapiteln die unterschiedlichsten Schaltungen aufbauen können, um mehrere Leuchtdioden blinken zu lassen. Das hört sich zwar im Moment vielleicht recht simpel an, doch lass' dich einmal überraschen. Wir wollen mit einem Lauflicht beginnen, das nach und nach die einzelnen LEDs ansteuert. Die an den digitalen Pins angeschlossenen LEDs sollen nach dem folgenden Muster aufleuchten:

Abbildung 5-1 ▶
Leuchtsequenz der 7 LEDs

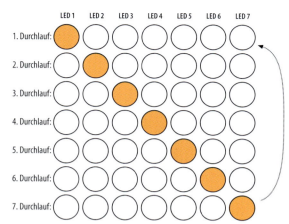

Bei jedem neuen Durchlauf leuchtet also die LED eine Position weiter rechts. Ist das Ende erreicht, dann beginnt das Spiel von vorne. Du kannst die Programmierung der einzelnen Pins, die ja allesamt als Ausgänge arbeiten sollen, auf unterschiedliche Weise angehen. Mit dem Wissen, das du bisher hast, musst du sieben Variablen deklarieren und mit den entsprechenden Pin-Werten initialisieren. Das würde dann vielleicht wie folgt aussehen:

```
int ledPin1 = 7;
int ledPin2 = 8;
int ledPin3 = 9;
```

etc.

Anschließend muss jeder einzelne Pin in der *setup*-Funktion mit *pinMode* als Ausgang programmiert werden, was ebenfalls eine mühsame Tipparbeit darstellt:

```
pinMode(ledPin1, OUTPUT);
pinMode(ledPin1, OUTPUT);
pinMode(ledPin1, OUTPUT);
```

etc.

Aber die Rettung naht. Ich möchte dir einen interessanten Variablen-Typ vorstellen, der in der Lage ist, mehrere Werte des gleichen Datentyps unter einem Namen zu speichern.

Puahh! Jetzt machst du dich aber lustig über mich. Wie soll denn eine Variable unter Verwendung *eines einzigen* Namens mehrere Werte speichern und wie soll ich die einzelnen Werte denn speichern oder abrufen?

Projekt 5: Ein Lauflicht

Geduld, denn auch das ist möglich. Diese spezielle Form der Variablen nennt sich *Array*. Der Zugriff darauf erfolgt natürlich nicht *nur* über den eindeutigen Namen, sondern eine solche Variable besitzt zudem noch einen *Index*. Dieser Index ist eine *Ganzzahl*, die hochgezählt wird. Auf diese Weise werden die einzelnen *Elemente* des Arrays, so werden nämlich die gespeicherten Werte genannt, aufgerufen bzw. geändert. Du wirst das im nun folgenden Sketch-Code sehen.

Benötigte Bauteile

Für dieses Beispiel benötigen wir die folgenden Bauteile:

Benötigte Bauteile	
	7 x rote LED
	7 x Widerstand *330*
	Mehrere flexible Steckbrücken in unterschiedlichen Farben und Längen

Sketch-Code

Hier der Sketch-Code zur Ansteuerung des Lauflichtes mit sieben LEDs:

```
int ledPin[] = {7, 8, 9, 10, 11, 12, 13}; // LED-Array mit Pin-Werten
int wartezeit = 200; // Pause zwischen den Wechseln im ms
void setup()
{
  for(int i = 0; i < 7; i++)
    pinMode(ledPin[i], OUTPUT); // Alle Pins des Arrays als Ausgang
}

void loop()
{
  for(int i = 0; i < 7; i++)
  {
    digitalWrite(ledPin[i], HIGH); // Array-Element auf HIGH-Pegel
    delay(wartezeit);
    digitalWrite(ledPin[i], LOW);  // Array-Element auf LOW-Pegel
  }
}
```

Ein Lauflicht

Code-Review

Für unser Experiment benötigen wir programmtechnisch gesehen die folgenden Variablen:

Tabelle 5-1 ▶
Benötigte Variablen und deren Aufgabe

Variable	Aufgabe
ledPin	Die Array-Variable zur Aufnahme der einzelnen Pins, an denen die LEDs angeschlossen werden.
wartezeit	Enthält die Zeit in *ms*, die zwischen dem LED-Wechsel gewartet werden soll.

Im Lauflicht-Sketch begegnest du zum ersten Mal einem *Array* und einer *Schleife*. Die *Schleife* wird benötigt, um komfortabel die einzelnen Array-Elemente über die darin enthaltenen Pin-Nummern anzusprechen. Es werden so zum einen alle Pins als Ausgänge programmiert und zum anderen die digitalen Ausgänge ausgelesen. Ich hatte erwähnt, dass jedes einzelne Element über einen *Index* angesprochen wird, und da die Schleife, die wir hier nutzen, einen bestimmten Wertebereich automatisch anfährt, ist dieses Konstrukt wie für uns geschaffen. Beginnen sollten wir mit der Array-Variablen. Die *Deklaration* ähnelt der bei einer ganz normalen Variablen, wobei aber zusätzlich das eckige Klammerpaar hinter dem Namen erforderlich ist:

Abbildung 5-2 ▶
Array-Deklaration

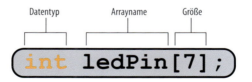

- Der Datentyp legt fest, welchen Typ die einzelnen Array-Elemente haben sollen.
- Der Array-Name ist ein eindeutiger Name für den Zugriff auf die Variable.
- Das Kennzeichen für das Array sind die eckigen Klammern mit der Größenangabe, wie viele Elemente das Array aufnehmen soll.

Du kannst dir ein Array wie einen Schrank mit mehreren Schubladen vorstellen. Jede einzelne Schublade hat ein Schildchen mit einer fortlaufenden Nummer auf der Außenseite. Wenn ich dir daher z.B. die Anweisung gebe, doch bitte die Schublade mit der Nummer *3* zu öffnen, um zu sehen, was darinnen ist, dann ist das wohl ziemlich eindeutig, oder? Ähnlich verhält es sich bei einem Array.

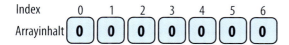

Bei diesem Array wurden nach der Deklaration alle Elemente implizit mit dem Wert *0* initialisiert. Die Initialisierung kann jedoch explizit auf zwei unterschiedliche Weisen erfolgen. Wir haben den komfortablen Weg gewählt und die Werte, mit denen das Array versehen werden soll, in geschweiften Klammern hinter der Deklaration, durch Komma separiert, aufgelistet:

```
int ledPin[] = {7, 8, 9, 10, 11, 12, 13};
```

Basierend auf dieser Befehlszeile sieht der Array-Inhalt wie folgt aus:

> Haben wir nicht eine entscheidende Sache vergessen? Bei der Deklaration des Arrays ist die eckige Klammer leer. Dort sollte doch die Größe des Arrays angegeben sein.

Korrekt erkannt, aber in diesem Fall *weiß* der Compiler anhand der mitgelieferten Informationen bei der Initialisierung, die ja in derselben Zeile erfolgt, um wie viele Elemente es sich handelt. Aus diesem Grund kannst du sie weglassen. Die etwas aufwändigere Art der Initialisierung besteht darin, die einzelnen Werte jedem Array-Element explizit zuzuweisen:

```
int ledPin[7]; // Deklaration des Arrays mit 7 Elementen
void setup()
{
  ledPin[0] = 7;
  ledPin[1] = 8;
  ledPin[2] = 9;
  ledPin[3] = 10;
  ledPin[4] = 11;
  ledPin[5] = 12;
  ledPin[6] = 13;
  // ...
}
```

Achtung

Das erste Array-Element hat immer den Index mit der Nummer *0*. Deklarierst du z.B. ein Array mit *10* Elementen, dann ist der höchste zulässige Index der mit der Nummer *9*, also immer eins weniger, als die Anzahl der Elemente. Hältst du dich nicht an diese Tatsache, dann provozierst du möglicherweise einen *Laufzeitfehler*, denn der Compiler, der hinter der Entwicklungsumgebung steckt, bemerkt das weder zur Entwicklungszeit noch später zur Laufzeit, und deshalb solltest du doppelte Sorgfalt walten lassen.

Kommen wir jetzt zur Schleife und schauen uns die Syntax ein wenig genauer an.

Abbildung 5-3 ▶
Die »for«-Schleife

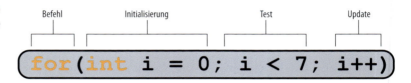

Die Schleife wird mit dem Schlüsselwort *for* eingeleitet und wird deswegen auch *for*-Schleife genannt. Ihr werden, in runden Klammern eingeschlossen, bestimmte Informationen geliefert, die Auskunft über folgende Eckpunkte geben:

- Mit welchem Wert soll die Schleife beim Zählen beginnen? (*Initialisierung*)
- Wie weit soll gezählt werden? (*Test*)
- Um welchen Betrag soll der ursprüngliche Wert verändert werden? (*Update*)

Die drei Informationseinheiten legen das Verhalten der *for*-Schleife fest und bestimmen ihr Verhalten beim Aufruf.

⏩ **Das könnte wichtig für dich sein**

Eine *for*-Schleife kommt meistens dann zum Einsatz, wenn von vornherein bekannt ist, wie oft bestimmte Anweisungen ausgeführt werden sollen. Diese Eckdaten werden im sogenannten *Schleifenkopf*, der von runden Klammern umschlossen ist, definiert.

Aber werden wir etwas konkreter. Die Codezeile

```
for(int i = 0; i < 7; i++)
```

deklariert und initialisiert eine Variable *i* vom Datentyp *int* mit dem Wert *0*. Die Angabe des Datentyps *innerhalb* der Schleife besagt, dass es sich um eine *lokale Variable* handelt, die nur solange existiert, wie die *for*-Schleife *iteriert*, also ihren Durchlauf hat. Beim Verlassen der Schleife wird die Variable *i* aus dem Speicher entfernt. Die genaue Bezeichnung für eine Variable innerhalb einer Schleife lautet *Laufvariable*. Sie durchläuft solange einen Bereich, wie die Bedingung *(i < 7)* erfüllt ist, die hier mit *Test* bezeichnet wurde. Anschließend erfolgt ein *Update* der Variablen durch den *Update*-Ausdruck. Der Ausdruck *i++* erhöht die Variable *i* um den Wert *1*.

> Du hast den Ausdruck *i++* verwendet. Kannst du mir bitte erklären, was das genau bedeutet? Er soll den Wert um *1* erhöhen, doch die Schreibweise ist irgendwie komisch.

Bei den beiden hintereinander angeführten Pluszeichen ++ handelt es sich um einen *Operator*, der den Inhalt des Operanden, also der Variablen, um den Wert *1* erhöht. Programmierer sind von Hause aus faule Zeitgenossen und versuchen alles, was eingetippt werden muss, irgendwie kürzer zu formulieren. Wenn man bedenkt, wie viele Codezeilen ein Programmierer in seinem Leben so eingeben muss, dann kommt es schon auf jeden Tastendruck an. In Summe könnte es sich um Monate oder Jahre an Lebenszeit handeln, die sich durch kürzere Schreibweisen einsparen lassen und für wichtigere Dinge, wie noch mehr Code, genutzt werden könnten. Jedenfalls sind die beiden folgenden Ausdrücke in ihren Auswirkungen vollkommen identisch:

i++; und *i = i + 1;*

Es wurden *2* Zeichen weniger verwendet, was eine Einsparung von immerhin *40%* ausmacht. Doch weiter im Text. Die Laufvariable *i* wird dann als Indexvariable im Array eingesetzt und fährt somit die einzelnen Array-Elemente nacheinander an.

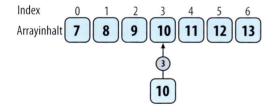

Bei diesem *Snapshot* eines Schleifendurchlaufs hat die Variable *i* den Wert *3* und spricht somit das *4*. Element an, welches wiederum den Inhalt *10* besitzt. Das bedeutet, dass mit den zwei Zeilen

```
for(int i = 0; i < 7; i++)
  pinMode(ledPin[i], OUTPUT);
```

Ein Lauflicht

innerhalb der *setup*-Funktion alle im Array *ledPin* hinterlegten Pins als Ausgänge programmiert werden. Folgendes ist noch sehr wichtig zu erwähnen: Wenn keine Blockbildung mit einer *for*-Schleife mittels geschweifter Klammern stattfindet, wie wir es jedoch gleich in der *loop*-Funktion sehen werden, wird nur *die* Zeile, die der *for*-Schleife unmittelbar folgt, von dieser berücksichtigt. Der Code der *loop*-Funktion beinhaltet lediglich eine *for*-Schleife, die durch ihre Blockstruktur jetzt aber mehrere Befehle anspricht:

```
for(int i = 0; i < 7; i++)
{
  digitalWrite(ledPin[i], HIGH); // Array-Element auf HIGH-Pegel
  delay(wartezeit);
  digitalWrite(ledPin[i], LOW);  // Array-Element auf LOW-Pegel
}
```

Ich möchte dir an einem kurzen Sketch zeigen, wie die Laufvariable *i* heraufgezählt (inkrementiert) wird:

```
void setup(){
  Serial.begin(9600);   // Serielle Schnittstelle konfigurieren
  for(int i = 0; i < 7; i++)
    Serial.println(i); // Ausgabe an die serielle Schnittstelle
}

void loop(){/* leer */}
```

Da unser Arduino ja von Hause aus kein Ausgabefenster besitzt, müssen wir uns etwas anderes einfallen lassen. Die serielle Schnittstelle, an der er quasi angeschlossen ist, können wir dazu nutzen, Daten zu versenden. Die Entwicklungsumgebung verfügt über einen *Serial-Monitor*, der diese Daten bequem empfangen und darstellen kann. Du kannst ihn sogar dazu verwenden, Daten an das Arduino-Board zu schicken, die anschließend dort verarbeitet werden können. Doch dazu später mehr. Der hier gezeigte Code initialisiert über den Befehl

```
Serial.begin(9600);
```

die serielle Schnittstelle mit einer Übertragungsrate von *9600 Baud*. Die Zeile

```
Serial.println(i);
```

sendet dann mittels der *println*-Funktion den Wert der Variablen *i* an die Schnittstelle. Du musst jetzt lediglich den *Serial-Monitor* öffnen und dir werden die Werte angezeigt:

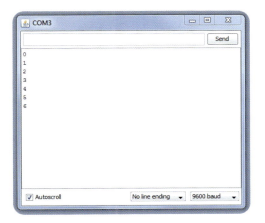

◀ **Abbildung 5-4**
Die Ausgabe der Werte im Serial-Monitor

Du siehst hier, wie die Werte der Laufvariablen *i* von *0* bis *6* ausgegeben werden, die wir in unserem eigentlichen Sketch zur Auswahl der Array-Elemente benötigen. Ich habe den Code innerhalb der *setup*-Funktion platziert, damit die *for*-Schleife nur einmalig ausgeführt wird und die Anzeige nicht ständig durchläuft. Die folgende Abbildung zeigt dir die einzelnen Durchläufe der *for*-Schleife etwas genauer.

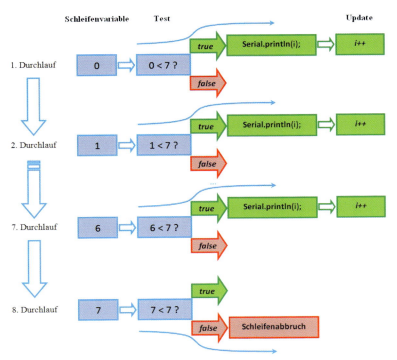

◀ **Abbildung 5-5**
Verhalten der »for«-Schleife

Ein Lauflicht

> Halt halt! Der Code zur Programmierung der seriellen Schnittstelle kommt mir vollkommen spanisch vor. Da steht *Serial* und *begin* bzw. *println* und dazwischen ein Punkt. Was hat es damit auf sich?

Du bist ganz schön wissbegierig und das gefällt mir! Also gut. Ich muss an dieser Stelle eine Anleihe aus der *objektorientierten Programmierung* machen, denn diese benötige ich hier, um dir die Syntax zu erläutern. Wir werden später noch genauer auf diese Art der Programmierung eingehen, denn *C++* ist eine *objektorientierte Sprache*, auch kurz *OOP* genannt. Diese Sprache orientiert sich an der Wirklichkeit, die aus realen Objekten wie z.B. Tisch, Lampe, Computer, Müsliriegel, etc. besteht. So haben die Entwickler auch ein programmtechnisches Objekt geschaffen, das die serielle Schnittstelle repräsentiert. Dieses Objekt haben sie *Serial* genannt und es findet seinen Einsatz innerhalb eines Sketches. Jetzt hat aber jedes Objekt zum einen bestimmte *Eigenschaften* wie z.B. Farbe, oder Größe und zum anderen ein oder mehrere *Verhalten*, die festlegen, was man mit diesem Objekt so alles anstellen kann. Bei einer Lampe wäre das Verhalten z.B. Lampe ein- oder ausschalten. Doch zurück zu unserem *Serial*-Objekt. Das Verhalten dieses Objektes wird durch zahlreiche *Funktionen* gesteuert, die in der OOP *Methoden* genannt werden. Zwei dieser Methoden hast du jetzt schon kennengelernt. Die Methode *begin* initialisiert das *Serial*-Objekt mit der angeforderten Übertragungsrate und die Methode *println* (*print line* bedeutet soviel wie: Drucke und mache einen Zeilenvorschub) gibt etwas auf der seriellen Schnittstelle aus. Das Bindeglied zwischen *Objekt* und *Methode* ist der *Punktoperator* (.), der beide verbindet. Wenn ich also bei *setup* und *loop* von Funktionen spreche, ist das nur die halbe Wahrheit, denn wenn man es genau nimmt, sind es *Methoden*.

▶▶ Das könnte für dich wichtig sein

Du hast jetzt erfahren, wie etwas an die serielle Schnittstelle geschickt werden kann. Du kannst dir diesen Umstand zunutze machen, wenn du einen oder mehrere Fehler in einem Sketch finden möchtest. Funktioniert der Sketch nicht so, wie du dir das vorstellst, dann positioniere an unterschiedlichen Stellen im Code, die dir wichtig erscheinen, Ausgabe-Befehle in Form von *Serial.println(...);* und lasse dir bestimmte Variableninhalte oder auch Texte ausgeben. Auf diese Weise erfährst du, was dein Sketch so treibt und warum er möglicherweise nicht korrekt abläuft. Du musst lediglich lernen, die ausgegebenen Daten zu interpretieren. Das ist manchmal jedoch nicht so einfach und es gehört ein wenig Übung dazu.

Der Schaltplan

Der Schaltplan zeigt uns die einzelnen LEDs mit ihren *330 Ohm*-Vorwiderständen.

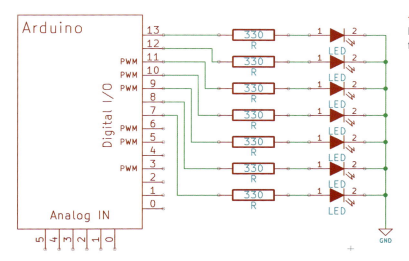

◀ Abbildung 5-6
Das Arduino-Board steuert 7 LEDs für ein Lauflicht an.

Schaltungsaufbau

Dein Breadboard hat nun Zuwachs an elektronischen Komponenten in Form von Widerständen und Leuchtdioden bekommen.

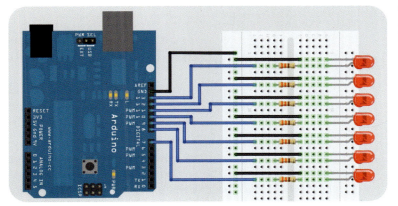

◀ Abbildung 5-7
Aufbau der Lauflicht-Schaltung mit Fritzing

Ein Lauflicht

■ **Achtung**

Wenn du die elektronischen Bauteile so dicht nebeneinander steckst, wie das hier bei mir der Fall ist, dann musst du besonders gut hinschauen, denn es ist mir auch schon des Öfteren passiert, dass ich das Nachbarloch auf dem Breadboard erwischt hatte, was natürlich dazu führte, dass die Schaltung nur in Teilen oder überhaupt nicht funktionierte. Kritisch wird es, wenn du mit Versorgungsspannungs- und Masseleitungen direkt nebeneinander arbeitest. Es kann auch zu Problemen kommen, wenn du die flexiblen Drahtbrücken nicht ganz in ihren Löchern versenkst, so dass noch Stücke der blanken und leitenden Drähte herausragen. Durch das Bewegen der Brücken kann es dann zu Kurzschlüssen kommen, die möglicherweise alles zerstören. Also ist auch hier wieder die nötige Sorgfalt geboten.

Troubleshooting

Falls die LEDs nicht nacheinander zu leuchten beginnen, trenne das Board sicherheitshalber besser vom *USB*-Anschluss und überprüfe bitte Folgendes:

- Entsprechen deine Steckverbindungen auf dem Breadboard wirklich der Schaltung?
- Gibt es eventuell Kurzschlüsse untereinander?
- Wurden die LEDs richtig herum eingesteckt? Denke an die richtige Polung!
- Haben die Widerstände die korrekten Werte?
- Ist der Sketch-Code korrekt?

Was hast du gelernt?

- Du hast eine Sonderform einer Variablen kennengelernt, die es dir ermöglicht, mehrere Werte des gleichen Datentyps aufzunehmen. Sie wird *Array-Variable* genannt. Ihre einzelnen Elemente werden über einen *Index* angesprochen.
- Die *for*-Schleife ermöglicht Dir, eine oder mehrere Codezeilen mehrfach auszuführen. Die Steuerung erfolgt über eine sogenannte *Laufvariable*, die innerhalb der Schleife arbeitet und mit einem bestimmten Startwert initialisiert wird. Über eine Bedingung hast du festlegt, wie lange die Schleife durchlaufen werden soll. Damit hast du die Kontrolle darüber, welchen Wertebereich die Variable verarbeitet.

- Durch eine *Blockbildung* mittels des geschweiften Klammernpaares kannst du mehrere Befehle zu einem *Block* zusammenfassen, die dann z.B. bei einer *for*-Schleife allesamt ausgeführt werden.
- Die gerade angeführte *Laufvariable* wird dazu verwendet, den Index eines Arrays zu ändern, um damit die einzelnen Array-Elemente anzusprechen.

Workshop

Im unserem Workshop möchte ich dich dazu animieren, das Lauflicht in verschiedenen Mustern blinken zu lassen. Es gibt dabei unterschiedliche Varianten:

- Immer nur in eine Richtung mit einer LED (das kennst du bereits)
- Vor und zurück mit einer oder mehreren LEDs
- Vor und zurück zur selben Zeit (zwei LEDs die sich aufeinander zu bewegen)
- Zufallsauswahl der einzelnen LEDs

Für eine zufällige Ansteuerung einer LED benötigst du eine weitere Funktion, die du bisher noch nicht kennengelernt hast. Sie nennt sich *random*, was übersetzt so viel wie *ziellos* oder *zufällig* bedeutet. Die Syntax dieser Funktion gibt es in zwei Varianten:

1. Variante

Wenn du einen zufälligen Wert in einem Bereich von *0* bis Obergrenze generieren möchtest, verwende die nachfolgende Variante.

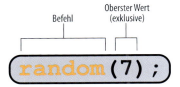

◀ **Abbildung 5-8**
Der Befehl »random« (mit einem Argument)

Wichtig ist jedoch, dass der oberste Wert, den du angibst, immer exklusive ist. In diesem Beispiel generierst du also Zufallszahlen in einem Bereich von *0* bis 6.

Ein Lauflicht

2. Variante

Wenn du einen zufälligen Wert im Bereich von Untergrenze bis Obergrenze generieren möchtest, verwende die in der folgenden Abbildung dargestellte Variante.

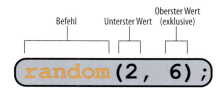

Abbildung 5-9 ▶
Der Befehl random (mit zwei Argumenten)

Dieser Befehl generiert Zufallszahlen im Bereich von 2 bis 5. Auch hier gilt wieder, dass der oberste Wert exklusive ist. Dieser Umstand kann einen schon manchmal stutzig machen, doch es ist eben in dieser Form nicht zu ändern.

Porterweiterung

Projekt 6

Scope

In diesem Experiment behandeln wir folgende Themen:

- Deklarierung und Initialisierung mehrerer Variablen
- Programmierung mehrerer Pins als Ausgang (*OUTPUT*)
- Das Schieberegister vom Typ *74HC595* mit 8 Ausgängen
- Die Ansteuerung des Schieberegisters über 3 Leitungen des Arduino-Boards
- Die Definition einer eigenen Funktion
- Der komplette Sketch
- Analyse des Schaltplans
- Aufbau der Schaltung
- Weitere Sketches
- Der Befehl *shiftOut*
- Workshop

Digitale Porterweiterung

In unserem letzten Kapitel hast Du gesehen, wie du über die Ansteuerung mehrerer LEDs ein Lauflicht programmieren kannst. Da dein Arduino-Board jedoch eine begrenzte Anzahl an digitalen Ausgängen besitzt, können dir diese wertvollen Ressourcen irgendwann abhanden kommen, wenn du dein Lauflicht mit noch weiteren LEDs versehen möchtest. Vielleicht willst du ja nicht nur digitale Ausgänge ansteuern, sondern auch ein paar Sensoren an digitalen Eingängen anschließen. Es liegt in der Natur der Sache, dass dir aus diesem Grund immer weniger digitale Pins zur Verfügung stehen. Wie kommen wir aus diesem Dilemma heraus? Es gibt da durchaus mehrere Ansätze, von denen ich dir hier einen vorstellen will. Ich möchte hierfür ein *Schieberegister verwenden*. Die Frage, die du dir jetzt bestimmt stellst ist: »Was ist ein *Schieberegister* und wie arbeitet es?« Du kommst bei diesem Experiment das erste Mal mit einem Integrierten Schaltkreis (IC=Integrated Circuit) in Berührung, der mit deinem Arduino-Board verbunden wird. Ein Schieberegister ist eine Schaltung, die über ein Taktsignal gesteuert wird und mehrere Ausgänge besitzt, die hintereinander angeordnet sind. Bei jedem Takt wird der Pegel, der am Eingang des Schieberegisters anliegt, an den nächsten Ausgang weitergereicht. So wandert diese Information durch alle vorhandenen Ausgänge.

Und Hepp!

Der integrierte Schaltkreis *74HC595*, den wir für unsere Zwecke verwenden, besitzt einen seriellen Eingang, in den wir die Daten hineinschieben, und *8* Ausgänge, die mit internen Speicherregistern versehen sind, um die Zustände zu halten. Es werden zur Versorgung lediglich *3* digitale Pins benötigt, die den Baustein mit Daten versehen, der seinerseits seine *8* Ausgänge ansteuert. Das ist schon eine enorme Einsparung, denn der Schaltkreis *74HC595* lässt sich kaskadieren, so dass eine fast unbegrenzte Erweiterung der digitalen Ausgänge möglich wird. Was bedeutet das aber genau? Schauen wir uns dazu die einzelnen Ein- bzw. Ausgänge dieses Schaltkreises genauer an. In der folgenden Abbildung siehst du die Pinbelegung des *74HC595*, und zwar in einer Ansicht von oben auf das entsprechende Gehäuse.

```
Q_B  [1]   ◯  ⌣     [16] V_CC
Q_C  [2]  74HC595   [15] Q_A
Q_D  [3]             [14] DS
Q_E  [4]             [13] OE̅
Q_F  [5]             [12] ST_CP
Q_G  [6]             [11] SH_CP
Q_H  [7]             [10] M̅R̅
GND  [8]             [9]  Q_H''
```

◀ **Abbildung 6-1**
Die Pinbelegung des Schieberegisters 74HC595

In der folgenden Tabelle sind die einzelnen Pins und ihre Bedeutung aufgelistet:

Pin	Bedeutung
V_{CC}	Versorgungsspannung *+5V*
GND	Masse *0V*
$Q_A - Q_H$	Parallele Ausgänge *1* bis *8*
Q_H''	Serieller Ausgang (Eingang für ein zweites Schieberegister)
MR	Master Reset (*LOW* aktiv)
SH_CP	Schieberegister Takteingang (Shiftregister clock input)
ST_CP	Speicherregister Takteingang (Storageregister clock input)
OE	Ausgang aktivieren (Output enable / *LOW* aktiv)
DS	Serieller Eingang (Serial data input)

◀ **Tabelle 6-1**
Bedeutung der Pins des Schieberegisters 74HC595

Die Funktionsweise des Schieberegisters kann man wie folgt beschreiben. Wenn der Takt am Schieberegister Takteingang *SH_CP* von *LOW* auf *HIGH* wechselt, wird der Pegel am seriellen Eingang *DS* gelesen, in eines der internen Shiftregister übertragen und zwischengespeichert. Das Speichern in diese Register bedeutet jedoch noch keinesfalls eine Übertragung zu den Ausgängen Q_A bis Q_H. Erst durch einen Taktimpuls am Speicherregister *ST_CP* von *LOW* auf *HIGH*, werden alle Informationen der internen Shiftregister an die Ausgänge transferiert. Das macht Sinn, denn erst wenn alle Informationen am seriellen Eingang gelesen wurden, sollen sie an den Ausgängen erkannt werden. Den Wechsel des logischen Pegels von *LOW* auf *HIGH* nennt man *Taktflankensteuerung*, weil

Digitale Porterweiterung

eine Aktion erst ausgeführt wird, wenn ein Pegelwechsel in der beschriebenen Weise stattfindet. Aber werfen wir doch mal einen Blick in das Innere des Schieberegisters und beobachten, was da so vor sich geht...

Ahh, hier sehen wir *SH_CP* bei der Arbeit. Wenn er die Fahne von *LOW* auf *HIGH* setzt, wandert der potentielle Anwärter, der sich in der *DS-Area* befindet, in das nächste Shiftregister und wartet dort auf seine weitere Reise zum Ausgang.

Abbildung 6-2 ▶
Der Kollege »SH_CP« bei der Abfertigung der seriellen Daten

Im nächsten Bild siehst du *ST_CP* bei der Arbeit, der für das Freigeben der Daten in den internen Shiftregistern an die Ausgänge verantwortlich ist.

Abbildung 6-3 ▶
Der Kollege »ST_CP« gibt die Daten der Shiftregister an die Ausgänge frei.

Wenn er die Fahne von *LOW* auf *HIGH* setzt, öffnen sich die Türen der internen Shiftregister und erst dann können die Daten den Weg zum Ausgang finden. Wir werden den bildlich beschriebenen Vorgang einmal in mehreren Sketches nachbilden, damit du die Arbeitsweise des Schieberegisters live miterleben kannst. Wir fangen ganz simpel *zu Fuß* an, und du wirst am Ende sehen, dass es für die ganzen Aktionen, die wir hier einzeln und im Detail ausführen, einen komfortablen Befehl gibt, der dir die Arbeit abnimmt und vieles erleichtert.

Benötigte Bauteile

Für dieses Beispiel benötigen wir die folgenden Bauteile:

Benötigte Bauteile	
	1 x Schieberegister *74HC595*
	8 x rote LED
	8 x Widerstand *330*
	1 x Widerstand *10K*
	1 x Taster
	Mehrere flexible Steckbrücken in unterschiedlichen Farben und Längen

Sketch-Code

Hier der Sketch-Code zur Ansteuerung des Schieberegisters *74HC595* über 3 Leitungen der digitalen Ausgänge. Die benötigten Pins am Schieberegister sind folgende:

- *SH_CP* (Schieberegister Takteingang)
- *ST_CP* (Speicherregister Takteingang)

Digitale Porterweiterung

- *DS* (Serieller Eingang für die Daten)

Die 3 Datenleitungen werden Variablen zugewiesen, die ich wie folgt genannt habe:

- *SH_CP* wird *taktPin* genannt
- *ST_CP* wird *speicherPin* genannt
- *DS* wird *datenPin* genannt

Dieser Sketch setzt den seriellen Input *DS* auf *HIGH*, der dann über Schieberegister-Takteingang *SH_CP* (Wechsel von *LOW-HIGH*) in das interne Register übernommen wird. Anschließend werden die Ausgänge über die internen Register mittels Speicherregister-Takteingang *ST_CP* programmiert und gespeichert.

```
int taktPin = 8;      // SH_CP
int speicherPin = 9;  // ST_CP
int datenPin = 10;    // DS
void setup(){
  pinMode(taktPin, OUTPUT);
  pinMode(speicherPin, OUTPUT);
  pinMode(datenPin, OUTPUT);
  resetPins(); // Alle Pins auf LOW setzen
  // DS für die spätere Übernahme durch SH_CP auf HIGH setzten
  digitalWrite(datenPin, HIGH); // DS
  delay(20); // Kurze Pause für die Verarbeitung
  // Übertragen des Pegels an DS in interne Speicherregister
  digitalWrite(taktPin, HIGH); // SH_CP
  delay(20); // Kurze Pause für die Verarbeitung
  // Übertragen der internen Speicherregister an die Ausgänge
  digitalWrite(speicherPin, HIGH); // ST_CP
  delay(20);
}

void loop(){/* leer */}

// Reset aller Pins -> LOW-Pegel
void resetPins(){
  digitalWrite(taktPin, LOW);
  digitalWrite(speicherPin, LOW);
  digitalWrite(datenPin, LOW);
}
```

Code-Review

Für unser Experiment benötigen wir programmtechnisch gesehen die folgenden Variablen:

Variable	Aufgabe
taktPin	*SH_CP* Signal
speicherPin	*ST_CP* Signal
datenPin	*DS* Signal

Tabelle 6-2
Benötigte Variablen und deren Aufgabe

Zu Beginn werden die Variablen mit den benötigten Pin-Informationen versorgt und am Anfang der *setup*-Funktion alle Pins als Ausgänge programmiert. Du kommst in diesem Kapitel das erste Mal mit einer selbst geschriebenen Funktion in Berührung. Eine *Funktion* ist ja eigentlich nichts Neues mehr für Dich, denn *setup* und *loop* fallen in eben diese Kategorie der programmtechnischen Konstrukte. Ich möchte dennoch an dieser Stelle etwas genauer auf diese Thematik eingehen, damit der Sinn und Zweck noch deutlicher wird. Eine *Funktion* kann als eine Art *Unterprogramm* betrachtet werden, das innerhalb des normal ablaufenden Sketches immer wieder aufgerufen werden kann. Sie wird über ihren *Namen* aufgerufen und kann sowohl einen Wert an den Aufrufer zurückliefern als auch mehrere Übergabewerte aufnehmen, die sie zur Berechnung bzw. Verarbeitung benötigt. Die formale Struktur einer Funktion sieht folgendermaßen aus:

```
Rückgabedatentyp Name(Parameter)
{
    // Eine oder mehrere Anweisungen
}
```

Abbildung 6-4
Grundlegender Aufbau einer Funktion

Der umrandete Bereich wird *Funktionssignatur* genannt und stellt die formale Schnittstelle zur Funktion dar. Eine Funktion ist vergleichbar mit einer *Black-Box*, die du schon kennengelernt hast. Eigentlich musst du gar nicht wissen, wie sie funktioniert. Das Einzige, wovon du Kenntnis haben musst, ist die Struktur der Schnittstelle und in welcher Form ein Wert ggf. zurückgegeben wird. Natürlich programmierst du hier die Funktion selbst und musst deswegen schon wissen, was du an Logik dort hineinpackst. Doch es gibt auch Funktionen, die du z.B. aus dem Internet beziehen kannst, sofern sie keine lizenztechnischen Einschränkungen haben, und die du in deinem Projekt nutzen kannst. Wurden sie von anderen programmiert und erfolgreich getestet, dann kann es dir egal sein, *wie* sie funktionieren. Die Hauptsache ist, *dass* sie funktionieren! Doch zurück zu unserer Funktionsdefinition. Falls sie einen Wert an den Aufrufer zurückliefert, wie das z.B. auch *digitalRead* macht, musst du in deiner Funktion den entsprechenden *Datentyp* angeben. Angenommen, du möchtest Werte zurückliefern, die allesamt Ganzzahlen sind, dann ist das der Datentyp *Integer*, der mit dem Schlüsselwort *int* gekennzeichnet wird. Wenn eine Rückgabe jedoch nicht erforderlich ist, musst du das durch das Schlüsselwort *void* (übersetzt: *leer*) kenntlich machen, das sich ja auch vor den beiden Hauptfunktionen *setup* und *loop* findet.

Ich möchte da einmal kurz unterbrechen, weil ich eine Frage habe. Du hast angeführt, dass Funktionen immer über ihren Namen aufgerufen werden. Das habe ich soweit verstanden. Doch wie ist das bei den beiden Funktionen *setup* und *loop*? Ich muss an keiner Stelle im Code festlegen, dass sie aufgerufen werden sollen, und trotzdem funktioniert es. Wie ist das möglich?

Das ist eine berechtigte Frage und dieses Verhalten wird meist nicht hinterfragt. Bei *setup* und *loop* handelt es sich um *Systemfunktionen*, die *implizit* aufgerufen werden. Du musst Dich, wie du ja schon gesehen hast, nicht extra darum kümmern.

Eine Bemerkung am Rande

Falls es dich interessiert, kannst du im Installationsverzeichnis unter *arduino-1.0-rc1\hardware\arduino\cores\arduino* nachschauen und die Datei *main.cpp* einmal mit einem Texteditor öffnen. Du bekommst Folgendes zu sehen:

```
1   #define ARDUINO_MAIN
2   #include <Arduino.h>
3
4   int main(void)
5   {
6       init();
7
8   #if defined(USBCON)
9       USB.attach();
10  #endif
11
12      setup();
13
14      for (;;) {
15          loop();
16          if (serialEventRun) serialEventRun();
17      }
18
19      return 0;
20  }
```

Die bei *C++* direkt zu Beginn beim Programmstart aufgerufene Funktion nennt sich *main*, die du auch hier siehst. Sie ist quasi der Einstiegspunkt, damit das Programm weiß, womit es beginnen soll. Die Funktion *main* enthält mehrere Funktionsaufrufe, die nacheinander abgearbeitet werden. Unter anderem kannst du die *setup*-Funktion und in einer Endlosschleife, die mit *for(;;)* definiert wird, den Aufruf der *loop*-Funktion entdecken. Jetzt erkennst du sicherlich die Abläufe bzw. Zusammenhänge, die im Hintergrund beim Start eines Sketches ablaufen, wenn es um das Aufrufen von *setup* bzw. *loop* geht.

Wenn du deiner Funktion einen oder mehrere Werte übergeben möchtest, dann werden diese innerhalb der runden Klammern hinter dem Funktionsnamen durch Kommata getrennt mit ihren entsprechenden Datentypen aufgelistet. Falls du keine Werte übergeben willst, bleibt das runde Klammernpaar einfach leer. Weglassen darfst du es nicht. Die *Signatur* haben wir jetzt soweit abgehandelt, dass nur noch der *Funktionsrumpf* übrig bleibt, der durch das geschweifte Klammernpaar gebildet wird. Alle Befehle, die sich innerhalb dieser Klammern befinden, gehören zu dieser Funktion und werden beim Funktionsaufruf sequentiell von oben nach unten abgearbeitet. Doch nun zurück zu unserem Code. Warum ist es sinnvoll, eine eigene Funktion zu schreiben? Ganz einfach! Es macht immer *dann* Sinn, wenn die gleichen Befehle *mehrmals* im Code auszuführen sind, und das ist hier der Fall. Ich muss an unterschiedlichen Stellen die Befehlsfolge

```
digitalWrite(taktPin, LOW);
digitalWrite(speicherPin, LOW);
digitalWrite(datenPin, LOW);
```

ausführen, um die Pegel an den einzelnen digitalen Pins zu resetten, d.h. mit *LOW*-Pegel zu versehen. Würde ich das ohne Funktion realisieren, dann würde der Sketch eine ganze Anzahl von Codezeilen mehr umfassen und wäre damit auch relativ unübersichtlich.

Das könnte für dich wichtig sein

Quellcode, der im Sketch mehrfach mit der gleichen Befehlssequenz vorhanden ist, nennt man *redundanten Code* oder *Coderedundanz*. Du lagerst diesen Code am besten in eine *Funktion* aus und gibst ihr einen aussagekräftigen Namen, um deren Sinn verständlich zu machen. Wenn du eine Modifikation vornehmen musst, führst du diese zentral innerhalb der Funktion durch und nicht an vielen Stellen, die irgendwo im Code verstreut sind, was sehr fehleranfällig und zeitraubend wäre.

Zu Beginn des Sketches werden durch den Funktionsaufruf

```
resetPins(); // Alle Pins auf LOW setzen
```

die Pins *8*, *9* und *10* auf *LOW*-Pegel gesetzt. Dann möchte ich das erste *HIGH*-Pegel-Signal an *DS* anlegen, was über die Zeile

```
digitalWrite(datenPin, HIGH); // DS
```

erfolgt. Anschließend warte ich *20 ms* und fahre mit der Zeile

```
digitalWrite(taktPin, HIGH); // SH_CP
```

fort, die den *HIGH*-Pegel von *DS* in das interne Speicherregister überträgt. Es muss dabei berücksichtigt werden, dass dies nur mittels einer Flankensteuerung von *LOW* nach *HIGH* erfolgen kann.

Noch erfolgt keine Transferierung in Richtung Ausgabeports. Ich warte erneut *20ms*, und erst mit der Zeile

```
digitalWrite(speicherPin, HIGH); // ST_CP
```

erfolgt die Übertragung der internen Speicherregister an die Ausgänge, was in unserem Fall bedeutet, dass die LEDs angesteuert werden. Auch hier ist ein Pegelwechsel von *LOW* zu *HIGH* erforderlich. Das ist übrigens auch der Grund, warum ich die *resetPins*-Funktion benötige, die mir später einen erneuten Pegelwechsel von *LOW* zu *HIGH* ermöglicht.

Der Schaltplan

Der Schaltplan zeigt uns die einzelnen LEDs mit ihren *330* Ohm-Vorwiderständen, die durch das Schieberegister *74HC595* angesteuert werden. Der *Master-Reset*-Eingang des Chips liegt über den *Pullup*-Widerstand an der *+5V* Betriebsspannung, so dass bei nicht gedrücktem Taster der Reset nicht ausgelöst wird, da der *MR*-Eingang *LOW*-Aktiv ist. Das erkennst du daran, dass sich über dem MR ein waagerechter Strich befindet, was eine Negation bedeutet. Der Eingang *Output-Enabled* ist ebenfalls *LOW*-Aktiv und liegt fest verdrahtet auf Masse, denn die Ausgänge sollen immer freigeschaltet sein. Die Ansteuerung des Schieberegisters erfolgt über die Arduino-Pins *8*, *9* und *10* mit den oben beschrieben Funktionen.

Hast du den Sketch gestartet, dann wird sofort die erste LED an Ausgang Q$_A$ leuchten, da du lediglich einmal eine »1« ins Schieberegister geschoben hast. Für einen *Reset* musst du sowohl den Taster der Schaltung als auch den Reset-Taster auf dem Arduino-Board betätigen.

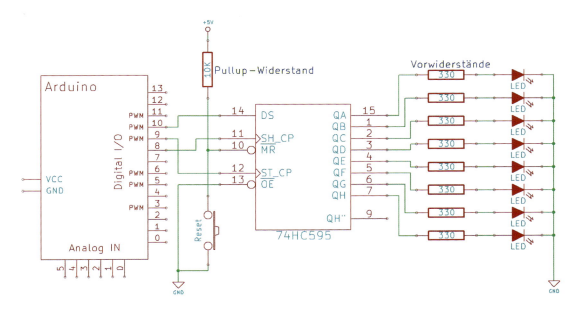

▲ **Abbildung 6-5**
Das Arduino-Board steuert über 3 Signalleitungen das Schieberegister 74HC595 an.

Schaltungsaufbau

Dein Breadboard füllt sich mehr und mehr und das macht die Sache immer interessanter, nicht wahr!?

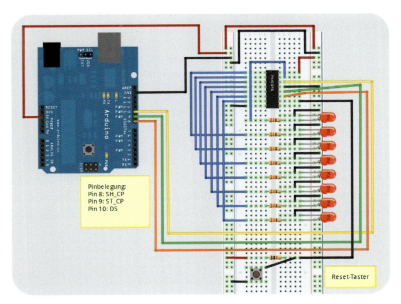

◄ **Abbildung 6-6**
Der Aufbau der Schaltung mit Fritzing

Digitale Porterweiterung

Ein erweiterter Sketch Teil 1

Jetzt wollen wir den Sketch ein wenig erweitern, so dass du mehrere Werte in den seriellen Eingang schieben kannst. Das ist immer noch eine Zwischenstufe und noch nicht die endgültige Lösung, die ich dir vorstellen möchte. Dieser Code soll in der Lage sein, eine in einem Daten-Array gespeicherte Sequenz in das Schieberegister zu übertragen. Der Schaltungsaufbau bleibt dabei unverändert.

```
int taktPin = 8;      // SH_CP
int speicherPin = 9;  // ST_CP
int datenPin = 10;    // DS
int datenArray[] = {1, 0, 1, 0, 1, 1, 0, 1};
void setup(){
  pinMode(taktPin, OUTPUT);
  pinMode(speicherPin, OUTPUT);
  pinMode(datenPin, OUTPUT);
  resetPins();            // Alle Pins auf LOW setzen
  setzePins(datenArray);  // Setze Pins über das Daten-Array
  // Übertragen der internen Speicherregister an die Ausgänge
  digitalWrite(speicherPin, HIGH); // ST_CP
}

void loop(){/* leer */}

void resetPins(){
  digitalWrite(taktPin, LOW);
  digitalWrite(speicherPin, LOW);
  digitalWrite(datenPin, LOW);
}

void setzePins(int daten[]){
  for(int i = 0; i < 8; i++){
    resetPins();
    digitalWrite(datenPin, daten[i]); delay(20);
    digitalWrite(taktPin, HIGH); delay(20);
  }
}
```

Dann wollen wir mal sehen, wie der Code so seine Arbeit verrichtet. Alles dreht sich hier um das Daten-Array, in dem das Muster hinterlegt ist, wie die einzelnen LEDs anzusteuern sind. Das ist also die Deklarations- bzw. Initialisierungszeile:

```
int datenArray[] = {1, 0, 1, 0, 1, 1, 0, 1};
```

Der Code liest die einzelnen Array-Elemente von links nach rechts aus und schiebt die Werte in das Schieberegister. Eine *1* bedeutet LED an, eine *0* LED aus.

> Einen kurzen Moment noch. Du hast für die Ansteuerung der LEDs die Werte *1* und *0* verwendet. Funktioniert das denn auch? Solltest du nicht besser mit den Konstantennamen *HIGH* und *LOW* arbeiten?

Ich habe hier die Werte *1* und *0* verwendet, weil das genau *die* Werte sind, die sich hinter den Konstanten *HIGH* bzw. *LOW* verbergen. Normalerweise bin ich ja gegen *Magic Numbers*, doch in diesem Fall dachte ich, ich könnte eine Ausnahme machen. *1* und *0* sind ja auch die logischen Werte und deswegen bereitet das keine allzu großen Verständnisprobleme – oder? Natürlich kannst du auch statt

```
int datenArray[] = {1, 0, 1, 0, 1, 1, 0, 1};
```

die folgende Zeile schreiben:

```
int datenArray[] = {HIGH, LOW, HIGH, LOW, HIGH, HIGH, LOW, HIGH};
```

Doch zurück zum Code und wie er das Array auswertet. Die Sache ist eigentlich recht simpel, denn ich habe eine weitere Funktion mit dem Namen *setztePins* hinzugefügt, die die Aufgabe übernimmt, das Schieberegister zu befüllen. Sie hat einen Übergabeparameter, der aber keine normale Variable aufnehmen kann, sondern nur ein ganzes Array. Beim Aufruf übergebe ich einfach das Daten-Array als Argument an die Funktion.

```
setzePins(datenArray);
```

Die Funktion wurde wie folgt definiert:

```
void setzePins(int daten[]){
  for(int i = 0; i < 8; i++){
    resetPins(); // Pin-Reset und Vorbereitung für Takt-Flankensteuerung
    digitalWrite(datenPin, daten[i]); delay(20);
    digitalWrite(taktPin, HIGH); delay(20);
  }
}
```

Du siehst, dass in der Signatur der Funktion mittels eines eckigen Klammerpaares ein *Array* des Datentyps *int* deklariert wurde. Beim Aufruf der Funktion wird das ursprüngliche Array *datenArray* in *daten* kopiert, mit dem dann innerhalb der Funktion gearbeitet wird. Nun wird über die *for*-Schleife – die kennst du ja jetzt schon – jedes einzelne Array-Element angefahren, über

`digitalWrite(datenPin, daten[i]);`

an den seriellen Eingang geschickt und im nächsten Schritt mit

`digitalWrite(taktPin, HIGH);`

in das erste interne Register geschoben. Das Ganze erfolgt acht Mal (*0* bis *7*), wobei die internen Register ihre Werte immer an den Nachfolger weiterreichen. Die folgenden Abbildungen veranschaulichen das hoffentlich noch ein wenig mehr.

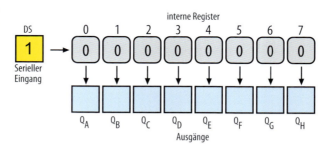

Abbildung 6-7 ▶
Schieberegister

Zu Beginn sind die internen Register noch alle leer. Am seriellen Eingang wartet jedoch schon eine *1* auf den Transport in das erste interne Register.

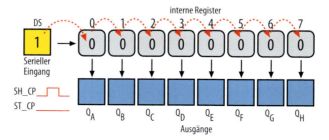

Abbildung 6-8 ▶
Schieberegister beim ersten SH_CP-Takt

Die sich am seriellen Eingang befindende *1* wird beim *SH_CP*-Takt in das erste interne Register geschoben. Die Inhalte aller Register werden um eine Position weiter nach *rechts* verschoben. Nach dieser Aktion ergeben sich folgende Zustände:

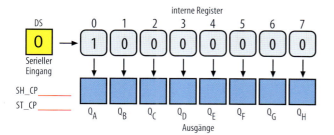

◀ Abbildung 6-9
Schieberegister-Zustände nach dem ersten SH_CP-Takt

Am Eingang befindet sich jetzt eine *0*, die ebenfalls beim nächsten *SH_CP*-Takt in das erste interne Register geschoben wird. Doch zuvor wandert der Zustand des ersten internen Registers in das zweite, das zweite in das dritte usw. Wir machen jetzt einen Zeitsprung, nach dem alle Werte des Arrays in die internen Register nach dem o.g. Schema geschoben wurden und der *ST_CP*-Takt die Register zu den Ausgängen durchgeschaltet hat.

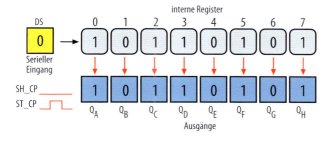

◀ Abbildung 6-10
Schieberegister-Zustände nach dem Einlesen der Array-Werte und nach dem ST_CP-Takt

Erst jetzt liegen die Werte des eingelesenen Arrays an den Ausgängen an, wobei der erste eingeschobene Wert ganz rechts und der letzte ganz links liegt.

> Wie kann ich dieses Verhalten aber umkehren? Ich möchte also nun, dass sich der erste Array-Wert ganz links und der letzte ganz rechts am Ausgang befindet, so dass die Reihenfolge quasi umgedreht wurde.

Das ist kein Problem, denn das Setzen der Pins geschieht wo? Richtig, innerhalb der *setztePins*-Funktion. Die *for*-Schleife fährt die einzelnen Pins an. Wenn du jetzt zuerst den letzten statt den ersten Wert abrufst und in das Schieberegister überträgst, wird die Reihenfolge umgekehrt. Hier der modifizierte Code der *for*-Schleife:

```
for(int i = 7; i >= 0; i--){
  // ...
}
```

Digitale Porterweiterung

Ein erweiterter Sketch Teil 2

Nun habe ich dir so viel Grundwissen über das Schieberegister *74HC595* vermittelt, dass ich dich mit einem speziellen Befehl vertraut machen möchte, der dir ein wenig Arbeit abnimmt. Dieser Befehl lautet *shiftOut* und ist wirklich einfach anzuwenden. Doch zu Beginn muss ich dir einige Informationen über die Speicherung von Werten im Computer geben, die recht wichtig sind, um die Funktionsweise eines Mikrocontrollers zu verstehen. Für meine Ausführungen ziehe ich den Datentypen *byte* heran, der ja eine Datenbreite von *8* Bits besitzt und Werte von *0* bis *255* speichern kann. In der folgenden Abbildung ist der dezimale Wert *157* als binärer Wert *10011101* dargestellt.

Abbildung 6-11 ▶
Binärkombination für den Ganzzahlwert 157

Potenzen	2^7	2^6	2^5	2^4	2^3	2^2	2^1	2^0
Wertigkeit	128	64	32	16	8	4	2	1
Bitkombination	1	0	0	1	1	1	0	1

Wenn du dir die Potenzen anschaust, wirst du sehen, dass die Basis die Zahl *2* ist. Wir Menschen rechnen aufgrund unserer *10* Finger, die wir normalerweise haben, mit der Basis *10*. Die Wertigkeiten der einzelnen Stellen einer Zahl ist also 10^0, 10^1, 10^2 usw. Für die Zahl *157* wäre das $7*10^0 + 5*10^1 + 1*10^2$, was in Summe natürlich wieder *157* ergibt. Da der Mikrocontroller jedoch nur *2* Zustände (*HIGH* und *LOW*) speichern kann, liegt dem *binären System* (von *lat*. binär = je zwei), wie es genannt wird, die Basis 2 zugrunde. Der dezimale Wert der o.g. Binärkombination errechnet sich demnach wie folgt, wobei meist mit dem niedrigsten Wert bzw. Bit angefangen wird:

$1*2^0 + 0*2^1 + 1*2^2 + 1*2^3 + 1*2^4 + 0*2^5 + 0*2^6 + 1*2^6 = 157_{10}$

▶▶ **Das könnte für dich wichtig sein**

Zur besseren Übersicht wird bei der Verwendung von Werten unterschiedlicher Zahlensysteme die Basis hinter den Wert geschrieben.

Mit einer Datenbreite von *8* Bit (auch *1 Byte* genannt) kannst du *256* unterschiedliche Werte (*0* bis *255*) darstellen. Auf Grundlage dieses Wissens können wir uns jetzt dem *shiftOut*-Befehl zuwenden. Er hat unterschiedliche Parameter, die du hier kennen lernen wirst.

◀ **Abbildung 6-12**
Der Befehl shiftOut mit seinen zahlreichen Argumenten

Die Argumente *datenPin*, *taktPin* bzw. der zu übertragene *Wert* sollten klar sein. Was aber bedeutet die Konstante *MSBFIRST*? Mit diesem Argument kannst du die Bit-Übertragungsrichtung festlegen. Bei einem Byte wird das höchstwertige Bit Most-Significant-Bit (MSB) und das niederwertigste Least-Significant-Bit (LSB) genannt. Du kannst also mit der Verwendung von

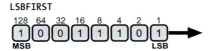

festlegen, welches Bit *zuerst* in das Schieberegister transferiert werden soll. Nachfolgend erhältst du den kompletten Code mit dem Befehl *shiftOut*. Die Schaltung muss auch hier nicht verändert werden.

```
int taktPin = 8;      // SH_CP
int speicherPin = 9;  // ST_CP
int datenPin = 10;    // DS
byte wert = 157;      // Zu übertragener Wert
void setup(){
  pinMode(taktPin, OUTPUT);
  pinMode(speicherPin, OUTPUT);
  pinMode(datenPin, OUTPUT);
}

void loop(){
  digitalWrite(speicherPin, LOW);
  shiftOut(datenPin, taktPin, MSBFIRST, wert);
  digitalWrite(speicherPin, HIGH);
  delay(20);
}
```

Das könnte für dich wichtig sein

Du kannst statt des dezimalen Wertes *157* auch direkt die Binärkombination bei der Initialisierung der Variablen angeben, so dass die Umrechnung entfällt. Schreibe einfach *B10011101*. Das Präfix *B* ist ein Kennzeichen dafür, dass es sich um eine Binärkombination handelt, mit der die Variable initialisiert werden soll.

Ich habe ein Impulsdiagramm angefertigt, das dir die Pegel der 3 Datenleitungen zur Ansteuerung des Schieberegisters im zeitlichen Ablauf zueinander zeigt.

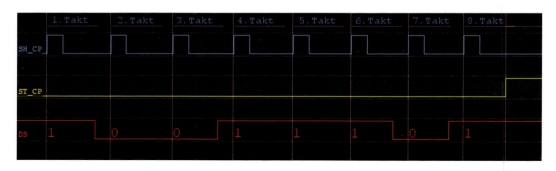

Abbildung 6-13 ▲
Impulsdiagramm für den übergebenen Wert 157 (b10011101)

Ganz oben erkennst du das Taktsignal *SH_CP* zur Übernahme der Daten am seriellen Eingang *DS*. Nach Abschluss des *8*. Taktes wird der Pegel von *ST_CP* von *LOW* auf *HIGH* gesetzt und die Daten werden aus den internen Registern an die Ausgänge übertragen. Spiele ein wenig mit unterschiedlichen Werten und Übertragungsrichtungen, um das Verständnis zu vertiefen.

⏵⏵ **Das könnte wichtig für dich sein**

Hier ein paar Begriffe für die Suchmaschine, die dir sicherlich weitere interessante Informationen liefern:

- 74HC595
- 74HC595 Datenblatt
- 74HC595 datasheet

Troubleshooting

Falls die LEDs nicht nacheinander zu leuchten beginnen, trenne das Board sicherheitshalber besser vom USB-Anschluss und überprüfe Folgendes:

- Entsprechen deine Steckverbindungen auf dem Breadboard wirklich der Schaltskizze?
- Gibt es eventuell Kurzschlüsse untereinander?
- Wurden die LEDs richtig herum eingesteckt? Stimmt die Polung?
- Haben die Widerstände die korrekten Werte?
- Hast du das Schieberegister richtig verkabelt? Kontrolliere noch einmal alle Verbindungen, die ja recht zahlreich sind.
- Ist der Sketch-Code korrekt?

Was hast du gelernt?

- Du hast das Schieberegister vom Typ *74HC595* mit seriellem Eingang und *8* Ausgängen kennengelernt.
- Im ersten Sketch erfolgte Ansteuerung der drei Datenleitungen *SH_CP*, *ST_CP* und *DS* und die Taktsignale waren taktflankengesteuert, was bedeutet, dass sie nur auf einen Pegelwechsel von *LOW zu HIGH* reagieren.
- Der Befehl *shiftOut* bietet eine einfache Möglichkeit, Bitkombinationen über Dezimal- oder auch Binärzahlen an das Schieberegister zu versenden.
- Du kannst eine Variable vom Datentyp *byte* mit einem Ganzzahlwert z.B. *157* initialisieren oder mit Hilfe der entsprechenden Bitkombination, der das Präfix *B* vorangestellt werden muss, also z.B. *B10011101*.

Workshop

In diesem Workshop möchte ich dich zu zunächst dazu anregen, alle LEDs so aufleuchten zu lassen, dass alle möglichen Bitkombinationen von *00000000* bis *11111111* angezeigt werden.

Denke dir im zweiten Schritt verschiedene Muster oder Sequenzen aus, nach denen die LEDs blinken sollen. Ich gebe dir dazu ein Beispiel:

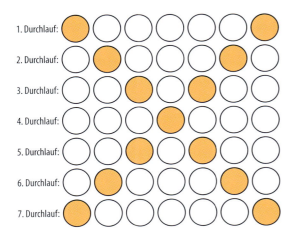

◀ **Abbildung 6-14**
LED-Sequenz für die Ansteuerung durch das Schieberegister 74HC595

Der 7. Durchlauf hat das gleiche Muster wie der *1.* und die Sequenz beginnt wieder von vorne. Es handelt sich augenscheinlich um zwei leuchtende LEDs, die sich von außen aufeinander zubewegen und wieder auseinander laufen. Du kannst diesen Ablauf sich *3x* wiederholen lassen. Im Anschluss müssen alle LEDs *5x* hintereinander für ½ Sekunde blinken, dann soll das Spiel von vorne beginnen.

Porterweiterung mal 2

Scope

In diesem Experiment behandeln wir folgende Themen:
- Deklarierung und Initialisierung mehrerer Variablen
- Programmierung mehrerer Pins als Ausgang (*OUTPUT*)
- Zwei Schieberegister vom Typ *74HC595* mit je 8 Ausgängen
- Die Ansteuerung der Schieberegister über 3 Leitungen des Arduino-Boards
- Der komplette Sketch
- Analyse des Schaltplans
- Aufbau der Schaltung
- Workshop

Digitale Porterweiterung mal 2

Das Schieberegister *74HC595* hat neben den 8 parallelen Ausgängen noch einen weiteren, der für uns bisher keine Rolle gespielt hat. Vielleicht ist er dir schon aufgefallen, doch du hattest vielleicht keinen Grund danach zu fragen. Werfen wir noch einmal einen Blick auf die Pinbelegung des ICs.

Abbildung 7-1 ▶
Die Pinbelegung des Schieberegisters 74HC595 (Ausgangspins)

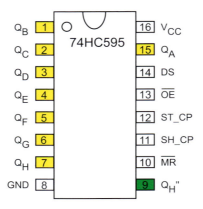

Ich habe die normalen Ausgänge Pin Q_A bis Q_H farblich *gelb* gekennzeichnet und *den*, auf den es jetzt ankommt, *grün*. Er hat die Bezeichnung $Q_H"$ und hat eine besondere Aufgabe. Es handelt sich dabei um den seriellen Ausgang für ein weiteres Schieberegister, das diesen Pin als seriellen Eingang nutzt. Du kannst diese Funktionalität dazu nutzen, mehrere Schieberegister hintereinander zu schalten, um so eine *theoretisch* unbegrenzte Anzahl von Ausgängen zu erhalten. In der folgenden Grafik können wir die Verbindung beider Bausteine sehen. Sie reicht vom seriellen Ausgang $Q_H"$ des ersten Schieberegisters bis zum seriellen Eingang *DS* des zweiten Schieberegisters.

Abbildung 7-2 ▶
Die Kaskadierung zweier Schieberegister

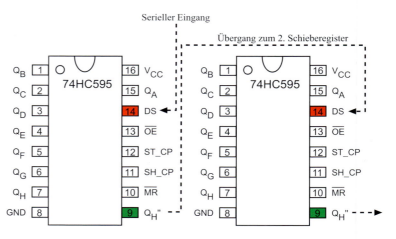

Die Anschlüsse von *ST_CP* bzw. *SH_CP* werden einfach von beiden ICs parallel zusammen geschaltet und wie bisher genutzt. *Master-*

Reset und *Output-Enabled* werden die gleichen festen Potentiale wie bei der Schaltung mit nur einem Schieberegister zugewiesen.

Benötigte Bauteile

Für dieses Beispiel benötigen wir die folgenden Bauteile:

Benötigte Bauteile	
	2 x Schieberegister *74HC595*
	16 x rote LED
	16 x Widerstand *330*
	Mehrere flexible Steckbrücken in unterschiedlichen Farben und Längen

Sketch-Code

Der Sketch-Code erfordert ein erweitertes Basiswissen bezüglich der *Bitmanipulation*, auf die wir gleich eingehen werden. Zunächst jedoch der Code:

```
int taktPin = 8;      // SH_CP
int speicherPin = 9;  // ST_CP
int datenPin = 10;    // DS
void setup(){
  pinMode(taktPin, OUTPUT);
  pinMode(speicherPin, OUTPUT);
  pinMode(datenPin, OUTPUT);
}

void loop(){
  sendeBytes(0B0110011001000101); // Zu übertragene Binärzahl =
                                  // 26181(dez)
}

// Funktion zum Übertragen der Informationen
void sendeBytes(int wert){
```

Digitale Porterweiterung mal 2

```
    digitalWrite(speicherPin, LOW);
    shiftOut(datenPin, taktPin, MSBFIRST, wert >> 8);
    shiftOut(datenPin, taktPin, MSBFIRST, wert & 255);
    digitalWrite(speicherPin, HIGH);
}
```

Code-Review

Für unser Experiment benötigen wir programmtechnisch gesehen die folgenden Variablen:

Tabelle 7-1 ▶
Benötigte Variablen und deren Aufgabe

Variable	Aufgabe
taktPin	SH_CP Signal
speicherPin	ST_CP Signal
datenPin	DS Signal

Zu Beginn werden wieder die Variablen mit den benötigten Pin-Informationen versorgt und zu Anfang der *setup*-Funktion alle Pins als Ausgänge programmiert. Doch kommen wir jetzt zum eigentlichen und wichtigen Thema der *Bitmanipulation*. Zuerst eine kurze Wiederholung dessen, was du schon gelernt hast. Die 8 Ausgänge eines einzelnen Schieberegisters repräsentieren die 8 Bits eines einzelnen *Bytes*.

Abbildung 7-3 ▶
Die 8 Ausgänge eines Schieberegister

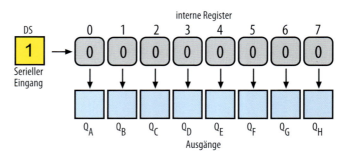

Mit diesen 8 Bits (*1 Byte*) kannst du $2^8 = 256$ verschiedene Bitkombinationen darstellen. Wenn wir also Zahlenwerte von *0* bis *255* über die *shiftOut*-Funktion an das Schieberegister schicken, erreichen wir damit alle Ausgänge (Q_A bis Q_H). Haben wir jedoch aufgrund der Kaskadierung zweier Schieberegister doppelt so viele Ausgänge, dann stehen uns statt *8* jetzt *16* Bits zur Verfügung. Das ist eine Bandbreite von $2^{16} = 65536$ Bitkombinationen. Mit den bisherigen Werten von 0 bis 255 kannst du aber nicht die zusätzlichen 8 Bits erreichen. Schau' her:

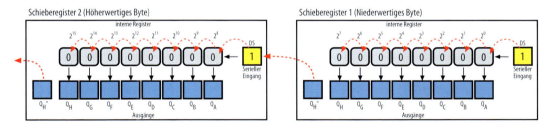

▲ **Abbildung 7-4**
Die 16 Ausgänge zweier Schieberegister

Ich habe in der Darstellung die Ausgänge ein wenig umgruppiert, denn die niederwertigste Stelle befindet sich in der Regel ganz rechts und die höchstwertige ganz links. Daher werden jetzt die Daten von rechts in das erste Schieberegister geschoben und wandern nach links bis in das zweite.

Wenn ich mir den Sketch-Code so anschaue, dann würde ich sagen, dass er ziemlich kompliziert aussieht. Ich muss doch lediglich dem *shiftOut*-Befehl den zu übertragenen Wert von *26181* als Argument übergeben und die beiden Schieberegister werden mit dem Wert initialisiert. Also ich meine das z.B. so: shiftOut(datenPin, taktPin, MSBFIRST, 26181);.

Im Ansatz ist diese Überlegung vollkommen korrekt, doch an einer Stelle hakt es. Der *shiftOut*-Befehl kann nur ein einzelnes *Byte* in Richtung Schieberegister übertragen und ist mit einem Wert > 255 überfordert. Aus diesem Grund müssen wir einen Trick anwenden. Betrachten wir die Zahl *26181* ab jetzt ausschließlich als Binärzahl, denn damit arbeitet ja der Mikrocontroller.

Digitale Porterweiterung mal 2

Abbildung 7-5 ▶
Die Dezimalzahl 26181 als
16-Bit-Binärzahl

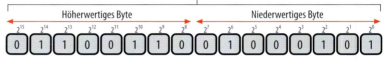

Die Übertragung muss, wie schon im Sketch zu sehen war, in zwei separaten Schritten erfolgen. Zuerst wird das *höherwertige*, anschließend das *niederwertige* Byte mit dem *shiftOut*-Befehl übertragen. Erst im Anschluss wird der Speicherpin (Signal: *ST_CP*) auf *HIGH*-Level gesetzt. Wie aber separieren wir die *2x8*-Bit-Informationen aus dem *16-Bit* Wort?

⏩ **Das könnte für dich wichtig sein**

> Der Datenverbund von *4 Bits* wird in der Programmierung *1 Nibble* genannt. Das nächsthöhere Datenpaket von *8 Bits* nennen wir *1 Byte*. Bei einer Datenbreite von *16 Bits* haben wir es mit einem *Wort* zu tun.

Wir müssen uns dazu der *bitweisen Operatoren* bedienen, die es uns ermöglichen, einzelne oder mehrere Bits einer Zahl bequem zu modifizieren bzw. anzusprechen. Ich beginne mit dem *logischen Verschieben* (engl. *Shift*). Die folgende Grafik zeigt dir das Verschieben der einzelnen Bits eines Bytes um eine Stelle nach rechts.

Abbildung 7-6 ▶
Logische Verschiebung nach rechts

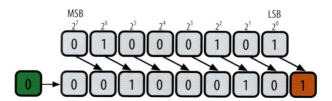

Drei wesentliche Dinge sind hierbei erwähnenswert:

- Alle Bits wandern *eine* Position weiter nach rechts.
- Auf der linken Seite wird eine *0* an die Stelle des *höchstwertigen Bits* (MSB = **M**ost **S**ignificant **B**it) eingefügt, denn die frei werdende Stelle muss auch mit einen definierten Wert versehen werden.
- Auf der rechten Seite ist kein Platz mehr für das vormals *niederwertigste Bit* (LSB = **L**east **S**ignificant **B**it). Es wird in diesem Fall nicht mehr benötigt und verschwindet im Nirwana.

Diese Operation wird mit dem *Shift*-Operator ›› durchgeführt.

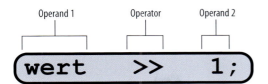

▸ **Abbildung 7-7**
Der Shift-Operator für die logische Verschiebung nach rechts

Die beiden Pfeile weisen nach rechts, was bedeutet, dass alle Bits in diese Richtung verschoben werden. Operand 2 gibt dabei vor, um wie viele Stellen Operand *1* nach rechts verschoben werden soll. Hier ein Beispiel:

```
byte wert = 0b01000101; // Dezimalzahl 69
void setup(){
  Serial.begin(9600);
  Serial.println(wert >> 1, BIN);
}

void loop(){/* leer */}
```

Die Ausgabe im *Serial Monitor* lautet *100010*. Lass' dich nicht verunsichern, denn führende Nullen werden nicht mit ausgegeben. Du siehst übrigens, dass bei der *println*-Funktion über einen zusätzlichen Parameter gesteuert werden kann, in welchem Format der Wert auszugeben ist. **BIN** bedeutet *Binär* und deshalb wird dir der Wert nicht in *dezimaler*, sondern in *binärer* Form angezeigt. Schau' in der Referenz nach, um dich über weitere Optionen zu informieren. Der Wert *1* hinter dem Verschiebeoperator gibt an, um wie viele Stellen verschoben werden soll.

> Ist es eigentlich auch möglich, Dezimalzahlen mit bitweisen Operatoren zu manipulieren?

Eine berechtigte Frage, *Ardus*! Da der Mikrocontroller – wie du jetzt ja schon weißt – nur mit *Einsen* und *Nullen* umgehen kann, behandelt er Dezimalzahlen schon von Hause aus wie Binärzahlen. Die Antwort lautet eindeutig: Ja! Doch kommen wir jetzt zum eigentlichen Thema zurück. Wir müssen aus der *16-Bit* Zahl das höchstwertige Byte extrahieren und als *8-Bit* Wert darstellen. Kannst du dir vorstellen, wie das funktionieren soll? Du musst lediglich die *16* Bits um *8* Stellen nach rechts verschieben. Danach befinden sich die 8 Bits des *höchstwertigen* Bytes an der Stelle des *niederwertigen* Bytes. Das wird mit der Codezeile

```
shiftOut(datenPin, taktPin, MSBFIRST, wert >> 8);
```

Digitale Porterweiterung mal 2

erreicht. Alle Bits des vormals niederwertigen Bytes gehen dabei verloren. Wir verändern jedoch *nicht* den eigentlichen Ursprungswert der Variablen *wert*, so dass die vermeintlich verloren geglaubten Bits immer noch für die nächste Operation zur Verfügung stehen.

Abbildung 7-8 ▶
Logische Verschiebung 8 Stellen nach rechts

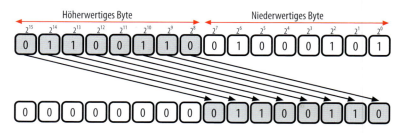

Der zweite Schritt besteht in der Extrahierung des niederwertigsten Bytes. Für diese Aktion benötigen wir den bitweisen Operator *AND*, der durch das *Kaufmanns-Und (&)* repräsentiert wird. Um nur bestimmte Bits zu berücksichtigen, wird eine Art *Schablone* oder *Maske* über den ursprünglichen Wert gelegt. Wir verwenden dazu folgende Codezeile:

```
shiftOut(datenPin, taktPin, MSBFIRST, wert & 255);
```

Der dezimale Wert *255* ist gleichbedeutend mit der Binärzahl *11111111*, die als *Maske* dient. Schau' dir die folgende Wahrheitstabelle an, die die logischen Zustände von *A* bzw. *B* und deren Verknüpfungsergebnis angibt.

Tabelle 7-2 ▶
Wahrheitstabelle für die bitweise Und-Verknüpfung

A	B	A&B
0	0	0
0	1	0
1	0	0
1	1	1

Das Ergebnis ist nur dann *1*, wenn *beide* Operanden den Wert *1* besitzen.

Abbildung 7-9 ▶
Der Wert 255 dient als Maske für die Filterung der unteren 8 Bits.

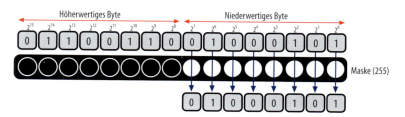

Das *höherwertige Byte* wird bei dieser Operation nicht berücksichtigt, denn die Informationen werden durch die in der Grafik symbolisch dargestellte Lochmaske geblockt.

Das könnte für dich wichtig sein

Die beiden von mir vorgestellten bitweisen Operatoren sind nicht alle, die in diese Kategorie fallen. Im Laufe dieses Buches wirst du noch weitere Operatoren kennenlernen, und in der Codereferenz am Ende des Buches findest du noch einmal eine Zusammenfassung.

Der Schaltplan

Der Schaltplan zeigt uns die 16 LEDs mit ihren 330 Ohm-Vorwiderständen, die durch die beiden Schieberegister 74HC595 angesteuert werden.

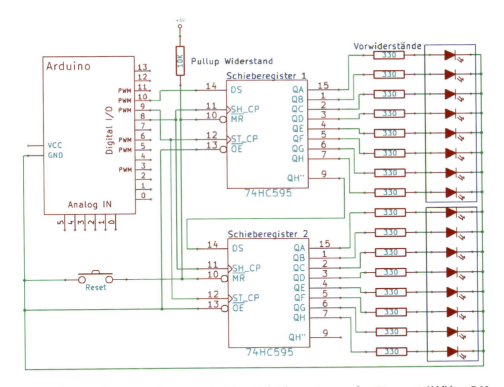

Wir sehen außerdem, dass von beiden Schieberegistern die Pins *SH_CP* und *ST_CP* parallel angesteuert werden und *Master-Reset* und *Output-Enabled* die gleichen festen Potentiale zugewiesen wur-

▲ **Abbildung 7-10**
Das Arduino-Board steuert über 3 Signalleitungen die beiden 74HC595-Schieberegister an.

Digitale Porterweiterung mal 2

den. Der serielle Ausgang Q_H" des ersten Registers ist mit dem seriellen Eingang *DS* des zweiten Registers verbunden.

Schaltungsaufbau

Die Schaltung habe ich auf zwei getrennte Breadboards aufgeteilt, da es aus platztechnischen Gründen nicht anders möglich war. Natürlich kannst du die komplette Verdrahtung auf einem einzigen, großen Breadboard unterbringen. Dann hast du auch alle LEDs in einer Reihe angeordnet und kannst die unterschiedlichsten Muster erzeugen.

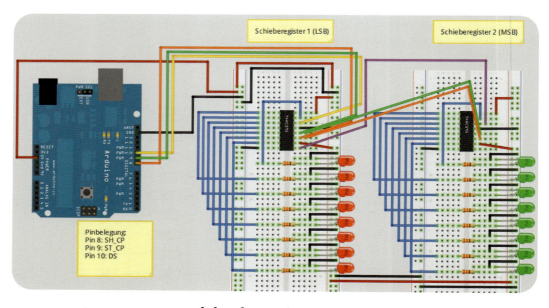

Abbildung 7-11 ▲
Der Aufbau der Schaltung mit Fritzing

Troubleshooting

Falls die LEDs nicht oder nur teilweise leuchten, trenne das Board sicherheitshalber besser vom USB-Anschluss und überprüfe bitte Folgendes:

- Entsprechen deine Steckverbindungen auf dem Breadboard wirklich der Schaltskizze?
- Gibt es eventuell Kurzschlüsse untereinander?
- Wurden die LEDs richtig herum eingesteckt? Stimmt die Polung?
- Haben die Widerstände die korrekten Werte?

- Hast du die Schieberegister richtig verkabelt? Kontrolliere noch einmal alle Verbindungen, die ja recht zahlreich sind. Wichtig sind auch die festen Potentiale von *Master-Reset* und *Output-Enabled*.
- Überprüfe noch einmal den Sketch-Code auf Korrektheit. Verbinde das Board wieder mit der USB-Schnittstelle und führe einen kompletten Funktionstest aller LEDs durch. Schalte alle an, mache eine Pause und schalte alle wieder aus. Platziere folgenden Code innerhalb der *loop*-Funktion:

```
sendeBytes(0b1111111111111111); delay(300);
sendeBytes(0b0000000000000000); delay(300);
```

Dieser Test sollte erfolgreich verlaufen, denn ansonsten hast du ein Problem mit der Verkabelung. Erfolgreiche Fehlersuche!

Was hast du gelernt?

- Du hast das Schieberegister vom Typ *74HC595* kaskadiert und so miteinander verbunden, dass du *16* digitale Ausgänge erhalten hast.
- Anhand der Bitmanipulation hast du gesehen, wie einzelne Werte modifiziert bzw. gefiltert werden können.
- Der *Shift*-Operator kann dabei die Bits sowohl nach rechts als auch nach links verschieben.
- Der logische *Und*-Operator wird zum Maskieren einzelner Bits genutzt.

Workshop

In diesem Workshop wollen wir ein wenig mit der *Bitmanipulation* spielen. Ich erwähnte ja schon, dass es noch weitere Operatoren gibt und wir wollen mal sehen, was man mit diesen so anstellen kann.

Der Shift Operator

Neben dem *Shift*-Operator ≫, der die Bits nach rechts schiebt, gibt es noch den Operator, der für das Verschieben nach links verantwortlich ist. Er wird ebenfalls durch einen Doppelfeil ≪ repräsentiert, der aber im Vergleich zum Shiftoperator in die entgegengesetzte Richtung weist. Mit diesem Wissen solltest du in der Lage sein, einen Sketch zu schreiben, bei dem z.B. eine einzelne

LED endlos vor- und zurückwandert. Ich hatte kurz das Glück, den *Shift-Left*-Operator bei seiner anspruchsvollen Aufgabe zu beobachten.

Abbildung 7-12 ▶
Der Shift-Left-Operator bei der Arbeit

Wir sehen, dass er auf der rechten Seite eine *0* einschiebt und auf der linken eine *1* herunterfällt. Es würde in diesem Fall auch kein Zurückschieben mehr nützen, denn die *1* ist vom Tisch und verloren. Ähnlich verhält es sich mit dem *Shift*-Operator »», der nach rechts schiebt.

Der NOT-Operator

Kommen wir jetzt zu einem Operator, der sich auf alle Bits gleichermaßen auswirkt. Es handelt sich dabei um den bitweisen *NOT*-Operator. Er invertiert alle Bits. Aus *0* wird *1* und aus *1* eine *0*.

Tabelle 7-3 ▶
Wahrheitstabelle für bitweise NOT-Verknüpfung

A	~A
0	1
1	0

In der folgenden Abbildung habe ich das *16-Bit*-Wort mit dem *NOT*-Operator verknüpft. Du siehst, dass jedes einzelne Bit *getoggelt* wird.

Abbildung 7-13 ▶
Anwendung des NOT-Operators auf ein 16-Bit-Wort

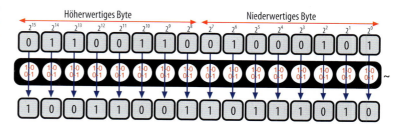

Du kannst z.B. den Test-Sketch von eben ein wenig umschreiben, damit alle LEDs blinken. Um das Ganze ein wenig flexibler handhaben zu können, habe ich das Bitmuster in die globale Variable *bitMuster* ausgelagert:

```
//...
int bitMuster; // globale Bitmuster-Variable
void setup(){
  //...
  bitMuster = 0b1111111111111111; // Initialisierung der Bitmuster-
                                  // Variable
}

void loop(){
  sendeBytes(bitMuster);   // Senden des Bitmusters an die Schieberegister
  bitMuster = ~bitMuster;  // bitweises NOT
  delay(300);              // 300ms Pause
}
```

In der *loop*-Funktion wird das Bitmuster angezeigt, im nächsten Schritt invertiert und dann eine kleine Pause eingelegt, um den Wechsel für das Auge sichtbar zu machen. Experimentiere ein wenig mit den Bitmustern. Du kannst interessante Effekte erzielen. Hier ein paar Beispiele:

```
bitMuster = 0b1010101010101010;
bitMuster = 0b1111111100000000;
bitMuster = 0b1100110011001100;
bitMuster = 0b1111000000001111;
```

Natürlich kannst du auch mehrere unterschiedliche Bitmuster hintereinander anzuzeigen. Der Möglichkeiten sind hier keine Grenzen gesetzt.

Der UND-Operator

Den *UND*-Operator hatten wir schon eben erwähnt. Er wird meistens dazu genutzt, mit einer Maske bestimmte Bits herauszufiltern oder zu ermitteln, ob ein bestimmtes Bit in einem Wert gesetzt ist. Letzteres wollen wir uns jetzt einmal genauer anschauen. Nehmen wir einmal an, ich möchte aus irgendeinem Grund wissen, ob das Bit an der Stelle 2^6 gesetzt ist.

Abbildung 7-14 ▶
Überprüfung, ob ein Bit gesetzt ist

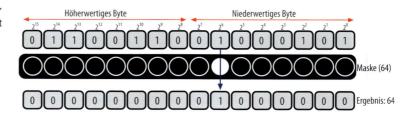

Wir erstellen dafür eine Maske, die nur an der interessanten Stelle die Information des zu überprüfenden Wertes durchlässt. In unserem Fall ist das die Stelle 2^6 mit dem dezimalen Wert 64. Die Überprüfung sieht dann folgendermaßen aus:

```
int wert, maske;
void setup(){
  Serial.begin(9600);
  wert =  0b0110011001000101; // Zu überprüfender Wert
  maske = 0b0000000001000000; // Bitmaske
  if((wert & maske) == maske)
    Serial.println("Bit ist gesetzt.");
  else
    Serial.println("Bit ist nicht gesetzt.");
}

void loop(){/*leer*/}
```

Wenn das Ergebnis des Vergleichs mit dem des Maskenwertes übereinstimmt, ist das zu überprüfende Bit gesetzt, andernfalls nicht. Die Ausgabe im *Serial-Monitor* zeigt in unserem Beispiel, dass das Bit gesetzt ist.

Der ODER-Operator

Möchtest du ein einzelnes oder auch mehrere Bits an unterschiedlichen Stellen setzten, dann ist der *ODER*-Operator die erste Wahl. Ein Blick in die Wahrheitstabelle zeigt uns, dass das Ergebnis *1* ist, sobald nur einer der Operanden den Wert *1* aufweist.

Tabelle 7-4 ▶
Wahrheitstabelle für bitweise Oder-Verknüpfung

A	B	A|B
0	0	0
0	1	1
1	0	1
1	1	1

Das *ODER*-Zeichen wird durch den senkrechten (Pipe-)Strich repräsentiert. Wenn du z.B. das Bit an der Position 2^1 setzen möchtest, verwende die folgende Maske:

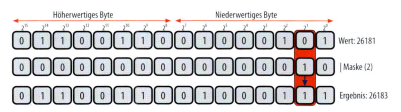

◀ **Abbildung 7-15**
Setzen eines einzelnen Bits

Die Maske hat lediglich an der Position 2^1 eine *1*, was bedeutet, dass bei einer *ODER*-Verknüpfung nur an dieser einen Stelle eine mögliche Veränderung gegenüber *1* stattfindet. Ich sage absichtlich »mögliche«, da der Bitwert an dieser Stelle vielleicht *vor* der Verknüpfung schon *1* war. Dann erfolgt natürlich keine Änderung. An *den* Stellen, an der die Maske eine *0* aufweist, ändert sich nichts.

```
int wert, maske;
void setup(){
  Serial.begin(9600);
  wert =  26181; // Ausgangswert 26181
  maske = 2;     // Bitmaske = 0000000000000010
  Serial.println(wert | maske); // Ergebnis = 26183
}

void loop(){/*leer*/}
```

Vorschau auf etwas Interessantes

Ich möchte dir an dieser Stelle gerne den Mund wässrig machen im Hinblick auf etwas sehr Interessantes. In einem gesonderten Kapitel werde ich die Möglichkeit ansprechen, Schaltungen auf eigens dafür hergestellten Platinen unterzubringen. Diese Platinen werden huckepack oben auf dein Arduino-Board gesteckt und haben den Vorteil, dass du die einzelnen Bauteile nicht mittels fliegender Verdrahtung verbinden musst. Sie werden auf die Platine gelötet und haben so eine höhere Stabilität und Kompaktheit. Ich werden dir sowohl die Verdrahtungspläne als auch die Layouts zur Verfügung stellen. Dann kannst du entweder Lochrasterplatinen verwenden oder auch Platinen direkt ätzen. Aber jetzt zeige ich dir schon einmal die Platine, die ich auf die beschriebene Weise angefertigt habe.

Abbildung 7-16 ▶
Zwei Schieberegister vom Typ 74HC595 mit LED-Bar

Das macht doch Lust auf mehr – oder? Keine lästigen Kabel, die immer mal wieder das Breadboard verlassen wollen. Keine wackligen LEDs, die nicht in der Position bleiben, in der du sie gerne hättest. Mit der hier gezeigten Konstruktion kannst du dein Werk schon mal mit zu Freunden nehmen, ohne Gefahr zu laufen, dass sich die Schaltung unterwegs verselbstständigt. Wir werden noch viele solcher Platinen herstellen und am Ende wirst du eine nette Sammlung fertiger Schaltungen aufweisen können. Wenn du ein wenig Fingerfertigkeit besitzt, ist das Ganze recht leicht umzusetzen. Alle Informationen dazu findest du auf meiner Internetseite, auf der auch die Platinenlayouts für viele selbstgemachte Huckepack-Platinen zum Download zur Verfügung stehen. Es lohnt sich also, dort mal einen Blick zu riskieren.

▶▶ Das könnte wichtig für dich sein

Hier ein paar Begriffe für die Suchmaschine, die dir sicherlich weitere interessante Informationen liefern:

- 74HC595 Schieberegister
- Kingbright RGB 2000

Die Statemachine

Projekt 8

Scope

In diesem Experiment behandeln wir folgende Themen:

- Deklarierung und Initialisierung mehrerer Variablen
- Programmierung mehrerer Pins als Ausgang (*OUTPUT*)
- Programmierung eines Ports als Eingang (*INPUT*)
- Der komplette Sketch
- Analyse des Schaltplans
- Aufbau der Schaltung
- Erweiterter Sketch (Interaktive Ampelschaltung)
- Workshop

Eine Ampelschaltung

Jetzt hast du schon so viel gelernt, dass es für die nächste Herausforderung reicht. Das Programmieren einer *Ampelschaltung* ist eine klassische Aufgabe. In diesem Zusammenhang fällt meistens der Begriff *State Machine*. Es handelt sich dabei um eine Maschine, die unterschiedliche, aber endliche Zustände annehmen kann. Dies hat ihr den englischen Namen *Finite State Machine*, auch kurz *FSM*, eingebracht, der das Verhalten dieser Maschine in der Tat recht gut beschreibt. Folgende Punkte sind Bestandteil dieses Modells, wobei ich die Sache hier sehr vereinfacht darstelle:

- Zustand
- Zustandsübergang
- Aktion

Doch dazu gleich mehr. Kommen wir zu unserer Ampel zurück, die eine Lichtanlage zur Regelung des Verkehrs ist und mit unterschiedlichen Farben arbeitet, wobei der Wechsel der Farben in Deutschland einheitlich geregelt ist. Werden wir uns aber zuerst einmal über die einzelnen möglichen Ampelphasen klar.

Abbildung 8-1 ▶
Ampelzustände mit Phasenwechsel

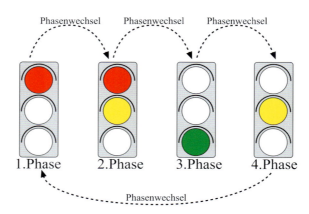

Die einzelnen Ampelphasen werden von der *1.* bis zur *4.* Phase durchlaufen. Danach wird wieder von vorne begonnen. Der Einfachheit halber beschränken wir uns auf eine Ampel für eine Fahrtrichtung. Das Beispiel regt sicherlich zum Experimentieren an und macht viel Spaß. Die Bedeutung der einzelnen Farben sollte klar sein, doch ich nenne sie zur Sicherheit noch einmal:

- Rot (keine Fahrerlaubnis)
- Gelb (Auf nächstes Signal warten)
- Grün (Fahrerlaubnis)

Jede einzelne Phase hat eine festgelegte Leuchtdauer. Der Verkehrsteilnehmer muss genug Zeit haben, die einzelne Phase wahrzunehmen und entsprechend zu reagieren. Wir werden für unser Beispiel folgende Leuchtdauern definieren, die sicherlich nicht der Realität entsprechen, denn du möchtest bestimmt nicht allzu lange auf den Phasenwechsel warten. Du kannst die Zeiten aber nach Belieben anpassen.

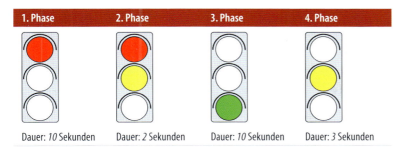

Tabelle 8-1
Phasen mit Brenndauer

Nach dem Übertragen des Sketches soll die Ampelschaltung die gerade gezeigte 4 Phasen durchlaufen und wieder von vorne beginnen. Werfen wir zuerst aber einen Blick auf die Bauteilliste.

Benötigte Bauteile

Für dieses Beispiel benötigen wir die folgenden Bauteile:

Sketch-Code

Hier der Sketch-Code zur Ansteuerung der Ampelschaltung:

```
#define DELAY1 10000 // Pause 1, 10 Sekunden
#define DELAY2 2000  // Pause 2, 2 Sekunden
#define DELAY3 3000  // Pause 3, 3 Sekunden
int ledPinRot = 7;   // Pin 7 steuert rote LED
```

```
int ledPinGelb = 6;   // Pin 6 steuert gelbe LED
int ledPinGruen = 5;  // Pin 5 steuert grüne LED
void setup(){
  pinMode(ledPinRot, OUTPUT);    // Pin als Ausgang
  pinMode(ledPinGelb, OUTPUT);   // Pin als Ausgang
  pinMode(ledPinGruen, OUTPUT);  // Pin als Ausgang
}

void loop(){
  digitalWrite(ledPinRot, HIGH);    // rote LED anschalten
  delay(DELAY1);                    // 10 Sekunden warten
  digitalWrite(ledPinGelb, HIGH);   // gelbe LED anschalten
  delay(DELAY2);                    // 2 Sekunden warten
  digitalWrite(ledPinRot, LOW);     // rote LED ausschalten
  digitalWrite(ledPinGelb, LOW);    // gelbe LED ausschalten
  digitalWrite(ledPinGruen, HIGH);  // grüne LED anschalten
  delay(DELAY1);                    // 10 Sekunden warten
  digitalWrite(ledPinGruen, LOW);   // grüne LED ausschalten
  digitalWrite(ledPinGelb, HIGH);   // gelbe LED anschalten
  delay(DELAY3);                    // 3 Sekunden warten
  digitalWrite(ledPinGelb, LOW);    // gelbe LED ausschalten
}
```

Code-Review

Für unser Experiment benötigen wir programmtechnisch gesehen die folgenden Variablen:

Tabelle 8-2 ▶
Benötigte Variablen und deren Aufgabe

Variable	Aufgabe
ledPinRot	Ansteuerung der roten LED
ledPinGelb	Ansteuerung der gelben LED
ledPinGruen	Ansteuerung der grünen LED

Da habe ich gleich zu Beginn mal wieder eine Frage. Im Sketch-Code befinden sich direkt am Anfang drei Zeilen, deren Inhalt mir vollends unbekannt ist. Was bedeutet *#define* und der nachfolgende Rest in der Zeile?

Du bist mal wieder schneller als die Polizei erlaubt. Der Befehl *#define* ist eigentlich kein richtiger Befehl, sondern eine *Präprozessordirektive*. Erinnere dich an die *#include-Präprozessordirektive*. Du erkennst sie daran, dass am Ende der Zeile *kein* Semikolon steht, welches ja normalerweise das Ende eines Befehls kennzeichnet. Wenn der Compiler mit dem Übersetzten des Quellcodes beginnt, verarbeitet ein spezieller Teil des Compilers – der *Präprozessor* – die *Präprozessor-Direktiven*, die immer mit dem Rautenzeichen # eingeleitet werden. Du lernst im Verlauf dieses Buches noch weitere solcher Direktiven kennen. Die *#define-Direktive* gestattet uns die Verwendung von *symbolischen Namen* und *Konstanten*. Die Syntax zur Verwendung dieser Direktive lautet wie folgt:

◀ **Abbildung 8-2**
Die »#define-Direktive«

Die Zeile arbeitet folgendermaßen: Überall, wo der Compiler im Sketch-Code den Bezeichner *DELAY1* findet, ersetzt er ihn durch den Wert *10000*. Du kannst die *#define-Direktive* immer dort einsetzen, wo du im Code Konstanten verwenden möchtest, um diese komfortabel an einer Stelle zu verwalten. Ich habe diese Thematik schon einmal angesprochen. Keine *Magic-Numbers*!

> Aber warum hast du denn nicht *#define* überall dort angewendet, wo die Pins definiert wurden? Das sind doch eigentlich auch Konstanten, die sich im Laufe des Sketches nicht mehr ändern.

Da hast du Recht! Das hätte ich durchaus tun können und einige Arduino-Sketche, die du im Internet findest, verwenden diese Schreibweise. Statt

```
int ledPinRot = 7;
```

kannst du auch

```
#define ledPinRot 7
```

schreiben. Der Sketch arbeitet wie vorher und es macht keinen Unterschied, ob du die erste oder die zweite Variante nutzt. Ich verwende in meinen Sketches die Variablendeklaration bzw. –initialisierung für Pins, und wenn es um Konstanten geht, nutze ich die *#define-Direktive*. Dir stehen beide Möglichkeiten zur Verfügung, doch wenn du dich für eine entscheidest, solltest du sie einheitlich verwenden und nicht heute so und morgen so vorgehen. Wir wollen aber jetzt wieder zu unserem Sketch kommen und schauen, wie er funktioniert.

Eine Ampelschaltung

Abbildung 8-3 ▶
Ansteuerung der einzelnen Amplephasen

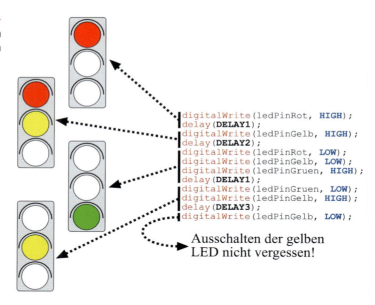

Ausschalten der gelben LED nicht vergessen!

Du musst unbedingt darauf achten, die einzelnen LEDs nicht nur einzuschalten, sondern auch bei verschiedenen Phasenwechseln wieder auszuschalten. Beim Wechsel von Phase *1* auf Phase *2* kommt zur roten LED lediglich eine gelbe hinzu. Die rote kann also getrost weiter leuchten. Doch beim Wechsel von Phase *2* auf Phase *3* musst du beachten, dass die rote bzw. gelbe LED auszuschalten ist, bevor die grüne zu Leuchten beginnt. Wenn dann von Phase *4* wieder auf Phase *1* geschaltet wird und die Phasen von vorne beginnen, muss die gelbe LED ausgeschaltet werden. Wirf' doch einmal einen Blick auf das Impulsdiagramm, dann erkennst Du, wie die LEDs in den unterschiedlichen Phasen im Wechsel leuchten.

Abbildung 8-4 ▶
Impulsdiagramm der Ampelschaltung

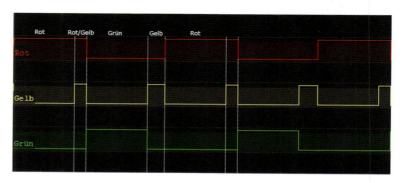

Projekt 8: Die Statemachine

Der Schaltplan

Der Schaltplan zeigt uns die drei farbigen LEDs mit ihren *330* Ohm-Vorwiderständen. An zusätzlicher Hardware ist der Aufwand jetzt etwas zurückgegangen, doch das ändert sich bald wieder.

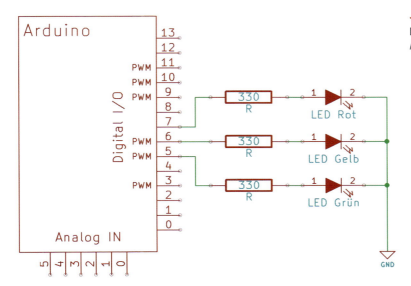

◄ **Abbildung 8-5**
Das Arduino-Board steuert unsere Ampelanlage.

Schaltungsaufbau

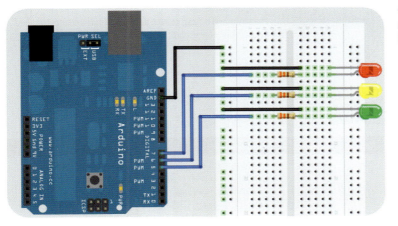

◄ **Abbildung 8-6**
Aufbau der Ampelschaltung mit Fritzing

Eine Ampelschaltung

Ein erweiterter Sketch (Interaktive Ampelschaltung)

Da dieser Sketch hinsichtlich der Programmierung und des Aufbaus relativ einfach war, wollen wir die Sache ein wenig modifizieren. Stelle dir jetzt eine Fußgängerampel vor, die auf einer geraden Landstraße installiert ist. Es macht dort wenig Sinn, die Phasen für die Autofahrer sich ständig wechseln zu lassen, wenn kein Fußgänger die Fahrbahn überqueren möchte. Wie soll die Ampelschaltung mit ihren Phasen also funktionieren? Was benötigen wir an zusätzlichem Material und wie müssen wir die Logik erweitern? Die folgenden Punkte sind hierbei zu berücksichtigen:

- Kommt *kein* Fußgänger vorbei, um die Straße zu überqueren, haben die Autofahrer immer grünes Licht. Die Fußgängerampel bleibt rot.
- Drückt ein Fußgänger den Ampelknopf, um die Straße –möglichst sicher zu überqueren, wechselt das grüne Licht der Autofahrer über Gelb zu Rot. Danach erhält der Fußgänger grünes Licht. Nach Ablauf einer fest definierten Zeit, wird dem Fußgänger wieder rotes Licht angezeigt und die Autofahrer erhalten über Rot/Gelb dann grünes Licht.

Die Ausgangssituation sieht also folgendermaßen aus:

1. Phase

Auto	Fußgänger	Erläuterungen
🟢 (grün)	🔴 (rot)	Diese beiden Lichtsignale bleiben solange bestehen, bis ein Fußgänger vorbei kommt und den Ampelknopf drückt. Erst dann werden die Phasenwechsel in Gang gesetzt, damit der Autofahrer rotes Licht und der Fußgänger grünes Licht bekommt.

Aber schauen wir uns die Sache im Detail an:

2. Phase

Auto	Fußgänger	Erläuterungen
🟡 (gelb)	🔴 (rot)	Der Phasenwechsel wurde durch den Druck auf den Ampelknopf eingeleitet. Dem Autofahrer wird das Signal *gelb* angezeigt, was bedeutet, dass *Rot* in Kürze folgt. Dauer: *3 Sekunden*

3. Phase

Auto	Fußgänger	Erläuterungen
		Autofahrer und Fußgänger haben zuerst einmal aus Sicherheitsgründen ein rotes Signal erhalten. Das gibt dem Autofahrer die Möglichkeit, den Gefahrenbereich des Zebrastreifens zu räumen. Dauer: *1* Sekunde

4. Phase

Auto	Fußgänger	Erläuterungen
		Nach einer kurzen Zeit erhält der Fußgänger das *Gehsignal*. Dauer: *10* Sekunden

5. Phase

Auto	Fußgänger	Erläuterungen
		Nach der Grünphase für den Fußgänger erhält auch dieser wieder das Stoppsignal. Dauer: *1* Sekunde

6. Phase

Auto	Fußgänger	Erläuterungen
		Dem Autofahrer wird das Rot- / Gelbsignal angezeigt, das ankündigt, dass er gleich freie Fahrt über das Grünsignal erhält. Dauer: *2* Sekunden

7. Phase

Auto	Fußgänger	Erläuterungen
		Die letzte Phase bedeutet wieder grünes Licht für die Autofahrer und ein Stoppsignal für die Fußgänger. Sie ist gleichbedeutend mit der ersten Phase. Dauer: Bis auf Knopfdruck

Eine Ampelschaltung

Für diesen erweiterten Sketch benötigst du zusätzlich die folgenden Bauteile:

Benötigte Bauteile	
	1 x rote LED
	1 x grüne LED
	2 x Widerstand 330
	1 x Widerstand 10K
	1 x Taster

Der erweiterte Code sieht dann wie folgt aus:

```
#define DELAY0 10000 // Pause 0, 10 Sekunden
#define DELAY1 1000   // Pause 1, 1 Sekunde
#define DELAY2 2000   // Pause 2, 2 Sekunden
#define DELAY3 3000   // Pause 3, 3 Sekunden
int ledPinRotAuto = 7;     // Pin 7 steuert rote LED (Autoampel)
int ledPinGelbAuto = 6;    // Pin 6 steuert gelbe LED (Autoampel)
int ledPinGruenAuto = 5;   // Pin 6 steuert grüne LED (Autoampel)
int ledPinRotFuss = 3;     // Pin 3 steuert rote LED (Fußgängerampel)
int ledPinGruenFuss = 2;   // Pin 2 steuert grüne LED (Fußgängerampel)
int tasterPinAmpel = 8;    // Ampeltaster wird an Pin 8 angeschlossen
int tasterAmpelWert = LOW; // Variable für den Status des Ampeltasters

void setup(){
  pinMode(ledPinRotAuto, OUTPUT);     // Pin als Ausgang
  pinMode(ledPinGelbAuto, OUTPUT);    // Pin als Ausgang
  pinMode(ledPinGruenAuto, OUTPUT);   // Pin als Ausgang
  pinMode(ledPinRotFuss, OUTPUT);     // Pin als Ausgang
  pinMode(ledPinGruenFuss, OUTPUT);   // Pin als Ausgang
  pinMode(tasterPinAmpel, INPUT);     // Pin als Eingang
  digitalWrite(ledPinGruenAuto, HIGH); // Anfangswerte (Autoampel grün)
  digitalWrite(ledPinRotFuss, HIGH);   // Anfangswerte (Fußgängerampel
                                       // rot)
}

void loop(){
  // Ampeltasterstatus in Variable einlesen
  tasterAmpelWert = digitalRead(tasterPinAmpel);
```

```
  // Wurde Taster gedrückt, rufe Funktion auf
  if(tasterAmpelWert == HIGH)
    ampelUmschaltung();
}

void ampelUmschaltung(){
  digitalWrite(ledPinGruenAuto, LOW);
  digitalWrite(ledPinGelbAuto, HIGH); delay(DELAY3);
  digitalWrite(ledPinGelbAuto, LOW);
  digitalWrite(ledPinRotAuto, HIGH); delay(DELAY1);
  digitalWrite(ledPinRotFuss, LOW);
  digitalWrite(ledPinGruenFuss, HIGH); delay(DELAY0);
  digitalWrite(ledPinGruenFuss, LOW);
  digitalWrite(ledPinRotFuss, HIGH); delay(DELAY1);
  digitalWrite(ledPinGelbAuto, HIGH); delay(DELAY2);
  digitalWrite(ledPinRotAuto, LOW);
  digitalWrite(ledPinGelbAuto, LOW);
  digitalWrite(ledPinGruenAuto, HIGH);
}
```

Die Anzahl der benötigten Ports ist auf 6 gestiegen, doch das bedeutet nicht, dass es jetzt sehr viel schwieriger geworden ist. Du musst lediglich mehr Sorgfalt walten lassen, wenn es um das Verkabeln bzw. die Pinzuweisung geht. Beginnen wir wieder mit den Variablen, die ganz am Anfang unseres Programms aufgeführt werden.

Für unser Experiment benötigen wir programmtechnisch gesehen die folgenden Variablen:

Variable	Aufgabe
ledPinRotAuto	Ansteuerung der roten LED (Auto)
ledPinGelbAuto	Ansteuerung der gelben LED (Auto)
ledPinGruenAuto	Ansteuerung der grünen LED (Auto)
ledPinRotFuss	Ansteuerung der roten LED (Fußgänger)
ledPinGruenFuss	Ansteuerung der grünen LED (Fußgänger)
tasterPinAmpel	Anschluss des Tasters für die Fußgängerampel
tasterAmpelWert	Nimmt den Wert des Tasterstatus auf

◀ **Tabelle 8-3**
Benötigte Variablen und deren Aufgabe

Innerhalb der *setup*-Funktion werden die einzelnen Pins als Aus- bzw. Eingänge programmiert und die Variable *tasterAmpelWert* mit dem Startwert *LOW* versehen. Weil die Ampelschaltung keine Phasenübergänge hat, wenn der Taster *nicht* gedrückt wird, muss sie einen definierten Ausgangszustand aufweisen. Aus diesem Grund werden Autoampel und Fußgängerampel mit den beiden Zeilen

```
digitalWrite(ledPinGruenAuto, HIGH);
digitalWrite(ledPinRotFuss, HIGH);
```

initialisiert. Innerhalb der *loop*-Funktion wird kontinuierlich der Taster-Status über die *digitalRead*-Funktion abgefragt und das Ergebnis der Variablen *tasterAmpelWert* zugewiesen. Die Auswertung erfolgt direkt im Anschluss über die *if*-Kontrollstruktur:

```
if(tasterAmpelWert == HIGH)
  ampelUmschaltung();
```

Bei *HIGH*-Pegel erfolgt ein Sprung zur Funktion *ampelUmschaltung*, die die Phasenübergänge einleitet.

Was passiert eigentlich, wenn ich nach dem Drücken des Tasters diesen noch mal betätige? Bringt das den Ablauf in irgendeiner Weise durcheinander?

Das ist an dieser Stelle eine berechtigte Frage. Rekapitulieren wir doch einmal den Ablauf des Sketches. Das folgende Diagramm sollte dir bei der Beantwortung deiner Frage behilflich sein.

Abbildung 8-7 ▶
Aufruf der »ampelUmschaltung«-Funktion

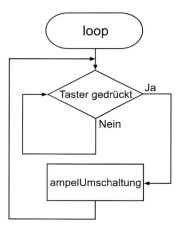

Wie du erkennen kannst, wird nach Eintritt der Verarbeitung in die *loop*-Funktion der Tasterstatus kontinuierlich abgefragt und ausgewertet. Es sind die einzige Verarbeitungsschritte innerhalb dieser Funktion. Sie hat also nichts anderes zu tun, als den Tasterstatus zu beobachten und bei einem Pegelwechsel von *LOW* nach *HIGH* in die *ampelUmschaltung*-Funktion zu verzweigen. Wenn die Funktion aufgerufen wurde, werden die einzelnen Phasenwechsel initiiert und die Phasen durch unterschiedliche Aufrufe der *delay*-

Funktion gehalten. Wir befinden uns zu diesem Zeitpunkt nicht mehr in der *loop*-Funktion, sondern haben diese kurzzeitig verlassen. Ein erneuter Tastendruck würde demnach von der Logik nicht registriert werden, da die *digitalRead*-Funktion nicht mehr kontinuierlich aufgerufen wird. Das geschieht erst nach dem Verlassen der *ampelUmschaltung*-Funktion.

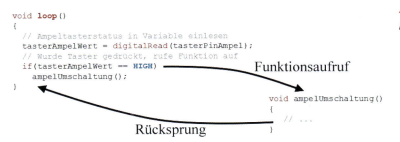

◀ **Abbildung 8-8**
Aufruf und Rücksprung

Ich denke, dass damit deine Frage ausreichend beantwortet wurde. Bevor wir zum Schaltplan kommen, möchte ich dir jetzt wieder ein Impulsdiagramm zeigen, um die einzelnen Leuchtdauern im Verhältnis zueinander darzustellen. Die stabile Ausgangssituation zeigt uns, dass die Autoampel Grün und die Fußgängerampel Rot zeigt. Jetzt kommt ein mutiger Fußgänger mit der Absicht daher, die Straße an einem vermeintlich sicheren Ort zu überqueren und drückt den Ampelknopf, wodurch die Phasenwechsel initiiert werden.

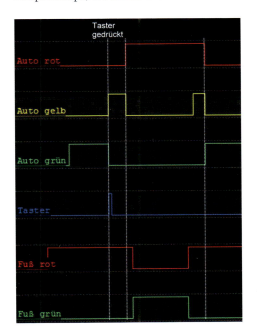

◀ **Abbildung 8-9**
Impulsdiagramm der interaktiven Ampelschaltung

Eine Ampelschaltung

Im Schaltplan zum gerade gezeigten Sketch siehst du die Erweiterungen, die du vornehmen musst, um die Schaltung ans Laufen zu bringen.

Abbildung 8-10 ▶
Die interaktive Schaltung mit Auto- und Fußgängerampel

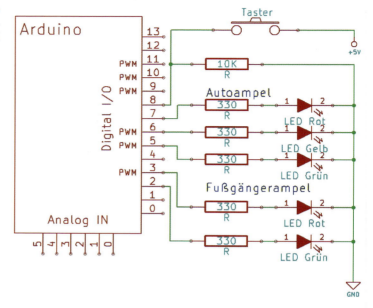

Der Aufbau auf dem Breadboard sieht dann wie folgt aus:

Abbildung 8-11 ▶
Aufbau der interaktiven Ampelschaltung mit Fritzing

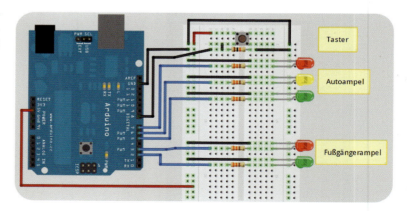

Ein nochmals erweiterter Sketch

Ich möchte den Sketch zur Ampelsteuerung nochmal ein wenig modifizieren, um deine kleinen grauen Zellen noch mehr zu beanspruchen. Was mich persönlich an der Programmierung der Ampelschaltung gestört hat, ist der Umstand, dass ich beim ersten Ausprobieren immer wieder vergessen habe, irgendeine LED beim Phasenwechsel auszuschalten, bevor dann die nächste leuchten sollte. Deshalb habe ich mir überlegt, das *An-* bzw. *Ausschalten* der LEDs einfacher zu gestalten. Leider ist dazu ein wenig Vorbereitung erforderlich, doch die könnte sich für spätere Projekte als nützlich erweisen. Zunächst muss ich dir ein wenig über *Bits* und *Bytes* erzählen. Die Schaltung bleibt dabei unverändert. Der *Computer* und auch das *Arduino-Board* speichern alle Daten auf unterster Speicherebene in Form von *Bits* und *Bytes* (8 Bits) ab. Ich habe das Thema schon ein wenig im Kapitel über die *digitale Porterweiterung* angerissen. Ich rekapituliere noch mal kurz:

Potenzen	2^7	2^6	2^5	2^4	2^3	2^2	2^1	2^0
Wertigkeit	128	64	32	16	8	4	2	1
Bitkombination	1	0	0	1	1	1	0	1

◀ **Abbildung 8-12**
Binärkombination für den Ganzzahlwert 157

Die Bitkombination *10011101* stellt einen dezimalen Wert von

$1*2^0 + 0*2^1 + 1*2^2 + 1*2^3 + 1*2^4 + 0*2^5 + 0*2^6 + 1*2^6 = 157_{10}$

dar. Wenn wir jetzt einfach festlegen, dass bestimmte Bits innerhalb dieses Bytes zur Ansteuerung der einzelnen LEDs unserer Ampelsteuerung genutzt werden, dann ist es doch möglich, alle LEDs über einen einzigen dezimalen Wert an- bzw. auszuschalten. Ich mache es noch ein wenig deutlicher:

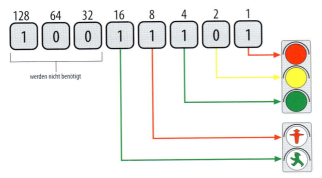

◀ **Abbildung 8-13**
Welches Bit ist für welche LED zuständig?

Du siehst, dass 5 Bits dieses Bytes zu Ansteuerung ausreichen. Aber wie machen wir das jetzt genau? Ich habe die entsprechenden Dezimalwerte, die ich aus den einzelnen Phasen ermittelt habe, einmal in einer Tabelle zusammengetragen:

Tabelle 8-4 ▶
Dezimalwerte zum Ansteuern der LEDs

	Fußgänger		Auto			
LED	Grün	Rot	Grün	Gelb	Rot	Dezimalwert
Stellenwert	$2^4 = 16$	$2^3 = 8$	$2^2 = 4$	$2^1 = 2$	$2^0 = 1$	
Phase 1	0	1	1	0	0	12
Phase 2	0	1	0	1	0	10
Phase 3	0	1	0	0	1	9
Phase 4	1	0	0	0	1	17
Phase 5	0	1	0	0	1	9
Phase 6	0	1	0	1	1	11

Jetzt müssen wir aus den entsprechenden Dezimalwerten das entsprechende Bit herausfiltern, das für die einzelne LED zuständig ist. Das ist mit dem bitweisen *UND*-Operator *&* möglich. Nachfolgend siehst du die Wertetabelle, die uns zeigt, dass das Ergebnis nur dann *1* ist, wenn *beide* Operanden den Wert *1* besitzen.

Tabelle 8-5 ▶
Bitweise Und-Verknüpfung

Operand 1	Operand 2	Und-Verknüpfung
0	0	0
0	1	0
1	0	0
1	1	1

Dazu ein Beispiel: Wir wollen überprüfen, ob in *Phase 1* unserer Ampelsteuerung die *rote LED* der Fußgängerampel leuchtet.

Tabelle 8-6 ▶
Ermitteln, ob das entsprechende Bit gesetzt ist.

	Fußgänger		Auto			
LED	Grün	Rot	Grün	Gelb	Rot	Dezimalwert
Stellenwert	$2^4 = 16$	$2^3 = 8$	$2^2 = 4$	$2^1 = 2$	$2^0 = 1$	
Phase 1	0	1	1	0	0	12
Operand	0	1	0	0	0	8
Ergebnis	0	1	0	0	0	8

Der zweite Operand mit dem dezimalen Wert *8* arbeitet als eine Art Filter. Er überprüft lediglich an der Bitposition mit dem Wert 2^8, ob dort eine *1* im ersten Operanden vorliegt. Das ist in unserem Fall gegeben und das Ergebnis ist der Wert *8*. Die folgende Tabelle zeigt uns die dezimalen Werte, mit denen die Werte aus den einzelnen

Phasen bitweise *UND*-verknüpft werden müssen, um den erforderlichen Zustand der LED zu ermitteln:

LED	Verknüpfungswert des 2. Operanden
rote LED (Auto)	1
gelbe LED (Auto)	2
grüne LED (Auto)	4
rote LED (Fußgänger)	8
grüne LED (Fußgänger)	16

◀ **Tabelle 8-7**
Werte zum Ermitteln der gesetzten bzw. nicht gesetzten Bits

Zur Überprüfung nutzen wir den *?*-Operator (*Bedingungsoperator*). Es handelt sich dabei um eine spezielle Form der Bewertung eines Ausdrucks. Die allgemeine Syntax lautet wie folgt:

`Bedingung?Anweisung1:Anweisung2`

◀ **Abbildung 8-14**
Der Bedingungsoperator »?«

Gelangt die Programmausführung an diese Zeile, wird zuerst die Bedingung bewertet. Ist das Ergebnis *wahr*, wird *Anweisung1* ausgeführt, andernfalls *Anweisung2*. Um mit diesem Konstrukt alle LEDs anzusteuern, müssen wir folgende Codezeilen schreiben, wobei der Dezimalwert zur Ansteuerung der LEDs in der Variablen *ampelwert* gespeichert ist.

```
digitalWrite(ledPinRotAuto, (ampelwert&1)==1?HIGH:LOW);
digitalWrite(ledPinGelbAuto, (ampelwert&2)==2?HIGH:LOW);
digitalWrite(ledPinGruenAuto, (ampelwert&4)==4?HIGH:LOW);
digitalWrite(ledPinRotFuss, (ampelwert&8)==8?HIGH:LOW);
digitalWrite(ledPinGruenFuss, (ampelwert&16)==16?HIGH:LOW);
```

Mit diesen 5 Codezeilen können wir den Zustand (An- oder Ausgeschaltet) aller 5 LEDs steuern.

> Etwas ist mir aber noch nicht ganz klar. Wie realisieren wir die unterschiedlichen Leuchtdauern der einzelnen Ampelphasen? Ich sehe nirgendwo den *delay*-Befehl, der ja für die Pausen verantwortlich ist.

Das hast du richtig bemerkt, *Ardus*, und deswegen packen wir diese Codezeilen auch in eine separate Funktion und übergeben ihr sowohl den *ampelwert*, als auch einen zweiten Wert für die *delay*-Funktion. Das Ganze sieht dann wie folgt aus:

```
void setzeLEDs(int ampelwert, int pause){
  digitalWrite(ledPinRotAuto, (ampelwert&1)==1?HIGH:LOW);
  digitalWrite(ledPinGelbAuto, (ampelwert&2)==2?HIGH:LOW);
```

Eine Ampelschaltung

```
digitalWrite(ledPinGruenAuto, (ampelwert&4)==4?HIGH:LOW);
digitalWrite(ledPinRotFuss, (ampelwert&8)==8?HIGH:LOW);
digitalWrite(ledPinGruenFuss, (ampelwert&16)==16?HIGH:LOW);
delay(pause);
}
```

Zur Ansteuerung der einzelnen Ampelphasen musst du jetzt nur noch diese Funktion mit den entsprechenden Werten aufrufen, die ich in der Tabelle *Dezimalwerte zum Ansteuern der LEDs* aufgelistet habe. Die Aufrufe lauten dann wie folgt:

```
void ampelUmschaltung(){
   setzeLEDs(10, 2000);
   setzeLEDs(9, 1000);
   setzeLEDs(17, 10000);
   setzeLEDs(9, 1000);
   setzeLEDs(11, 2000);
   setzeLEDs(12, 0);
}
```

Du siehst, dass innerhalb der *ampelUmschaltung*-Funktion die *setzeLEDs*-Funktion aufgerufen wird. Aber schauen wir uns das an einem einzelnen Beispiel ein wenig genauer an. Da die Funktion mehrere Parameter besitzt, ist es sicherlich sinnvoll zu wissen, wie diese in welcher Reihenfolge beim Aufruf übergeben werden:

```
              setzeLEDs(10,  2000);

void setzeLEDs(int ampelwert, int pause)
{
  // ...
}
```

Die Argumente *10* bzw. *2000* werden in genau *der* Reihenfolge an die Parameter der Funktion *setzteLEDs* übergeben, in der du sie in den runden Klammern auflistest. Die Funktionsparameter werden durch die lokalen Variablen *ampelwert* und *pause* definiert, in die die übergebenen Werte kopiert werden.

■ Achtung

Beachte unbedingt die Reihenfolge der Argumente beim Aufruf der Funktion. Wenn sie vertauscht werden, kommt es zwar in diesem Fall zu keinem Absturz des Sketches, doch die Schaltung reagiert nicht so, wie beabsichtigt. Folgende Punkte sind zu beachten:

- Die Anzahl der *Argumente* muss mit denen der *Parameter* übereinstimmen.

- Die übergebenen *Datentypen* der Argumente muss denen der Parameter entsprechen.
- Die Reihenfolge beim Aufruf muss eingehalten werden.

> Du hast jetzt schon wieder den Begriff *lokale* Variable verwendet. Leider habe ich den Unterschied zwischen *lokalen* und *globalen* Variablen noch immer nicht so richtig verstanden.

Kein Problem! Der Unterschied ist recht simpel. *Globale Variablen* werden am Anfang jedes Sketches deklariert bzw. initialisiert und sind zur Laufzeit überall *sichtbar*, also auch innerhalb von Funktionen. In den folgenden Codezeile sehen wir eine globale Variable unseres Sketches:

```
int ledPinRotAuto = 7;      // Pin 7 steuert rote LED (Autoampel)
// ...
```

Diese wird dann später innerhalb der *setup*-Funktion verwendet. Sie ist also dort *sichtbar* und du kannst auf sie zugreifen.

```
void setup(){
  pinMode(ledPinRotAuto, OUTPUT);     // Pin als Ausgang
}
```

Lokale Variablen werden immer innerhalb von Funktionen oder auch z.B. innerhalb einer *for*-Schleife deklariert bzw. initialisiert. Sie haben eine begrenzte *Lebensdauer* und sind nur innerhalb der Funktion oder des Ausführungsblocks sichtbar. Wenn ich von *Lebensdauer* spreche, bedeutet das, dass lokalen Variablen beim Funktionsaufruf im Speicher ein spezieller Bereich zur Verfügung gestellt wird. Nach Verlassen der Funktion werden diese Variablen nicht mehr benötigt und der Speicher wird wieder freigegeben. Eine lokale Variable ist außerhalb der Funktion, in der sie deklariert wurde, niemals sichtbar und kann auch nicht von außerhalb verwendet werden.

> Ok, das habe ich verstanden. Aber wie sieht es mit den Werten aus, die mit *#define* am Anfang des Sketches definiert wurden? Wie verhalten sie sich?

Du kannst sie ebenfalls als *globale* Definitionen ansehen, die im kompletten Sketch sichtbar sind und auf die du von überall Zugriff hast. Da du nun in diesem Kapitel das erste mal mit der *#define*-Direktive in Berührung gekommen bist, kann ich dir auch verraten,

Eine Ampelschaltung

dass Konstanten wie *HIGH*, *LOW*, *INPUT* oder *OUTPUT*, und es gibt noch eine ganze Menge mehr, durch eben diese Direktiven festgelegt wurden.

(!!) Eine Bemerkung am Rande

Fall es dich interessiert, dann schaue doch einmal im folgenden Verzeichnis nach:

arduino-1.0-rc1\hardware\arduino\cores\arduino

Dort befindet sich u.a. eine Datei mit dem Namen *Arduino.h*. Es handelt sich dabei um eine *Header-Datei* von C++, die viele wichtige Definitionen beinhaltet, z.B. auch die eben genannten. Hier siehst du einen kurzen Ausschnitt:

```
36  #define HIGH 0x1
37  #define LOW  0x0
38
39  #define INPUT 0x0
40  #define OUTPUT 0x1
41
42  #define true 0x1
43  #define false 0x0
44
45  #define PI 3.1415926535897932384626433832795
46  #define HALF_PI 1.5707963267948966192313216916398
47  #define TWO_PI 6.283185307179586476925286766559
48  #define DEG_TO_RAD 0.017453292519943295769236907684886
49  #define RAD_TO_DEG 57.295779513082320876798154814105
50
51  #define SERIAL  0x0
52  #define DISPLAY 0x1
53
54  #define LSBFIRST 0
55  #define MSBFIRST 1
```

Na, kommt dir das irgendwie bekannt vor? Was eine *Header-Datei* ist, das wirst du später in diesem Buch noch genauer erfahren. Ich möchte an dieser Stelle nur so viel verraten, dass sie vom Compiler in das Projekt mit eingebunden wird und alle in ihr enthaltenen Definitionen im Sketch global verfügbar sind.

Troubleshooting

Falls die LEDs nicht nacheinander zu leuchten beginnen, trenne das Board sicherheitshalber besser vom USB-Anschluss und überprüfe bitte Folgendes:

- Entsprechen deine Steckverbindungen auf dem Breadboard wirklich der Schaltskizze?
- Gibt es eventuell Kurzschlüsse untereinander?
- Wurden die LEDs richtig herum eingesteckt? Stimmt die Polung?

- Haben die Widerstände die korrekten Werte?
- Ist der Sketch-Code korrekt?
- Hast du den Taster richtig verkabelt? Führe bei den relevanten Kontakten noch einmal eine entsprechende Messung mit einem Durchgangsprüfer durch.

Was hast du gelernt?

- Du hast erfahren, wie man mit der *digitalRead*-Funktion den Pegel eines digitalen Ausgangs bestimmen kann.
- Wir haben sowohl eine einfache Ampelschaltung realisiert, die unabhängig von äußeren Einflüssen automatisch die einzelnen Phasenwechsel initiiert, als auch eine interaktive Ampelschaltung, die mit Hilfe eines Sensors – in Form eines Tasters – auf Impulse von außen reagiert und erst dann die Phasenwechsel einleitet.
- Die Verwendung der Präprozessor-Direktive *#define* dürfte dir jetzt keine Schwierigkeiten mehr bereiten. Sie kommt meistens dort zu Einsatz, wo Konstanten definiert werden. Der Compiler ersetzt überall im Code den Namen des Bezeichners durch den entsprechenden Wert.
- Der Bedingungsoperator *?* kann dazu verwendet werden, in Abhängigkeit von einer Ausdrucksbewertung unterschiedliche Werte zurückzuliefern. Die Schreibweise ist recht kompakt und manchmal nicht immer auf den ersten Blick zu verstehen.
- Du hast erfahren, wie einer Funktion mehrere Werte übergeben werden können und worauf im Einzelnen zu achten ist.
- Der Unterschied zwischen *lokalen* und *globalen* Variablen ist dir jetzt geläufig und du weißt, was in diesem Zusammenhang *Sichtbarkeit* und *Lebensdauer* bedeutet.

Workshop

Realisiere eine Ampelschaltung an einer Kreuzung. Die folgende Skizze soll dir als Grundlage dienen, einen passenden Einstieg zu finden.

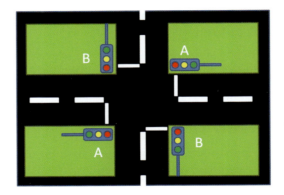

Die Ampelpaare *A* als auch *B* sollen dabei gleich angesteuert werden. Auf einen Fußgängerüberweg soll diesmal verzichtet werden. Achte darauf, dass wenn eine Richtung rotes Licht erhält, der anderen nicht sofort Grün angezeigt wird. Es sollte schon ein Sicherheitspuffer für die Autofahrer eingeplant werden, beim Wechsel von Grün auf Rot noch gerade so über die Kreuzung jagen. Vielleicht hast du ja etwas Material im Keller, um dir die Kreuzung z.B. aus Holz nachzubauen. Das macht direkt noch mehr Spaß und du kannst außerdem deine Freunde beeindrucken.

Vorschau auf etwas Interessantes

Auch in diesem Fall habe ich dir zur Realisierung der Ampelschaltung mit Fußgängerampel eine Platine anzubieten, die du leicht selbst bauen kannst. Doch schau her...

Abbildung 8-15 ▶
Ampelschaltung mit Fußgängerampel

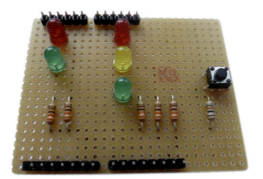

Der elektronische Würfel

Projekt 9

Scope

In diesem Experiment behandeln wir folgende Themen:

- Deklarierung und Initialisierung eines zweidimensionalen Arrays
- Programmierung mehrerer Pins als Ausgang (*OUTPUT*)
- Programmierung eines Ports als Eingang (*INPUT*)
- Der komplette Sketch
- Analyse des Schaltplans
- Aufbau der Schaltung
- Workshop
- Vorschau auf etwas Interessantes

Der Würfel

In den letzten Kapiteln hast du schon einige Grundlagen zur Programmierung des *Arduino-Boards* kennengelernt. Du wirst natürlich vermuten oder hoffen, dass das nicht alles sein kann, und deshalb werden wird anhand von ein paar interessanten Schaltungen unser Wissen anwenden, vertiefen und erweitern. Es ist immer wieder spannend, einen elektronischen Würfel zu bauen. Vor einigen Jahren, als es die Mikroprozessoren noch nicht gab oder unerschwinglich waren, hat man die Schaltung mit mehreren integrierten Schaltkreisen, auch ICs genannt, aufgebaut. Im Internet finden sich hierfür zahllose Bastelanweisungen. Wir wollen den elektronischen Würfel alleine mit dem Arduino-Board

ansteuern. Jeder kennt doch mindestens ein Würfelspiel, sei es *Kniffel*, *Mensch ärgere dich nicht* oder vielleicht *Heckmeck*. Wir wollen mit unserer nächsten Schaltung einen elektronischen Würfel realisieren. Er besteht aus einer Anzeigeeinheit, die aus 7 LEDs und einem Taster, der das Würfeln startet, zusammengesetzt ist. Ich zeige dir zuerst einmal die Anordnung der LEDs, die den Punkten eines richtigen Würfels nachempfunden ist, wobei die einzelnen Punkte mit einer Nummer versehen sind, damit wir später bei der Ansteuerung der einzelnen LEDs den Überblick behalten. Die Nummer *1* befindet sich in der linken oberen Ecke und die Nummerierung wird dann nach unten und dann nach rechts fortgesetzt, bis sie schließlich bei Nummer 7 ganz rechts unten endet.

Abbildung 9-1 ▶
Die Nummerierung der Würfelaugen

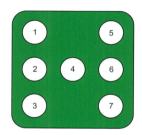

Unser Aufbau soll einen Taster besitzen, der im gedrückten Zustand mit dem Würfeln beginnt, was bedeutet, dass alle LEDs unregelmäßig aufflackern. Lässt man den Taster wieder los, stoppt die Anzeige bei einer bestimmten LED-Kombination, die dann die gewürfelte Zahl repräsentiert. Die einzelnen Augenkombinationen setzen sich wie folgt zusammen:

Tabelle 9-1 ▶
Welche LED leuchtet bei welcher Zahl?

Würfel	Zahl	LED						
		1	2	3	4	5	6	7
⚃	1				✓			
⚄	2	✓						✓
⚅	3	✓			✓			✓

Würfel	Zahl	LED						
		1	2	3	4	5	6	7
⚃	4	✓		✓		✓		✓
⚄	5	✓		✓	✓	✓		✓
⚅	6	✓	✓	✓		✓	✓	✓

◄ **Tabelle 9-1**
Welche LED leuchtet bei welcher Zahl?

Es ist zwar durchaus möglich, die Schaltung auf einem Breadboard aufzubauen, doch aufgrund der Symmetrie der LEDs ist es nicht immer ganz einfach, diese zu realisieren. In einem extra Kapitel werden wir die Schaltung auf einer speziellen Platine, einem sogenannten *Shield*, zusammenbauen und oben auf das Arduino-Board aufstecken. Das ist die sauberste und eleganteste Weise, einen dauerhaften elektronischen Würfel herzustellen. Doch zuerst wollen wir das Breadboard nutzen. Was wird an Material benötigt?

Benötigte Bauteile

Für dieses Beispiel benötigen wir die folgenden Bauteile:

Benötigte Bauteile	
	7 x rote LED
	7 x Widerstand *330*
	1 x Widerstand *10K*
	1 x Taster
	Mehrere flexible Steckbrücken in unterschiedlichen Farben und Längen

Sketch-Code

Hier der Sketch-Code zur Ansteuerung des elektronischen Würfels:

```
#define WARTEZEIT 20
int augen[6][7] = {{0, 0, 0, 1, 0, 0, 0},   // Würfelzahl 1
                   {1, 0, 0, 0, 0, 0, 1},   // Würfelzahl 2
                   {1, 0, 0, 1, 0, 0, 1},   // Würfelzahl 3
                   {1, 0, 1, 0, 1, 0, 1},   // Würfelzahl 4
                   {1, 0, 1, 1, 1, 0, 1},   // Würfelzahl 5
                   {1, 1, 1, 0, 1, 1, 1}};  // Würfelzahl 6
int pin[] = {2, 3, 4, 5, 6, 7, 8};
int pinOffset = 2;  // Erste LED ist auf Pin 2
int tasterPin = 13; // Taster an Pin 13

void setup(){
  for(int i = 0; i < 7; i++)
    pinMode(pin[i], OUTPUT);
  pinMode(tasterPin, INPUT);
}

void loop(){
  if(digitalRead(tasterPin) == HIGH)
    zeigeAugen(random(1, 7)); // Eine Zahl zwischen 1 und 6 generieren
}

void zeigeAugen(int wert){
  for(int i = 0; i < 7; i++)
    digitalWrite(i + pinOffset, (augen[wert - 1][i] == 1)?HIGH:LOW);
  delay(WARTEZEIT); // Eine kurze Pause einfügen
}
```

Code-Review

Für unser Experiment benötigen wir programmtechnisch gesehen die folgenden Variablen:

Tabelle 9-2 ▶
Benötigte Variablen und deren Aufgabe

Variable	Aufgabe
augen	Zweidimensionales Array, das die Informationen über die anzusteuernden LEDs für den jeweiligen Anzeigewert enthält.
pin	Eindimensionales Array, das die Nummern der einzelnen LED-Pins enthält.
pinOffset	Die erste LED liegt nicht an Pin 0. Diese Variable beinhaltet einen *Offset*-Wert, der die Startposition für eine *for*-Schleife festlegt, um die erste LED und alle weiteren anzusteuern.
tasterPin	Anschlusspin des Tasters zum Würfeln

Die Programmierung fällt jetzt schon ein wenig komplexer aus und wir haben es diesmal nicht nur mit einem *eindimensionalen* Array zu tun, das du ja schon im Kapitel über das Lauflicht kennengelernt hast. Das *zweidimensionale* Array wird dazu benötigt, die Nummern der LEDs zu speichern, die in Abhängigkeit von der gewürfelten Zahl leuchten sollen. Wir erinnern uns noch einmal kurz daran, wie ein *eindimensionales* Array funktioniert und wie du darauf zugreifen kannst.

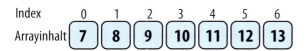

◀ **Abbildung 9-2**
Das eindimensionale Array

Die *Deklaration* bzw. *Initialisierung* des Arrays erfolgt über die diese Zeile:

```
int ledPin[] = {7, 8, 9, 10, 11, 12, 13};
```

Dabei beinhaltet das Array 7 Elemente. Ein *eindimensionales* Array erkennst du an dem eckigen Klammernpaar hinter dem Variablennamen. Der Zugriff auf ein einzelnes Element erfolgt über die Angabe des *Index* innerhalb der Klammern. Möchtest du auf das *4.* Element zugreifen, dann schreibst du Folgendes:

```
ledPin[3]
```

Bedenke, dass die Zählweise bei *0* beginnt! Ein *zweidimensionales* Array erhält im übertragenen Sinn zusätzlich eine zweite Raumdimension, so dass es von einer *eindimensionalen* Geraden quasi zu einer Fläche mutiert.

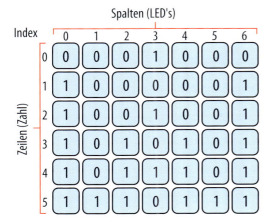

◀ **Abbildung 9-3**
Das zweidimensionale Array

Der Würfel

Es verhält sich ähnlich wie beim Zugriff auf eine Figur auf einem Schachbrett. Um sie eindeutig zu lokalisieren, wird eine Koordinatenangabe wie z.B. Dame auf *D1* vorgenommen, wobei *D* die Angabe der Spalte und *1* die der Reihe ist. Das hier gezeigte Array weist *6x7 = 42* Elemente auf. Die *Deklaration* und *Initialisierung* erfolgt in der uns bekannten Weise, es muss lediglich ein weiteres Klammernpaar für die neue Dimension hinzugefügt werden.

```
int augen[6][7] = {{0, 0, 0, 1, 0, 0, 0},   // Würfelzahl 1
                   {0, 0, 1, 0, 0, 0, 1},   // Würfelzahl 2
                   {0, 0, 1, 1, 0, 0, 1},   // Würfelzahl 3
                   {1, 0, 1, 0, 1, 0, 1},   // Würfelzahl 4
                   {1, 0, 1, 1, 1, 0, 1},   // Würfelzahl 5
                   {1, 1, 1, 0, 1, 1, 1}};  // Würfelzahl 6
```

Der erste Wert [6] im eckigen Klammernpaar gibt die Anzahl der Zeilen, der zweite [7] die der Spalten an. Der Zugriff auf ein Element erfolgt ebenfalls über das doppelte Klammernpaar:

augen[zeile][spalte]

Auf diese Weise kannst du Zeile für Zeile ansprechen und die entsprechenden LED-Werte auslesen, um auf diese zuzugreifen. Die Zuordnung der einzelnen Werte siehst du in der folgenden Abbildung:

Abbildung 9-4 ▶
Zuordnung der Spaltenwerte des Arrays zu den entsprechenden LEDs

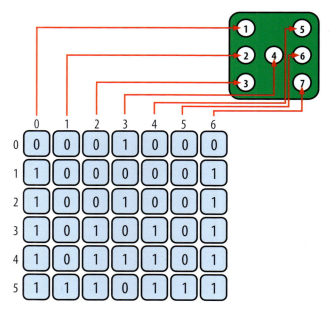

> Etwas kommt mir hier recht merkwürdig vor. Ein Würfel weist doch keine *0* auf einer seiner Seiten auf. In der Grafik beginnt es aber bei *0* und endet bei der *5* statt bei der *6*. Kannst du mir das bitte noch mal erklären?

Die Erklärung ist einfach, denn du hast da etwas durcheinandergebracht. Es sind nicht die Würfelaugen, die dort aufgelistet sind, sondern es ist der *Array-Index*. Erinnere dich bitte, dass der Index immer bei *0* beginnt und somit einen numerischen Versatz von *Würfelaugen - 1* hat. Wir wollen einen kleinen Sketch schreiben, der dir die Inhalte des zweidimensionalen Arrays im *Serial Monitor* ausgibt:

```
int augen[6][7] = {{0, 0, 0, 1, 0, 0, 0},   // Würfelzahl 1
                   {1, 0, 0, 0, 0, 0, 1},   // Würfelzahl 2
                   {1, 0, 0, 1, 0, 0, 1},   // Würfelzahl 3
                   {1, 0, 1, 0, 1, 0, 1},   // Würfelzahl 4
                   {1, 0, 1, 1, 1, 0, 1},   // Würfelzahl 5
                   {1, 1, 1, 0, 1, 1, 1}};  // Würfelzahl 6

void setup(){
  Serial.begin(9600);
  for(int zeile = 0; zeile < 6; zeile++){
    for(int spalte = 0; spalte < 7; spalte++)
      Serial.print(augen[zeile][spalte]);
    Serial.println();
  }
}

void loop(){...}
```

Wir haben es an dieser Stelle mit zwei verschachtelten *for*-Schleifen zu tun. Die äußere, die die Laufvariable *zeile* besitzt beginnt bei ihrem Anfangswert *0* zu zählen. Danach kommt die innere an die Reihe und beginnt ebenfalls mit dem Wert *0* ihrer Laufvariablen *spalte*. Bevor jedoch die äußere Schleife ihren Wert erhöht, muss zuerst die innere komplett alle ihre Werte abgearbeitet haben.

Das könnte wichtig für dich sein

> Bei ineinander verschachtelten Schleifen erfolgt die Abarbeitung von *innen* nach *außen*. Das bedeutet, dass zuerst die innere Schleife alle ihre Durchläufe erledigt haben muss, bevor die äußere einen weiter zählt und die innere wieder mit ihren Durchläufen fortfährt. Das Spiel wird solange fortgesetzt, bis alle Schleifen abgearbeitet wurden.

Die Ausgabe im *Serial Monitor* zeigt dir den Inhalt des Arrays:

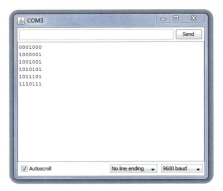

Abbildung 9-5 ▶
Der Serial Monitor gibt den Arrayinhalt Zeile für Zeile aus.

Vergleiche diese Ausgabe mit der Arrayinitialisierung und du wirst sehen, dass sie übereinstimmen. Doch kommen jetzt zur eigentlichen Codeanalyse. Die *setup*-Funktion übernimmt wieder die Aufgabe der Initialisierung der einzelnen Pins:

```
void setup(){
  for(int i = 0; i < 7; i++)
    pinMode(pin[i], OUTPUT);
  pinMode(tasterPin, INPUT);
}
```

Die Pins zur Ansteuerung des LEDs wurden ebenfalls in ein Array gepackt, die in der *setup*-Funktion als *OUTPUT* programmiert werden. Lediglich dem Taster, der an einem digitalen Eingang angeschlossen wird, wird eine *normale* Variable zugewiesen. Die Hauptaufgabe übernimmt wieder die *loop*-Funktion:

```
void loop(){
  if(digitalRead(tasterPin) == HIGH)
    zeigeAugen(random(1, 7)); // Eine Zahl zwischen 1 und 6 generieren
}

void zeigeAugen(int wert){
  for(int i = 0; i < 7; i++)
    digitalWrite(i + pinOffset, (augen[wert - 1][i] == 1)?HIGH:LOW);
  delay(WARTEZEIT);
}
```

Wenn der Taster gedrückt wurde, wird die Funktion *zeigeAugen* aufgerufen. Als Argument wird ihr ein Zufallswert zwischen 1 und 6 übergeben. Die Arbeitsweise der Funktion sollten wir ein wenig unter die Lupe nehmen. Sie besteht eigentlich nur aus einer *for-*

Schleife, die die einzelnen LEDs für eine gewürfelte Ziffer ansteuert. Nehmen wir einmal an, dass eine *4* gewürfelt wurde, wobei der Funktion dieser Wert als Argument geliefert wird. Jetzt beginnt die *for*-Schleife mit ihrer Arbeit. Sie steuert die Pins an und ermittelt den erforderlichen *HIGH/LOW*-Pegel für die jeweilige LED:

```
for(int i = 0; i < 7; i++)
    digitalWrite(i + pinOffset, (augen[wert - 1][i] == 1)?HIGH:LOW);
```
              └─────────┬────────┘ └──────────────┬──────────────┘
                    LED-Pin   HIGH/LOW-Pegel

> Hier kommt die *Offset-Variable* zum Einsatz, deren Verwendung ich auch nicht so richtig verstanden habe.

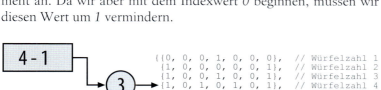

Kein Problem, *Ardus*! Die Variable *pinOffset* hat den Wert *2* und legt fest, dass der erste anzusprechende Pin dort zu finden ist. Der erste, mit der Nummer *0*, ist *RX* und der zweite, mit der Nummer *1*, ist der *TX* der seriellen Schnittstelle. Diese beiden Pins meiden wir in der Regel. Da die *for*-Schleife mit dem Wert *0* startet, wird der Offset-Wert hinzuaddiert. Aber jetzt zurück zu unserem Beispiel, in dem eine *4* gewürfelt wurde. Um die benötigen *HIGH/LOW*-Pegel zu ermitteln, spricht die *for*-Schleife das *4.* Array-Element an. Da wir aber mit dem Indexwert *0* beginnen, müssen wir diesen Wert um *1* vermindern.

```
4 - 1
  │
  ▼
  3         {{0, 0, 0, 1, 0, 0, 0},   // Würfelzahl 1
Index        {1, 0, 0, 0, 0, 0, 1},   // Würfelzahl 2
             {1, 0, 0, 1, 0, 0, 1},   // Würfelzahl 3
             {1, 0, 1, 0, 1, 0, 1},   // Würfelzahl 4
             {1, 0, 1, 1, 1, 0, 1},   // Würfelzahl 5
             {1, 1, 1, 0, 1, 1, 1}};  // Würfelzahl 6
```

◀ **Abbildung 9-6**
Auswahl des richtigen Array-Elementes bei einer zuvor gewürfelten Zahl

In der ausgewählten Zeile des Arrays befinden sich die Werte *1, 0, 1, 0, 1, 0, 1,* die durch die *for*-Schleife einzeln angesprochen werden. Dies geschieht durch den folgenden Ausdruck:

```
(augen[wert - 1][i] == 1)?HIGH:LOW)
```

Dieser überprüft, ob die Werte *1* bzw. *0* sind. Bei *1* wird *HIGH*-Pegel zurück geliefert, bei *0 LOW*-Pegel. Auf diese Weise werden die LEDs der gewürfelten Zahl aktiviert bzw. deaktiviert. Solange du den Taster gedrückt hältst, wird immer wieder eine neue Zahl ermittelt und die LEDs blicken alle sehr schnell hintereinander. Erst beim Loslassen wird die Anzeige bei der letzten Zahl gestoppt. Wie schnell die Zahlen bei gedrücktem Taster wechseln, kannst du mit der Konstanten *WARTEZEIT* beeinflussen, für die hier *20ms* angegeben wurde.

Der Würfel

Der Schaltplan

Der Schaltplan zeigt uns die 7 Würfel LEDs mit ihren *330 Ohm*-Vorwiderständen und den Würfeltaster mit seinem Pulldown-Widerstand.

Abbildung 9-7 ▶
Das Arduino-Board steuert die 7 LEDs unseres Würfels einzeln an.

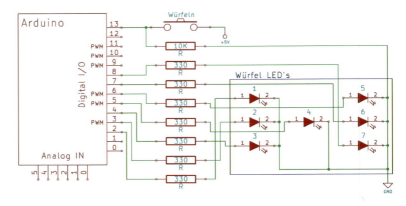

Schaltungsaufbau

Abbildung 9-8 ▶
Aufbau des elektronischen Würfels mit Fritzing

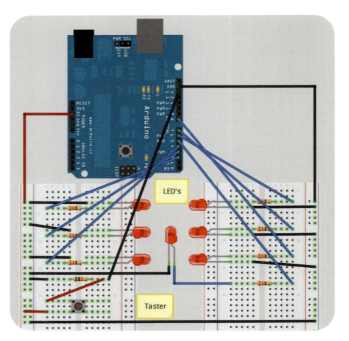

Projekt 9: Der elektronische Würfel

Bei diesem Schaltungsaufbau siehst Du, dass ich zwei Breadboards verwendet habe. Es gibt jedoch auch breitere Versionen, die genügend Platz bieten, um alle Bauteile darauf platzieren zu können. Experimentiere ein wenig mit der Anordnung, denn du sollst ja nicht alles so hinnehmen, wie ich es dir zeige. Finde deine eigene Strategie. In der folgenden Abbildung siehst du den Aufbau der Schaltung auf einem einzigen Breadboard, wozu ein wenig Frickelei nötig war. Aber ich denke, dass es so ganz gut funktioniert.

◀ **Abbildung 9-9**
Aufbau des elektronischen Würfels auf einem Breadboard

Bevor wir die Sache hier abschließen, ist mir noch etwas aufgefallen. Ich habe mich an das *eindimensionale* Array erinnert und etwas experimentiert. Du hast gesagt, dass die Angabe der Arraygröße in den eckigen Klammern entfallen kann, wenn ich das Array sofort in derselben Zeile initialisiere. Der Compiler wüsste dann anhand der übergebenen Werte, wie groß das Array sein soll. Ich bin dann also beim *zweidimensionalen* Array ebenso vorgegangen und habe einen Fehler erhalten.

Die Idee ist nicht schlecht und ich sehe, dass du mitdenkst und das Gelernte anwendest. Doch leider lässt sich dies beim *zweidimensionalen* Array nicht *1:1* übertragen. Wenn du alle Angaben zur Arraygröße weglässt und

```
int augen[][] = {{0, 0, 0, 1, 0, 0, 0},   // Würfelzahl 1
                 {1, 0, 0, 0, 0, 0, 1},   // Würfelzahl 2
```

Der Würfel

```
                        {1, 0, 0, 1, 0, 0, 1},   // Würfelzahl 3
                        {1, 0, 1, 0, 1, 0, 1},   // Würfelzahl 4
                        {1, 0, 1, 1, 1, 0, 1},   // Würfelzahl 5
                        {1, 1, 1, 0, 1, 1, 1}}; // Würfelzahl 6
```

schreibst, meckert der Compiler, wie du das ja schon selbst festgestellt hast. Die Übersetzung der Fehlermeldung besagt ungefähr, dass bei einem *mehrdimensionalen* Array alle Grenzen bis auf die erste angegeben werden müssen. Du kannst also folgende Zeile schreiben:

```
int augen[][7] = ...
```

Der Compiler wird diesen Code akzeptieren.

Was können wir vielleicht noch verbessern?

Es gibt meistens eine Möglichkeit, etwas zu verbessern oder zu vereinfachen. Du musst dich einfach einmal zurücklehnen und die Sache auf dich wirken lassen. Denke vielleicht nicht allzu angestrengt darüber nach. Die besten Einfälle kommen Dir, wenn du dich zwischendurch mit etwas anderem befasst. So geht es mir jedenfalls meistens. Zurück zum Würfel. Wenn du dir die einzelnen Augen eines Würfels bei unterschiedlichen Werten anschaust, dann wird dir vielleicht etwas auffallen. Werfe dazu noch einmal einen Blick auf die Tabelle *Welche LED's leuchten bei welcher Zahl?* Ein kleiner Tipp: Leuchten alle acht LEDs unabhängig voneinander oder kann es sein, dass manche eine Gruppe bilden und immer gemeinsam angehen? Doofe Frage, was? Natürlich ist das so. Ich habe die einzelnen Gruppen einmal in der folgenden Abbildung dargestellt.

Abbildung 9-10 ▶
LED-Gruppen beim elektronischen Würfel

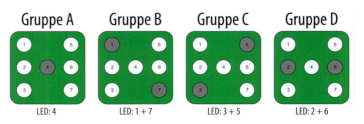

Für sich alleine genommen machen nur *Gruppe A* und *Gruppe B* einen Sinn, bei *Gruppe C* und *Gruppe D* ist das weniger der Fall.

Aber durch eine Gruppe oder eine Kombination aus mehreren Gruppen werden die gewünschten Würfelaugen erzeugt. Dann wollen wir mal schauen, welchen Gruppe bzw. Gruppen bei welchen Würfelaugen betroffen ist bzw. sind:

Tabelle 9-3
Würfelaugen und LED-Gruppen

Würfel	1	2	3	4	5	6
Gruppe A	✓		✓		✓	
Gruppe B		✓	✓	✓	✓	✓
Gruppe C				✓	✓	✓
Gruppe D						✓

Es ist tatsächlich so, dass wir mit *4* statt 7 Ansteuerungsleitungen zu den LEDs auskommen.

> Wenn ich das richtig verstanden habe, dann müssen wir in Gruppe *B*, *C* und *D* zwei LEDs zusammenschalten. Ist das denn so ohne Weiteres möglich? Muss ich sie in Reihe oder parallel verdrahten?

Das hast du richtig verstanden, *Ardus*. Im Kapitel *Einen Sensor abfragen* haben wir den Vorwiderstand für eine rote LED berechnet. Falls es dir entfallen sein sollte, schlage noch einmal nach. Wenn wir mehrere LEDs ansteuern möchten, schalten wir sie in Reihe. An einer einzelnen roten LED fallen ca. *2V* ab, was bedeutet, dass am Vorwiderstand *3V* abfallen müssen. Da wir jetzt aber zwei LEDs hintereinander schalten, können wir Folgendes für die abzufallende Spannung am Vorwiderstand R_V feststellen:

$$U_{RV} = U_{ges} - U_{LED1} - U_{LED2} = +5V - 2V - 2V = 1V$$

Am Vorwiderstand R_V müssen wir also *1V* »verbraten«, damit noch jeweils *2V* für jede einzelne LED übrig bleibt. Für den Strom, der ja durch alle Bauteile gleichermaßen fließt – du erinnerst dich hoffentlich noch an das Verhalten von Strom in einer Reihenschaltung – setze ich mal *10mA* (*10mA = 0,01A*) an. Wir erhalten dann folgende Werte in der Formel zur Berechnung des Vorwiderstandes:

$$R_V = \frac{U_{ges} - U_{LED's}}{I} = \frac{5V - 4V}{0,01A} = 100\Omega$$

Der Würfel

Die Schaltung sieht wie folgt aus:

Abbildung 9-11 ▶
Zwei LEDs mit einem Vorwiderstand

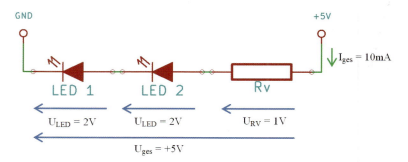

■ **Achtung**

Achte darauf, dass die beiden LEDs in dieselbe Richtung weisen, denn sonst wird es nichts mit der Leuchterei. Die Anode von *LED 1* wird mit der Kathode von *LED 2* verbunden.

Auch hier habe ich die Berechnung wieder praktisch nachgemessen, um mich zu vergewissern, dass auch alles seine Richtigkeit hat.

Abbildung 9-12 ▶
Strommessung im Ansteuerungskreis mit zwei LEDs und einem neuen Vorwiderstand

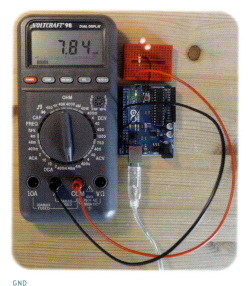

Der Strom von *7,84mA* ist absolut in Ordnung und liegt wieder unterhalb der Vorgabe von maximal *10mA*. Da zwei LEDs im Vergleich zu einer einzelnen natürlich die doppelte Versorgungsspannung in Anspruch nehmen, muss der Vorwiderstand dementsprechend kleiner dimensioniert sein, damit beide LEDs dieselbe Helligkeit ausstrahlen, wie das bei einer einzeln angesteuerten der Fall ist. Natürlich kannst du für alle Gruppen A bis D den gleichen Vorwiderstand von *330 Ω* verwenden, was aber bedeutet, dass Gruppe A mit nur einer LED heller leuchtet – so die Theorie – als die restlichen Gruppen. Jetzt sollten wir uns langsam der Programmierung zuwenden. Womit fangen wir am besten an? Nun, ich würde sagen, dass du dir noch einmal die Tabelle *Würfelaugen und LED-Gruppen* anschaust, damit du vielleicht eine Systematik erkennst, wann welche LED-Gruppe bei welchen Würfelaugen anzusteuern ist. Du machst das am besten Schritt für Schritt und nimmst dir eine Gruppe nach der anderen vor. Du kannst sie vollkommen separat voneinander betrachten, denn die Logik zur Ansteuerung fügt nachher alle Gruppen zusammen, so dass sie gemeinsam die richtigen Würfelaugen anzeigen. Also, los geht's. Ich zeige dir hier vereinfacht noch einmal die *Gruppe A* der eben angeführten Tabelle.

Würfel	1	2	3	4	5	6
Gruppe A	✓		✓		✓	

Hier noch ein kleiner Tipp: Was haben die Zahlen *1, 3* und *5* gemeinsam?

> Ich glaube, dass das allesamt ungerade Zahlen sind.

Perfekt, *Ardus*! Das ist die korrekte Lösung.

Formulierung zur Ansteuerung von Gruppe A:

Ist die ermittelte Zufallszahl *ungerade*, dann steuere *Gruppe A* an.

Jetzt kommt *Gruppe B* an die Reihe. Hier der entsprechende Tabellenauszug:

Würfel	1	2	3	4	5	6
Gruppe B		✓	✓	✓	✓	✓

Was stellst du hier fest?

> Es sind alle Zahlen außer der *1* betroffen.

Klasse, *Ardus*! Aber wie könnte eine Formulierung aussehen, die der Mikrocontroller gut versteht? Eine etwas umständliche Beschreibung wäre folgende: Wenn die Zahl 2 oder 3 oder 4 oder 5 oder 6, dann steuere *Gruppe B* an. Suche wieder die Gemeinsamkeit und du kannst es viel kürzer formulieren.

Formulierung zur Ansteuerung von Gruppe B:

Ist die ermittelte Zufallszahl *größer 1*, dann steuere *Gruppe B* an.

Schauen wir uns jetzt *Gruppe C* an:

Würfel Gruppe C	1	2	3	4	5	6
				✓	✓	✓

Jetzt hast du den Dreh sicherlich raus, nicht wahr!?

> Es sind alle Zahlen größer *3* betroffen.

Super, *Ardus*!

Formulierung zur Ansteuerung von Gruppe C:

Ist die ermittelte Zufallszahl *größer 3*, dann steuere *Gruppe C* an.

Und zu guter Letzt die *Gruppe D*:

Würfel Gruppe D	1	2	3	4	5	6
						✓

Da brauche ich dich ja wohl nicht mehr zu fragen, oder?

Formulierung zur Ansteuerung von Gruppe D:

Ist die ermittelte Zufallszahl *gleich 6*, dann steuere *Gruppe D* an. Jetzt können uns endlich dem Programmieren widmen. Dabei wirst du erkennen, dass diese Lösung viel einfacher als die Verwendung eines *Array* ist. Man muss aber erst einmal einige Wege gedanklich durchspielen, um dann zu sehen, dass man nur 4 statt 7 Pins zur LED-Ansteuerung benötigt. Trotzdem war es ein guter Einstieg, um dir diese Thematik spielerisch zu vermitteln. Hier der Sketch-Code zur Ansteuerung des elektronischen Würfels mit der reduzierten Anzahl an Steuerleitungen:

```
#define WARTEZEIT 20
int GruppeA = 8;    // LED 4
int GruppeB = 9;    // LED 1 + 7
int GruppeC = 10;   // LED 3 + 5
int GruppeD = 11;   // LED 2 + 6
int tasterPin = 13; // Taster an Pin 13

void setup(){
  pinMode(GruppeA, OUTPUT);
  pinMode(GruppeB, OUTPUT);
  pinMode(GruppeC, OUTPUT);
  pinMode(GruppeD, OUTPUT);
}

void loop(){
  if(digitalRead(tasterPin) == HIGH)
    zeigeAugen(random(1, 7)); // Eine Zahl zwischen 1 und 6 generieren
}

void zeigeAugen(int wert){
  // Löschen aller Gruppen
  digitalWrite(GruppeA, LOW);
  digitalWrite(GruppeB, LOW);
  digitalWrite(GruppeC, LOW);
  digitalWrite(GruppeD, LOW);
  // Ansteuerung aller Gruppen
  if(wert%2 != 0) // Ist der Wert ungerade?
    digitalWrite(GruppeA, HIGH);
  if(wert > 1)
    digitalWrite(GruppeB, HIGH);
  if(wert > 3)
    digitalWrite(GruppeC, HIGH);
   if(wert == 6)
    digitalWrite(GruppeD, HIGH);
  delay(WARTEZEIT); // Eine kurze Pause einfügen
}
```

> Stopp! Mir ist da aber etwas aufgefallen, das du vergessen hast! Du hast die Pins für die Gruppen *A* bis *D* als *Ausgang* programmiert, aber vergessen, den Pin für den Taster als *Eingang* zu definieren.

Stimmt, *Ardus*! Ich habe diesen Eingang an Pin *13* nicht als Eingang programmiert. Soweit hast du Recht. Vergessen habe ich es aber nicht, denn standardmäßig sind alle digitalen Pins als Eingang definiert und müssen bei entsprechender Verwendung nicht noch einmal explizit als solche programmiert werden. Du kannst das bei deinen Sketches natürlich durchaus tun, denn es fördert sicherlich das Verständnis.

> Ich habe eigentlich alles verstanden, bis auf die Zeile, in der bestimmt wird, ob der Wert ungerade ist. Kannst du mir das bitte einmal erläutern?

Klar, *Ardus*! Der *%-Operator* (Modulo-Operator) ermittelt immer den Restwert einer Division. Ist eine Zahl durch 2 dividierbar, dann fällt sie in die Kategorie *Gerade Zahl*. Der Wert aus der Restwert-Division ist in dem Fall immer *0*. Mit der Zeile

`if(wert%2 != 0)`

frage ich aber, ob der Restwert ungleich *0* ist, um so die *Gruppe A* anzusteuern.

Bevor wir zur Schaltung kommen, hier noch eine Anmerkung: Wenn du trotz des errechneten Vorwiderstandeswertes von *100 Ω* für die Gruppen *B* bis *D* in diesem Fall die alten Widerstände von *330 Ω* verwendest, macht das nicht allzu viel aus. Die Helligkeit scheint fast die gleiche zu sein. Aber das nur am Rande. Im Schaltplan siehst Du, dass wir nun weniger Vorwiderstände für die LEDs benötigen als im vorangegangenen Projekt:

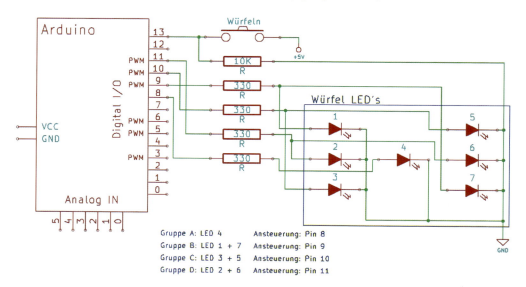

Abbildung 9-13 ▲
Das Arduino-Board steuert die 7 LEDs unseres Würfels in LED-Gruppen an.

Der Breadboardaufbau gestaltet sich aufgrund der verminderten Ansteuerungsleitungen etwas einfacher:

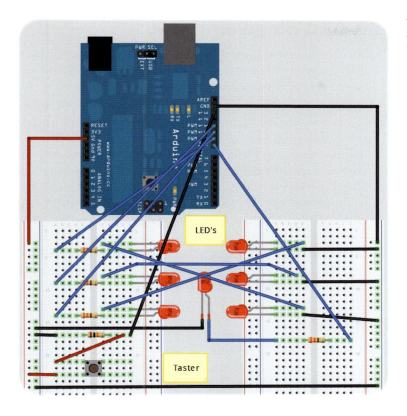

◀ **Abbildung 9-14**
Aufbau des elektronischen Würfels über LED-Gruppen mit Fritzing

Troubleshooting

Falls die LEDs nach dem Druck auf den Taster nicht anfangen zu blinken oder vielleicht merkwürdige bzw. unsinnige Würfelaugen angezeigt werden, trenne das Board sicherheitshalber vom USB-Anschluss und überprüfe Folgendes:

- Entsprechen deine Steckverbindungen auf dem Breadboard der Schaltung?
- Gibt es eventuell Kurzschlüsse untereinander?
- Wurden die LEDs richtig herum eingesteckt bzw stimmt die Polung?
- Haben die Widerstände die korrekten Werte?
- Ist der Sketch-Code korrekt?

- Hast du den Taster richtig verkabelt? Messe die relevanten Kontakte noch einmal mit einem Durchgangsprüfer nach.

Was hast du gelernt?

- Du hast in diesem Kapitel erfahren, wie ein zweidimensionales Array zu deklarieren bzw. initialisieren ist und wie du die einzelnen Array-Elemente ansprichst.

- Mit dem *Serial Monitor* kannst du dir Variableninhalte ausgeben lassen, um die Richtigkeit der enthaltenen Werte zu prüfen. Auf diese Weise kannst du eine Fehlersuche durchführen und den Code bei nicht korrektem Verhalten analysieren. Du musst dir an diesem Punkt aber sicher sein, dass die Schaltung korrekt verkabelt wurde, denn suchst du den Fehler im Source-Code, obwohl er in der Hardware zu finden ist. Das kann dann sehr zeitaufwendig und vielleicht auch nervenaufreibend werden.

- Du hast gelernt, wie du einen Vorwiderstand für zwei in Reihe liegende LEDs berechnen kannst, so dass die Helligkeit fast unverändert bleibt.

Workshop

Die Aufgabe dieses Workshops ist schon etwas anspruchsvoller. Du erinnerst dich sicherlich an das Schieberegister *74HC595* mit seinen *8* Ausgängen. Versuche eine Schaltung zu konstruieren bzw. einen Sketch zu programmieren, die bzw. der einen elektronischen Würfel über das Schieberegister ansteuert. Wie viele digitale Pins sparst du mit dieser Variante ein? Bedeutet das ein Vorteil gegenüber der Realisierung mittels LED-Gruppen?

Vorschau auf etwas Interessantes

Im Kapitel über die *Digitale Porterweiterung Teil 2* habe ich dich das erste Mal auf die Möglichkeit hingewiesen, Platinen selbst herzustellen, um sie später als Erweiterungen auf das Arduino-Board zu stecken. Hier möchte ich Die zeigen, wie meine Lösung hinsichtlich des elektronischen Würfels aussieht.

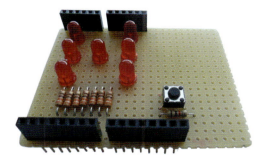

◂ **Abbildung 9-15**
Der elektronische Würfel auf einer Platine

Was hältst du davon? Das ist doch sicherlich eine schöne Erweiterung, wobei mir schon alleine die Planung und Umsetzung eine Menge Spaß gemacht hat. Du wirst es nicht für möglich halten, was dir während des Baus noch so an weiteren Ideen kommen werden. Das macht süchtig – glaube es mir!

Der elektronische Würfel (und wie erstelle ich eine Bibliothek?)

Scope

Irgendwann ist auch für dich der Zeitpunkt gekommen, an dem du dir so viele Grundkenntnisse angeeignet hast, dass du eigene Ideen realisieren möchtest, die andere vielleicht noch nicht hatten. Vielleicht möchtest du aber auch ein schon vorhandenes Projekt verbessern, weil deine Lösung eleganter ist und sich viel unkomplizierter umsetzen lässt. Unzählige Softwareentwickler vor dir haben sich Gedanken zu den unterschiedlichsten Themen gemacht und Bibliotheken programmiert, um anderen Entwicklern Arbeit und Zeit zu ersparen. In diesem Kapitel geht es um die Grundlagen bzw. die Erstellung derartiger Bibliotheken. Falls dich die Programmiersprache *C++* inklusive objektorientierte Programmierung schon immer interessiert hat, wirst du hier einiges zu diesem Thema erfahren.

Bibliotheken

Wenn du die Arduino-Entwicklungsumgebung installiert bzw. entpackt hast, werden von Hause aus einige fertige Bibliotheken, auch *Libraries* genannt, mitgeliefert. Es handelt sich dabei um so interessante Themen wie z.B. die Ansteuerung

- eines *Servos*
- eines *Schrittmotors*
- eines *LC-Displays*
- eines externen *EEPROM* zu Speicherung von Daten
- etc.

Diese *Bibliotheken* werden im Verzeichnis *libraries* unterhalb des Arduino-Instllationsverzeichnisses gespeichert. Wenn du auf einen Blick sehen möchtest, welche *Libraries* vorhanden sind, kannst du dazu den *Windows-Explorer* nutzen oder aber den Weg über die Arduino-Entwicklungsumgebung bestreiten. Es existiert dort ein spezieller Menüpunkt *Sketch|Import Library...*, über den du eine entsprechende Liste anzeigen kannst.

Abbildung 10-1 ▶
Anzeigen bzw. Importieren von Libraries

Die Menüpunkte stimmen mit den Verzeichnissen im Ordner *Libraries* überein. Das ist zwar wieder alles wunderbar, doch wir sollten uns zunächst einmal anschauen, wie eine *Arduino-Library* denn arbeitet bzw. was du mit ihr bewirken kannst.

Was ist eine Library im Detail?

Bevor wir zu einem konkreten Beispiel kommen, solltest du zunächst einmal einige grundlegende Informationen über *Libraries* erhalten. Ich hatte schon erwähnt, dass mit einer *Library* mehr oder weniger komplexe Programmieraufgaben quasi gebündelt und in einem Programmpaket zusammengefasst werden. Die folgende Grafik veranschaulicht das Zusammenspiel zwischen der *Arduino-Library* und *Arduino-API*:

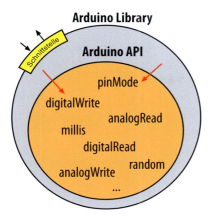

◀ **Abbildung 10-2**
Wie arbeitet eine Arduino-Library?

Wir haben es mit zwei Programmschichten zu tun, die sich in einem Abhängigkeitsverhältnis voneinander befinden. Ich fange einmal von innen nach außen an. Die innere Schicht habe ich *Arduino-API* genannt. *API* ist die Abkürzung für **A**pplication **P**rogramming **I**nterface und eine Schnittstelle zu allen zur Verfügung stehenden Arduino-Befehlen. Ich habe aus Platzgründen natürlich nur wenige ausgewählt. Die äußere Schicht wird durch die *Arduino-Library* repräsentiert, die sich um die innere Schicht herumwickelt. Sie wird deshalb als *Wrapper* (*engl. Hülle*) bezeichnet und bedient sich der *Arduino-API*. Damit du Zugriff auf die *Wrapper-Schicht* erhältst, muss dort eine *Schnittstelle* implementiert sein, denn du willst ja die Funktionalität einer Library nutzen. Eine *Schnittstelle* ist ein Durchgangsportal zum Inneren der Library, die eine in sich geschlossene Einheit darstellt. Der Fachbegriff dafür lautet *Kapselung*. Was das im Detail ist und was das Ganze mit der Programmiersprache C++ zu tun hat, das wirst du gleich sehen.

Warum benötigen wir Libraries?

Das ist eventuell eine blöde Frage, weil ich die Antwort bzw. den Grund für das Erstellen einer Library schon mehrfach genannt habe. Doch ich möchte die Vorteile an dieser Stelle noch einmal zusammenfassen:

- Damit das Rad nicht immer neu erfinden werden muss, haben die Entwickler die Möglichkeit geschaffen, Programmcode in eine *Library* auszulagern. Viele Programmierer auf der ganzen Welt profitieren von diesen programmtechnischen Konstrukten, die sie ohne größere Probleme in ihren eigenen Projekten

verwenden können. Das entsprechende Stichwort hierfür ist *Wiederverwendbarkeit*.
- Wenn eine Library getestet wurde und keine Fehler mehr auf weist, kann sie ohne Kenntnis der inneren Abläufe verwendet werden. Ihre Funktionalität wird gekapselt und vor der Außenwelt verborgen. Das einzige, was ein Programmierer kennen muss, ist die korrekte Verwendung ihrer *Schnittstellen*.
- Der eigene Code wird auf diese Weise übersichtlicher und stabiler.

Was bedeutet Objektorientierte Programmierung?

Die Welt der *Objektorientierten Programmierung* – kurz *OOP* genannt – ist für die meisten Anfänger ein Buch mit sieben Siegeln und es bereitet so manchen Kopfzerbrechen und schlaflose Nächte. Das muss es aber nicht und ich hoffe, ich trage ein wenig dazu bei. Ich meine nicht zum Kopfzerbrechen, sondern zum Verständnis! In der Programmiersprache *C++* wird alles als Objekt angesehen und dieser Programmierstil – auch *Programmierparadigma* genannt – orientiert sich an der uns umgebenden Realität. Wir sind von zahllosen Objekten umgeben, die mehr oder weniger real sind und von uns angefasst und begutachtet werden können. Wenn du dir ein einzelnes Objekt einmal aus der Nähe anschaust, dann wirst du bestimmte Merkmale feststellen können. Nehmen wir doch einmal einen Würfel, wo wir schon beim Thema sind. Einen elektronischen Würfel hast du schon ganz am Anfang dieses Buches programmiert und zusammengebaut. In irgendeinem Gesellschaftsspiel hast du bestimmt den einen oder anderen Würfel, den du Dir aus der Nähe anschauen kannst. Was kannst du über einen Würfel berichten, wenn du ihn in aller Ausführlichkeit z.B. einem Außerirdischen beschreiben müsstest?

- Wie ist sein Aussehen?
- Wie groß ist er?
- Ist er leicht oder eher etwas schwerer?
- Welche Farbe hat er?
- Hat er Punkte oder sind Symbole auf ihm zu sehen?
- Wie ist die gewürfelte Zahl oder das gewürfelte Symbol?
- Was kannst du mit ihm machen? (Blöde Frage, was!?)

Die Einträge in dieser Liste können in zwei *Kategorien* unterteilt werden.

Doch welcher Eintrag gehört zu welcher Kategorie?

Wenn es um Strom bzw. Spannung geht, dann sollten wir einen Blick auf die folgende Tabelle werfen:

Eigenschaften	Verhalten
Größe	würfeln
Gewicht	
Farbe	
Punkte oder Symbole	
gwürfelte Punktezahl oder gewürfeltes Symbol	

◀ **Tabelle 10-1**
Gegenüberstellung von Eigenschaften und Verhalten

Für unsere geplante Programmierung kommen jedoch lediglich zwei Listeneinträge in Frage. Alle anderen sind zur Beschreibung eines Objektes zwar interessant, doch für einen elektronischen Würfel ohne Belang. Es interessieren uns:

- die gewürfelte Punktezahl (Zustand)
- würfeln (Aktion)

> Ich habe keinen blassen Schimmer, wie ich *Eigenschaften* oder *Verhalten* in einen Sketch übertragen soll. Wie soll das denn gehen?

Das stellt kein großes Problem dar, *Ardus*! Sieh her:

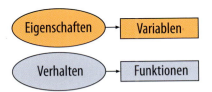

Eigenschaften werden in Variablen abgelegt und das Verhalten über Funktionen gesteuert. Doch im Kontext der objektorientierten Programmierung erhalten *Variablen* und *Funktionen* eine andere Bezeichnung. Breche aber bitte nicht in Panik aus, denn das ist reiner Formalismus und im Endeffekt dasselbe.

Bibliotheken

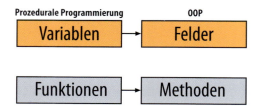

Variablen werden zu *Feldern* (engl: Fields) und Funktionen zu *Methoden* (engl: Methods).

> Oh Mann, das ist ja ein wahnsinniger Fortschritt. Ich benenne einfach ein paar Programmelemente um und schaffe damit ein neues – wie hast du es genannt – *Programmierparadigma*. Soll das der Fortschritt sein?

Also *Ardus*, nun werde mal nicht sarkastisch. Ich bin doch noch gar nicht fertig. In der *prozeduralen Programmierung*, wie man sie z.B. von den Sprachen *C* oder *Pascal* her kennt, werden logisch zusammenhängende Anweisungen, die zur Lösung eines Problems notwendig sind, in sogenannte *Prozeduren* ausgelagert, die unseren *Funktionen* gleichen. Funktionen arbeiten in der Regel bestenfalls mit Variablen, die ihnen als Argumente übergeben wurden, oder im ungünstigen Fall mit globalen Variablen, die zu Beginn eines Programmes deklariert wurden. Diese sind im gesamten Code sichtbar und jeder kann sie nach Belieben modifizieren. Das birgt gewisse Gefahren in sich und ist aus heutiger Sicht die denkbar schlechteste Variante, mit Variablen bzw. Daten umzugehen. Variablen und Funktionen bilden keine logische Einheit und leben im Code quasi nebeneinander her, ohne eine direkte Beziehung zueinander zu haben.

Kommen wir jetzt zur objektorientierten Programmierung. Dort gibt es ein Konstrukt, das sich *Klasse* nennt. Vereinfacht können wir sagen, dass sie als *Container* für Felder (auch *Feldvariablen* genannt) bzw. Methoden dient.

Die *Klasse* umschließt ihre Mitglieder, die in der OOP *Member* bzw. *Mitglieder* genannt werden, wie einen Mantel der Verschwiegenheit. Ein Zugriff auf die *Member* erfolgt in der Regel nur über die *Klasse*.

Der Aufbau einer Klasse

Was in Gottes Namen ist aber eine *Klasse*? Wenn du noch in keinster Weise Berührungspunkte mit *C++*, *Java* oder vielleicht *C#* – um nur einige Programmiersprachen zu nennen – hattest, dann sagt dir dieser Begriff so viel wie mir ein chinesisches Schriftzeichen. Aber im Endeffekt ist die Sache relativ einfach zu verstehen, obwohl die Programmierung schon etwas anspruchsvoller ist als vielleicht in anderen Sprachen. Wenn du Dir die letzte Grafik noch einmal anschaust, wirst du feststellen, dass eine Klasse einen umschließenden Charakter hat und in etwa einem *Container* gleicht. Eine Klasse ist durch das Schlüsselwort *class* gefolgt von dem vergebenen Namen definiert. Darauf folgt ein geschweiftes Klammerpaar, das du schon bei anderen Konstrukten, wie z.B. einer *for*-Schleife, gesehen hast und eine Blockbildung bewirkt. Hinter der schließenden Klammer folgt ein Semikolon.

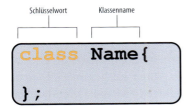

◀ **Abbildung 10-3**
Die allgemeine Klassendefinition

Wie ich eben schon erwähnt habe, besitzt die Klasse unterschiedliche Klassenmitglieder in Form von *Feldern* und *Methoden*, die durch die Klassendefinition zu einer Einheit verschmelzen. In der *OOP* gibt es unterschiedliche Zugriffsmöglichkeiten, um den Zugriff auf die Mitglieder zu reglementieren.

> Kannst du mir mal bitte verraten, was diese Reglementierung für einen Sinn haben soll? Wenn ich eine Variable, ähh... ich meine natürlich ein Feld innerhalb einer Klasse definiere, dann möchte ich doch sicherlich irgendwann einmal darauf zugreifen können. Was nützt eine Reglementierung, wenn die Klasse dann für mich nicht mehr erreichbar ist? Oder habe ich das Prinzip falsch verstanden?

Du hast das Prinzip – das übrigens *Kapselung* genannt wird – schon richtig verstanden. Ich kann bestimmte Mitglieder von der Außenwelt abschirmen, so dass sie von außerhalb der Klasse nicht direkt erreicht werden können. Die Betonung liegt hier auf *direkt*. Natürlich gibt es Möglichkeiten, den Zugriff zu gewährleisten. Das erledigen dann z.B. die Methoden. Aber was hat das alles für einen Sinn, wirst du du dich jetzt bestimmt fragen.

> Richtig! Dann kann man doch auch direkt auf die Felder Einfluss nehmen, oder?

Ok, *Ardus*. Ich denke, wenn du Dir die folgende Abbildungen anschaust, wird dir das Prinzip bestimmt sofort klar werden.

Abbildung 10-4 ▶
Zugriff auf ein Feld der Klasse

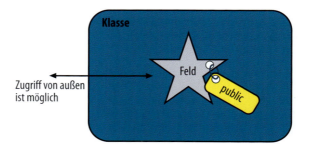

Der Zugriff auf das Feld der Klasse von außerhalb ist in diesem Fall gestattet, weil das Feld ein bestimmtes Etikett mitbekommen hat, das sich *Zugriffsmodifizierer* nennt. Es lautet in diesem Fall *public* und bedeutet so viel wie: »Der Zugriff ist für die Öffentlichkeit gewährt und jeder kann ohne Einschränkung hiervon Gebrauch machen«. Jetzt stelle dir einmal folgendes Szenario vor: Du hast eine Feldvariable, die einen Schrittmotor steuern soll, wobei der Wert den Winkel vorgibt. Es sind aber nur Winkelwerte von 0^0 bis 359^0 zulässig. Jeder Wert darunter oder darüber kann die Sketch-Ausführung gefährden, so dass der Servo nicht mehr korrekt angesteuert wird. Wenn du über den Zugriffsmodifizierer *public* einen freien Zugriff auf die Feldvariable ermöglichst, kann keine *Validierung* erfolgen. Was einmal abgespeichert wurde, führt unmittelbar zu einer Reaktion, die nicht unbedingt richtig sein muss. Die Lösung des Problems ist die Abschottung der Feldvariablen über den Zugriffsmodifizierer *private*. Das schon erwähnte Prinzip der *Kapselung* wird angewendet.

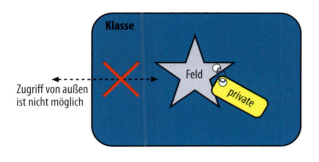

◀ **Abbildung 10-5**
Kein Zugriff auf ein Feld der Klasse

Schön und gut!
Doch wie komme ich jetzt an die Feldvariable heran?

Das geschieht mit einer Methode, die ebenfalls einen Zugriffsmodifizierer erhalten hat, *Ardus*. Der muss jedoch *public* sein, damit der Zugriff von außen funktioniert. Das Ganze stellt sich dann wie folgt dar:

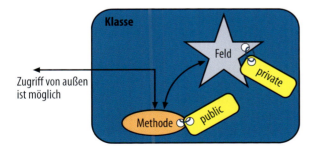

◀ **Abbildung 10-6**
Zugriff auf ein Feld der Klasse über die Methode

Bibliotheken

Jetzt erkennst du sicherlich, dass der Zugriff auf die Feldvariable über den Umweg der Methode stattfindet, wobei der Umweg einen Vorteil und keinen Nachteil mit sich bringt. Innerhalb der Methode kannst du jetzt die Validierung unterbringen, die nur zulässige Werte an die Feldvariable übermittelt.

> Warum kann die Methode aber auf die *private* Feldvariable zugreifen? Ich dachte, dass das nicht möglich sei.

Der Zugriffsmodifizierer *private* besagt, dass der Zugriff von außerhalb der Klasse nicht möglich ist. Klassenmitglieder wie Methoden können jedoch auf als *private* deklarierte Mitglieder zugreifen. Sie gehören alle einer Klasse an und sind deshalb auch innerhalb dieser frei zugänglich. Ich fasse aber noch einmal kurz zusammen: *Zugriffsmodifizierer* steuern den Zugriff auf Klassenmitglieder.

Tabelle 10-2 ▶
Zugriffsmodifizierer und ihre Bedeutung

Zugriffsmodifizierer	Beschreibung
public	Auf Feldvariablen und Methoden kann von überall im Sketch zugegriffen werden. Solche Mitglieder stellen eine *öffentliche Schnittstelle* der Klasse dar.
private	Auf Feldvariablen und Methoden können nur Klassenmitgliedern derselben Klasse zugreifen.

Wenn du eine Klasse deinem Arduino-Projekt hinzufügen möchtest, dann ist es sinnvoll, eine neue Datei zu erstellen, die die Dateiendung *.cpp* erhält, und die Klassendefinition dorthin auszulagern. Wie das funktioniert, wirst du gleich an unserem konkreten Beispiel für die Würfel-Library sehen. Also gedulde dich noch ein wenig.

Ein Klasse benötigt Unterstützung

Du hast jetzt gesehen, was eine Klasse bewirkt und wie du sie formell erstellen kannst. Bisher habe ich dir aber nur die halbe Wahrheit erzählt, denn die Klasse benötigt die Unterstützung einer weiteren, sehr wichtigen Datei. Sie wird *Header-Datei* genannt und enthält die Deklarationen (Kopf- oder Vorabinformationen) für die zu erstellende Klasse. Wenn du *Felder* bzw. *Methoden* in C++ verwenden möchtest, ist es zwingend erforderlich, diese vor der eigentlichen Nutzung dem Compiler bekanntzumachen. Dies erfolgt mittels der Definition der Felder und Funktions- bzw. Methodenprototypen. In der betreffenden Datei werden auch die Reglementierungen über die Zugriffsmodifizierer *public* bzw. *pri-*

vate festgelegt. Der formale Aufbau der *Header-Datei* gleicht dem der Klassendefinition, beinhaltet jedoch keinen ausformulierten Code. Das bedeutet, dass lediglich die *Methoden-Signaturen* Erwähnung finden. Eine *Signatur* besteht lediglich aus den Kopfinformationen mit *Methodenname*, *Rückgabetyp* und *Parameterliste*. Der allgemeine Aufbau lautet:

```cpp
class Name{
public:
    // Public Member
private:
    // Private Member
};
```

Der Bereich zur Definition der der *public* Member folgt im Anschluss an das Schlüsselwort *public*, gefolgt von einem Doppelpunkt. Der Bereich zur Definition der *private* Member folgt im Anschluss an das Schlüsselwort *private*, ebenfalls gefolgt von einem Doppelpunkt. Die *Header-Datei* erhält die Dateiendung *.h*.

Eine Klasse wird zu einem Objekt

Wenn du eine Klasse über die Klassendefinition erst einmal erstellt hast, kannst du sie wie bei der Deklaration einer Variablen als neuen Datentypen verwenden. Dieser Vorgang wird in der OOP *Instanziierung* genannt. Mit der Definition einer Klasse hast du aus programmtechnischer Sicht noch kein existierendes Objekt geschaffen. Die Klassendefinition ist lediglich als eine Art *Schablone* oder *Bauplan* anzusehen, die für die Erzeugung eines oder mehrerer Objekte herangezogen werden kann.

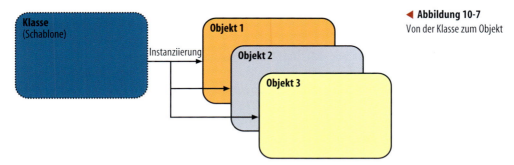

◀ **Abbildung 10-7**
Von der Klasse zum Objekt

Die Instanziierung geschieht in folgender Weise:

```
Klassenname Objektname();
```

> Stopp mal, denn etwas stimmt doch hier nicht. du hast angeführt, dass die Instanziierung eines Objektes der einer ganz normalen Variablendeklaration entspricht. Das habe ich verstanden. Doch ich sehe da hinter dem Namen, den du für das Objekt vergeben hast, noch ein rundes Klammerpaar. Ist das ein doppelter Tippfehler? Doch eher nicht. Was hat das zu bedeuten?

Gut bemerkt, *Ardus*! Das hat natürlich seine Bewandtnis. Ich werde diesem Aspekt ein neues Teilkapitel widmen, denn er ist äußerst wichtig bei der Instanziierung.

Ein Objekt initialisieren – Was ist ein Konstruktor?

Eine Klassendefinition beinhaltet in der Regel einige Feldvariablen, mit denen nach der Instanziierung gearbeitet wird. Damit ein Objekt einen definierten Anfangszustand aufweisen kann, ist es sinnvoll, es zu gegebener Zeit zu initialisieren. Was könnte ein besserer Zeitpunkt für diese *Initialisierung* sein als direkt bei der *Instanziierung*? Auf diese Weise kann sie nicht vergessen werden und bereitet dir später auch keine Probleme bei der Sketch-Ausführung. Wie können wir aber ein Objekt initialisieren? Nun, das geschieht am besten mittels eine Methode, die diese Aufgabe übernimmt.

> Dann muss ich also beim Instanziieren eine Methode mit angeben, der ich bestimmte Werte als Argumente mitgebe. Doch woher weiß ich denn, wie diese Methode lautet?

Du hast Recht, *Ardus*! Wir müssen eine Methode aufrufen und ihr ggf. ein paar Werte mit auf den Weg geben. Doch wie könnten wir diese Methode nennen? Es ist eigentlich ganz einfach und genial gelöst. Die Methode zur Objektinitialisierung trägt den gleichen Namen, wie die Klasse. Da es sich um eine ganz spezielle Methode handelt, hat sie auch einen eigenen Namen bekommen. Sie wird *Konstruktor* genannt. Wie die Bezeichnung vermuten lässt, konstruiert dieser Konstruktor gewissermaßen das Objekt. Da es aber nicht zwingend erforderlich ist, ein Objekt zu Beginn mit bestimmten Werten zu initialisieren, muss er nicht unbedingt eine Parameterliste aufweisen. Er verhält sich dann wie eine Methode, der keine Werte übergeben werden und lediglich das leere Klammerpaar besitzt. Das ist auch die Antwort auf deine Frage bezüglich des runden Klammerpaares, das du bei der Instanziierung gesehen hast.

Du darfst es unter keinen Umständen weglassen bzw. vergessen. Jetzt muss ich doch schon etwas konkreter werden, um dir die Syntax zu zeigen. Hier siehst du den Inhalt der Header-Datei für unsere geplante Würfel-Library:

```
class Wuerfel{
public:
    Wuerfel(); // Konstruktor
    //...
private:
    // ...
};
```

Unterhalb des Zugriffsmodifizierers *public* befindet sich der Konstruktor mit dem gleichen Namen wie der der Klasse. Er besitzt ein leeres Klammerpaar und wird deshalb *Standardkonstruktor* genannt.

> Hast du nicht eben gesagt, dass man dem Konstruktor wie einer Methode ein paar Argumente übergeben kann, um das Objekt zu initialisieren? Das leere Klammerpaar sagt mir aber, dass der Konstruktor keine Werte entgegennehmen kann. Wie soll das denn funktionieren? Die zweite Sache, die mir aufgefallen ist, bezieht sich auf den vermeintlichen Rückgabetyp einer Methode. Du hast beim Konstruktor den Rückgabetyp nicht mit angegeben. Warum hast du ihn weggelassen?

Du hast vollkommen Recht, *Ardus*, wenn du sagst, dass der Konstruktor in dieser Form keine Werte entgegennehmen kann. Das ist eine gute Überleitung zum nächsten Thema. Doch vorher möchte ich dir noch die Antwort auf deine Frage hinsichtlich des fehlenden Rückgabetyps geben. Liefert eine Methode einen Wert an ihren Aufrufer zurück, dann muss natürlich der entsprechende Datentyp mit angegeben werden. Wenn keine Rückgabe erfolgt, wird das Schlüsselwort *void* verwendet. Kommen wir jetzt zu unserem Konstruktor zurück. Er wird nicht explizit durch eine Befehlszeile aufgerufen, sondern implizit durch die Instanziierung eines Objektes. Aus diesem Grund kann auch nichts an einen Aufrufer zurückgeliefert werden, und deshalb hat der Konstruktor nicht einmal den Rückgabetyp *void*.

Die Überladung

Was ich dir jetzt zeige, mag für dich auf den ersten Blick etwas verwirrend sein. Du kannst einen Konstruktor und natürlich auch Methoden mehrfach mit demselben Namen definieren.

> Das kann ich dir aber irgendwie nicht auf Anhieb glauben. Das widerspricht doch dem Grundsatz der Eindeutigkeit. Wenn z.B. eine Methode zweimal in einem Sketch mit demselben Namen vorkommt, wie soll dann der Compiler wissen, welche von beiden aufzurufen ist?

Du hast vollkommen Recht *Ardus*. Aber in diesem Fall spielt nicht nur allein der Name eine entscheidende Rolle, sondern die sogenannte *Signatur*, auf die ich schon einmal zu sprechen gekommen bin. Im folgenden Beispiel zeige ich dir zwei zulässige Konstruktoren mit gleichem Namen, die jedoch abweichende Signaturen aufweisen:

```
Wuerfel();
Wuerfel(int, int, int, int);
```

Der erste Konstruktor repräsentiert den dir schon bekannten Standardkonstruktor mit dem leeren Klammerpaar, der keine Argumente entgegennehmen kann. Der zweite hat eine völlig andere Signatur, denn er kann 4 Werte vom Datentyp *int* aufnehmen. Wenn du nun ein *Wuerfel*-Objekt instanziierst, dann kannst du zwischen zwei Varianten wählen:

```
Wuerfel meinWuerfel();
```

oder

```
Wuerfel meinWuerfel(8, 9, 10, 11);
```

Der Compiler ist so intelligent, dass er erkennt, welchen Konstruktor er aufzurufen hat.

Die Würfel-Library

Die mehr oder weniger kurze Einführung war notwendig, damit du die Erstellung einer Arduino-Library nachvollziehen kannst. Ich möchte das zweite Würfelprojekt als Basis für die Umsetzung einer Library nutzen. Es handelt sich um die verbesserte Variante mit der Ansteuerung der LED-Gruppen. Wir benötigen also zwei Dateien, um die Library erfolgreich zu erstellen.

Die Header-Datei

Ich beginne mit der *Header*-Datei, die lediglich die Prototyp-Informationen enthält und keine ausformulierten Codeinformationen aufweist. Zu Beginn sollte ich mir natürlich ein paar Gedanken über die benötigten *Member* der Klasse machen. Ich benötige zur Ansteuerung der LED-Gruppen *4* digitale Pins, die ich über entsprechende Felder ansteuere:

- pinGruppeA
- pinGruppeB
- pinGruppeC
- pinGruppeD

Diese Informationen werden wir dem Konstruktor, der *4* Parameter des Datentyps *int* besitzt, später bei der Instanziierung mitgeben. Die Felder werden als *private* deklariert, denn sie müssen lediglich intern von einer Methode angesprochen werden, die ich *roll* nenne und die keine Argumente entgegennimmt bzw. auch keinen Rückgabewert liefert. Die Klasse bekommt einen sprechenden Namen, der *wuerfel* lautet.

```
#ifndef Wuerfel_h
#define Wuerfel_h

#if ARDUINO < 100
#include <WProgram.h>
#else
#include <Arduino.h>
#endif

class Wuerfel{
public:
    Wuerfel(int, int, int, int); // Konstruktor
    void roll(); // Methode zum Rollen des Würfels
private:
    int GruppeA; // Feld für LED-Gruppe A
    int GruppeB; // Feld für LED-Gruppe B
    int GruppeC; // Feld für LED-Gruppe C
    int GruppeD; // Feld für LED-Gruppe D
};
#endif
```

Ich habe der Klassendefinition noch einige Zusatzinformationen hinzugefügt, die einer weiteren Erläuterung bedürfen. Die komplette Klasse wurde von dem folgenden Konstrukt ummantelt:

```
#ifndef Wuerfel_h
#define Wuerfel_h
        ...
#endif
```

Da es aufgrund von verschachteltem Code zu Mehrfacheinbindungen kommen kann, hat man sich eine Möglichkeit überlegt, diese zu unterbinden und eine Doppelkompilierung zu verhindern. Der Grund für diese Ummantelung ist die Sicherstellung der einmaligen Einbindung der Header-Datei. Bei den Anweisungen *#ifndef*, *#define* und *#endif* handelt es sich um *Präprozessoranweisungen*. *#ifndef* leitet eine bedingte Kompilierung ein und ist die Abkürzung für *if not defined*, was so viel wie *wenn nicht definiert* bedeutet. Wurde der Begriff *Wuerfel_h* (Name der Header-Datei mit Unterstrich), der als *Makro* bezeichnet wird, noch nicht definiert, dann hole das nun nach und führe die Anweisungen in der Header-Datei aus. Würde die Header-Datei ein zweites Mal aufgerufen, dann wäre das Makro unter dem Namen gesetzt und dieser Teil der Kompilierung wird verworfen. Die *include*-Anweisungen

```
#if ARDUINO < 100
#include <WProgram.h>
#else
#include <Arduino.h>
#endif
```

sind notwendig, um der Library die Arduino-eigenen Datentypen bzw. Konstanten (z.B. *HIGH*, *LOW*, *INPUT* oder *OUTPUT*) bekanntzugeben. An dieser Stelle wird es ein wenig tricky. Alle Arduino-Versionen, die kleiner als die Version *1.0* sind, benötigen eine Header-Datei mit dem Namen *WProgram.h*, wenn es darum geht, z.B. die o.g. Konstanten zu verwenden. Da steckt natürlich noch eine ganze Menge mehr dahinter, doch für dieses Beispiel reicht es erst einmal aus. Die Arduino-Versionsnummer ist übrigens in der Definition *ARDUINO* gespeichert und kann also für die aktuell verwendete Entwicklungsumgebung ausgelesen werden. So gehen wir auch in unserem Fall vor. Ist die Versionsnummer *< 100* (entspricht Version *1.00*), dann soll die ältere Header-Datei *WProgram.h* eingebunden werden. Andernfalls wird die neue Header-Datei *Arduino.h* verwendet. Diese Änderung der Header-Dateien sorgt größtenteils für Unmut und ich bin auch nicht gerade erbaut von dieser Anpassung.

> Bitte verrate mir, warum der Konstruktor bei der Angabe der Parameter lediglich die Datentypen aufweist und der eigentliche Variablen-Name fehlt.

Der Grund hierfür liegt darin, dass wir an dieser Stelle nur die *Prototyp*-Informationen benötigen. Der eigentliche Code befindet sich später in der Klassendatei mit der Endung *.cpp*.

Die Klassendatei

Die eigentliche Code-Implementierung erfolgt mittels der Klassen-Datei mit der Endung *.cpp*:

```cpp
#if ARDUINO < 100
#include <WProgram.h>
#else
#include <Arduino.h>
#endif
#include "Wuerfel.h"
#define WARTEZEIT 20

// Parametrisierter Konstruktor
Wuerfel::Wuerfel(int A, int B, int C, int D){
   GruppeA = A;
   GruppeB = B;
   GruppeC = C;
   GruppeD = D;
   pinMode(GruppeA, OUTPUT);
   pinMode(GruppeB, OUTPUT);
   pinMode(GruppeC, OUTPUT);
   pinMode(GruppeD, OUTPUT);
}
// Methode zum Würfeln
void Wuerfel::roll(){
   int zahl = random(1, 7);
   digitalWrite(GruppeA, zahl%2!=0?HIGH:LOW);
   digitalWrite(GruppeB, zahl>1?HIGH:LOW);
   digitalWrite(GruppeC, zahl>3?HIGH:LOW);
   digitalWrite(GruppeD, zahl==6?HIGH:LOW);
   delay(WARTEZEIT); // Eine kurze Pause einfügen
}
```

Bibliotheken

Damit die Verbindung zur vorher erstellten Header-Datei möglich ist, wird mit der *include*-Anweisung

```
#include "Wuerfel.h"
```

auf sie verwiesen und sie wird beim Kompilieren mit eingebunden. Auch hier ist die *include*-Anweisung

```
#if ARDUINO < 100
#include <WProgram.h>
#else
#include <Arduino.h>
#endif
```

notwendig, um die eben genannten Arduino-Sprachelemente nutzen zu können. Kommen wir jetzt zur Erläuterung des Codes, der ja die eigentliche Implementierungen enthält. Starten wir mit dem Konstruktor:

```
Wuerfel::Wuerfel(int A, int B, int C, int D){
   GruppeA = A;
   GruppeB = B;
   GruppeC = C;
   GruppeD = D;
   pinMode(GruppeA, OUTPUT);
   pinMode(GruppeB, OUTPUT);
   pinMode(GruppeC, OUTPUT);
   pinMode(GruppeD, OUTPUT);
}
```

Wenn du dir die Methode *roll* anschaust, dann wirst du sicherlich bemerken, dass ich sie im Vergleich zum vorherigen Kapitel etwas modifiziert habe.

> Genau, du hast hier das Löschen der aller LEDs, bevor neue angesteuert werden, weggelassen. Das verstehe ich noch nicht so ganz!

Stimmt, *Ardus*! Das ist aber auch gefahrlos möglich, denn die Ansteuerung der einzelnen LED-Gruppen erfolgt über den *Bedingungsoperator ?*, den du schon im Kapitel über die *Statemachine* kennengelernt hast. Dieser Operator liefert bei der Auswertung der Bedingung entweder *LOW* oder *HIGH* zurück, so dass die entsprechende LED-Gruppe immer mit dem richtigen Pegel versorgt wird und ich sie nicht vorher mit *LOW* zurücksetzen muss. Was dich vielleicht noch verwundern wird, ist das Präfix *Wuerfel::* sowohl vor dem Konstruktornamen als auch vor der Methode *roll*. Es handelt sich dabei um den Klassennamen, über den der Compiler erkennt, zu welcher Klasse die Methodendefinition gehört. Die Methode wird durch diese Notation *qualifiziert*. Da das Würfel-Objekt, das wir generieren möchten, 4 LED-Gruppen anzusteuern hat, macht es Sinn, diese Informationen bei der Instanziierung zu übergeben. Natürlich wäre es auch nach der Objekt-Generierung möglich, dies über eine separate Methode, die wir z.B. *Init* nennen würden, zu realisieren. Das birgt aber die Gefahr in sich, dass dieser Schritt möglicherweise vergessen wird. Aus diesem Grund wurde der Konstruktor erfunden. Werfen wir gleich einen kurzen Blick in unseren Sketch, der diese Library nutzt.

Das Anlegen der benötigten Dateien

Ich würde dir vorschlagen, dass du die beiden benötigen Library-Dateien *.h* und *.cpp* unabhängig von der Arduino-Entwicklungsumgebung programmierst. Es bieten sich zahllose Editoren wie z.B. *Notepad++* oder *Programmers Notepad* an. Beide Dateien speicherst du in einem aussagekräftigen Verzeichnis wie z.B. *Wuerfel* ab, das du nach der Fertigstellung in den Arduino-Library-Ordner

```
...\arduino-1.0-rc1\libraries
```

kopierst. Anschließend startest du die Arduino-Entwicklungsumgebung neu und beginnst mit der Programmierung des Sketches.

Syntaxhighlighting für neue Library ermöglichen

Elementare Datentypen, wie z.B. *int*, *float* oder *char* oder auch andere Schlüsselwörter wie z.B. *setup* oder *loop* werden durch die Entwicklungsumgebung farblich hervorgehoben. Es gibt für die Erstellung eigener Libraries eine Möglichkeit, Klassennamen oder Methoden der IDE bekanntzumachen, so dass sie ebenfalls farbig dargestellt werden. Damit das funktioniert, muss im Bibliotheksverzeichnis eine Datei mit dem Namen

```
keywords.txt
```

angelegt werden, die eine bestimmte Syntax aufweisen muss.

Kommentare

Erläuternde Kommentare werden mit dem # Doppelkreuz (*ugs. Lattenzaun*) eingeleitet:

```
# Das ist ein Kommentar
```

Bibliotheken

Datentypen und Klassen (KEYWORD1)

Datentypen oder auch Klassennamen werden in *orange* gekennzeichnet und müssen unter Einhaltung der folgenden Syntax definiert werden:

```
Klassenname KEYWORD1
```

Methoden und Funktionen (KEYWORD2)

Methoden bzw. Funktionen werden in *braun* gekennzeichnet und müssen unter Einhaltung der folgenden Syntax definiert werden:

```
Methode KEYWORD2
```

Konstanten (LITERAL1)

Konstanten werden in *blau* gekennzeichnet und müssen unter Einhaltung der folgenden Syntax definiert werden:

```
Konstante LITERAL1
```

Hier nun der Inhalt der *keywords.txt* Datei für unsere Würfel-Library:

```
#-----------------------------------
# Farbgebung für Wuerfel-Library
#-----------------------------------


#-----------------------------------
# KEYWORD1 für Datentypen bzw. Klassen
#-----------------------------------

Wuerfel   KEYWORD1

#-----------------------------------
# KEYWORD2 für Methoden und Funktionen
#-----------------------------------

roll KEYWORD2

#-----------------------------------
# LITERAL1 für Konstanten
#-----------------------------------
```

Die Nutzung der Library

Befindet sich die Würfel-Library im o.g. Verzeichnis, dann hat das folgenden Vorteil:

◀ **Abbildung 10-8**
Importieren der Würfel-Library

Wenn du dir den letzten Menüpunkt anschaust, dann findest du die programmierte Würfel-Library wieder. Die Bezeichnung *Importieren* ist etwas irreführend, denn eigentlich wird an dieser Stelle überhaupt nichts importiert. Alles, was passiert, ist das Einfügen der folgenden Zeile in dein Sketch-Fenster:

`#include <Wuerfel.h>`

Die *Include*-Zeile ist zwingend notwendig, wenn du auf die Funktionalität der Würfel-Library zugreifen möchtest. Woher sollte der Compiler sonst wissen, auf welche Bibliothek er zugreifen muss. Es werden nicht einfach auf gut Glück alle verfügbaren Libraries eingebunden. Jetzt folgt die Instanziierung, die die Klassendefinition in den Status eines realen Objektes erhebt. Das generierte Objekt *meinWuerfel* wird auch als *Instanzvariable* bezeichnet. Dieser Begriff ist in der Literatur recht häufig anzutreffen.

`Wuerfel meinWuerfel(8, 9, 10, 11);`

Die Übergabewerte *8*, *9*, *10* und *11* stehen für die digitalen Pins, an denen die LED-Gruppen angeschlossen sind. Auf diese Weise wurde dein Würfel-Objekt initialisiert, damit es intern arbeiten kann, wenn die Methode zum Würfeln aufgerufen wird. Die Argumente werden in der angegebenen Reihenfolge übergeben.

Die Nutzung der Library

```
Wuerfel meinWuerfel(8, 9, 10, 11);



Wuerfel::Wuerfel(int A, int B, int C, int D)
{
    ...
}
```

Sie werden in den lokalen Variablen *A*, *B*, *C* und *D* gespeichert, die dann wiederum an die Felder *GruppeA*, *GruppeB*, *GruppeC* und *GruppeD* weitergereicht werden. Jetzt erfolgt der Aufruf der Methode, wenn die Bedingung erfüllt ist, dass am digitalen Eingang ein *HIGH*-Potential anliegt, was über den angeschlossenen Taster gesteuert werden kann.

```
void setup(){
    pinMode(13, INPUT); // Nicht unbedingt notwendigt - klar warum!?
}

void loop(){
    if(digitalRead(13) == HIGH)
            meinWuerfel.roll();
}
```

Du siehst hier auch, dass das Syntaxhighlighting funktioniert, denn sowohl der Klassenname als auch die Methode wurden farblich hervorgehoben. Da die Methode *roll* ein Mitglied der Klassendefinition *Wuerfel* ist, muss beim Aufruf derselben eine Verbindung zur Klasse hergestellt werden. Ein Aufruf über

```
roll();
```

würde auf jeden Fall einen Fehler verursachen. Die Beziehung wird über den sogenannten *Punktoperator* hergestellt, der zwischen Klasse und Methode eingefügt wird und als Bindeglied fungiert.

Wir werden später noch die eine oder andere Library programmieren, die dir oder auch anderen Programmieren nützlich sein können. Außerdem erwirbst du dann ein wenig Praxis im Umgang mit der Programmiersprache C++ und der objektorientierten Programmierung.

Das könnte wichtig für dich sein

Hier ein paar Begriffe für die Suchmaschine, die dir sicherlich weitere interessante Informationen liefern:

- Objektorientierte Programmierung
- OOP
- Arduino Library

Was hast du gelernt?

- Ich gebe zu, dass die Lernkurve in diesem Kapitel etwas steiler geworden ist, doch es ist die Sache wert. Du hast einiges über das neue Programmierparadigma *Objektorientierte Programmierung* erfahren.
- Der Unterschied zwischen einer *Klasse* und einem *Objekt* ist dir jetzt sicherlich geläufig.
- In der *OOP* verwenden wir den Begriff *Methode* anstelle von *Funktion* und *Feld* anstelle von *Variable*.
- Der Konstruktor ist eine Methode mit einer besonderen Aufgabe. Er initialisiert das Objekt, damit ein definierter Ausgangszustand erzielt werden kann.
- Die unterschiedlichen Zugriffsmodifizierer *public* bzw. *private* regeln den Zugriff auf die Objektmitglieder, wobei *private* für die *Kapselung* von Mitgliedern verantwortlich ist.
- Du hast gesehen, über welche Code-Informationen eine *Header-* bzw. *cpp*-Datei verfügen muss.
- Das aus einer Klasse instanziierte Objekt wird auch *Instanzvariable* genannt.
- Um auf Felder bzw. Methoden zugreifen zu können, wird der *Punktoperator* verwendet, der nach dem Namen der Instanzvariablen eingefügt wird und quasi als Bindeglied zwischen beiden fungiert.
- Du hast gelernt, wie eine Arduino-Library erstellt wird und an welche Stelle sie im Dateisystem kopiert werden muss, damit du einen globalen Zugriff auf sie erhältst.
- Zum Abschluss hast du erfahren, wie du bestimmte Methoden als Schlüsselwörter mit farblicher Kennung konfigurieren kannst.

Das Miniroulette

Scope

In diesem Experiment behandeln wir folgende Themen:

- Deklarierung und Initialisierung eines eindimensionalen Arrays
- Programmierung mehrerer Pins als Ausgang (*OUTPUT*)
- Der Befehl *randomSeed()* im Zusammenspiel mit *random()*
- Abfragen eines analogen Eingangs mit dem Befehl *analogRead()*
- Der komplette Sketch
- Analyse des Schaltplans
- Aufbau der Schaltung
- Workshop

Das Roulettespiel

Nachdem du schon mit dem Lauflicht in Berührung gekommen bist, möchte ich dir nun eine weitere, ähnliche Schaltung bzw. Programmierung vorstellen. Du kennst das Spiel *Roulette* bestimmt aus dem Casino bzw. der Spielbank. Es ist das wohl bekannteste Glücksspiel und wir wollen uns hier ein *Mini-Roulette* basteln. Der Sinn des Spiels besteht darin, vorauszusagen, in welchem Feld eine Kugel, die im Roulettekessel im Kreis rotiert, zu liegen kommt. Es gibt unterschiedliche Roulette-Varianten mit einer abweichenden Anzahl von Fächern. Für unser Spiel werden wir *12* LEDs ansteuern, was natürlich etwas weniger als in einem Originalspiel ist. Deswegen nennen wir es ja auch *Mini-Roulette*. Da der Aufbau des Spieles im Hinblick auf die runde Anordnung der LEDs auf einem Breadboard recht mühsam ist und nicht gerade schön aussieht, habe ich mich für eine Frontplatte entschieden, die auf einem Shield angebracht wird. Auf einer solchen Platte aus *Freischaum*, die z.B. für Werbetafeln oder Displays benutzt werden, kann man wunderbar passende Löcher an beliebigen Stellen bohren und ist nicht an die festen Rasterabstände einer Lochrasterplatine gebunden. Du kannst die Platte mit Distanzhülsen oben auf dem Shield platzieren, was wirklich recht gut aussieht. Lass' dich überraschen. Die Detailinformationen findest du im entsprechenden Kapitel über den *Shieldbau*.

Abbildung 11-1 ▶
Frontplatte für das Roulette-Spiel

Aufgrund der Tatsache, dass die Frontplatte nicht übermäßig groß ist, habe ich mich entschieden, kleine LEDs mit einem Durchmesser von *3mm* zu verwenden.

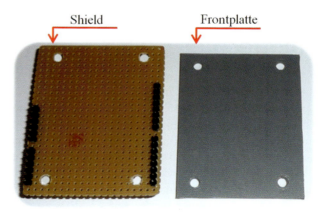

Abbildung 11-2 ▶
Frontplatte für das Roulette-Spiel

In der folgenden Abbildung siehst du die Maße für die Frontplatte:

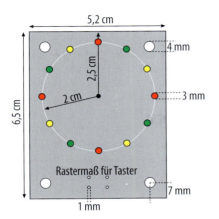

◀ **Abbildung 11-3**
Maße der Frontplatte für das Roulette-Spiel

Benötigte Bauteile

Für dieses Beispiel benötigen wir die folgenden Bauteile:

Benötigte Bauteile	
	12 x LEDs 3mm / je *4* rote, grüne und gelbe
	12 x Widerstand *330*
	1 x Widerstand *10K*
	1 x Taster
	Litze in beliebiger Farbe

Benötigte Bauteile

2 x Stiftleiste mit 6 Pins + 2 x Stiftleiste mit 8 Pins

1 x Shieldplatine

1 x Freischaumplatte, grau (z.B. aus dem Baumarkt: *500 x 250 x 3*)

Sketch-Code

Hier der Sketch-Code zur Ansteuerung des Mini-Roulettes:

```
#define WARTEZEIT 40
#define OBERGRENZE 13
#define THRESHOLD 1000
int pin[] = {2, 3, 4, 5, 6, 7, 8, 9, 10, 11, 12, 13}; // Array für LED´s
int tasterPin = 0, tasterWert = 0;
int letzteZahl = 1;

void setup(){
  randomSeed(analogRead(5));  // Zufallszahlenstart unvorhersehbar
                              // machen
  for(int i = 0; i < 12; i++)
    pinMode(pin[i], OUTPUT);  //Alle Pins als Ausgang programmieren
}

void loop(){
  if(analogRead(tasterPin) > THRESHOLD)
    rouletteStart(random(1, OBERGRENZE)); // Starten des Roulettes
}

void rouletteStart(int zahl){
  digitalWrite(letzteZahl + 1, LOW); // Löschen der letzten LED
  letzteZahl = zahl;                 // Sichern der letzten Zahl (LED)
```

```
  int k = 1;                        // Faktor, um WARTEZEIT zu
                                    // verlängern
  for(int i = 0; i < 6; i++){
    if(i > 2) k++; // Faktor für WARTEZEIT wird inkrementiert
    for(int j = 0; j < 12; j++){
      digitalWrite(pin[j], HIGH);
      if((i == 5)&&(j + 1 == zahl)) break;
      delay(WARTEZEIT * k); // Wartezeit zwischen LED-Wechsel
      digitalWrite(pin[j], LOW);
    }
  }
}
```

> Stopp, Stopp, Stopp! Also, da gibt es wieder eine Stelle im Code, die mir schleierhaft ist. Es geht um die Variablendeklaration in der Zeile int tasterPin = 0, tasterWert = 0;. Ich dachte, dass bei der Deklaration für jede Variable eine eigene Zeile erforderlich sei. Jetzt stehen dort aber zwei Variablen in einer Zeile und für die zweite fehlt die Angabe des Datentyps. Wie funktioniert das denn nun wieder?

Oh, hatte ich das vergessen zu erwähnen? Also gut: Wenn du mehrere Variablen desselben Datentyps deklarieren bzw. initialisieren möchtest, dann kannst du das in einer einzigen Zeile erledigen. Der gewählte Datentyp zu Beginn der Codezeile bezieht sich dann auf alle nachfolgend genannten Variablen, die durch Kommata getrennt aufgelistet werden.

Code-Review

Für unser Experiment benötigen wir programmtechnisch gesehen die folgenden Variablen:

Variable	Aufgabe
pin	Eindimensionales Array, das die Nummern der einzelnen LED-Pins enthält
tasterPin	Enthält die Nummer des Anschlusspins für den Taster. Es handelt sich in diesem Fall um einen *analogen* Pin. Die Erläuterung dazu erfolgt in Kürze
tasterWert	Der Wert des analogen Eingangs am *tasterPin* wird dieser Variablen zugewiesen
letzteZahl	Speichert die zuletzt ermittelte Zufallszahl

◀ **Tabelle 11-1**
Benötigte Variablen und deren Aufgabe

Da wir es in diesem Kapitel mit *12* anzusteuernden LEDs zu tun haben, macht es wieder Sinn, die Nummern der einzelnen Pins in einem Array zu speichern und in der *setup*-Funktion entsprechend als Ausgang zu programmieren.

Das Roulettespiel

> Lass mich mal überlegen. Du hast in einem der letzten Kapitel erwähnt, dass die digitalen Pins *0* für *RX* und *1* für *TX* der seriellen Schnittstelle nach Möglichkeit nicht verwendet werden sollen. Wir haben aber ganze *12* LEDs für das Roulette-Spiel anzusteuern. Das bedeutet, dass uns kein freier Pin mehr für Abfrage des Tasters zur Verfügung steht. Wie können wir das Problem lösen?

Du hast vielleicht schon den Befehl *analogRead* im Sketch-Code ausfindig gemacht. Ihn wollen wir uns jetzt einmal genauer anschauen, denn bisher haben wir lediglich *digitale* Signale verarbeitet. Jetzt wird es also *analog*. Im Gegensatz zu einem *digitalen Signal*, bei dem es nur zwei definierte Pegel (im Idealfall *0V* und *5V*) gibt, kann ein *analoges Signal* beliebige Werte zwischen einem Minimum bzw. einem Maximum aufweisen. Die Syntax des Befehls *analogRead* lautet wie folgt:

Abbildung 11-4 ▶
Der Befehl »analogRead«

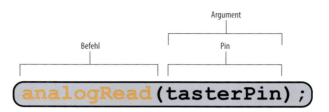

Dir stehen 6 analoge Eingänge zur Verfügung, die unabhängig voneinander ausgelesen werden können. Im Kapitel über die *Programmierung des Arduino-Boards* habe ich schon ein paar Worte über die analogen Ports verloren.

> Eine Sache ist mir sofort aufgefallen. Um einen Pin in einem Sketch zu verwenden, muss man ihn vorher programmieren, damit der Mikrocontroller weiß, ob er als Ein- oder Ausgang zu verwenden ist. Das ist jedoch in unserem Beispiel für den analogen Pin nicht erfolgt. Müssen wir nicht mittels *pinMode*(tasterPin, INPUT) den Pin als Eingang definieren?

Ok, *Ardus*, es gibt einen Sachverhalt, den du noch nicht kennst und den ich noch nicht erwähnt habe: Der Befehl *pinMode* wirkt nur auf die digitalen Pins und nicht auf die analogen. Mit deinem vorgeschlagenen Befehl hättest du den digitalen Pin *0* als Eingang programmiert, doch das wollen wir natürlich nicht! Bei den analogen Eingängen Pin *0* bis *5* handelt es sich um dedizierte Pins, die nur als

Eingänge arbeiten und deshalb keine explizite Programmierung als solche erfordern.

Das könnte für dich wichtig sein

Analoge Eingänge müssen in der *setup*-Funktion nicht eigens als solche programmiert werden, wie das z.B. bei den digitalen Pins mit dem Befehl *pinMode* geschieht. Sie sind von Hause aus als Eingangs-Pins definiert.

Doch nun zum Spiel und der betreffenden Programmierung. Die *12* LEDs sind im Kreis angeordnet und von *1* bis *12* durchnummeriert.

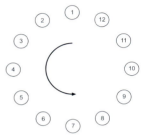

Die Simulation der Kugelrotation beginnt bei LED *1*, endet bei LED *12* und verläuft gegen den Uhrzeigersinn. Es wird mit einer bestimmten Geschwindigkeit gestartet, die dann jedoch immer geringer wird, so wie es bei der Kugel im realen Spiel auch der Fall ist. Irgendwann wird die rotierende Ansteuerung der LEDs gestoppt und es leuchtet nur noch eine LED. Das ist dann die im Roulette ermittelte Zahl. Ich denke, dass die Variablendeklaration bzw. –initialisierung, die *setup*- und die *loop*-Funktion eigentlich soweit klar sein müssten. Kommen wir also zur Arbeitsweise der *rouletteStart*-Funktion, die aufgerufen wird, wenn der Taster betätigt wird. Wenn er nicht gedrückt wird, bekommt der analoge Eingang über den *Pulldown-Widerstand* einen *LOW*-Pegel, was einem Wert von *0* entspricht. Drückst du jetzt den Taster, gelangen *+5V* an den Eingang, was einem Wert von *1023* bzw. *HIGH*-Pegel entspricht. Die *rouletteStart*-Funktion wird aufgerufen, wenn der Wert größer als *1000* ist. Den Wert habe ich deshalb so gewählt, weil analoge Werte nicht immer genau das liefern, was man erwartet. Somit habe ich einen kleinen Sicherheitspuffer eingerichtet. Wir beginnen mit den ersten beiden Zeilen der Funktion. Sie dienen dazu, die letzte generierte Zahl zu speichern und beim nächsten Roulette-Durchgang die entsprechende LED auszuschalten.

```
digitalWrite(letzteZahl + 1, LOW); // Löschen der letzten LED
letzteZahl = zahl;                  // Sichern der letzten Zahl (LED)
```

Die *for*-Schleife übernimmt die Hauptaufgabe der Ansteuerung der LED's.

```
int k = 1;                    // Faktor, um WARTEZEIT zu verlängern
 for(int i = 0; i < 6; i++){
   if(i > 2) k++; // Faktor für WARTEZEIT wird inkrementiert
   for(int j = 0; j < 12; j++){
```

```
    digitalWrite(pin[j], HIGH);
    if((i == 5)&&(j + 1 == zahl)) break;
    delay(WARTEZEIT * k); // Wartezeit zwischen LED-Wechsel
    digitalWrite(pin[j], LOW);
  }
}
```

Die Variable *k* benutzen wir als Faktor, um die Wartezeit zu verlängern. Die Kugel rollt ja in der Realität mit der Zeit auch immer etwas langsamer. Die erste äußere for-Schleife sorgt dafür, dass 6 Runden (0 bis 5) durchlaufen werden, bevor die letzte LED die Roulettezahl anzeigt. denn es soll ja schließlich ein wenig Spannung aufgebaut werden und nicht schon nach einer Runde Schluss sein. Ganz zu Beginn wird 3-mal ohne eine veränderte Zeitverzögerung rotiert. Erst, wenn i > 2 ist, wird der Wert von *k* inkrementiert, also um den Wert 1 erhöht.

```
if(i > 2) k++; // Faktor für WARTEZEIT wird inkrementiert
```

Dann startet die innere *for*-Schleife, um die LED's anzusteuern. Die Zeile

```
if((i == 5)&&(j + 1 == zahl)) break;
```

wird dazu genutzt, um in der letzten Rotationsrunde beim Erreichen der Roulettezahl die innere Schleife durch den *break*-Befehl zu verlassen. Im Schleifenkopf einer *for*-Schleife steht zu Beginn die Anzahl der Durchläufe fest. Doch es gibt eine Möglichkeit, aus solchen gesteckten Grenzen vorzeitig auszusteigen. Schau' dir mal den folgenden kleinen Sketch an:

```
void setup(){
  Serial.begin(9600);
  for(int i = 0; i < 20; i++){
    if(i > 10)
      break;        ← Notausstieg
    Serial.println(i);
  }
  Serial.println("Ende der for-Schleife."); ←
}

void loop(){
  // Kein Code
}
```

Er zaubert folgende Ausgabe in den *Serial-Monitor*:

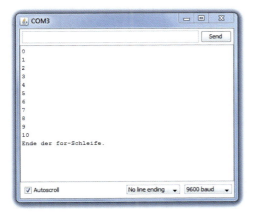

Eigentlich sollte man ja meinen, dass die *for*-Schleife die Werte von *0* bis *19* anzeigt, doch die *break*-Anweisung macht ihr einen Strich durch die Rechnung. Du siehst, das bei einem Wert > *10* der Laufvariablen *i* die Schleife vorzeitig verlassen wird und die Ausführung an *die* Stelle springt, die der Schleife unmittelbar folgt.

> So wie es aussieht, bist du jetzt mit den Erklärungen des Codes durch, richtig!? Aber eine Sache ist dir wohl entgangen. Wie sieht es mit dem Befehl *randomSeed* aus und warum wird irgendein analoger Eingang abgefragt?

Oh *Ardus*, das wäre mir fast durchgerutscht. Danke für den Hinweis! Um eine Zufallszahl zu ermitteln, wird der Befehl *random* verwendet, den du ja schon kennst. Du hast aber auch gelernt, dass es sich dabei nicht um eine richtige Zufallszahl handelt, sondern um eine *Pseudozufallszahl*, die nach einem vordefinierten Algorithmus berechnet wird. Es würden nach dem Start eines Sketches immer die gleichen Zufallszahlen generiert werden, was jedoch sicherlich nicht erwünscht ist. Daher gibt es alternativ den Befehl *randomSeed*, der den Algorithmus zur Generierung der Zufallszahlen quasi initialisiert. Wenn diesem Befehl unterschiedliche Startwerte als Argument übergeben werden, dann erhalten wir auch unterschiedliche Zufallszahl-Sequenzen.

> Das soll doch bestimmt ein Witz sein, oder! Wie soll ich denn diesem Befehl unterschiedliche Initialisierungswerte mit auf den Weg geben? Etwa wieder über eine Zufallszahl mittels *random*-Befehl?

Das Roulettespiel

Da hast du nicht ganz Unrecht, *Ardus*! Aber diesen Zufallswert lassen wir nicht über einen Algorithmus berechnen, sondern über einen Wert an einem analogen Eingang, der nicht beschaltet wurde. Im Normalfall möchtest du sicherlich einen Spannungswert an einem der analogen Eingänge ermitteln, um dann zu sagen: »Ok, ich messe jetzt diesen oder jenen Wert, der genau einem definierten Zustand eines Sensors entspricht.« Wenn ein analoger Eingang jedoch nicht mit einem Sensor verbunden ist, dann reagiert er auf *elektromagnetische Felder*, die uns ständig umgeben und auch auf ihn einwirken. Diese sind aber niemals in konstanter Form vorhanden, sondern unterliegen kontinuierlich einer nicht vorhersehbaren Schwankung. Diesen Umstand nutzten wir, um mit dem Befehl

```
randomSeed(analogRead(5))
```

den analogen Eingang an Pin 5 abzufragen, und den ermittelten Wert als Argument dem Befehl *randomSeed* für die Initialisierung mitzugegeben.

Der Schaltplan

Der Schaltplan ist nicht weiter kompliziert und ähnelt dem für das Lauflicht.

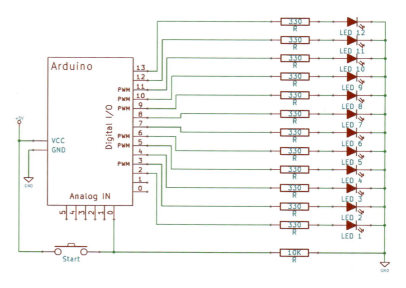

Abbildung 11-5
Das Arduino-Board steuert die 12 LEDs des Roulettespiels an

Projekt 11: Das Miniroulette

Schaltungsaufbau

In der folgenden Abbildung siehst du sowohl das Shield als auch die Frontplatte von hinten. Die Kathodenanschlüsse der *12* LEDs weisen nach außen, so dass ich mit einem Draht, der einen Kreis bildet, alle Anschlüsse erreiche, die dann mit der Masse verbunden werden.

◀ **Abbildung 11-6**
Die Frontplatte von der Rückseite gesehen

Alle Anodenanschlüsse, die nach innen weisen, wurden mit je einem Vorwiderstand verbunden, an denen wiederum die Anschlüsse zu den digitalen Ausgängen führen. Der *Pulldown*-Widerstand hat ebenfalls Platz auf dem Shield gefunden und verbindet den analogen Eingang Pin *0* direkt mit Masse. Über den Taster werden dann – wenn er gedrückt wird – die *+5V* ebenfalls an den analogen Eingang geführt. Jetzt zeige ich dir gleich das Platinen-Sandwich, damit du eine Vorstellung davon bekommst, wie das Ganze zusammengebaut aussieht. Wenn du die Frontplatte mit den Bohrungen für die Schrauben auf die Shieldplatine legst, kannst du ganz einfach dort die Markierungen anbringen, wo sich die Löcher befinden müssen. Als Abstandshalter zwischen Frontplatte und Shield habe ich *Distanzhülsen* verwendet, die du recht günstig bei *Reichelt Elektronik* bestellen kannst.

◀ **Abbildung 11-7**
Distanzhülse
(DK 15mm, Kunststoff)

Das Roulettespiel

Hier siehst du das fertig zusammengebaute Frontplatten/Shield-Sandwich. Um die beiden Platten miteinander zu verbinden, habe ich *M3*-Schrauben mit einer Länge von *30mm* auf die Länge von ca. *23mm* gekürzt. Passender gibt es sie meines Wissens wohl nicht.

Abbildung 11-8 ▶
Das Platinen-Sandwich

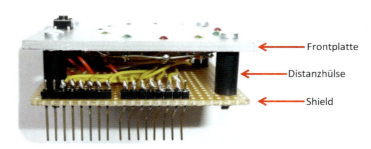

Troubleshooting

Falls die LEDs nach dem Druck auf den Taster nicht der Reihe nach blinken oder sie überhaupt nicht leuchten, trenne das Board sicherheitshalber vom USB-Anschluss und überprüfe bitte Folgendes:

- Entsprechen deine Steckverbindungen auf dem Breadboard wirklich der Schaltskizze?
- Gibt es eventuell Kurzschlüsse untereinander?
- Wurden die LEDs richtig herum eingesteckt? Stimmt die Polung?
- Haben die Widerstände die korrekten Werte?
- Weist der Sketch-Code Fehler auf?
- Hat sich ein Verkablungsfehler eingeschlichen, der bei *12* LEDs ja durchaus im Bereich des Möglichen liegt?

Was hast du gelernt?

- Du hast gelernt, wie man einen analogen Eingang mit dem Befehl *analogRead* abfragt.
- Du weißt nun, dass bei einem analogen Eingang keine explizite Programmierung innerhalb der *setup*-Funktion erforderlich ist, wie sie zum Beispiel bei einem digitalen Pin mit dem Befehl *pinMode* erfolgt.

- Mit dem Befehl *randomSeed* kannst du die Generierung der Zufallszahlen über *random* initialisieren, damit nicht immer die gleichen Zufallszahlen berechnet werden.
- Mit dem *break*-Befehl kannst du eine Schleife vorzeitig verlassen, wenn eine definierte Zusatzbedingung erfüllt wird.
- Ein offener analoger Eingang liefert nicht vorhersehbare Werte, die in Abhängigkeit von den entsprechenden elektromagnetischen Feldern der Umgebung variieren können.

Workshop

Nutze doch den Aufbau mit den *12* LEDs zur Anzeige der dich umgebenen elektromagnetischen Felder. Je höher der gemessene Wert an einem analogen Eingang ist, desto mehr LEDs sollen leuchten. Verwende einfach einen Draht, der als Antenne dient, und verbinde ihn mit einem analogen Eingang. Führe einige Versuche mit dieser Schaltung in deinem häuslichen Umfeld durch. Was könnte eine elektromagnetische Strahlung verursachen?

- Ein Mikrowellengerät
- Ein Röhrenfernsehgerät
- Ein Telefon oder Handy
- Ein stromdurchflossener Leiter wie z.B. ein Netzkabel (Führe diesen Versuch nur kontaktlos durch und komme niemals auf die Idee, den Antennendraht mit einem stromführenden Leiter zu verbinden. Es besteht Lebensgefahr für dich und dein Arduino-Board!)
- Elektrische Geräte wie Computer, Drucker, etc.

Ich werde dir an dieser Stelle einen interessanten Befehl vorstellen, der es dir ermöglicht, einen Wertebereich in einen anderen umzuwandeln. Dieser Befehl heißt *map* und steht für *mapping* (Zuordnung). Aber was macht er genau? Die folgende Grafik veranschaulicht den Mapping-Vorgang. Es soll ein Eingangs-Wertebereich, der sich von *0* bis *1023* erstreckt, auf den neuen Ausgangs-Wertebereich von *0* bis *11* umgerechnet werden.

Abbildung 11-9 ▶
Was geschieht beim Mapping?

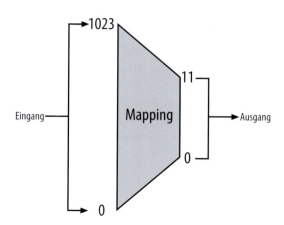

Auf der linken Seite siehst du einen Eingang. Dort strömen Werte in einem Bereich von *0* bis *1023* herein, die einem analogen Wert entsprechen. Uns stehen jedoch nicht *1023* LEDs zur Verfügung, wobei jede LED einem Spannungswert entsprechen würde. Da wir nur *12* LEDs haben, muss der am Eingang zur Verfügung stehende Wertebereich geschrumpft werden. Diese Aufgabe übernimmt der *map*-Befehl. Die Syntax lautet wie folgt:

Abbildung 11-10 ▶
Der Befehl »map«

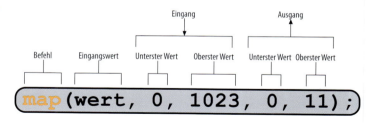

Der Rückgabewert des Befehls *map* ist der neu berechnete Wert. Hier ein Beispiel für die Verwendung:

```
int ledWert = map(wert, 0, 1023, 0, 11);
```

Projekt 11: Das Miniroulette

Lichtsensoren

Projekt 12

Scope

In diesem Experiment behandeln wir folgende Themen:

- Lichtmengenmessung über einen lichtempfindlichen Widerstand (LDR)
- Programmierung mehrerer Pins als Ausgang (OUTPUT)
- Abfragen eines analogen Eingangs mit dem Befehl *analogRead()*
- Der komplette Sketch
- Analyse des Schaltplans
- Aufbau der Schaltung
- Kommunikation mit *Processing*
- Workshop

Der Lichtsensor

In diesem Kapitel wollen wir eine Schaltung aufbauen, die in der Lage ist, auf äußere Einflüsse bzw. Gegebenheiten zu reagieren. Die wohl markantesten Umweltwerte, die ständig auf uns einwirken, sind *Temperatur* und *Helligkeit*. Beide können von Mensch zu Mensch unterschiedlich wahrgenommen werden und sind subjektive Eindrücke. Der eine empfindet es als angenehm warm und der andere bekommt vor Kälte eine Gänsehaut. Natürlich gibt es Geräte bzw. Sensoren, die Temperatur und Helligkeit objektiv messen. Widmen wir uns in unserer nächsten Schaltung der Helligkeit, die wir über einen lichtempfindlichen Widerstand, auch *LDR* (**L**ight **D**ependent **R**esistor) genannt, messen wollen. Es handelt sich dabei um einen Halbleiter, dessen Widerstandswert lichtabhängig ist. Je größer die Lichtmenge ist, die auf den *LDR* trifft, desto *geringer* wird der Widerstand. Unsere Schaltung soll in Abhängigkeit vom Helligkeitswert eine Reihe von LEDs ansteuern, die dann mehr oder weniger leuchten. Die Schaltung gleicht der für unser Lauflicht, wobei die Ansteuerung der einzelnen LEDs jedoch nicht nacheinander durch eine Schleife erfolgt, sondern durch eine Logik, die die Helligkeit am lichtempfindlichen Widerstand auswertet.

Benötigte Bauteile

Für dieses Beispiel benötigen wir die folgenden Bauteile:

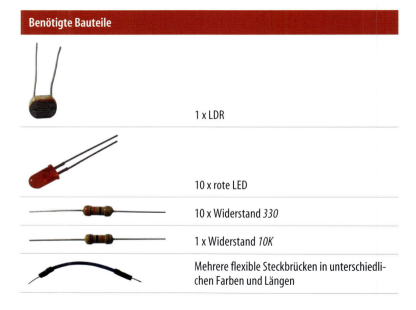

Benötigte Bauteile	
	1 x LDR
	10 x rote LED
	10 x Widerstand *330*
	1 x Widerstand *10K*
	Mehrere flexible Steckbrücken in unterschiedlichen Farben und Längen

Sketch-Code

```
int pin[] = {2, 3, 4, 5, 6, 7, 8, 9, 10, 11}; // Pin-Array
int analogPin = 0;   // Pin des analogen Eingangs
int analogWert = 0; // Speichert gemessenen Analogwert

void setup(){
  for(int i = 0; i < 10; i++)
    pinMode(pin[i], OUTPUT);
}

void loop(){
  analogWert = analogRead(analogPin);
```

```
    steuereLEDs(analogWert);
}

// Funktion zum Ansteueren der LED´s
void steuereLEDs(int wert){
  int bargraphWert = map(wert, 0, 1023, 0, 9);
  for(int i = 0; i < 10; i++)
    digitalWrite(pin[i], (bargraphWert >= i)?HIGH:LOW);
}
```

Code-Review

Für unser Experiment benötigen wir programmtechnisch gesehen die folgenden Variablen:

Variable	Aufgabe
pin[]	Speichert die Pinnummern zur Ansteuerung der 10 LEDs
analogPin	Pinnummer für den analogen Eingang
analogWert	Speichert den gemessenen analogen Wert

◀ **Tabelle 12-1**
Benötigte Variablen und deren Aufgabe

Da wir es wieder mit vielen LEDs zu tun haben, bietet sich ein LED-Array an, das in *pin[]* gespeichert wird. Die *loop*-Funktion liest kontinuierlich den Wert am analogen Eingang Pin *0*. Die Funktion *steuereLEDs* wird im Anschluss mit dem gemessenen Wert aufgerufen und ist für die Ansteuerung der einzelnen LEDs zuständig. Die Auflösung jedes analogen Eingangs beträgt *10*-Bit und es können dort Werte im Bereich von *0* bis *1023* gemessen werden. Da ich für unser Beispiel jedoch lediglich *10* LEDs verwende, müssen wir den zu großen Eingangswertebereich in ein für uns passenden Ausgangswertebereich von *0* bis *9* (*10* LEDs) umrechnen. Die *map*-Funktion leistet uns wieder gute Dienste. Das entsprechende Ergebnis wird in der Variablen *bargraphWert* abgelegt. Im Anschluss wird jede einzelne LED angesteuert und mit dem aktuell ermittelten *bargraphWert* verglichen. Ist dieser größer als die gerade angesteuerte Pinnummer der LED, dann wird er auf *HIGH* gesetzt, andernfalls auf *LOW*. Je höher der Wert ist, desto mehr LEDs leuchten.

Der Schaltplan

Der Schaltplan sieht dem für das Lauflicht zum Verwechseln ähnlich, hat aber noch eine Erweiterung, die das Messen der Lichtstärke ermöglicht:

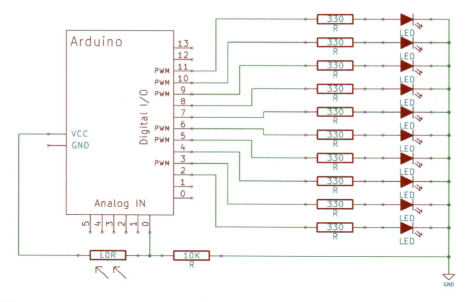

Abbildung 12-1
Die Schaltung für die
Lichtmengenmessung

Was ein Spannungsteiler ist, das hast du schon gesehen.

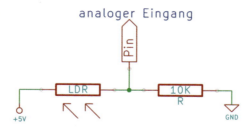

Die beiden Widerstände (*LDR* und *10K*) bilden einen *Spannungsteiler*, wobei der mittlere Abgriff an den analogen Eingang des Arduino-Boards geführt wird. In Abhängigkeit von der vorliegenden Helligkeit am LDR ändern sich die Widerstandsverhältnisse bzw. die Spannungsverhältnisse. Am größeren Widerstand fällt naturgemäß auch die größere Spannung ab. Wird der Widerstand des *LDR* durch mehr Lichteinfluss geringer, fällt an ihm weniger Spannung ab. Das heißt aber, dass am *10K* Widerstand ein höheres Spannungspotential anliegt, das dem analogen Eingang zur Verfügung steht. Wir messen einen größeren Wert an diesem Pin, was bedeutet, dass mehr LEDs aufleuchten. Wenn weniger Licht auf den *LDR* fällt, kehrt sich dieser Vorgang um.

> Erkläre mir das bitte noch einmal. Wenn am größeren Widerstand mehr Spannung abfällt, dann muss doch bei einem verdunkelten LDR die größere Spannung am analogen Eingang anliegen.

Ich verstehe dein Problem, *Ardus*. Schau' her, ich erläutere es dir anhand der folgenden Abbildungen:

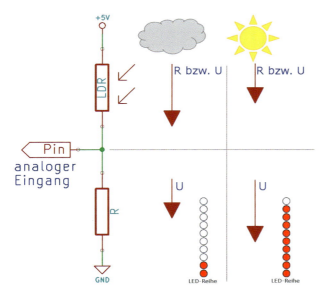

◀ **Abbildung 12-2**
Widerstände bzw. Spannungspotentiale bei unterschiedlichen Lichtverhältnissen

Die Länge der Pfeile geben die Größe des Spannungspotentials an. Wenn es bewölkt ist, dann ist der Widerstand bzw. die Spannung am LDR hoch. Scheint dagegen die Sonne, so sind Widerstand und die Spannung gering. Da jedoch nur 5V für den Spannungsteiler zur Verfügung stehen, bleibt für den Spannungsabfall am unteren Widerstand immer nur der Rest übrig. Dieser wird dem analogen Eingang gegen Masse gemessen zugeführt.

Das könnte wichtig für dich sein

Hier ein paar Begriffe für die Suchmaschine, die dir sicherlich weitere interessante Informationen liefern:

- LDR
- Fotowiderstand
- Lichtabhängiger Widerstand

Der Lichtsensor

Schaltungsaufbau

Abbildung 12-3 ▶
Aufbau der Sensorenschaltung mit Fritzing

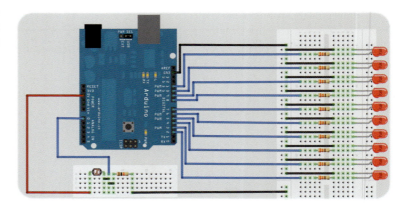

Auf dem Breadboard befinden sich auf der rechten Seite die 10 LEDs zur Anzeige der Lichtstärke und unterhalb des Arduino-Boards der Spannungsteiler mit LDR und Festwiderstand.

Abbildung 12-4 ▶
Der Schaltungsaufbau der Lichtsensorenschaltung

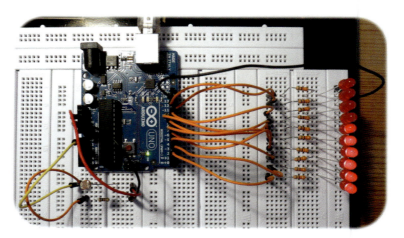

Wir werden kommunikativ

Es ist zwar in meinen Augen recht interessant, bei unterschiedlichen Lichtverhältnissen das Spiel der LEDs zu beobachten, doch der zeitliche Verlauf ist über eine längere Periode nur schwer zu erkennen. Aus diesem Grund möchte ich dir in diesem Kapitel ein Projekt vorstellen, das dir sicherlich noch mehr Spaß machen wird, da es auch etwas für das Auge bietet. Die Programmiersprache *Pro-*

cessing bietet sich gerade dazu an, wenn es darum geht, Grafiken zu generieren. Du findest die Entwicklungsumgebung für die Programmiersprache *Processing* auf der Internetseite *http://processing.org/*. Das Schöne daran ist, dass du, genau wie bei *Arduino*, lediglich die heruntergeladene Datei in ein Verzeichnis entpacken musst. Eine Installation ist nicht erforderlich. Was in anderen Programmiersprachen wie z.B. C/C++ oder C# viel Programmieraufwand bedeutet, geht bei *Processing* locker und flockig von der Hand. Falls ich dich mit den folgenden Seiten im Buch neugierig gemacht habe, möchte ich dich auf mein Buch *Processing* aufmerksam machen, das ebenfalls im O'Reilly Verlag erschienen ist. Dort findest du viele interessante Beispiele, die ebenfalls in lockerer Manier präsentiert werden. Damit du siehst, was dich gleich erwartet, möchte ich dir zu Beginn direkt einmal die Ausgabe im Grafikfenster von *Processing* zeigen.

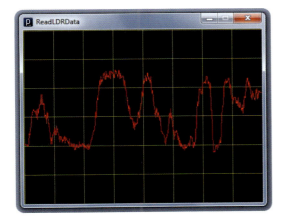

◀ **Abbildung 12-5**
Grafikausgabe der Lichtmengenwerte im Grafikfenster von Processing

Die angezeigten Werte werden ständig aktualisiert, wobei die Kurve von rechts nach links über das Fenster wandert. Aktuelle Werte werden auf der rechten Seite eingeschoben und alte Werte verschwinden links aus dem Fenster.

Kannst du mir verraten, wie zwei unterschiedliche Programmiersprachen Daten untereinander austauschen können?

Dazu wollte ich gerade kommen, *Ardus*. Es muss also eine gemeinsame Basis geben, die zur Verständigung untereinander festgelegt wird. Die serielle Schnittstelle ist dir ja schon ein Begriff. Fast jede Programmiersprache beherbergt in ihrem Sprachvorrat Befehle zum Senden bzw. Abfragen dieser Schnittstelle. In unserem Beispiel gibt

Wir werden kommunikativ

es einen *Sender* und einen *Empfänger*. Die Kommunikation erfolgt *unidirektional*, was *In-Eine-Richtung* bedeutet. Die serielle Schnittstelle ist zwar in der Lage, in beide Richtungen quasi gleichzeitig zu kommunizieren, doch wir beschränken uns auf *Oneway*.

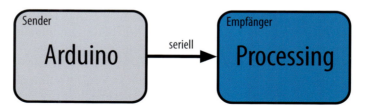

Das einzige, was dein Arduino-Board tun soll, ist die Messwertaufnahme und das Verschicken der Daten über die serielle Schnittstelle. Leichter gesagt als getan!? Nein, wirklich nicht, denn die meiste Rechenarbeit erfolgt auf der Seite von *Processing*. Doch gehen wir zunächst einmal auf die Senderseite ein und schauen uns an, was Arduino zu tun hat.

Arduino der Sender

Um den Helligkeitswert an die serielle Schnittstelle zu schicken, benötigst du auf Hardwareseite lediglich den Spannungsteiler mit *LDR* und *10K*-Festwiderstand, der am analogen Eingang Pin *0* angeschlossen ist. Der Sketch sieht dann folgendermaßen aus:

```
void setup(){
  Serial.begin(9600);
}

void loop(){
  Serial.println(analogRead(0));
}
```

Dann wollen wir mal sehen, was das bisschen Code so macht. In der *setup*-Funktion wird die serielle Schnittstelle für die Übertragung vorbereitet. Die ersten Berührungspunkte mit der objektorientierten Programmierung hattest du im Kapitel über den elektronischen Würfel das Erstellen einer eigenen Library. Die serielle Schnittstelle wird als ein programmtechnisches *Objekt* angesehen, das sich *Serial* nennt. Ihm stehen einige Methoden zur Seite, von denen wir jetzt Gebrauch machen wollen.

Die Methode zum Initialisieren der Schnittstelle lautet *begin* und nimmt einen Wert entgegen, der die Geschwindigkeit der Übertragung bestimmt. In unserem Fall ist das *9600*. Kartoffeln pro Quadratmeter oder was? Nein, es handelt sich um eine Angabe, die die Maßeinheit *Baud* hat und die Schrittgeschwindigkeit angibt. *1 Baud* bedeutet *1* Zustandsänderung / Sekunde. Für nähere Informationen verweise ich auf die Fachliteratur bzw. das Internet. Die zweite Methode, die wir verwenden möchten lautet *println*. Sie sendet den ihr übergebenen Wert an die serielle Schnittstelle. In unserem kurzen Sketch ist es der Wert des analogen Pins *0*. Die Abfrage des analogen Pins und die Übertragung an die Schnittstelle erfolgt kontinuierlich innerhalb der *loop*-Funktion.

Achtung

Damit eine erfolgreiche Kommunikation zwischen Sender und Empfänger stattfinden kann, muss bei beiden Stationen die gleiche Übertragungsrate eingestellt sein.

Du kannst die Übertragung der ermittelten Werte in Echtzeit mitverfolgen, im einfachsten Fall, indem du den *Serial Monitor* der Entwicklungsumgebung öffnest.

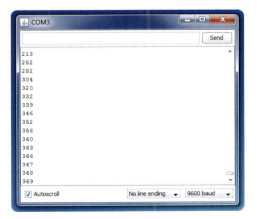

◀ **Abbildung 12-6**
Ausgabe der Daten im Serial Monitor

Natürlich funktioniert das auch mit jedem anderen Terminalprogramm, das Zugriff auf die serielle Schnittstelle erhält. Achte auch hier auf die korrekte Einstellung der Übertragungsrate, die du in der rechten unteren Ecke des Fensters vornehmen kannst.

Processing der Empfänger

Kommen wir jetzt zum eigentlichen Programm, das die Hauptaufgabe übernimmt, nämlich uns die empfangenen Werte grafisch darzustellen. Der Code ist etwas umfangreich und wer sich eingehender mit ihm auseinandersetzen möchte, den verweise ich auf mein schon erwähntes Buch über *Processing*. Dennoch möchte ich dir eine kurze Beschreibung liefern, damit du nicht ganz im Regen stehst.

```
import processing.serial.*;

Serial meinSeriellerPort;
int xPos = 1;
int serialValue;
int[] yPos;

void setup(){
  size(400, 300);
  println(Serial.list());
  meinSeriellerPort = new Serial(this, Serial.list()[0], 9600);
  meinSeriellerPort.bufferUntil('\n');
  // set inital background
  background(0);
  yPos = new int[width];
}

void draw(){
  background(0);
  stroke(255, 255, 0, 120);
  for(int i=0; i < width; i+=50)
    line(i, 0, i, height);
  for(int i=0; i < height; i+=50)
    line(0, i, width, i);
  
  stroke(255, 0, 0);
  strokeWeight(1);
  int yPosPrev = 0, xPosPrev = 0;
  println(serialValue);
  // Arraywerte nach links verschieben
  for(int x = 1; x < width; x++)
```

```
    yPos[x-1] = yPos[x];
  // Anhängen der neuen Mauskoordinate
  // am rechten Ende des Arrays
  yPos[width - 1] = serialValue;
  // Anzeigen des Arrays
  for(int x = 0; x < width; x++){
    if(x >0)
      line(xPosPrev, yPosPrev, x, yPos[x]);
    xPosPrev = x;         // Speichern der letzten x-Position
    yPosPrev = yPos[x]; // Speichern der letzten y-Position
  }
}

void serialEvent(Serial meinSeriellerPort){
  String portStream = meinSeriellerPort.readString();
  float data = float(portStream);
  serialValue = height - (int)map(data, 0, 1023, 0, height);
}
```

In *Processing* gibt es ebenfalls zwei Hauptfunktionen, die denen von Arduino gleichen:

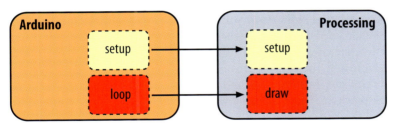

◀ **Abbildung 12-7**
Der direkte Vergleich der beiden Hauptfunktionen

Die *setup*-Funktion wird in Processing ebenfalls einmalig zu Beginn des Sketch-Starts aufgerufen und dient zum Initialisieren von Variablen. Bei der *draw*-Funktion handelt es sich genau wie bei der *loop*-Funktion in Arduino um eine Endlosschleife, die ihre Bezeichnung dem Umstand schuldet, dass sie zum Zeichnen (*engl: drawing*) der grafischen Elemente im Ausgabefenster genutzt wird. Bevor du in Processing die serielle Schnittstelle ansprechen kannst, musst du mit der Zeile

```
import processing.serial.*;
```

ein Paket der Sprache *Java* importieren. Ja, du hast richtig gehört! *Processing* ist eine *Java*-basierte Sprache, im Gegensatz zu Arduino, wo es um *C* bzw. *C++* geht. Beide Sprachen haben aber eine sehr ähnliche Syntax und deswegen fällt das Programmieren in Processing nicht schwer, wenn du dich mit C bzw. C++ auskennst. Mit der Zeile

```
println(Serial.list());
```

gibt dir Processing eine Liste aller zur Verfügung stehenden seriellen Schnittstellen aus. Die Ausgabe im Nachrichtenfenster sieht bei mir wie folgt aus:

```
Native lib Version = RXTX-2.1-7
Java lib Version   = RXTX-2.1-7
[0] "COM3"
[1] "COM4"
```

Sie zeigt an, dass zwei serielle Ports zur Verfügung stehen. Da Arduino auf dem ersten Port *COM3* arbeitet und den Listeneintrag [0] besitzt, trage ich diesen Index in der darauffolgenden Zeile ein:

```
meinSeriellerPort = new Serial(this, Serial.list()[0], 9600);
```

Es wird dadurch ein neues serielles Objekt generiert, das in Processing mit dem Schlüsselwort *new* instanziiert wird. Du siehst, dass auch hier der Wert *9600* auftaucht, der mit dem Wert im Arduino-Sketch korrespondieren muss. In der *draw*-Funktion werden nun alle grafischen Elemente wie das Hintergrundraster und die Kurve gezeichnet. In der *serialEvent*-Funktion laufen die übermittelten Werte des Arduino auf und werden in der Variablen *serialValue* gespeichert. Diese Variable wird in der *draw*-Funktion zum Zeichnen der Kurve genutzt.

Achtung

Wenn du ein Terminalprogramm wie z.B. des *Serial-Monitor* geöffnet hast, um dir die Werte anzeigen zu lassen, die Arduino verschickt, dann bekommst du Probleme, wenn du gleichzeitig in Processing die grafische Anzeige der Werte starten möchtest. Der entsprechende *COM*-Port wurde durch das Terminalprogramm exklusiv gesperrt und dadurch ist kein weiterer Zugriff durch ein anderes Programm möglich. Schließe also ggf. vorher dein Terminalprogramm, bevor du Processing mit der Auswertung der Daten startest.

Troubleshooting

Falls die einzelnen LEDs keine Reaktion auf Lichtverhältnisänderungen zeigen oder später im Ausgabefenster von Processing bei unterschiedlichen Lichtverhältnissen keine Veränderung des Kurvenverlaufs zu beobachten ist, kann das mehrere Gründe haben:

- Überprüfe bei deiner Steckverbindungen auf dem Breadboard, ob sie wirklich der Schaltung entsprechen.
- Achte auf etwaige Kurzschlüsse untereinander.
- Haben die Widerstände die korrekten Werte?
- Wurden alle LEDs korrekt gepolt?
- Überprüfe noch einmal den Sketch-Code auf Arduino- und auf Processingseite auf Richtigkeit.
- Öffne den *Serial-Monitor* der Arduino-IDE, um dich zu vergewissern, dass auch bei unterschiedlichen Lichtverhältnissen abweichende Werte an die serielle Schnittstelle übergeben werden. Im Processing-Code kannst du der *draw*-Funktion die Zeile *println(serialValue)* hinzufügen, damit die (hoffentlich empfangenen) Werte ebenfalls im Nachrichtenfenster von Processing angezeigt werden.
- Achte darauf, dass die verwendete serielle Schnittstelle nicht durch einen anderen Prozess blockiert wird und nur Processing darauf zugreift.

Was hast du gelernt?

- Du hast gelernt, wie man einen analogen Eingang mit dem Befehl *analogRead* abfragt, an den ein lichtempfindlicher Widerstand (LDR) angeschlossen ist.
- Ein Spannungsteiler dient dazu, eine angelegte Spannung in einem bestimmten Verhältnis aufzuteilen. Diese Eigenschaft haben wir dazu genutzt, dem analogen Eingang eine von der Lichtstärke abhängige Spannung zuzuführen.
- Du hast gesehen, wie du über die serielle Schnittstelle Daten zwischen zwei Programmen austauschen kannst. Der Sender war hier das Arduino-Board und der Empfänger ein Processing-Sketch, der die empfangenden Daten visuell in Form eines Kurvenverlaufes dargestellt hat.

Workshop

Entwickle einen Arduino-Sketch, der z.B. beim Erreichen eines bestimmten Schwellenwertes alle angesprochenen LEDs regelmäßig blinken lässt, um dir zu signalisieren, dass jetzt ein kritischer Zustand erreicht ist und du Sonnencreme mit Lichtschutzfaktor 75+ auftragen musst.

Der Richtungsdetektor

Projekt 13

Scope

In diesem Experiment behandeln wir folgende Themen:

- Lichtmengenmessung über zwei lichtempfindliche Widerstände (LDRs)
- Abfragen zweier analoger Eingänge mit dem Befehl *analogRead()*
- Der komplette Sketch
- Analyse des Schaltplans
- Aufbau der Schaltung
- Kommunikation mit *Processing*
- Workshop

Der Richtungsdetektor

Dieses Kapitel baut auf das vorangegangene auf und du du solltest dieses daher nach Möglichkeit zuerst durcharbeiten. Wir wollen jetzt zwei lichtempfindliche Widerstände so anordnen, dass sie sich auf horizontaler Ebene in einem bestimmten Abstand voneinander befinden, wie du du es in der folgenden Grafik sehen kannst.

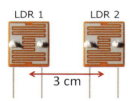

Du fragst dich jetzt bestimmt, was diese Anordnung zu bedeuten hat. Ganz einfach: Ich möchte eine Lichtquelle, wie z.B. eine Taschenlampe, an den beiden LDRs vorbeibewegen und diese Bewegung soll in einem *Processing*-Fenster sichtbar gemacht werden. Was bedeutet das für das Widerstandsverhalten der einzelnen LDRs? Schauen wir uns die Sache einmal genauer an. Wir haben schon gesehen, dass der Widerstand eines LDR immer weiter abnimmt, je mehr Licht darauf fällt. Spielen wir einfach mal ein paar markante Szenarien durch.

Fall 1

Im ersten Beispiel befindet sich die Lichtquelle in einer bestimmten Entfernung genau zwischen den bei beiden LDRs. Das bedeutet, dass beide genau die gleiche Lichtmenge empfangen und beide ungefähr den gleichen Widerstand aufweisen müssten. Durch Bauteiltoleranzen verhalten sich zwei identische LDRs aber nicht immer gleich. Das ist jedoch für unsere Schaltung erst einmal nicht weiter von Bedeutung.

Abbildung 13-1 ▶
Die Lichtquelle befindet sich genau zwischen LDR 1 und LDR 2

Wir können deshalb Folgendes feststellen:

$$R_{LDR\ 1} = R_{LDR\ 2}$$

Fall 2

Im zweiten Beispiel befindet sich die Lichtquelle in geringerer Entfernung zu *LDR 1* als zu *LDR 2*. Das bedeutet, dass *LDR 1* eine größere Lichtmenge empfängt als *LDR 2* und er dementsprechend einen kleineren Widerstand aufweist als sein Nachbar, der hier zu seiner Rechten positioniert wurde.

Abbildung 13-2 ▶
Die Lichtquelle befindet sich in geringerem Abstand zu LDR 1 als zu LDR 2.

Wir können deshalb Folgendes feststellen:

$R_{LDR\,1} < R_{LDR\,2}$

Fall 3

Im dritten Beispiel befindet sich die Lichtquelle in einer geringeren Entfernung zu *LDR 2* als zu *LDR 1*. Das bedeutet, dass *LDR 2* eine größere Lichtmenge empfängt als *LDR 1* und er dementsprechend einen kleineren Widerstand aufweist als sein Nachbar, der hier zu seiner Linken positioniert wurde.

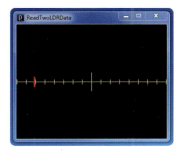

◀ **Abbildung 13-3**
Die Lichtquelle befindet sich in geringerem Abstand zu LDR 2 als zu LDR 1.

Wir können deshalb Folgendes feststellen:

$R_{LDR\,1} > R_{LDR\,2}$

Um dich nicht zu lange auf die Folter zu spannen, zeige ich dir gleich das Ausgabefenster in *Processing*. Da macht das Zusammenspiel von Arduino und Processing richtig Spaß, denn ermittelte Messwerte sind sofort sichtbar und Änderungen zeigen unmittelbar ihre Auswirkung.

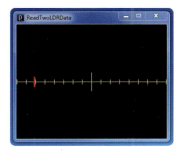 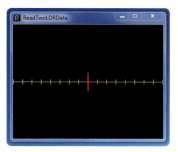 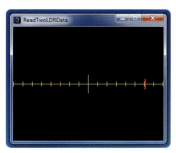

▲ **Abbildung 13-4**
Anzeige der Lichtquellenpositionen in Processing

Ich zeige dir mal den Versuchsaufbau mit den beiden LDRs. Sie wurden auf eine kleine Lochrasterplatine im seitlichen Abstand von *3 cm* gelötet. Natürlich kannst du du sie auch auf dem Breadboard

Der Richtungsdetektor

positionieren, wie du du das später auch in einer anderen Abbildung sehen wirst.

Abbildung 13-5 ▶
Die beiden LDRs auf einer Lochrasterplatine

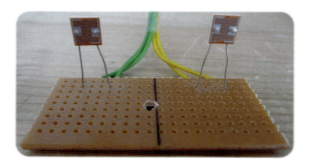

Benötigte Bauteile

Für dieses Beispiel benötigen wir die folgenden Bauteile:

Benötigte Bauteile	
	2 x die gleiche LDR
	2 x Widerstand *10K*
	Mehrere flexible Steckbrücken in unterschiedlichen Farben und Längen

> Bevor du du hier weiter machst, habe ich eine kurze Frage: Wenn ich das richtig sehe, müssen bei diesem Versuchsaufbau zwei Sensorwerte verarbeitet und auch an Processing übertragen werden. Wie funktioniert das mit der seriellen Schnittstelle? Werden diese beiden Werte nacheinander übertragen und wie kann Processing diese unterscheiden?

Die Überlegungen, die du du anstellst, sind recht gut, *Ardus*! Du liegst vollkommen richtig, wenn du erkennst, dass zwei voneinander unabhängige Sensorwerte verarbeitet werden müssen. Aber es wird trotzdem lediglich nur ein Wert an Processing geschickt. Das klingt vielleicht etwas seltsam, doch es wird dir gleich ganz klar sein.

Projekt 13: Der Richtungsdetektor

Arduino-Sketch-Code

```
int analogWertPin0;
int analogWertPin1;

void setup(){
  Serial.begin(9600);
}

void loop(){
  int messwert;
  analogWertPin0 = analogRead(0);
  analogWertPin1 = analogRead(1);
  messwert = analogWertPin1 - analogWertPin0;
  Serial.println(messwert);
}
```

Arduino-Code-Review

Für unser Experiment benötigen wir programmtechnisch die folgenden Variablen:

Variable	Aufgabe
analogWertPin0	Speichert den Sensorwert von *LDR 1*
analogWertPin1	Speichert den Sensorwert von *LDR 2*
messwert	Differenz von *analogWertPin1* bzw. *analogWertPin0*

◀ **Tabelle 13-1**
Benötigte Variablen und deren Aufgabe

Wenn du dir den Code anschaust, dann wirst du sofort sehen, dass lediglich ein einziger Wert an die serielle Schnittstelle übertragen wird. Es wird die *Differenz* beider analoger Eingänge gebildet und das Ergebnis übertragen. Doch wie soll das funktionieren. Die entscheidende Zeile diese:

```
messwert = analogWertPin1 - analogWertPin0;
```

Sehen wir uns dazu die folgende Tabelle an, in der ich wieder die einzelnen Szenarien zusammengetragen habe:

Lichtquelle	Widerstände	Spannungen	Differenz
Links	$R_{LDR1} < R_{LDR2}$	$U_{LDR1} < U_{LDR2}$	> 0
Mittig	$R_{LDR1} = R_{LDR2}$	$U_{LDR1} = U_{LDR2}$	$= 0$
Rechts	$R_{LDR1} > R_{LDR2}$	$U_{LDR1} > U_{LDR2}$	< 0

◀ **Tabelle 13-2**
LDR-Szenarien (idealisiert)

Der Richtungsdetektor

Wir sehen, dass man anhand der ermittelten Differenz sofort erkennen kann, wo sich eine Lichtquelle in Bezug auf die beiden LDRs befindet.

Der Schaltplan

Dem Schaltplan kannst du entnehmen, dass wir mit zwei separaten Spannungsteilern arbeiten, die unabhängig voneinander ihre Werte an zwei analoge Eingänge übermitteln.

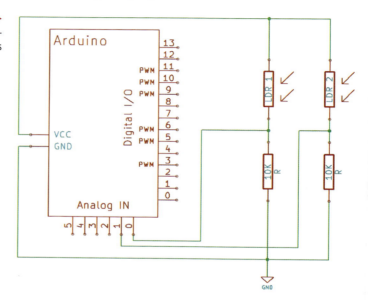

Abbildung 13-6 ▶
Die Schaltung für die Lichtmengenmessung über zwei LDRs

Schaltungsaufbau

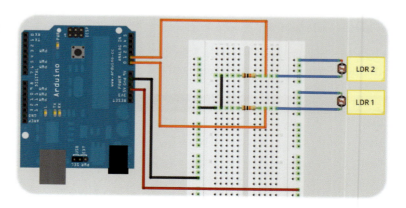

Abbildung 13-7 ▶
Aufbau der Sensorenschaltung mit Fritzing

Auf dem Breadboard befinden sich auf der rechten unteren Seite die
zwei LDRs zur Aufnahme der Lichtmengen.

◀ **Abbildung 13-8**
Der Aufbau der Lichtsensorenschaltung

Wir werden wieder kommunikativ

Machen wir wieder den Schwenk zu *Processing*. Wie können wir
mit dem Differenzwert jetzt die Grafikausgabe bzw. den roten senkrechten Balken ansteuern? In *Processing* gehört es zu den einfachsten Übungen, einen senkrechten Balken zu positionieren. Wollen
wir doch mal sehen, wie das denn funktioniert. Doch zunächst der
komplette Code:

```
import processing.serial.*;
Serial meinSeriellerPort;
int LDRMessung, xPos;

void setup(){
  size(321, 250); smooth();
  println(Serial.list());
  meinSeriellerPort = new Serial(this, Serial.list()[0], 9600);
  meinSeriellerPort.bufferUntil('\n');
}

void draw(){
  background(0);
  zeichneRaster();
  stroke(255, 0, 0); strokeWeight(3);
  xPos = width / 2 + LDRMessung * 2;
```

```
    line(xPos, height / 2 - 10, xPos, height / 2 + 10);
  }

void zeichneRaster(){
  int h = 20;
  stroke(255, 255, 0); strokeWeight(1);
  line(0, height / 2, width, height / 2);
  for(int i = 0; i <= width; i += 20){
    if(i == width / 2) h = 20;
    else h = 5;
    line(i, height / 2 - h, i, height / 2 + h);
  }
}

void serialEvent(Serial meinSeriellerPort){
  String portStream = meinSeriellerPort.readString();
  float data = float(portStream);
  LDRMessung = (int)map(data, 0, 1023, 0, width);
}
```

Die für das Zeichnen der vertikalen Linie verantwortlichen Codezeilen befinden sich in der *draw*-Funktion und lauten wie folgt:

```
xPos = width / 2 + LDRMessung * 2;
line(xPos, height / 2 - 10, xPos, height / 2 + 10);
```

Die Variable xPos wird wie folgt berechnet

Die Systemvariable *width* von Processing (sie wird automatisch gesetzt) beinhaltet immer die aktuelle Pixel-Breite des Ausgabefensters. Ich dividiere diesen Wert durch 2, damit die senkrechte Linie horizontal gesehen erst einmal genau in der Mitte des Fensters positioniert wird. Im Anschluss wird der seitens Arduino übertragene Wert, der sich in der Variablen *LDRMessung* befindet, zu dieser Position hinzuaddiert. Der Faktor 2 erhöht hierbei die dargestellte Empfindlichkeit. Spiele ein wenig mit diesem Wert, um die jeweiligen Auswirkungen zu sehen.

> Wie kommt es aber, dass der Balken mal nach links und mal nach rechts wandert?

Nun *Ardus*, da der Wert der Variablen *LDRMessung* sowohl negativ als auch positiv sein kann, wird er von der Variablen *xPos* abgezogen oder zu ihr hinzuaddiert, und dadurch kommt es zu einer Richtungsänderung. Abschließend noch ein kleiner Tipp, wie du das Verhalten der beiden lichtempfindlichen Widerstände vielleicht positiv beeinflussen kannst: Im Moment befinden sich beide LDRs direkt nebeneinander. Trenne sie doch einfach mal durch eine kleine Platte voneinander und beobachte, was geschieht. Soweit so gut. Du darfst gespannt sein auf einer der nächsten Versuchsaufbauten, denn wir wollen einen Richtungsdetektor entwickeln, der sich auf einem drehbaren Untersatz befindet. Wandert die Lichtquelle vor den beiden LDRs, dann werden diese sich neu positionieren, und zwar so, dass sich die Lichtquelle wieder genau zwischen ihnen befindet. Doch bis wir soweit sind, müssen wir uns noch mit anderen Themen beschäftigen, die wir als Grundlage für diese Schaltung benötigen. Du kannst gespannt sein!

Troubleshooting

Wenn im Ausgabefenster von Processing keine Positionsänderung des vertikalen Balkens bei unterschiedlichen Lichtverhältnissen erfolgt, kann das mehrere Gründe haben:

- Überprüfe deine Steckverbindungen auf dem Breadboard, ob sie wirklich der Schaltung entsprechen.
- Achte auf etwaige Kurzschlüsse untereinander.
- Haben die Widerstände die korrekten Werte und hast du zwei gleiche LDRs verwendet?
- Überprüfe noch einmal den Sketch-Code auf Arduino- und auf Processingseite auf seine Richtigkeit.
- Achte darauf, dass die serielle Schnittstelle nur von Processing genutzt und nicht durch einen anderen Prozess blockiert wird.
- Wandert der Balken in Processing immer in die der Lichtquelle entgegengesetzte Richtung, dann vertausche die Anschlüsse der beiden LDRs.

Workshop

Passe den Processing-Code so an, dass sich die Farbe des senkrechten Balkens in Abhängigkeit von dessen Position ändert. Im zentrierten Bereich soll er z.B. die Farbe *Rot* haben. Wandert er weiter nach links bzw. nach rechts, so ändert sich sein Aussehen über *Gelb* bzw. *Grün* in *Blau*. Definiere bestimmte Positionsbereiche, um die einzelnen Farbwechsel zu ermöglichen. Die Farbe wird über den Befehl *stroke* eingestellt.

▶▶ Das könnte wichtig für dich sein

Hier ein paar Begriffe für die Suchmaschine, die dir sicherlich weitere interessante Informationen liefern:

- Processing
- Processing stroke
- Processing Farbe

Die Ansteuerung eines Servos

Projekt 14

Scope

In diesem Experiment behandeln wir folgende Themen:

- Was genau ist ein Servo?
- Wie kannst du ihn ansteuern?
- Der komplette Sketch
- Analyse des Schaltplans
- Aufbau der Schaltung
- Workshop

Der Servo

Modellflugzeuge oder auch Modellschiffe besitzen zur Steuerung der unterschiedlichsten Funktionen wie z.B. Geschwindigkeit oder Kurs kleine *Servos*. Es handelt sich dabei meist um kleine Gleichstrommotoren, die mit drei Anschlüssen versehen sind und deren Stellposition über die uns schon bekannte Pulsweitenmodulation *PWM* gesteuert wird. Die Schaltung, die wir gleich aufbauen werden, steuert die Position des Servos über ein angeschlossenes Potentiometer.

◀ **Abbildung 14-1**
Ein Servo(-Motor)

Hier ein paar Grundlagen, damit du die Ansteuerung besser verstehst. Über die Länge des Pulses wird der gewünschte Winkel angesteuert, wobei ich betonen muss, dass Servos in der Regel nicht wie z.B. Motoren 360°-Drehung ausführen können. Ihr Wirkungsbereich beschränkt sich von *0°* bis *180°*. Die Periodendauer einer Schwingung beträgt konstant T = 20ms. Die entsprechende Frequenz berechnet sich wie folgt:

$$f = \frac{1}{T} = \frac{1}{0{,}02\ s} = 50\ Hz$$

Das einzige, was sich ändert, ist die *Pulsbreite*, die sich zwischen *1ms* (rechter Anschlag) und *2ms* (linker Anschlag) bewegen muss. Nachfolgend siehst du drei Servo-Positionen mit den entsprechenden Ansteuerungssignalen. Im ersten Beispiel mit einer Pulsbreite von *1ms* positionieren wir den Servo am rechten Anschlag.

Abbildung 14-2 ▶
Servoposition zeigt 0° bei einer Pulsdauer von 1ms.

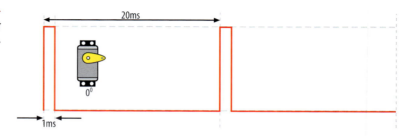

Im zweiten Beispiel mit einer Pulsbreite von *1,5ms* wird der Servo in der Mittelstellung positioniert.

Abbildung 14-3 ▶
Servoposition zeigt 90° bei einer Pulsdauer von 1,5ms.

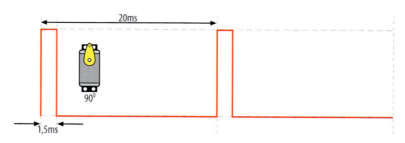

Im dritten Beispiel mit einer Pulsbreite von *2ms* wird der Servo am linken Anschlag positioniert.

Projekt 14: Die Ansteuerung eines Servos

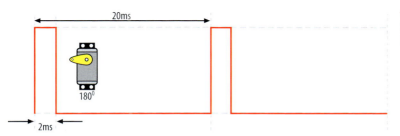

◀ **Abbildung 14-4**
Servoposition zeigt 180⁰ bei einer Pulsdauer von 2ms.

Aufgrund der unterschiedlichen Servotypen können abweichende Werte vorkommen, doch das Prinzip ist immer das gleiche. Du brauchst dir nicht weiter den Kopf darüber zu zerbrechen, wie du denn deinen Servo mit welchen Werten ansteuern musst, denn die Arbeit haben sich schon andere Entwickler gemacht. Genau, es gibt dafür eine fertige Library, die du nutzen kannst. Wähle über das entsprechende Menü *Sketch|Import Library...* den Eintrag für den *Servo* aus.

Benötigte Bauteile

Für dieses Beispiel benötigen wir die folgenden Bauteile:

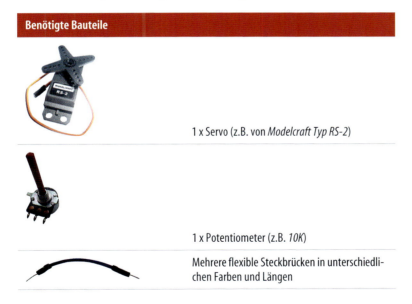

Benötigte Bauteile	
	1 x Servo (z.B. von *Modelcraft Typ RS-2*)
	1 x Potentiometer (z.B. *10K*)
	Mehrere flexible Steckbrücken in unterschiedlichen Farben und Längen

Arduino-Sketch-Code

```
#include <Servo.h>

Servo meinServo;         // Servo-Objekt
int analogPin = 0;       // Analoger Pin
int potentiometerWert;   // Speichert Potentiometerwert

void setup(){
  meinServo.attach(9);   // Objekt mit Pin 9 verbinden
  Serial.begin(9600);    // Serielle Schnittstelle initialisieren
}

void loop(){
  potentiometerWert = map(analogRead(analogPin), 0, 1023, 0, 179);
  Serial.println(potentiometerWert);          // Ausgabe des Wertes
  meinServo.write(potentiometerWert);         // Servo ansteuern
  delay(20);                                  // Eine kurze Pause
}
```

> Eine kurze Frage: Warum benötigen wir als letzten Befehl in der *loop*-Funktion einen *delay*-Befehl?

Nun, *Ardus*, da es sich bei einem Servo um ein elektro-mechanisches Bauteil handelt, das erst nach einer gewissen Zeit seine gewünschte Position angefahren hat, ist es ratsam, ihn erst nach einer kurzen Pause mit einem neuen Steuerkommando zu versorgen.

Arduino-Code-Review

Für unser Experiment benötigen wir programmtechnisch gesehen die folgenden Variablen:

Tabelle 14-1 ▶
Benötigte Variablen und deren Aufgabe

Variable	Aufgabe
meinServo	Das Servo-Objekt
analogPin	Analoger Pin für den Potentiometeranschluss
potentiometerWert	Speichert den Potentiometerwert

Zu Beginn möchte ich dir das *Servo*-Objekt vorstellen. Es stellt dir eine bestimmte Anzahl von Methoden mit den unterschiedlichsten Funktionen zur Verfügung, die du für deine Sketches nutzen kannst, um mit dem Servo zu kommunizieren. Dann wollen wir mal sehen:

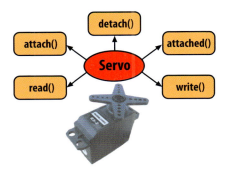

▶ **Abbildung 14-5**
Methoden des Servo-Objektes

Das sind ja eine ganze Menge und deshalb werde ich nur auf die im Moment wichtigsten genauer eingehen. In der *setup*-Funktion müssen wir das *Servo*-Objekt dahingehend initialisieren, dass bekannt ist, an welchem Pin dein Servo angeschlossen ist. Das muss auf jeden Fall einer der *PWM*-Pins sein, die bekannter Weise auf den digitalen Ein- bzw. Ausgängen liegen. Ich habe mich für Pin 9 entschieden.

```
meinServo.attach(9);
```

Die *attach*-Methode (*attach* bedeutet übersetzt anschließen) ist verantwortlich für das programmtechnische Verbinden des *Servo*-Objektes mit dem Arduino-Pin. Der nächste Schritt ist dir schon wohlvertraut. Es geht um die Abfrage des analogen Pins *0*, an dem das Potentiometer angeschlossen ist, und die Übergabe dieses Wertes an die *map*-Funktion.

```
potentiometerWert = map(analogRead(analogPin), 0, 1023, 0, 179);
```

Da der Servo einen Aktionsradius von *180°* hat, muss der gemessene Wert des analogen Eingangs, der sich im Bereich von *0* bis *1023* bewegen kann, heruntergerechnet werden.

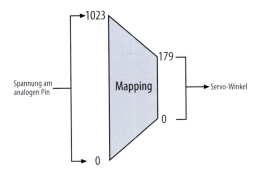

Der Servo

Im Anschluss wird der neu berechnete Potentiometerwert als Argument an die *write*-Methode des Servo-Objektes übergeben und damit die neue Stellposition angefordert.

meinServo.write(potentiometerWert);

Der Servo fährt unmittelbar nach Erhalt dieses Befehls an die neue Position. Die restlichen Methoden möchte ich kurz erläutern.

Tabelle 14-2 ▶
Methoden des Servo-Objekts

Methode	Erklärung
detach()	Der zuvor über *attach()* belegte Pin wird wieder freigeben.
attached()	gibt den Wert *wahr* zurück, wenn der Pin mit *attach* belegt wurde.
read()	gibt den aktuellen Servo-Positionswert zurück, der mit *write* geschrieben wurde.

Nähere Informationen findest du auf der Internetseite von Arduino.

Der Schaltplan

Die Schaltung ist recht einfach und besteht lediglich aus unserem Arduino-Board, einem Potentiometer und dem Servo. Drehst du am Potentiometer, soll der Servo die gleiche Bewegung mitmachen.

Abbildung 14-6 ▶
Die Ansteuerung eines Servos

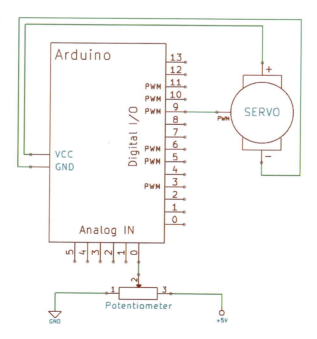

Schaltungsaufbau

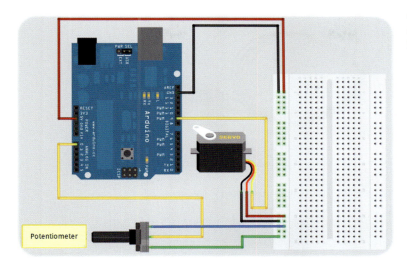

◀ **Abbildung 14-7**
Aufbau der Servoschaltung mit Fritzing

Auf dem Breadboard befinden sich lediglich die Anschlüsse des Servos bzw. Potentiometers.

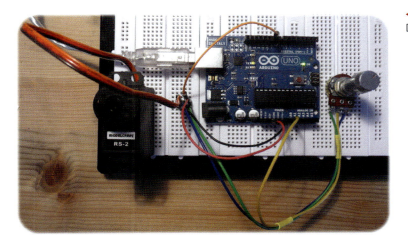

◀ **Abbildung 14-8**
Der Aufbau der Servoschaltung

Für diese Schaltung habe ich einen alten Potentiometer mit Drehknopf aus einem alten Radio ausgebaut und direkt ein paar Anschlussdrähte angelötet. Im Kapitel über das Zusammenfügen der Bauteile hast du schon erfahren, wie du dir ganz einfach selbst ein paar flexible Steckbrücken herstellen kannst. Auf meiner Internetseite findest du den Link zu einem Video, dass dir die einzelnen

Schritte besser zeigen, als ein paar Bilder hier im Buch. So habe ich z.B. auch diesem Potentiometer ein paar Strippen verpasst.

Hier noch zwei Tipps zur Steckverbindung des Servos.

Tipp 1 (Steckleiste anlöten)

Auf der linken Seite siehst du eine 3-poligen Buchse, die du in dieser Form nicht direkt mit dem Breadboard verbinden kannst. Auf der rechten Seite ist die von mir angelötete 3-polige Stiftleiste abgebildet. diese Leiste lässt sich nun wunderbar auf das Breadboard stecken.

Tipp 2 (Adaptersteckleiste herstellen)

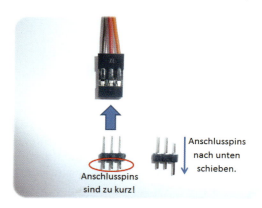

Wenn du dir z.B. eine 40-polige Stiftleiste besorgst, die ein Rastermaß von 2,54 mm hat, dann trenne mit einem Seitenschneider oder mit den Fingern vorsichtig 3 Stifte als einen zusammenhängenden Block ab. Diese kleine Stiftleiste soll als Adapter dienen, um ihn in die Buchsenleiste des Servos zu stecken. Auf diese Weise könntest du jetzt versuchen, den Anschluss auf dein Breadboard zu stecken. Doch halt! Die Anschlusslängen der Pins sind zu kurz und finden keinen Halt auf dem Board. Doch das stellt keine Hürde für uns dar. Nimm dir einfach eine kleine Spitz- oder Flachzange, wie ich sie im Kapitel über nützliches Equipment vorgestellt habe (Nummer 2 oder 3 der diversen Zangen) und schiebe vorsichtig einen Pin nach dem anderen in Richtung des kürzeren Endes, so dass nachher auf beiden Seiten die Enden gleich lang sind. Auf dem Bild siehst Du, dass ich bereits einen Pin in die richtige Richtung geschoben habe. Das geht recht einfach, da die Stifte lediglich im Plastik stecken und keine richtig feste Verbindung besteht. Falls du vielleicht einen anderen Servo als den von mir oben angegebenen in deiner Krabbelkiste hast, kann es sein, dass die Farben der einzelnen Kabel nicht mit den hier gezeigten übereinstimmen. Es gibt Servos, bei denen die PWM-Signalleitung statt orange vielleicht gelb oder weiß ist. Es schadet also nicht, vorher einmal einen Blick auf das Datenblatt des Servos zu werfen, das sicherlich im Internet zu finden ist.

Das könnte wichtig für dich sein

Hier ein paar Begriffe für die Suchmaschine, die dir sicherlich weitere interessante Informationen liefern:

- Servo
- Servomotoren

Troubleshooting

Falls der Servo sich nicht oder sich immer in die falsche Richtung im Hinblick auf den Potentiometers dreht, kann das mehrere Gründe haben:

- Überprüfe bei deinen Steckverbindungen auf dem Breadboard, ob sie wirklich der Schaltung entsprechen.
- Achte auf etwaige Kurzschlüsse untereinander.
- Hat der Servo die hier beschriebenen Anschluss-Kabelfarben oder weichen sie eventuell ab? Studiere das Datenblatt des verwendeten Servos.

Was hast du gelernt?

- In diesem Kapitel bist du mit den Grundlagen eines *Servos* vertraut gemacht worden.
- Du hast die Ansteuerung über ein *PWM*-Signal kennengelernt.
- Du hast zum Betrieb des Servos die *Servo*-Library und ihre Mitglieder benutzt.

Workshop

Positioniere eine Lichtquelle auf einem Servo und lasse ihn wie ein Leuchtfeuer von links nach rechts und umgekehrt schwenken. In der folgenden Abbildung siehst du eine LED-Mini-Taschenlampe, die ich mit zwei Drahtschleifen auf dem Servo befestigt habe.

Diese kleine Taschenlampe passt wegen ihrer geringen Größe wunderbar auf den Servo.

 Achtung

Verwende *unter keinen Umständen* einen Laserpointer, denn wenn der Servo sich einmal bewegt, dann hast du ihn nicht unter deiner direkten Kontrolle und er könnte dir oder jemand anderem in die Augen strahlen. Das wäre wegen der Gefahr für die Augen nicht akzeptabel!

Das Lichtradar

Scope

In diesem Experiment befassen wir uns mit folgenden Themen:
- Ansteuerung eines Servos über zwei LDR
- Drehung des Servos in Richtung der wandernden Lichtquelle
- Der komplette Sketch
- Analyse des Schaltplans
- Aufbau der Schaltung
- Workshop

Das Lichtradar

Du hast im Kapitel über den Richtungsdetektor gesehen, wie wir auf relativ einfache Weise mit zwei LDRs auf eine sich bewegende Lichtquelle reagieren können. Jetzt wollen wir die zwei Lichtsensoren auf einen Servo montieren, so dass er in der Lage ist, die beiden Sensoren in dem möglichen Bereich von 180^0 zu drehen. Bei entsprechender Programmierung kann der Servo dann die Sensorenphalanx immer in Richtung der sich bewegenden Lichtquelle ausrichten.

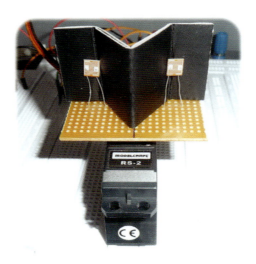

Abbildung 15-1 ▶
Auf einer Platine befindliche LDRs sind mit dem Servo verbunden.

Was könnten wir nun mit der gezeigten Anordnung von *Servo + LDR 1 + LDR 2* alles so anstellen? Du hast doch bestimmt schon einmal etwas über die Funktionsweise eines *Radars* gehört, oder!? *Radar* bedeutet frei übersetzt *Funkortung*. In unserem Beispiel haben wir es aber nicht mit Funkwellen, sondern mit Lichtwellen zu tun. Unser Aufbau soll in der Lage sein, einer Lichtquelle zu folgen. Wenn du also z.B. eine Taschenlampe vor den beiden Lichtsensoren bewegst, soll der Servo der Lichtquelle folgen. So jedenfalls die Theorie. Wir wollen mal schauen, wie wir das in die Praxis umsetzen können. Im Kapitel über die Lichtsensoren haben wir schon einen Richtungsdetektor entwickelt. Er konnte feststellen, in welche Richtung sich eine Lichtquelle bewegt. Nach dem gleichen Prinzip wird jetzt das Lichtsignal dazu verwendet, einen Servo anzusteuern. Dieser soll sich so lange in eine bestimmte Richtung bewegen, bis die Richtungssensoren melden, dass sie beide die gleiche Lichtmenge empfangen. Der vorhandene Pappstreifen soll die beiden LDRs ein wenig voneinander trennen, so dass das Licht bei der Bewegung jeweils einen der beiden Sensoren mehr beeinflusst. Experimentiere ggf. ein wenig mit unterschiedlichen Größen.

Benötigte Bauteile

Für dieses Beispiel benötigen wir die folgenden Bauteile:

Benötigte Bauteile

1 x Servo (z.B. von *Modelcraft Typ RS-2*)

2 x LDR

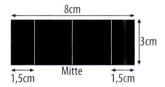

1 x Pappstreifen (Maße ca.: *8cm* x *3cm*)

2 x Widerstand *10K*

1 x Stück einer Lochrasterplatine (Maße ca.: *5cm* x *3cm*)

Mehrere flexible Steckbrücken in unterschiedlichen Farben und Längen

Arduino-Sketch-Code

```
#include <Servo.h>
#define analogPin0 0
#define analogPin1 1
Servo meinServo;

int analogWertPin0;
int analogWertPin1;
```

```
int mittelPosition = 90;
int ergebnisMessung = 0;
int messungSample = 0;
int ansprechZeit = 100;
int anzahlMessungen = 10;
unsigned long zeitLetzteMessung = 0;

void setup(){
  meinServo.attach(9);
}

void loop(){
  analogWertPin0 = analogRead(analogPin0);
  analogWertPin1 = analogRead(analogPin1);
  if(millis() - zeitLetzteMessung > ansprechZeit){
    for(int i = 0; i < anzahlMessungen; i++){
      int messung = (analogWertPin1 - analogWertPin0);
      messungSample = messungSample + messung;
    }
    ergebnisMessung = messungSample/ anzahlMessungen;
    meinServo.write(mittelPosition + ergebnisMessung);
    zeitLetzteMessung = millis();
  }
}
```

Arduino-Code-Review

Für unser Experiment benötigen wir programmtechnisch gesehen die folgenden Variablen:

Tabelle 15-1 ▶
Benötigte Variablen und deren Aufgabe

Variable	Aufgabe
meinServo	Das Servo-Objekt
analogWertPin0	Analoger Wert von Pin *0*
analogWertPin1	Analoger Wert von Pin *1*
mittelPosition	Wert für die Mittelposition zwischen *0⁰* und *180⁰*
messung	Differenz der Werte *analogWertPin1* und *analogWertPin0*
anzahlMessungen	Anzahl der Messungen für die Mittelwertbildung
messungSample	Aufsummierung aller Messwerte
ergebnisMessung	Gemittelter Wert der einzelnen Messungen
ansprechZeit	Zeitpunkt, zu dem die nächste Messung erfolgen soll
zeitLetzteMessung	Zeitwert, wann letzte Messung stattfand

Die Zeilen

```
analogWertPin0 = analogRead(analogPin0);
analogWertPin1 = analogRead(analogPin1);
```

lesen die Werte an den beiden analogen Eingängen Pin *0* und Pin *1* und speichern sie in der entsprechenden Variablen. Über

```
messung = analogWertPin1 - analogWertPin0;
```

wird die Differenz gebildet, die jedoch nicht sofort zur Ansteuerung genutzt wird. Damit der Servo nicht unmittelbar auf vielleicht größere Sprünge reagiert und ins Schwingen gerät, werden zum einen über eine *if*-Abfrage

```
if(millis() - zeitLetzteMessung > ansprechZeit){ ... }
```

nur in bestimmten Zeitabständen Messungen durchgeführt und zum anderen mehrere Messungen aufsummiert, um anschließend das arithmetische Mittel zu bilden:

```
for(int i=0; i<10; i++){
   int messung = (analogWertPin1 - analogWertPin0);
   messungSample = messungSample + messung;
}
ergebnisMessung = messungSample/10; // Arithmetisches Mittel bilden
```

Erst im Anschluss erfolgt die eigentliche Servo-Ansteuerung über die folgende Zeile:

```
meinServo.write(mittelposition + ergebnisMessung);
```

Die Variable *mittelPosition* steuert den Servo in die 90^0-Position, um bei gleichen Werten der beiden LDRs eine Mittelstellung zu gewährleisten. Je nach Lichteinfall wird der Servo nach links bzw. nach rechts ausgelenkt. Du kennst schon das Verhalten, wenn einer der beiden *LDRs* eine größere Lichtmenge erhält. Der Wert der Variablen *messung* wird positiv bzw. negativ. Diese Polarität machen wir uns zu Nutze und addieren den Wert zur neutralen Mittelposition hinzu. Das bedeutet wiederum, dass sich der Servo links bzw. rechts herum bewegt, bis beide LDRs den gleichen Widerstandswert aufweisen, was gleiche Lichtmenge für beide bedeutet. Der Servo stoppt. Schauen wir uns doch einfach einmal ein Beispiel an, bei dem die Lichtquelle zum linken *LDR* hin verschoben wird.

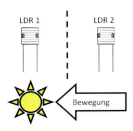

Wir können Folgendes festhalten: $R_{LDR1} < R_{LDR2}$. Was sagt denn unser Spannungsteiler dazu?

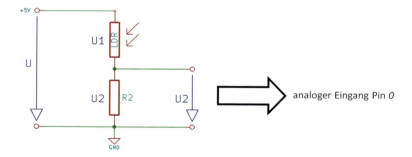

Fällt Licht auf den *LDR*, dann wird sein Widerstand geringer, was wiederum bedeutet, dass weniger Spannung an ihm abfällt. Da aber zwischen *LDR* und R_2 immer *+5V* anliegen, heißt das, dass an R_2 jetzt ein größeres Spannungspotential anliegt als zuvor. Diese Spannung wird dem analogen Eingang zugeführt. Wir erinnern uns noch einmal an die Formel zur Berechnung eines Spannungsteilers:

$$U_2 = \frac{R_2}{R_{LDR} + R_2} \cdot U$$

Die folgende Tabelle zeigt Tendenzpfeile für die unterschiedlichen Parameter, wobei die Lichtmenge die Größe ist, die von uns verändert wird.

So weit, so gut. Wenn der linke *LDR* (LDR1) mehr Licht abbekommt, muss sich der Servo in diese Richtung drehen, damit auch der rechte *LDR* (LDR2) dem Licht zugewandt wird und eine höhere Lichtmenge erhält. Wenn beide Potentiale ausgeglichen sind, bleibt der Servo wieder stehen. Die Berechnung des Winkelwertes erfolgt über folgende Codezeile:

```
messung = analogWertPin1 - analogWertPin0;
```

Für unser Beispiel, bei dem mehr Licht auf den linken LDR fällt, der am analogen Pin 0 angeschlossen ist, bedeutet das eine höhere Spannung an diesem Pin. Der Wert der Variablen *messung* wird kleiner, weil der Subtrahend größer wird. Die eigentliche Übergabe des angeforderten Winkels erfolgt in der folgenden Zeile:

```
meinServo.write(mittelPosition + ergebnisMessung);
```

Dabei wird der Mittelposition der Wert der Variablen *ergebnisMessung* hinzuaddiert. Bei einem kleineren Wert von *ergebnisMessung* wird auch der angeforderte Winkel geringer und der Servo dreht sich.

Servo-Drehrichtung

Bei einer Verschiebung der Lichtquelle nach rechts bewegen sich alle genannten Parameter in die entgegengesetzte Richtung.

Der Schaltplan

Die Schaltung ist eine Kombination aus vorangegangenen Experimenten mit den *Lichtsensoren* und dem *Servo*.

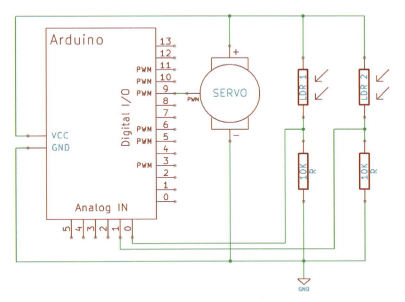

◀ **Abbildung 15-2**
Die Ansteuerung eines Servos über zwei LDRs

Schaltungsaufbau

Abbildung 15-3 ▶
Aufbau der Lichtradarschaltung mit Fritzing

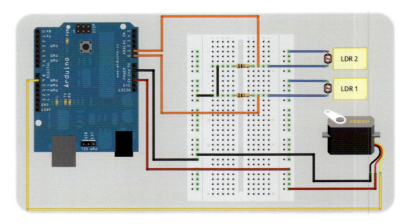

Troubleshooting

Falls sich der Servo bei sich wechselnden Lichtverhältnissen nicht oder in die falsche Richtung dreht, überprüfe folgende Punkte:

- Entsprechen deine Steckverbindungen auf dem Breadboard wirklich der Schaltskizze?
- Gibt es etwaige Kurzschlüsse untereinander?
- Haben die Widerstände die korrekten Werte und hast du zwei gleiche LDRs verwendet?
- Ist der Sketch-Code korrekt?
- Falls sich der Servo in die falsche Richtung drehen sollte, dann hast du LDR *1* mit LDR *2* an den analogen Eingängen Pin *0* bzw. Pin *1* vertauscht.
- Wenn der Servo anfangen sollte zu oszillieren, sich also ständig sich von links nach rechts und umgekehrt bewegt, dann bist du vielleicht mit deiner Lichtquelle zu dicht an den beiden LDRs. Verdunkle den Raum etwas und entferne dich mit der Lampe.

Workshop

Was hältst du davon, wenn du eine Figur aus Pappe baust, hinter dessen Augen sich die beiden LDRs befinden. Diese Figur, was immer das auch sein mag, dreht sich dann in die Richtung, in der sich eine helle Lichtquelle befindet, oder macht vielleicht ein paar Bewegungen, wenn jemand das Zimmer betritt und sich die Lichtverhältnisse ändern. Das ist doch bestimmt eine nette Spielerei für zu Hause, für die Schule oder für's Büro.

Tipp

Es kann natürlich vorkommen, dass bei bestimmten Lichtverhältnissen der Servo trotz der Messwertmittelung anfängt zu schwingen. Experimentiere dann ein wenig mit folgenden Werten:

- anzahlMessungen
- ansprechZeit

Die Siebensegmentanzeige

Projekt 16

Scope

In diesem Experiment behandeln wir folgende Themen:

- Ansteuerung einer einzelnen Siebensegmentanzeige
- Der komplette Sketch
- Analyse des Schaltplans
- Aufbau der Schaltung
- Workshop

Die Siebensegmentanzeige

Wenn wir logische Zustände (*wahr* bzw. *falsch*) oder Daten (14, 2.5, »Hallo User«) in irgendeiner Form visualisieren wollten, müssten wir für den ersten Fall LEDs ansteuern und im zweiten auf den *Serial-Monitor* zurückgreifen. In der Elektronik gibt es neben LEDs noch weitere Anzeigeelemente, eines davon die *Siebensegmentanzeige*. Wie der Name schon vermuten lässt, besteht diese Anzeige aus sieben einzelnen Elementen die in einer bestimmten Form angeordnet sind, um Ziffern und in beschränktem Maße auch Zeichen darstellen zu können. In der nachfolgenden Abbildung ist der Aufbau einer solchen Anzeige schematisch dargestellt.

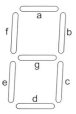

◀ **Abbildung 16-1**
Eine Siebensegmentanzeige

Du kannst erkennen, dass jedes der sieben Segmente mit einem kleinen Buchstaben versehen wurde. Die Reihenfolge spielt zwar keine unmittelbare Rolle, doch die hier gezeigte Form hat sich eingebürgert und wird fast überall verwendet. Darum werden wir sie auch hier in dieser Art und Weise beibehalten. Wenn wir jetzt die einzelnen Segmente geschickt ansteuern, können wir unsere Ziffern von 0 bis 9 sehr gut abbilden. Es sind auch noch Buchstaben möglich, auf die wir etwas später zu sprechen kommen werden. Du wirst bestimmt schon vielen dieser Siebensegmentanzeigen im Alltag begegnet sein, ohne dass du weiter darüber nachgedacht hast. Du kannst beim nächsten Stadtbummel ja einmal auf diese Anzeigen achten. Du wirst schnell realisieren, an wie vielen Stellen sie zum Einsatz kommen. Hier eine kleine Liste der Einsatzmöglichkeiten.

- Preisanzeige an Tankstellen (Sie zeigen irgendwie immer zu viel an...)
- Zeitanzeige an manchen hohen Gebäuden
- Temperaturanzeige
- Digitaluhren
- Blutdruck-Messgeräte
- Elektronische Fieberthermometer

In der folgenden Tabelle wollen wir für die zukünftige Programmierung einmal festhalten, bei welchen Ziffern welches der sieben Segmente angesteuert werden muss.

Tabelle 16-1 ▶
Die Ansteuerung der sieben Segmente

Anzeige	a	b	c	d	e	f	g
0	1	1	1	1	1	1	0
1	0	1	1	0	0	0	0
2	1	1	0	1	1	0	1
3	1	1	1	1	0	0	1
4	0	1	1	0	0	1	1

Anzeige	a	b	c	d	e	f	g
⌐|	1	0	1	1	0	1	1
⌐|	1	0	1	1	1	1	1
⌐|	1	1	1	0	0	0	0
⌐|	1	1	1	1	1	1	1
⌐|	1	1	1	1	0	1	1

◀ **Tabelle 16-1**
Die Ansteuerung der sieben Segmente

Der Wert *1* in unserer Tabelle bedeutet nicht unbedingt *HIGH*-Pegel, sondern es handelt sich um die Ansteuerung des betreffenden Segmentes. Das kann entweder mit dem schon genannten *HIGH*-Pegel (*+5V* inklusive Vorwiderstand) oder auch mit einem *LOW*-Pegel (*0V*) erfolgen. Du fragst dich jetzt bestimmt, wovon das denn abhängt, denn für *eine* Ansteuerung muss man sich ja entscheiden. Die Entscheidung wird uns aber durch den Typ der Siebensegmentanzeige abgenommen. Es gibt hier zwei unterschiedliche Ansätze:

- Gemeinsame Kathode
- Gemeinsame Anode

Bei einer *gemeinsamen Kathode* sind alle Kathoden der einzelnen LEDs einer Siebensegmentanzeige intern zusammengeführt und werden extern mit *Masse* verbunden. Die Ansteuerung der einzelnen Segmente erfolgt über Vorwiderstände, die entsprechend mit *HIGH*-Pegel verbunden werden. Wir verwenden in unserem folgenden Beispiel aber eine Siebensegmentanzeige mit einer *gemeinsamen Anode*. Hier ist es genau andersherum als beim vorherigen Typ. Alle Anoden der einzelnen LEDs sind intern miteinander verbunden und werden extern mit *HIGH*-Pegel verbunden. Die Ansteuerung erfolgt über entsprechend dimensionierte Vorwiderstände über die einzelnen Kathoden der LEDs, die nach außen geführt werden.

Die Siebensegmentanzeige

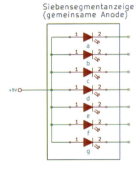

Im hier links gezeigten Aufbau einer Siebensegmentanzeige mit gemeinsamer Anode werden alle Anoden der einzelnen LEDs im Betrieb mit der Versorgungsspannung +5V verbunden. Die Kathoden werden später mit den digitalen Ausgängen deines Arduino-Boards verbunden und entsprechend der eben gezeigten Ansteuerungstabelle mit unterschiedlichen Spannungspegeln versorgt. Wir verwenden in unserem Versuchsaufbau eine Siebensegmentanzeige mit gemeinsamer Anode des Typs *SA 39-11 GE*. Ich habe die Pinbelegung dieser Anzeige einmal in den folgenden Abbildungen aufgezeigt.

Abbildung 16-2 ▶
Die Ansteuerung der Siebensegmentanzeige vom Typ SA 39-11 GE

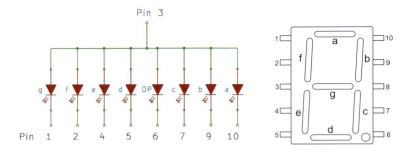

In der linken Grafik die verwendeten Pins der Siebensegmentanzeige zu sehen und in der rechten Grafik ist die Pinbelegung des verwendeten Typs dargestellt. Die Bezeichnung *DP* ist übrigens die Abkürzung für *Dezimalpunkt*.

Benötigte Bauteile

Für dieses Beispiel benötigen wir die folgenden Bauteile:

Benötigte Bauteile	
	1 x Siebensegmentanzeige (z.B. Typ *SA 39-11 GE* mit gemeinsamer Anode)
	7 x Widerstand *330*
	Mehrere flexible Steckbrücken in unterschiedlichen Farben und Längen

Arduino-Sketch-Code

```
int segmente[10][7] = {{1, 1, 1, 1, 1, 1, 0},   // 0
                       {0, 1, 1, 0, 0, 0, 0},   // 1
                       {1, 1, 0, 1, 1, 0, 1},   // 2
                       {1, 1, 1, 1, 0, 0, 1},   // 3
                       {0, 1, 1, 0, 0, 1, 1},   // 4
                       {1, 0, 1, 1, 0, 1, 1},   // 5
                       {1, 0, 1, 1, 1, 1, 1},   // 6
                       {1, 1, 1, 0, 0, 0, 0},   // 7
                       {1, 1, 1, 1, 1, 1, 1},   // 8
                       {1, 1, 1, 1, 0, 1, 1}};  // 9
int pinArray[] = {2, 3, 4, 5, 6, 7, 8};

void setup(){
  for(int i = 0; i < 7; i++)
    pinMode(pinArray[i], OUTPUT);
}

void loop(){
  for(int i = 0; i < 10; i++){
    for(int j = 0; j < 7; j++)
      digitalWrite(pinArray[j], (segmente[i][j]==1)?LOW:HIGH);
    delay(1000); // Pause von 1 Sekunde
  }
}
```

Arduino-Code-Review

Für unser Experiment benötigen wir programmtechnisch gesehen die folgenden Variablen:

Variable	Aufgabe
segmente	Zweidimensionales Array zur Speicherung der Segmentinformation pro Ziffer
pinArray	Eindimensionales Array zur Speicherung der angeschlossenen Pins der Anzeige

◀ **Tabelle 16-2**
Benötigte Variablen und deren Aufgabe

Da für jede einzelne Ziffer von 0 bis 9 die Informationen über die anzusteuernden Segmente gespeichert sein müssen, bietet sich sofort ein zweidimensionales Array an. Diese Werte werden in der globalen Variablen *segmente* zu Beginn des Sketches gespeichert:

```
int segmente[10][7] = {{...},
                        ...
                       {...}};
```

Das Array umfasst *10 x 7* Speicherplätze, wobei jedes einzelne über die Koordinaten

segmente[x][y]

angesprochen werden kann. Die x-Koordinate steht für alle Ziffern von *0* bis *9* (entspricht *10* Speicherplätzen) und die y-Koordinate für alle Segmente *a* bis *g* (entspricht 7 Speicherplätzen). Wenn wir z.B. die anzusteuernden Segmente der Ziffer *3* ermitteln möchten, dann lässt sich das durch die Zeile

segmente[3][y]

bewerkstelligen, wobei für die Variable *y* die Werte von *0* bis *6* über eine *for*-Schleife eingesetzt werden müssen. Die Segmentdaten lauten dann wie folgt:

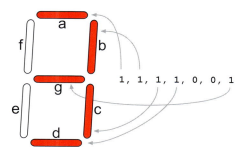

Stopp mal kurz! Du hast doch gesagt, dass dieser Typ der Siebensegmentanzeige eine gemeinsame Anode hat. Jetzt steht aber im *segment*-Array an der Stelle eine *1*, an der eigentlich eine Ansteuerung mit Masse erfolgen sollte. Ist das nicht so?

Der ersten Aussage kann ich vollkommen zustimmen. Bei der zweiten hast du möglicherweise nicht ganz aufgepasst. Ich hatte erwähnt, dass eine *1* nicht unbedingt *HIGH*-Pegel bedeutet, sondern lediglich, dass dieses Segment anzusteuern ist. Bei einer Siebensegmentanzeige mit gemeinsamer Kathode wird mit *HIGH*-Pegel angesteuert, um das gewünschte Segment leuchten zu lassen, bei einer Siebensegmentanzeige mit gemeinsamer Anode erfolgt das mittels *LOW*-Pegel. Und genau dazu dient die folgende Zeile:

digitalWrite(pinArray[j], (segmente[i][j]==1)?LOW:HIGH);

Ist die Information eine *1*, dann wird *LOW* als Argument an die *digitalWrite*-Funktion übergeben, andernfalls ein *HIGH*. Bei *LOW* wird das entsprechende Segment leuchten, wobei es bei einem *HIGH* so gesteuert wird, dass es dunkel bleibt. Unser Sketch zeigt im Sekundentakt alle Ziffern von *0* bis *9* an. Dazu wird folgender Code verwendet:

```
for(int i = 0; i < 10; i++){
  for(int j = 0; j < 7; j++)
    digitalWrite(pinArray[j], (segmente[i][j]==1)?LOW:HIGH);
  delay(1000); // Pause von 1 Sekunde
}
```

Die äußere Schleife mit der Laufvariablen *i* wählt die anzuzeigende Ziffer im Array aus und die innere Schleife mit der Laufvariablen *j* die anzusteuernden Segmente.

Der Schaltplan

Die Schaltung gleicht der, mit der wir das Lauflicht angesteuert haben. Aber keine Angst, denn es wird gleich noch etwas komplexer.

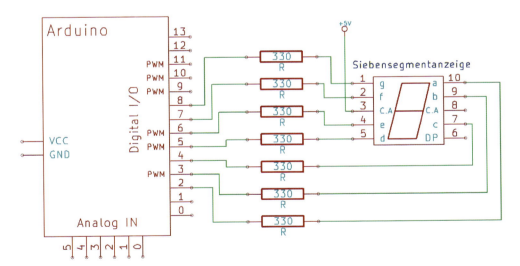

▲ **Abbildung 16-3**
Die Ansteuerung der Siebensegmentanzeige

Schaltungsaufbau

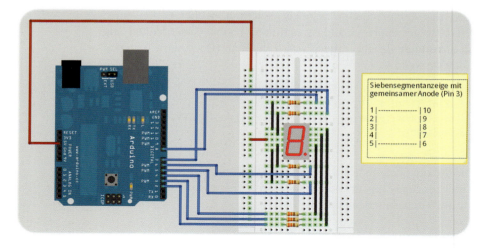

Abbildung 16-4
Aufbau der Siebensegmentanzeigenschaltung mit Fritzing

Verbesserter Sketch

Die Ansteuerung der einzelnen Segmente je Ziffer erfolgte über ein zweidimensionales Array, bei dem die erste Dimension zu Selektion der gewünschten Ziffer und die zweite Dimension für die einzelnen Segmente diente. Im folgenden Sketch wollen wir das Ganze mit einem eindimensionalen Array realisieren. Wie das funktionieren soll? Nun, das ist recht simpel, denn du kennst dich ja mittlerweile ganz gut mit *Bits* und *Bytes* aus. Die Segmentinformation speichern wir jetzt in einem einzigen Wert ab. Welcher Datentyp würde sich für dieses Vorhaben geradezu anbieten? Du hast es mit einer Siebensegmentanzeige plus einem einzigen Dezimalpunkt zu tun, den wir aber außen vorlassen wollen. Das wären dann 7 Bits, die wunderbar in einem einzigen Byte mit 8 Bits Platz fänden. Jedes einzelne Bit weisen wir einfach einem Segment zu und können mit einem einzigen Bytewert alle benötigten Segmente ansteuern. An dieser Stelle möchte ich dir noch eine interessante Möglichkeit zeigen, direkt über eine Bitkombination eine Variable zu initialisieren:

```
void setup(){
  Serial.begin(9600);
  byte a = B10001011;      // Variable deklarieren + initialisieren
  Serial.println(a, BIN);  // Als Binär-Wert ausgeben
  Serial.println(a, HEX);  // Als Hex-Wert ausgeben
  Serial.println(a, DEC);  // Als Dezimal-Wert ausgeben
}

void loop(){/* leer */}
```

Die entscheidende Zeile ist natürlich die folgende:

```
byte a = B10001011;
```

Das Merkwürdige oder eigentlich Geniale daran ist die Tatsache, dass du über den vorangestellten Buchstaben *B* eine Bitkombination angeben kannst, die der Variablen zur Linken zugewiesen wird. Das vereinfacht die Sache ungemein, wenn du z.B. eine Bitkombination kennst und diese speichern möchtest. Andernfalls hättest du erst den Binärwert in eine Dezimalzahl umwandeln müssen, um sie anschließend zu speichern. Dieser Zwischenschritt entfällt jetzt.

> Nun, das ist mir aber überhaupt nicht klar. Der Datentyp *byte* – so wie ich das verstanden habe – ist doch ein Ganzzahl. Datentyp und Ganzzahlen bestehen doch eigentlich immer aus Ziffern von *0* bis *9*. Warum kann ich jetzt hier den Buchstaben *B* voranstellen und eine Bitkombination folgen lassen? Oder haben wir es hier mit einer Zeichenkette zu tun?

Der Datentyp *byte* ist ein Ganzzahldatentyp. Damit hast du vollkommen Recht. Womit du leider Unrecht hast, ist deine Vermutung, dass es sich hier um eine Zeichenkette handelt. Diese würde dann auch in doppelten Anführungszeichen eingeschlossen. Es muss sich also um etwas anderes handeln. Irgendeine Idee? Ich sage nur *#define*. Na, klingelt es? Ok, schau' her. Es gibt eine Datei in den Tiefen von Arduino, die sich *binary.h* nennt und sich im Verzeichnis

arduino-1.0-rc1\hardware\arduino\cores\arduino

befindet. Ich zeige dir einen kurzen *Ausschnitt* dieser Datei, denn sie enthält sehr viele Zeilen, die alle zu zeigen überflüssig wäre.

```
1   #ifndef Binary_h
2   #define Binary_h
3   
4   #define B0 0
5   #define B00 0
6   #define B000 0
7   #define B0000 0
8   #define B00000 0
9   #define B000000 0
10  #define B0000000 0
11  #define B00000000 0
12  #define B1 1
13  #define B01 1
14  #define B001 1
15  #define B0001 1
16  #define B00001 1
17  #define B000001 1
18  #define B0000001 1
19  #define B00000001 1
```

Die Siebensegmentanzeige

In dieser Datei befinden sich alle möglichen Bitkombinationen für die Werte von *0* bis *255*, die dort als symbolische Konstanten definiert wurden. Ich habe mir einmal erlaubt, die Zeile für den Wert *139* zu entfernen (bitte nicht nachmachen, es sein denn, du stellst anschließend wieder den ursprünglichen Zustand her!), um zu sehen, was der Compiler möglicherweise zu meckern hat. Sieh' her:

```
void setup(){
  Serial.begin(9600);
  byte a = B10001011;      // Variable deklarieren + initialisieren
  Serial.println(a, BIN); // Als Binär-Wert ausgeben
  Serial.println(a, HEX); // Als Hex-Wert ausgeben
  Serial.println(a, DEC); // Als Dezimal-Wert ausgeben
}

void loop(){/* leer */}
```

```
'B10001011' was not declared in this scope
WuerfelGruppenMitLibrary.cpp: In function 'void setup()':
WuerfelGruppenMitLibrary.pde:-1: error: 'B10001011' was not
declared in this scope
```

Die Fehlermeldung sagt Dir, dass die Bezeichnung *B10001011* nicht gefunden wird. Bevor ich zum eigentlichen Thema zurückkomme, möchte ich dir noch die folgenden Zeilen erläutern:

```
Serial.println(a, BIN); // Als Binär-Wert ausgeben
Serial.println(a, HEX); // Als Hex-Wert ausgeben
Serial.println(a, DEC); // Als Dezimal-Wert ausgeben
```

Die *println*-Funktion kann noch ein weiteres Argument neben dem auszugebenden Wert entgegennehmen, der, durch ein Komma getrennt, angegeben werden kann. Ich habe hier einmal die drei wichtigsten angeführt. Weitere findest du auf der Befehls-Referenzseite von Arduino im Internet. Die Erläuterungen finden sich selbstredend als Kommentare hinter den Befehlszeilen. Die Ausgabe im *Serial-Monitor* ist dann folgende:

10001011
8B
139

Doch kommen wir jetzt endlich zur Ansteuerung der Siebensegmentanzeige über das eindimensionale Array. Ich zeige dir vorab wieder den kompletten Sketch, den wir gleich analysieren werden:

```
byte segmente[10]= {B01111110,   // 0
                    B00110000,   // 1
                    B01101101,   // 2
                    B01111001,   // 3
                    B00110011,   // 4
                    B01011011,   // 5
                    B01011111,   // 6
                    B01110000,   // 7
                    B01111111,   // 8
                    B01111011};  // 9
int pinArray[] = {2, 3, 4, 5, 6, 7, 8};

void setup(){
  for(int i = 0; i < 7; i++)
    pinMode(pinArray[i], OUTPUT);
}

void loop(){
  for(int i = 0; i < 10; i++){    // Ansteuern der Ziffer
    for(int j = 6; j >= 0; j--){  // Abfragen der Bits für die
                                  // Segmente
      digitalWrite(pinArray[6 - j], bitRead(segmente[i], j) == 1?LOW:
                                                                HIGH);
    }
    delay(500); // Eine halbe Sekunde warten
  }
}
```

In der folgenden Abbildung kannst du sehr gut erkennen, welches Bit innerhalb des Bytes für welches Segment verantwortlich ist:

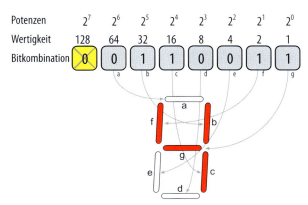

◀ **Abbildung 16-5**
Ein Byte steuert die Segmente der Anzeige (hier das Beispiel für die Ziffer 4).

Da wir lediglich 7 Segmente anzusteuern haben und ich den Dezimalpunkt nicht berücksichtige, habe ich das *MSB* (erinnere Dich:

Die Siebensegmentanzeige

MSB = höchstwertiges Bit) konstant bei allen Array-Elementen mit dem Wert *0* versehen. Das entscheidende geschieht natürlich wieder – wie sollte es anders sein – innerhalb der *loop*-Funktion. Werfen wir einen genaueren Blick darauf:

```
void loop(){
  for(int i = 0; i < 10; i++){    // Ansteuern der Ziffer
    for(int j = 6; j >= 0; j--){  // Abfragen der Bits für die Segmente
      digitalWrite(pinArray[6 - j], bitRead(segmente[i], j) == 1?LOW:HIGH);
    }
    delay(500); // Eine halbe Sekunde warten
  }
}
```

Die äußere *for*-Schleife mit der Laufvariablen *i* steuert wieder die einzelnen Ziffern von *0* bis *9* an. Das war auch in der ersten Lösung so realisiert worden. Jetzt kommt jedoch der abweichende Code. Die innere *for*-Schleife mit der Laufvariablen *j* ist für das Auswählen des einzelnen Bits innerhalb der selektierten Ziffer zuständig. Ich fange dabei auf der linken Seite mit Position *6* an, die für das Segment *a* zuständig ist. Da jedoch das Pin-Array an Index-Position *6* den Pin *8* für Segment *g* verwaltet, muss die Ansteuerung entgegengesetzt laufen. Das geschieht mittels der Subtraktion von der Zahl *6*, da ich das Pin-Array aus dem ersten Beispiel so übernehmen wollte:

```
pinArray[6 - j]
```

Nun kommen wir zu einer interessanten Funktion, die es uns erlaubt, ein einzelnes Bit in einem Byte abzufragen. Sie lautet wie folgt:

Abbildung 16-6 ▶
Der Befehl »bitRead«

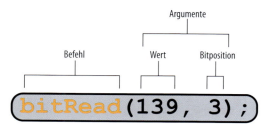

In diesem Beispiel wird für den dezimalen Wert *139* (binär: *10001011*) das Bit an Position *3* ermittelt. Die Zählung beginnt bei Index *0* am *LSB* (least significant bit) auf der rechten Seite. Der Rückgabewert wäre demnach eine *1*. Durch die Befehlszeile

```
digitalWrite(pinArray[6 - j], bitRead(segmente[i], j) == 1?LOW:HIGH);
```

wird überprüft, ob die selektierte Bitposition eine *1* zurückgibt. Falls dies der Fall ist, wird der ausgewählte Pin mit *LOW*-Pegel angesteuert, was bedeutet, dass das Segment leuchtet. Nicht vergessen: *Gemeinsame Anode!* Kannst du den Unterschied zwischen beiden Lösungen einmal formulieren?

> Dann lass mich mal überlegen. Ok, in der ersten Version mit dem zweidimensionalen Array wurde durch die erste Dimension die anzuzeigende Ziffer ausgewählt und über die zweite die anzusteuernden Segmente. Diese Information steckte in den einzelnen Array-Elementen. Bei der zweiten Version wurde ebenfalls die anzuzeigende Ziffer über die erste Dimension ausgewählt. Da es sich um ein eindimensionales Array handelt, ist dies jedoch die einzige Dimension. Die Information zur Ansteuerung der Segmente ist jetzt jedoch in den einzelnen Bytewerten enthalten. Was vorher durch die Array-Elemente der zweiten Dimension erfolgte, wird jetzt über die Bits eines Wertes gelöst.

Echt klasse, *Ardus*! Die Technik ist vergleichbar.

Troubleshooting

Falls die Anzeige nicht den Ziffern von *0* bis *9* entspricht oder unsinnige Kombinationen angezeigt werden, dann überprüfe Folgendes:

- Entsprechen deine Steckverbindungen auf dem Breadboard wirklich der Schaltung?
- Gibt es eventuell Kurzschlüsse untereinander?
- Ist der Sketch-Code korrekt?
- Wenn unsinnige Zeichen in der Anzeige auftauchen, dann hast du möglicherweise die Steuerleitungen der einzelnen Segmente vertauscht. Kontrolliere noch einmal die Verdrahtung anhand des Schaltplanes bzw. des Datenblattes der Siebensegmentanzeige.
- Hast du das *segmente*-Array mit den richtigen Werten initialisiert?

Was hast du gelernt?

- In diesem Kapitel wurdest du mit den Grundlagen der Ansteuerung einer Siebensegmentanzeige vertraut gemacht.
- Über die Initialisierung eines Arrays hast du die einzelnen Segmente der Anzeige definiert, um diese später komfortabel ansteuern zu können.

- Die Header-Datei *binary.h* beinhaltet viele symbolische Konstanten, die du in deinen Sketches verwenden kannst.
- Du hast erfahren, dass über die *println*-Methode durch Anfügen eines weiteren Argumentes (*BIN*, *HEX* bzw. *DEC*) ein auszugebender Wert in eine Zahl einer anderen Zahlenbasis konvertiert werden kann.
- Mit der Funktion *bitRead* kannst du einzelne Bits eines Wertes auf deren Zustand hin abfragen.

Workshop

Erweitere die Programmierung des Sketches so, dass in der Anzeige neben den Ziffern von *0* bis *9* auch bestimmte Buchstaben angezeigt werden können. Dies ist zwar nicht für das gesamte Alphabet möglich, doch überlege einmal, welche Buchstaben sich hierfür eignen könnten. Es folgen ein paar Beispiele für den Anfang:

Weitere nützliche Hinweise zu Siebensegmentanzeigen:

Siebensegmentanzeigen gibt es in einer schier unübersehbaren Anzahl an Varianten. Sie sind in unterschiedlichen Farben erhältlich, z.B. in folgenden:

- Gelb
- Rot
- Grün
- Superhelles Rot

Natürlich musst du beim Kauf immer auf die Anschlussvarianten achten:

- gemeinsame Anode
- gemeinsame Kathode

Es gibt sie in unterschiedlichen Größen. Hier Beispiele für den Anbieter *Kingbright*:

- Typ *SA-39*: Ziffernhöhe = *0.39« = 9.9mm*
- Typ SA-56: Ziffernhöhe = *0.56« = 14.2mm*

Weitere Informationen findest du im *Workshop* des nächsten Kapitels.

Die Siebensegmentanzeige (mir gehen die Pins aus)

Projekt 17

Scope

In diesem Experiment behandeln wir folgende Themen:

- Ansteuerung mehrerer Siebensegmentanzeigen
- Der komplette Sketch
- Analyse des Schaltplans
- Aufbau der Schaltung
- Workshop

Das vermeintliche Problem

Das Ansteuern einer einzelnen Siebensegmentanzeige mit 8 Steuerleitungen – wenn wir den Dezimalpunkt mitrechnen – stellt technisch gesehen kein Problem dar. Eine einzige Siebensegmentstelle ist zwar schön und gut, doch man möchte bestimmt auch einmal einen Wert anzeigen, der aus zwei oder mehr Ziffern besteht. Bleiben wir beim Beispiel für zwei Ziffern. Was denkst Du, wie viele Anschlüsse wir zu Realisierung dieses Vorhabens benötigen? Also, eine einzige Anzeige belegt 7 Segment-Pins deines Arduino-Boards und eine Leitung für die gemeinsame Anode. Bei zwei Anzeigen wären das schon 14 Segment-Pins, bei drei 21 usw. Das ist mit den vorhandenen Pins von 0 bis 13 irgendwie nicht zu schaffen. Es gibt ein Arduino-Board, das viel mehr Pins zur Ansteuerung bereitstellt. Es ist das *Arduino Mega Board* mit sage und schreibe 54 digitalen Ein- bzw. Ausgängen. Doch willst du dir das vorher noch zulegen, bevor wir hier fortfahren? Blöde Frage, was!? Natürlich nicht. Es gibt eine viel elegantere Lösung. Das Stichwort dazu lautet *Multi-*

plexing. Was ist das nun schon wieder? Es handelt sich um eine interessante Möglichkeit, viele Siebensegmentanzeigen parallel zu schalten. Bleiben wir am Anfang jedoch bei unseren zwei Ziffern. Wenn du das Prinzip verstanden hast, kannst du die Schaltung fast beliebig erweitern. Welchen Ansatz verfolgen wir hierbei? Nun, wir verbinden einfach einmal alle Segment-Pins (*1, 2, 4, 5, 7, 9, 10*) der ersten Anzeige mit denen der zweiten Anzeige. Ich meine also Pin *1* mit Pin *1*, Pin *2* mit Pin *2* usw.

> Hey, einen Moment! Dann würden doch bei der Ansteuerung der Segmente auf beiden Anzeigen immer die gleiche Ziffer zu sehen sein, oder!?

Das ist bis zu diesem Punkt durchaus korrekt. Ich war aber noch nicht ganz fertig mit meiner Ausführung. Die gemeinsamen Anoden der beiden Anzeigen werden jedoch nicht zusammengeführt und gleichzeitig angesteuert. Was wäre, wenn wir die Segmente der beiden Anzeigen ansteuern, aber nur der ersten Anzeige die Versorgungsspannung von *+5V* über die gemeinsame Anode zukommen lassen würden? Nun, es wäre lediglich *diese* Anzeige in der Lage, die angeforderten Segmente anzuzeigen. Der zweiten hätten wir zwar auch die Signalpegel zugeführt, doch sie können nicht dargestellt werden, weil die Versorgungsspannung fehlt. Drehen wir das Spielchen jetzt um, und versorgen anstelle der ersten, die zweite Anzeige über die gemeinsame Anode mit der Versorgungsspannung *+5V* – natürlich mit anderen Daten für die einzelnen Segmente. Die erste Anzeige bliebe dunkel und die zweite würde die angeforderte Ziffer darstellen. Jetzt kommen wir zum entscheidenden Punkt. Erfolgt dieser Wechsel zwischen den beiden Anzeigen schnell genug, so dass die Trägheit unserer Augen ihn nicht mehr in einzelne Bilder auflösen kann, haben wir eine Anzeige mit zwei Stellen realisiert, die 7 statt *14* Segmentleitungen in ihrem Schaltungsaufbau besitzt. Das ist doch eine feine Sache und die Schaltung kann – wie schon erwähnt – fast beliebig erweitert werden. Du kommst jetzt das erste Mal mit einem weiteren elektronischen Bauteil, dem *Transistor*, in Berührung. Der *Transistor* arbeitet in diesem Fall als Schalter, der die gemeinsame Anode der beiden Anzeigen bei Bedarf mit Spannung versorgt. Wie das genau funktioniert, sehen wir gleich. In der folgenden Abbildung siehst du schon einmal die beiden Stellen der Siebensegmentanzeigen.

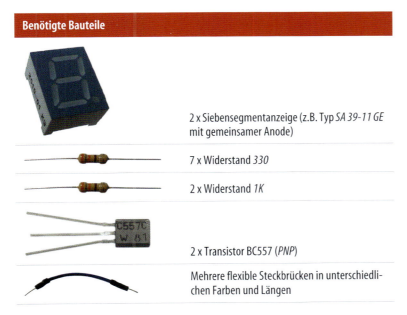

◀ **Abbildung 17-1**
Zwei Siebensegmentanzeigen, die zusammen die Zahl 43 anzeigen.

Beide zeigen unterschiedliche Ziffern an. Es scheint also zu funktionieren.

Benötigte Bauteile

Für dieses Beispiel benötigen wir die folgenden Bauteile:

Benötigte Bauteile
2 x Siebensegmentanzeige (z.B. Typ *SA 39-11 GE* mit gemeinsamer Anode)
7 x Widerstand *330*
2 x Widerstand *1K*
2 x Transistor BC557 (*PNP*)
Mehrere flexible Steckbrücken in unterschiedlichen Farben und Längen

Arduino-Sketch-Code

```
byte segmente[10]= { B01111110,   // 0
                     B00110000,   // 1
                     B01101101,   // 2
                     B01111001,   // 3
                     B00110011,   // 4
                     B01011011,   // 5
                     B01011111,   // 6
                     B01110000,   // 7
                     B01111111,   // 8
                     B01111011};  // 9
```

Das vermeintliche Problem

```arduino
byte pinArray[] = {2, 3, 4, 5, 6, 7, 8};
byte einerStelle = 12, zehnerStelle = 13;

void setup(){
  for(int i = 0; i < 7; i++)
    pinMode(pinArray[i], OUTPUT);
  pinMode(einerStelle, OUTPUT);
  pinMode(zehnerStelle, OUTPUT);
}

void loop(){
  anzeige(43); // Anzuzeigender Wert
}

void anzeige(int wert){
  byte einer, zehner;
  zehner = int(wert / 10);     // Ziffer der Zehnerstelle berechnen
  einer = wert - zehner * 10; // Ziffer der Einerstelle berechnen
  // Einerstelle aktiv schalten
  digitalWrite(einerStelle, LOW);
  digitalWrite(zehnerStelle, HIGH);
  ansteuerung(einer); // Anforderung der Anzeige der Einerstelle
  // Zehnerstelle aktiv schalten
  digitalWrite(einerStelle, HIGH);
  digitalWrite(zehnerStelle, LOW);
  ansteuerung(zehner); // Anforderung der Anzeige der Zehnerstelle
}

void ansteuerung(int a){
  for(int j = 6; j >= 0; j--)  // Abfragen der Bits für die Segmente
      digitalWrite(pinArray[6 - j], bitRead(segmente[a], j) == 1?LOW:HIGH);
  delay(5); // notwendige Pause von 5ms
}
```

Arduino-Code-Review

Für unser Experiment benötigen wir programmtechnisch gesehen die folgenden Variablen:

Tabelle 17-1 ▶
Benötigte Variablen und deren Aufgabe

Variable	Aufgabe
segmente	Zweidimensionales Array zur Speicherung der Segmentinformation pro Ziffer
pinArray	Eindimensionales Array zur Speicherung der angeschlossenen Pins der Anzeige
einerStelle	Wert des Pins für die Einerstelle
zehnerStelle	Wert des Pins für die Zehnerstelle
einer	Wert der Einerstelle
zehner	Wert der Zehnerstelle

Die Ausgangspins werden wir gewohnt programmiert, wobei in diesem Experiment noch zwei weitere Pins hinzugekommen sind. Sie werden benötigt, um die Einer- bzw. Zehnerstelle anzusteuern. Schauen wir uns das doch einmal im Detail. Innerhalb der *loop*-Funktion wird der *anzeige*-Funktion der gewünschte Anzeigewert als Argument übergeben. Sie ermittelt in zwei Schritten die Wertigkeit der Einer- bzw. Zehnerstelle. Wir beginnen mit der Zehnerstelle, die durch das Dividieren durch den Wert *10* und das Weglassen der Nachkommastelle ermittelt wird. Nehmen wir als Beispiel den Wert *43*.

Zehnerstellenberechnung

1. Schritt:

$$\frac{43}{10} = 4{,}3$$

2. Schritt:

int(4.3) = *4* (Die Integerfunktion *int* ermittelt den Ganzzahlanteil ohne zu runden.)

3. Schritt:

zehner = *4* (Zuweisung des Ergebnisses an die Variable)

Einerstellenberechnung

1. Schritt:

einer = *43 – 4 * 10* = *3* (Ursprungswert – Zehnerstellenwert * 10)

Im nächsten Schritt bereitet die *anzeige*-Funktion die Pins vor, die zur Ansteuerung der Anoden der Siebensegmentanzeigen notwendig sind.

Vorbereiten der Anzeige des Einerwertes auf der rechten Seite

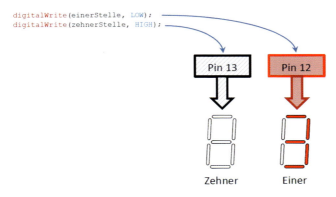

Aufrufen der »ansteuerung«-Funktion mit der Übergabe des einer-Wertes, der angezeigt werden soll

```
ansteuerung(einer);
...
...

void ansteuerung(int a){
  for(int j = 6; j >= 0; j--)   // Abfragen der Bits für die Segmente
      digitalWrite(pinArray[6 - j], bitRead(segmente[a], j) == 1?LOW:HIGH);
  delay(5); // notwendige Pause von 5ms
}
```

Die Funktionsweise der *for*-Schleife ist dir mittlerweile bekannt und deshalb verzichte ich an dieser Stelle auf weitere Ausführungen. Was noch erwähnenswert wäre, ist der *delay*-Befehl im Anschluss der *for*-Schleife. Er sorgt dafür, dass die Darstellung der Ziffer eine Weile bestehen bleibt. Erhöhe diesen Wert doch einfach mal auf *50* oder *100*. Dann erkennst du das Hin- und Herschalten der beiden Anzeigen. Setzt du ihn jedoch auf *0*, dann... Doch siehe selbst!

Oh, was ist denn das? Kannst du mir mal bitte verraten, warum du die Einerstelle, um sie auszuwählen, mit *LOW* ansteuerst? So wie ich das verstanden habe, wird doch damit einer der Transistoren angesteuert, um das Anodensignal an die Siebensegmentanzeige durchzuschalten. Das verstehe ich nun wirklich nicht.

Das ist kein Problem, *Ardus*! Erstens hatten wir noch keine Schaltung mit Transistoren und zweitens hast du den Schaltplan noch nicht gesehen. Hier ein kurzer Ausschnitt, damit ich deine Frage schnell beantworten kann:

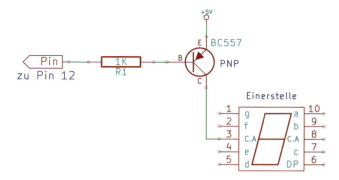

Da der Transistor die *Plusleitung* steuern soll, müssen wir einen *PNP*-Transistor verwenden. Der Emitter befindet sich in diesem Fall oben, was aber lediglich eine Darstellungssache ist. Der Transistor wird einfach horizontal gespiegelt dargestellt. Um ihn durchzusteuern, müssen wir die Basis über den *1K*-Vorwiderstand mit *Masse* verbinden. Die Richtung des Steuerstroms ist in diesem Fall vom Emitter über die Basis zum Minuspol. Der Strom fließt also quasi aus dem Transistor – sprich der Basis – heraus. Der Arbeitsstrom fließt vom Emitter zum Kollektor und versorgt auf diese Weise die gemeinsame Anode mit dem erforderlichen *Plus*-Potential. Die Kathoden werden dann, wenn sie leuchten sollen, wie gewohnt über Masse angesteuert. Die Ansteuerung der Zehnerstelle erfolgt in gleicher Weise. In der folgenden Abbildung zeige ich dir die Anschlussbelegung der drei Beinchen des Transistors *BC557C*.

◀ **Abbildung 17-2**
Die Anschlussbelegung des Transistors BC557C

Vorbereiten der Anzeige des Zehnerwertes auf der linken Seite

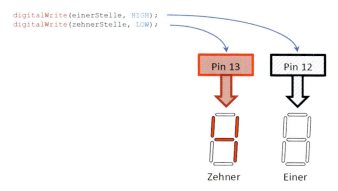

Du siehst, dass sich die Potentiale zwischen Pin *12* und Pin *13* umgekehrt haben, was dazu führt, dass jetzt die Zehnerstelle für die Anzeige vorbereitet wird. Der nächste Schritt ist vergleichbar mit dem vorherigen, doch jetzt wird der Wert für die Zehnerstelle übergeben.

Das vermeintliche Problem

Aufrufen der »ansteuerung«-Funktion mit der Übergabe des einer-Wertes, der angezeigt werden soll

ansteuerung(zehner);

Jetzt ist es aber an der Zeit, dir den kompletten Schaltplan zu zeigen.

Der Schaltplan

Die Schaltung ist jetzt schon etwas umfangreicher geworden. du siehst, dass alle Steuerleitungen der Segmente *a* bis *g* zusammen geführt wurden.

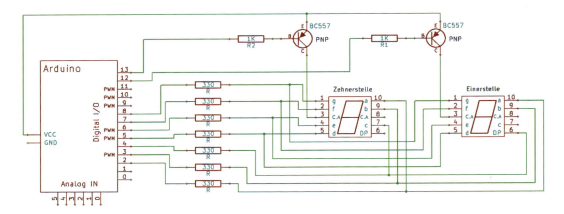

Abbildung 17-3
Die Ansteuerung zweier Siebensegmentanzeigen

Schaltungsaufbau

Auf dem Breadboard wird es wieder etwas voller und du musst dich schon ein wenig darauf konzentrieren, dass die richtigen Pins miteinander verbunden werden.

Lass' dich aber nicht entmutigen, denn auch ich kann die Anzahl der Verkabelungsfehler, die ich schon gemacht habe, nicht mehr zählen. Kritisch wird es natürlich, wenn du Kurzschlüsse erzeugst.

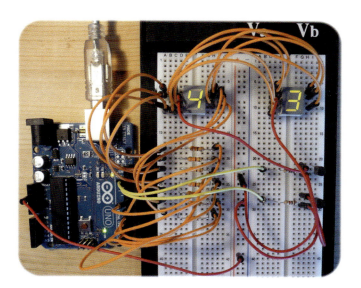

◀ **Abbildung 17-4**
Aufbau der Siebensegmentanzeigenschaltung auf dem Breadboard

Troubleshooting

Falls die Anzeige nicht den gewünschten Wert darstellt oder einzelne Segmente fehlen bzw. unsinnige Zeichen angezeigt werden, dann überprüfe Folgendes:

- Entsprechen deine Steckverbindungen auf dem Breadboard wirklich der Schaltskizze?.
- Gibt es eventuell Kurzschlüsse untereinander?
- Hast du das *segmente*-Array mit den richtigen Initialisierungswerten versehen?
- Hast du die richtigen *PNP*-Transistoren vom Typ *BC 557* verwendet und hast du die Anschlussbeinchen korrekt verdrahtet? Man kann leicht den Emitter mit dem Kollektor verwechseln. Vergiss auch nicht die Vorwiderstände, die die Basis der Transistoren ansteuern.
- Hast du vielleicht den *delay*-Befehl vergessen? In diesem Fall leuchten in der Anzeige nämlich alle Segmente auf.
- Wenn die Ziffern der Einer- bzw. Zehnerstelle vertauscht sind, hast du sicherlich Pin *12* mit Pin *13* verwechselt.

Was hast du gelernt?

- In diesem Erweiterungskapitel hast du erfahren, dass man über einen Trick, der *Multiplexing* genannt wird, mehr als eine Siebensegmentanzeige ansteuern kann, ohne dass sich die Anzahl der Ansteuerleitungen zu den einzelnen Segmenten erhöht.
- Es wurden lediglich die gemeinsamen Anoden nacheinander im stetigen Wechsel über einen *PNP*-Transistor angesteuert. Erfolgt dieser Wechsel in einer bestimmten, hohen Geschwindigkeit, wird die Trägheit der Augen ausgenutzt, die das Hin- und Herschalten nicht mehr unterscheiden können. Es wird als gleichmäßiges Leuchten wahrgenommen.

Workshop

Teil 1

Im ersten Teil des Workshops wollen wir analoge Werte in der Anzeige darstellen. Schließe einen Potentiometer (z.B. *10K*) an einen der analogen Eingänge an, wie du es in der folgenden Abbildung siehst, und wandle den gemessenen Wert so um, dass in der Anzeige Werte von *00* bis *99* dargestellt werden können.

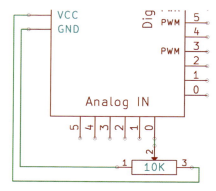

Ich will mehr Stellen

Das dürfte kein allzu großes Problem für dich darstellen, wenn du die zweistellige Anzeige auf vier Stellen erweiterst. Dann kannst du z.B. auch die analogen Werte eines Eingangs von *0* bis *1023* gut darstellen. Es macht an dieser Stelle Sinn, dass du dir zuvor den Schaltplan aufzeichnest und dich dann an diesem orientierst. Du musst dir die Berechnung der zusätzlichen Stellen (Hunderter- bzw. Tausenderstelle) überlegen, denn bisher hatten wir ja lediglich 2

Stellen zur Verfügung. Du kannst auch Siebensegmentanzeigen kaufen, die über mehrere Stellen in einem Gehäuse verfügen.

Diese 4-stellige Anzeige habe ich aus einem alten CD-Player ausgebaut, und sie funktioniert noch einwandfrei. Wenn du keine Anschlussbelegung im Internet finden kannst, dann ist einfach vorsichtiges Ausprobieren angesagt. Zuerst solltest du herausfinden, ob du es mit einer gemeinsamen Anode oder Kathode zu tun hast. Es existieren noch sehr viele weitere Anzeigeeinheiten. Hier zwei Beispiele:

Dot-Matrix-Display (5x7 Punkte) von *Kingbright*

Alphanumerisches Display von *Kingbright*

Teil 2

Um eine oder mehrere Siebensegmentanzeigen anzusteuern, hast du die einzelnen Segmente direkt mit den digitalen Ausgängen über Vorwiderstände verbunden. Es gibt jedoch noch weitere Varianten, um eine Ansteuerung zu realisieren. Überlege dir einmal eine Schaltung mit entsprechender Programmierung, um das Schieberegister *74HC595* die Arbeit erledigen zu lassen. Im Kapitel über die *Digitale Porterweiterung* hast du die Grundlagen dieses ICs kennengelernt. Bisher haben wir den Dezimalpunkt, der bei einer Siebensegmentanzeige eigentlich immer vorhanden ist, außen vorgelassen. Berücksichtige ihn doch in diesem Teil des Workshops. Pin 6 steuert den Dezimalpunkt an.

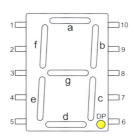

◀ **Abbildung 17-5**
Die Ansteuerung der Siebensegmentanzeige vom Typ SA 39-11 GE

Das vermeintliche Problem

Es gibt aber noch weitere Möglichkeiten, Siebensegmentanzeigen anzusteuern:

- Über einen Baustein mit der Bezeichnung *MCP23016 / -17 / -18*. Es handelt sich um *Port-Expander*, die über den I^2C-Bus angesteuert werden. Dieser Bus wird Thema eines späteren Kapitels sein, doch ich wollte es nicht versäumen, der IC in diesem Kapitel zu erwähnen.
- Der Baustein *PCF 8574* ist ebenfalls ein *Port-Expander*, der über den I^2C-Bus anzusteuern ist.
- Des Weiteren gibt es noch den LED-Treiber *MAX7221*, der speziell zur Ansteuerung von Siebensegmentanzeigen mit gemeinsamer Kathode entwickelt wurde. Die Daten werden über das serielle Interface *SPI* (**S**erial **P**eripheral **I**nterface) in den Baustein geschrieben. Wenn du eine *8x8* LED Matrix betreiben möchtest, ist dieser IC hervorragend dazu geeignet.

Der Reaktionstester

Scope

In diesem Experiment behandeln wir folgende Themen:
- Ansteuerung mehrerer Siebensegmentanzeigen
- Reaktion auf den Phasenwechsel einer Ampelschaltung
- Der komplette Sketch
- Analyse des Schaltplans
- Aufbau der Schaltung
- Workshop

Wie schnell bist du?

Nachdem wir jetzt die Siebensegmentanzeige mit ihren zwei Stellen abgehandelt haben, könnten wir eigentlich mal über eine Schaltung nachdenken, die deine Reaktionsfähigkeit testet. Das Hochzählen und Anzeigen einer Variablen bedeutet für dich ja kein Problem mehr. Was würdest du von einer Schaltung halten, die auf Knopfdruck die Ampelphasen *Rot*, *Gelb* und *Grün* einleitet und bei der du beim Eintreten der Grünphase so schnell wie möglich erneut den Taster drücken musst? Bei Grün startet der Zähler, und die Anzeige beginnt mit dem Hochzuzählen. Je schneller du reagierst, desto schneller wird der Zähler gestoppt und desto kleiner ist die Zahl in der Anzeige. Starte einen Wettbewerb entweder mit dir selbst oder mit deinen Freunden. Doch pass' auf: Wenn du den

Taster *vor* der Grünphase betätigst, wird die Schaltung das bemerken und entsprechend reagieren, und dann hast du in dieser Runde schon verloren. Du wirst sicherlich bemerken, dass unsere Schaltungen und auch die Programmierungen der Projekte etwas an Umfang zunehmen. Das soll dich aber nicht weiter beunruhigen, denn es gehört zum normalen Lernen dazu, dass Dinge komplexer werden. Wir entleihen einfach Sketch-Code aus Themenbereichen, die wir schon besprochen haben, und fügen ihn so zusammen, dass hieraus daraus neue und interessante Schaltungen ergeben. In unserem nächsten Beispiel kombinieren wir die Funktionalität der Ampelsteuerung mit der unserer Siebensegmentanzeige, die einen Wert kontinuierlich hochzählt. Das Ergebnis ist ein Reaktionstester. Natürlich müssen wir die beiden Grundschaltungen von Ampel und Siebensegmentanzeige ein wenig anpassen, doch die Funktionsweise bleibt im Wesentlichen bestehen.

Benötigte Bauteile

Für dieses Beispiel benötigen wir die folgenden Bauteile:

Benötigte Bauteile	
	2 x Siebensegmentanzeige (z.B. Typ *SA 39-11 GE* mit gemeinsamer Anode)
	10 x Widerstand *330*
	2 x Widerstand *1K*
	2 x Transistor BC557 (*PNP*)
	1 x Widerstand *10K*
	1 x Taster

Benötigte Bauteile

	je 1x rote, gelbe und grüne LED
	Mehrere flexible Steckbrücken in unterschiedlichen Farben und Längen

Ich würde sagen, dass wir die Schaltung anhand der folgenden Stichpunkte aufbauen bzw. programmieren:

- Nach dem Starten soll in der Anzeige *00* zu sehen sein.
- Alle LEDs der Ampel sind aus.
- Es wird auf einen Tastendruck gewartet, der den Ampelphasenwechsel startet.
- Wurde die Taste gedrückt, dann beginnt die Sequenz mit der Phase Rot (*2 Sekunden*).
- Es folgt die Phase Gelb (*2 Sekunden*).
- Wenn während der Gelb-Phase die Taste gedrückt wurde, was definitiv zu früh ist, erfolgt eine Unterbrechung der Sequenz. Die rote LED blinkt dann schnell hintereinander und in der Anzeige blinkt die *99*. Anschließend kann ein neuer Versuch gestartet werden, indem der Taster erneut betätigt wird.
- Wurde die Phase Grün erreicht, beginnt der interne Zähler mit dem Hochzuzählen und zeigt den Wert in der Anzeige an. Jetzt muss schnellstmöglich der Taster betätigt werden, um den Zählvorgang zu unterbrechen und den letzten Zählerstand in der Anzeige zu präsentieren.
- Erfolgt keine Reaktion seitens des Spielers, bis der maximale Wert *99* in der Anzeige erscheint, blinken die Anzeige und die rote LED schnell hintereinander. Es kann dann ein neuer Versuch gestartet werden.
- Der Reaktionstest wird über das Drücken des *Reset*-Tasters auf dem Arduino-Board erneut gestartet.

Bevor es losgeht, sollten wir einen Blick aus das entsprechende Flussdiagramm werfen, damit du den Ablauf der einzelnen Funktionen der Schaltung besser verstehst.

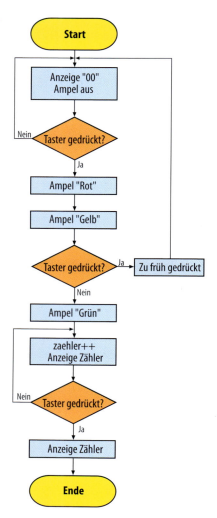

Abbildung 18-1
Flussdiagramm zur Reaktionsschaltung

Da der Quellcode etwas umfangreicher geworden ist, habe ich eine nützliche Funktion der IDE verwendet und mit dieser Codezeilen in mehrere funktionelle Blöcke unterteilt und über zusätzliche *Tab*-Registerkarten in verschiedenen Fenstern platziert. Hätten wir den gesamten Code in einem einzigen Fenster untergebracht, ginge das sicherlich zu Lasten der Übersichtlichkeit. Bei der Fehlersuche ist diese Art der Vorgehensweise sehr von Vorteil, wenn man z.B. genau weiß, dass der Code in bestimmten Fenstern fehlerfrei arbeitet und man die Suche daher auf einen kleineren Bereich begrenzen kann. Doch wie funktioniert die Aufteilung? Im Kapitel *Arduino-*

Grundlagen habe ich diese Möglichkeit kurz angesprochen, bin jedoch nicht weiter darauf eingegangen. Das möchte ich an dieser Stelle nachholen. Am oberen rechten Rand befindet sich ein kleines unscheinbares Icon, das bei einem Mausklick ein Kontext-Menü öffnet.

Auf der rechten Seite befindet sich ein Dreieck, das ich hier mit einer roten Markierung versehen habe. Wie du siehst, sind für diesen Sketch schon die benötigten *Tab*-Registerkarten mit den Bezeichnungen *Funktionen* und *Siebensegmentanzeige* vorhanden. Die Registerkarte mit dem Haupt-Sketch, der die *setup*- bzw. *loop*-Funktionen beinhaltet, befindet sich immer auf der linken Seite und alle nachträglich hinzugefügten werden jeweils rechts davon eingefügt. Wenn du also eine weitere *Tab*-Registerkarte hinzufügen möchtest, klickst du mit der linken Maustaste auf das Piktogramm mit dem Pfeilsymbol. Daraufhin wird das folgende Menü geöffnet:

Wähle den rot markierten Eintrag mit dem Namen *New Tab* aus, wobei ein Eingabefenster unterhalb des Quellcodes angezeigt wird, in dem du den Namen der neuen Quelldatei, der keine Leerzeichen beinhalten darf, eingeben kannst. Anschließen musst du die Eingabe mit dem Button *OK* bestätigen.

Bei der Kompilierung fügt der Compiler die einzelnen *Tab*-Registerkarten zu einer einzigen Quelldatei zusammen und übersetzt sie, als wäre es eine einzige.

> Wenn ich den Quellcode jetzt aufsplitte, werden dann zusätzliche Dateien pro angelegter *Tab*-Registerkarte erstellt?

Eine berechtigte Frage, *Ardus*! Du liegst mit deiner Vermutung absolut richtig, denn ein Blick in das Dateisystem zeigt dir die zusätzlichen Dateien.

Bibliothek "Dokumente"
Reaktionstester001

Name	Änderungsdatum	Typ	Größe
Funktionen.ino	26.09.2011 08:06	INO-Datei	1 KB
Reaktionstester001.ino	26.09.2011 08:05	INO-Datei	2 KB
SiebensegmentAnzeige.ino	26.09.2011 08:06	INO-Datei	1 KB

Alle Dateien haben die Endung *ino* erhalten. Auf diese Weise wird angezeigt, dass es sich um Arduino-Sketch-Dateien handelt.

Arduino-Sketch-Code

Sehen wir uns zunächst den Code für die *Tab*-Registerkarte *Funktionen* genauer an:

```
// Wird aufgerufen, wenn der Taster vor der Grün-Phase gedrückt wird
void blinken(){
  digitalWrite(ledPinRot, HIGH);
  digitalWrite(ledPinGelb, LOW);
  digitalWrite(ledPinGruen, LOW);

  for(int i = 0; i < 30; i++){
    digitalWrite(ledPinRot, (i%2 == 0)?HIGH:LOW);
    delay(50);   // Pause beim Blinken
    anzeige(99); // 99 bedeutet: Fehler!!! (zu früh oder zu spät gerückt)
  }
  reset();
}

// Auf Anfangswerte zurücksetzen
void reset(){
  phase = 0, startPunkt = 0, stopZeit = 0;
  anzeigeWert = 0;
  taster = false, gestoppt = false;
  digitalWrite(ledPinRot, LOW);
  digitalWrite(ledPinGelb, LOW);
  digitalWrite(ledPinGruen, LOW);
}
```

Diese Funktion wird aufgerufen, wenn der Taster entweder zu früh oder überhaupt nicht betätigt wird. Die *Tab*-Registerkarte *Siebensegmentanzeige* beinhaltet den schon bekannten Code aus dem Kapitel über die Siebensegmentanzeige, der lediglich an einer Stelle leicht modifiziert wurde. Darauf gehe ich gleich näher ein.

```
byte segmente[10]= { B01111110,   // 0
                     B00110000,   // 1
                     B01101101,   // 2
                     B01111001,   // 3
                     B00110011,   // 4
                     B01011011,   // 5
                     B01011111,   // 6
                     B01110000,   // 7
                     B01111111,   // 8
                     B01111011}; // 9

void anzeige(int wert){
  byte einer, zehner;
  zehner = int(wert / 10);
  einer = wert - zehner * 10;
  ansteuerung(einer, false); // Anzeige Einestelle
  ansteuerung(zehner, true); // Anzeige Zehnerstelle
}

void ansteuerung(int a, boolean f){
  digitalWrite(einerStelle, f);
  digitalWrite(zehnerStelle, !f);
  for(int j = 6; j >= 0; j--)   // Abfragen der Bits für die Segmente
      digitalWrite(pinArray[6 - j], bitRead(segmente[a], j) == 1?LOW:HIGH);
  delay(5); // Pause
}
```

Die Ansteuerung der Einer- bzw. Zehnerstelle habe ich etwas verkürzt. Schaue dir dazu noch einmal die Lösung bei der Siebensegmentanzeige an und vergleiche sie mit dieser hier. Beim Aufruf der *ansteuerung*-Funktion gebe ich zusätzlich zum anzuzeigenden Wert noch einen booleschen Wert mit. Ist dieser *false*, dann wird die Einerstelle angezeigt, bei *true*, die Zehnerstelle. Die Funktion wertet dann diesen Wert aus und steuert entweder die Einer- oder die Zehnerstelle an:

```
digitalWrite(einerStelle, f);
digitalWrite(zehnerStelle, !f);
```

Durch das *!f* (*NOT f*) in der zweiten Anweisung wird der Wahrheitswert genau in das Gegenteil umgekehrt. Somit ist immer nur eine der beiden Alternativen wahr und es wird entsprechend auch nur eine Stelle der Anzeige angesteuert.

> *Hey, hey, hey*! Das ist doch nicht dein Ernst. Die *digitalWrite*-Funktion erwartet doch entweder ein *HIGH* oder ein *LOW* im zweiten Parameter. Wie kannst du da einfach mit *true* bzw. *false* arbeiten? Wenn ich das richtig sehe, sind das doch vollkommen unterschiedliche Datentypen. Warum ist das möglich?

Ich verstehe deine Aufregung, doch die Antwort ist recht simpel. Hinter den Kulissen werden *HIGH* und *LOW* bzw. *true* und *false* als numerische Werte angesehen. Gib doch im *Serial-Monitor* einmal Folgendes ein:

```
Serial.begin(9600);
Serial.println(LOW, DEC);    // Ausgabe des LOW-Pegels als Dezimalzahl
Serial.println(false, DEC);  // Ausgabe des false-Wertes als Dezimalzahl
```

Wenn du dir das Ergebnis anschaust, dann wirst du merken, dass die gleichen Werte verwendet wurden. Ersetze *LOW* durch *HIGH* bzw. *false* durch *true* und es kommen wieder die gleichen Werte heraus. Aus diesem Grund habe ich eine boolesche Variable verwendet, da ich sie mit dem *NOT*-Operator (*Ausrufezeichen*) in ihr Gegenteil umkehren und damit negieren kann. Der eigentliche Sketch-Code sieht dann wie folgt aus:

```
byte pinArray[] = {2, 3, 4, 5, 6, 7, 8}; // Für Siebensegmentanzeige
byte einerStelle = 12, zehnerStelle = 13;
byte ledPinRot = 9, ledPinGelb = 10, ledPinGruen = 11; // Für Ampel
byte phase = 0;        // 1 = Rot, 2 = Gelb, 3 = Grün
long startPunkt = 0;   // Wenn Taster gedrückt - > Startpunkt
byte anzeigeWert, stopZeit;
boolean taster = false, gestoppt = false;


void setup(){
  for(int i = 0; i < 7; i++)
    pinMode(pinArray[i], OUTPUT);
  pinMode(einerStelle, OUTPUT);
  pinMode(zehnerStelle, OUTPUT);
  pinMode(ledPinRot, OUTPUT);
  pinMode(ledPinGelb, OUTPUT);
  pinMode(ledPinGruen, OUTPUT);
}

void loop(){
```

```
  taster = analogRead(0) > 1000; // taster = true wenn Analogwert >
                                 // 1000 ist
  if(phase < 3) anzeige(0); // Zeige am Anfang 00 in der Anzeige
  // Steuerung der Ampelphasen
  if((taster) && (startPunkt == 0)){
    phase = 1; // Beginne mit Rot
    startPunkt = millis();
  }
  if((phase == 1) && (millis() - startPunkt > 2000))
    digitalWrite(ledPinRot, HIGH);
  if((phase == 1) && (millis() - startPunkt > 4000)){
    digitalWrite(ledPinGelb, HIGH);
    phase = 2; // Gelb
  }
  if((phase == 2) && (millis() - startPunkt > 6000)){
    digitalWrite(ledPinGruen, HIGH);
    phase = 3; // Grün
  }
  // Zähle hoch, wenn LED Grün und noch nicht gestoppt wurde
  if((phase == 3) && (!gestoppt))
    anzeige(anzeigeWert++);
  // Leuchtet LED Grün  und der Taster wurde gedrückt
  if((taster) && (phase == 3)){
    gestoppt = true;         // Flag für gestoppt auf "wahr" setzen
    stopZeit = anzeigeWert; // Stoppzeit sichern
  }
  // Wenn gestoppt, dann Stoppzeit anzeigen
  if(gestoppt)
    anzeige(stopZeit);
  // Wenn in Gelbphase Taster gedrückt -> zu früh
  if((taster) && (phase ==2))
    blinken();
  // Wenn überhaupt nicht reagiert wird -> blinken
  if(anzeigeWert == 99)
    blinken();
}
```

Du fühlst dich auf den ersten Blick möglicherweise ein wenig erschlagen, doch es ist halb so wild.

Arduino-Code-Review

Für unser Experiment benötigen wir programmtechnisch gesehen die folgenden Variablen:

Tabelle 18-1 ▶
Benötigte Variablen und deren Aufgabe

Variable	Aufgabe
segmente	Eindimensionales Array zur Speicherung der Segmentinformation pro Ziffer
pinArray	Eindimensionales Array zur Speicherung der angeschlossenen Pins der Anzeige
einerStelle	Wert des Pins für die Einerstelle
zehnerStelle	Wert des Pins für die Zehnerstelle
einer	Wert der Einerstelle
zehner	Wert der Zehnerstelle
ledPinRot	Wert des Pins für die rote Ampel-LED
ledPinGelb	Wert des Pins für die gelbe Ampel-LED
ledPinGruen	Wert des Pins für die grüne Ampel-LED
phase	Wert für die Ampelphasen
startPunkt	Wert für die Speicherung der Zeit in Millisekunden seit Tasterdruck
taster	Statuswert des Tasters (gedrückt: true, nicht gedrückt: false)
anzeigeWert	Zähler zum Hochzählen der Anzeige
stopZeit	Wert der gestoppten Zeit
gestoppt	Statuswert, wenn korrekt gestoppt wurde

Die einzelnen Pins zur Segmentansteuerung bzw. für die gemeinsamen Anoden haben sich nicht geändert, und ich habe sie daher aus unserem Kapitel über die Siebensegmentanzeige übernommen. Hinzugekommen sind die drei Pins für die Ampel-LEDs. Als nächstes haben wir die Variable *phase*, die die einzelnen Ampel-Phasen wiederspiegelt. Die Variable *startpunkt* wird später benötigt, um eine Zahl zu speichern, die für *den* Zeitpunkt steht, an dem der Taster gedrückt wurde. Es handelt sich dabei um einen Wert, der die Zeit in Millisekunden seit Programmstart angibt. Da dieser Wert mit der Zeit natürlich recht groß wird, ist die Datenbreite des Datentyps *int* für uns nicht groß genug dimensioniert. Wir müssen auf *long* ausweichen. Die Variable *anzeigewert* ist für das Hochzählen um den Wert *1* zuständig. Der jeweils resultierende Wert wird beim rechtzeitigen Stoppen in der Anzeige dargestellt und in die Variable *stopZeit* übernommen. Zu guter Letzt haben wir noch zwei Variablen des Datentyps *boolean*, die als Flag, also als Anzeiger für einen bestimmten Zustand, dienen. Der Variablen *taster* wird dann den Wert *true*, also *wahr*, zugewiesen, wenn der Taster betätigt wurde. Die Variable *gestoppt* ist ebenfalls *true*, wenn der Zählvorgang zur rechten Zeit gestoppt wurde. Ok, dann werden wir uns den Code nun einmal genauer anschauen.

Die Zeile

```
taster = analogRead(0) > 1000;
```

bedarf bestimmt einiger Erläuterung. Die Variable *taster* ist vom Datentyp *boolean* und kann lediglich *true* oder *false* speichern. Um diese Zeile zu verstehen, musst du von rechts nach links lesen und eine Unterteilung in zwei getrennte Schritte vornehmen:

Zuweisung   Vergleichsoperation

```
taster = analogRead(0) > 1000;
```

Bei dem ersten Schritt, der in rot markiert ist, handelt es sich um eine Vergleichsoperation. Wenn der gemessene analoge Wert an Pin *0* größer *1000* ist, dann liefert dieser Vergleich den Wert *true* zurück, andernfalls *false*. Dieses Ergebnis wird im zweiten Schritt der booleschen Variablen *taster* zugewiesen, der hier blau markiert ist. Als nächstes kommen wir zur Steuerung der einzelnen Ampel-Phasen. Diese Phasen werden in der Variablen *phase* gespeichert:

```
if(phase < 3) anzeige(0); // Zeige am Anfang 00 in der Anzeige
// Steuerung der Ampelphasen
if((taster) && (startPunkt == 0)){
  phase = 1; // Beginne mit Rot
  startPunkt = millis();
}
if((phase == 1) && (millis() - startPunkt > 2000))
  digitalWrite(ledPinRot, HIGH);
if((phase == 1) && (millis() - startPunkt > 4000)){
  digitalWrite(ledPinGelb, HIGH);
  phase = 2; // Gelb
}
if((phase == 2) && (millis() - startPunkt > 6000)){
  digitalWrite(ledPinGruen, HIGH);
  phase = 3; // Grün
}
```

Wurde noch keine Phase eingeleitet, was bedeutet, dass *phase < 3* ist, dann ist in der Anzeige *00* zu sehen. Wird jetzt erstmalig der Taster betätigt, dann wird der Variablen *phase* der Wert *1* zugewiesen und *startpunkt* erhält als Wert die seit Programmstart vergangene Zeit in Millisekunden, der über die *millis*-Funktion ermittelt wird. Mithilfe des Wertes in *startpunkt* werden die einzelnen Ampelphasen gesteuert.

Wie schnell bist du?

> Oh Mann, warum gehst du den komplizierten Weg über die *millis*-Funktion. Warum verwendest du nicht einfach die *delay*-Funktion, um die Pausen zwischen den einzelnen Ampelphasen zu steuern? Ist das nicht viel einfacher?

Nun, die Verwendung der *delay*-Funktion würde den Code wohl in der Tat verkürzen. Leider aber auch den Spaß an der Schaltung, denn sie würde nicht mehr funktionieren. Das betreffende Problem hatte ich schon einmal angesprochen, doch du hast es sicherlich kurzzeitig aus deinem Speicher entfernt. Wenn ich es dir jetzt aber nochmal erläutere, dann fällt dir sicherlich alles wieder ein. Würden wir die *delay*-Funktion zwischen den Ampelphasen verwenden, wie könnten wir dann z.B. ermitteln, ob zwischen Gelb-Phase und Grün-Phase der Taster eventuell zu früh gedrückt wurde? Die *delay*-Funktion unterbricht den Ablauf des Sketches für die angegebene Zeitdauer und macht nichts weiter, als einfach warten. Der Sketch ist nicht in der Lage, auf weitere Einflüsse, die ggf. von außen an das Board herangetragen werden, zu reagieren, da die Ausführung einfach pausiert. Es ist für uns aber sehr wichtig, zu wissen, ob unerlaubter Weise die Taste in der Gelb-Phase gedrückt wurde. Dies erreichen wir mit dem gezeigten Code und der *millis*-Funktion. Die entsprechende Überprüfung findet relativ am Ende der *loop*-Funktion statt, die jetzt kontinuierlich abgearbeitet wird:

```
if((taster) && (phase ==2))
    blinken();
```

Wurde der Taster in der Gelb-Phase (*phase = 2*) gedrückt, dann kommt es zu einer Anzeige über den verfrühten Tastendruck, siehe *blinken*-Funktion in der *Funktionen*-Registerkarte. Ist die Grün-Phase (*phase = 3*) erreicht, dann wird der interne Zähler, der über die Variable *anzeigeWert* realisiert wurde, bei jedem *loop*-Durchlauf um den Wert *1* erhöht. Das geschieht jedoch nur, wenn die boolesche Variable *gestoppt* noch den Wert *false* aufweist. Das Ausrufezeichen vor der Variablen bedeutet *NICHT* (*not*) und bewirkt eine Umkehrung des logischen Wertes.

```
if((phase == 3) && (!gestoppt))
    anzeige(anzeigeWert++);
```

Wurde die Grün-Phase erreicht, kann nach Kräften auf die Taste gedrückt werden:

```
if((taster) && (phase == 3)){
    gestoppt = true;      // Flag für gestoppt auf "wahr" setzen
    stopZeit = anzeigeWert; // Stopzeit sichern
}
```

Dadurch wird das Flag *gestoppt* auf *true* gesetzt und der *anzeige-Wert* in die Variable *stopZeit* gerettet. Erst jetzt wird beim nächsten *loop*-Durchlauf auf die nachfolgende Bedingung positiv reagiert, denn die Variable gestoppt ist *wahr*:

```
if(gestoppt)
    anzeige(stopZeit);
```

Es wird die Funktion *anzeige* aus der *SiebensegmentAnzeige*-Registerkarte mit der *stopZeit* aufgerufen, was zur Folge hat, dass die entsprechende Zahl in der Anzeige erscheint. *Game over!*

Der Schaltplan

Die Schaltung gleicht der für die Siebensegmentanzeige. Es sind lediglich der Taster und die drei LEDs zur Ampelansteuerung hinzugekommen.

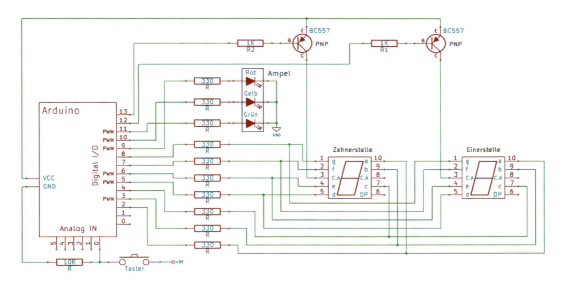

▲ **Abbildung 18-2**
Die Ansteuerung von zwei Siebensegmentanzeigen

Schaltungsaufbau

Abbildung 18-3 ▶
Aufbau der Reaktionsschaltung auf dem Breadboard

Wie du auf diesem Breadboard siehst, ist die Verwendung unterschiedlicher Kabelfarben unerlässlich. Es sollte aber nicht das primäre Ziel sein, das ganze Konstrukt so bunt wie möglich zu gestalten, sondern bestimmte Leitungsgruppen einer Farbe zuzuordnen. Ich möchte dir diesbezüglich, wie ich es auch schon einmal erwähnt habe, keine Vorschriften machen. Denke dir selbst ein entsprechendes System aus. Es ist allerdings sinnvoll, für Masseleitungen *schwarze* und für die Stromversorgungsleitungen (von z.B. +5V) *rote* Kabel zu verwenden.

Troubleshooting

Dieses Kapitel gleicht im Aufbau dem vorangegangenen. Du kannst also einfach nochmal dort nachlagen, falls etwas nicht funktionieren sollte.

Was hast du gelernt?

- In diesem Kapitel haben wir geschickt zwei Sketche aus unterschiedlichen Kapiteln (Ampel- bzw. Siebensegmentansteuerung) miteinander kombiniert, um einen Reaktionstester zu programmieren.
- Du hast außerdem die Möglichkeit der IDE kennengelernt, den Code auf mehrere Dateien zu verteilen. Das trägt sehr zur Übersichtlichkeit bei.
- Des Weiteren hast du gesehen, wie du über die *millis*-Funktion Zeitabläufe koordinieren bzw. entsprechend darauf reagieren kannst.

Workshop

Teil 1

Bisher konntest du nach einem erfolgreichen Reaktionstest die Schaltung lediglich über den Reset-Taster auf dem Arduino-Board zurücksetzen. Erweitere doch die Schaltung bzw. die Programmierung so, dass dies entweder durch den Start-Stopp-Taster oder einen weiteren Taster erfolgen kann. Denke daran, dass in diesem Fall bestimmte Variablen auf ihre Startwerte zurückgesetzt werden müssen.

Teil 2

Da die Pausenzeiten zwischen den Phasenwechseln immer gleich sind, kann man sich mit der Zeit ein wenig darauf einstellen und nach Gefühl einfach mal die Taste drücken. Ändere doch den Sketch so ab, dass die Pause beim Phasenwechsel von Gelb nach Grün variabel ist und über eine Zufallsfunktion gesteuert wird. Du weißt dann nicht, wann die Ampel endlich auf Grün umspringt und du den Taster betätigen musst. Natürlich sollte sich die Pausenzeit in einem gewissen Rahmen bewegen und sich nicht bis zu einer Minute ausdehnen. Ich denke, dass eine Zeitspanne von *1* bis *5* Sekunden ausreichend ist. Aber das liegt natürlich bei dir. Experimentiere ein wenig.

Das KeyPad

Projekt 19

Scope

In diesem Experiment behandeln wir folgende Themen:
- Die Herstellung eines eigenen KeyPads
- Wie können die einzelnen Taster elegant abgefragt werden?
- Der komplette Sketch
- Analyse des Schaltplans
- Aufbau der Schaltung
- Workshop

Was ist ein KeyPad?

Was ein Taster ist und wie er arbeitet, hast du schon in diversen Kapiteln kennengelernt. Für manch ein Projekt ist es aber notwendig, mehrere Taster in einer Matrix, also in Zeilen und Spalten anzuordnen, um z.B. mit den Ziffern von 0 bis 9 und zwei Sondertasten wie * und # arbeiten zu können. Wo wird das benötigt? Nun, du verwendest diese Kombination von Tasten täglich, nämlich beim Telefonieren.

◀ **Abbildung 19-1**
Die Wahltasten eines Telefons

Es handelt sich um eine Matrix von *4x3* (*4* Zeilen und *3* Spalten) Tasten. Diese Matrix wird auch *KeyPad* – kleine Tastatur – genannt und es gibt sie fertig in unterschiedlichen Varianten zu kaufen. Im folgenden Bild siehst du zwei *Folien-KeyPads*. Das linke besitzt sogar ein paar zusätzliche Sondertasten *A* bis *D*, die u.U. sehr sinnvoll sein können, falls Dir die *12* Tasten des rechten *KeyPads* für dein Projekt nicht ausreichen sollten.

Abbildung 19-2 ▶
Ein 4x4 Folien-KeyPad mit 16 Tasten und ein 4x3 Folien-KeyPad mit 12 Tasten

> Wenn ich mir vorstelle, ich müsste z.B. das *4x4* Folien-KeyPad an meinen Arduino anschließen, stünde ich wohl vor einigen Problemen, da mir sicherlich die Pins ausgingen. Ich könnte allerdings alle *16* Tasten z.B. auf einer Seite mit *+5V* verbinden und die anderen *16* Anschlüsse dann mit den digitalen Eingängen. Zur Not ließen sich ja noch die analogen Eingänge missbrauchen. Das haben wir doch auch schon in der Vergangenheit gemacht.

Nun *Ardus*, das kannst du natürlich so versuchen zu realisieren und es würde auch funktionieren, wenn da nicht die physikalischen Grenzen des Arduino Uno-Boards wären. Ein Ausweg wäre das *Arduino-Mega* Board, das sehr viel mehr Schnittstellen besitzt. Aber wir wollen die Sache natürlich elegant lösen. Es gibt übrigens eine fertige *KeyPad*-Bibliothek auf der Arduino-Internetseite, doch wir wolle an dieser Stelle die Sache selbst in die Hand nehmen. Wir widmen uns dem *4x3* KeyPad, das wir selbst bauen wollen. Die folgende Liste zeigt Dir, welche Materialien erforderlich sind.

Benötigte Bauteile

Für dieses Beispiel benötigen wir die folgenden Bauteile:

Benötigte Bauteile

12 x Taster

1 x Set Stapelbare Buchsenleisten (2 x 8 + 2 x 6)

1 x Platine mit den Maßen *10 x 10* oder besser *16 x 10* (dann kannst du *2* Shields daraus herstellen) Ich habe den Ausschnitt für das Shield schon markiert und werde gleich näher darauf eingehen.

Litze in ggf. unterschiedlichen Farben

Vorüberlegungen

Du hast eben angemerkt, dass wir für unser *4x4* KeyPad so um die *16* Leitungen benötigen, um alle Tasten abzufragen. Für ein *4x3* KeyPad wären es nur noch *12* Leitungen; das sind aber meiner Meinung nach immer noch zu viele. Es gibt eine elegantere Lösung, deren Grundidee du schon bei der Ansteuerung der beiden Siebensegmentanzeigen kennengelernt hast. Was haben Siebensegmentanzeigen mit diesen Tastern zu tun, fragst du dich jetzt bestimmt. Das Stichwort lautet *Multiplexing*. Es bedeutet, das bestimmte Signale zusammengefasst und über ein Übertragungsmedium geschickt werden, um den Aufwand an Leitungen zu minimieren und so den größtmöglich Nutzen zu erzielen. Bei den Siebensegmentanzeigen wurden die Steuerleitungen zweier Segmente parallel geschaltet und zur Ansteuerung beider genutzt. Auf diese Weise werden 7 bzw. 8 Leitungen pro Segment eingespart. Die Lösung zur

Abfrage der einzelnen Taster eines KeyPads wurde denkbar einfach realisiert. Doch zuvor zeige ich Dir die Verdrahtung der *12* Taster.

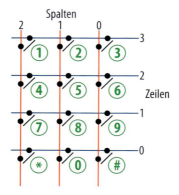

Abbildung 19-3 ▶
Die Verdrahtung der 12 Taster eines 4x3 KeyPads

Stelle Dir einfach ein Drahtgitter mit *4x3* Drähten vor, die übereinander gelegt wurden, jedoch keine Berührungspunkte untereinander aufweisen. Genau das zeigt diese Grafik. Du siehst die *4* blauen horizontalen Drähte, die in Zeilen mit den Bezeichnungen *0* bis *3* angeordnet sind. Darüber liegen in einem geringen Abstand die *3* roten vertikalen Drähte in Spalten mit den Bezeichnungen *0* bis *2*. An jedem Kreuzungspunkt befinden sich kleine Kontakte, die durch das Herunterdrücken des Tasters den jeweiligen Kreuzungspunkt so verbinden, so dass er elektrisch leitend wird und die betreffende Zeile bzw. Spalte eine elektrische Strecke bildet. Am besten schaust du Dir das in der folgenden Grafik einmal genauer an. Es wurde der Taster mit der Nummer *5* gedrückt.

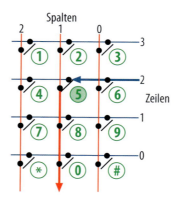

Abbildung 19-4 ▶
Die Taste 5 wurde gedrückt (Die dicken Linien zeigen den Stromfluss)

Der Strom kann demnach von Zeile *2* über den Kreuzungspunkt Nummer *5* in Spalte *1* fließen und dort registriert werden.

Projekt 19: Das KeyPad

> Wenn aber an allen Zeilen gleichzeitig eine Spannung anliegt, könnte auch z.B. die darüber liegende Taste 2 gedrückt werden und ich würde an Spalte 1 einen entsprechenden Impuls registrieren. Wie kann das unterschieden werden?

Ok, *Ardus*! Ich sehe, dass du das Prinzip noch nicht ganz verstanden hast. Das ist natürlich kein Beinbruch. Hör zu. Etwas unscharf formuliert schicken wir nacheinander ein Signal durch die Zeilen 0 bis 3 und fragen dann ebenfalls nacheinander den Pegel an den Spalten 0 bis 2 ab. Der Ablauf erfolgt dann wie folgt:

High-Pegel an Draht in Reihe 0

- Abfragen des Pegels an Spalte *0*
- Abfragen des Pegels an Spalte *1*
- Abfragen des Pegels an Spalte *2*

High-Pegel an Draht in Reihe 1

- Abfragen des Pegels an Spalte *0*
- Abfragen des Pegels an Spalte *1*
- Abfragen des Pegels an Spalte *2*

etc.

Diese Abfrage geschieht natürlich dermaßen schnell, dass es in einer einzigen Sekunde zu so vielen Durchläufen kommt, so dass kein einziger Tastendruck unter den Tisch fällt. Das Shield habe ich mit folgenden Pinnummern der digitalen Ein- bzw. Ausgänge fest verdrahtet:

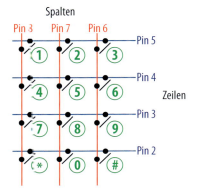

◀ **Abbildung 19-5**
Verdrahtung der einzelnen Zeilen bzw. Spalten mit den digitalen Pins

Was ist ein KeyPad?

Wir machen es an dieser Stelle etwas spannender und erstellen eine eigene Library, die du später in anderen Projekten verwenden kannst. Sie stellt eine gewisse Grundfunktionalität zur Verfügung und kann bei Bedarf natürlich abgeändert oder erweitert werden. Der Hauptsketch fragt kontinuierlich das Shield ab, welche Taste gedrückt wurde. Das Resultat wird zur Visualisierung an den *Serial-Monitor* ausgegeben. Folgende Spezifikationen habe ich mir dabei ausgedacht:

- Drückst du keine Taste, soll auch kein Zeichen im *Serial-Monitor* ausgegeben werden
- Wird eine Taste nur kurz gedrückt, so erscheint die entsprechende Ziffer bzw. das Zeichen im Monitor
- Drückst du eine Taste über einen längeren Zeitraum, der entsprechend vorher festgelegt werden kann, dann erscheint die Ziffer bzw. das Zeichen solange mehrfach hintereinander im Monitor, bis du die Taste wieder loslässt

Arduino-Sketch-Code

Hauptsketch mit Code-Review

Ich beginne am besten mit dem Hauptsketch, der aufgrund der ausgelagerten Funktionalität in einer Library sehr spartanisch und übersichtlich anmutet. Doch warte mal ab. Es wird noch um einiges komplexer und interessanter:

```
#include "MyKeyPad.h"
int rowArray[] = {2, 3, 4, 5};  // Array mit Zeilen Pin-Nummern
                                // initialisieren
int colArray[] = {6, 7, 8};     // Array mit Spalten Pin-Nummern
                                // initialisieren
MyKeyPad myOwnKeyPad(rowArray, colArray); // Instanziierung eines
                                          // Objektes

void setup(){
 Serial.begin(9600);                   // Serielle Ausgabe vorbereiten
 myOwnKeyPad.setDebounceTime(500); // Prellzeit auf 500ms setzen
}

void loop(){
  char myKey = myOwnKeyPad.readKey(); // Abfragen des gedrückten
                                      // Tasters
```

```
  if(myKey != KEY_NOT_PRESSED)        // Abfrage, ob irgendein Taster
                                      // gedrückt
    Serial.println(myKey);            // Ausgabe des Tastenzeichens
}
```

Die erste Zeile bindet, wie du das schon bei der Würfel-Library kennengelernt hast, die Header-Datei ein, um die Bibliothek nutzen zu können. Auf deren Inhalt kommen wir gleich zu sprechen. Zuerst deklarieren wir zwei Arrays und initialisieren sie mit den Pinnummern der Zeilen- bzw. Spaltenanschlüsse des KeyPads. Dies ermöglicht eine höhere Flexibilität, damit bei abweichenden Konstruktionen entsprechend reagiert werden kann. Die Zeile

```
MyKeyPad myOwnKeyPad(rowArray, colArray);
```

generiert die Instanz *myOwnKeyPad* der Klasse *MyKeyPad*, die in der Library definiert ist, und übergibt die beiden Arrays an den Konstruktor der Klasse. Diese Informationen werden dort benötigt, um die Auswertung zu starten, welche der *12* Tasten denn gedrückt wurde. Die Festlegung der Prellzeit erfolgt mit der folgenden Zeile:

```
myOwnKeyPad.setDebounceTime(500);
```

Dadurch wird die Methode *setDebounceTime* mit dem Argument *500* aufgerufen. Im Anschluss erfolgt innerhalb der *loop*-Funktion die kontinuierliche Abfrage der Instanz, nach dem Motto: »Hey, nenne mir mal die Taste, die gerade auf dem KeyPad gedrückt wird!« Ermöglicht wird dies durch den Aufruf der folgenden Zeile:

```
char myKey = myOwnKeyPad.readKey();
```

Sie weist das Ergebnis der Abfrage der Variablen *myKey* des Datentyps *char* zu. Jetzt können wir entsprechend darauf regieren. Das müssen wir auch, denn die Methode liefert unabhängig davon, ob eine Taste gedrückt wurde oder nicht, immer einen Wert zurück. Du möchtest aber bestimmt nur *dann* etwas in der Anzeige sehen, wenn eine Taste gedrückt wird. Aus diesem Grund wird der Wert *KEY_NOT_PRESSED* zurückgeliefert, falls keine Taste gedrückt wird. Die *if*-Abfrage

```
if(myKey != KEY_NOT_PRESSED)
    Serial.println(myKey);
```

sendet also nur dann die entsprechende Tastenbezeichnung an den *Serial-Monitor*, wenn du wirklich eine Taste drückst.

> Bevor ich den Anschluss verpasse: Was verbirgt sich denn genau hinter KEY_NOT_PRESSED?

Das kann ich recht schnell aufklären, denn ich wäre im nächsten Schritt sowieso zur Header-Datei gekommen. Dort sind zahlreiche symbolische Konstanten definiert. Hinter der eben genannten Konstanten verbirgt sich das Zeichen »-«, das immer dann gesendet wird, wenn kein Taster gedrückt wird. Ich habe ihr einen sprechenden Namen gegeben, denn dadurch wird der Code lesbarer.

Header-Datei mit Code-Review

Die Header-Datei dient, wie schon erwähnt, der Bekanntgabe der in der eigentlichen Klassendefinition benötigten Felder und Methoden. Schauen wir mal, was dort zu finden ist:

```
#ifndef MYKEYPAD_H
#define MYKEYPAD_H

#if ARDUINO < 100
#include <WProgram.h>
#else
#include <Arduino.h>
#endif

#define KEY_NOT_PRESSED '-' // Wird benötigt, wenn keine Taste gedrückt wird
#define KEY_1 '1'
#define KEY_2 '2'
#define KEY_3 '3'
#define KEY_4 '4'
#define KEY_5 '5'
#define KEY_6 '6'
#define KEY_7 '7'
#define KEY_8 '8'
#define KEY_9 '9'
#define KEY_0 '0'
#define KEY_STAR '*'
#define KEY_HASH '#'

class MyKeyPad{
  public:
    MyKeyPad(int rowArray[], int colArray[]); // Parametrisierter
                                              // Konstruktor
    void setDebounceTime(unsigned int debounceTime); // Setzen der
                                                     // Prellzeit
    char readKey(); // Ermittelt die gedrückte Taste auf dem KeyPad
```

```
  private:
    unsigned int debounceTime; // Private Variable für die Prellzeit
    long lastValue;            // Letzte Zeit der millis-Funktion
    int row[4];         // Array für die Zeilen
    int col[3];         // Array für die Spalten
};
#endif
```

Im oberen Teil siehst du die zahlreichen symbolischen Konstanten und die entsprechenden Zeichen. Darunter folgt die formelle Klassendefinition ohne Ausformulierung des Codes, der sich bekannterweise in der *cpp*-Datei befindet.

> Hey, stopp mal kurz. Du willst mir schon wieder etwas unterjubeln, was ich noch nicht kenne. Was bedeutet denn *unsigned int* bei der Variablendeklaration. Es handelt sich doch um eine solche, oder!?

Also *Ardus*, du hast ja keine hohe Meinung von mir! Natürlich wäre ich darauf zu sprechen gekommen. Der Datentyp *int* ist dir ja geläufig. Er erstreckt sich vom negativen bis zum positiven Wertebereich. Das Schlüsselwörtchen *unsigned* davor besagt, dass die Variable *vorzeichenlos* deklariert wird, was zusätzlich noch bedeutet, dass sich ihr Wertebereich verdoppelt, da die negativen Werte wegfallen. Dieser Datentyp benötigt ebenfalls wie *int* zur Speicherung 2 Bytes, die jetzt komplett den positiven Werten zur Verfügung stehen. Der Wertebereich erstreckt sich von 0 bis 65.535.

CPP-Datei mit Code-Review

Jetzt geht es ein wenig an's Eingemachte.

```cpp
#include "MyKeyPad.h"
// Parametrisierter Konstruktor
MyKeyPad::MyKeyPad(int rowArray[], int colArray[]){
  // Kopieren der Pin-Arrays
  for(int r = 0; r < 4; r++)
    row[r] = rowArray[r];
  for(int c = 0; c < 3; c++)
    col[c] = colArray[c];
  // Programmieren der digitalen Pins
  for(int r = 0; r < 4; r++)
    pinMode(row[r], OUTPUT);
  for(int c = 0; c < 3; c++)
    pinMode(col[c], INPUT);
  // Initialwert für debounceTime auf 300ms festlegen
  debounceTime = 300;
}
```

```cpp
// Methode zum Setzen der Prellzeit
void MyKeyPad::setDebounceTime(unsigned int time){
  debounceTime = time;
}

// Methode zum Ermitteln des gedrückten Tasters auf dem KeyPad
char MyKeyPad::readKey(){
  char key = KEY_NOT_PRESSED;
  for(int r = 0; r < 4; r++){
    digitalWrite(row[r], HIGH);
    for(int c = 0; c < 3; c++){
      if((digitalRead(col[c]) == HIGH)&&(millis() - lastValue) >=
                                                    debounceTime){
        if((c==2)&&(r==3)) key = KEY_1;
        if((c==1)&&(r==3)) key = KEY_2;
        if((c==0)&&(r==3)) key = KEY_3;
        if((c==2)&&(r==2)) key = KEY_4;
        if((c==1)&&(r==2)) key = KEY_5;
        if((c==0)&&(r==2)) key = KEY_6;
        if((c==2)&&(r==1)) key = KEY_7;
        if((c==1)&&(r==1)) key = KEY_8;
        if((c==0)&&(r==1)) key = KEY_9;
        if((c==2)&&(r==0)) key = KEY_STAR; // *
        if((c==1)&&(r==0)) key = KEY_0;
        if((c==0)&&(r==0)) key = KEY_HASH; // #
        lastValue = millis();
      }
    }
    digitalWrite(row[r], LOW); // Zurücksetzten auf Ursprungspegel
  }
  return key;
}
```

Schauen wir uns zuerst den Konstruktor an. Er dient dazu, das zu generierende Objekt zu initialisieren und mit definierten Startwerten zu versehen. Durch den Einsatz eines Kontruktors sollte die Instanz nach Möglichkeit fertig initialisiert sein, so dass weitere Methodenaufrufe zu Initialisierung in der Regel nicht mehr notwendig erscheinen. Sie werden nur noch zur Korrektur bestimmter Parameter herangezogen, die sich ggf. im Verlauf eines Sketches ändern müssen oder können. Der Konstruktor wird nur *einmalig* und *implizit* bei der Instanziierung aufgerufen und danach im Leben eines Objektes nie wieder. In unserem Beispiel werden ihm beim Aufruf die Zeilen- bzw. Spalten-Arrays übergeben, so dass diese dann über zwei *for*-Schleifen an die privaten Arrays übergeben werden können:

```
// Kopieren der Pin-Arrays
  for(int r = 0; r < 4; r++)
    row[r] = rowArray[r];
  for(int c = 0; c < 3; c++)
    col[c] = colArray[c];
```

Im Anschluss werden die digitalen Pins initialisiert bzw. deren Flussrichtungen festgelegt:

```
// Programmieren der digitalen Pins
  for(int r = 0; r < 4; r++)
    pinMode(row[r], OUTPUT);
  for(int c = 0; c < 3; c++)
    pinMode(col[c], INPUT);
  // Initialwert für debounceTime auf 300ms festlegen
  debounceTime = 300;
```

> Du hast gerade gesagt, dass ein Objekt über den Konstruktor immer komplett instanziiert werden sollte. Du übergibst dem Konstruktor aber lediglich die Pin-Arrays für Zeilen und Spalten. Ein weiterer wichtiger Parameter ist aber auch die Prellzeit. Die wird aber nicht über den Konstruktor an das Objekt weitergegeben. Dafür hast du aber eine eigene Methode, die das erledigen soll. Widerspricht das nicht deiner Aussage von eben?

Ich sage mal »*Jein*«, *Ardus*! Dem Konstruktor fehlt in der Tat die Angabe über die Prellzeit. Aber sieh' Dir doch mal die letzte Zeile im Konstruktor an. Dort wird die Zeit auf *300ms* gesetzt. Es ist quasi eine *hart verdrahtete* Initialisierung, wie man in Programmiererkreisen so schön sagt. Falls Dir der Wert nicht zusagt, kannst du ihn immer noch nach deinen eigenen Bedürfnissen anpassen – so wie ich das im Übrigen auch mit dem Aufruf der Methode *setDebounceTime* gemacht habe. Der Wert von *500ms* erschien mir hier passender. Natürlich hätte ich das auch gleich so festlegen können, doch ich wollte Dir diese Möglichkeit aufzeigen, damit du später vielleicht in deinen eigenen Sketchen entsprechend experimentieren kannst. Die eigentliche Arbeit übernimmt die Methode *readKey*, die über die *loop*-Schleife immer und immer wieder aufgerufen wird, um auf einen Tastendruck sofort reagieren zu können. Zu Beginn des Methodenaufrufes wird über die Zeile

```
char key = KEY_NOT_PRESSED;
```

der Wert des Feldes *key* stets mit einem Initialwert versehen. Schaue in der *Header*-Datei nach, um welches Zeichen es sich handelt. Wenn nämlich keine Taste gedrückt wird, ist es genau dieses Zeichen, dass als Ergebnis zurückgeliefert wird. Jetzt erfolgt der Aufruf der zwei ineinander verschachtelten *for*-Schleifen. Die erste Zeile des *KeyPads* wird über

```
digitalWrite(row[r], HIGH);
```

mit *HIGH*-Pegel versehen. Anschließend werden alle Spalten auf deren Pegel hin abgefragt.

```
...
for(int c = 0; c < 3; c++){
  if((digitalRead(col[c]) == HIGH)&&(millis() - lastValue) >=
                                                  debounceTime){
    if((c==2)&&(r==3)) key = KEY_1;
    if((c==1)&&(r==3)) key = KEY_2;
    if((c==0)&&(r==3)) key = KEY_3;
    if((c==2)&&(r==2)) key = KEY_4;
    if((c==1)&&(r==2)) key = KEY_5;
    if((c==0)&&(r==2)) key = KEY_6;
    if((c==2)&&(r==1)) key = KEY_7;
    if((c==1)&&(r==1)) key = KEY_8;
    if((c==0)&&(r==1)) key = KEY_9;
    if((c==2)&&(r==0)) key = KEY_STAR; // *
    if((c==1)&&(r==0)) key = KEY_0;
    if((c==0)&&(r==0)) key = KEY_HASH; // #
    lastValue = millis();
  }
}
...
```

Wenn eine Spalte ebenfalls einen *HIGH*-Pegel aufweist und zusätzlich die Prellzeit berücksichtigt wurde, dann ist die erste *if*-Bedingung erfüllt und alle nachfolgenden *if*-Bedingungen werden ausgewertet. Trifft eine Bedingung hinsichtlich der Zeilenzähler *r* und der Spaltenzähler *c* zu, dann wird das Feld *key* mit dem entsprechenden Wert initialisiert und am Ende der Methode über die *return*-Anweisung an den Aufrufer zurückgeliefert. Nach dem kompletten Durchlauf der inneren Schleife muss natürlich die gerade mit *HIGH*-Pegel versehene Zeile wieder mit *LOW*-Pegel auf ihren Ausgangszustand zurückgesetzt werden. Bliebe der Zustand *HIGH* bestehen, dann wäre eine gezielte Abfrage einer einzigen Zeile nicht mehr möglich. Alle Zeilen hätten nach einem Durchlauf der äußeren Schleife einen *HIGH*-Pegel und das brächte die ganze Abfragelogik ganz schön durcheinander.

> Die Sache mit der *Prellzeit* ist mir irgendwie noch nicht so ganz klar. Bitte erkläre mir noch einmal die betreffende Funktion. Warum sie eingesetzt werden muss, habe ich verstanden, doch wie funktioniert das Ganze an der Stelle?

Aber ja, *Ardus*! Die *millis*-Funktion liefert die Anzahl der Millisekunden seit Sketchstart zurück. Im Feld *lastValue* wird nach der Abarbeitung der inneren Schleife der letzte Wert sozusagen zwischengespeichert. Wird jetzt die Schleife erneut aufgerufen, dann wird die Differenz zwischen dem aktuellen Millisekundenwert und dem vorherigen Wert gebildet. Nur, wenn sie größer als die festgelegte Prellzeit ist, wird die Bedingung als *wahr* erkannt. Sie steht jedoch in einer logischen *Und*-Verknüpfung mit dem davor angeführten Ausdruck in Verbindung.

```
if((digitalRead(col[c]) == HIGH)&&(millis() - lastValue) >=
                                                 debounceTime)...
```

Nur wenn beide Bedingungen das logische Ergebnis *wahr* an die *if*-Anweisung liefern, wird mit der nachfolgende Klammer fortgefahren. Mit diesem Konstrukt kannst du eine zeitliche Unterbrechung erzielen, die so auch in einigen Sketches vorkommt.

Der Schaltplan

Die Schaltung ist recht simpel aufgebaut, aber die Anforderung an die Programmierung ist ein wenig gestiegen.

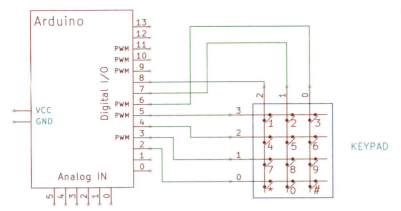

◀ **Abbildung 19-6**
Die Ansteuerung unseres KeyPads

Was ist ein KeyPad?

> Eine Sache fällt mir bei diesem Schaltbild sofort auf. Wird kein Taster betätigt, dann hängen die digitalen Eingänge 6, 7 und 8 quasi in der Luft. Hast du nicht zu Beginn einmal gesagt, dass ein Eingang immer einen definierten Pegel haben sollte?

Richtig, *Ardus*! Aber das *KeyPad* sollte relativ einfach gehalten werden, und falls nicht gerade der Blitz in deinen Sessel fährt und somit eine hohe statische Verunreinigung deiner Umgebung hervorruft, funktioniert das wunderbar. Ich hatte keine Probleme mit dieser Schaltung. Probiere es selbst einmal aus. Aber wenn wir schon beim Thema sind, dann schreibe doch den Sketch so um, dass die internen *Pullup*-Widerstände genutzt werden. Das Shield brauchst du dafür nicht zu modifizieren. Lediglich der Code muss ein wenig angepasst werden. Hier ein kleiner Tipp zum Einstieg: Werden die Pullups aktiviert, dann musst du die einzelnen Pins statt auf *HIGH*- jetzt auf *LOW*-Pegel hin abfragen. Den Rest musst du aber schon selbst herausfinden. Betrachte es als Teil des gleich folgenden Workshops.

Shieldaufbau

Abbildung 19-7 ▶
Aufbau des KeyPads mit einem eigenen Shield

Der Shieldaufbau sieht doch schon nicht schlecht aus, oder? Ich hatte Dir eingangs versprochen, Dir zu zeigen, wie du die entsprechende Platinengröße erhältst. Das Foto mit der Platine, das du zu Beginn des Kapitels gesehen hast, war schon mit Markierungen versehen, die die endgültige Shieldgröße markierten. Detailliertere Informationen zur Herstellung findest du im Kapitel über den *Shieldbau*.

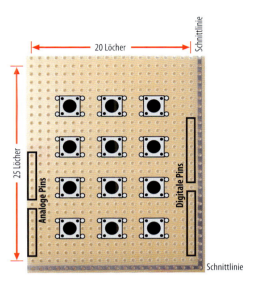

◀ Abbildung 19-8
Shieldgröße anhand der Lochabstände

Auf dem Bild erkennst du die genauen Positionen der Buchsenleisten und der Taster. Zähle einfach die einzelnen Löcher auf der Platine und positioniere anschließend die Bauteile. Beginne mit dem Einzulöten aber erst dann, wenn du alles auf die Platine gesteckt hast. Auf diese Weise vermeidest du eine Fehlpositionierung und ein Fehler fällt Dir sofort auf. Wenn du die einzelnen Bauteile sofort nach dem Aufstecken festlötest, kann es passieren, dass Dir ein Fehler erst später auffällt und du alles wieder herauslöten musst. Die Rückseite der Platine sieht nach der vollständigen Verlötung der Bauteile bzw. der einzelnen Drahtverbindungen wie folgt aus:

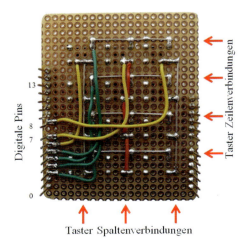

◀ Abbildung 19-9
Die Rückseite der Platine

Was ist ein KeyPad?

Die grünen Kabel stellen die Verbindungen zu den Zeilen, die gelben zu den Spalten her. Die roten Kabel sind die mittleren Spaltenverbindungen, die über die horizontalen Drähte führen.

Troubleshooting

Da es einiges an Lötaufwand bedeutet, dieses Shield zusammenzubauen, können sich zahlreiche Fehler einschleichen:

- Überprüfe, ob die einzelnen Drähte mit den richtigen Pins verbunden wurden.
- Achte auf etwaige Kurzschlüsse untereinander. Nimm am besten eine Lupe zur Hand und wirf einen Blick zwischen die einzelnen Lötverbindungen. Ein haarfeiner *Schluss* ist mit bloßem Auge meist nicht zu erkennen.
- Hast du die einzelnen Taster richtig untereinander verbunden, so dass sie Zeilen bzw. Reihen bilden? Schaue Dir noch einmal den Schaltplan an.

Was hast du gelernt?

- Du hast gesehen, dass man sich mit sehr einfachen und günstigen Bauteilen ein *KeyPad* selbst herstellen kann. Wenn du die nötige Geduld besitzt und den Wunsch hegst, selbst einmal etwas zu bauen und nicht immer auf fertige Komponenten aus den Geschäften zurückzugreifen, dann war das bestimmt ein passender Einstieg, der dich hoffentlich dazu animiert hat, kreativ zu werden bzw. zu bleiben.
- Ich denke, dass das Löten, das in den Anfängen der elektronischen Basteleien vor einigen Jahrzehnten exzessiv praktiziert wurde, heutzutage etwas aus der Mode gekommen ist. Doch ich hoffe, dass dich der Geruch von geschmolzenem Lötzinn und verbranntem Plastik ebenso in seinen Bann gezogen hat wie mich in meiner Jugend.
- Wir haben zusammen eine eigene Klasse erstellt, die für das Abfragen der Taster-Matrix genutzt werden kann. Du hast dabei sicherlich von den Grundlagen der *OOP* profitiert, die wir zuvor erläutert hatten.

Workshop

Die *KeyPad-Library* ist im Moment noch Teil deines Sketches, den du erstellt hast. Ich denke, dass es eine gute Idee ist, diese Library nun für alle weiteren Sketches, die davon Gebrauch machen sollen, an einen zentralen Ort kopierst. Falls du vergessen haben solltest, wo das ist, kannst du noch einmal einen Blick in das Kapitel über den *Elektronischen Würfel* werfen, in dem du das erste Mal eine eigene Library erstellt hast. Dort findest du die notwendigen Informationen. Des Weiteren solltest du deine Library um die Datei *keywords.txt* erweitern. Trage dort die erforderlichen Schlüsselwörter ein, die in der Arduino-IDE farblich hervorgehoben werden sollen.

Das KeyPad
(Diesmal ganz anders)

Projekt 20

Scope

In diesem Experiment behandeln wir folgende Themen:

- Die Herstellung eines eigenen KeyPads
- Wie können die einzelnen Taster eleganter abgefragt werden?
- Der komplette Sketch
- Analyse des Schaltplans
- Aufbau der Schaltung
- Ein Zahlen-Rate-Spiel
- Workshop

Noch ein KeyPad?

Was ein *KeyPad* ist und wie du es selbst herstellen kannst, hast du ja im letzten Kapitel schon gesehen. Wie, wenn ich dir nun erzählen würde, dass wir anstelle der 7 Leitungen nur noch eine einzige benötigen, um auf die Tastendrücke zu reagieren? Unmöglich, sagst Du!? Mitnichten – und das Ganze läuft diesmal nicht *digital*, sondern *analog* ab. Ich mache dir das mit Hilfe des folgenden Bildes deutlich.

Abbildung 20-1 ▶
Ein Widerstandsregler

Wir haben es hier mit einem regelbaren Widerstand zu tun, der in Form eines Schiebereglers realisiert wurde. Du kannst seinen Widerstandswert vergrößern bzw. verkleinern, indem du den Regler nach oben oder nach unten schiebst. Rechts daneben befindet sich eine Skala, die die einzelnen Ziffern und Symbole anzeigt, bei denen du den Regler positionieren musst, was dann einem bestimmten Widerstandswert entspricht. Da es hier natürlich keine festen Raster gibt, die an verschiedenen Stellen den Regler festhalten, ist diese Lösung natürlich sehr ungenau. Das analoge *KeyPad* arbeitet in ähnlicher Weise. Drückst du eine Taste, dann wird ein bestimmter Gesamtwiderstandswert aus einer diversen Anzahl von Einzelwiderständen zusammengesetzt. Diese hängt davon ab, welche Taste du drückst. An dieser Stelle möchte ich dich jetzt schon mit dem Schaltplan konfrontieren, da du das Prinzip dann sofort durchblickst.

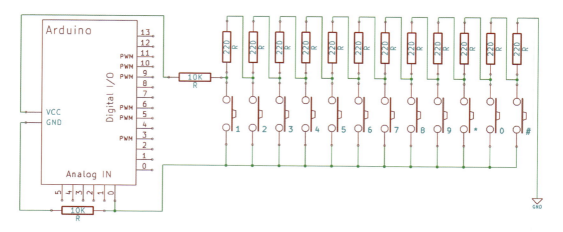

Abbildung 20-2 ▲
Der Schaltplan für das analoge KeyPad

Projekt 20: Das KeyPad (Diesmal ganz anders)

Die Widerstände mit dem Wert *220* bilden mit dem oberen *10K* Widerstand quasi einen Spannungsteiler, bei dem nach und nach, abhängig davon, wie weit rechts sich die gedrückte Taste befindet, mehr Widerstände für den oberen Teil des Spannungsteilers hinzugeschaltet werden. Das bedeutet, dass für die Ausgangsspannung, die an den analogen Eingang an Pin *0* geführt wird, immer weniger Potential übrig bleibt. Der untere *10K* Widerstand arbeitet als *Pulldown*-Widerstand, damit bei offenen Tastern ein definierter Pegel von *0V* gemessen wird. Die nachfolgende Tabelle zeigt dir die von mir gemessenen Werte, die ich mir über die *analogRead*-Funktion habe anzeigen lassen. Sie werden später dazu verwendet, die Tastendrücke auszuwerten.

Taste	1	2	3	4	5	6	7	8	9	*	0	#
Wert	176	163	149	136	122	108	95	79	64	48	32	15

◀ **Tabelle 20-1**
Ermittelte Werte mit »analogRead«

Diese Werte können bei Dir natürlich etwas abweichen, da die Widerstände eine bestimmte Toleranz aufweisen. Teste es einfach aus und passe sie ggf. an, das sollte kein allzu großes Problem darstellen. Aber du kannst erkennen, dass die gemessene Spannung von links nach rechts kontinuierlich abnimmt, wobei die Differenz zwischen benachbarten Werten im Schnitt *15* beträgt.

Benötigte Bauteile

Für dieses Beispiel benötigen wir die folgenden Bauteile:

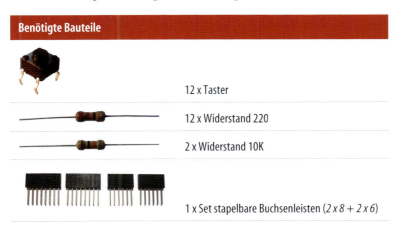

Benötigte Bauteile	
	12 x Taster
	12 x Widerstand 220
	2 x Widerstand 10K
	1 x Set stapelbare Buchsenleisten (2 x 8 + 2 x 6)

Noch ein KeyPad?

Benötigte Bauteile

1 x Shieldplatine

Litze in ggf. unterschiedlichen Farben

Arduino-Sketch-Code

Ich denke, dass du jetzt schon soweit bist, dass wir wieder eine Library entwickeln können.

Haupt-Sketch mit Code-Review

Ich beginne wieder mit dem Hauptsketch:

```
#include "MyAnalogKeyPad.h"
#define analogPin 0                        // Definition des analogen Pins
MyAnalogKeyPad myOwnKeyPad(analogPin); // Instanziierung eines Objektes

void setup(){
 Serial.begin(9600);                  // Serielle Ausgabe vorbereiten
 myOwnKeyPad.setDebounceTime(500); // Prellzeit auf 500ms setzen
}

void loop(){
  char myKey = myOwnKeyPad.readKey(); // Abfragen des gedrückten Tasters
  if(myKey != KEY_NOT_PRESSED)    // Abfrage, ob irgendein Taster gedrückt
    Serial.println(myKey);             // Ausgabe des Tastenzeichens
}
```

Dieser Sketch gleicht dem des vorangegangenen *KeyPads*. Doch anstelle der Definition der Zeilen und Spalten wird hier nur der analoge Eingang festgelegt. Dieser erhält als alleiniger Eingang die Information, welche Taste gedrückt wurde. Dem Konstruktor wird beim Instanziieren diese Pin-Nummer übermittelt. Alles andere entspricht etwa dem Hauptsketch des vorherigen Kapitels.

Header-Datei mit Code-Review

Die Headerdatei muss lediglich in der Klassendefinition angepasst werden. Die symbolischen Konstanten lasse ich hier aus Platzgründen weg:

```
class MyAnalogKeyPad{
  public:
    MyAnalogKeyPad(byte analogPin); // Parametrisierter Konstruktor
    void setDebounceTime(unsigned int debounceTime); // Setzen der Prellzeit
    void setThresholdValue(byte tv);              // Setzen der Threshold
    char readKey(); // Ermittelt die gedrückte Taste auf dem KeyPad
  private:
    byte analogPin;            // Analoger Pin zur Messwertaufnahme
    unsigned int debounceTime; // Private Variable für die Prellzeit
    long lastValue;            // Letzte Zeit der millis-Funktion
    byte threshold;            // Toleranzwert
};
```

Da wir es mit analogen Werten zu tun haben, die es aufgrund von Bauteiltoleranzen nicht immer so genau nehmen, müssen wir eine Bandbreite für die gemessenen Werte implementieren. Nimm z.B. den ersten Wert *176*, der bei meinem Shield mit den von mir verwendeten Widerständen ermittelt wurde. Die Wahrscheinlichkeit, dass du einen abweichenden Wert erhältst, ist recht hoch. Dennoch sollte die Schaltung auch bei dir funktionieren. Aus diesem Grund gibt es das Feld mit dem Namen *threshold*, was übersetzt so viel wie *Grenzwert* bedeutet. Dieser Wert wird dem ermittelten Wert hinzugefügt bzw. von ihm abgezogen, um so einen Toleranzbereich zu erhalten. Befindet sich der ermittelte Wert innerhalb dieser Toleranz, wird das Ergebnis als eindeutig identifiziert.

CPP-Datei mit Code-Review

Nun kommen wir wieder zur Implementierung des eigentlichen Codes:

```cpp
#include "MyAnalogKeyPad.h"
// Paramtrisierter Konstruktor
MyAnalogKeyPad::MyAnalogKeyPad(byte ap){
  // AnagogPin für Messwertaufnahme
  analogPin = ap;
  // Initialwert für debounceTime festlegen
  debounceTime = 300;
  // Toleranzwert festlegen
  threshold = 5;
}

// Methode zum Setzen der Prellzeit
void MyAnalogKeyPad::setDebounceTime(unsigned int time){
  debounceTime = time;
}

// Methode zum Setzen der Prellzeit
void MyAnalogKeyPad::setThresholdValue(byte tv){
  threshold = tv;
}

// Methode zum Ermitteln des gedrückten Tasters auf dem KeyPad
char MyAnalogKeyPad::readKey(){
  char key = KEY_NOT_PRESSED;
  byte aValue = analogRead(analogPin);
  if((aValue > 0)&&(millis() - lastValue >= debounceTime)){
    if((aValue > (176 - threshold)) && (aValue < (176 + threshold))) key = KEY_1;
    if((aValue > (163 - threshold)) && (aValue < (163 + threshold))) key = KEY_2;
    if((aValue > (149 - threshold)) && (aValue < (149 + threshold))) key = KEY_3;
    if((aValue > (136 - threshold)) && (aValue < (136 + threshold))) key = KEY_4;
    if((aValue > (122 - threshold)) && (aValue < (122 + threshold))) key = KEY_5;
    if((aValue > (108 - threshold)) && (aValue < (108 + threshold))) key = KEY_6;
    if((aValue > (94 - threshold)) && (aValue < (94 + threshold))) key = KEY_7;
    if((aValue > (79 - threshold)) && (aValue < (79 + threshold))) key = KEY_8;
    if((aValue > (64 - threshold)) && (aValue < (64 + threshold))) key = KEY_9;
    if((aValue > (48 - threshold)) && (aValue < (48 + threshold))) key = KEY_STAR;
    if((aValue > (32 - threshold)) && (aValue < (32 + threshold))) key = KEY_0;
```

```
    if((aValue > (15 - threshold)) && (aValue < (15 + threshold))) key
= KEY_HASH;
    lastValue = millis();
  }
return key;
}
```

Für meine Belange ist der implizit gesetzte *threshold*-Wert von 5 ok, und deshalb nutze ich die Methode *setThresholdValue* nicht. Du musst vielleicht ein wenig mit den Werten experimentieren.

Shieldaufbau

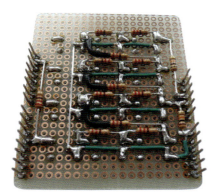

◀ **Abbildung 20-3**
Aufbau des KeyPads mit einem eigenen Shield (diesmal von der Lötseite her gesehen)

Bei diesem Shieldaufbau habe ich die benötigten Widerstände auf die Rückseite der Platine gelötet. Ich wollte auf diese Weise die schöne Vorderseite mit den 12 Tastern nicht dadurch verunstalten, dass sich zwischen ihnen zahllose Widerstände tummeln. Du kannst hier die in Reihe geschalteten Widerstände, die sich wie eine Perlenkette hintereinander aufreihen, relativ gut erkennen. Das Zusammenlöten des Shields bedeutet schon ein wenig Frickelei, denn es ist nicht viel Platz auf der Lötseite und es soll ja halbwegs ordentlich aussehen. Der Zeitaufwand beträgt – wenn alles ohne Probleme abläuft – schon eine gute Stunde. Aber nimm dir auf jeden Fall genügend Zeit, denn wenn Hetzerei und Nervosität im Spiel sind, geht möglicherweise einiges schief. Auf dem folgenden Bild habe ich die Verkabelung noch einmal nachgezeichnet, damit es auch keine Unstimmigkeiten gibt:

Abbildung 20-4 ▶
Verkabelung auf der Lötseite

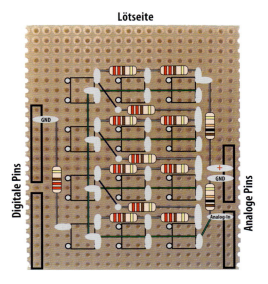

Ein kleines Zahlenratespiel

Es wird Zeit, dass wir das gelernte in einem kleinen Spiel umsetzen. Was hältst du davon, wenn wir den Mikrocontroller sich eine Zahl *ausdenken* lassen, die du dann erraten musst? Die einzigen Hilfestellung, die er dir bei deinen Rateversuchen gibt, sind folgende Aussagen:

- Zahl zu klein
- Zahl zu groß
- Zahl erraten

Diese Kommentare werden dann an den *Serial-Monitor* geschickt, damit du bei deiner nächsten Zahleneingabe entsprechend reagieren kannst. Wenn du die Zahl erraten konntest, werden dir die Anzahl der benötigten Versuche angezeigt und das Spiel beginnt von vorne.

```
#include "MyAnalogKeyPad.h"
#define analogPin 0            // Definition des analogen Pins
#define MIN 10                 // Untergrenze für Zufallszahl
#define MAX 1000               // Obergrenze für Zufallszahl
MyAnalogKeyPad myOwnKeyPad(analogPin); // Instanziierung eines
                                       // Objektes
int arduinoZahl, versuche;     // Generierte Zufall, Anzahl
                               // der Versuche
```

```
char deineZahl[5];                      // Max. 5-stellige Zahl
byte stelle;                  // Markiert die gerade eingegebene Stelle

void setup(){
  Serial.begin(9600);                  // Serielle Ausgabe vorbereiten
  myOwnKeyPad.setDebounceTime(500);    // Prellzeit auf 500ms setzen
  arduinoZahl = zufallszahl(MIN, MAX); // Zu erratende Zahl
                                       // generieren
  Serial.println("Ich habe mir eine Zahl zwischen " +
    String(MIN) + " und " + String(MAX) + " ausgedacht...");
  Serial.print(">>");
}

void loop(){
  char myKey = myOwnKeyPad.readKey(); // Abfragen des gedrückten
                                      // Tasters
  if(myKey != KEY_NOT_PRESSED){       // Abfrage, ob irgendein Taster
                                      // gedrückt
    deineZahl[stelle] = myKey;
    stelle++;
    Serial.print(myKey);
  }
  if(stelle == int(log10(MAX))+1){
    versuche++;
    int a = atoi(deineZahl);
    if(a == arduinoZahl){
      Serial.println("\nJaaa!");
      Serial.println("\nDu hast " + String(versuche) + " Versuch(e)
                                        benoetigt.");
      versuche = 0;
      arduinoZahl = zufallszahl(MIN, MAX);
      Serial.println("\nIch habe mir eine neue Zahl ausgedacht... ");
    }
    else if(a < arduinoZahl)
      Serial.println("\nZu klein");
    else
      Serial.println("\nZu gross");
    Serial.print(">>");
    stelle = 0; // Zurücksetzen der Stelle
  }
}

int zufallszahl(int minimum, int maximum){
  randomSeed(analogRead(5));
  return random(minimum, maximum + 1);
}
```

Noch ein KeyPad?

Da sind eine Menge neuer Details drin, die ich noch erläutern muss. Ich zeige dir aber erst einmal den Ablauf des Sketches im *Serial-Monitor*.

```
Ich habe mir eine Zahl zwischen 10 und 1000 ausgedacht...
>>0500
Zu gross
>>0250
Zu gross
>>0175
Zu klein
>>0240
Zu gross
>>0236
Jaaa!

Du hast 5 Versuch(e) benoetigt.

Ich habe mir eine neue Zahl ausgedacht...
>>
```

Zu Beginn des Spiels wird dir der Bereich angegeben, in dem sich die zu erratende Zahl befindet. Danach gibst du über das *KeyPad* nacheinander die Ziffern deiner Zahl ein. Da der maximale Wert *1000* vier Stellen besitzt, wird automatisch nach der Eingabe deiner 4. Ziffer das Ergebnis bewertet. Das bedeutet natürlich, dass du immer führende Nullen mit eingeben musst. Wurde die Zahl von dir erraten, wird dir angezeigt, wie viele Versuche du zur Lösung des Rätsels benötigt hast. Danach beginnt das Spiel erneut mit einer neuen Zufallszahl, die du erraten musst. Da die *KeyPad*-Methode einzelne Zeichen vom Datentyp *char* zurückliefert, speichern wir deine Eingaben einfach in einem Array, das ebenfalls den Datentyp *char* aufweist. Die Deklarationszeile dazu lautet wie folgt:

```
char deineZahl[5];
```

Es werden 5-stellige Zahlen als das Maximum festgelegt und ich denke, dass das vollkommen ausreichend ist. Wie kommen jetzt aber deine Eingaben in dieses Array? Dies geschieht mittels der folgenden Zeilen:

```
char myKey = myOwnKeyPad.readKey();   // Abfragen des gedrueckten Tasters
if(myKey != KEY_NOT_PRESSED){         // Abfrage, ob irgendein Taster
                                      // gedrueckt
  deineZahl[stelle] = myKey;
  stelle++;
  Serial.print(myKey);
}
```

Wird eine Taste gedrückt, dann wird das 1. Array-Element mit diesem Tasten-Wert versehen, der an die Position 0 geschrieben wird. Erinnere Dich, dass das erste Element mit dem Index 0 anzusprechen ist. Die Variable *stelle* ist für die Adressierung der einzelnen Elemente verantwortlich und wird nach jedem Tastendruck inkrementiert. Anschließend wird das Tastenzeichen an den *Serial-Monitor* übertragen und du siehst sofort, was du gedrückt hast. Jetzt wird es etwas knifflig. Da die Anzahl der Stellen der zu erratenden Zahl vom maximalen Wert abhängt, der über

```
#define MAX 1000           // Obergrenze für Zufallszahl
```

definiert wurde, muss der Sketch hier entsprechend flexibel reagieren können. Wie ermitteln wir aber die Anzahl der Stellen auf möglichst einfache Weise? Das funktioniert wunderbar mit dem *10er-Logarithmus* und wird im Sketch mittels der Zeile

```
int(log10(MAX))+1
```

errechnet. Die Funktion dazu lautet *log10* und ist Teil der Mathematik-Bibliothek von *C++*. Durch die *int*-Funktion werden die Nachkommastellen abgeschnitten und am Ende wird das Ergebnis um den Wert *1* erhöht. Wenn die Anzahl der von dir eingegeben Stellen gleich der Stellen des größtmöglichen Wertes ist, ist die Bedingung der *if*-Anweisung erfüllt und es wird ihr Rumpf ausgeführt, der die Bewertung deiner Eingabe veranlasst. Jetzt muss deine Eingabe, die sich ja im Array *deineZahl* befindet, mit der vom Mikrocontroller generierten Zahl verglichen werden.

> Wie kann man denn um Himmels Willen ein Array mit einer Zahl vergleichen? Das soll funktionieren?

Das funktioniert und aus diesem Grund habe ich auch deine Eingabe nicht in eine Variable vom Datentyp *String* schreiben lassen, sondern in ein *char*-Array. Die momentane *String*-Library von *Arduino* unterstützt nicht die Konvertierung von Zeichenketten in einen numerischen Datentyp. Also bedienen wir uns einer Funktion, die diese Aufgabe wunderbar übernehmen kann, sofern ihr z.B. ein *char*-Array übergeben wird.

```
int a = atoi(deineZahl);
```

Der Name setzt sich aus **A**SCII **to** **I**nteger zusammen. Das Ergebnis der Funktion wird der Variablen *a* zugewiesen. Im Anschluss wird

Noch ein KeyPad?

dieser Wert mit der generierten Zahl des Mikrocontrollers verglichen und über einige *if*- bzw. *else if*-Anweisungen die Ausgabe an den *Serial-Monitor* geleitet.

> Da sind ein paar Zeilen, die ich irgendwie verstehe und dann doch wieder nicht. Eine dieser Zeilen ist **Serial**.println("\nJaaa!");. Was sollen denn dieser nach links gekippte Schrägstrich und das nachfolgende *n* bedeuten? Davon gibt es ja noch mehr im Code.

Ok, *Ardus*. Der nach links gekippte Schrägstrich \ nennt sich *Backslash*. Er leitet eine sogenannte *Escape-Sequenz* ein, die sich innerhalb einer ganz normalen Zeichenkette befindet. Hier eine kurze – und überhaupt nicht vollständige – Liste einiger *Escape-Sequenzen* und ihrer Funktionen.

Tabelle 20-2 ▶
Einige Escape-Sequenzen

Escape-Sequenz	Funktion
\n	Zeilenvorschub
\"	Doppeltes Anführungszeichen
\\	Backslash
\t	Horizontaler Tabulator

⏩ **Das könnte wichtig für dich sein**

Hier ein paar Begriffe für die Suchmaschine, die dir sicherlich weitere interessante Informationen liefern:

- Escape Sequence
- Steuerzeichen C

Da im Sketch an zwei Stellen eine neue Zufallszahl ermittelt werden muss, liegt es nahe, diese Codezeilen in eine Funktion auszulagern:

```
int zufallszahl(int minimum, int maximum){
  randomSeed(analogRead(5));
  return random(minimum, maximum + 1);
}
```

Da der analoge Eingang an Pin 5 von unserem Sketch in keiner Weise beschaltet bzw. benötigt wird, können wir ihn wunderbar zur Generierung neuer Zufallszahlen verwenden, so dass nicht immer die gleichen erzeugt werden. Falls dir das noch unklar sein sollte, wirf' einen erneuten Blick in das Kapitel *Das Miniroulette*.

Troubleshooting

Da hier der Lötaufwand im Vergleich zum letzten Kapitel noch einmal zugenommen hat, ist die Gefahr natürlich noch größer geworden, dass aufgrund von Unachtsamkeit Fehler unterlaufen:

- Überprüfe die Verkabelung auf Korrektheit.
- Achte auf etwaige Kurzschlüsse untereinander. Die Verdrahtungsdichte ist für unsere Verhältnisse hoch und da die Verbindungsdrähte aus einzelnen kleineren Drähten (*Litze* genannt) bestehen, können sich sehr schnell einige dieser kleinen Kameraden verirren und ungewollt Kontakt zum Nachbarn aufnehmen.

Was hast du gelernt?

- Im Zeitalter der Digitaltechnik muss nicht immer alles aus Einsen und Nullen bestehen. Anhand des hier vorgestellten analogen *KeyPads* konntest du sehr schön sehen, dass man mit einer Widerstandskette und entsprechend positionierten Tastern eine wunderbar funktionierende *KeyPad*-Schaltung bauen kann, die lediglich mit einem einzigen Pin arbeitet, um auf die Tastendrücke zu reagieren.
- Wir haben ein *Zahlen-Rate-Spiel* entwickelt, das durch die Verwendung des *KeyPads* wunderbar zu realisieren war.
- Unterschiedliche *Escape-Sequenzen* können dazu genutzt werden, Steuerfunktionen zu übernehmen.
- Du hast die *atoi*-Funktion kennengelernt, mit der ein *String* in eine *Ganzzahl* konvertiert werden kann.

Workshop

Mach' dir ein paar Gedanken, wie du das *KeyPad* modifizieren kannst, um die einzelnen Tasten und ihre dahinter liegenden Funktionen besser sichtbar zu machen. Kannst du vielleicht eine zusätzliche Komponente anbringen, so dass die Tasten irgendwie beschriftet sind? Schicke mir doch deine Lösung(en), so dass ich sie dann auf meiner Internetseite – natürlich unter deinem Namen – präsentieren kann.

Eine Alphanumerische Anzeige

Projekt 21

Scope

In diesem Experiment behandeln wir folgende Themen:

- Was ist eine LCD-Anzeige
- Wie können wir sie ansteuern
- Der komplette Sketch
- Analyse des Schaltplans
- Aufbau der Schaltung
- Zahlen-Rate-Spiel Reloaded
- Workshop

Was ist eine LCD-Anzeige?

Was wäre ein Mikrocontroller ohne eine entsprechende Anzeige, die es uns ermöglicht, unabhängig vom Computer bzw. *Serial-Monitor*, etwas an die Außenwelt zu schicken? Natürlich hast du schon gesehen, wie wir z.B. ein paar Siebensegmentanzeigen zur Darstellung von einzelnen Ziffern verwendet haben. Doch wenn es darum geht, mehrere Stellen oder auch Buchstaben oder Sonderzeichen, wie z.B. *, #, %, etc., auf diese Weise darzustellen, dann haben wir die Grenzen des Machbaren erreicht. Für solche Fälle gibt es *LC-Displays*, auch kurz *LCD* (**L**iquid **C**ristal **D**isplay) genannt. Es handelt sich dabei um Flüssigkeitsanzeigen, die im Inneren Flüssigkristalle besitzen, die in Abhängigkeit von einer angelegten Spannung ihre Ausrichtung ändern können, um so den Lichteinfall mehr oder weniger zu beeinflussen.

⏩ Das könnte wichtig für dich sein

Hier ein paar Begriffe für die Suchmaschine, die dir sicherlich weitere interessante Informationen liefern:

- LCD
- LCD Modul AVR
- Dot matrix display

Solche Anzeigeelemente nutzen in der Regel aus einzelnen Punkten zusammengesetzte Muster (*Dot-Matrix*), um fast jede Art von Zeichen (Ziffern, Buchstaben oder Sonderzeichen) darstellen zu können. Es gibt sie in unterschiedlichen Größen und Ausstattungen. Nachfolgend zeige ich dir einmal drei unterschiedliche Displays.

Abbildung 21-1 ▲
Unterschiedliche LC-Displays

Das erste Display *LCD4884* mit einer Auflösung von *84x48* Pixeln ist sogar schon auf einem Shield montiert, besitzt einen Miniatur-Joystick zur Navigation durch die entsprechenden Menüs und kann mit der entsprechenden Library direkt angesteuert werden. Es kann sogar Miniaturgrafiken darstellen, ist also in der Darstellung der Anzeigeelemente sehr flexibel. Das zweite *DMC-2047* ist sogar mit *4* LEDs und einer *IR*-Empfangsdiode ausgestattet. Das dritte Display vom Typ *HMC16223SG* ist 2-zeiliges Display mit einem kompatiblem *Hitachi HDD44780*-Controller, auf den wir gleich noch zu sprechen kommen werden. Zur komfortablen Nutzung haben viele Anzeigen einen *integrierten* Controller, der die einzelnen Punkte bzw. Segmente ansteuert. Müssten wir uns darum im Einzelnen auch noch kümmern, dann wäre der Sketch um ein Vielfaches umfangreicher. Im Arduino-Umfeld wird relativ häufig ein *LC*-Display mit einem *HD44780*-Treiber verwendet. Dieser Treiber hat sich als *Quasi-Standard* durchgesetzt und wird von vielen anderen Herstellen adaptiert. In der nachfolgenden Abbildung ist ein solches Display zu sehen.

◀ **Abbildung 21-2**
Ein LC-Display

Für dieses Element existiert eine Bibliothek, die standardmäßig mit der Arduino-IDE geliefert wird. Natürlich kannst du fast jedes x-beliebige Display anschließen, wenn du eine passende Library findest oder du sie dir selbst entwickelst. Für unsere Experimente verwenden wir das gezeigte Display, das 2 Zeilen mit jeweils 16 Zeichen aufweist.

Benötigte Bauteile

Für dieses Beispiel benötigen wir die folgenden Bauteile:

Benötigte Bauteile	
	1 x LCD HD44780 + *16*-polige Stiftleiste mit Rastermaß *2,54*
	1 x Trimmer 10K oder 20K
	Mehrere flexible Steckbrücken in unterschiedlichen Farben und Längen

Vorbemerkung zur Nutzung des LC-Displays

Wenn du dir ein brandneues *LC*-Display kaufst, dann besitzt es, wie du auf dem obigen Bild sehen kannst, vielleicht lediglich Kontaktierungen auf der Trägerplatine. Jetzt kannst du entweder die benötigten Kontakte mit Kabeln versehen, um sie später für die Schaltung mit dem Breadboard zu nutzen, oder du besorgst dir am besten eine Stiftleiste, wie du sie ebenfalls in der Abbildung erkennen kannst. Diese Leisten werden z.B. in einreihiger *40*-poliger Ausführung mit einem Rastermaß von *2,54* angeboten. Kürze sie durch Knicken an der entsprechenden Stelle vorsichtig auf eine Länge von *16* Stiften und sei dabei auf jeden Fall vorsichtig, denn sie brechen sehr leicht an einer nicht erwünschten Stelle ab. Danach steckst du die Leiste von unten mit dem kürzeren Beinchen nach oben durch die Bohrungen und lötest sie auf der Oberseite fest.

Auf diese Weise kannst du das Modul wunderbar auf dein Breadboard stecken.

Interessante Grundlagen

Bevor wir das *LC-Display* richtig ansteuern, möchte ich dich mit ein paar wichtigen und interessanten Grundlagen versorgen. Wie ist so ein Display des genannten Typs eigentlich aufgebaut? Ich hatte schon erwähnt, dass zum Aufbau der einzelnen Zeichen eine *Dot-Matrix* verwendet wird. *Dot* bedeutet übersetzt *Punkt* und stellt das kleinste darstellbare Element in dieser Matrix dar. Ein einzelnes Zeichen wird aus einer *5x8 Dot-Matrix* aufgebaut.

Abbildung 21-3 ▶
Die 5x8 Dot-Matrix des LC-Displays

Durch geschickte Ansteuerung der einzelnen Punkte können die unterschiedlichsten Zeichen generiert werden. Das nachfolgende Bild zeigt dir das Wort *Arduino* und die einzelnen Punkte, aus denen die Buchstaben zusammengesetzt wurden.

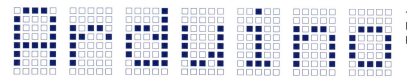

◀ **Abbildung 21-4**
Das Wort Arduino aus einzelnen Punkten (Dots) zusammengesetzt

Die Ansteuerung des Displays erfolgt *parallel*, was bedeutet, dass alle Datenbits zur gleichen Zeit an den Kontroller versendet werden. Es gibt 2 unterschiedliche Modi (*4-Bit* bzw. *8-Bit*), wobei der *4-Bit*-Modus der gängigere ist, da hier weniger Datenleitungen zum Display geschaltet werden müssen und sich der Aufwand entsprechend reduziert.

> Also halt mal. Ein bisschen verstehe ich ja auch. Wenn ich statt 8 nur noch 4 Bits verwende, dann habe ich eine geringere Datenbreite und kann aber doch somit weniger unterschiedliche Informationen übertragen. Wie soll das denn gehen?

Das ist ein guter Einwand, *Ardus*! Aber es funktioniert trotzdem ohne Einbuße des Informationsumfanges. Im *4-Bit Modus* wird einfach die zu übertragenen *8 Bit* an Informationen in zwei gleich große Hälften aufgesplittet. Zuerst die ersten *4-Bits*, dann die letzten *4-Bits*. Die Informationsbreite von *4 Bits* wird in der Datenverarbeitung übrigens *Nibble* genannt. Die Übertragung der Daten erfolgt parallel und dann doch wieder seriell. Lass' dich dadurch aber nicht verwirren. Der *4-Bit*-Modus ist zwar etwas langsamer als der *8-Bit*-Modus, doch das spielt für unsere Belange keine Rolle. Kommen wir jetzt zum LCD-Anzeigemodul *Hitachi HDD44780* und dessen Pinbelegung bzw. der erforderlichen Beschaltung. Es gibt zwei unterschiedliche Varianten, wobei die eine mit *16* Pins über eine Hintergrundbeleuchtung verfügt und die mit *14* Pins ohne auskommt.

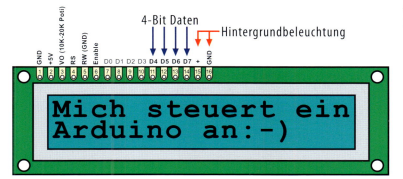

◀ **Abbildung 21-5**
Die Beschaltung des Anzeigemoduls

Von den 8 Datenleitungen werden lediglich die obersten 4 (*D4 – D7*) benötigt. In der folgenden Tabelle findest du die Pinbelegung und deren Bedeutung:

Tabelle 21-1 ▶
LCD-Pinbelegung für die 16-Pin-Variante

LCD-Pin	Arduino-Pin	
1	GND	Masse
2	+5V	+5V
3	-	Kontrasteinstellung über *10K* oder *20K* Poti
4	12	RS (Register Select)
5	GND	RW (Read/Write) / fest auf Masse (HIGH: Read / LOW: Write)
6	11	E (Enable)
11	5	Datenleitung *D4*
12	4	Datenleitung *D5*
13	3	Datenleitung *D6*
14	2	Datenleitung *D7*
15	-	Anode (+) / Über Vorwiderstand *220* Ohm!
16	GND	Kathode (-)

Mit dem ersten LCD-Sketch wollen wir erreichen, dass der gerade gezeigte Schriftzug »*Mich steuert ein Arduino an:-)*« im Display erscheint.

Arduino-Sketch-Code

Erschrick nicht, wenn du die recht komplexe Ansteuerungslogik siehst. Wir werden eine Library nutzen, die es uns ermöglicht, das *LC*-Display auf eine recht simple Weise zu nutzen.

```
#include <LiquidCrystal.h>
#define RS 12     // Register Select
#define E 11      // Enable
#define D4 5      // Datenleitung 4
#define D5 4      // Datenleitung 5
#define D6 3      // Datenleitung 6
#define D7 2      // Datenleitung 7
#define COLS 16   // Anzahl der Spalten
#define ROWS 2    // Anzahl der Zeilen
LiquidCrystal lcd(RS, E, D4, D5, D6, D7); // Objekt instanziieren

void setup(){
  lcd.begin(COLS, ROWS);            // Anzahl der Spalten und Zeilen
  lcd.print("Mich steuert ein");    // Ausgabe des Textes
  lcd.setCursor(0, 1);              // In die 2. Zeile wechseln
```

```
  lcd.print("Arduino an:-)");    // Ausgabe des Textes
}

void loop(){/* leer */}
```

Arduino-Code-Review

Um die Funktionalität zur Ansteuerung des *LC*-Displays nutzen zu können, muss die Library *LiquidCrystal* eingebunden werden. Für unser Experiment benötigen wir programmtechnisch gesehen dann die folgende Variable:

Variable	Aufgabe
lcd	Das LCD-Objekt

◀ **Tabelle 21-2**
Benötigte Variablen und deren Aufgabe

Für die Generierung eines *LCD*-Objekts müssen dem Konstruktor folgende Parameter mitgeteilt werden:

- Pin Register Select (RS)
- Pin Enable (E)
- Pins der Datenleitungen D4 bis D7

```
LiquidCrystal lcd(RS, E, D4, D5, D6, D7); // Objekt instanziieren
```

Die Klasse *LiquidCrystal* stellt eine Reihe von Methoden zur Verfügung, denn alleine durch den Konstruktor können wir keinen Text auf das *LC*-Display schicken. Bevor dies möglich ist, müssen wir dem Anzeige-Objekt noch ein paar zusätzliche Information zur weiteren Initialisierung übergeben: Es gibt ja hinsichtlich der Anzahl von Spalten bzw. Zeilen recht unterschiedliche *LC*-Displays, und genau diese wichtige Angabe muss hier erfolgen. Du siehst, dass nicht alles dem Konstruktor zur kompletten Initialisierung mitgegeben wird. Jetzt muss eine Methode her.

LCD-Methode: begin

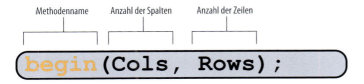

◀ **Abbildung 21-6**
Die LCD-Methode begin

Die Methode *begin* teilt dem *LCD*-Objekt die Anzahl der Spalten und der Zeilen des angeschlossenen Displays mit. Jetzt ist alles soweit vorbereitet, dass du einen Text verschicken kannst.

Was ist eine LCD-Anzeige?

LCD-Methode: print

Abbildung 21-7 ▶
Die LCD-Methode »print«

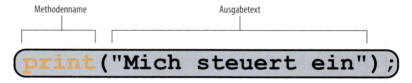

Die Methode *print* teilt dem *LCD*-Objekt mit, was es zur Anzeige an das Display schicken soll. Sie ist vergleichbar mit der des *Serial-Monitors*.

> Warte mal kurz! Das Display, das du verwendest, hat doch zwei Zeilen. Wie hast du festgelegt, dass der Text in die erste Zeile geschrieben wird?

Wenn ich keine Angaben über die Position des anzuzeigenden Textes mache, wird er am Anfang der ersten Zeile positioniert. Wie du anhand des Beispiels erkennst, haben wir auch noch eine weitere Zeile mit Text. Kommen wir zur dritten wichtigen Methode.

LCD-Methode: setCursor

Abbildung 21-8 ▶
Die LCD-Methode »setCursor«

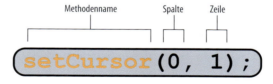

Die Methode *setCursor* positioniert du den Cursor an *die* Stelle, an der die nachfolgende Textausgabe starten soll. Sie ist mal wieder – wie sollte es anders sein – Null-basiert, was bedeutet, dass die erste Zeile bzw. Spalte mit dem Index *0* versehen sind. Um in die zweite Zeile zu gelangen, musst Du, wie hier geschehen, den Wert *1* verwenden. Die folgende Abbildung ist dir vielleicht eine Hilfe, wenn es um das Positionieren der Ausgabe geht.

Abbildung 21-9 ▶
Die Koordinaten der einzelnen Zeichen, die über setCursor angesprochen werden können

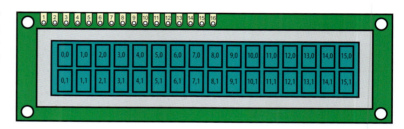

Projekt 21: Eine Alphanumerische Anzeige

Bevor ich es vergesse: Natürlich kannst du auch die komplette Anzeige löschen, so dass sich keinerlei Zeichen mehr darin befinden. Dazu wird die folgende Methode verwendet:

LCD-Methode: clear

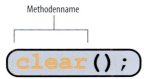

◀ **Abbildung 21-10**
Die LCD-Methode »clear«

Sie besitzt keine Parameter, löscht alle Zeichen aus der Anzeige und positioniert den Cursor in der linken oberen Ecke an der Koordinate 0, 0.

Der Schaltplan

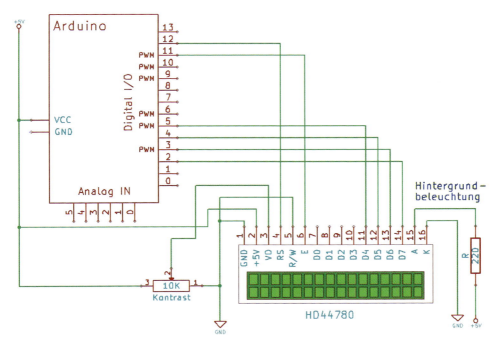

▲ **Abbildung 21-11**
Die Verschaltung des LC-Displays HD44780

Achtung

Es gibt *HD44780*-Varianten, bei denen kannst du die Hintergrundbeleuchtung ohne einen Vorwiderstand an *+5V* anschließen, und wiederum solche, die einen entsprechend dimensionierten Widerstand benötigen. Wirf' auf jeden Fall vor dem Anschließen an die Versorgungsspannung einen Blick ins das entsprechende Datenblatt. Zur Not kannst du die Hintergrundbeleuchtung erst einmal weglassen. Wenn es nicht zu dunkel ist, kannst du bei ausreichend hoch eingestelltem Kontrast die Anzeige trotzdem lesen.

Schaltungsaufbau

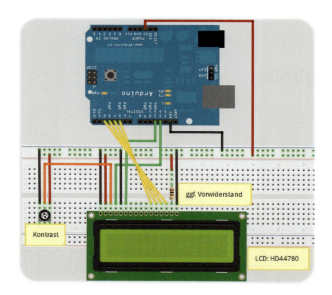

Abbildung 21-12 ▶
Aufbau der LCD-Ansteuerung mit Fritzing

Das Zahlen-Rate-Spiel Reloaded

Was liegt näher, als das im letzten Kapitel entwickelte Zahlen-Rate-Spiel mit dem *LC*-Display zu realisieren. Wenn es funktioniert, benötigst du keinen Computer mehr und du bist wegen der LCD-Anzeigeeinheit ein wenig unabhängiger. Ich habe für die Realisierung das *LC*-Display auf eine Lochrasterplatine gesteckt, auf der sich *2 x 16*-polige IC-Fassungen direkt nebeneinander befinden.

Abbildung 21-13 ▶
16-polige IC-Fassung

Ein vergleichbarer Sockel – natürlich mit mehr Pins – ist auch auf deinem Arduino-Board vorhanden und hält den Mikrocontroller an seiner Position. Solche Fassungen sind recht nützlich, denn wenn ein IC einmal in die ewigen Jagdgründe eingehen sollte, dann muss man ihn nicht erst mühsam auslöten, sondern kann ihn bequem entfernen. Die Platine hat die Maße *10cm x 5cm*.

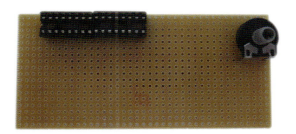

◀ **Abbildung 21-14**
Trägerplatine für das LC-Display

Wie du siehst, habe ich auch gleich den Trimmer für die Kontrasteinstellung darauf platziert. Bei einem Blick auf die Rückseite der Platine siehst du, wie ich die einzelnen Pins der IC-Fassungen miteinander verbunden habe. Es wurden immer die gegenüberliegenden Pins durch mehrere Lötpunkte verbunden.

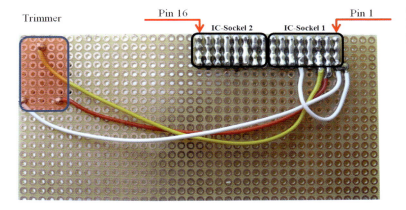

◀ **Abbildung 21-15**
Lötseite der Trägerplatine für das LC-Display

Manchmal reicht eben auch eine *fliegende Verdrahtung* vollkommen aus. In der folgenden Abbildung habe ich schon das *LC*-Display auf die Trägerplatine befestigt. Die Stiftleiste der Anzeige wird dabei in die unteren Buchsen der beiden IC-Fassungen gesteckt. Die obere Reihe wird später für die Anschlüsse zum Shield benötigt.

Was ist eine LCD-Anzeige?

Abbildung 21-16 ▶
LC-Display auf der Trägerplatine

Jetzt fehlen lediglich noch die Verbindungsleitungen zu deinem *Analog-KeyPad*. Die Verbindungen werden über die schon bekannten Stiftleisten hergestellt. Dazu benötigst du Folgendes:

- 1 x *16*-polige Stiftleiste
- 2 x *8*-polige Stiftleisten
- 1 x *6*-polige Stiftleiste

Die *16*-polige Stiftleiste wird mit der Trägerplatine, auf der sich das *LC*-Display befindet, verbunden. Nachfolgend siehst du die angelöteten Verbindungsleitungen.

Abbildung 21-17 ▶
16-polige Stiftleiste

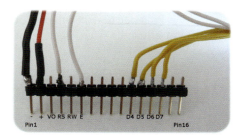

Auf das *KeyPad* werden die beiden 8-poligen bzw. die eine 6-polige Stiftleiste aufgesteckt.

Abbildung 21-18 ▶
Das analoge KeyPad mit den drei Stiftleisten

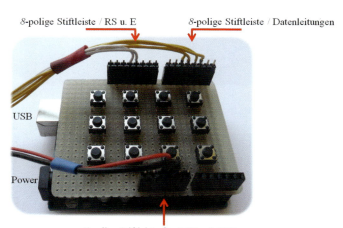

Projekt 21: Eine Alphanumerische Anzeige

Anhand der Farben und der genannten Pinbelegungen sollte es kein Problem bereiten, den kleinen Kabelbaum mit den Stiftleisten herzustellen. In der folgenden Abbildung habe ich einmal die drei Komponenten, also Trägerplatine mit *LC*-Display, *Arduino-Board* und aufgestecktes *KeyPad*-Shield miteinander verbunden.

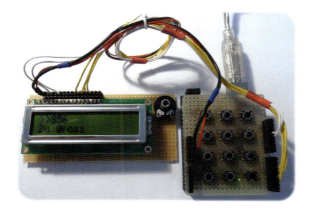

◀ **Abbildung 21-19**
Der komplette Schaltungsaufbau des Zahlen-Rate-Spiels

Achtung

Wenn du die Stiftleisten mit Kabeln der Versorgungsspannung bzw. Masse verlötest, die auch noch direkt nebeneinander liegen, dann ist die Gefahr groß, dass es zwischen diesen benachbarten Kontakten bzw. Kabeln durch Bewegung irgendwann einmal zu einem Kurzschluss kommt. Aus diesem Grund habe ich diese Kabel jeweils mit einem Stück Schrumpfschlauch versehen, die die Lötstellen gut umhüllen.

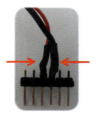

◀ **Abbildung 21-20**
Die 6-polige Stiftleiste mit zwei Schrumpfschlauchstücken (rote Pfeile)

Jetzt kommt der komplette Code, der an Umfang schon etwas zugenommen hat.

```
#include <LiquidCrystal.h>
#include <MyAnalogKeyPad.h>
#define analogPinKeyPad 0  // Definition des analogen Pins
#define MIN 10             // Untergrenze für Zufallszahl
#define MAX 1000           // Obergrenze für Zufallszahl
```

Was ist eine LCD-Anzeige?

```cpp
#define RS 12    // LCD-Register Select Pin
#define E 11     // LCD-Enable Pin
#define D4 5     // LCD-Datenleitung Pin 4
#define D5 4     // LCD-Datenleitung Pin 5
#define D6 3     // LCD-Datenleitung Pin 6
#define D7 2     // LCD-Datenleitung Pin 7
#define COLS 16  // Anzahl der LCD-Spalten
#define ROWS 2   // Anzahl der LCD-Zeilen
int arduinoZahl, versuche; // Die generierte Zahl, Anzahl der Versuche
char deineZahl[5];         // Max. 5-stellige Zahl
byte stelle;
MyAnalogKeyPad myOwnKeyPad(analogPinKeyPad); // KeyPad Instanziierung
LiquidCrystal lcd(RS, E, D4, D5, D6, D7);    // LCD Instanziierung

void setup(){
  myOwnKeyPad.setDebounceTime(500); // Prellzeit auf 500ms setzen
  lcd.begin(COLS, ROWS);            // Anzahl der Spalten und Zeilen
  lcd.blink();                      // Cursor blinken lassen
  startSequence();                  // Aufruf der Startsequenz
}

void loop(){
  char myKey = myOwnKeyPad.readKey(); // Abfragen des gedrückten
                                      // Tasters
  if(myKey != KEY_NOT_PRESSED){       // Abfrage, ob irgendein Taster
                                      // gedrückt
    deineZahl[stelle] = myKey;
    stelle++;
    lcd.print(myKey);                 // Taste im LCD anzeigen
  }

  if(stelle == int(log10(MAX))+1){
    versuche++;
    int a = atoi(deineZahl);
    if(a == arduinoZahl){
      lcd.clear();                    // LCD-Anzeige löschen
      lcd.print("Erraten!!!");        // Ausgabe an das LCD
      lcd.setCursor(0, 1);            // Cursor in die 2.Zeile positionieren
      lcd.print("Versuche: " + String(versuche));
      delay(4000);                    // 4 Sekunden warten
      versuche = 0;                   // Anzahl der Versuche zurücksetzen
      startSequence();                // Startsequenz aufrufen
    }
    else if(a < arduinoZahl){
      lcd.setCursor(0, 1);    // Cursor in die 2.Zeile positionieren
      lcd.print("Zu klein");  // Ausgabe an das LCD
      lcd.setCursor(0, 0);    // Cursor in die 1.Zeile positionieren
    }
```

```
    else{
      lcd.setCursor(0, 1);    // Cursor in die 2.Zeile positionieren
      lcd.print("Zu gross");  // Ausgabe an das LCD
      lcd.setCursor(0, 0);    // Cursor in die 1.Zeile positionieren
    }
    lcd.setCursor(2, 0);      // Cursor an die 3.Stelle der 1.Zeile
                              // positionieren
    stelle = 0;
  }
}

int zufallszahl(int minimum, int maximum){
  randomSeed(analogRead(5));
  return random(minimum, maximum + 1);
}

void startSequence(){
  arduinoZahl = zufallszahl(MIN, MAX); // Zu erratende Zahl generieren
  lcd.clear();                         // LCD-Anzeige löschen
  lcd.print("Rate eine Zahl");         // Ausgabe an das LCD
  lcd.setCursor(0, 1);                 // Cursor in die 2.Zeile
                                       // positionieren
  lcd.print("von " + String(MIN) + " - " + String(MAX));
  delay(4000);                         // 4 Sekunden warten
  lcd.clear();                         // LCD-Anzeige löschen
  lcd.print(">>");                     // Ausgabe an das LCD
}
```

An dieser Stelle möchte ich mich nicht allzu viel mit dem Code beschäftigen. Ich habe bestimmte Stellen, an denen im letzten Kapitel Ausgaben an den *Serial-Monitor* geschickt wurden, so modifiziert, dass die Ausgabe nun über das *LC*-Display erfolgt. Es ist aber noch eine neue Methode hinzugekommen, die einen blinkenden Cursor im Display anzeigt:

LCD-Methode: blink

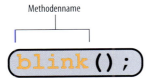

◀ **Abbildung 21-21**
Die LCD-Methode »blink«

Sie wird einmalig in der *setup*-Funktion aufgerufen und veranlasst einen Cursor an der aktuellen Schreibposition zu blinken. Wenn du einen Blick an den Anfang des Sketches wirfst, dann wirst du sicherlich bemerken, dass es durchaus möglich ist, mehrere Libraries in ein Projekt einzubinden. Es gibt da theoretisch keine Grenzen. Natürlich gibt irgendwann einmal der Flash-Speicher zu verstehen, dass er nun erschöpft ist und kein Code mehr hinzugefügt werden kann.

> Eine Sache ist mir gänzlich unverständlich und ich weiß nicht genau, ob sie schon erläutert wurde. Da ist z.B. die Zeile lcd.print("von " + String(MIN) + " - " + String(MAX));. Du gibst also Zeichenketten aus und verwendest den + Operator. Wie sollen denn Zeichenketten addiert werden? Das funktioniert doch nur mit Zahlen – richtig?

Vollkommen richtig, *Ardus*. Es können, wenn es um eine mathematische Addition geht, nur *Werte* addiert werden. Der »+«-Operator bei Zeichenketten kann natürlich keine Addition ausführen. Wie sollte das auch funktionieren? Es werden jedoch die einzelnen Zeichenketten zu einer einzigen zusammengefügt. Man sagt auch, sie werden *konkateniert*. Wenn nun auch, wie in unserem Sketch, numerische Werte Teil der anzuzeigenden Zeichenkette sind, müssen diese zuvor in einen *String* konvertiert werden. Dies erfolgt mittels der *String*-Funktion, wie z.B. bei String(MIN).

 Das könnte wichtig für dich sein

Hier ein paar interessante Links zum Thema Arduino und LCD:

- *http://www.arduino.cc/en/Tutorial/LiquidCrystal*
- *http://arduino.cc/en/Reference/LiquidCrystal*
- *http://www.sparkfun.com/datasheets/LCD/HD44780.pdf*

Nachfolgend noch ein interessanter Hinweis auf ein fertiges *KeyPad*-Shield, das in der Lage ist, ein *LC*-Display aufzunehmen.

Abbildung 21-22 ▶
4×4 Keypad-Shield mit 5110 Display Interface

Wer es lieber fertig mag und außerdem relativ kompakt, für den lohnt sich sicherlich ein Blick auf das *4x4 KeyPad*-Shield mit dem entsprechenden Displayaufsatz. Das monochrome Display hat eine Auflösung von *84x48* Pixeln und ist kompatibel mit dem *3310 LCD Display*, für das eine Arduino-Library existiert.

Das könnte wichtig für dich sein

Hier ein paar Begriffe für die Suchmaschine, die dir sicherlich weitere interessante Informationen liefern:

- Nokia 5110 LCD
- 3310 LCD

Troubleshooting

Wenn du nach dem Anschließen des *LC*-Displays und dem Laden des Sketches nichts siehst, dann überprüfe Folgendes:

- Ist die Verkabelung korrekt?
- Gibt es eventuell Kurzschlüsse untereinander?
- Wurde der Kontrast-Trimmer korrekt angeschlossen? Reguliere ggf. den Kontrast etwas herauf, bis du etwas in der Anzeige siehst.

Was hast du gelernt?

- Du hast zum ersten Mal ein Anzeigeelement angeschlossen, dass nicht nur in der Lage ist, zu blinken, sondern auch Zahlen und Text ausgeben kann.
- Die *LiquidCrystal*-Library hat es dir ermöglicht, in einfacher Weise ein *LC*-Display mit einem *HDD44780*-Controller anzusteuern.
- Damit hast du dann das im vorangegangenen Kapitel entwickelte Zahlen-Rate-Spiel sehr anschaulich und schön umgesetzt.
- Dir wurden für weitere Experimente noch mehr *LC*-Display-Typen vorgestellt, so dass das Basteln und Entwickeln sicherlich kein Ende mehr nehmen wird.

Workshop

Mach' dir ein paar Gedanken hinsichtlich eines Schlosses in Form eines Sicherheits-Code, das an manchen Eingängen zu sensiblen

Bereichen installiert ist. Bevor sich die Tür öffnet, musst du einen mehrstelligen Code eingeben. Natürlich bekommst du bei einer falschen Eingabe keinen Hinweis darauf, ob der eingegebene Zahlencode zu niedrig oder zu hoch ist. Du kannst z.B. einen Servo anschließen, der bei korrektem Code einen Riegel der Schießanlage zurückfährt. Hast du den Code drei Mal in Folge falsch eingegeben, musst du eine bestimmte Zeit von z. B. drei Minuten warten, bevor die nächste Eingabe erfolgen kann. Entwickle eine Zugangskontrolle zu deinem Zimmer, um lästige Mitbewohner oder Geschwister auf Distanz zu halten.

Kommunikation über I²C

Projekt 22

Scope

In diesem Experiment behandeln wir folgende Themen:

- Was bedeutet I²C?
- Was ist ein Bussystem
- Der komplette Sketch
- Analyse des Schaltplans
- Aufbau der Schaltung
- Workshop

Was bedeutet I²C?

Einige Entwickler haben sich vor ca. *20 Jahren* Gedanken darüber gemacht, wie sich elektronische Bauteile am besten miteinander verbinden lassen, damit sie Daten bzw. Informationen untereinander austauschen können. Was bedeutet jedoch in diesem Zusammenhang *am besten*? Nun, die Verbindungen sollten zum einen auf schnelle Weise hergestellt werden können, und zum anderen sollte das mit möglichst wenig Schaltungsaufwand verbunden sein. Wenn wir z.B. einzelne integrierte Bausteine (auch ICs genannt) verwenden, ist es z.B. hinsichtlich der benötigten Datenleitungen, mit denen die Bausteine miteinander verbunden werden, ein aufwändiges Unterfangen, das in dem Maße steigt, in dem immer mehr Kommunikationskomponenten beteiligt sind.

Abbildung 22-1 ▶
Ein antikes EPROMs vom Typ 2764K (mit 28 Beinchen)

Das auf dem Bild gezeigte *EPROM* hat schon eine Menge Anschlussbeinchen. Stell dir mal vor, du hättest eine Platine mit *10* oder *20* dieser Speicherbausteine, die es alle zu verdrahten gilt. Erstens nehmen diese Bausteine schon einiges an Platz weg und zudem müssen alle Pins verdrahtet werden. Es war also schon ein immenser Aufwand, der damals vor ca. *20* Jahren betrieben wurde. Die Entwickler kamen dann auf die Idee, eine Art Bus-System zu entwickeln, an das zahlreiche elektronische Teilnehmer angeschlossen werden können, um darüber Daten auszutauschen. Sie nannten es I^2C. Doch was genau verbirgt sich hinter dieser recht kryptisch anmutenden Bezeichnung? Es handelt sich um einen *seriellen Datenbus*, der über zwei Leitungen – *SCL* und *SDA* genannt – Daten verschickt. In der folgenden Abbildung siehst du die Verschaltung der einzelnen Komponenten für unseren Mikrocontroller *ATmega 328p*.

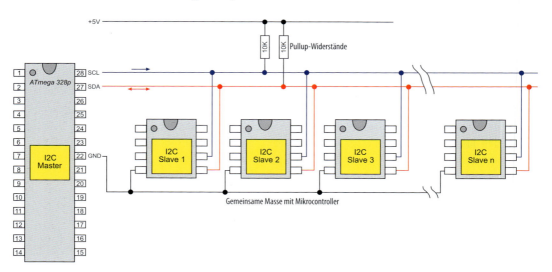

Abbildung 22-2 ▲
Das I^2C-Bussystem (Ein Master und viele Slave-Komponenten)

Das Bus-System arbeitet als *bidirektionale Master/Slave-Architektur*. *Whow*, was für ein geschwollener Ausdruck. Doch das zugrunde liegende Prinzip ist eigentlich ganz simpel und recht einfach zu verstehen. *Master/Slave* bedeutet, dass eine Komponente der *Master*, also derjenige ist, der die ganze Übertragungen steuert und koordiniert. Die anderen Komponenten sind als *Slave* deklariert und senden auf Anforderung vom *Master* ihre Daten an das Bussystem. Die Daten wurden dann vom *Master* entgegen genommen und ausgewertet. *Bidirektional* bedeutet, dass Daten in beide Richtungen, vom *Master* zum *Slave* bzw. vom *Slave* zum *Master*, übertragen werden. Auf der linken Seite der Abbildung befindet sich das Hirn des Bus-System – der Mikrocontroller, der als *Master* arbeitet. Alle angeschlossenen elektronischen Komponenten sind über zwei Leitungen mit ihm verbunden. Diese Leitungen haben folgende Bezeichnungen bzw. Aufgaben:

- SCL (**S**erial **C**lock **L**ine) Taktleitung
- SDA (**S**erial **D**ata **L**ine) Datenleitung

Diese beiden Leitungen sind über sogenannte *Pullup*-Widerstände, die in unserem Fall jeweils einen Widerstandswert von *10K* haben, mit der Versorgungsspannung verbunden.

> Stopp mal kurz! Wenn alle elektronischen Komponenten an zwei Leitungen hängen, wie kann dann der *Master* einen bestimmten *Slave* auswählen? Es erhalten doch alle zur selben Zeit die gleichen Informationen. Reagieren dann alle auf einmal oder wird ein bestimmter *Slave* ausgewählt?

Das ist eine berechtigte Frage, *Ardus*, die ich mir zu Beginn auch gestellt habe. Damit jede einzelne I^2C-Komponente eindeutig angesprochen werden kann, benötigt sie eine *Adresse*. Wenn du mehrere *Slave*-Komponenten an dein Arduino Mikrocontroller anschließt, muss jeder einzelnen von ihnen eine eigene Adresse zugewiesen werden. Diese muss unbedingt eindeutig sein. Es darf unter keinen Umständen eine Adresse doppelt vergeben werden.

> Was gibt es denn für unterschiedliche elektronische Bauteile, die ich über den I^2C-Bus mit dem Arduino-Board verbinden kann? Ich kann mir das im Moment überhaupt noch nicht konkret vorstellen.

Kein Problem, *Ardus*. Es gibt schon einige wichtige I^2C-Komponenten:

- Speicherbausteine
  (z.B. *24LC08*, *24LC16*, *24LC64* o. *24LC256*)

Was bedeutet I^2C?

- Port-Extension-Bausteine - I/O-Erweiterungen
  (z.B. *PCF8574A* o. *MCP23016*)
- Uhr- bzw. Kalenderbausteine
  (z.B. *PCF8583, DS1307* o. *DS1337*)
- Digitale Temperatursensoren (z.B. *TMP75* o. *LM75*)
- 7-Segmentanzeigen (z.B. *SAA1064*)

Ich möchte hier mit dem Speicherbaustein beginnen, der im Gegensatz zum eben gezeigten *EPROM* schon wie ein Zwerg anmutet.

Abbildung 22-3 ▶
Serielles I²C EEPROM vom Typ
24LC64

Dieser Baustein hat eine Speicherkapazität von *64* KBits. Das sind umgerechnet *8* KBytes. Ich denke, dass wir unser erstes *I²C*-Experiment mit diesem beginnen sollten.

Die alten Speicherbausteine hast du *EPROM* und die neuen bzw. aktuellen *EEPROM* genannt. Ist das ein Schreibfehler oder gibt es da wirklich einen Unterschied?

Es mögen sich vielleicht noch einige wenige Schreibfehler – ich hoffe aber, die Anzahl geht gegen *Null* – in das vorliegende Buch eingeschlichen haben, doch diese Schreibweise ist so beabsichtigt. Die alten Speicherbauteile konnten nur mit einem entsprechenden Brenngerät, dem *EPROMmer* gebrannt werden. Das Löschen war dann nur noch mit einem speziellen Löschgerät möglich, das eine UV-Lampe im Inneren besaß. Deshalb hat so ein *EPROM* auch ein kleines Fenster auf der Oberseite. Direkt darunter befindet sich der Halbleiterbaustein. *EPROM* ist die Abkürzung für *Erasable Programmable Read-Only Memory*, was übersetzt *löschbarer programmierbarer Nur-Lese-Speicher* bedeutet. Die aktuellen Bausteine mit der Bezeichnung *EEPROM*, was *Electrically Erasable Programmable Read-Only Memory* heißt und übersetzt *elektrisch löschbarer programmierbarer Nur-Lese-Speicher* bedeutet, können über die CPU bzw. über Programmierung mit neuen Daten versorgt werden.

Das könnte wichtig für dich sein

Hier ein paar Begriffe für die Suchmaschine, die dir sicherlich weitere interessante Informationen liefern:

- I2C
- Two wire interface

Benötigte Bauteile

Für dieses Beispiel benötigen wir die folgenden Bauteile:

Benötigte Bauteile	
	1 x EEPROM vom Typ 24LC64
	2 x Widerstand 10K
	Mehrere flexible Steckbrücken in unterschiedlichen Farben und Längen

Vorbemerkung zur Nutzung des EEPROM 24LC64

Bevor es losgeht, muss ich dir noch etwas zu *EEPROM 24LC64* erläutern. Dieses *EEPROM* ist einer aus einer ganzen Reihe von Speicherbausteinen mit gleicher Pinbelegung, jedoch unterschiedlichen Kapazitäten. Hier eine kleine Auswahl:

Bezeichnung	Speicherkapazität	Speicherbereich
24_C08	8-KBit = *8.192* Bits = *1* KByte	*0* bis *1.023*
24_C64	*64*-Kbit = *65.536* Bits = *8* KByte	*0* bis *8.192*
24_C256	*256*-Kbit = *262.144* Bits = *32* KByte	*0* bis *32.767*

◀ **Tabelle 22-1**
Unterschiedliche I²C EEPROMs

Ich möchte es nicht versäumen, zu erwähnen, dass ein solcher Speicherbaustein eine begrenzte Lebensdauer hinsichtlich der Schreib-/Lesezyklen hat. Der Hersteller garantiert *1.000.000* Zyklen und eine Aufrechterhaltung der Daten von *100* Jahren. Die Haltbarkeit der Daten sollte für unsere Zwecke ausreichen, doch wenn du vorhast, alle paar Sekunden Daten zu Schreiben bzw. zu Lesen, musst du dir schon Gedanken darüber machen, wann es mit dem *EEPROM* vorbei ist. Wir lassen es aber nicht soweit kommen. Werfen wir doch einmal einen Blick auf die Pinbelegung eines dieser Bausteine:

Abbildung 22-4 ▶
Die Pinbelegung des serielles I²C EEPROM vom Typ 24LC64 (Blick von oben)

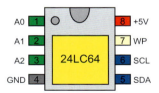

Alle ICs haben zur Orientierung bezüglich der Pinbelegung auf einer Seite eine kleine Kerbe oder einen kleinen Punkt. So auch bei diesem *EEPROM*. Die einzelnen Pins haben folgende Bedeutung:

Tabelle 22-2 ▶
Die Bedeutung der einzelnen Pins der EEPROM

Pin	Bezeichnung	Bedeutung
1	A0	Bit *0* der Adresse
2	A1	Bit *1* der Adresse
3	A2	Bit *2* der Adresse
4	V_{SS} bzw. GND	Masse
5	SDA	Serial Data Line (wird mit analog Pin *4* verbunden)
6	SCL	Serial Clock Line (wird mit analog Pin *5* verbunden)
7	WP	Write Protect (GND: schreiben möglich, *+5V*: nur lesen)
8	V_{CC} bzw. *+5V*	Spannungsversorgung

Gehen wir doch die einzelnen Pins der Reihe nach durch. Wie ich schon erwähnte, muss jedem Baustein, der am *I²C*-Bus angeschlossen ist, eine eigene und eindeutige Adresse zugewiesen werden. Das ist wie bei einem Briefträger, der eine Straße entlanggeht, um dort die Post abzuliefern. Die Straße entspricht dem Bus und die einzelnen Hausnummern den Adressen der angeschlossenen *I²C*-Komponenten. Für die korrekte Zustellung ist eine eindeutige Hausnummer unentbehrlich. Da das *EEPROM* drei Adressleitungen nach außen führt, ist die Anzahl der unterschiedlichen Adresskombinationen $2^3 = 8$. Wie setzt sich aber die Busadresse zusammen?

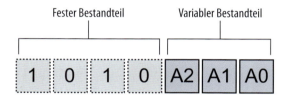

Projekt 22: Kommunikation über I²C

Die Busadresse hat einen festen Teil mit der Bitkombination *1010* und einen variablen Teil *A2*, *A1* und *A0*. Den letzteren kannst du modifizieren, um eine Komponente anzusprechen. Die folgende Tabelle zeigt dir die möglichen Bitkombinationen mit den entsprechenden Busadressen.

2^6	2^5	2^4	2^3	2^2	2^1	2^0	Busadresse (Hex)
1	0	1	0	0	0	0	0x50
1	0	1	0	0	0	1	0x51
1	0	1	0	0	1	0	0x52
1	0	1	0	0	1	1	0x53
1	0	1	0	1	0	0	0x54
1	0	1	0	1	0	1	0x55
1	0	1	0	1	1	0	0x56
1	0	1	0	1	1	1	0x57

◀ **Tabelle 22-3**
Die zur Verfügung stehenden Busadressen im Hex-Format

Ok, das habe ich soweit verstanden. Aber wenn ich mich recht entsinne, dann haben wir es doch auf der Ebene der Mikrocontroller Programmierung immer mit Bits und Bytes zu tun. Wenn ich die Anzahl der Bits hier zähle, dann komme ich lediglich auf 7. Zum vollständigen Byte fehlt jedoch *1* Bit. Wo ist das denn abgeblieben?

Dir entgeht aber auch gar nichts, was!? Ok, *Ardus*. Die Programmierer der Library haben es uns recht einfach gemacht, auf eine *I2C* Komponente zuzugreifen. Diese *Wiring*-Library erwartet eine Adresse ohne das *LSB*, das zwar intern durchaus verwendet wird, über das du dir aber keine Gedanken machen musst. Eigentlich sieht das Byte für die Busadresse folgendermaßen aus:

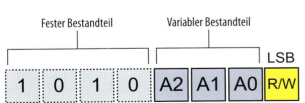

Jetzt hast du deine *8* Bits, aber noch eine Anmerkung für dein Verständnis: Das *LSB* dient als *Read/Write*-Flag (*0*=write, *1*=read only). Doch, wie schon erwähnt, ist diese Funktionalität für uns nicht von Bedeutung und wird alleine über die Library verwaltet. Zerbreche dir also darüber nicht den Kopf. Bevor wir aber weiter

Was bedeutet I²C?

ins Detail gehen - und es gibt noch einiges zu besprechen - wenden wir wieder dem Sketch-Code zu.

Arduino-Sketch-Code

Du musst an dieser Stelle aufpassen, wenn du älteren Code vor der Arduino-Version *1.00* verwendest. Ich habe den Sketch-Code flexibel gehalten, so dass er sowohl in der Version *0022* als auch in *1.00* lauffähig ist. Das Problem ist folgendes: Die *Wire-Library* wurde für die Version *1.00* angepasst, so dass einige Methoden, die in diesem Kapitel verwendet werden, umbenannt wurden:

Tabelle 22-4 ▶
Änderungen in der Wire-Library in der Arduino-Version 1.00

in Version 0022	in Version 1.00
send	write
receive	read

```
#include <Wire.h>
#define I2CBaustein 0x50 // Festlegen der I2C Zugriffsadresse

void setup(){
  Wire.begin();
  Serial.begin(9600);
  unsigned int speicherAdresse = 0; // Startadresse
  byte wert = 7;                    // Zu speichernder Wert
  schreibeEEPROM(I2CBaustein, speicherAdresse, wert);     // Schreiben
  Serial.println(leseEEPROM(I2CBaustein, speicherAdresse), HEX); // Lesen
}

void loop(){/* leer */}

void schreibeEEPROM(int I2CBausteinAdresse, unsigned int speicherAdresse,
                                                          byte daten){
  Wire.beginTransmission(I2CBausteinAdresse); // Verbindung zu I2C
                                              // initiieren
  #if ARDUINO < 100
  Wire.send((byte)(speicherAdresse >> 8));   // MSB (höherwertiges Byte)
                                             // senden
  Wire.send((byte)(speicherAdresse & 0xFF)); // LSB (niederweriges Byte)
                                             // senden
  Wire.send(daten);                          // Daten-Byte zum Speichern
                                             // senden
  #else
  Wire.write((byte)(speicherAdresse >> 8));   // MSB (höherwertiges Byte)
                                              // senden
  Wire.write((byte)(speicherAdresse & 0xFF)); // LSB (niederweriges Byte)
                                              // senden
```

```
    Wire.write(daten);                  // Daten-Byte zum Speichern
                                        // senden
  #endif
  Wire.endTransmission();               // Verbindung zu I2C trennen
  delay(5);                             // Kurze Pause. Äußerst
                                        // wichtig!!!
}

byte leseEEPROM(int I2CBausteinAdresse, unsigned int speicherAdresse){
  byte datenByte = 0xFF;
  Wire.beginTransmission(I2CBausteinAdresse); // Verbindung zu I2C
                                              // initiieren
  #if ARDUINO < 100
  Wire.send((byte)(speicherAdresse >> 8));    // MSB (höherwertiges Byte)
                                              // senden
  Wire.send((byte)(speicherAdresse & 0xFF));  // LSB (niederwertiges Byte)
                                              // senden
  #else
  Wire.write((byte)(speicherAdresse >> 8));   // MSB (höherwertiges Byte)
                                              // senden
  Wire.write((byte)(speicherAdresse & 0xFF)); // LSB (niederwertiges Byte)
                                              // senden
  #endif
  Wire.endTransmission();                // Verbindung zu I2C trennen
  Wire.requestFrom(I2CBausteinAdresse, 1); // Anfordern der Daten vom
                                           // Slave
  #if ARDUINO < 100
  if(Wire.available()) datenByte = Wire.receive(); // Sind Daten vorhanden?

  #else
  if(Wire.available()) datenByte = Wire.read();    // Sind Daten vorhanden?
  #endif
  return datenByte;                      // Daten-Byte
                                         // zurückliefern
}
```

Arduino-Code-Review

Der Code beinhaltet schon recht viele neue Befehle, die zum größten Teil alle mit der *Wire*-Library zusammenhängen. Was soll der Sketch-Code denn ausführen? Die Aufgabe ist recht simpel, doch es gehört schon einiges an Aufwand zur Realisierung:

- Festlegen der Speicheradresse für die Speicherung der Daten
- Speichern der Daten
- Abrufen der zuvor gespeicherten Daten

Was bedeutet I^{2}C?

Wir sollten uns nun die einzelnen Prozesse, also *Speichern* bzw. *Lesen*, im Einzelnen genauer anschauen.

Der Speicherprozess

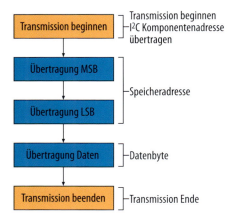

Abbildung 22-5 ▶
Die einzelnen Schritte beim Speichern in das EEPROM

Da diese Schritte beim Speichern regelmäßig aufgerufen werden müssen, habe ich sie in eine entsprechende Funktion ausgelagert, die ich *schreibeEEPROM* genannt habe. Ihr werden die *Bausteinadresse*, die *Speicheradresse* und die *Daten* übergeben.

```
void schreibeEEPROM(int I2CBausteinAdresse, unsigned int
                                    speicherAdresse, byte daten){
  Wire.beginTransmission(I2CBausteinAdresse); // Verbindung zu I2C
                                              // initiieren
  #if ARDUINO < 100
  Wire.send((byte)(speicherAdresse >> 8));    // MSB (höherwertiges
                                              // Byte) senden
  Wire.send((byte)(speicherAdresse & 0xFF));  // LSB (niederwertiges
                                              // Byte) senden
  Wire.send(daten);                           // Daten-Byte zum
                                              // Speichern senden
  #else
  Wire.write((byte)(speicherAdresse >> 8));   // MSB (höherwertiges
                                              // Byte) senden
  Wire.write((byte)(speicherAdresse & 0xFF)); // LSB (niederwertiges
                                              // Byte) senden
  Wire.write(daten);                          // Daten-Byte zum
                                              // Speichern senden
  #endif
  Wire.endTransmission();                     // Verbindung zu I2C
                                              // trennen
  delay(5);                                   // Kurze Pause. Äußerst
                                              // wichtig!!!
}
```

Der Speicherprozess erfolgt innerhalb einer sogenannten *Transmission*. Sie wird durch die Methode *beginTransmission* eingeleitet und durch *endTranmission* abgeschlossen. In dieser erfolgt die Adressierung der gewünschten Speicheradresse und nachfolgend die Übertragung der Daten. Beim Transmissionsbeginn wird die I^2C-Bausteinadresse gesendet, damit die am Bus angeschlossenen Teilnehmer wissen, wer gemeint ist:

```
Wire.beginTransmission(I2CBausteinAdresse);
```

Jetzt wird es ein wenig tricky. Da die Kommunikation nur in *1 Byte*-Blöcken erfolgen kann, der Adressbereich für den internen Speicher des *EEPROMs* aber 2 Bytes umfasst, muss die Ansprache der Speicheradresse in zwei separaten Schritten erfolgen. Schauen wir uns dazu das folgende Beispiel an: Du möchtest an der Speicheradresse 4.596_{10} den Wert 45_{10} ablegen. Die Binärkombination für die Adresse lautet wie folgt:

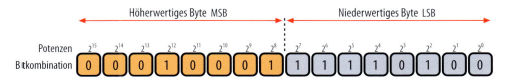

Wie kommen wir jetzt an das *MSB*, also das höherwertige Byte heran? Vielleicht erinnerst du dich noch an den *Bit-Schiebeoperator* >>. Wenn du die hier gezeigte Bitkombination um 8 Stellen nach rechts schiebst, dann erhältst du den Bytewert des *MSB*. Hierzu wird folgender Befehl verwendet:

```
speicherAdresse >> 8
```

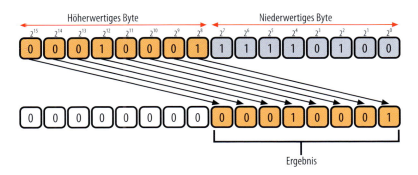

Das Ergebnis liegt jetzt als *Byte* vor und kann mit der Befehlszeile

`Wire.write((byte)(speicherAdresse >> 8));` // ab Version 1.00

oder

`Wire.send((byte)(speicherAdresse >> 8));` // Versionen < 1.00

übertragen werden.

Ok, ich sende also mit der *write*-Methode der *Wire*-Library den Bytewert. Warum muss ich denn noch den Datentyp *byte* vor das Ergebnis schreiben? Ich dachte, dass es schon um das Ergebnis handle, das in Form eines Bytes vorliegt.

Nicht ganz, *Ardus*! Die Variable *speicherAdresse* ist vom Datentyp *unsigned int*, was bedeutet, dass keine negativen Werte interpretiert werden, denn Speicheradressen sind immer positive Ganzzahlwerte. Wir haben zwar das Endergebnis in den unteren *8* Bits als *LSB* vorliegen, doch die oberen *8* Bits des *MSB* sind trotzdem noch vorhanden und mit Nullen versehen. Die *write*-Methode erwartet jedoch in unserem Fall einen Wert des Datentyps *byte*. Aus diesem Grund muss über den sogenannten *Cast-Operator*, der sich in den runden Klammern vor dem vermeintlichen Ergebnis befindet, eine Konvertierung in den erforderlichen Datentyp *byte* erfolgen. Jetzt fehlt noch das niederwertige Byte *LSB*, das im zweiten Schritt übertragen werden muss. Wir wenden die schon bekannte bitweise *UND*-Verknüpfung an, die als Filter bzw. Maske arbeitet, um bestimmte Bits zu maskieren:

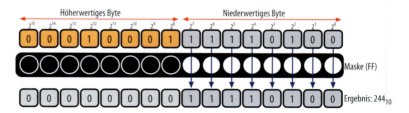

Das Ergebnis liegt jetzt als *Byte* vor und kann mit der Befehlszeile

`Wire.write((byte)(speicherAdresse & 0xFF));` // ab Version 1.00

oder

`Wire.send((byte)(speicherAdresse & 0xFF));` // Versionen < 1.00

übertragen werden. Der Vorgang der Adressierung ist jetzt abgeschlossen und die Transmission erwartet im nächsten Schritt das Datenbyte, das mit der Zeile

```
Wire.write(daten); // ab Version 1.00
```

oder

```
Wire.send(daten);  // Versionen < 1.00
```

gesendet wird. Der Datentyp der Variablen *daten* ist schon *byte* und muss nicht erst entsprechend über den Cast-Operator konvertiert werden. Der Abschluss der Transmission wird durch die Zeile

```
Wire.endTransmission();
```

gebildet. Eine nicht zu vergessene Zeile, die ebenfalls zur Funktion gehört, ist folgende:

```
delay(5);
```

Sie fügt eine kleine Pause ein und kommt dann zum Tragen, wenn viele Daten hintereinander an den Bus geschickt werden. Du musst dem Bus ein wenig Zeit geben, um die Daten zu verarbeiten. Es kann zu merkwürdigen Effekten der Datenkorruption kommen, wenn diese Pause nicht eingehalten wird.

Der Leseprozess

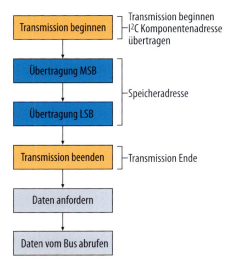

◀ **Abbildung 22-6**
Die einzelnen Schritte beim Lesen aus dem EEPROM

Auch hier habe ich die einzelnen Schritte in eine entsprechende Funktion ausgelagert, die ich *leseEEPROM* genannt habe. Ihr werden die Bausteinadresse und die Speicheradresse übergeben:

```
byte leseEEPROM(int I2CBausteinAdresse, unsigned int speicherAdresse){
  byte datenByte = 0xFF;
  Wire.beginTransmission(I2CBausteinAdresse);  // Verbindung zu I2C
                                               // initiieren
  #if ARDUINO < 100
  Wire.send((byte)(speicherAdresse >> 8));     // MSB (höherwertiges
                                               // Byte) senden
  Wire.send((byte)(speicherAdresse & 0xFF));   // LSB (niederwertiges
                                               // Byte) senden
  #else
  Wire.write((byte)(speicherAdresse >> 8));    // MSB (höherwertiges
                                               // Byte) senden
  Wire.write((byte)(speicherAdresse & 0xFF));  // LSB (niederwertiges
                                               // Byte) senden
  #endif
  Wire.endTransmission();                      // Verbindung zu I2C
                                               // trennen
  Wire.requestFrom(I2CBausteinAdresse, 1);     // Anfordern der Daten
                                               // vom Slave
  #if ARDUINO < 100
  if(Wire.available()) datenByte = Wire.receive(); // Sind Daten
                                                   // vorhanden?
  #else
  if(Wire.available()) datenByte = Wire.read();    // Sind Daten
                                                   // vorhanden?
  #endif
  return datenByte;                            // Daten-Byte
                                               // zurückliefern
}
```

Der Leseprozess erfolgt ebenfalls innerhalb der dir schon bekannten *Transmission*. Beim Transmissionsbeginn wird wieder die I^2C-Bausteinadresse gesendet, damit die am Bus angeschlossenen Teilnehmer wissen, wer gemeint ist.

```
Wire.beginTransmission(I2CBausteinAdresse);
```

Es folgt die Speicheradressierung

```
Wire.write((byte)(speicherAdresse >> 8));    // MSB (höherwertiges Byte)
                                             // senden
Wire.write((byte)(speicherAdresse & 0xFF));  // LSB (niederweriges
                                             // Byte) senden
```

die jetzt jedoch sofort im Anschluss mit dem Transmissionsende

```
Wire.endTransmission();
```

quittiert wird. Beachte auch hier wieder den Code für Arduino-Versionen < *1.00*. Na, das scheint ja auf den ersten Blick etwas verwirrend zu sein. Wo bleibt denn der Schritt, der das Lesen aus dem EEPROM einleitet? Sollte dieser nicht innerhalb der Transmission erfolgen? Die Antwort lautet *NEIN*! Das Lesen erfolgt erst nach der Beendigung der Transmission. Dafür sind die folgenden Codezeilen verantwortlich:

```
Wire.requestFrom(I2CBausteinAdresse, 1);      // Anfordern der
                                              // Daten vom Slave
if(Wire.available()) datenByte = Wire.read(); // Sind Daten
                                              // vorhanden?
```

Die *requestFrom*-Methode fordert die Daten mit der im ersten Argument übergebenen I^2C-Bausteinadresse an. Das zweite Argument legt fest, wie viele Bytes ab der Startadresse abgerufen werden sollen. Danach werden die Daten an den Bus übertragen. Nun kommt die *available*-Methode ins Spiel, die den logischen Wert *true* zurückliefert, wenn Daten vorliegen. Über die *if*-Abfrage werden dann bei entsprechender Bewertung mit dem Ergebnis *true* die Daten über die *read*-Methode vom Bus empfangen und in der Variablen *datenByte* gespeichert. Über den letzten Befehl in der Funktion, wird mittels *return*-Anweisung der Wert der Variablen an den Aufrufer zurückgeliefert. Die *println*-Methode gibt diese Daten in *HEX*-Format an den *Serial-Monitor* aus. Hier kannst du sie dir dann anschauen.

Achtung

Ich habe den Zugriff auf das *EEPROM* innerhalb der *setup*-Funktion platziert. Dadurch wird sichergestellt, dass das Speichern bzw. Abrufen der Daten einmalig zum Sketchbeginn stattfindet. Komm bitte nicht auf die Idee, den Code in die *loop*-Funktion zu verschieben. Das funktioniert zwar auch ganz gut, doch das EEPROM hat – wie ich schon eingangs erwähnt habe – eine begrenzte Anzahl von Schreib- / Lesezyklen. Innerhalb der *loop*-Funktion kannst du das *EEPROM* schnell in kürzester Zeit über dieses Limit hinaus belasten, so dass du als Ergebnis ein schönes kleines schwarzes Plastikgehäuse hast, dass keinerlei Funktion mehr erfüllt. Tja, das kann ja auch etwas Feines sein.

Der Schaltplan

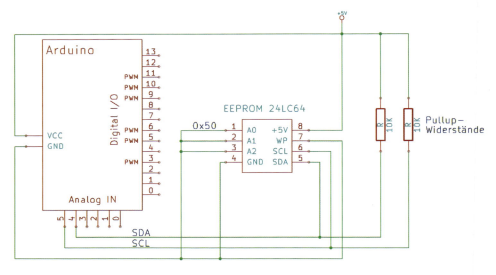

Abbildung 22-7
Die Verschaltung des EEPROM 24LC64

Schaltungsaufbau

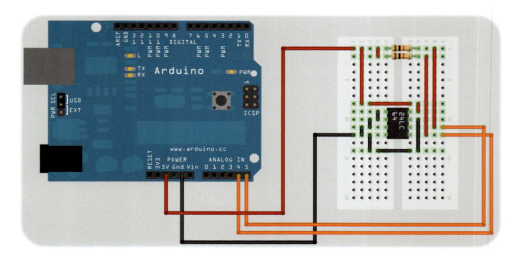

Abbildung 22-8
Aufbau der EEPROM-Ansteuerung mit Fritzing

Wir programmieren einen Monitor

Wenn du dir den Inhalt des gesamten *EEPROMs* einmal anschauen möchtest, ist es wohl recht mühsam, Byte für Byte auszulesen. Aus diesem Grund werden wir uns jetzt einen Monitor programmieren, der sowohl die Speicheradressen als auch deren Inhalte im *Serial-Monitor* ausgibt. Die folgende Abbildung gibt dir schon einmal einen Vorgeschmack auf die Ausgabe, wie ich sie mir vorgestellt habe:

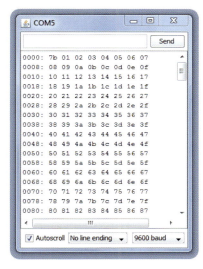

◀ **Abbildung 22-9**
Ausgabe des EEPROM-Inhaltes im Serial-Monitor

In der linken Spalte werden die Speicher-Startadressen der Speicherinhalte angezeigt, die in der betreffenden Zeile gelistet werden. Die Startadresse einer Zeile bezieht sich immer auf den ersten *Hex*-Wert, der ihr folgt. Um die entsprechende Speicheradresse eines sich weiter rechts befindenden Datenwertes zu ermitteln, musst du lediglich die Speicher-Startadresse um den Positionswert des Datenwertes erweitern. Der erste Wert hat natürlich die Positionsnummer *0*, da seine Startadresse ja schon angezeigt wird. Zum besseren Verständnis hier ein Beispiel:

Sowohl die Speicher-Startadressen als auch die Datenwerte werden im *Hex*-Format angezeigt. Hier der Code, der diese Ausgabe ermöglicht:

```
#include <Wire.h>
#define I2CBaustein 0x50   // Festlegen der I2C Zugriffsadresse
/*
Speicherbereiche für unterschiedliche EEPROMs
24LC08:     8-KBit =   8192 Bits = 1 KByte  / Speicherbereich: 0 - 1023
24LC64:    64-KBit =  65536 Bits = 8 KByte  / Speicherbereich: 0 - 8191
24LC256:  256-KBit = 262144 Bits = 32 KByte / Speicherbereich: 0 -
32767
*/
#define Startadresse 0
#define Endeadresse 8191
void setup(){
  Wire.begin();
  Serial.begin(9600);
  int adresse = 0;
  for(unsigned int adr = Startadresse; adr <= Endeadresse; adr++){
    int a = leseEEPROM(I2CBaustein, adr);    // Lese Daten
    if((adr == 0)||(adr % 8 == 0))
      Serial.print(int2hex(adr, 4) + ": ");  // Zeige Speicheradresse
                                             // an
    Serial.print(int2hex(a, 2) + " ");       // Zeige Daten-Byte an
    if((adr + 1) % 8 == 0)
      Serial.println();                      // Zeilenvorschub
  }
}

// int -> hex-Konvertierung mit der Angabe der Stellen
String int2hex(int wert, int stellen){
  String temp = String(wert, HEX);
  String prae = "";
  int len = temp.length();  // Die Länge der Zeichenkette ermitteln
  int diff = stellen - len;
  for(int i = 0; i < diff; i++)
    prae = prae + "0";      // Führende Nullen erzeugen
  return prae + temp;       // Führende Nullen + Ergebnis zurückliefern
}
```

Des Weiteren benötigst du natürlich noch die *leseEEPROM*-Funktion, die ich hier nicht noch einmal auflistе. Im oberen, auskommentierten Codebereich habe ich unterschiedliche Adressbereiche für drei *EEPROM*-Versionen vermerkt. Du kannst sie ggf. anpassen, wenn du mit anderen *EEPROMs* experimentierst.

Troubleshooting

Wenn dir nach dem Schreiben eines Datenbytes der entsprechende Wert beim Lesen nicht wieder angezeigt wird, überprüfe Folgendes:

- Ist die Verkabelung korrekt?
- Gibt es eventuell Kurzschlüsse untereinander?
- Hast du die korrekte Bus-Adresse verwendet? *A0* bis *A2* müssen bei Adresse *0x50* mit Masse verbunden sein. Ebenso muss der *WP*-Anschluss auf Masse liegen, da das *EEPROM* sonst nur Daten lesen, aber nicht schreiben kann.

Was hast du gelernt?

- Du hast in diesem Kapitel erfahren, was ein I^2C-Bus ist und wie du mit diesem eine ganze Reihe von Komponenten ansprechen kannst.
- Über ein angeschlossenes *EEPROM* kannst du Daten abrufen und speichern, um über einen längeren Zeitraum – auch bei Verlust der Betriebsspannung – noch darauf zugreifen zu können.
- Die *wire*-Library diente bei diesem Vorhaben als Unterstützung, wobei du dich nicht mit den tieferen Details des I^2C-Busses auseinandersetzen musstest.
- Du hast einen *EEPROM*-Monitor programmiert, damit du dir die Inhalte komfortabel anzeigen lassen kannst.

Workshop

Entwickle eine Schaltung bzw. einen Sketch, der die Lichtverhältnisse vor deinem Fenster in bestimmten Zeitabständen über einen *LDR* ermittelt und die Werte in das *EEPROM* schreibt. Du kannst dir dann am Abend die Werte auslesen und z.B. eine entsprechende Kurve in Excel erstellen. Unser *Serial-Monitor* hat im letzten Beispiel die gespeicherten Werte im *Hex*-Format ausgegeben. Die Ausgabe kann natürlich auch dezimal erfolgen, was für die Kurvendarstellung sicherlich sinnvoller ist. Des Weiteren kannst du vielleicht den EEPROM-Monitor so umprogrammieren, dass statt der *Hex*-Werte *Dezimalwerte* angezeigt werden. Damit aber die Übersichtlichkeit nicht leidet, würde ich dir raten, dass alle Werte die gleiche Stellenanzahl aufweisen. Gib also am besten die führenden Nullen immer mit aus, so wie das auch hier bei den Speicheradressen erfolgt ist.

Der Schrittmotor

Projekt 23

Scope

In diesem Experiment behandeln wir folgende Themen:

- Was ist ein Schrittmotor?
- Wie kannst du ihn ansteuern?
- Der komplette Sketch
- Analyse des Schaltplans
- Aufbau der Schaltung
- Workshop

Noch mehr Bewegung

In dem Kapitel über den *Servo* bist du das erste Mal mit einem Bauteil in Berührung gekommen, das elektrischen Strom in Bewegung umwandelt. Sein Aktionsradius war von Hause aus in solcher Weise eingeschränkt, dass er sich nur um *180⁰* drehen konnte. Natürlich können Modifikationen durchgeführt werden, um dieses Manko zu beheben, doch für die meisten Anwendungszwecke reicht dieser Radius durchaus. Falls dennoch einmal mehr Aktionsfreiheit erforderlich ist, kommt der *Schrittmotor* zum Einsatz. Du erinnerst dich hoffentlich noch an das Kapitel *Die Elektronik*, in dem ich dich bereits mit den entsprechenden vertraut gemacht habe. Diese waren zugegebener Maßen ein wenig rudimentär, und deshalb möchte ich dieses gesamte Kapitel dem *Schrittmotor* widmen. Damit dir möglichst wenig Kosten entstehen, solltest du überlegen, ob sich vielleicht irgendwelche alten Geräte ausschlachten lassen. Schrittmotoren findst du z.B. in folgenden Geräten:

- Druckern
- Flachbettscannern
- CD/DVD-Laufwerken
- alten Floppy-Drives (3,5 Zoll)

In der folgenden Abbildung siehst du ein *3,5 Zoll Floppy-Laufwerk*, das teilweise sogar heute noch in Computern verwendet wird. Allerdings ist es ein schon fast ausgestorbener Vertreter der Geräte zur Datenspeicherung.

Abbildung 23-1 ▶
Ein 3,5 Zoll Floppy-Laufwerk

Als ich vor einiger Zeit einen Blick in unseren Wertstoffhof geworfen habe, da lachte mich eine Sammlung von ca. 10 alten Laufwerken an und die riefen: »*Nimm' uns mit!*« Ich konnte dieser Aufforderung nicht widerstehen. In einem solchen Laufwerk befindet sich ein kleiner Schrittmotor, der meistens vom Typ *PL15S-020* ist. Dieser treibt einen kleinen Schlitten an, an dem sich der Schreib-/Lesekopf befindet. In der folgenden Abbildung ist eine solche Einheit aus einem alten CD-ROM Laufwerk zu sehen.

Abbildung 23-2 ▶
Der Schrittmotor PL15S-020 aus einem alten CD-ROM Laufwerk

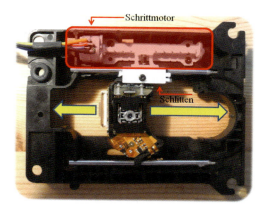

Dieser Schrittmotor ist mit 4 Anschlüssen versehen, die wir uns ein wenig genauer anschauen wollen. Ich habe übrigens, wie du in der Abbildung erkennen kannst, schon ein paar farbige Leitungen angelötet, damit das Ansteuern mit dem Arduino-Board leichter von der Hand geht. In der folgenden Grafik siehst du, welche Anschlussbezeichnungen verwendet werden:

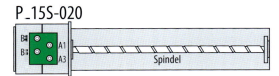

◀ **Abbildung 23-3**
Die Anschlüsse des Schrittmotors PL15S-020 D

Dieser Motor hat 4 Anschlüsse, was darauf hindeutet, dass es sich um einen *bipolaren Schrittmotor* handelt. Um den Motor in Gang zu setzen, müssen die gezeigten Anschlüssen bestimmte Impulse in einer bestimmten zeitlichen Abfolge erhalten.

	\	Anschlüsse			
	Schritt	A1	A3	B1	B3
CW	1	LOW	HIGH	HIGH	LOW
	2	LOW	HIGH	LOW	HIGH
	3	HIGH	LOW	LOW	HIGH
	4	HIGH	LOW	HIGH	LOW

◀ **Abbildung 23-4**
Die Ansteuerungssequenzen für den Schrittmotor PL15S-020 D

Wenn wir einen Sketch schreiben, der nacheinander die Schritte von *1* bis *4* abarbeitet und die entsprechenden Pegel *LOW* bzw. *HIGH* an den Schrittmotor schickt, wird dieser sich im Uhrzeigersinn drehen. Bei entgegengesetzter Schrittfolge erfolgt die Drehung gegen den Uhrzeigersinn. Eine wichtige Gegebenheit habe ich bisher noch nicht erwähnt. Du kannst den Schrittmotor nicht einfach so an die digitalen Ausgänge anschließen, denn diese würden dann so belastet, dass das Board unweigerlich einen Schaden davontrüge. Aus diesem Grund nutzen wir einen Motortreiber vom Typ *L293*, den ich dir in der folgenden Abbildung quasi von innen zeige.

Noch mehr Bewegung

Abbildung 23-5 ▶
Der Motortreiber vom Typ L293DNE

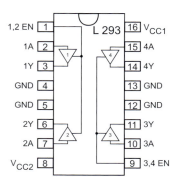

Die kleinen Dreiecke stellen das Symbol für den *Treiber* dar, der erforderlich ist, um die Leistung zu bringen, die ein angeschlossener Motor für seinen Betrieb benötigt. Die IC-Anschlüsse, mit dem Buchstaben *A* sind die Eingänge und die mit *Y* die Ausgänge. Jeweils zwei Treiber teilen sich einen gemeinsamen Freigabeanschluss, der mit der Abkürzung *1,2EN* bzw. *3,4EN* gekennzeichnet ist. Das *EN* steht für *Enable*, was so viel wie *ermöglichen* bedeutet. Dieser Motortreiber kann pro Ausgang einen Strom von *600mA* bereitstellen. Folgende Treiberbausteine sind in der Lage, einen höheren Strom zu liefern:

- SN754410 (*1Ampere*)
- L298 (*2 Ampere*)

Ich denke, dass es sinnvoll ist, wenn ich dir jetzt schon einmal den Schaltplan präsentiere.

Abbildung 23-6 ▼
Die Ansteuerung des Schrittmotors über den Motortreiber L293DNE

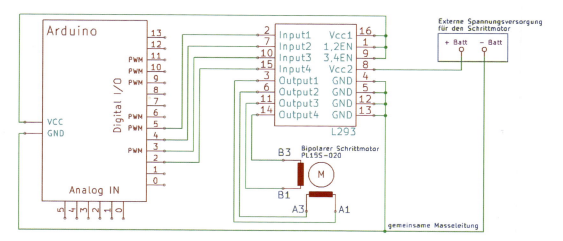

Projekt 23: Der Schrittmotor

Was fällt uns hier auf? Nun, da befindet sich auf der rechten Seite des Schaltplanes eine zusätzliche Spannungsquelle, die notwendig ist, um den Schrittmotor mit separater Spannung bzw. separatem Strom zu versorgen. Bei zwei oder mehr Spannungsquellen ist es jedoch immer erforderlich, die Masseleitungen zusammenzuschalten, um einen gemeinsamen Bezugspunkt herzustellen.

Achtung

Auf keinen Fall dürfen die (+)-Pole des Arduino-Boards und der externen Spannungsquelle miteinander verbunden werden! Das zerstört das Arduino-Board!

Laut Datenblatt des Schrittmotors benötigt dieser zum Betrieb *5V*. Wenn die Versorgungsspannung des Schrittmotors darunterliegt, wird die Positionierung ungenau und ist nicht reproduzierbar. Es gleicht dann mehr einem Glücksspiel, wenn eine bestimmte Position mehrfach punktgenau angefahren werden soll. Hier ein paar Eckwerte des Schrittmotors *PL15S-020*:

- Anzahl der Schritte pro Umdrehung: *20*
- Typ: *Bipolar*
- Spannungsversorung: *5V*
- Spulenwiderstand pro Phase: *10 Ohm*

> Ich glaube, du hast etwas Entscheidendes vergessen! Soweit ich mich entsinne, benötigt eine Motoransteuerung eine *Schutzdiode*. Hast du das nicht ganz am Anfang einmal erwähnt?

Vollkommen korrekt, *Ardus*! Aber vergessen habe ich sie trotzdem nicht. Der kleine Zusatz *DNE* hinter der Bezeichnung *L293* bedeutet, dass die *Schutzdioden*, auch *Freilaufdioden* genannt, schon im Motortreiberbaustein integriert wurden. Das ist natürlich eine feine Sache! Falls du einen älteren Baustein mit der Bezeichnung *L293* (ohne den Zusatz *DNE*) in einer Krabbelkiste finden solltest, dann ist es zwingend notwendig, die Schutzdioden extern zu verschalten! Andernfalls nimmt das Arduino-Board Schaden.

Benötigte Bauteile

Für dieses Beispiel benötigen wir die folgenden Bauteile:

Benötigte Bauteile	
	1 x Motortreiber vom Typ L293DNE
	1 x Bipolarer Schrittmotor (z.B. *PL15S-020* aus einem alten CD/DVD-ROM-Laufwerk)
	Mehrere flexible Steckbrücken in unterschiedlichen Farben und Längen

Was mache ich denn bloß, wenn ich kein altes Floppy- oder CD/DVD-ROM-Laufwerk finde? Dann kann ich doch das Experiment nicht durchführen.

Keine Panik, *Ardus*! Du kannst eigentlich fast jeden *bipolaren* Schrittmotor verwenden. Du musst dir lediglich das entsprechende Datenblatt aus dem Internet besorgen, um an die Spezifikationen heranzukommen. Achte auf jeden Fall auf den Strom, den der Schrittmotor im Betrieb zieht, und vergleiche ihn mit dem für den hier verwendeten Motortreiber. Er darf unter keinen Umständen über *600mA* pro Anschluss liegen. Andernfalls musst du dir entweder einen anderen Schrittmotor oder einen anderen Treiberbaustein besorgen. Wenn du keine solcher alten bzw. defekten Geräte hast, wie ich sie am Anfang genannt habe, besuche doch die Internetseite von *Pollin Electronic* (www.pollin.de). Dort findest du recht günstige Schrittmotoren.

Wenn ich mir den Schaltplan so anschaue, dann habe ich ein klitzekleines Problem mit der externen Spannungsquelle, die ja laut Schrittmotor-Eckdaten *5V* betragen muss. Wo nehme ich die denn nun her?

Da musst du entweder ein regelbares Labornetzteil oder – was noch günstiger ist – ein Steckernetzteil verwenden. Ich habe dir beide Geräte im Kapitel über *Nützliches Equipment* vorgestellt.

Arduino-Sketch-Code

```
#define Stepper_A1 5 // Pin für Stepper A1
#define Stepper_A3 4 // Pin für Stepper A3
#define Stepper_B1 3 // Pin für Stepper B1
#define Stepper_B3 2 // Pin für Stepper B3

byte stepValues[5][4] = {{LOW,  LOW,  LOW,  LOW},  // Stepper aus
                         {LOW,  HIGH, HIGH, LOW},  // Step 1
                         {LOW,  HIGH, LOW,  HIGH}, // Step 2
                         {HIGH, LOW,  LOW,  HIGH}, // Step 3
                         {HIGH, LOW,  HIGH, LOW}}; // Step 4

void setup(){
  pinMode(Stepper_A1, OUTPUT);
  pinMode(Stepper_A3, OUTPUT);
  pinMode(Stepper_B1, OUTPUT);
  pinMode(Stepper_B3, OUTPUT);
  for(int i = 0; i < 10; i++){
    action(30, 2);   // 30 Steps nach rechts mit 2ms Pause
    action(-30, 10); // 30 Steps nach links mit 10ms Pause
  }
  action(0, 0); // Stromlos schalten
}

void loop(){/* leer*/}

void action(int count, byte delayValue){
  if(count > 0) // Drehung nach rechts
    for(int i = 0; i < count; i++)
      for(int sequenceStep = 1; sequenceStep <= 4; sequenceStep++)
        moveStepper(sequenceStep, delayValue);
  if(count < 0) // Drehung nach links
    for(int i = 0; i < abs(count); i++)
      for(int sequenceStep = 4; sequenceStep > 0; sequenceStep--)
        moveStepper(sequenceStep, delayValue);
  if(count == 0) // Stromlos schalten
    moveStepper(0, delayValue);
}

void moveStepper(byte s, byte delayValue){
  digitalWrite(Stepper_A1, stepValues[s][0]);
  digitalWrite(Stepper_A3, stepValues[s][1]);
  digitalWrite(Stepper_B1, stepValues[s][2]);
  digitalWrite(Stepper_B3, stepValues[s][3]);
  delay(delayValue); // Pause
}
```

> In diesem Sketch verwendest du – so glaube ich zumindest – eine mir unbekannte Funktion, die *abs* lautet. Kannst du mir das ein wenig genauer erläutern?

Oops! Stimmt, *Ardus*, die hatte ich glaube ich noch nicht erwähnt. Wendest du die Funktion *abs*, was die Abkürzung von *absolute* ist, auf eine reelle Zahl an, dann wird einfach das Vorzeichen nicht berücksichtigt. Das Ergebnis ist immer *positiv*. Mathematiker formulieren diesen Sachverhalt wie folgt:

$$|x| = \begin{cases} x & \text{für } x \geq 0 \\ -x & \text{für } x < 0 \end{cases}$$

Die beiden senkrechten Striche vor bzw. hinter dem *x* bedeutet übrigens *Betrag von x*, weshalb die *Absolutfunktion* auch *Betragsfunktion* genannt wird. Am besten lässt sich die Arbeitsweise jedoch anhand eines Graphen verdeutlichen, den ich für die *abs*-Funktion erstellt habe:

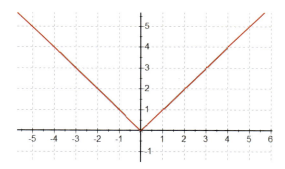

Arduino-Code-Review

Für unser Schrittmotor-Experiment benötigen wir programmtechnisch gesehen die folgenden Variablen:

Tabelle 23-1 Benötigte Variablen und ihre Aufgaben

Variable	Aufgabe
stepValues[5][4]	Zweidimensionales Array zur Speicherung der Schrittinformationen, um den Motor zu bewegen.

Der Inhalt des Arrays entspricht exakt den Werten der Tabelle mit den Ansteuerungssequenzen. Ich habe lediglich am Anfang eine Zeile mit *LOW*-Werten hinzugefügt, die dazu dient, den Schrittmotor nach Erreichen der angeforderten Position stromlos zu schalten.

Würde ich das nicht tun, bliebe der Motor zwar am Ende stehen, doch wir hätten es mit einer aktiven Fixierung an der letzten angefahrenen Position zu tun. Du kannst einen solchen Motor nicht mehr mit der Hand bewegen, da er noch mit Spannung versorgt wird. Das bedeutet wiederum, dass er nach kurzer Zeit recht warm oder heiß wird.

```
byte stepValues[5][4] = {{LOW,  LOW,  LOW,  LOW},  // Stepper aus
                         {LOW,  HIGH, HIGH, LOW},  // Step 1
                         {LOW,  HIGH, LOW,  HIGH}, // Step 2
                         {HIGH, LOW,  LOW,  HIGH}, // Step 3
                         {HIGH, LOW,  HIGH, LOW}}; // Step 4
```

Sehen wir uns zunächst die Funktion an, die den Schrittmotor bewegt. Sie lautet *moveStepper* und nimmt zwei Argumente entgegen. Das erste steht für den Sequenzschritt, also *1* bis *4* für eine Rechtsdrehung und *4* bis *1* für eine Linksdrehung. Das zweite Argument gibt eine Wartezeit vor, die zwischen den einzelnen Sequenzschritten eingehalten wird. Auf diese Weise kannst du die Geschwindigkeit des Schrittmotors ein wenig beeinflussen. Dieser Wert sollte jedoch nicht unter *2* liegen, da in einem solchen Fall die elektrische Ansteuerung derart schnell erfolgt, dass der Motor mechanisch nicht mehr reagieren kann. Er brummt bzw. zuckt dann nur noch.

```
void moveStepper(byte s, byte delayValue){
  digitalWrite(Stepper_A1, stepValues[s][0]);
  digitalWrite(Stepper_A3, stepValues[s][1]);
  digitalWrite(Stepper_B1, stepValues[s][2]);
  digitalWrite(Stepper_B3, stepValues[s][3]);
  delay(delayValue); // Pause
}
```

Innerhalb der Funktion wird der übergebene Sequenzschritt als Index in der ersten Dimension an das Sequenz-Array *stepValues* übergeben. Die zweite Dimension steht für die Spannungspegel *LOW* bzw. *HIGH*. Über die Indexwerte *0* bis *3* werden sie entsprechend abgerufen und den digitalen Ausgängen übergeben, die wiederum den Schrittmotor über den Treiberbaustein ansteuern. Kommen wir jetzt zur *action*-Funktion, die die *moveStepper*-Funktion aufruft:

```
void action(int count, byte delayValue){
  if(count > 0) // Drehung nach rechts
    for(int i = 0; i < count; i++)
      for(int sequenceStep = 1; sequenceStep <= 4; sequenceStep++)
```

```
      moveStepper(sequenceStep, delayValue);
  if(count < 0) // Drehung nach links
    for(int i = 0; i < abs(count); i++)
      for(int sequenceStep = 4; sequenceStep > 0; sequenceStep--)
        moveStepper(sequenceStep, delayValue);
  if(count == 0) // Stromlos schalten
    moveStepper(0, delayValue);
}
```

Ihr werden die Anzahl der Schritte, bzw. die Pause nach jedem Schritt übergeben. Bei einem positiven Schrittwert dreht der Schrittmotor sich rechts-, bei einem negativen links herum. Ist der Wert *0*, wird der Schrittmotor stromlos geschaltet. Es arbeiten immer zwei verschachtelte *for*-Schleifen Hand in Hand, um den Motor zu bewegen. Die äußere Schleife regelt die Schrittanzahl, während die innere die Drehrichtung vorgibt. Ist der Schrittwert *positiv*, arbeitet die innere Schleife die Sequenzschritte von *1* bis *4* ab, während bei *negativem* Wert die Sequenzschritte von *4* bis *1* abgearbeitet werden. Diese Sequenz dient der *moveStepper*-Funktion als Index, mit dem *stepValues*-Array die entsprechenden *LOW*- bzw. *HIGH*-Werte ausliest. Die eigentliche Anforderung zur Bewegung des Schrittmotors erfolgt über den Aufruf der *action*-Funktion, mit einer Codezeile wie der folgenden:

```
action(30, 2);
```

Sie teilt dem Schrittmotor Folgendes mit: »*Drehe dich 30 Schritte nach rechts und legen zwischen jedem Schritte eine Pause von 2ms ein!*« Die Zeile

```
action(-30, 10);
```

hingegen besagt »*Drehe dich 30 Schritte nach links und lege zwischen jedem Schritt 10ms Pause ein!*«.

Auf diese Weise lässt sich der Schrittmotor an die gewünschte Stelle bewegt werden. Denke aber an die mechanischen Grenzen, denn weiter als minimal links bzw. maximal rechts geht einfach nicht. Da nützt auch keine höhere Spannung. Ich möchte an dieser Stelle nicht versäumen, dich auf zwei Dinge hinzuweisen:

Fertige Schrittmotoren-Library

Es gibt eine fertige Library, mit der du Schrittmotoren ansteuern kannst, ohne dir Gedanken um die Programmierung machen zu müssen. Sie lautet *Stepper* und ist Bestandteil des Arduino-Downloadpakets. Alle notwenigen Informationen dazu findest du unter *http://www.arduino.cc/en/Reference/Stepper*.

Fertiges Motor-Shield

Du kannst ein fertiges *Motor-Shield* kaufen, das zwei der eben angesprochenen Motortreiber *L293DNE* verwendet. Damit nicht so viele digitale Pins ver(sch)wendet werden, erfolgt die Ansteuerung elegant über das Schieberegister *74HC595*. Darum brauchst du dir aber keine Gedanken machen, denn alle Logik steckt in der zur Verfügung stehenden Library, die du auf der entsprechenden Internetseite findest.

◀ **Abbildung 23-7**
Das Motor-Shield

Du kannst an dieses Shield die unterschiedlichsten Motor-Komponenten anschließen:

- 2 Hobby-Servos
- Bis zu 4 Gleichstrommotoren
- Bis zu 2 Schrittmotoren (unipolar oder bipolar)

Alle weiteren Informationen findest du unter *http://www.ladyada.net/make/mshield/*.

Troubleshooting

Falls der Schrittmotor sich nicht bewegt oder vielleicht nur zuckt oder brummt, dann überprüfe folgende Punkte:

- Ist die Verkabelung korrekt?
- Gibt es etwaige Kurzschlüsse untereinander?
- Falls der Schrittmotor beim Start des Sketches nicht die Position verändert oder vielleicht nur kurz zuckt oder brummt,

dann liegt der Verdacht nahe, dass du die vier Anschlüsse vertauscht hast.

- Hast du die gemeinsame Masseverbindung zwischen Arduino-Board und externer Spannungsquelle hergestellt?
- Du darfst auf keinen Fall, die beiden Versorgungsspannungspole des Board und der externen Spannungsquelle, die mit einem (+) gekennzeichnet sind, miteinander verbinden! Dadurch wird das Arduino-Board zerstört!

Was hast du gelernt?

- Du hast in diesem Kapitel erfahren, wie ein *bipolarer Schrittmotor* anzusteuern ist.
- Die Ansteuerung haben wir über den Treiberbaustein *L293DNE* realisiert.

Workshop

In der folgenden Abbildung siehst du eine Lego-Konstruktion, an die ich einen Schrittmotor aus einem alten Flachbettscanner montiert habe.

Abbildung 23-8 ▶
Ein bipolarer Schrittmotor an einer Lego-Konstruktion

Den Zahnriemen und die Umlenkrolle habe ich ebenfalls aus besagtem Flachbettscanner übernommen. Wird der Schrittmotor angetrieben, dann bewegt sich der Schlitten, der auf Zahnstangen läuft, von links nach rechts und umgekehrt. Mit ein wenig Geschick und Kreativität kannst du dir auf diese Weise einen *XY-Schreiber* bauen. Nähere Informationen findest du zu gegebener Zeit auf meiner Internetseite.

Der ArduBot

Projekt 24

Scope

In diesem Experiment behandeln wir folgende Themen:

- Die Ansteuerung eines Elektromotors
- Der komplette Sketch
- Analyse des Schaltplans
- Aufbau der Schaltung
- Workshop

Der ArduBot

Nun hast du ja im letzten Kapitel gesehen, wie du über den Motortreiber *L293 DNE* einen bipolaren Schrittmotor ansteuern kannst. Ein ganz normaler Motor mit lediglich 2 Anschlüssen kann ebenfalls über diesen Treiberbaustein angesteuert werden. Wir wollen jetzt einen *ArduBot* – also ein Fahrzeug mit Arduino-Steuerung – konstruieren. Was liegt da näher, als uns die *Lego-Komponenten* unserer Kinder auszuleihen.

Machen wir uns jedoch zuvor ein paar Gedanken über die Ansteuerung eines Motors. Wenn du diesen fest mit einer Spannungsquelle verbindest, gibt es nur zwei Zustände:

Abbildung 24-1 ▶
Die Ansteuerung eines Motors

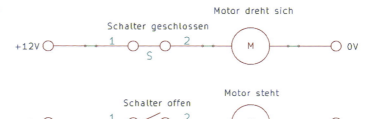

Du siehst, dass der Motor fest in der Schaltung verdrahtet wurde und die beiden Zustände *Motor dreht sich* bzw. *Motor steht* annehmen kann.

> Für die Ansteuerung eines Roboterfahrzeuges ist diese Schaltung sicherlich nicht zu gebrauchen, denn wie kann er denn in die entgegengesetzte Richtung fahren?

Das ist genau das Problem, auf das ich hindeuten wollte, *Ardus*. Ein Anschluss ist immer mit *+12V* und der andere mit *0V* verbunden. Damit er sich in entgegengesetzter Richtung dreht, müsstest du entweder die Spannungsquelle oder den Motor umpolen. Das ist jedoch nicht praktikabel und aus diesem Grund verwenden wir eine besondere Schaltung, die das Umpolen ermöglicht.

Abbildung 24-2 ▶
Die Ansteuerungsschaltung eines Motors über eine H-Bridge

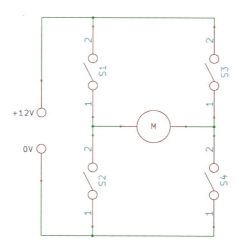

Du siehst in dieser Schaltung den Motor in der Mitte und er ist von 4 Schaltern umgeben. Je nachdem, in welcher Kombination die Schalter betätigt, also geschlossen werden, dreht sich der Motor entweder *links* oder *rechts* herum. Wenn du die Anordnung der Schalter bzw. der Anschlüsse einmal aus der Ferne betrachtest, dann siehst du, dass sie den Buchstaben *H* ergibt. So hat diese Schaltung ihren Namen bekommen: *H-Schaltung* oder *H-Bridge*. Dann lass' uns einmal sehen, welche Schalterkombinationen für eine sinnvolle Ansteuerung in Frage kommen.

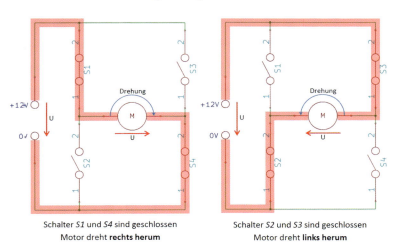

◀ **Abbildung 24-3**
Die sinnvolle Ansteuerung eines Motors über eine H-Bridge

Schalter *S1* und *S4* sind geschlossen
Motor dreht **rechts herum**

Schalter *S2* und *S3* sind geschlossen
Motor dreht **links herum**

Du siehst, dass je nach gewünschter Drehrichtung des Motors, die Schalter *S1* bis *S4* entsprechend geschlossen werden müssen. Es ist jedoch darauf zu achten, dass kein Kurzschluss entsteht, denn durch das Schließen von *S1 + S2* bzw. *S3 + S4* werden die beiden Pole der Spannungsquelle unmittelbar verbunden. Fassen wir die Schalterkombinationen doch einmal in einer Tabelle zusammen. Dabei bedeutet *0* offener und *1* geschlossener Schalter.

S1	S2	S3	S4	Motorverhalten
1	0	0	1	Rechtsdrehung des Motors
0	1	1	0	Linksdrehung des Motors
1	0	1	0	Bremsung (Motoranschlüsse werden kurzgeschlossen)
0	1	0	1	Bremsung (Motoranschlüsse werden kurzgeschlossen)
0	0	0	0	Motor läuft ungebremst aus
1	1	0	0	Verbotene Schalterstellung (Kurzschluss!)
0	0	1	1	Verbotene Schalterstellung (Kurzschluss!)

◀ **Tabelle 24-1**
Schalterkombinationen der H-Bridge

Der ArduBot

Natürlich könnten wir für die gezeigten Zustände Schalter und Relais einsetzen, doch es ist am sinnvollsten, den schon bekannten Treiberbaustein *L293* zu verwenden. Er besitzt vier Ein- bzw. Ausgänge und kann demnach zwei separate Motoren ansteuern. Ich habe dazu ein eigenes Shield gebaut, das den Treiberbaustein und drei Anschlussklemmen besitzt, mit denen die zwei Motoren und die externe Spannungsversorgung angebracht werden.

Abbildung 24-4 ▶
Die Ansteuerung der ArduBot-Motoren über ein L293DNE-Shield

Der Schaltplan ist denkbar einfach, bei der Ansteuerung des Motortreibers werden die gleichen Pins wie im letzten Kapitel verwendet.

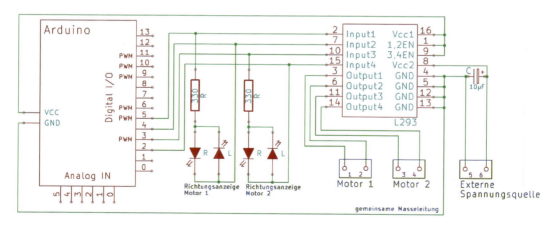

Abbildung 24-5 ▲
Der Schaltplan für das L293DNE-Shield

Wenn du jetzt die einzelnen Ausgänge des Motortreibers noch geschickt ansteuerst, dann wird der *ArduBot* genau *das* tun, was du von ihm verlangst. Die einzelnen LED's auf dem Shield zeigen die Drehrichtung des jeweiligen Motors an.

> Ich verstehe nicht ganz, wie ich jetzt die einzelnen Schalter innerhalb des Treiberbausteins steuern soll. Pro Motor sind das doch vier Schalter. Wir haben aber lediglich zwei Steuerleitungen für einen einzelnen Motor. Wie funktioniert das denn? Und warum befindet sich ein Kondensator in der Schaltung?

Ok, *Ardus*, das wären dann zwei Fragen. Ich beantworte zuerst Frage Nummer eins. Durch die vier Schalter, von denen immer zwei quasi überkreuz geschaltet wurden, haben wir die Polarität am Motor verändert. Schau' dir das folgende Schaltbild an, in dem lediglich ein einziger Motor am Treiberbaustein angeschlossen ist.

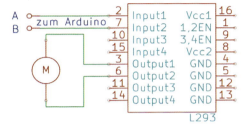

◀ **Abbildung 24-6**
Ein Motor am Treiberbaustein L293

Durch die Eingänge *A* bzw. *B*, die vom Arduino gesteuert werden, wird die Polarität am Motor beeinflusst.

A	B	Motorverhalten
0	0	Motor Stopp
0	1	Linksdrehung des Motors
1	0	Rechtsdrehung des Motors
1	1	Motor Stopp

◀ **Tabelle 24-2**
Polaritätssteuerung über den Treiberbaustein L293

Nun zu Frage Nummer zwei. Die Schaltung besitzt einen Elektrolytkondensator, um etwaige Spannungsspitzen bzw. Spannungseinbrüche zu kompensieren, die entstehen können, wenn der Motor einem Lastwechsel unterzogen wird. Das geschieht unter Umständen sowohl beim Aktivieren, als auch beim Deaktivieren. Der Kondensator arbeitet dann als Puffer und hält das vorherige Spannungsniveau kurzzeitig aufrecht.

Der ArduBot

Benötigte Bauteile

Für dieses Beispiel benötigen wir die folgenden Bauteile:

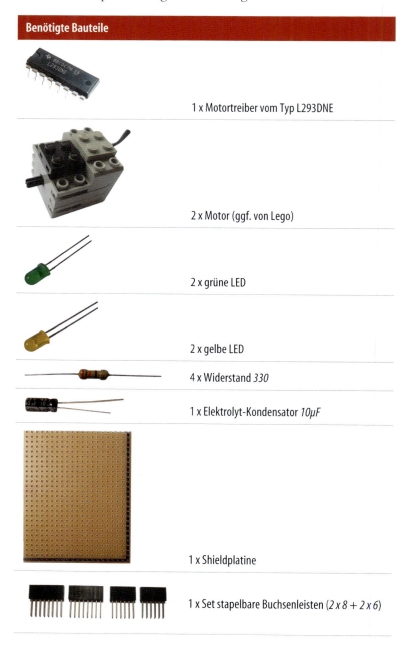

Benötigte Bauteile	
	1 x Motortreiber vom Typ L293DNE
	2 x Motor (ggf. von Lego)
	2 x grüne LED
	2 x gelbe LED
	4 x Widerstand *330*
	1 x Elektrolyt-Kondensator *10µF*
	1 x Shieldplatine
	1 x Set stapelbare Buchsenleisten (*2 x 8 + 2 x 6*)

Projekt 24: Der ArduBot

Benötigte Bauteile

 3 x Anschlussklemmen zum Einlöten auf Lochrasterplatine (*RM: 2,54*)

 Litze in ggf. unterschiedlichen Farben

Arduino-Sketch-Code

Die Ansteuerung der Motoren erfolgt in diesem Kapitel wieder über eine eigens zu diesem Zeck erstellte Library.

Hauptsketch mit Code-Review

Ich beginne auch hier wieder mit dem Hauptsketch:

```
#include "ArduBotMotor.h";

ArduBotMotor abm = ArduBotMotor(2, 3, 4, 5); // Motorinstanz erzeugen
void setup(){
  abm.move(FORWARD, STRAIGHT); // 1 Fahrzeuglänge forwärts fahren
  abm.move(RIGHT, QUARTER);    // 1/4 Rechtsdrehung
  abm.move(PAUSE, 1000);       // Pause für 1 Sekunde
  abm.move(BACKWARD, 3000);    // Rückwärts fahren für 3 Sekunden
  abm.move(LEFT, HALF);        // 1/2 Linksdrehung
}

void loop(){/* leer */}
```

Die komplette Steuerung des *ArduBots* erfolgt einmalig innerhalb der *setup*-Funktion, damit das Roboterfahrzeug sich nicht endlos weiterbewegt. Zu Beginn müssen wir wieder die Header-Datei der benötigten Klasse einbinden und danach ein Objekt erstellen. Der Konstruktor erwartet die vier Pins, an denen der Motortreiber angeschlossen ist, der wiederum die Motoren steuert. Pin 2 und 3 sind für Motor 1 bzw. Pin 4 und 5 für Motor vorgesehen. Die Klasse *ArduBotMotor* beinhaltet im Moment lediglich eine einzige Methode mit dem Namen *move*. Mit ihr kannst du dein Fahrzeug in alle Richtungen fahren und unterwegs auch Pausen einlegen lassen. Die Steuerung erfolgt also über die Argumente der *move*-Methode.

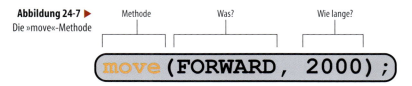

Abbildung 24-7 ▶
Die »move«-Methode

Das erste Argument teilt dem Motor mit, *was* er machen soll, und das zweite, *wie lange* die Aktion dauern soll. Für das erste Argument stehen dir folgende Optionen zur Verfügung:

Tabelle 24-3 ▶
Mögliche Werte für das erste Argument und ihre Bedeutungen

Was?	Bedeutung
FORWARD	Vorwärtsbewegung
BACKWARD	Rückwärtsbewegung
RIGHT	Rechtsdrehung
LEFT	Linksdrehung
PAUSE	Pause

Das zweite Argument kann die folgenden Werte annehmen:

Tabelle 24-4 ▶
Mögliche Werte für das zweite Argument und ihre Bedeutungen

Wie lange?	Bedeutung
<Wert>	Ein Interegerwert in Millisekunden (z.B. *2000* für *2* Sekunden)
QUARTER	Ein Zeitwert, der eine Vierteldrehung ermöglicht.
HALF	Ein Zeitwert, der eine halbe Drehung ermöglicht.
STRAIGHT	Ein Zeitwert, der eine ganze Fahrzeuglänge.

Die Dauer der Aktion wird immer über die Angabe der Zeit geregelt. Du kannst entweder eine Zeitangabe in Millisekunden vornehmen oder einen vordefinierten Zeitwert auswählen, der sprechender ist und natürlich vorher für deinen *ArduBot* ermittelt werden muss. Du verwendest ggf. andere Motoren mit einer abweichenden Getriebeübersetzung und die von mir angegebenen Zeitwerte sind für deine Konfiguration nicht passend? In diesem Fall ist einfaches Ausprobieren angesagt, und genau das macht ja gerade den Reiz des Ganzen aus. Es soll ja eben nicht nach dem Motto: »*Auspacken, Einschalten, Geht*« ablaufen.

Header-Datei mit Code-Review

Die Aufgabe der Header-Datei ist dir mittlerweile bekannt und bedarf eigentlich keiner weiteren Erläuterung.

```
#ifndef ARDUBOTMOTOR_H
#define ARDUBOTMOTOR_H

#if ARDUINO < 100
#include <WProgram.h>
#else
#include <Arduino.h>
#endif

// Bewegungsrichtungen + Pause
enum Motion
{
  FORWARD = 1,
  BACKWARD,
  RIGHT,
  LEFT,
  PAUSE
};

// Drehwinkel in Form von Zeitangaben
// Diese Werte müssen von dir sicherlich angepasst werden
enum Turn
{
  QUARTER  = 4450, // Zeit für 1/4 Drehung
  HALF = 8900,     // Zeit für 1/2 Drehung
  STRAIGHT = 4500, // Zeit für 1 Fahrzeuglänge
};

class ArduBotMotor{
  public:
    ArduBotMotor(byte m1_P1, byte m1_P2, byte m2_P1, byte m2_P2);
                                                    // Konstruktor
    void move(Motion mV, int mD); // Steuere Motor an
  private:
    byte motor1_Pin1, motor1_Pin2;
    byte motor2_Pin1, motor2_Pin2;
    byte moveValue;
    int moveDuration;
};
#endif
```

> ...keiner weiteren Erläuterungen, sagst Du!? Das soll wohl ein Witz sein. Da gibt es wieder zwei Codebereiche, die ich in der Form noch nicht kenne. Sie beginnen jeweils mit dem Wörtchen *enum*. Habe ich gepennt oder vielleicht Du?

Also *Ardus*, ich liebe deine Direktheit! Du hast natürlich Recht. Was es mit *enum* so auf sich hat, muss natürlich noch genauestens erläutert werden. Dieses Schlüsselwort ist die Abkürzung für *Enumeration* und bedeutet übersetzt *Aufzählung*. Eine solche Aufzählung ist immer dann sinnvoll, wenn wir eine bestimmte Anzahl von Alternativwerten für ein Argument einer Methode bzw. Funktion benötigen. Auf diese Weise wird eine gewisse Sicherheit hergestellt, dass auch wirklich nur die vorher definierten Werte eine akzeptiert werden. Abweichende Elemente, die nicht Bestandteil der Aufzählung sind, führen zu einem Compilerfehler. In der folgenden Enumeration wird eine Liste der erlaubten Argumente zur Steuerung der Bewegungsrichtung zusammengestellt und die entsprechenden Elemente werden unter einem bestimmten Namen – hier *Motion* – gruppiert. Dabei werden die einzelnen Elemente durch ein geschweiftes Klammernpaar zu einem Block zusammengefasst und durch Kommas getrennt aufgelistet. Hinter der schließenden Klammer befindet sich ein Semikolon, um die Aufzählung abzuschließen.

```
enum Motion
{
  FORWARD = 1,
  BACKWARD,
  RIGHT,
  LEFT,
  PAUSE
};
```

Jedem Aufzählungselement wird ein Wert über den *Zuweisungsoperator* zugewiesen. Für das erste Element ist das der Wert *1*.

> Ok, das leuchtet mir ein. Doch warum haben alle nachfolgenden Elemente keine Zuweisung erhalten? Wurde hier etwas vergessen?

Nein, *Ardus*, ich habe hier nichts vergessen, denn alle nachfolgenden Elemente werden implizit jeweils um den Wert *1* erhöht. Ich hätte sogar die explizite Initialisierung des ersten Elementes weglassen können, das dann mit dem Wert *0* initialisiert worden wäre. Es können nur ganzzahlige Werte zur Initialisierung verwendet werden. Damit die entsprechende Methode, die diese Enumeration verwendet, eine Typüberprüfung des übergebenen Argumentes durchführen kann, wird die Aufzählung als neuer Datentyp angegeben. Schau' her:

```
void move(Motion mV, int mD); // Steuere Motor an
```

Das erste Argument *mV* ist vom Typ *Motion* und akzeptiert ausschließlich Elemente aus dieser Enumeration. Das zweite Argument ist aber vom Typ *int* und akzeptiert somit alle ganzzahligen Werte. Dennoch wird die zweite Enumeration für dieses Argument zur Verfügung gestellt:

```
enum Turn
{
  QUARTER  = 4450, // Zeit für 1/4 Drehung
  HALF     = 8900, // Zeit für 1/2 Drehung
  STRAIGHT = 4500  // Zeit für 1 Fahrzeuglänge
};
```

Jedes einzelne Element wurde explizit mit einem Initialisierungswert versehen.

> Warum hast du denn an dieser Stelle nicht den zweiten Methodenparameter mit dem Datentyp *Turn* versehen, so wie du das auch für den ersten getan hast?

Sicherlich hätte ich so vorgehen können, doch dann wäre es mir nicht möglich gewesen, reine Integerwerte zur individuellen Zeitangabe für den Pausenwert zu übergeben. Eine Zeile wie

```
abm.move(PAUSE, 1000);        // Pause für 1 Sekunde
```

mit dem Argument *1000* lieferte dann einen Compilerfehler, denn dieser Wert ist nicht Bestandteil der Aufzählung.

CPP-Datei mit Code-Review

Nun folgt wieder die Implementierung des eigentlichen Codes:

```
#include "ArduBotMotor.h"
// Parametrisierter Konstruktor
ArduBotMotor::ArduBotMotor(byte m1_P1, byte m1_P2, byte m2_P1, byte
                                                               m2_P2){
  motor1_Pin1 = m1_P1; motor1_Pin2 = m1_P2;
  motor2_Pin1 = m2_P1; motor2_Pin2 = m2_P2;
  pinMode(motor1_Pin1, OUTPUT); // Als Ausgang programmieren
  pinMode(motor1_Pin2, OUTPUT); // Als Ausgang programmieren
```

Der ArduBot

```cpp
  pinMode(motor2_Pin1, OUTPUT); // Als Ausgang programmieren
  pinMode(motor2_Pin2, OUTPUT); // Als Ausgang programmieren
}

// Methode zum Ansteuern des Motors
void ArduBotMotor::move(Motion mV, int mD){
  moveValue = mV; moveDuration = mD;
  byte m1_1, m1_2, m2_1, m2_2;
  switch(moveValue){
    case FORWARD: // Vorwärts
      m1_1 = LOW; m1_2 = HIGH;
      m2_1 = LOW; m2_2 = HIGH; break;
    case BACKWARD: // Rückwärts
      m1_1 = HIGH; m1_2 = LOW;
      m2_1 = HIGH; m2_2 = LOW; break;
    case RIGHT: // Rechts
      m1_1 = HIGH; m1_2 = LOW;
      m2_1 = LOW;  m2_2 = HIGH; break;
    case LEFT: // Links
      m1_1 = LOW;  m1_2 = HIGH;
      m2_1 = HIGH; m2_2 = LOW; break;
    case PAUSE: // Pause
      m1_1 = LOW; m1_2 = LOW;
      m2_1 = LOW; m2_2 = LOW; break;
  }
  digitalWrite(motor1_Pin1, m1_1);
  digitalWrite(motor1_Pin2, m1_2);
  digitalWrite(motor2_Pin1, m2_1);
  digitalWrite(motor2_Pin2, m2_2);
  delay(moveDuration); // Beginn Pause
  digitalWrite(motor1_Pin1, LOW); // Motor stopp
  digitalWrite(motor1_Pin2, LOW); // Motor stopp
  digitalWrite(motor2_Pin1, LOW); // Motor stopp
  digitalWrite(motor2_Pin2, LOW); // Motor stopp
}
```

In Abhängigkeit vom ersten Parameter werden die privaten Felder über die *switch*-Anweisung

- m1_1, m1_2 (Motor 1)
- m2_1, m2_2 (Motor 2)

initialisiert, die später den Eingängen der Motortreibers zugeführt werden, um die Motoren entsprechend anzusteuern. Der zweite Parameter wird lediglich als Argument für die *delay*-Funktion benötigt und legt fest, wie lange die Motoren angesteuert werden sollen, bevor sie deaktiviert werden.

Troubleshooting

Wenn dein *ArduBot* sich nicht so verhalten sollte, wie du es ihm aufgetragen hast, überprüfe folgende Punkte:

- Ist die Verkabelung auf Korrektheit?
- Gibt es eventuell Kurzschlüsse untereinander?
- Drehen sich die Motoren zwar, jedoch in entgegensetzte Richtungen, dann kontrolliere die Polung und vertausche sie ggf.
- Führt der *ArduBot* z.B. bei der Angabe des Argumentes QUARTER weniger wie eine Vierteldrehung aus, dann passe den Initialisierungswert entsprechend nach oben an. Bedenke auch, dass mit zunehmender Belastung der Batterie hinsichtlich der Betriebszeit diese immer leerer wird und die Bewegungen entsprechend langsamer erfolgen. Das führt natürlich bei einer Zeitsteuerung, wie wir sie hier vorliegen haben, zu verkürzten Bewegungsabläufen. Tausche die Batterie nach einiger Zeit gegen eine neue aus. Hier noch ein Tipp: Wenn du mit dem Experiment fertig bist, trenne die Batterie immer von der Schaltung. Auf diese Weise hält sie länger.

Was hast du gelernt?

- Du hast erfahren, wie du über den Motortreiber *L293* zwei Elektomotoren unabhängig voneinander steuern kannst.
- Du konntest anhand eines Motor-Shields *Marke Eigenbau* sehen, wie sich die Verbindungen zu den beiden Motoren bzw. der Batterie recht gut und flexibel herstellen ließen.

Workshop

Bereite für dein *ArduBot* doch einmal einen Parcours vor, den er exakt abfahren soll. Natürlich benötigst du dafür ein entsprechend langes USB-Kabel, damit das Roboterfahrzeug eine gewisse Freiheit hat.

> Da kann man sich aber ganz schön verheddern und mein USB-Anschlusskabel ist auch nicht so lang. Gibt es denn da keine andere Möglichkeit der Steuerung, z.B. mit einer Fernbedienung oder so ähnlich?

Nun, *Ardus*, für den Moment sollte das genug an Informationen sein. Wir kommen gleich noch zu einem interessanten Kapitel, in dem es um Funkübertragung geht. Das wird dich bestimmt interessieren, denn du kannst deinen Arduino dann mit einem Smartphone steuern. Na, habe ich dich neugierig gemacht!?

Die Temperatur

Projekt 25

Scope

In diesem Experiment behandeln wir folgende Themen:

- Was ist Temperatur?
- Wie können wir sie messen?
- Der komplette Sketch
- Analyse des Schaltplans
- Aufbau der Schaltung
- Erweiterung der Schaltung um einen Lüfter
- Workshop

Heiß oder kalt oder was?

Wir leben alle in einer Welt bzw. Umgebung, die der wir von unterschiedlichen Stoffen umgeben sind. In der Regel können diese Stoffe drei Zustände annehmen, die in der Physik *Aggregatzustände* genannt werden. Ein solcher Aggregatzustand kann entweder *fest*, *flüssig* oder *gasförmig* sein und hängt meist von einer physikalische Größe ab, die sich *Temperatur* nennt. Was aber bedeutet *Temperatur* und wie macht sie sich bemerkbar bzw. wie kann sie gemessen werden. Jedwede Materie besteht im Innersten aus sehr kleinen Teilchen, die *Atome* genannt werden. Diese wiederum bestehen aus *Elektronen* (Ladung: negativ) in der Hülle und aus *Protonen* (Ladung: positiv) bzw. *Neutronen* (Ladung: keine) im Kern. Das sind nun auch wieder keineswegs die kleinsten Teilchen, doch reichen sie für unser Beispiel zur Erklärung, was Temperatur ist, vollkommen aus.

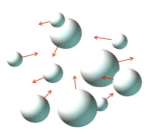

Abbildung 25-1 ▶
Die Bewegung der Atome

Diese kleinen Teilchen sind in ständig und scheinbar ziellos in unterschiedlichen Richtungen und mit unterschiedlichen Geschwindigkeiten in Bewegung. Die *Temperatur* ist dabei ein Maß für diese *thermische Bewegung* der Atome bzw. Moleküle (Verbund von mehreren Atomen) eines Stoffes. Je schneller sie sich bewegen, desto größer ist die Wahrscheinlichkeit, dass sie miteinander kollidieren. Bei diesem Vorgang wird Bewegungsenergie in Wärmeenergie umgewandelt. Die *thermische Bewegung* ist also ein Maß für die *Temperatur* eines Stoffes.

Wie kann Temperatur gemessen werden?

Um die Temperatur messen zu können, werden Temperatursensoren verwendet. Sie wandeln die gemessene Temperatur in unterschiedliche Widerstands- bzw. Spannungswerte um, die dann auf die vorherrschende Temperatur schließen lassen. Im Kapitel über die Elektronik hast du schon einen *PTC* bzw. *NTC* kennengelernt. Diese Bauteile verändern ihren Widerstandswert in Abhängigkeit von der Temperatur. Sie sind leider recht ungenau und haben nicht unbedingt eine lineare Kennlinie. Aus diesem Grund möchte ich dir einen Temperatursensor vorstellen, der seine Sache sehr gut macht. Er nennt sich *LM 35* und hat drei Anschlussbeinchen. Zwei sind für die Spannungsversorgung zuständig und einer dient als Ausgang. Das Bauteil sieht einem Transistor zum Verwechseln ähnlich.

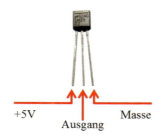

Abbildung 25-2 ▶
Der Temperatursensor LM35 mit seiner Anschlussbelegung in einem TO-92-Plastikgehäuse

Dieser Sensor wandelt die gemessene Temperatur in einen analogen Spannungswert um, der sich proportional zur Temperatur ändert. Dies wird als *temperaturproportionales Spannungsverhalten* bezeichnet. Der Sensor hat eine Empfindlichkeit von *10mV/C⁰* und einen messbaren Temperaturbereich von *0⁰* bis *100⁰* Celsius. Die Formel zur Berechnung der Temperatur in Abhängigkeit vom gemessenen Wert am analogen Eingang lautet wie folgt:

$$Temperatur\ [°C] = \frac{5.0 \cdot 100.0 \cdot analogPin}{1024.0}$$

Die Formelwerte haben folgende Bewandtnis:

- *5.0*: Arduino-Referenzspannung von *5V*
- *100.0*: Maximal messbarer Wert des Temperaturfühlers
- *1024*: Auflösung des analogen Eingangs

Wir wollen gleich den gemessenen Wert an einen *Processing*-Sketch schicken und uns den Temperaturverlauf grafisch anzeigen lassen. Das Ganze sieht dann ungefähr wie folgt aus:

Dir wird die Temperatur zum einen in Form eines Temperaturwertes angezeigt und zum anderen in einer grafischen Kurve im zeitlichen Verlauf.

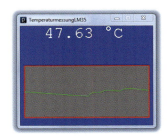

◀ **Abbildung 25-3**
Der Temperaturverlauf in Processing dargestellt

Benötigte Bauteile

Für dieses Beispiel benötigen wir die folgenden Bauteile:

Wie kann Temperatur gemessen werden?

Arduino-Sketch-Code

```
#define sensorPin 0    // Verbunden mit LM35 Ausgang
#define DELAY 10       // kurze Wartezeit
const int cycles = 20; // Anzahl der Messungen

void setup(){
  Serial.begin(9600);
}

void loop(){
  float resultTemp = 0.0;
  for(int i = 0; i < cycles; i++){
    int analogValue = analogRead(sensorPin);
    float temperature = (5.0 * 100.0 * analogValue) / 1024;
    resultTemp += temperature; // Aufsummieren der Messwerte
    delay(DELAY);
  }
  resultTemp /= cycles;        // Berechnung des Durchschnittes
  Serial.println(resultTemp); // Ausgabe an die serielle Schnittstelle
}
```

Arduino-Code-Review

Der vom Temperatursensor *LM35* ermittelte Wert wird über die eben genannte Formel berechnet

```
float temperature = (5.0 * 100.0 * analogValue) / 1024;
```

und über eine *for*-Schleife gemittelt. Dies erfolgt über das Aufsummieren der Messwerte und die Bildung des Durchschnittes. Im Anschluss wird der gemittelte Wert an die serielle Schnittstelle übertragen:

```
Serial.println(resultTemp);
```

Dort wird er dann unmittelbar von *Processing* verarbeitet.

Processing-Code-Review

```
import processing.serial.*;
Serial meinSeriellerPort;
float realTemperatur;
int temperatur, xPos;
int[] yPos;
PFont font;
```

```
void setup(){
  size(321, 250); smooth();
  println(Serial.list());
  meinSeriellerPort = new Serial(this, Serial.list()[0], 9600);
  meinSeriellerPort.bufferUntil('\n');
  yPos = new int[width];
  for(int i = 0; i < width; i++)
    yPos[i] = 250;
  font = createFont("Courier New", 40, false);
  textFont(font, 40); textAlign(RIGHT);
}

void draw(){
  background(0, 0, 255, 100);
  strokeWeight(2); stroke(255, 0, 0);
  fill(100, 100, 100); rect(10, 100, width - 20, 130);
  strokeWeight(1); stroke(0, 255, 0);
  int yPosPrev = 0, xPosPrev = 0;
  // Arraywerte nach links verschieben
  for(int x = 1; x < width; x++)
    yPos[x-1] = yPos[x];
  // Anhängen der neuen Mauskoordinate am rechten Ende des Arrays
  yPos[width-1] = temperatur;
  // Anzeigen des Arrays
  for(int x = 10; x < width - 10 ; x++)
    point(x, yPos[x]);
  fill(255);
  text(realTemperatur + " °C", 250, 30); // Celsius
  delay(100);
}

void serialEvent (Serial meinSeriellerPort){
  String portStream = meinSeriellerPort.readString();
  float data = float(portStream);
  realTemperatur = data;
  temperatur = height - (int)map(data, 0, 100, 0, 130) - 25;
  println(realTemperatur);
}
```

Wenn du dich mit *Processing* intensiver auseinandersetzen möchtest, dann wirf doch einmal einen Blick in mein *Processing*-Buch, das auch im *O'Reilly-Verlag* erschienen ist.

Das könnte wichtig für dich sein

Wenn du das Ausgabefenster von *Processing* geöffnet hast und vergisst, es wieder zu schließen, ist die Kommunikation mit dem Arduino-Board nicht möglich. Warum? Ganz einfach! Processing greift auf die serielle Schnittstelle zu, die auch dein

Arduino-Board zur Kommunikation mit der Entwicklungsumgebung benötigt. Dieser Port ist also durch Processing blockiert und muss erst wieder durch das Schließen des Ausgabefensters freigegeben werden.

Der Schaltplan

Der Schaltplan ist – ich muss es zugeben – etwas simpel, doch wir werden ihn gleich etwas erweitern, um mehr Funktionalität in die Schaltung zu bekommen.

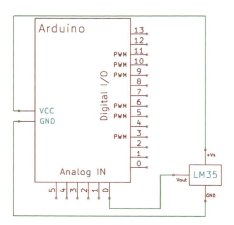

Abbildung 25-4 ▶
Der Temperatursensor sendet seine Daten an einen analogen Eingang.

Ein erweiterter Sketch (Jetzt mit mehr Drumherum)

Es wird Zeit, dass wir mit dem Temperatursensor etwas Anständiges anfangen. Was hältst du davon, wenn wir die Schaltung direkt um *mehrere* Komponenten erweitern? Ich denke, dass ein Ventilator zur Verbesserung des Raumklimas und ein Display zur Anzeige von nützlichen Informationen interessante Projekte wären. Die Schaltung bzw. der Sketch sollen in der Lage sein, einen Lüftermotor beim Erreichen einer bestimmten Temperatur anzuschalten bzw. beim Unterschreiten der Temperatur wieder auszuschalten. Wir haben es dann auch mit einer neuen Thematik zu tun, die sich mit der Ansteuerung eines Motors befasst. Da ein Motor zum Betrieb sicherlich mehr Strom bzw. Spannung benötigt, als das Arduino-Board liefern kann, müssen wir uns etwas einfallen lassen. Du hast im Kapitel über die *Elektronischen Grundschaltungen* erfahren, wie ein Relais angesteuert werden kann. Wenn du das Relais durch einen Motor ersetzt, hast du quasi eine Motorsteuerung. Doch schau' her:

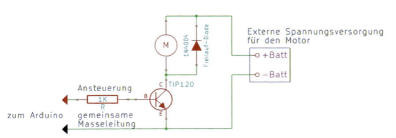

Abbildung 25-5
Die Ansteuerung eines Motors

In dieser Schaltung habe ich einen stärkeren Transistor vom Typ *TIP 120* verwendet. Es handelt sich um einen *Darlington-Leistungstransistor* in einem *TO-220* Gehäuse, der in der Lage ist, einen Kollektorstrom $I_C = 5A$ zu schalten und eine Kollektor-Emitter-Spannung $U_{CE} = 60V$ verkraftet.

Abbildung 25-6
Der Darlington-Leistungstransistor TIP 120 in einem TO-220 Plastikgehäuse

Die Freilaufdiode dürfen wir natürlich nicht vergessen. Sie ist vom Typ *1N4004*. Kennst du noch den Grund dafür, dass sie für die Schaltung obligatorisch ist? Falls nicht, wirf ebenfalls einen Blick in das Kapitel über die *Elektronischen Grundschaltungen*. Du darfst diese Diode auf keinen Fall vergessen und du musst außerdem auf die korrekte Polung achten, denn sonst wird dein Arduino-Board mit höchster Wahrscheinlichkeit Schaden erleiden. Des Weiteren möchte ich ein *LC*-Display verwenden, um die aktuelle Temperatur anzuzeigen. Diesmal handelt es sich aber um ein Display, das über den I^2C-Bus anzusteuern ist. Es ist vom Typ *I2C/TWI LCD1602*.

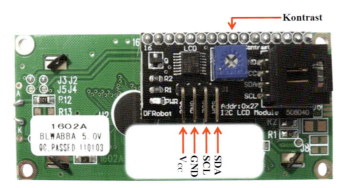

Abbildung 25-7
Die Rückseite des LC-Displays 1602

Wie kann Temperatur gemessen werden?

Die Ansteuerung dieses Displays wird gleich anhand des verwendeten Sketches gezeigt. Kommen wir jetzt jedoch zum kompletten Schaltplan, der schon etwas anspruchsvoller aussieht.

Benötigte Bauteile

Für dieses Beispiel benötigen wir die folgenden Bauteile:

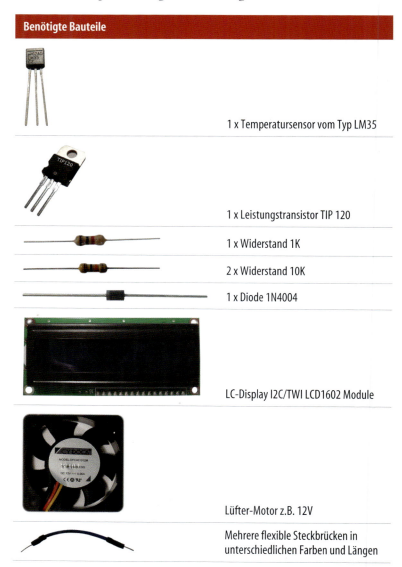

Benötigte Bauteile	
	1 x Temperatursensor vom Typ LM35
	1 x Leistungstransistor TIP 120
	1 x Widerstand 1K
	2 x Widerstand 10K
	1 x Diode 1N4004
	LC-Display I2C/TWI LCD1602 Module
	Lüfter-Motor z.B. 12V
	Mehrere flexible Steckbrücken in unterschiedlichen Farben und Längen

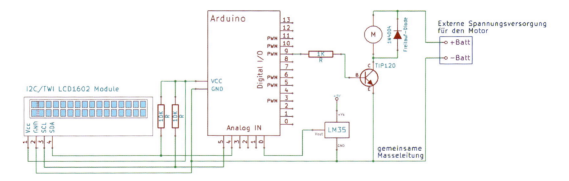

▲ **Abbildung 25-8**
Die komplette Schaltung mit Sensor, Anzeige und Motor bzw. Lüfter

Ok, da haben wir auf der linken Seite das *I2C LC*-Display mit den *Pull-up*-Widerständen. In der Mitte befindet sich unser Arduino und rechts daneben der Temperatursensor *LM35*. Ganz rechts siehst du die Motoransteuerung mit Transistor *TIP 120* und Freilauf-Diode *1N4004*. Dann werfen wir nun einmal einen Blick auf den Sketch-Code:

```
#include <Wire.h>
#include <LiquidCrystal_I2C.h>
#define sensorPin 0    // Verbunden mit LM35 Ausgang
#define DELAY1 10      // kurze Wartezeit beim Messen
#define DELAY2 500     // kurze Wartezeit beim Anzeigen
#define motorPin 9     // Lüfter-Pin
#define threshold 25   // Schalt-Temperatur für Lüfter (25 Grad
                       // Celsius)
#define hysterese 0.5  // Hysterese-Wert (0.5 Grad Celsius)
const int cycles = 20; // Anzahl der Messungen
LiquidCrystal_I2C lcd(0x27, 16, 2); // Adresse auf 0x27 für 16
                                    // Zeichen/2 Zeilen

void setup(){
  pinMode(motorPin, OUTPUT);
  lcd.init();      // LCD initialisieren
  lcd.backlight(); // Hintergrundbeleuchtung aktivieren
}

void loop(){
  float resultTemp = 0.0;
  for(int i = 0; i < cycles; i++){
    int analogValue = analogRead(sensorPin);
    float temperature = (5.0 * 100.0 * analogValue) / 1024;
    resultTemp += temperature; // Aufsummieren der Messwerte
    delay(DELAY1);
  }
  resultTemp /= cycles;       // Berechnung des Durchschnitts
  lcd.clear();                // clear-Methode löscht LCD Inhalt
```

Wie kann Temperatur gemessen werden?

```
    lcd.print("Temp: ");        // print-Methode schreibt LCD Inhalt
    lcd.print(resultTemp);
    #if ARDUINO < 100
    lcd.print(0xD0 + 15, BYTE); // Grad-Zeichen (Arduino 0022)
    #else
    lcd.write(0xD0 + 15);       // Grad-Zeichen (Arduino 1.00)
    #endif
    lcd.print("C");
    lcd.setCursor(0, 1);        // setCorsor-Methode positioniert LCD-Cursor
    lcd.print("Motor: ");
    if(resultTemp > (threshold + hysterese))
        digitalWrite(motorPin, HIGH);
    else if(resultTemp < (threshold - hysterese))
        digitalWrite(motorPin, LOW);
    lcd.print(digitalRead(motorPin) == HIGH?"an":"aus");
    delay(DELAY2);
}
```

Die Ermittlung der Temperatur erfolgt wie gehabt und hat sich im Vergleich zum vorherigen Beispiel nicht geändert.

> Ich glaube, du willst mir wieder etwas unterjubeln oder hast es einfach vergessen. Auch in diesem Sketch-Code befindet sich ein Programmelement, dass du mir noch nicht vorgestellt hast. Was bedeutet denn die Zeile *const int cycles = 20;* ? Was mich etwas verunsichert, ist das kleine Wörtchen *const*.

Gut dass du aufpasst, sonst hätte ich das wirklich vergessen! Dazu muss ich ein klein wenig ausholen, wobei das Ganze aber recht einfach zu verstehen ist. Wir haben es mit einer weiteren Form der *Variablendeklaration* zu tun. Demnach kennst du jetzt drei Schreibweisen, die ich anhand eines Beispieles nochmal aufzeige:

1. *int* grandios = 47;
2. #define grandios 47
3. const *int* grandios = 47;

Alle drei Versionen initialisieren scheinbar eine Variable, die *grandios* lautet, mit dem Wert 47. Worin liegt aber der Unterschied? Es muss ja einen geben, sonst hätten wir nicht unterschiedliche Schreibweisen.

zu 1

Ok, die erste Variante *int grandios = 47;* lässt den Compiler einen Bereich im Flash-Speicher reservieren, um den Wert 47 dort abzulegen. Es wird also zusätzlicher Speicherplatz benötigt und belegt.

zu 2

Diese Variante nutzt die Präprozessor Direktive *#define*, die lediglich einem Namen einen Wert zuordnet, den der Compiler bei seiner Übersetzung überall dort ersetzt, wo er im Sketch-Code auftaucht. Auf diese Weise wird kein zusätzlicher Speicherplatz gebunden, um eine Variable zu verwalten. Du solltest dir aber bei dieser Schreibweise die Frage stellen, welcher Datentyp Verwendung findet, denn er wird ja nicht wie im ersten Beispiel angegeben. Was könnte hier die Lösung sein?

zu 3

Wird das Schlüsselwort *const* vor der Variablendeklaration verwendet, dann ist die vermeintliche Variable keine Variable mehr, sondern eine *Konstante*, deren Wert zur Laufzeit des Sketches nicht mehr geändert werden kann. Es handelt sich quasi um eine Variable mit *Nur-Lese*-Status. Was hältst du nun davon, wenn ich dir nun verrate, dass diese Variante ebenfalls keinen Speicherplatz belegt? Es wird ja sichergestellt, dass die Variable nicht mehr modifizierbar ist, warum sollte sie also dann im Speicher einen Bereich belegen? Aber worin liegt dann der Unterschied zur *#define*-Variante? Ganz einfach: Hier kannst du einen bestimmten Datentyp angeben.

Im Internet und in zahllosen Büchern wird wild zwischen den drei Möglichkeiten hin- und hergewechselt. Für welche Variante sol(t)en wir uns entscheiden? Nun, wenn der Speicherplatz knapp wird und eine explizite Angabe des Datentyps notwendig ist, dann ist natürlich Variante 3 zu empfehlen. Kommen wir wieder zurück zu unserer Schaltung. Ich zeige dir am besten einmal die LCD-Anzeige:

Du kannst jetzt wunderbar die *Temperatur* und den *Motorstatus* ablesen.

> Stopp, stopp, stopp! Die Funktion des Sketches habe ich soweit durchblickt, doch was eine *Hysterese* ist, dass liegt für mich im Moment noch im tiefsten Dunkel.

Wie kann Temperatur gemessen werden? — 545

Das kannst du mir jetzt aber nicht vorwerfen, denn ich wollte es dir gerade erklären. Stell' dir folgende Situation vor. Der Lüfter soll wie in unserem Beispiel bei 25 Grad Celsius angeschaltet werden, damit wir mit ein wenig Frischluft versorgt werden, denn das ununterbrochene Frickeln mit Arduino kann zeitweise schon etwas schweißtreibend sein. Jetzt ist aber die Raumtemperatur nicht 100%ig konstant und auch der Fühler unterliegt gewissen Schwankungen. Es wird also z.B. ein Zustand erreicht, bei dem die gemessene Temperatur ständig zwischen 24,8 und 25,2 Grad Celsius hin- und herwechselt. Das bedeutet wiederum, dass der Lüfter ständig kurz hintereinander aus- bzw. angeschaltet würde. Ganz schön nervig auf die Dauer! Wir schauen uns das an dem folgenden Diagramm etwas genauer an:

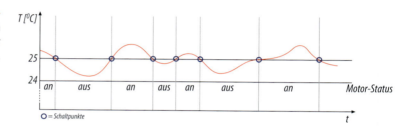

Abbildung 25-9 ▶
Bei schwankender Temperatur um den Schwellenwert ändert sich der Motorstatus ständig.

Jetzt kommt die *Hysterese* (der Begriff stammt aus dem Griechischen und bedeutet hinterher bzw. später) ins Spiel. Man kann das Verhalten einer Regelung mit *Hysterese* so erklären: Die Ausgangsgröße, die hier den Motor steuert, ist nicht alleine von der Eingangsgröße, die vom Sensor geliefert wird, abhängig. Es spielt auch der Zustand der Ausgangsgröße, der *zuvor* herrschte, eine entscheidende Rolle. Um wieder auf unser Beispiel zu kommen, haben wir einen Schwellwert von 25 Grad Celsius und eine Hysterese von 0,5 Grad Celsius. Werfen wir dazu einen genaueren Blick auf die Lüfter-Regelung:

```
if(resultTemp > (threshold + hysterese))
    digitalWrite(motorPin, HIGH);
else if(resultTemp < (threshold - hysterese))
    digitalWrite(motorPin, LOW);
```

Wann wird der Lüfter angeschaltet?

Ist die Bedingung

```
resultTemp > (threshold + hysterese) ...
```

erfüllt, wird der Lüfter beginnen, sich zu drehen. Das ist hier dann der Fall, wenn die gemessene Temperatur größer als 25 + 0.5 Grad Celsius ist.

Wann wird der Lüfter ausgeschaltet?

Ist die Bedingung

```
resultTemp < (threshold - hysterese)
```

erfüllt, wird der Lüfter aufhören, sich zu drehen, in diesem Beispiel also dann, wenn die gemessene Temperatur kleiner als 25 − 0.5 Grad Celsius ist. Zusammengefasst bedeutet dies Folgendes:

- Lüfter an bei: Temperatur > 25.5 Grad Celsius
- Lüfter aus bei: Temperatur < 24.5 Grad Celsius

Wir schauen uns das an dem folgenden Diagramm wieder etwas genauer an:

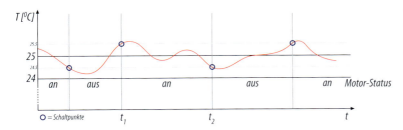

◀ **Abbildung 25-10**
Bei schwankender Temperatur um den Schwellenwert ändert sich der Motorstatus nicht ständig.

Wenn du dir den Temperaturverlauf zwischen den Punkten t_1 und t_2 anschaust, wirst du sehen, dass sich die Temperatur ständig über- bzw. unterhalb von 25 Grad Celsius bewegt. Ohne Hysterese-Steuerung hättest du ein ständiges *Motor an* bzw. *Motor aus*. Der komplette Schaltungsaufbau sieht dann wie folgt aus:

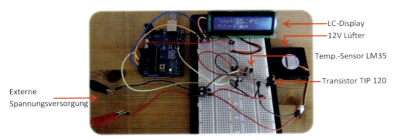

◀ **Abbildung 25-11**
Der komplette Schaltungsaufbau

Wie kann Temperatur gemessen werden?

■ **Achtung**

Da du hier mit einer externen Spannungsquelle arbeiten musst, ist erhöhte Sorgfalt geboten. Wie ich schon erwähnt habe, musst du die beiden Massepunkte von Arduino und externer Spannungsquelle miteinander verbinden. Jedoch *nicht* die Plus-Potentiale! Vertausche auf keinen Fall diese beiden Potentiale und achte darauf, dass es zu keinen Kurzschlüssen kommt. Bevor du alles in Betrieb nimmst, kontrolliere den Schaltungsaufbau noch einmal auf korrekte Verdrahtung. Überprüfe lieber einmal zu viel, als einmal zu wenig.

Troubleshooting

Falls sich nach Erreichen der eingestellten Schwellentemperatur + Hyteresewert der Lüfter nicht drehen sollte, schalte alles sofort aus und überprüfe Folgendes:

- Ist die Verkabelung auf Korrektheit?
- Gibt es eventuell Kurzschlüsse untereinander?
- Hast du die gemeinsame Masseverbindung zwischen Arduino-Board und externer Spannungsquelle hergestellt?
- Wurde die Freilaufdiode richtig herum eingebaut?
- Falls auf dem *LC*-Display nichts zu sehen ist, hast du vielleicht den Kontrast zu niedrig eingestellt.

Was hast du gelernt?

- Du hast in diesem Kapitel erfahren, wie der Temperatursensor *LM35* arbeitet und Temperaturwerte in entsprechende Spannungswerte umwandelt, die am analogen Eingang deines Arduino-Boards ausgewertet werden können.
- Zur Darstellung des Temperaturwertes hast du das LC-Displays *I2C/TWI LCD1602* verwendet, das über den I^2C-Bus anzusteuern ist.
- Damit der Lüfter korrekt arbeitet, musstest du ihn über eine externe Spannungsversorgung versorgen, die wiederum über den Leistungstransistor *TIP 120* geschaltet wurde.
- Du hast erfahren, wie eine Diode vom Typ *1N4004* als Freilauf-Diode zum Schutz deines Arduino-Boards arbeitet.

Workshop

Erweitere deine Schaltung so, dass du z.B. über zwei zusätzliche Taster den Temperaturschwellenwert nach unten bzw. nach oben anpassen kannst. Beim Erreichen dieses Schwellenwertes soll das LC-Display anfangen zu blinken, um auf sich aufmerksam zu machen. Wenn du nähere Informationen über die Library bzw. den Befehlsumfang des LC-Displays erfahren möchtest, dann tippe z.B. folgende Suchbegriffe bei Google ein:

- I2C/TWI LCD 1602
- dfrobot

Zusatzhinweise

Natürlich gibt es noch viele weitere Temperatursensoren. Hier eine kleine Auswahl:

- TMP75 (mit I^2C-Bus)
- AD22100 (Analoger Temperatursensor)
- DHT11 (Temperatur- und Feuchtigkeitssensor mit integrirtem 8-bit Mikrocontroller)
- DS1820 (Digitaler 1-wire Temperatursensor)

Der Sound und mehr

Projekt 26

Scope

In diesem Experiment behandeln wir folgende Themen:
- Tonerzeugung über ein eines Piezo-Element
- Der komplette Sketch
- Analyse des Schaltplans
- Aufbau der Schaltung
- Erstellung des Farbfolgen-Spiels
- Workshop

Haste Töne?

Vielleicht hast du jetzt erst einmal genug von Lichtsignalen und blinkenden LEDs. Daher wollen wir uns nun gleich anschauen, wie dein Arduino-Board über ein *Piezo-Element* Töne erzeugen kann. Dieses Bauteil habe ich dir schon im Kapitel über *Elektronik* vorgestellt.

◀ **Abbildung 26-1**
Ein Piezo-Element

Du darfst keine akustischen Schockwellen von einem *Piezo* erwarten, denn die Schwingungen, die es ausführen kann, finden auf kleinstem Raum statt. Dennoch können wir es für unsere Zwecke prima einsetzen. Schließen wir das Element z.B. an einen digitalen Ausgang an und schalten in bestimmten Zeitabständen den Ausgang auf *HIGH*- bzw. auf *LOW*-Pegel, dann hören wir ein Knacken im *Piezo-Element*. Je kürzer der Zeitraum zwischen *HIGH*- bzw. *LOW*-Pegel ist, desto höher ist der hörbare Ton, je länger der Zeitraum, desto tiefer ist er. Du kannst das Phänomen leicht nachstellen, wenn du z.B. mit den Fingern mehr oder weniger schnell über ein Lamellengitter fährst. Je schneller du bist, desto höher hört sich das Geknatter an. Auch der *Piezo* funktioniert nach diesem Prinzip. Ein Knacken, das mal langsamer, mal schneller aufeinander folgt, ist für die Tonhöhe verantwortlich. Ein ganz einfacher Sketch zur Erzeugung eines Tons sieht wie folgt aus:

```
#define piezoPin 13 // Piezo-Element an Pin 13
#define DELAY 1000

void setup(){
  pinMode(piezoPin, OUTPUT);
}

void loop(){
  digitalWrite(piezoPin, HIGH); delayMicroseconds(DELAY);
  digitalWrite(piezoPin, LOW); delayMicroseconds(DELAY);
}
```

Wundere dich nicht über die *delayMicroseconds*-Funktion. Sie arbeitet ähnlich wie die *delay*-Funktion. Der übergebene Wert wird aber nicht in *Millisekunden*, sondern in *Mikrosekunden* interpretiert. Das ist noch einmal um den Faktor *1000* kleiner: *1 ms = 1000 µs*. Diese neue Funktion verwenden wir hier deshalb, weil wir mit *delay* nicht kleiner *1ms* werden können.

Benötigte Bauteile

Für dieses Beispiel benötigen wir die folgenden Bauteile:

Benötigte Bauteile	
	1 x Piezo-Element
	Mehrere flexible Steckbrücken in unterschiedlichen Farben und Längen

Arduino-Sketch-Code

Für den ersten brauchbaren Sketch, der in der Lage sein soll, mehrere Töne unterschiedlicher Frequenzen zu erzeugen, legen wir am besten ein Ton-Array mit unterschiedlichen Werten an, die wir dann im Laufe des Sketches nacheinander abrufen werden. Wir nutzen dazu die von Arduino bereitgestellte *tone*-Funktion. Dazu gleich mehr.

```
#define piezoPin 13       // Piezo-Element an Pin 13
#define toneDuration 500  // Ton-Dauer
#define tonePause 800     // Pausenlänge zwischen den Tönen
int tones[] = {523, 659, 587, 698, 659, 784, 698, 880};
int elements = sizeof(tones) / sizeof(tones[0]);

void setup(){
  noTone(piezoPin); // Piezo stumm schalten
  for(int i = 0; i < elements; i++){
    tone(piezoPin, tones[i], toneDuration); // Ton spielen
    delay(tonePause);   // Pause zwischen den Tönen
  }
}

void loop(){/* leer */}
```

Code-Review

Für unser Experiment benötigen wir programmtechnisch gesehen die folgenden Variablen:

Variable	Aufgabe
tones[]	Array, das die Frequenzen der einzelnen zu spielenden Töne beinhaltet.
elements	Anzahl der Array-Elemente

◀ **Tabelle 26-1**
Benötigte Variablen und deren Aufgabe

Das eindimensionale *tones*-Array ist vom Datentyp *int* und beinhaltet die Frequenzen der abzuspielenden Töne in *Hertz*. Die Einheit *Hertz* [Hz] ist ein Maß für die Anzahl der Schwingungen pro Sekunde. Je höher der Wert, desto höher auch der Ton und umgekehrt. Der Variablen *elements* wird die Anzahl der Array-Elemente zugewiesen, die später in der *for*-Schleife benutzt wird, um alle Elemente anzusprechen. Auf diese Weise entfällt das manuelle Anpassen der Obergrenze. bzw. der Bedingung der *for*-Schleife, denn das geschieht nun automatisch mittels einer Berechnung.

> Au weia! Diese Berechnung der Anzahl der *Array*-Elemente bereitet mir schon ein paar Kopfschmerzen. Kannst du mir das mal bitte erklären!

Dazu wollte ich gerade kommen. Wir nutzen zu diesem Zweck die *sizeof*-Funktion von *C++*. Diese Funktion ermittelt die Größe einer Variablen bzw. eines Objektes im Speicher. Dazu folgendes kurzes Beispiel:

```
byte byteWert = 16;          // Variable vom Datentyp byte
int intWert = 4;             // Variable vom Datentyp int
long longWert = 3.14;        // Variable vom Datentyp long
int meinArray[] = {25, 46, 9}; // Array vom Datentyp int
void setup(){
  Serial.begin(9600);
  Serial.print("Anzahl der Bytes fuer 'byte': ");
  Serial.println(sizeof(byteWert));
  Serial.print("Anzahl der Bytes fuer 'int': ");
  Serial.println(sizeof(intWert));
  Serial.print("Anzahl der Bytes fuer 'long': ");
  Serial.println(sizeof(longWert));
  Serial.print("Anzahl der Bytes fuer 'meinArray': ");
  Serial.println(sizeof(meinArray));
}

void loop(){/* leer */}
```

Die Ausgabe sieht dann wie folgt aus:

```
Anzahl der Bytes fuer 'byte': 1
Anzahl der Bytes fuer 'int':  2
Anzahl der Bytes fuer 'long': 4
Anzahl der Bytes fuer 'meinArray': 6
```

Wenn du dir die Werte für die Datentypen *byte*, *int* und *long* anschaust, wirst du bemerken, dass sie mit *denen* identisch sind, die ich dir im Kapitel *Grundlegendes zur Programmierung* genannt habe, in dem es um die Datentypen bzw. die Wertebereiche ging. Wirf einen Blick auf die letzte Ausgabenzeile. Das Array belegt im Speicher also 6 Bytes. Das ist auch logisch, denn ein einziges *int*-Element benötigt 2 Bytes an Speicherplatz. Wir haben es aber mit *3* Elementen zu tun. Das Ergebnis ist also *2 x 3 = 6* Bytes. Durch die Zeile

```
int elements = sizeof(tones) / sizeof(tones[0]);
```

erfolgt die Division der Anzahl aller Bytes des Arrays durch die Anzahl der Bytes eines einzelnen Elementes. So erhältst du immer die Anzahl der Array-Elemente. Doch nun zurück zu unserem Sketch. Ganz am Anfang wird über die *noTone*-Funktion der Piezo – falls er noch wegen eines vorangegangenen Sketchs piepsen sollte – stumm geschaltet. Sie hat lediglich einen Parameter, der den Pin angibt, an dem sich der Piezo befindet.

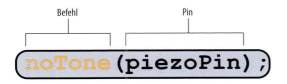

◀ **Abbildung 26-2**
Die »noTone«-Funktion schaltet den Piezo stumm.

Die *tone*-Funktion besitzt jedoch noch zwei weitere Parameter. Der eine gibt die *Frequenz* an, der andere die *Dauer*, die der Ton hörbar sein soll.

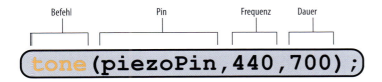

◀ **Abbildung 26-3**
Die »Tone«-Funktion lässt den Piezo tönen.

> Kannst du mir mal bitte verraten, wie du auf die einzelnen Werte gekommen bist, die du im *tones*-Array verwendet hast? Hast du sie alle ausprobiert, so dass sie ungefähr stimmig sind?

Nein, ich habe sie aus einem Beispiel-Sketch, der Teil der Arduino-IDE ist. Suche einmal nach der Datei *pitches.h* unterhalb des Ordners *examples* der Arduino-Installation und öffne sie mit einem Editor. Dort findest du zu vielen Noten die entsprechenden Frequenzwerte. Du kannst diese Datei auch in deinen Sketch mit einbinden und dann direkt die symbolischen Konstanten verwenden. Versuche das einmal. Der Code ist dann viel sprechender und übersichtlicher als bei der Verwendung irgendwelcher Zahlenwerte.

Der Schaltungsaufbau

Der Schaltungsaufbau haut einen nicht gerade um, was?

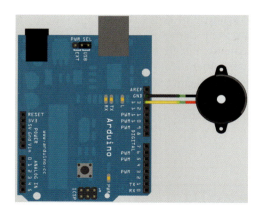

Abbildung 26-4 ▶
Das angeschlossenen Piezo-Element

Ein erweiterter Sketch (Farben-Sequenz-Spiel)

Jetzt wollen wir das gelernte in einem interessanten Spiel unterbringen, das ich das *Farben-Sequenz-Spiel* genannt habe. Du hast es mit vier LEDs in vier unterschiedlichen Farben zu tun, die in einem Viereck angeordnet sind. Neben jeder einzelnen LED befindet sich ein Taster. Der Mikrocontroller *denkt* sich nun eine Abfolge aus, in der die LEDs aufleuchten sollen. Diese Folge musst du nun korrekt wiederholen. Am Anfang besteht die Sequenz nur aus einer einzigen aufleuchtenden LED, sie wird jedoch nach jedem erfolgreichen Wiedergeben um eine erweitert. Das Aufleuchten jeder der vier unterschiedlichen LEDs ist zusätzlich noch jeweils mit einem eindeutigen Ton verbunden. Es ist also nicht nur was für's Auge, sondern auch für's Ohr. Ich habe die Schaltung wieder mittels eines eigens dafür hergestellten Shields plus Frontplatte realisiert. Doch schau' her:

Abbildung 26-5 ▶
Das Shield plus Frontplatte für das Farben-Sequenz-Spiel

Du siehst auf der Frontplatte die vier großen *5mm* LED mit den daneben platzierten Tastern. Leuchtet eine LED auf, musst du den daneben befindlichen Taster drücken. Im unteren Bereich siehst du drei kleinere *3mm* LEDs. Sie dienen der Statusanzeige, auf die ich später zu sprechen komme. Das Shield und die Frontplatte bzw. die Verkabelung kannst du gut in der nächsten Abbildung erkennen.

◀ **Abbildung 26-6**
Das geöffnete Shield plus umgedrehte Frontplatte

Es sieht vielleicht schlimmer aus als es ist, und wenn du den Schaltplan siehst, dann wird dir der Aufbau klar. Ich fasse einmal die Punkte zusammen, die ich als Anforderung für das Spiel definieren würde:

- Es soll eine bestimmte Sequenzlänge durch den Sketch vorgegeben werden, die erst einmal konstant ist.
- Jeder einzelnen der *4* LEDs soll ein eigener Ton mit spezieller Tonhöhe zugeordnet werden.
- Leuchtet eine der *4* LEDs, dann wird der entsprechende Ton abgespielt.
- Wird der daneben befindliche Taster gedrückt, dann leuchet die LED und es ist der entsprechende Ton zu hören.
- Wurde die Sequenz in der richtigen Reihenfolge wiedergegeben, dann leuchtet die grüne Status-LED und eine aufsteigende Tonfolge ist zu hören. Im Anschluss beginnt das Spiel mit einer neuen Sequenz von vorne.
- Wurde die Sequenz an irgendeiner Stelle falsch wiederholt, dann leuchet die rote Status-LED und es erklingt eine abfallende Tonfolge. Im Anschluss wird das Spiel mit einer neuen Sequenz gestartet.

Haste Töne?

Benötigte Bauteile:

Für dieses Beispiel benötigen wir die folgenden Bauteile:

Benötigte Bauteile	
	4 x LED (nach Möglichkeit verschiedenfarbige)
	7 x Widerstand 330
	3 x LED 3mm / rot, grün und gelb
	4 x Taster
	4 x Distanzhülse DK15mm, Kunststoff
	4 x Schrauben M3 / 30mm auf ca. 23mm kürzen + 4 Muttern
	1 x Shield + 1 x Frontplatte
	Litze in unterschiedlichen Farben
	2 x Stiftleiste mit 6 Pins + 2 x Stiftleiste mit 8 Pins

Werfen wir zunächst wieder einen Blick auf den Schaltplan:

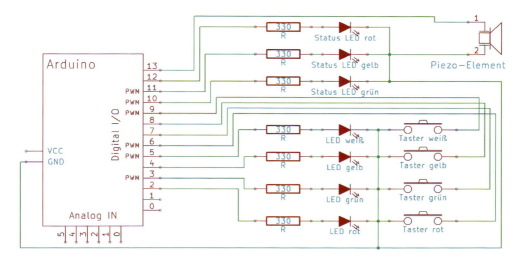

▲ **Abbildung 26-7**
Die komplette Schaltung des Farben-Sequenz-Spiels

Und dazu jetzt der etwas umfangreichere Sketch-Code:

```
#define MAXARRAY  5            // Vorgabe der Sequenzlänge
int ledPin[] = {2, 3, 4, 5};   // LED-Array mit Pin-Werten
#define piezoPin          13   // Piezo-Pin
#define tasterPinRot       6   // Taster Pin an roter LED
#define tasterPinGruen     7   // Taster-Pin an grüner LED
#define tasterPinGelb      8   // Taster-Pin an gelber LED
#define tasterPinWeiss     9   // Taster-Pin an weißer LED
#define ledStatusPinGruen 10   // Status LED grün
#define ledStatusPinGelb  11   // Status LED gelb
#define ledStatusPinRot   12   // Status LED rot
int colorArray[MAXARRAY];      // Enthält die Zahlenfolge für
                               // anzuzeigende Farben
int tones[] = {1047, 1175, 1319, 1397}; // Tonfrequenzen für die 4
                               // Farben
int counter = 0;               // Anzahl der gerade aufleuchtenden LEDs
boolean fail = false;

void setup(){
  Serial.begin(9600);
  for(int i = 0; i < 4; i++)
    pinMode(ledPin[i], OUTPUT); // LED-Pins als OUTPUT programmieren

  pinMode(tasterPinRot, INPUT); digitalWrite(tasterPinRot, HIGH);
  pinMode(tasterPinGruen, INPUT); digitalWrite(tasterPinGruen, HIGH);
  pinMode(tasterPinGelb, INPUT); digitalWrite(tasterPinGelb, HIGH);
  pinMode(tasterPinWeiss, INPUT); digitalWrite(tasterPinWeiss, HIGH);
```

Haste Töne?

```
    pinMode(ledStatusPinGruen, OUTPUT);
    pinMode(ledStatusPinGelb, OUTPUT);
    pinMode(ledStatusPinRot, OUTPUT);
}

void loop(){
  Serial.println("Spielstart");
  generateColors();
  int tasterCode;
  for(int i = 0; i <= counter; i++){ // Äußere Schleife
    giveSignalSequence(i);
    for(int k = 0; k <= i; k++){ // Innere Schleife
      while(digitalRead(tasterPinRot)  && digitalRead(tasterPinGruen) &&
            digitalRead(tasterPinGelb) && digitalRead(tasterPinWeiss));
      Serial.println("Taste gedrückt!"); // Zur Kontrolle im Serial
                                         // Monitor
      // Anzeigen der gerückten Farbe
      if(!digitalRead(tasterPinRot))
        tasterCode = 0;
      if(!digitalRead(tasterPinGruen))
        tasterCode = 1;
      if(!digitalRead(tasterPinGelb))
        tasterCode = 2;
      if(!digitalRead(tasterPinWeiss))
        tasterCode = 3;
      giveSignal(tasterCode);
      // Überprüfung ob richtige Farbe gedrückt wurde
      if(colorArray[k] != tasterCode){
        fail = true;
        break;  // Innere for-Schleife verlassen
      }
    }
    
    if(!fail)
      Serial.println("richtig"); // Zur Kontrolle im Serial Monitor
    else{
      digitalWrite(ledStatusPinRot, HIGH);
      for(int i = 3000; i > 500; i-=150){
       tone(piezoPin, i, 10); delay(20);
      }
      Serial.println("falsch"); // Zur Kontrolle im Serial Monitor
      delay(2000);
      digitalWrite(ledStatusPinRot, LOW);
      counter = 0; fail = false;
      break; // for-Schleife verlassen
    }
```

```
    delay(2000);
    
   if(counter + 1 ==  MAXARRAY){
     digitalWrite(ledStatusPinGruen, HIGH);
     for(int i = 500; i < 3000; i+=150){
       tone(piezoPin, i, 10); delay(20);
     }
     Serial.println("Ende!"); // Zur Kontrolle im Serial Monitor
     delay(2000);
     digitalWrite(ledStatusPinGruen, LOW);
     counter = 0; fail = false;
     break; // Äußere for-Schleife verlassen
   }
    counter++; // Zähler inkrementieren
  }
}

void giveSignalSequence(int value){
  // Anzeige LEDs
  for(int i = 0; i <= value; i++){
    digitalWrite(2 + colorArray[i], HIGH);
    generateTone(colorArray[i]); delay(1000);
    digitalWrite(2 + colorArray[i], LOW); delay(1000);
  }
}

void generateTone(int value){
  tone(piezoPin, tones[value], 1000);
}

void giveSignal(int value){
  // Anzeige LED + Tonsignal
  digitalWrite(2 + value, HIGH); generateTone(value); delay(200);
  digitalWrite(2 + value, LOW); delay(200);
}

void generateColors(){
  randomSeed(analogRead(0));
  for(int i = 0; i < MAXARRAY; i++)
    colorArray[i] = random(4);    // Zufallszahlen von 0 bis 3
                                  // generieren
    // 0 = Rot, 1 = Grün, 2 = Gelb, 3 = Weiss
  for(int i = 0; i < MAXARRAY; i++)
    Serial.println(colorArray[i]); // Zur Kontrolle im Serial Monitor
}
```

Wie funktioniert nun die Programmierung im Einzelnen? Der Code mutet auf den ersten Blick erschlagend an. Betrachte ihn nicht daher nicht als Ganzes, sondern zerlege wie beim Lösen einer umfangreichen Aufgabe das Gesamtpaket in Teilpakete und arbeite dich Schritt für Schritt durch. Jeder anzuzeigenden Farbe, sei es *Rot*, *Grün*, *Gelb* oder *Weiß*, ist ein Zahlenwert zugeordnet: Rot *0*, Grün *1*, Gelb *2* und Weiß *3*. Auf diese Weise kann ein Array mit Werten von *0* bis *3* initialisiert werden, das dann zur Anzeige der LEDs herangezogen werden kann. Angenommen, du hast ein Array mit den Werten *0, 2, 2, 1, 3* vorliegen, dann leuchten die Dioden in der Sequenz *Rot, Gelb, Gelb, Grün, Weiß*. In unserem Sketch lautet das Array *colorArray* und wird über die *generateColors*-Funktion mit Werten versehen. Um die Werte sichtbar zu machen, wandelt die *giveSignal*-Funktion diese in Signale zur Ansteuerung der LEDs um.

```
void giveSignalSequence(int value){
  // Anzeige LEDs
  for(int i = 0; i <= value; i++){
    digitalWrite(2 + colorArray[i], HIGH);
    generateTone(colorArray[i]); delay(1000);
    digitalWrite(2 + colorArray[i], LOW); delay(1000);
  }
}
```

Wenn die Funktion immer die Farbsequenz anzeigen soll, warum benötigen wir dann noch einen Übergabeparameter? Und was bedeutet die 2, die in der *digitalWrite*-Funktion verwendet wird? Wie war das noch mit den *Magic-Numbers*?

Tja, *Ardus*, es soll ja nicht zu Beginn die komplette Sequenz zur Anzeige gebracht werden, sondern erst nach und nach immer eine Farbe mehr. Das Farb-Array *colorArray* beinhaltet die komplette Sequenz, doch der Übergabewert, der in *value* gespeichert wird, sagt der Funktion, wie viele Array-Elemente abgefragt und angezeigt werden sollen. Nun ja, da die 4 großen LEDs an den digitalen Ausgängen von Pin 2 bis Pin 5 angeschlossen sind, handelt es sich bei der *2* quasi um einen *Offset*, der den Start-Pin angibt, wenn wir die Werte von *0* bis *3* des Farb-Arrays hinzuaddieren. Natürlich hast du Recht, dass man keine *Magic-Numbers* verwenden sollte. Du kannst natürlich auch eine symbolische Konstante z.B. mit dem Namen *FARBPINOFFSET* verwenden.

> Bevor wir schon mit der Erklärung der Logik in der *loop*-Funktion fortfahren, möchte ich noch einmal auf die *setup*-Funktion zu sprechen kommen. Da gibt es z.B. die Taster-Pins, die natürlich als Eingang programmiert werden. Dennoch wird über die *digitalWrite*-Funktion etwas an eben diese Eingänge geschickt. Warum machst du das?

Ich nutze die Möglichkeit, die im Mikrocontroller vorhandenen und intern verschalteten *Pullup*-Widerstände zu aktivieren. So umgehe ich die Notwendigkeit der Verschaltung externer *Pullup*- bzw. *Pulldown*-Widerstände. Ich habe das aber schon einmal im Kapitel *Einen Sensor Abfragen* erläutert! Na, schon vergessen? Dann schau dort noch einmal nach.

> Ok, ich schaue nach. Wenn ich in die *loop*-Funktion sehe, dann ist da ja einiges los. Was ich auch noch nicht so ganz verstehe – und das ist im Moment so einiges – ist die Tatsache, dass die *loop*-Funktion doch kontinuierlich durchlaufen wird. Demnach müsste doch u.a. auch die erste *for*-Schleife, die du mit *Äußere Schleife* gekennzeichnet hast, ständig abgearbeitet werden. Sie ist ja – so wie ich das sehe – für die die Anzeige der Sequenz zuständig, die über die Variable *counter* gesteuert wird.

Hey, *Ardus*, gut erkannt! Normalerweise würde die *loop*-Funktion, die ja eine Endlosschleife darstellt, ständig abgearbeitet werden. Ich habe aber einen Stopp eingebaut, der solange bestehen bleibt, wie keine der vier Tasten gedrückt wird. Hier siehst du nochmal den betreffenden Codeabschnitt:

```
while(digitalRead(tasterPinRot)  && digitalRead(tasterPinGruen) &&
      digitalRead(tasterPinGelb) && digitalRead(tasterPinWeiss));
```

Da die digitalen Eingänge, an denen die Taster angeschlossen sind, über die internen *Pullup*-Widerstände an *+5V* hängen, muss ich auf *LOW*-Pegel hin abfragen. Solange also *alle* Eingänge auf *HIGH*-Pegel liegen, führt die *while*-Schleife *die* Anweisung aus, die ihr unmittelbar folgt.

> Das ist ja eben mein Problem! Welche Anweisung wird denn ausgeführt? Eigentlich müsste laut Code die nachfolgende Zeile *Serial.println("Taste gedrückt!");* ausgeführt werden. Das macht aber wenig Sinn!

Haste Töne?

Da hast du Recht! Das macht wenig Sinn. Du hast eine Kleinigkeit übersehen. Der Befehl, der der *while*-Schleife unmittelbar folgt, ist das *Semikolon* ganz am Ende. Es ist quasi eine Leeranweisung und bewirkt, dass die *while*-Schleife, wenn keiner der Taster gedrückt wird, selbst in einer Endlosschleife steckt. So haben wir elegant den Programmfluss an dieser Stelle gestoppt. Erst, wenn irgendeine der vier Tasten gedrückt wird, ist die Bedingung in der *while*-Schleife nicht mehr erfüllt und der Programmablauf wird fortgeführt. Jetzt wird ermittelt, welche der Tasten gedrückt wurde, um den betreffenden Farbwert mit *dem* Element des Arrays zu vergleichen, das gerade über die innere Schleife ausgewählt wurde. Wurde eine Übereinstimmung erzielt, dann kommt der nächste Farbwert aus der Sequenz zum Vorschein. Wenn du jedoch einen Fehler gemacht hast, wird die Variable *fail* mit dem Wert *true* versehen und die innere *for*-Schleife über die *break*-Anweisung vorzeitig verlassen. Das bedeutet wiederum, dass die *if*-Anweisung

```
if(!fail)...
```

den Programmablauf entsprechend fortführt. Die Variable *counter* wird, sofern kein Fehler gemacht wurde und das Ende der Sequenz noch nicht erreicht ist, um den Wert *1* erhöht, so dass beim nächsten Anzeigen die Sequenz länger ist. Zum besseren Verständnis der Vorgänge habe ich die Ausgaben auf dem *Serial-Monitor* im Code belassen. Sie zeigen dir am Anfang, welche Sequenz ausgewählt wurde, damit du ggf. ein wenig damit experimentieren kannst. Weitere Erläuterungen sollen an dieser Stelle nicht erfolgen. Gehe den Code selbst einmal durch und versuche ihn zu verstehen.

Troubleshooting

Wenn nach dem Übertragen des Sketches keine der vier großen LEDs zu leuchten beginnen oder der Piezo keinen Ton von sich gibt, dann überprüfe folgende Punkte:

- Ist die Verkabelung korrekt?
- Gibt es eventuell Kurzschlüsse untereinander?
- Haben sich möglicherweise Lötbrücken eingeschlichen?

Was hast du gelernt?

- Du hast in diesem Kapitel erfahren, wie du ein Piezo-Element ansteuern kannst, indem du über das An- bzw. Ausschalten des entsprechenden digitalen Ausgangs eine Frequenz erzeugst.
- Es ist jedoch auch möglich, über die Funktionen *noTone* bzw. *tone* Einfluss auf den Piezo zu nehmen, so dass er entweder verstummt oder in einer gewünschten Frequenz ertönt.
- Außerdem hast du gesehen, wie du mit ganz einfachen Mitteln eine ansprechende Frontplatte selbst herstellen kannst.

Workshop

Erweitere deinen Sketch so, dass nach jeder korrekten Wiedergabe beim Start eines neuen Spiels die Sequenz verlängert wird. Du kannst auch ein wenig mit den Pausen zwischen den einzelnen Farben spielen. Verkürze sie so, dass das Spiel nach und nach etwas schwieriger wird. Ich habe eine der kleinen *3mm* LEDs nicht in meinem Sketch verwendet. Es handelt sich um die mittlere gelbe LED. Denke dir doch eine Möglichkeit aus, sie mit einer sinnvollen Funktion zu versehen. Du kannst sie z.B. kurz aufleuchten lassen, wenn ein neues Spiel beginnt. Es gibt da sicherlich viele Möglichkeiten.

Data Monitoring

Projekt 27

Scope

In diesem Experiment befassen wir uns mit folgenden Themen:

- Abfragen der Sensordaten des Arduino-Boards und späteres Senden an *Processing*, um dort die Werte grafisch darzustellen
- Schreiben eines Übertragungsprotokolls
- Der komplette Sketch von Processing und Arduino
- Analyse des Schaltplans
- Aufbau der Schaltung
- Workshop

Datenerfassung und Visualisierung

In diesem Kapitel geht es um die Datenerfassung über dein Arduino-Board, um die Daten dann grafisch darzustellen. Die Programmiersprache *Processing* habe ich ja schon einige Male wegen ihrer fantastischen grafischen Möglichkeiten erwähnt. Wir werden sie auch jetzt wieder nutzen, um die analogen Eingänge des Boards kontinuierlich abzufragen und die Daten an *Processing* zu versenden. Die serielle Schnittstelle ist auch hierbei wieder das geeignete Übertragungsmedium. Um dir bereits einen kleinen Vorgeschmack auf das zu geben, was wir entwickeln wollen, zeige ich dir hier schon einmal das *Processing*-Ausgabefenster, das die Daten nahezu in Echtzeit präsentiert.

Abbildung 27-1 ▶
Der Arduino Analog-Tracker inklusive Analog-Input-Shield

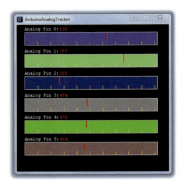

Du kannst in der linken Grafik die unterschiedlichen Werte der 6 analogen Eingänge erkennen, die untereinander angeordnet sind. Es werden sowohl der analoge Wert als auch ein Balkendiagramm angezeigt. Damit ich die Werte recht einfach und ohne fliegende Verdrahtung auf einem Breadboard verändern kann, habe ich ein *Input-Shield* mit *4* Potentiometern gebaut. Für 6 hat der Platz auf der Frontplatte leider nicht gereicht, doch ich denke, dass es so auch ganz gut funktioniert. Was hältst du davon, wenn wir in einem weiteren Schritt auch gleich noch alle digitalen Pins abfragen und deren Status ebenfalls übertragen? Aber beginnen wir erst einmal mit den analogen Signalen.

Also wenn ich das recht verstehe, dann willst du über die serielle Schnittstelle die Daten der einzelnen Potentiometer verschicken. Das kann ich ja irgendwie nicht glauben. Und dann sollen auch noch alle Statuswerte der digitalen Pins übertragen werden? Wie viele serielle Schnittstellen benötigen wir denn dafür?

Du kannst es mir ruhig glauben, und es wird lediglich *eine* serielle Schnittstelle benötigt. Das Stichwort dazu lautet *Übertragungsprotokoll*. Aber was ist das und wie wird ein solches *Protokoll* verwendet? Stell dir vor, du bist bei unserem Bundespräsidenten zum Essen eingeladen, weil du dich z.B. im sozialen Bereich verdient gemacht hast und eine Auszeichnung erhalten sollst. Stürmst du nun einfach auf ihn zu, um ihm die Hand zu schütteln? Das entspräche wohl nicht ganz dem vorgesehenen *Protokoll*, das für derartige Empfänge vorgesehen ist. Auch in diesem Kontext wird also der Begriff *Protokoll* verwendet. Es handelt sich dabei um eine Vereinbarung, wie sich z.B. zwei Parteien einander begegnen, um eine Kommunikation stattfinden zu lassen. Verletzt eine der Parteien das *Protokoll*, kommt es zu Missverständnissen, so dass keine die andere richtig versteht. Ähnlich läuft es in der Datenverarbeitung ab

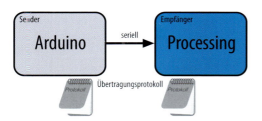

◀ **Abbildung 27-2**
Das Übertragungsprotokoll muss bei Sender und Empfänger gleichermaßen bekannt sein.

Wir schreiben ein Übertragungsprotokoll

Überlegen wir einmal, welche Informationen übertragen werden müssen, damit Sender und Empfänger dieselbe Informationsgrundlage besitzen:

- Handelt es sich um einen analogen oder digitalen Pin?
- Von welcher Pin-Nummer werden gerade Daten übertragen?
- Welcher Wert wird übertragen (Analog: *0* bis *1023* / Digital: *0* oder *1*) ?

Zusätzlich zur eigentlichen Netto-Übertragungsinformation sollten noch weitere Rahmen-Informationen (auch *Frame* genannt) gesendet werden. Ich meine damit eine *Start-Kennung* und eine *Ende-Kennung* bzw. die Kenntnis, dass die zu übertragene Information eine bestimmte Zeichenlänge aufweist. Dabei ist das nachfolgende Protokoll herausgekommen. Falls du noch Potential für Erweiterungen siehst, kannst du dir natürlich dein eigenes entwickeln.

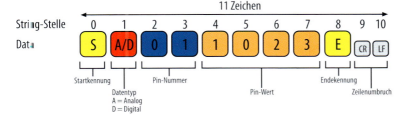

Die komplette Länge bzw. Anzahl der Zeichen pro Übertragungszeile beträgt *11* Zeichen. Dazu gehören natürlich die Zeichen für *CR* (Carriage Return) und *LF* (Line Feed). Unterhalb der einzelnen

Positionen findest du die Bedeutung der String-Stelle(n). Schauen wir uns dazu ein kurzes Beispiel an. Nehmen wir einmal an, der *Sender* (das Arduino-Board) schickt folgende Zeichenkette über die serielle Schnittstelle an den *Empfänger* (Processing-Anwendung):

String-Stelle	0	1	2	3	4	5	6	7	8	9	10
Data	S	A	0	3	0	7	5	6	E	CR	LF

Die Information würde auf der Empfängerseite wie folgt interpretiert:

- Länge von *11* Zeichen: Datensatzlänge ist ok.
- *Start-Kennung* und *Stopp-Kennung* sind vorhanden: Datensatz ist valide.
- Datentyp: *A* bedeutet, dass analoge Informationen übertragen werden.
- Pin-Nummer ist *03*.
- Der zu übermittelnde Wert ist *0756*.

Durch einen entsprechend implementierten Algorithmus, den wir gleich noch sehen, werden diese Informationen aus der Zeichenkette extrahiert und entsprechend interpretiert.

> Bitte erkläre mir einmal, warum die Zeichen *CR* bzw. *LF* verwendet werden.

Der Grund liegt darin, dass auf diese Weise die Gegenstelle, also der Empfänger, erkennt, wann eine neue Datenzeile beginnt. Andernfalls bekämen wir einfach alle Zeichen hintereinander geliefert und müssten dann anhand der Start- bzw. Stopp-Kennung den Datenstrom entwirren, um auf eine einzelne Zeile zugreifen zu können. Zwar überprüfen wir, ob die Kennungen vorhanden sind, doch diese Überprüfung wird nur durchgeführt, um sicher zu gehen, dass die Daten korrekt übertragen wurden.

Benötigte Bauteile

Für dieses Beispiel benötigen wir die folgenden Bauteile:

Benötigte Bauteile

4 x bzw. 6 x Potentiometer z.B. 10K

Benötigte Bauteile

 Mehrere flexible Steckbrücken in unterschiedlichen Farben und Längen

Arduino-Sketch-Code

Da dein Arduino als Sende-Instanz arbeitet, schickt er mit dem folgenden Code alle ermittelten Pin-Informationen an die serielle Schnittstelle:

```
void setup(){
  Serial.begin(38400); // Übertragungsrate
}

void loop(){
  // Sende analoge Werte
  for(int i = 0; i <= 5; i++)
    Serial.println(normalize("A", i, analogRead(i)));
  // Sende digitale Werte
  for(int i = 0; i <= 13; i++)
    Serial.println(normalize("D", i, digitalRead(i)));
}

String normalize(String t, int pin, int value){
  String pinString = String(pin);
  String valueString = String(value);
  if(pin < 10)
    pinString = "0" + String(pin); // Wenn einstellig, dann führende
                                    // Null anfügen
  int count = 4 - valueString.length();
  for(int i = 0; i < count; i++)
    valueString = String("0") + valueString; // Führende Nullen
                                              // anfügen
  String r = String("S") + String(t) + String(pinString) +
             String(valueString) + String("E");
  return r; // Normalisierte Zeichenkette wird zurückgeliefert
}
```

Arduino-Code-Review

Du siehst, dass wir in diesem Sketch mit einer Übertragungsrate von *38400 Baud* arbeiten, damit die Daten möglichst schnell zum Empfänger gelangen. In der *loop*-Schleife werden nacheinander alle analogen bzw. digitalen Eingänge abgefragt und zur Übertragung über die *normalize*-Funktion aufbereitet. In dieser werden *Daten-*

typ, *Pin-Nummer* und *Pin-Wert* zusammengefügt und am Schluss mit einer *Start-* bzw. *Ende-Kennung* versehen, so dass das Paket im Anschluss für das Versenden bereit ist. Es wird darauf geachtet, dass die *Pin-Nummer* immer *2-stellig* und der *Pin-Wert* immer *4-stellig* ist. Das erleichtert das Interpretieren der Daten auf Empfängerseite.

Processing-Sketch-Code

Der Processing-Sketch-Code ist schon etwas umfangreicher, da er neben der Interpretation des Datenstroms auch noch für die Visualisierung der Daten verantwortlich ist. Dieser Code-Abschnitt ist der umfangreichste. Um nicht für jede einzelne analoge Scrollbar den Code duplizieren zu müssen, habe ich eine Klasse entwickelt, die als Bauplan für mehrere Anzeigen dient. Ich zeige dir am besten zuerst die Klassendefinition und anschließend den eigentlichen Aufruf im Hauptsketch.

Klassendefinition

```
class Scrollbar{
  // Felder
  PFont myFont;           // Font zur Darstellung von Textinformation
  String scrollbarName;   // Name der Scrollbar
  int xPos, yPos, scrollbarWidth, scrollbarHeight; //
                                           // Dimensionsinformationen
  color bgColor;          // Hintergrundfarbe
  // Konstruktor
  Scrollbar(String name, int x, int y, int sbW, int sbH, color c){
    scrollbarName = name;
    xPos = x; yPos = y;
    scrollbarWidth = sbW; scrollbarHeight = sbH;
    bgColor = c;
    myFont = createFont("Courier New", 12, false);
    textFont(myFont, 12);
  }
  // Methoden
  void drawScrollbar(int value){
    float s = scrollbarWidth / 1024.0; // Faktor für 100er-
                                       // Markierungen
    float recalcValue = map(value, 0, 1023, 0, scrollbarWidth - 2);
    fill(bgColor); // Hintergrundfarbe setzen
    stroke(255);   // Linienfarbe auf weiß
    rect(xPos, yPos, scrollbarWidth, scrollbarHeight); // Rechteck
                                                       // zeichnen
    stroke(255, 0, 0); strokeWeight(2);
    line(xPos + 1 + recalcValue, yPos + 1,
```

```
           xPos + 1 + recalcValue, yPos - 15 + scrollbarHeight);
    strokeWeight(1); // Strichstärke 1 Punkt
    fill(255); // Textfarbe
    text(scrollbarName, xPos, yPos - 5); // Scrollbar-Namen ausgeben
    // Value in der Anzeige löschen
    fill(0); noStroke();
    rect(textWidth(scrollbarName) + 20, yPos - 16, 50, 15);
    fill(255, 0, 0); // Textfarbe
    text(value, xPos + textWidth(scrollbarName) + 1, yPos - 5);
    stroke(255, 255, 0);
    for(int i = 100; i <=1000; i+=100) // Markierungen zeichnen
      line(xPos + 1 + i * s, yPos + scrollbarHeight, xPos + 1 + i * s,
yPos + scrollbarHeight - 10);
  }
}
```

Haupt-Sketch

```
import processing.serial.*;
String portStream;
Serial meinSeriellerPort;
Scrollbar myScrollbar0, myScrollbar1, myScrollbar2, myScrollbar3,
myScrollbar4, myScrollbar5;

void setup(){
  size(400, 400);
  println(Serial.list());
  meinSeriellerPort = new Serial(this, Serial.list()[1], 38400);
                                          // ggf. anpassen!
  meinSeriellerPort.bufferUntil('\n');
  background(0);
  myScrollbar0 = new Scrollbar("Analog Pin 0:", 20, 20, 350, 35,
                               color(89, 7, 243 ));
  myScrollbar1 = new Scrollbar("Analog Pin 1:", 20, 80, 350, 35,
                               color(120, 207, 120));
  myScrollbar2 = new Scrollbar("Analog Pin 2:", 20, 140, 350, 35,
                               color(40, 50, 120));
  myScrollbar3 = new Scrollbar("Analog Pin 3:", 20, 200, 350, 35,
                               color(120, 120, 120));
  myScrollbar4 = new Scrollbar("Analog Pin 4:", 20, 260, 350, 35,
                               color(80, 207, 20));
  myScrollbar5 = new Scrollbar("Analog Pin 5:", 20, 320, 350, 35,
                               color(120, 90, 90));
}

void draw (){
  char dataType;
  int pin, value;
  if(portStream != null){
    if(portStream.length() == 11 && // Stimmt die Länge von 11 Zeichen?
```

```
        portStream.charAt(0)== 'S' && // Ist die Start-Kennung vorhanden?
        portStream.charAt(8)== 'E'){  // Ist die Ende-Kennung vorhanden?
          dataType = portStream.charAt(1);        // Datentyp extrahieren
          pin = int(portStream.substring(2, 4));  // Pin-Nummer extrahieren
          value = int(portStream.substring(4, 8)); // Pin-Wert extrahieren
          if(dataType == 'A'){ // Ist der Datentyp Analog?
            if(pin == 0) // Analog Pin 0
              myScrollbar0.drawScrollbar(value);
            if(pin == 1) // Analog Pin 1
              myScrollbar1.drawScrollbar(value);
            if(pin == 2) // Analog Pin 2
              myScrollbar2.drawScrollbar(value);
            if(pin == 3) // Analog Pin 3
              myScrollbar3.drawScrollbar(value);
            if(pin == 4) // Analog Pin 4
              myScrollbar4.drawScrollbar(value);
            if(pin == 5) // Analog Pin 5
              myScrollbar5.drawScrollbar(value);
          }
        }
    }
}

void serialEvent(Serial meinSeriellerPort){
  portStream = meinSeriellerPort.readString();
}
```

Damit der Processing-Sketch auf die korrekte serielle Schnittstelle zugreift, habe ich mit der Zeile

```
println(Serial.list());
```

alle zur Verfügung stehenden *COM-Ports* ausgeben lassen. Das Ergebnis war bei mir folgendes:

```
[0] "COM4"
[1] "COM5"
```

Da auf Arduino-Seite bei mir momentan *COM5* aktiviert ist – dass kann sich übrigens zwischenzeitig ändern, wenn gerade ein *COM*-Port anderweitig verwendet wird – hat dieser die Index-Nummer *1*. Deshalb habe ich in der Zeile

```
meinSeriellerPort = new Serial(this, Serial.list()[1], 38400);
```

den Wert *1* in den eckigen Klammern eingesetzt. Wenn das bei dir ein anderer Port ist, musst du den Index-Wert dort entsprechend anpassen.

Processing-Code-Review

Im Haupt-Sketch werden durch Instanziierungen wie z.B.

```
Scrollbar myScrollbar0,...
myScrollbar0 = new Scrollbar("Analog Pin 0:", 20, 20, 350, 35,
color(89,7,243));
```

Scrollbar-Objekte generiert. Der Konstruktor nimmt alle erforderlichen Argumente entgegen, um die *Scrollbar* zu erstellen:

- Argument 1: *20* = x-Position der linken oberen Ecke der Scrollbar
- Argument 2: *20* = y-Position der linken oberen Ecke der Scrollbar
- Argument 3: *350* = Breite der Scrollbar
- Argument 4: *35* = Höhe der Scrollbar
- Argument 5: *color(89, 7, 243)* = RGB-Wert der Scrollbar-Hintergrundfarbe

Über die Methode

```
myScrollbar0.drawScrollbar(value);
```

wird dann die *Scrollbar* im Ausgabefenster von *Processing* dargestellt.

Eine Bemerkung am Rande

Man kann den Processing-Sketch übrigens in eine Java-Anwendung exportieren, die dann ohne die Processing Entwicklungsumgebung lauffähig ist. Du musst lediglich den Menüpunkt *Export Application* in Processing aufrufen.

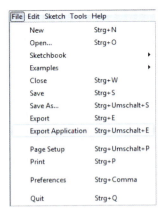

Im Anschluss öffnet sich ein Dialogfenster, in dem du die auswählen kannst, für welche Platform (Windows, Mac bzw. Linux) die Anwendung(en) erstellt werden soll(en).

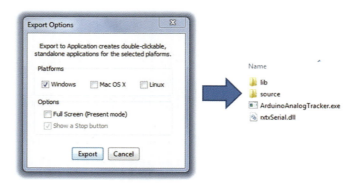

Danach wird im Projektverzeichnis eine neue Verzeichnisstruktur erstellt, die alle Dateien enthält, die erforderlich sind, um die Anwendung zu starten.

Der Schaltungsaufbau

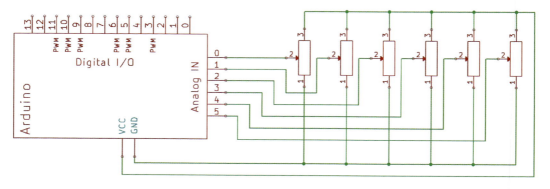

Abbildung 27-3 ▲
Beschaltung der 6 analogen Eingänge

Troubleshooting

Sollten sich beim Verändern der Potentiometerwerte die Scrollbar-Anzeigen nicht bewegen, dann schließe das Processing-Ausgabefenster, öffne den *Serial-Monitor* von Arduino und stelle hier die korrekte Baudrate ein. Du solltest dann den Datenstrom beobachten können, der ungefähr wie folgt aussieht:

SD090000E
SD100000E

Projekt 27: Data Monitoring

```
SD110000E
SD120000E
SD130000E
SA000169E
SA010254E
SA020527E
SA030354E
SA040358E
...
```

Jede Zeile weist einen unterschiedlichen Inhalt auf, doch die Länge *muss* immer konstant sein. Sender und Empfänger müssen über die gleiche Übertragungsrate verfügen, da andernfalls nur kryptische Zeichen angezeigt werden. Falls diesbezüglich ein Problem auftritt, kontrolliere die Verkabelung und die Sketche von Arduino und Processing auf Korrektheit.

Was hast du gelernt?

- Du hast in diesem Kapitel erfahren, wie man ein Übertragungsprotokoll selbst entwickeln kann, um damit unterschiedliche Daten über ein Medium – hier die serielle Schnittstelle – zu verschicken.
- Die fantastischen Möglichkeiten von Processing haben wir dazu genutzt, abstrakte Daten zu visualisieren und deren zeitliche Veränderungen zu erkennen.

Workshop

Erweitere deinen Sketch so, dass dein *Analog-Tracker* zu einem *Combi-Tracker* wird. Er soll also *analoge* wie auch *digitale* Signale darstellen können. Ich habe dazu schon einmal die erforderliche *Processing*-Klasse geschrieben, und die Ausgabe der digitalen Pins sieht bei mir wie folgt aus:

Du kannst jeden einzelnen digitalen Pin mit einer Hintergrundfarbe und einer Pin-Nummer versehen. Der Übersicht halber habe ich nur die Pins von 2 bis 10 abgebildet. Das kann natürlich nach Belieben verändert werden. Füge dem *Processing*-Sketch die folgende Klasse hinzu:

```
class Circles{
  // Felder
  PFont myFont;           // Font zur Darstellung von Textinformation
  String circleName;      // Name des Objektes
  int xPos, yPos;         // Positionsinformation
  color bgColor;          // Hintergrundfarbe
  // Konstruktor
  Circles(String name, int x, int y, color c){
    circleName = name;
    xPos = x; yPos = y;
    bgColor = c;
    myFont = createFont("Courier New", 12, false);
    textFont(myFont, 12);
  }
  // Methoden
  void drawCircles(int value){
    ellipseMode(CORNER);
    fill(255); // Textfarbe
    text(circleName, xPos + 6, yPos - 10); // Name des Objektes anzeigen
    fill(0); noStroke(); // Hintergundinformation zum Löschen der
                         // Farbe
    rect(xPos, yPos, 20, 20); // Löschen der Farbe
    stroke(255, 0, 0);
    if(value == 0) noFill(); // Ist Wert = 0, dann keine Füllung
    else fill(bgColor);      // Ist Wert <> 0, dann Füllung mit
                             // Hintergrundfarbe
    ellipse(xPos, yPos, 20, 20); // Kreis zeichnen
  }
}
```

Die Instanziierung der Klasse zeige ich dir ansatzweise an einen Beispiel. Den Rest musst du natürlich selbst entwickeln und weiterführen. Hier die Zeile für die globale Deklaration:

```
Circles DigPin2, ...
```

Diese Zeile platzierst du innerhalb der *setup*-Funktion:

```
DigPin2 = new Circles("2", 20, 400, color(255, 255, 0, 150));
```

Jetzt musst du die Abfrage innerhalb der *draw*-Funktion von *Processing* erweitern. Bisher haben wir lediglich den Datentyp *analog* herausgefiltert. Wie musst du den Sketch erweitern, damit auch digitale Datentypen selektiert werden, um anschließend die Methode der *Circles*-Klasse aufzurufen? Jetzt bist du dran!

Tipp

Wenn du nicht für jeden digitalen Eingang einen *Pulldown*-Widerstand verwenden möchtest, kannst du die internen *Pullup*-Widerstände aktivieren. Wie das funktioniert, weißt du bereits.

> Die von dir entwickelte Frontplatte mit Shield möchte ich auch nachbauen. Wie mache ich das?

Ich habe dir absichtlich keine Bauanleitung bzw. Maße für die Bohrungen gegeben. Die Maße für *Frontplatte* und *Shield* entsprechen denen aus vorangegangenen Kapiteln. Versuche dich einmal selbst daran. Besorge dir entsprechend kleine Potentiometer und platziere sie so auf der Frontplatte, dass sie sich nicht gegenseitig behindern. Also nicht einfach Löcher bohren und hoffen, dass es passt! Fertige einen Plan mit den Maßen und den Abständen der Löcher zum Rand bzw. untereinander an, dann wird sicher alles funktionieren.

Der Arduino-Talker

Projekt 28

Scope

In diesem Experiment behandeln wir folgende Themen:
- Die Ansteuerung des Arduino-Boards über C#
- Der komplette Sketch
- Analyse des Schaltplans
- Aufbau der Schaltung
- Workshop

Der Arduino-Talker

Ich finde es immer sehr spannend, wenn eine Kommunikation zwischen unterschiedlichen Baugruppen oder verschiedenen Programmiersprachen stattfindet. Das ist manchmal mit einigen Schwierigkeiten verbunden, doch sind diese einmal gelöst und überwunden, dann macht es doppelt so viel Spaß. In diesem Kapitel möchte ich dir zeigen, wie du über die serielle Schnittstelle mittels *Serial-Monitor* dein Arduino-Board steuern kannst. Außerdem stelle ich dir ein C#-Programm vor, mit dem du über eine komfortable Oberfläche Steuerbefehle absetzen kannst, einfach um das Ganze etwas einfacher zu handhaben. Mit Hilfe der *C# 2010 Express-Edition*, die kostenlos von der Microsoft- Internetseite heruntergeladen werden kann, habe ich diese Anwendung programmiert.

Das könnte wichtig für dich sein

Hier ein paar Begriffe für die Suchmaschine, die dir sicherlich weitere interessante Informationen liefern:
- C#
- C# 2010 Express

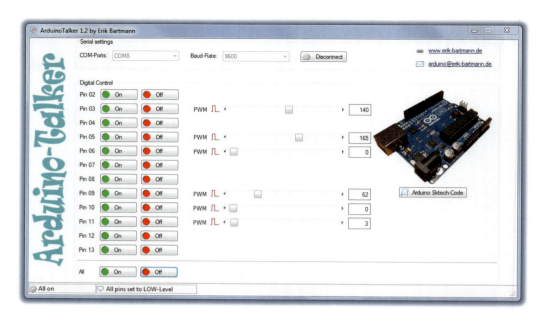

Abbildung 28-1 ▲
Der Arduino-Talker (in C# programmiert)

Über mehrere Schaltflächen und Schieberegler kannst du die digitalen Ausgänge deines Arduino-Boards bequem manipulieren. Da *RX* und *TX* ja manchmal Probleme bereiten, habe ich mich dabei auf die Pins von *2* bis *13* konzentriert. Zur Demonstration der Funktionalität ist das vollkommen ausreichend. Im oberen Bereich *COM-Port Settings* kannst du dir die zur Verfügung stehenden *COM-*Ports anzeigen lassen und *den* Port auswählen, den Arduino zur seriellen Kommunikation nutzen soll. Über diesen Weg wollen wir ihn steuern. Im Bereich *Digital-Control* findest du die einzelnen *On/Off-*Schaltflächen, die die Pegel an den digitalen Ausgänge ändern. Wie du weißt, haben einige Ausgänge *PWM-*Funktionalität, und deshalb befinden sich rechts neben den entsprechenden Pins Schieberegler, mit denen du das *PWM-*Signal beeinflussen kannst: ganz links bedeutet *0%* und ganz rechts *100%*. Natürlich kannst du zum erstmaligen Experimentieren die Anzahl der benötigten LEDs auf ein Breadboard stecken, doch ich habe mir zu diesem Zweck wieder ein Shield gebastelt, das mit *2* x LED-Baranzeigen ausgestattet ist. So kann ich auch für zukünftige Anzeigeexperimente immer mal wieder darauf zurückgreifen.

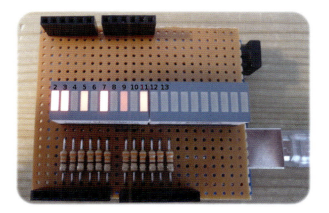

◀ **Abbildung 28-2**
Das Anzeige-Shield für die digitalen Ausgänge

Du kannst in dieser Abbildung erkennen, dass manche der angesteuerten LEDs in unterschiedlicher Helligkeit leuchten. LED *2, 3* und *7* leuchten sehr hell, wohingegen *5, 9* und *11* in unterschiedlicher Stärke leuchten. Diese LEDs liegen ganz zufällig an *den* Pins, an denen eine *PWM*-Steuerung möglich ist. Die Regelung wurde mit den Schiebereglern der C#-Anwendung realisiert.

Benötigte Bauteile

Für dieses Beispiel benötigen wir die folgenden Bauteile:

Benötigte Bauteile	
	12 x rote LED (oder *2* x LED-Baranzeigen wie aus Kapitel *Digitale Porterweiterung Teil 2*)
	12 x Widerstand *330*
	1 x Shieldplatine

Der Arduino-Talker

Benötigte Bauteile

 1 x Set stapelbare Buchsenleisten (*2 x 8 + 2 x 6*)

 Litze in ggf. unterschiedlichen Farben

Sketch-Code

Der folgende Sketch fragt regelmäßig die serielle Schnittstelle ab, um ggf. auf den auflaufenden Datenstrom – auch *Stream* genannt – reagieren zu können. Nicht jeder Zeichenstrom hat eine Auswirkung auf die angeschlossenen LEDs. Das *Übertragungsprotokoll* muss stimmen. Im Kapitel *Data-Monitoring* wurden Informationen vom Arduino an eine andere Applikation (Processing) geschickt, um dort die ermittelten Sensordaten zu visualisieren. Jetzt gehen wir den entgegengesetzten Weg, indem wir Informationen mittels eines Terminalprogramms (*Serial-Monitor*) über die serielle Schnittstelle oder mittels einer Applikation – hier C# – an das Arduino-Board schicken, um dort die digitalen Ausgänge zu steuern.

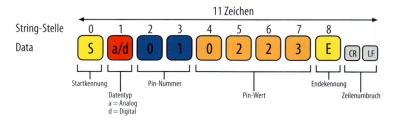

Hier siehst du einige Beispiele, die über den *Serial-Monitor* an das Arduino-Board gesendet werden:

Abbildung 28-3 ▶
Digitaler Pin 03 wird auf HIGH-Pegel gesetzt

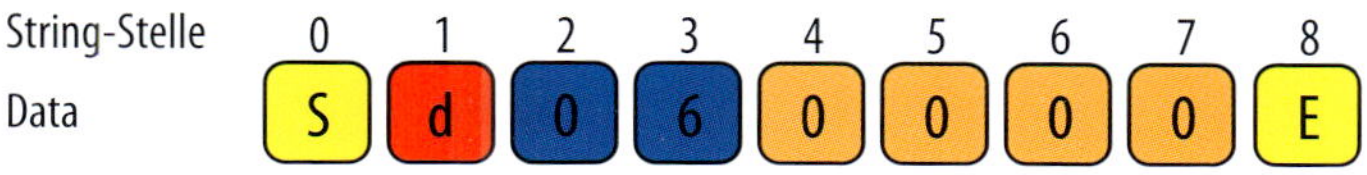

String-Stelle	0	1	2	3	4	5	6	7	8
Data	S	d	0	6	0	0	0	0	E

◀ **Abbildung 28-4**
Digitaler Pin 06 wird auf LOW-Pegel gesetzt

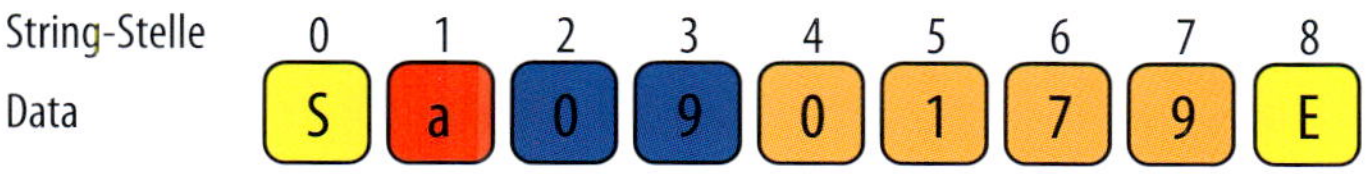

String-Stelle	0	1	2	3	4	5	6	7	8
Data	S	a	0	9	0	1	7	9	E

◀ **Abbildung 28-5**
Digitaler Pin 09 wird als analoger Ausgang mit PWM-Signal 179 versehen.

```
#define ARRAY_SIZE 12
#define StartTag   83   // S-Zeichen
#define EndTag     69   // E-Zeichen
#define DigitalTag 100  // d-Zeichen
#define AnalogTag  97   // a-Zeichen

int ArduPin = 0;        // Arduino-Pin
int ArduValue = 0;      // Arduino-Value
int PinArray[ARRAY_SIZE] = {2, 3, 4, 5, 6, 7, 8, 9, 10, 11, 12, 13};
int bufferCount;        // Anzahl der eingelesenen Zeichen
char buffer[20];        // Serial Input-Buffer

void setup(){
  Serial.begin(9600);
  for(int i = 0; i < ARRAY_SIZE; i++)
    pinMode(PinArray [i], OUTPUT);
}

void loop(){/* leer */}

void serialEvent(){
  char ch = Serial.read();
  buffer[bufferCount] = ch;
  bufferCount++;
  if(ch == 13)
    evalSerialData();
}

void evalSerialData(){
  // Start: S=83, End: E=69
  // buffer[1]: Type (d: digital, a: analog)
  // buffer[2] + buffer[3] : Pin
  // buffer[4] bis buffer[7] : Value
  if((buffer[0] == StartTag) && (buffer[8] == EndTag))
  {
    Serial.println("S.......E Frame ok");
    // Pin berechnen
    ArduPin = (buffer[2] - 48) * 10 + (buffer[3] - 48);
```

Der Arduino-Talker

```
    // Pin-Wert berechnen
    ArduValue = (buffer[4] - 48) * 1000 +
                (buffer[5] - 48) * 100 +
                (buffer[6] - 48) * 10 +
                (buffer[7] - 48);
    // Digital
    if(buffer[1] == DigitalTag)
    {
      Serial.println("Type: digital");
      if(ArduValue == 0)
        digitalWrite(ArduPin, LOW);
      if(ArduValue == 1)
        digitalWrite(ArduPin, HIGH);
    }
    // Analog
    if(buffer[1] == AnalogTag){
      Serial.println("Type: analog");
      analogWrite(ArduPin, ArduValue);
    }
    Serial.print("Pin: ");
    Serial.println(ArduPin);
    Serial.print("Value: ");
    Serial.println(ArduValue);
    Serial.println("--------------------");
  }
  else{
    Serial.println("Error!");
    Serial.println("--------------------");
  }
  buffer[0] = '.'; buffer[8] = '.'; // Buffer invalid setzen
  bufferCount = 0;                  // Reset Buffer Counter
}
```

Code-Review

Für unser Experiment benötigen wir programmtechnisch gesehen die folgenden Variablen:

Tabelle 28-1 ▶
Benötigte Variablen und deren Aufgabe

Variable	Aufgabe
PinArray	Enthält die Pin-Nummern, an denen die LEDs angeschlossen sind
ArduPin	Bekommt die anzusprechende Pin-Nummer zugewiesen
ArduValue	Bekommt den Wert zugewiesen, der an den Pin geschickt werden soll
bufferCount	Anzahl der Zeichen im Input-Buffer
buffer	Serial Input-Buffer Array

Die *loop*-Funktion ist in unserem Sketch leer. Da drängt sich dir bestimmt die Frage auf, wie denn der Sketch auf etwaige eingehende Zeichen reagieren kann. Dies wird über eine sogenannte Event-Funktion mit dem Namen *serialEvent* der seriellen Schnittstelle ermöglicht. Sie wird immer genau *dann* aufgerufen, wenn Daten vorliegen:

```
void serialEvent(){
  char ch = Serial.read();
  buffer[bufferCount] = ch;
  bufferCount++;
  if(ch == 13)
    evalSerialData();
}
```

Die eingelesenen Zeichen werden in die Variable *ch* vom Datentyp *char* gespeichert und im Array *buffer* gespeichert. Die Index-Variable *bufferCount* zählt bei jedem erneut gelesenen Zeichen um den Wert *1* herauf, so dass alle Zeichen in das Array übertragen werden, bis die Eingabe mit der *Return*-Taste bestätigt wird. Der ASCII-Code für *CR* (**C**arriage **R**eturn) beträgt *13*. Dieser führt dazu, dass die *evalSerialData*-Funktion aufgerufen wird. Es erfolgt jetzt die Überprüfung hinsichtlich der Protokolldefinition. Diese Hürde muss genommen werden, damit die Daten eine Reaktion auf dem Arduino-Board hervorrufen können. Start- bzw. Endmarkierungen müssen sich an den richtigen Stellen befinden. In der Programmierung wird eine Markierung als *Tag* (*Täk* gesprochen) bezeichnet:

```
if((buffer[0] == StartTag)&&(buffer[8] == EndTag))
{ ... }
```

Wurde auch diese Herausforderung gemeistert, dann sind die Rahmenbedingungen erfüllt und die eigentlichen Netto-Informationen können extrahiert werden.

> Ich habe immer noch nicht so recht verstanden, warum du so einen Aufwand betreibst. Können die einzelnen Datenzeilen nicht ohne Längenanalyse bzw. Start- und Ende-Kennung einfach gelesen und ausgewertet werden?

Nun, *Ardus*, idealerweise würde das schon funktonieren. Doch leider herrscht in der Realität nicht immer der Idealfall. Bei der Übertragung können z.B. von außen Störsignale auf eine Übertragungsleitung einwirken oder es kann ein Wackelkontakt auftreten. All das führt zur Verfälschung der eigentlichen zu übertragenden Informationen. Natürlich ist das ganze Drumherum für unsere LED-Ansteuerung nicht unbedingt notwendig, doch wir wollen es von Anfang an richtig machen, und vielleicht musst du ja irgendwann einmal etwas entwickeln, bei dem gewisse Sicherheitsaspekte wichtig sind. Dann liegst du mit dem hier gezeigten Ansatz genau richtig. Kommen wir jetzt also zur Ermittlung der Pin-Information, die mittels des folgenden Codeabschnitts erfolgt:

```
ArduPin = (buffer[2] - 48) * 10 + (buffer[3] - 48);
```

An den Positionen 2 (Einerstelle) bzw. 3 (Zehnerstelle) ist die Nummer des anzusprechenden Pins hinterlegt.

> Soweit ist mir alles klar. Doch warum um Himmels Willen muss von jeder Stelle noch der Wert *48* subtrahiert werden? Das ist mir schleierhaft!

Das hat folgenden Grund: Bei der Übertragung werden *ASCII*-Zeichen übermittelt. *ASCII* steht für **A**merican **S**tandard **C**ode for **I**nformation **I**nterchange, der dazu dient, sowohl Ziffern als auch Zeichen zu kodieren. Da der Computer nur mit Zahlen jonglieren kann, müssen alle zu übertragende Zeichen in einen numerischen Wert konvertiert werden. Das zu übertragende Zeichen, das der *0* entspricht, lautet *48* (dezimal). Das für die Ziffer *9* lautet *57* dezimal). Um jetzt an den eigentlichen Wert zu gelangen, müssen wir von jedem Übertragungswert *48* subtrahieren.

▶▶ Das könnte wichtig für dich sein

Hier ein paar Begriffe für die Suchmaschine, die dir sicherlich weitere interessante Informationen liefern:

- ASCII
- ASCII Tabelle

Die Extrahierung des Pin-Wertes erfolgt in gleicher Manier:

```
ArduValue = (buffer[4] - 48) * 1000 +   // Tausenderstelle
            (buffer[5] - 48) * 100 +    // Hunderterstelle
            (buffer[6] - 48) * 10 +     // Zehnerstelle
            (buffer[7] - 48);           // Einerstelle
```

Bevor wir jetzt einen digitalen Pin auf deinem Arduino-Board ansprechen, muss noch ermittelt werden, ob ein digitaler Ausgang mit *HIGH-* bzw. *LOW-*Pegel versehen werden muss oder ob ein analoger Ausgang über *PWM* anzusprechen ist. Das wird mit den folgenden Zeilen ermöglicht:

```
// Digital
if(buffer[1] == DigitalTag){
  Serial.println("Type: digital");
  if(ArduValue == 0)
    digitalWrite(ArduPin, LOW);
  if(ArduValue == 1)
    digitalWrite(ArduPin, HIGH);
}
// Analog
if(buffer[1] == AnalogTag){
  Serial.println("Type: analog");
    analogWrite(ArduPin, ArduValue);
}
```

Wie du siehst, wird im digitalen Fall die *digitalWrite-*Funktion, im analogen Fall die *analogWrite-*Funktion bemüht. Du kannst die Funktionalität des Sketches bzw. der Schaltung sogar schon ohne die komfortable C#-Anwendung testen, denn es werden ja einfach nur in Abhängigkeit von der Aktion, die du ausführst, die richtigen Kommandos an die serielle Schnittstelle geschickt. Öffne doch den *Serial-Monitor* und gebe z.B. die folgenden Zeilen ein:

- Sa060018E
- Sd020001E

Schau' dir an, wie die LEDs reagieren. Die komplette C#-Anwendung mit einer detaillierten Beschreibung findest du auf meiner Internetseite. Leider kann ich diese Details aufgrund ihres Umfanges nicht in diesem Kapitel aufnehmen. Doch keine Bange: Ich werde eine *PDF-*Datei mit allen notwendigen Informationen erstellen sie zum Download zur Verfügung stellen.

> Ich habe irgendwie ein paar Probleme mit der Eingabe in den *Serial-Monitor*. Also, die Eingabe klappt schon, doch die Auswirkungen auf dem Arduino-Board bzw. auf die angeschlossenen LEDs sind nicht so, wie sie sein sollten. Was mache ich nur falsch?

Zeige mir doch einfach einmal deine Eingabe, die du gemacht hast. Vielleicht stimmt deine eingestellte Übertragungsrate nicht?

Der Arduino-Talker

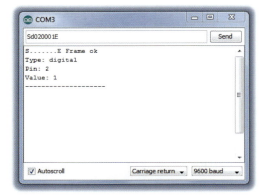

Ok, du wolltest als die LED an Pin 2 anschalten. Die Übertragungsrate von 9600 Baud stimmt mit der im Sketch überein.

■ **Achtung**

Links neben der *Drop-Down-Box* für die Übertragungsrate befindet sich eine weitere Liste, in der du Auswählen kannst, was nach dem Drücken der *RETURN*-Taste geschehen soll. Standardmäßig ist hier *No line ending ausgewählt*. Das bedeutet, dass nur die Zeichen übertragen werden, die du in der Eingabezeile eingetippt hast. Du musst jedoch den Eintrag

selektieren, so dass nach der Eingabebestätigung zusätzlich noch das Steuerzeichen für *Carriage-Return* übertragen wird. Andernfalls wird die *evalSerialData*-Funktion nicht aufgerufen.

Wie du siehst, erhältst du eine entsprechende Rückmeldung, wenn dein Befehl korrekt erkannt wurde. Wenn du versuchtst, etwas zu übertragen, dass nicht dem vereinbarten Protokoll entspricht, wird das mit einem Error quittiert.

■ **Achtung**

Der Sketch-Code für die C#-Anwendung für den *Arduino-Talker* wurde dahingehend modifiziert, dass alle Rückmeldungen an die serielle Schnittstelle entfernt wurden, da andernfalls die Anwendung recht träge reagieren würde. Die Funktionalität ist davon nicht betroffen! Du findest den Sketch-Code aber in der Anwendung selber.

Troubleshooting

Wenn die Steuerung deiner digitalen Ausgänge nicht funktioniert, überprüfe Folgendes:

- Ist die Verkabelung korrekt?
- Gibt es eventuell Kurzschlüsse untereinander?
- Ist bei Sender und Empfänger auch wirklich die gleiche Übertragungsrate eingestellt?
- Wurde die Groß- bzw. Kleinschreibung berücksichtigt, die ja hier einen Unterschied macht?

Was hast du gelernt?

- Du hast erfahren, wie du, wieder mittels Implementierung eines Übertragungsprotokolls, unterschiedliche Daten über die serielle Schnittstelle schicken kannst, um so dein Arduino-Board zu steuern.
- Das funktioniert sowohl über eine Eingabe in einem Terminal-Programm, wie hier dem *Serial-Monitor*, als auch über eine komfortable Anwendung mit einer grafischen Benutzeroberfläche. Das kurz gezeigte C#-Programm ist nur ein Beispiel für eine mögliche Realisierung, denn du kannst nahezu jede Programmiersprache verwenden, die einen Zugriff auf die serielle Schnittstelle ermöglicht.

Workshop

Ich habe folgende Idee, obwohl die Sache vielleicht etwas knifflig werden kann: Du weißt jetzt, wie du über die entsprechenden Steuerbefehle die digitalen bzw. analogen Ausgänge manipulieren kannst. Füge dem Sketch eine Funktionalität hinzu, mit der du einzelne LEDs unabhängig voneinander blinken lassen kannst. Verwende dazu den Kleinbuchstaben *b*. Du hast dann also die folgenden drei Möglichkeiten:

- **d** für digital
- **a** für analog
- **b** für blink

Hier zwei Beispiele:

- Sb020001E lässt die LED an Pin *2* blinken.

- Sb030000E stoppt im gegebenen Fall das Blinken der LED an Pin 3. Falls sie nicht blinkt, sondern kontinuierlich leuchtet, soll sie nun ausgehen.

Tipp

Du musst den Blink-Status jeder einzelnen LED irgendwie speichern und was bietet sich dazu wohl an? Vielleicht ein Array!? Du kannst Auf keinen Fall mit der *delay*-Funktion arbeiten. Falls du nicht mehr weißt, warum das nicht möglich ist, wirf nochmal einen Blick in das Kapitel *Das Blinken einer LED Teil 2* und frische dein Wissen auf.

Die drahtlose Kommunikation über Bluetooth

Scope

In diesem Experiment behandeln wir folgende Themen:

- Was ist Funk-Kommunikation
- Was ist Bluetooth
- Das Bluetooth-Shield
- Aufbau der Schaltung
- Workshop

Was ist Funk-Kommunikation?

Bisher hat unser Datenaustausch bzw. die Kommunikation zwischen Computer und Arduino-Board immer drahtgebunden über die serielle Schnittstelle stattgefunden. Das ist für viele unserer Experimente auch völlig ausreichend und es spricht nichts dagegen. Was aber, wenn du z.B. unseren *ArduBot* einen längeren Weg fahren lassen möchtest und die angeforderte Strecke die Länge des USB-Kabels übersteigt? Oder lasse ihn einmal zahlreiche Rotationen in die unterschiedlichsten Richtungen ausführen, dann wird das Kabel anschließend recht verzwirbelt sein. Eine Lösung wäre ein längeres USB-Kabel, doch die maximale Länge beträgt im Schnitt um die 5 bis 7 Meter, was auch vom angeschlossenen USB-Gerät abhängt. Ich denke, dass es jetzt an der Zeit ist, über eine *Funk-Kommunikation* nachzudenken. Diese drahtlose Art der Kommunikation ermöglicht einen flexiblen Datenaustausch zwischen Endgeräten, ohne lästiges und störendes Verlegen von zahllosen Strippen, in denen man sich regelmäßig verheddert. Natürlich gibt es hinsichtlich der Reichweite ebenfalls Beschränkungen, die von der abgestrahlten Sendeleistung abhängen. Eine dir sicherlich schon bekannte Funkverbindung dürfte das *WLAN* (Wireless-LAN) sein, das vielleicht dein Router bereitstellt. Das *WLAN* kann je nach Umgebungsbeschaffenheit schon einige Meter an Wegstrecke überbrücken, wobei Angaben von ca. *300 Metern* sicherlich nur im Freien unter sehr günstigen Bedingungen erreicht werden. Innerhalb von Gebäuden sieht die Sache schon viel schlechter aus. Zwischen benachbarten Räumen wird es auf jeden Fall besser funktionieren als über mehrere Etagen hinweg, bei denen sich im Boden wahre Abschirmgitter in Form von Stahlarmierungen befinden. Da verkürzt sich die Reichweite schon auf ca. *10 bis 20* Meter. Kommen wir jetzt zu einem Funkverfahren, das eher auf kurzer Distanz von *1* bis *100* Metern Verwendung findet. Es nennt sich *Bluetooth*. Da sich *Bluetooth* und *WLAN* das gleiche Frequenzband von *2,4* GHz teilen, kann es u.U. zu Störungen durch Überlagerungen kommen. Die Reichweite von *Bluetooth* hängt ebenfalls von der abgestrahlten Sendeleistung ab, wobei es drei Klassen gibt:

Tabelle 29-1 ▶
Bluetooth-Klassen mit Sendeleistung und Reichweite

Klasse	Sendeleistung	Reichweite
1	100 mW	ca. 100 Meter
2	2,5 mW	ca. 10 Meter
3	1 mW	ca. 1 Meter

Natürlich ist nicht nur der Sender für eine Reichweitenbeschränkung verantwortlich. Auch der Empfänger trägt maßgeblich dazu bei. Faktoren wie Antennenqualität und Empfänger-Empfindlichkeit spielen ebenfalls eine große Rolle.

▶▶ **Das könnte wichtig für dich sein**

Hier ein paar Begriffe für die Suchmaschine, die dir sicherlich weitere interessante Informationen liefern:

- Bluetooth
- WLAN

Genug der Vorrede, denn weitere und detailliertere Informationen findest du im Internet oder in spezieller Fachliteratur. Ich möchte dir jetzt ein interessantes und kostengünstiges Shield vorstellen, das wir für unsere drahtlose Kommunikation mit dem Arduino-Board verwenden werden.

▸ **Abbildung 29-1**
Das Bluetooth-Shield von ITead Studio in der Version 2.1

Wenn ich mir das *Bluetooth-Shield* so anschaue, dann verstehe ich zwar das Prinzip, doch wie und mit was kommt die Kommunikation zustande? Wie kann ich dann die empfangenen Daten auf dem Arduino abrufen? Da ist doch sicherlich wieder eine spezielle Library erforderlich – richtig!?

Das sind ganz naheliegende Fragen, *Ardus*, die ich mir zu Beginn ebenfalls gestellt habe. Die Sache stellt sich aber relativ einfach dar. Die Kommunikation kann mit jedem anderen Bluetooth-Gerät erfolgen, also z.B. mit einem *Bluetooth-Adapter*, den du an deinem Computer anschließen kannst, oder auch mit einem entsprechenden Smartphone.

▸ **Abbildung 29-2**
Der Bluetooth-Adapter für die USB-Schnittstelle

Das wirklich geniale bei der Kommunikation mit dem Arduino-Board ist die Tatsache, dass die ganze Kommunikation über die serielle Schnittstelle des Boards erfolgt und du somit keine spezielle Library hierfür benötigst. Außerdem steht dir nach der Installation des *Bluetooth-Adapters* an deinem Computer ein neuer *COM-Port* zur Verfügung. Du merkst bestimmt, worauf ich hinaus möchte. Wenn du jetzt ein Terminal-Programm wie z.B. *PuTTY* mit dem *COM-Port* des Bluetooth-Adapters verbindest und dort Befehle absetzt, werden diese über Bluetooth in den Äther geschickt. Wenn jetzt dein Arduino-Board mit dem *Bluetooth-Shield* versehen ist, können dort über die serielle Schnittstelle die gesendeten *PuTTY-*

Was ist Funk-Kommunikation?

Befehle empfangen und ausgewertet werden. In der folgenden Abbildung habe ich einmal versucht, den Datenfluss während der Kommunikation zu veranschaulichen, wobei der Datenfluss von links nach rechts erfolgt.

Abbildung 29-3 ▶
Der Bluetooth-Adapter sendet und das Bluetooth-Shield empfängt.

Im letzten Kapitel habe ich dich mit dem *Anzeige-Shield* vertraut gemacht – und das nicht ohne Grund. Denn nun möchte ich dir die Stapelmöglichkeit mehrerer Shields auf dem *Arduino-Board* vorstellen. In der folgenden Abbildung siehst du zuunterst das Arduino-Board mit dem aufgestecktem *Bluetooth-Shield*. Mit diesem Doppelpack wird die Funkverbindung hergestellt. Darauf wird jetzt noch das *Anzeige-Shield* gesteckt, denn die Anschlüsse, die vom *Arduino-Board* kommen, werden durch das *Bluetooth-Shield* hindurch nach oben geführt.

Abbildung 29-4 ▶
Das Arduino Sandwich mit Bluetooth- und Anzeige-Shield

Du kannst in der Abbildung erkennen, dass das Arduino-Sandwich vollkommen autark, also eigenständig, ohne eine Anbindung an deinen Computer arbeitet. Die Spannungsversorgung erfolgt über eine *9V*-Blockbatterie hergestellt. Alles Weitere erfolgt über die Funkverbindung mittels *Bluetooth*.

Das Bluetooth-Shield

Bisher habe ich lediglich die Themen *Bluetooth-Adapter* bzw. *Bluetooth-Shield* grob angerissen und ihre Funktionen ein wenig erläutert. Es ist nun an der Zeit, ein genauer auf diese Bauteile einzugehen. Ich fange einfach einmal mit dem *Bluetooth-Shield* an.

Dass wir für die eigentlich Kommunikation keine spezielle Library benötigen, weißt du bereits, weil alles über die beiden Pins *RX* bzw. *TX* der seriellen Schnittstelle des *Arduino-Boards* läuft. Dennoch müssen wir uns hier auch mit der eigentlichen Konfiguration des *Bluetooth-Shields* befassen, denn es gibt unterschiedliche Parameter, die es bei Bedarf anzupassen gilt.

Achtung

Ich sollte an dieser Stelle einen Umstand ansprechen, der für die Konfiguration von Shields über das *Arduino-Board* sehr wichtig ist. Viele Shields, so auch das hier vorliegende *Bluetooth-Shield*, werden über die serielle Schnittstelle des Arduino-Boards konfiguriert. Es kann deshalb u.U. notwendig sein, vor der Konfiguration den *AVR* vom *Arduino-Shield* vorsichtig zu entfernen. Warum? Nun, der *AVR* blockiert mit seinen *RX*- bzw. *TX*-Anschlüssen zeitweise die serielle Schnittstelle, so dass eine Kommunikation mit dem aufgesteckten Shield nicht möglich ist. Du kannst deinen *AVR* jedoch mit einem Leer-Sketch (auch *Null-Code* genannt) versorgen, der lediglich aus den notwendigen Funktionen *setup* und *loop* besteht, deren Inhalt jedoch leer ist. Also `void setup() {}` und `void loop(){}`.

Konfigurations-Modus

Auf dem *Bluetooth-Shield* befinden sich zwei kleine Schiebeschalter, die es in die richtigen Positionen zu setzen gilt.

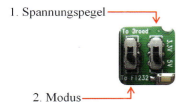

1. Spannungspegel
2. Modus

◀ **Abbildung 29-5**
Die hardwaremäßige Konfiguration des Bluetooth-Shield

Über den rechten Schiebeschalter kann die gewünschte Versorgungsspannung ausgewählt werden. In meinem Fall habe ich mich für *5V* entschieden und den Schalter nach unten geschoben. Der linke Schiebeschalter muss zur Konfiguration des Shields über die serielle Schnittstelle ebenfalls in die untere Position gesetzt werden. Er ist mit *To FT232* beschriftet, wodurch gekennzeichnet wird, dass im gegebenen Falle die Datenübertragung, die vormals über den *FTDI-Chip* (bei *Arduino-Duemilanove*) lief, jetzt über den *ATmega8U2* beim *Arduino-Uno* erfolgt.

Abbildung 29-6 ▶
Konfigurations-Modus des Bluetooth-Shields

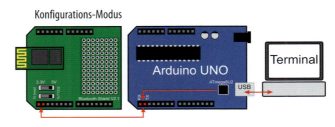

In diesem Fall wird das *Arduino-Board* als Schnittstelle zwischen einem Terminalprogramm wie z.B. *PuTTY* und dem *Bluetooth-Shield* genutzt.

Verbindung testen

Die Kommunikation mit dem *Bluetooth-Shield* erfolgt über sogenannte *AT*-Befehle. Um zu sehen, ob das Board auch reagiert, öffnest du den *Serial-Monitor* und legst als Übertragungsrate *9600* Baud fest. Jetzt gibst du einfach den Befehl *AT* ein und drückst die *RETURN*-Taste. Das Shield sollte mit *OK* reagieren. Das *Bluetooth-Shield* ist standardmäßig mit folgenden Parametern vorkonfiguriert:

Tabelle 29-2 ▶
Die Parameter des Bluetooth-Shields nach der Auslieferung

Parameter	Wert
Übertragungsrate	9600
Parität	N (None = keine)
Datenbits	8
Stoppbit	1
Pin-Code	1234

Anpassen der Übertragungsrate

Mit dem Befehl

```
AT+<Parameter>
```

kann die Baudrate angepasst werden. Der folgenden Tabelle kannst du entnehmen, welche Zeichenfolgen in die spitzen Klammern eingefügt werden können.

Tabelle 29-3 ▶
Übertragungsraten

<Parameter>	Übertragungsrate
BAUD1	1200
BAUD2	2400
BAUD3	4800
BAUD4	9600

<Parameter>	Übertragungsrate
BAUD5	19200
BAUD6	38400
BAUD7	57600
BAUD8	115200

Nach erfolgreicher Anpassung antwortet das Board z.B. mit *OK38400*. Jetzt darfst du natürlich nicht vergessen, für den *Serial-Monitor* ebenfalls die neue Übertragungsrate anzugeben, da ansonsten keine Kommunikation zustande kommen kann.

Änderung des Namens

Mit dem Befehl

`AT+NAME<EigenerName>`

kannst du deinem Shield einen eindeutigen Namen zuweisen. Das Shield reagiert danach mit *OKsetname*.

Änderung der PIN

Mit dem Befehl

`AT+PIN<xxxx>`

kann der Pin-Code geändert werden. Er wird immer vierstellig vergeben. Den Pin-Code solltest du nach Möglichkeit nicht vergessen! Nach erfolgreicher Anpassung erfolgt die Meldung *OKsetPIN*.

Arbeits-Modus

Wurde die Konfiguration abgeschlossen, muss der linke Schiebeschalter in die Position *To Board* (auf dem Shield steht *Broad*) gebracht werden. Anders als beim Konfigurations-Modus erfolgt der Datenfluss hier so, wie er in der folgenden Abbildung zu sehen ist:

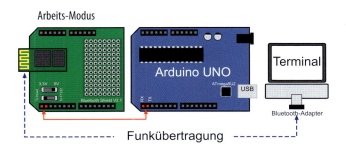

◀ **Abbildung 29-7**
Arbeits-Modus des Bluetooth-Shields

Jeglicher Datentransfer erfolgt jetzt über die Funkstrecke und gelangt auf diesem Weg über das *Bluetooth-Shield* zur seriellen Schnittstelle deines Arduino-Boards.

> Wenn ich mir das letzte Bild so anschaue, dann kommt bei mir eine Frage auf. Das Terminalprogramm muss doch zu einem *COM-Port* eine Verbindung aufnehmen? Ist das der gleiche Port, den auch der *Serial-Monitor* verwendet?

Nein, *Ardus*, natürlich nicht. Der *COM-Port* des *Serial-Monitors* geht doch direkt zum Arduino-Board. Dabei handelt es sich um eine kabelgebundene Kommunikation. Wir wollen jedoch über eine Funkstrecke kommunizieren, und dazu benötigen wir zusätzlich noch den *Bluetooth-Adapter*. Dieser Adapter kann *Bluetooth-Geräte* – wie z.B. dein *Bluetooth-Shield* – in der näheren Umgebung erkennen und fügt sie deinem System hinzu, so dass sie von da an über Funk angesprochen werden können. Hat das Hinzufügen des *Bluetooth-Shields* funktioniert, dann wird auf deinem Computer ein neuer *COM-Port* bereitgestellt. Über diesen Port, der ja dein *Bluetooth-Shield* repräsentiert, nimmst du dann mit deinem Terminalprogramm Kontakt auf. Dazu kommen wir jetzt.

Der Bluetooth-Adapter

Verwechsle nicht das *Bluetooth-Shield* mit dem *Bluetooth-Adapter*. Der Adapter wird in den *USB*-Anschluss deines Computers gesteckt und kann nach erfolgreicher Treiberinstallation eine Funkverbindung zum *Bluetooth-Shield* aufnehmen. Dazu sind die nachfolgend beschriebenen Schritte erforderlich. Natürlich muss dein *Bluetooth-Shield* vorher auf dein Arduino-Board gesteckt werden, damit es mit Spannung versorgt wird, denn es soll ja nun über Funk erkannt werden. Andernfalls kannst du lange warten.

Hinzufügen eines neuen Bluetooth-Gerätes

Wenn ich den Menüpunkt *Gerät hinzufügen* in meiner *Bluetooth-Adapter-Installation* auswähle (dieser Punkt kann für deinen Adapter ggf. anders lauten), wird mir folgendes Dialogfenster angezeigt:

◀ **Abbildung 29-8**
Der Dialog »Gerät hinzufügen«

Du siehst, dass sich da ein Gerät anbietet, das sich *BT001* nennt. Ich hatte bei der Konfiguration meinem Shield genau diesen Namen gegeben. Wähle das Gerät aus und klicke auf die Schaltfläche *Weiter*, so dass der folgende Dialog angezeigt wird:

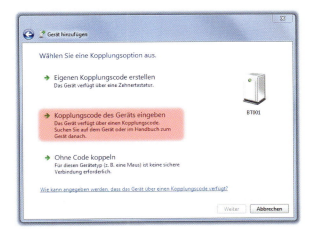

◀ **Abbildung 29-9**
Auswahl der Kopplungsoption

Wähle den Menüpunkt *Kopplungscode des Gerätes eingeben* aus, sodass der folgende Dialog aufgerufen wird, in dem du jetzt deinen Kopplungscode eingeben musst, der der Pin-Nummer entspricht.

Was ist Funk-Kommunikation?

Abbildung 29-10 ▶
Eingabe des Kopplungscodes

Nach einem Klick auf die Schaltfläche *Weiter* wird die Installation des neuen Gerätes abgeschlossen. Abschließend solltest du einen Blick in deinen *Gerätemanager* werfen, damit du siehst, welcher *COM-Port* hinzugekommen ist.

Siehe da, ich habe zwei neue *COM-Ports* erhalten, von denen *COM8* derjenige ist, den wir für das Terminalprogramm verwenden können, um jetzt Befehle an das *Bluetooth-Shield* bzw. das *Arduino-Board* per Funk zu versenden.

Benötigte Bauteile

Für dieses Beispiel benötigen wir die folgenden Bauteile:

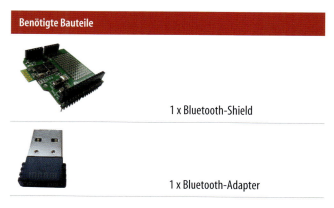

Benötigte Bauteile

1 x Anzeige-Shield aus dem letzten Kapitel (zum Aufstecken auf das BT-Shield)

Sketch-Code

Der Sketch-Code ist der gleiche, den wir im Kapitel *Arduino-Talker* verwendet haben. Du musst ihn nicht anpassen. Wir haben ja lediglich die Eingabe der Befehle vom drahtgebundenen *Serial-Monitor* auf die *Bluetooth-Ebene* verlagert. Am Protokoll hat sich nicht geändert, sondern lediglich am Übertragungsmedium.

Abschicken der Befehle über Bluetooth

Jetzt ist es an der Zeit, unsere Bluetooth-Strecke in Betrieb zu nehmen. Öffne ein Terminalprogramm deiner Wahl, vielleicht *PuTTY*, und stelle eine Verbindung zu deinem neuen *Bluetooth-COM-Port* her, der in meinem Fall *COM8* ist. Zuerst habe ich in *PuTTY* die richtige Konfiguration eingestellt. Wähle die betreffenden Einstellungen genau so aus, wie du es im markierten Bericht in der nachfolgenden Abbildung siehst.

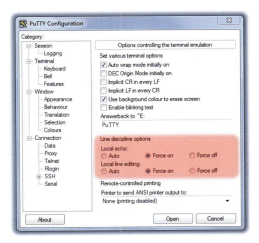

◀ **Abbildung 29-11**
PuTTY-Konfiguration (Terminal)

Was ist Funk-Kommunikation?

Dann öffnest du eine serielle Verbindung (*Serial connection*), indem du die folgenden Werte in den Dialog einträgst.

Abbildung 29-12 ▶
PuTTY-Konfiguration (Serial)

Wenn du dann auf die Schaltfläche *Open* klickst, öffnet sich das *PuTTY*-Eingabefenster, wo ich schon einmal in die erste Zeile etwas eingetragen und mit *RETURN* bestätigt habe:

Abbildung 29-13 ▶
PuTTY-Eingabe

> Mir fällt da gerade etwas ein. Kann ich nicht auch den im letzten Kapitel vorgestellten *Arduino-Talker* zur Bluetooth-Kommunikation nutzen? Dann müsste ich nicht immer die umständlichen Befehlszeilen eingeben.

Ja sicher, *Ardus*, das geht auch. Verbinde dich statt mit dem eigentlichen Arduino-*COM-Port* jetzt mit dem Bluetooth-*COM-Port*. Dann erfolgt die Kommunikation mit dem *Arduino-Talker* per Funk.

Troubleshooting

Wenn die Steuerung deiner digitalen Ausgänge nicht funktioniert, überprüfe Folgendes:

- Ist die Verkabelung korrekt?
- Gibt es eventuell Kurzschlüsse untereinander?
- Achte darauf, immer den richtigen *COM-Port* zu verwenden. Ich habe da auch schon einmal etwas durcheinander gebracht und dann den Fehler an der falschen Stelle gesucht.
- Falls du ein anderes Terminalprogramm als *PuTTY* zur Eingabe verwenden möchtest, überprüfe zuerst die Korrektheit der Konfiguration. Manchmal musst du einfach ein wenig herumprobieren, um die richtigen Parameter zu finden.

Was hast du gelernt?

- Du hast erfahren, wie die Funkkommunikation über Bluetooth funktioniert.
- Wir haben die im letzten Kapitel verwendeten Kommandos für die Eingabe in ein Terminalprogramm, im vorliegenden Fall *PuTTY*, verwendet, um per Funk das Anzeige-Shield zu steuern.

Workshop

Versuche doch einmal per Bluetooth-Verbindung einem Piezo-Element verschiedene Töne zu entlocken. Vielleicht musst du dazu das Protokoll ein wenig anpassen. Schreibe doch ein eigenes, denn meine Vorstellungen müssen nicht unbedingt deinen entsprechen. Die Hauptsache ist, dass nachher Schaltung und Sketch eine Einheit bilden und sich in einem regem Datenaustausch miteinander befinden.

Bluetooth und das Android-Smartphone

Projekt 30

Scope

In diesem Experiment behandeln wir folgende Themen:

- Wie kann ich über mein Smartphone mit *Android*-Betriebssystem über Bluetooth das Anzeige-Shield steuern?

Das Smartphone

Da Smartphones in der heutigen Zeit sehr verbreitet sind und eine enorme Bandbreite an Funktionen bieten – ja, man kann auch mit ihnen telefonieren – möchte ich dir zum Thema *Bluetooth* eine Möglichkeit vorstellen, über ein *App* der Firma *ITead Studio* unser Anzeige-Shield zu steuern. Als *App* bezeichnet man übrigens eine Anwendung, die auf einem Smartphone ausgeführt werden kann. Die genannte Firma ist auch Anbieter des verwendeten *Bluetooth-Shields* und stellt auf ihrer Internetseite eine *App* für das Betriebssystem *Arduino* zum freien Download zur Verfügung. Sie nennt sich *ITead BT Debugging Assistant*. Wenn du genau diese Bezeichnung bei *Google* eingibst, dann wirst du zum entsprechenden Download-Link geführt.

◀ **Abbildung 30-1**
Das Smartphone mit der Bluetooth-App »ITEAD BT Debugging Assistant«

Nach der Installation und dem Start der *App* siehst du die oben gezeigte Abbildung. Wir gehen die einzelnen Schritte zur Verbindungsaufnahme einmal durch.

Schritt 1: (Suchen des Bluetooth-Shields)

Zu Beginn muss die *App* natürlich dein *Bluetooth-Shield* im Äther ausfindig machen. Tippe dazu auf die *Search Device* Schaltfläche. Nach einiger Zeit meldet sich das Shield mit der entsprechenden Kennung.

Abbildung 30-2 ▶
Die App hat das Bluetooth-Shield gefunden (Der Name lautet BT001)

Schritt 2: (Bluetooth-Device auswählen)

Mit dem Finger wählst du dann das erkannte Bluetooth-Device aus.

Schritt 3: (Eingabe des Kommandos)

Nach der Auswahl des Bluetooth-Gerätes erscheint die folgende Anzeige, in der du das gewünschte Kommando eingeben kannst:

Abbildung 30-3 ▶
Die Eingabe des Kommandos an das Bluetooth-Shield

Achte darauf, dass das Häkchen *Send as New Line* ausgewählt ist. Dadurch wird veranlasst, dass ein *CR* an den Sendetext angehängt wird, da es ansonsten Probleme mit dem Protokoll gibt. Wenn du die Schaltfläche *Send* angetippt hast, kannst du die Rückmeldung in der Anzeige sehen. Ich möchte dich an dieser Stelle mit einem neuen Sketch vertraut machen, der die Befehlsübertragung vielleicht vereinfacht. In meinem Smartphone kannst du die Eingabezeile *Sd2=1* sehen. Nachfolgend einige mögliche Eingaben:

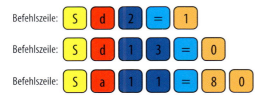

◀ **Abbildung 30-4**
Beispieleingaben für das Smartphone

Die erste Befehlszeile setzt den digitalen Pin *2* auf *HIGH*-Pegel. Die zweite den Pin *13* auf *LOW*-Pegel und die dritte den digitalen Pin *11* mit einem *PWM*-Wert von *80*. Du siehst, dass du mit ganz einfachen Mitteln – natürlich musst du ein Smartphone besitzen – per Bluetooth Befehle an dein Shield senden kannst. Doch schauen wir uns dazu einmal den Sketch-Code genauer an, der übrigens von *Michael Margolis* beigesteuert wurde, der Autor des Buches *Arduino Cookbook* ist. Ich habe den Sketch lediglich leicht angepasst. An dieser Stelle noch einmal vielen Dank für deine Unterstützung, Michael.

```
#define StartTag    "S"  // S-Zeichen
#define DigitalTag  'd'  // d-Zeichen
#define AnalogTag   'a'  // a-Zeichen

#define ARRAY_SIZE 12

int ArduPin = 0;        // Arduino-Pin
int ArduValue = 0;      // Arduino-Value
int PinArray[ARRAY_SIZE] = { 2, 3, 4, 5, 6, 7, 8, 9, 10, 11, 12, 13};

void setup(){
  Serial.begin(9600);
  for(int i = 0; i < ARRAY_SIZE; i++)
    pinMode(PinArray[i], OUTPUT);
}

void loop(){
  if(Serial.find(StartTag))
  {
    while(Serial.available() < 1); // Warten bis Zeichen kommen
    char type = Serial.read();     // d (digital) oder a (analog)
```

```
    ArduPin   = Serial.parseInt(); // Pin-Nummer ermitteln
    ArduValue = Serial.parseInt(); // Wert ermitteln
    if(type == DigitalTag)
    {
      if(ArduValue == 0)
        digitalWrite(ArduPin, LOW);
      else
        digitalWrite(ArduPin, HIGH);
    }
    else if(type == AnalogTag)
      analogWrite(ArduPin, ArduValue);
  }
}
```

Wir sollten unser Augenmerk auf die *loop*-Funktion lenken, denn da spielt die Musik. Über die *find*-Methode der *Serial*-Klasse wird der Eingabestrom nach dem *StartTag* durchsucht. Falls es nicht erkannt wird, passiert erst einmal gar nichts. Ist das *StartTag* jedoch Teil des Eingabestroms, dann wird der nachfolgende Befehlsblock betreten. Über die *available*-Methode wird jetzt solange gewartet, bis weitere Daten eingehen. Das erste Zeichen wird in der Variablen *type* gespeichert und sollte entweder *d* (digital) bzw. *a* (analog) sein, damit eine spätere Reaktion ausgelöst wird. Über die *parseInt*-Methode wird der nachfolgende Zeichenstrom ausgewertet und, falls es sich um Integerwerte handelt, in den entsprechenden Variablen *ArduPin* und *ArduValue* gespeichert. Jetzt kommt der festgestellte Typ der Variablen *type* ins Spiel und es wird entsprechend ein digitales oder ein analoges Signal interpretiert und entweder *HIGH*- bzw. *LOW*-Pegel gesetzt oder ein *PWM*-Signal ausgegeben.

Das ist schon sehr beeindruckend, doch gibt es nicht eine komfortablere Möglichkeit der Ansteuerung, ohne die ganzen Zeichen mühsam eingeben zu müssen? Ich meine so ähnlich wie beim *Arduino-Talker*. Der hat doch auch eine schöne Benutzeroberfläche, die man bloß entsprechend anklicken muss.

Du bist ja ganz schön verwöhnt, *Ardus*! Ich wollte dir doch nur zeigen, dass du über Bluetooth deines Smartphones die gleichen Kommandos absetzen kannst wie z.B. über ein Terminalprogramm. Aber schau' her. Ich habe einen solchen Einwand schon erwartet und deshalb in einer Nacht- und Nebelaktion eine spezielle *App* entwickelt.

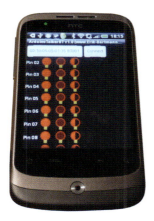

◀ **Abbildung 30-5**
Der Arduino-TalkerBT auf dem Smartphone

Die *App* mit dem Namen *Arduino-TalkerBT* an dieser Stelle zu erläutern würde ein wenig den Rahmen dieses Buches sprengen. Du kannst aber auf meiner Internetseite nachschauen. Dort findest du ein spezielles Kapitel mit detaillierten Informationen und einem Link zu einem Video, das dir die Funktion veranschaulicht. Du kannst LEDs ein- bzw. ausschalten oder sogar blinken lassen. Lass' deiner Kreativität freien Lauf und denke einmal darüber nach, was du auf diese Weise alles Steuern kannst.

> Sag mal, ist es eigentlich schwierig, eine *App* für ein Smartphone zu programmieren?

Nun, *Ardus*, das kommt immer darauf an, was du entwickeln möchtest und wie umfangreich das Projekt ist. Was würdest du davon halten, wenn ich dir sagte, dass das u.U. überhaupt nicht schwierig sein muss!? Wenn du das geeignete Werkzeug dazu an die Hand bekommst, dann ist vieles sogar – mit ein wenig Einarbeitung – relativ einfach umzusetzen. Du kannst zwei Wege beschreiten. Da gibt es zum einen das *Android Software Development Kit* (SDK), mit dem du über die *Eclipse-* Entwicklungsumgebung mittels *Java* alles programmieren kannst, was dein Herz begehrt. Das setzt natürlich voraus, dass du dich mit der Programmiersprache *Java* auskennst, was für einen Anfänger zusätzlichen Aufwand bedeuten kann, weil *Java* vielleicht nicht immer ganz einfach zu verstehen ist. Du musst dich also mit einer Vielzahl von unterschiedlichen Themen befassen, und bevor du zu einem ersten brauchbaren Ergebnis kommst, kann schon ein wenig Zeit ins Land gehen. Zum anderen möchte ich dir eine sehr interessante und innovative Lösung vorschlagen, bei der du nicht eine einzige Code-

Das Smartphone

zeile schreiben musst. Wie das gehen soll? Ganz einfach! Schau' dir den *App Inventor* an. Er wurde anfänglich von *Google* entwickelt und ist jetzt *Open-Source*, da *Google* sich entschieden hat, keine Entwicklungszeit mehr in dieses – in meinen Augen sehr schöne Projekt – zu investieren. Mit ihm kannst du in einer Art Baukastensystem die benötigten App-Elemente, wie z.B. Schaltflächen, Texteingabeboxen, Bilder etc. zusammenstellen. Im zweiten Schritt teilst du deiner *App* mit, was denn passieren soll, wenn z.B. eine Schaltfläche berührt wurde. Das erfolgt alles ohne die Eingabe einer einzigen Codezeile. Das Thema *App Inventor* würde ein ganzes Buch füllen, und deswegen möchte ich dich auf das Internet oder spezielle Fachbücher verweisen. Die Entwicklungsumgebung läuft übrigens innerhalb des Browsers, wobei deine Projekte nicht lokal auf deinem Rechner, sondern auf einem Server verwaltet werden. Auf diese Weise kannst du an jedem beliebigen Ort auf der Welt Zugriff auf deine *App Inventor*-Projekte nehmen. Du benötigst dazu lediglich einen entsprechenden Account. Die Entscheidung, welchen Weg du einschlägst, liegt natürlich ganz bei Dir. *Eclipse* mit *Android SDK* oder *App Inventor*? Die Internetseite für den *App Inventor* lautet aktuell *http://www.appinventorbeta.com/*. Vielleicht ändert sich die Adresse später nach Beendigung der Beta-Phase. Also regelmäßig *googlen*!

▶▶ Das könnte wichtig für dich sein

Hier ein paar Begriffe für die Suchmaschine, die dir sicherlich weitere interessante Informationen liefern:

- App Inventor
- Android Entwicklung
- Android SDK

Troubleshooting

Sollten die in den *ITead BT Debugging Assistant* eingegebenen Befehle nicht funktionieren, dann kontrolliere zuerst, ob du die Klein- bzw. Großschreibung eingehalten hast.

Der ArduBot wird funkgesteuert

Projekt 31

Scope

In diesem Experiment behandeln wir folgende Themen:

- Wie kann ich über mein Smartphone mit *Android*-Betriebssystem via Bluetooth den *ArduBot* steuern?

ArduBot Reloaded

Du hattest dich im Kapitel über den *ArduBot* darüber beschwert, dass du eine ziemlich lange Leitung hast – ähh ich meine eine lange USB-Leitung benötigst, um deinem *ArduBot* ein wenig Bewegungsfreiheit zu gönnen. Ich habe mir diesen Einwand zu Herzen genommen und eine Fernsteuerung über das schon im letzten Kapitel verwendete Smartphone mit Android Betriebssystem geschrieben.

◀ **Abbildung 31-1**
Der Ardubot mit nützlicher Payload (Nutzlast)

Wie du auf dem Foto erkennen kannst, wurde der *ArduBot* mit einer sehr nützlichen *Payload* versehen.

Abbildung 31-2 ▶
Das Shield-Sandwich mit Arduino-Board, Bluetooth-Adapter und Motor-Shield

Jetzt erkennst du sicherlich den Vorteil von selbst hergestellten Shields, wie das schon verwendete *Motor-Shield* zur Ansteuerung der beiden Elektromotoren. Alles wurde aufeinandergesteckt und am Ende auf einer Lego-Trägerplatte befestigt, die sehr gut oben auf dem *ArduBot* Platz findet.

> Ok, wenn ich mir das Shield-Sandwich so anschaue, ist das schon eine sehr kompakte Angelegenheit. Kannst du mir aber bitte einmal erklären, wie das Zusammenspiel der einzelnen Shields bzw. deren Kommunikation untereinander abläuft?

Klar, *Ardus*, das Ganze läuft in den folgenden vier Schritten ab, die ich in der nächsten Abbildung durchnummeriert habe.

Abbildung 31-3 ▶
Der Ablauf der Kommunikation zwischen den einzelnen Shields

Schritt 1

Die vom Smartphone ausgesendeten Funksignale via Bluetooth werden vom *Bluetooth-Shield* empfangen.

Schritt 2

Das *Bluetooth-Shield* leitet die empfangenen Kommandos an die serielle Schnittstelle des *Arduino-Boards 1:1* weiter.

Schritt 3

Das *Arduino-Board* entschlüsselt die über die serielle Schnittstelle eingehenden Kommandos und wandelt sie über die digitalen Ausgänge in Steuersignale für das *Motor-Shield* um.

Schritt 4

Die vom *Motor-Shield* über die digitalen Ausgänge des *Arduino-Boards* empfangenen Steuersignale werden über den Motortreiber entsprechend an die beiden Elektromotoren geschickt, die dann für die Bewegung des *ArduBots* verantwortlich sind.

Die *App*, die ich zur Steuerung erstellt habe, wurde mit dem schon erwähnten *App-Inventor* entwickelt. Sie lautet *ArduBotBT* und kann von meiner Internetseite heruntergeladen werden.

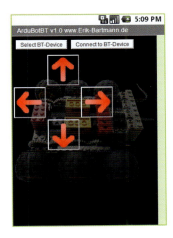

◀ **Abbildung 31-4**
Die ArduBotBT App

Du kannst deinen *ArduBot* damit vorwärts bzw. rückwärts fahren oder eine Drehung nach links bzw. nach rechts ausführen lassen.

> Stopp mal kurz! Du hast jetzt zwar erwähnt, wie ich über die *App* den *ArduBot* steuern kann, doch ich kann sicherlich nicht den Sketch aus dem *ArduBot*-Kapitel verwenden. Es fehlt dafür bestimmt die Bluetooth-Anbindung, richtig?

Vollkommen korrekt, *Ardus*! Ich werde dir deswegen jetzt den erforderlichen und leicht modifizierten Sketch zeigen, der gewissermaßen eine Vereinigung des Codes aus *ArduBot*- und *Bluetooth-Kommunikations*-Kapitel darstellt.

Arduino-Sketch-Code

Was du *1:1* übernehmen kannst, ist der *ArduBot* Sketch-Code aus dem entsprechenden Kapitel. Wir haben doch eine spezielle Klasse zur Ansteuerung entwickelt. Erinnerst du dich?

Du benötigst demnach die beiden folgenden Dateien:

- ArduBotMotor.cpp
- ArduBotMotor.h

Vielleicht hast du ja schon eine eigene Library im entsprechenden Arduino-Verzeichnis angelegt. Dann musst du ja lediglich noch einen Verweis einbauen. Doch schauen wir uns den eigentlichen Sketch nun genauer an:

```
#include "ArduBotMotor.h";
#define StartTag "S"    // Start-Tag
#define moveTag 'm'     // Move-Tag

#define ARRAY_SIZE 12

char action;            // Action-Type (m: move)
int actionDirection;    // Action-Direction
int actionValue = 0;    // Action-Value (im Moment immer 1)

ArduBotMotor abm = ArduBotMotor(2, 3, 4, 5); // Motorinstanz erzeugen

void setup(){
  Serial.begin(9600);
}

void loop(){
  if(Serial.find(StartTag)){
    while(Serial.available() < 1); // Warten bis Zeichen kommen
    char action = Serial.read();   // m: move, hoffentlich ☺
    actionDirection = Serial.parseInt(); // Action-Direction ermitteln
    actionValue = Serial.parseInt();     // Action-Wert ermitteln
    if(action == moveTag){
      if(actionDirection == 1)
        abm.move(FORWARD, STRAIGHT);  // 1 Fahrzeuglänge forwärts
                                      // fahren
      if(actionDirection == 2)
        abm.move(BACKWARD, STRAIGHT); // 1 Fahrzeuglänge rückwärts
                                      //fahren
```

```
    if(actionDirection == 3)
      abm.move(LEFT, QUARTER);    // 1/4 Linksdrehung
    if(actionDirection == 4)
      abm.move(RIGHT, QUARTER);   // 1/4 Rechtsdrehung
  }
 }
}
```

Um den *ArduBot* anzusteuern, haben wir unser letztes Protokoll ein wenig modifiziert. Das eigentliche Format ist natürlich gleich geblieben, doch die Interpretation der Inhalte hat sich geändert.

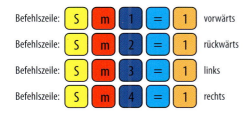

Wir haben jetzt keinen Datentyp wie *analog* bzw. *digital* mehr. Die hier angeführte String-Position beinhaltet den *ArduBot-Typ*, der festlegt, was der *ArduBot* denn machen soll. Es wird im Moment lediglich die Kennung *m* (*m* steht für *move*) übertragen. Die nachfolgende Stelle steht für die Bewegungsrichtung, wobei ich mich für den folgenden Code entschieden habe:

- 1 = vorwärts fahren
- 2 = rückwärts fahren
- 3 = links drehen
- 4 = rechts drehen

Natürlich kannst du dir noch viel zusätzlichen Code ausdenken, denn der *ArduBot* fährt im Moment immer nur *eine* Fahrzeuglänge vor- bzw. rückwärts und dreht sich nur um 90^0 links- oder rechtsherum. Der *actionValue* ist für alle Kommandos der Wert *1*, was bedeutet, dass der Befehl zur unmittelbaren Ausführung kommen soll. Die eigentliche Ansteuerung des *ArduBots* erfolgt mittels der folgenden Zeilen:

```
if(action == moveTag){
  if(actionDirection == 1)
    abm.move(FORWARD, STRAIGHT);  // 1 Fahrzeuglänge forwärts fahren
  if(actionDirection == 2)
    abm.move(BACKWARD, STRAIGHT); // 1 Fahrzeuglänge rückwärts fahren
```

```
  if(actionDirection == 3)
    abm.move(LEFT, QUARTER);    // 1/4 Linksdrehung
  if(actionDirection == 4)
    abm.move(RIGHT, QUARTER);   // 1/4 Rechtsdrehung
}
```

Die Auswertung von *actionDirection* entscheidet über die Aktion, die zur Ausführung gebracht wird.

Auch wenn ich jetzt nerve. Zeige mir doch bitte einmal *den* Ausschnitt aus dem *App-Inventor*, der die Befehle zur Steuerung per Bluetooth übermittelt. Du hast gesagt, dass dort keine einzige Codezeile geschrieben werden muss. Ich kann mir darunter nun überhaupt nichts vorstellen.

Also gut, *Ardus*. Dieser Part nimmt nicht so viel Platz ein und ist relativ schnell erklärt. Außerdem gewinnst du eine Vorstellung vom Baukastenprinzip des *App-Inventors*.

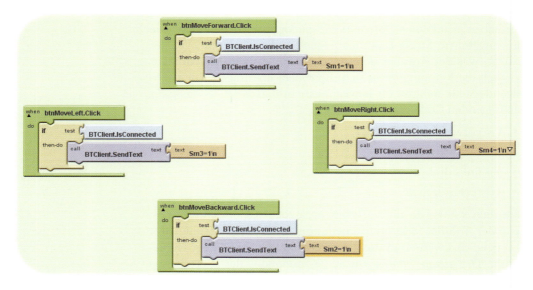

Abbildung 31-5 ▲
Ausschnitt aus dem App-Inventor zur Steuerung des ArduBots über Bluetooth

Du siehst, dass jede Schaltfläche der *App* einen eigenen Codeblock bekommen hat. Nehmen wir doch einfach einmal den obersten Block. Er wird angesprungen, wenn die Schaltfläche für das *Vorwärts fahren* ausgewählt wurde (*when-do*-Block). Im *if*-Block findet anschließend eine Überprüfung statt, ob überhaupt eine Bluetooth-Verbindung besteht. Wird dieser Test erfolgreich mit *Ja* bewertet, dann sendet der Bluetooth-Client die enthaltene Zeichenkette im

Text-Block via Bluetooth. Das Signal wird vom *Bluetooth-Shield* empfangen und alles nimmt seinen schon beschriebenen Lauf.

Workshop

Wenn du dich für die Entwicklung über den *App-Inventor* entschieden haben solltest, dann erweitere doch die Ansteuerung des *ArduBots* dahingehend, dass er zusätzliche Aktion ausführen kann bzw. über eine erweiterte Funktionalität verfügt, z.B folgende:

- eine halbe Drehung
- Aktionen über mehrere Fahrzeuglängen
- Vielleicht bringst du noch LEDs an deinem *ArduBot* an, die du über geeignete Kommandos an- bzw. ausschalten kannst.
- Ebenso kannst du deinen *ArduBot* über einen angeschlossenen Piezo Töne von sich geben lassen.

Netzwerk-Kommunikation

Projekt 32

Scope

In diesem Experiment behandeln wir folgende Themen:

- Was ist ein Netzwerk?
- Wie können wir den Arduino in ein Netzwerk einbinden?
- Was ist ein Web-Server?

Was ist ein Netzwerk?

Das größte *Netzwerk*, das wir Menschen tagtäglich (be)nutzen, ist das *World-Wide-Web* – kurz *www* genannt. Es handelt sich dabei um die Vernetzung einer Vielzahl von Rechnersystemen, die auf der ganzen Welt miteinander in Verbindung stehen. Schon durch den Zusammenschluss lediglich zweier Computer über ein geeignetes Übertragungsmedium (z.B. Ethernet-Kabel, Glasfaser-Kabel oder WLan) entsteht ein Netzwerk. Du kannst es dir wie ein Gehirn vorstellen, in dem mehrere *100* Milliarden *Nervenzellen* existieren. Jede dieser Nervenzellen besitzt bis zu zehntausend *Synapsen*. Bei diesen handelt es sich um die Kommunikationswege, die die Nervenzellen nutzen, um Informationen weiterzuleiten bzw. auszutauschen. Jede einzelne *Nervenzelle* könnte im Gehirn für einen einzelnen *Computer* stehen, der über die Synapsen, also seine Netzwerkarte (das können ggf. auch mehrere sein), mit anderen Systemen in Verbindung steht.

Abbildung 32-1 ▶
Ein kleines Netzwerk inklusive Arduino-Board

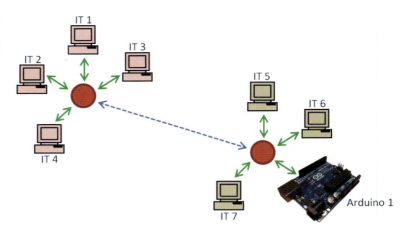

Die einzelnen Rechnersysteme, die ich in dieser Abbildung der Einfachheit halber mit *IT1* bis *IT7* bezeichnet habe, sind über die Netzwerkkarten bzw. Netzwerkkabel untereinander verbunden. Natürlich ist das hier vereinfacht dargestellt, denn in der Realität sind die Netzwerkkomponenten z.B. über sogenannte *Switche* verbunden. Das sind Verteiler bzw. Netzwerkweichen, die die Daten auf intelligente Weise zu den einzelnen Teilnehmern schicken. In der folgenden Abbildung siehst du eine Steckverbindung des Typs *RJ45* eines heute gängigen Netzwerkkabels.

Abbildung 32-2 ▶
Steckverbindung RJ45 eines Netzwerkkabels

Ich denke, dass du mit diesem Stecker sicherlich schon einmal in Berührung gekommen bist, denn dein Computer ist garantiert mit einem Netzwerkkabel über den Router verbunden, der eine Verbindung zu deinem Provider bzw. dem Internet herstellt.

> Also, wenn ich mir diesen Stecker so anschaue, und den kenne ich ja tatsächlich schon, dann sehe ich auf meinem Arduino-Board keine Buchse, in die ich ihn stecken könnte. Wie soll ich denn da mit meinem Arduino-Board eine Netzwerkverbindung herstellen?

Du bist mal wieder schneller als die Polizei erlaubt, *Ardu*. Ich war doch mit meinen Ausführungen noch gar nicht fertig. Natürlich besitzt das *Arduino-Board* von Hause aus keinen Netzwerkanschluss. Dazu wird eine zusätzliche Netzwerkkomponente benötigt.

◀ **Abbildung 32-3**
Zwei Ethernet-Komponenten

Ethernet-Shield   ENC28J60 Ethernet Modul

In der Abbildung siehst du auf der linken Seite das *Ethernet-Shield*, das zusätzlich noch mit einem *microSD-Sockel* versehen ist. Dort kannst du Daten zwischenspeichern, was aber im Moment nicht unser Thema ist. Rechts davon befindet sich das *Ethernet-Modul ENC28J60*. Das ist im Vergleich zum *Ethernet-Shield* günstiger, bietet jedoch keine Möglichkeit der Speicherung von Daten auf eine *SD-Card* und kann *nicht* unmittelbar auf das Arduino-Board gesteckt werden. Die Anschlüsse auf dem Modul müssen über Patchkabel mit deinem *Arduino-Board* verbunden werden. Das sollte aber kein Hindernis darstellen und außerdem weißt du ja, wie du dir ohne größere Probleme selbst ein Shield herstellen kannst.

> Du hast jetzt schon einige Male den Ausdruck *Ethernet* verwendet. Was hat es damit auf sich? Ich denke, dass es etwas mit dem Internet bzw. Netzwerk zu tun hat – oder?

Deine Vermutung ist korrekt, *Ardus*! Das ist ein gutes Stichwort, um einige netzwerkspezifische Punkte zur Sprache zu bringen.

Ethernet

Der Begriff *Ethernet* steht für eine kabelgebundene Technologie zur Datenübertragung. Seit den *1990er* Jahren ist das der Standard für eine ganze Reihe von *LAN*-Technologien (**L**ocal **A**rea **N**etwork). Die Übermittlung der Daten erfolgt in der Regel über sogenannte *Twisted-Pair*-Kabel (verdrillte Kabel) des Standards *CAT-5* oder höher.

Was ist ein Netzwerk?

TCP/IP

Über *Protokolle* hast du in einigen der vorangegangenen Kapiteln schon etwas erfahren. Das *Ethernet* nutzt zur Datenübertragung ebenfalls ein Protokoll, das sich *TCP* (**T**ransfer **C**ontrol **P**rotocol) nennt. Übersetzt würde es *Übertragungs-Kontroll-Protokoll* genannt werden. Dieses Protokoll ermöglicht die Übertragung von Informationen über das lokale oder globale Netzwerk und sorgt für eine verlustfreie Kommunikation. Es gibt Mechanismen, durch die bei einem drohenden Datenverlust die zu übertragenden Datenpakete gerettet bzw. erneut übertragen werden. Die Bezeichnung *IP* (**I**nternet **P**rotocol) steht für die Adressierung der zu übertragenden Datenpakete, die vom Sender zu einem ganz bestimmten Empfänger geleitet werden sollen. Somit steht dieses Protokoll für die Adressierung der zu übertragenden Datenpakete. Jeder Teilnehmer im Netzwerk besitzt eine eindeutige Adresse vergleichbar mit der Hausnummer in einer ganz bestimmten Straße einer Stadt. Damit z. B. der Postbote ein Paket zweifelsfrei zustellen kann, dürfen keine doppelten Hausnummern vorhanden sein, was ja im Normalfall auch so ist. Das *IP* wird immer im Zusammenhang mit *TCP* genannt bzw. verwendet.

IP-Adresse

Die *IP-Adresse* eines Netzwerkteilnehmers muss innerhalb eines Netzwerkes die Forderung nach Eindeutigkeit erfüllen. Sie wird einem im Netz befindlichen Gerät zugewiesen und stellt damit sicher, dass es adressierbar bzw. erreichbar ist. Die IP-Adressen der *IPv4-Notation* setzen sich aus *4 Bytes* (*32 Bits*) zusammen.

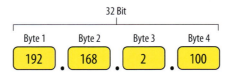

Diese Adresse hat mein *Router* meinem *PC* zugewiesen, damit ich im Netzwerk verfügbar bin.

Netzwerkmaske

Eine *IP-Adresse* setzt sich immer aus einem *Netzwerkanteil* und einem *Hostanteil* zusammen. Die *Netzwerkmaske* legt nun fest, wie viele Geräte in einem Netzwerk zu erreichen sind und welche sich in anderen Netzwerken befinden.

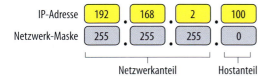

Um an den *Hostanteil* zu gelangen, wird die *IP-Adresse* mit der *Netzmaske UND*-verknüpft. Bei der gezeigten Netzmaske besteht theoretisch die Möglichkeit von $2^8 = 256$ möglichen Rechnern im angegebenen Netzwerk. Ich sage absichtlich theoretisch, denn die *255* beispielsweise hat eine Sonderstellung. Die Details hier zu erläutern, würde den Rahmen dieses Buches sprengen und darum verweise ich wieder auf entsprechende Fachliteratur bzw. das Internet.

MAC-Adresse

Die *MAC-Adresse* (**M**edia **A**ccess **C**ontrol) ist eine Adresse, die weltweit eindeutig sein muss und jedem Netzwerkadapter zugewiesen wurde. Sie besteht aus 6 Bytes, wobei die ersten 3 Bytes eine Herstellerkennung *OUI* (**O**rganizational **U**nit **I**dentifier) enthalten. Die restlichen 3 Bytes ergeben die *Stationskennung*, die vom jeweiligen Hersteller vergeben wird. Hier ein Beispiel für die MAC-Adresse eines Netzwerkadapters:

```
1C-6F-65-94-D5-1A
```

Gateway

Ein *Gateway* ist ein Durchgang zu einem gesonderten Bereich, der übertragen auf unsere Thematik mit *Netzübergang* übersetzt werden kann. Was könnte das für ein Gerät sein? Der *Router*, der mit einem Bein – ähh Kabel – im Internet steht, wird als ein *Gateway* bezeichnet. Mein Router hat z.B. die IP-Adresse *192.168.2.1* und leitet meine Anfragen an meinen Provider bzw. das Internet weiter. Wenn du in deiner Kommandozeile den Befehl *ipconfig /all* eingibst, erhältst du u.a. die folgenden Hinweise:

```
Standardgateway . . . . . . . . . . : 192.168.2.1
DHCP-Server . . . . . . . . . . . : 192.168.2.1
```

In der folgenden Abbildung siehst du das *Ethernet-Shield* im Zusammenspiel mit dem Arduino-Board.

Was ist ein Netzwerk? — 625

Abbildung 32-4 ▶
Ethernet-Shield und Arduino-Board

Benötigte Bauteile

Für dieses Beispiel benötigen wir die folgenden Bauteile:

Benötigte Bauteile	
	1 x Ethernet-Shield (*http://arduino.cc/en/Guide/ArduinoEthernetShield*)
	1 x Netzwerkkabel (lang genug, um vom Router zum *Ethernet-Shield* zu reichen)
	1 x analoges Input-Shield aus dem Kapitel Data-Monitoring

 Achtung

Verwende ein normales *Patch-Kabel*, wenn du das *Ethernet-Shield* mit deinem Router verbindest. Diese Kabel sind teilweise *gelb*, *weiß* oder auch *schwarz*. Schließe auf keinen Fall ein *rotes* Netzwerkkabel zwischen deinem Router und dem *Ethernet-*

Shield an, denn dabei handelt es sich in der Regel um ein sogenanntes *Crosskabel*, das nur verwendet werden kann, wenn du dein Shield direkt mit der Netzwerkkarte deines Computers verbindest. Es werden hierbei überkreuzte Empfangs- bzw. Sendeleitungen verwendet. Nähere Informationen dazu findest du im Internet.

Mit dem folgenden Sketch wollen wir das *Ethernet-Shield* wie einen *Web-Server* arbeiten lassen. Wenn du dich über deinen *Web-Browser* (z.B. *Firefox*, *Opera* oder *IE*) mit dem Internet verbindest, stellst du eine Verbindung zu einem *Web-Server* her:

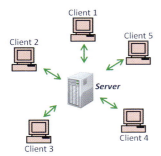

◄ **Abbildung 32-5**
Ethernet-Shield und Arduino-Board

Auf diesem Bild siehst du in der Mitte einen *Server (Anbieter)*, der die Anfragen von zahlreichen *Clients (Kunden)* beantwortet. Bei einem *Server* handelt es sich um eine Software, die auf eine Kontaktanfrage von außen reagiert und Informationen liefert. Das kann z.B. ein *Mail-* bzw. *FTP-Server* oder ein *Web-Server* sein. Ein *Client* kann z.B. ein *Mail-Client* wie z.B. *Thunderbird* oder *Outlook* sein. Wenn es sich um einen *Web-Client* handelt, ist es möglicherweise ein *Firefox*, *Opera* oder *IE*, die in diesem Buch schon erwähnt wurden. Kommen wir jetzt jedoch zu einem konkreten Beispiel, bei dem das *Ethernet-Shield* in der Funktion als *Web-Server* die Werte der analogen Eingänge des *Arduino-Boards* versenden soll. Hier eine Vorschau auf die Ausgabe im Web-Browser:

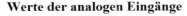
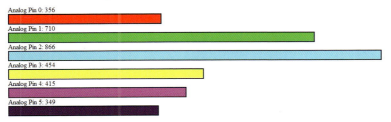

◄ **Abbildung 32-6**
Ausgabe der HTML-Seite innerhalb des Web-Browsers (numerische und grafische Anzeige)

Was ist ein Netzwerk?

> Das ist doch nicht dein Ernst! Muss ich jetzt etwa auch noch lernen, wie man Internetseiten programmiert?

Na ja, *Ardus*. Ganz kommen wir da nicht drumherum. Aber ich kann dich beruhigen. Wir werden nur an der Oberfläche kratzen, denn dieses Thema füllt ganze Bücherschränke. Internetseiten werden in *HTML* programmiert. Das ist die Abkürzung für *Hypertext Markup Language*. Es handelt sich um eine textbasierte Auszeichnungssprache, mit der z.B. *Text*, *Bilder*, *Videos* oder *Links* auf einer Internetseite dargestellt werden und die der *Web-Browser* lesen und anzeigen kann. Im Folgenden werde ich dir das Grundgerüst einer Internetseite zeigen, das wir später ein wenig mit Inhalt füllen werden, um unsere Informationen darzustellen. Die meisten *HTML-Elemente* werden durch sogenannte *TAG-Paare* gekennzeichnet. Dabei gibt es immer ein öffnendes und ein schließendes *TAG*. Die folgende Grafik zeigt dir das angekündigte Grundgerüst, wobei ich die korrespondierenden Paare farblich markiert habe.

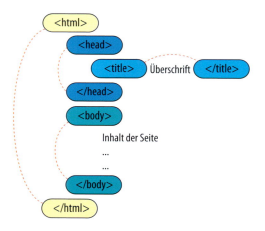

Abbildung 32-7 ▶ Das Grundgerüst einer Internetseite

Anhand der roten gestrichelten Linien erkennst du zusätzlich die Paarbildungen. Die einzelnen *TAGs* bzw. *HTML-Elemente* werden durch die *Elementnamen*, die in eckigen Klammern eingeschlossen werden, gebildet. Schauen wir uns doch ein solches *TAG-Paar* einmal genauer an:

Abbildung 32-8 ▶ Das Tag-Paar »title«

Dieses Paar ist für die *Überschrift* der Internetseite verantwortlich, wobei sich der Text zwischen dem öffnenden und dem schließenden *TAG* befindet. Der schließende *TAG* besitzt den gleichen Elementnamen wie der öffnende, jedoch mit einem vorangestellten *Schrägstrich* (auch *Slash* genannt).

Arduino-Sketch-Code

```
#include <SPI.h>
#include <Ethernet.h>

byte MACAddress[] = {0xDE, 0xAD, 0xBE, 0xEF, 0xFE, 0xED}; // MAC-Adresse
byte IPAddress[] = {192, 168, 2, 110};   // IP-Adresse
int const HTTPPORT = 80;                 // HTTP-Port 80 (Standardport)
String barColor[] = {"ff0000", "00ff00", "00ffff",
                     "ffff00", "ff00ff", "550055"}; // RGB-Farben für
Color-Bars
#define HTML_TOP    "<html>\n<head><title>Arduino Web-Server</title></
                    head>\n<body>"
#define HTML_BOTTOM "</body>\n</html>"
EthernetServer myServer(HTTPPORT); // Web-Server auf angegebenen Port
                                   // starten

void setup(){
  Ethernet.begin(MACAddress, IPAddress); // Ethernet initialisieren
  myServer.begin();                      // Server starten
}

void loop(){
  EthernetClient myClient = myServer.available();
  if(myClient){
    myClient.println("HTTP/1.1 200 OK");
    myClient.println("Content-Type: text/html");
    myClient.println();

    myClient.println(HTML_TOP);      // HTML-Top
    showValues(myClient);            // HTML-Content
    myClient.println(HTML_BOTTOM);   // HTML-Bottom
  }
  delay(1);         // Kurze Pause für Web-Browser
  myClient.stop();  // Client-Verbindung schließen
}

void showValues(EthernetClient &myClient){
  for(int i = 0; i < 6; i++){
    myClient.print("Analog Pin ");
```

```
    myClient.print(i);
    myClient.print(": ");
    myClient.print(analogRead(i));
    myClient.print("<div style=\"height: 15px; background-color: #");
    myClient.print(barColor[i]);
    myClient.print("; width:");
    myClient.print(analogRead(i));
    myClient.println("px; border: 2px solid;\"></div>");
  }
}
```

Um auf den Arduino Web-Server zuzugreifen, gibst du die im Sketch-Code vergebene IP-Adresse in die Adresszeile deines *Arduino-Web-Browsers* ein. In meinem Fall ist das folgende:

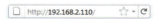

Wenn dir diese Angabe zu kryptisch erscheint, kannst du natürlich auch eine sprechendere Adresse vergeben:

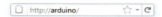

Du musst dazu lediglich unter Windows die *hosts*-Datei mit Administratorrechten unter *C:\Windows\System32\drivers\etc* anpassen und die Zeile hinzufügen, in der ich den Namen *Arduino* angegeben habe:

```
# localhost name resolution is handled within DNS itself.
#    127.0.0.1       localhost
#    ::1             localhost
192.168.2.110        Arduino
```

Dann ist der Aufruf einfacher und du musst dir nicht die IP-Adresse merken.

Arduino-Code-Review

Für unser Web-Server-Experiment benötigen wir programmtechnisch gesehen die folgenden Variablen:

Tabelle 32-1 ▶
Benötigte Variablen und deren Aufgabe

Variable	Aufgabe
MACAddress[]	Eindimensionales Array zur Speicherung der MAC-Adresse für das Ethernet-Shield
IPAddress[]	Eindimensionales Array zur Speicherung der IP-Adresse für das Ethernet-Shield

Variable	Aufgabe
HTTPPORT	Variable zur Speicherung der Port-Adresse für HTML
barColor[]	Eindimensionales Array zur Speicherung der Farbinformationen für die horizontalen Werte-Balken
HTML_TOP	Zusammenfassung einiger HTML-TAGs für den oberen Bereich
HTML_BOTTOM	Zusammenfassung einiger HTML-TAGs für den unteren Bereich

◀ **Tabelle 32-1**
Benötigte Variablen und deren Aufgabe

Damit du die Funktionalität des *Ethernet-Shields* nutzen kannst, müssen zwei Libraries mit eingebunden werden.

- SPI.h – Serial-Peripheral-Interface-Bus, wird für Arduino-Versionen > *0018* benötigt.
- Ethernet.h

> Ich habe mal eine Frage hinsichtlich der Variablen *HTTPPORT*. Ist das ein Schreibfehler? Muss das nicht *HTMLPORT* lauten? Ich dachte, es geht hier um *HTML*-Seiten.

Stimmt, *Ardus*, das ist am Anfang etwas verwirrend. *HTTP* ist die Abkürzung für *Hypertext Transfer Protocol*. Wie du vielleicht ahnst, haben wir es in der Computertechnik mit einer Vielzahl von unterschiedlichen Protokollen zu tun. Wenn es um Web-Seiten geht, dann ist dieses Protokoll für die Übertragung verantwortlich. Wenn du eine Web-Adresse in deinen Browser eingibst, dann fängt diese meistens mit *http://...* an und *nicht* mit *html://*. Kommen wir jetzt zur *Portdefinition*. Der Standardport für Web-Server, die das *HTTP-Protokoll* nutzen, ist die Nummer *80*. Stelle dir diese Nummer als eine Art Abzweigung auf der Netzwerkstrasse vor, auf der sich noch andere Protokolle tummeln. Hier eine kurze Liste mit Anwendungen, von denen du vielleicht schon einmal gehört hast:

Port	Dienst	Aufgabe
21	FTP	Dateitransfer über FTP-Client
25	SMTP	E-Mail-Versand
110	POP3	Client-Zugriff auf einen E-Mail-Server

◀ **Tabelle 32-2**
Eine wirklich sehr kurze Liste mit Portnummern und Diensten

Ich möchte noch einmal kurz auf die Struktur einer *HTML*-Seite zu sprechen kommen. Der einzige variable Anteil unserer Seite ist der Bereich, den ich mit *Inhalt der Seite* gekennzeichnet habe. Was sich darüber bzw. darunter befinde, ändert sich nicht. Aus diesem Grund habe ich den oberen Teil

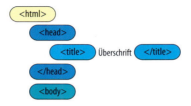

in die Definition *HTML_TOP* und den unteren Teil

in *HTML_BOTTOM* ausgelagert. Dies findest du im Sketch in den folgenden Zeilen wieder:

```
#define HTML_TOP     "<html>\n<head><title>Arduino Web-Server</title>
                      </head>\n<body>"
#define HTML_BOTTOM  "</body>\n</html>"
```

Die Escape-Sequenz \n sorgt für einen Zeilenvorschub, so dass der *HTML-Code* in einer gewissen Weise formatiert wird und nicht alles in eine einzige Zeile gepackt wird. Kommen wir jetzt zum eigentlichen Ablauf unseres Sketches. In der *setup*-Funktion werden wie immer verschiedene Programmteile initialisiert.

```
void setup(){
  Ethernet.begin(MACAddress, IPAddress); // Ethernet initialisieren
  myServer.begin();                      // Server starten
}
```

Das *Ethernet-Shield* wird über den ersten Schritt mit der *MAC*- bzw. einer eindeutigen *IP-Adresse* versehen.

> Bitte verrate mir doch einmal, wie du gerade auf die genannte IP-Adresse *192.168.2.110* gekommen bist. Das ist mir absolut schleierhaft.

Ok *Ardus*, die Antwort ist recht simpel. Mein Router befindet sich im Adressbereich von *192.168.2* und besitzt die Hostadresse *1*, was wiederum bedeutet, dass seine IP-Adresse *192.168.2.1* lautet. In dem Bereich ab *192.168.2.2* bis *192.168.2.254* kann ich also weiteren Netzwerkteilnehmern Adressen zuweisen. Zurück zur Initialisierung. Im zweiten Schritt wird der *Web-Server* gestartet, so dass er auf eingehende Anfragen reagieren kann. Er lauscht quasi ins Netz hinein und verharrt solange in Lauerstellung, bis ein *Client* an ihn herantritt und etwas von ihm wissen möchte. Dann nimmt er seine Arbeit auf und liefert die Daten, um sich anschließend erneut auf die Lauer zu legen. Kommen wir nun zur eigentlichen Verarbeitung innerhalb der *loop*-Funktion. Zu Beginn wird geprüft, ob eine Anfrage eines Clients vorliegt:

```
EthernetClient myClient = myServer.available();
if(myClient){...}
```

Wenn die *if*-Abfrage erfolgreich beantwortet wird, kann der Server damit beginnen, seine Informationen an den Client zu schicken.

> Wie war das noch mit der *if*-Abfrage? Da ist doch lediglich *myClient* zu lesen und kein Ausdruck, den es zu bewerten gilt.

Kein Problem, *Ardus*! Das ist lediglich die Kurzschreibweise für folgenden Code:

```
if(myClient == true){...}
```

Die Abfrage auf *true* kann weggelassen werden, denn wenn der Ausdruck innerhalb der *if*-Anweisung *true* ist, wird der nachfolgende Block ausgeführt. Du musst dann nicht noch einmal mit == prüfen, ob der Ausdruck *true* ist. Soweit alles klar? Hat also ein Client eine Anfrage an den Server gestartet, dann liefert der Server zu Beginn die folgenden Zeilen zurück:

```
myClient.println("HTTP/1.1 200 OK");
myClient.println("Content-Type: text/html");
myClient.println();
```

In der ersten Zeile bestätigt der Server die Client-Anfrage mit der Übertragung der Version *1.1* des *HTTP*-Protokolls, gefolgt vom Status-Code *200*, der besagt, dass die Anfrage erfolgreich bearbeitet wurde und das Ergebnis der Anfrage in der Antwort übertragen wird. In der zweiten Zeile wird der sogenannte *Mime-Type* mitgeteilt, der in unserem Fall *text/html* lautet. Der *Mime-Type* gibt Aufschluss über die Art der Daten, die der Server sendet. Handelt es sich um reine Textinformationen, wie in unserem Fall, oder wird dem Client vielleicht ein Bild geliefert? Dann müssen die übertragenen Daten natürlich entsprechend interpretiert und nicht als Klartext angezeigt werden. Nun kommen wir zum Code, der die gelesenen Daten deines Arduino-Boards versendet:

```
myClient.println(HTML_TOP);      // HTML-Top
showValues(myClient);            // HTML-Content
myClient.println(HTML_BOTTOM);   // HTML-Bottom
```

Was ist ein Netzwerk?

Die Aufgaben von *HTML_TOP* bzw. *HTML_BOTTOM* hast du schon kennengelernt. Das Abrufen der Daten des Boards erledigt die *showValues*-Funktion, die wir uns jetzt anschauen:

```
void showValues(EthernetClient &myClient){
  for(int i = 0; i < 6; i++){
    myClient.print("Analog Pin ");
    myClient.print(i);
    myClient.print(": ");
    myClient.print(analogRead(i));
    myClient.print("<div style=\"height: 25px; background-color: #");
    myClient.print(barColor[i]);
    myClient.print("; width:");
    myClient.print(analogRead(i));
    myClient.println("px; border: 2px solid;\"></div>");
  }
}
```

Zum Glück habe ich heute meinen Restlichtverstärker eingeschaltet, denn im Funktionskopf sehe ich vor dem Parameter *myClient* ein Kaufmanns-Und (*&*). Ich traue mich erst gar nicht, nach einem Tippfehler zu fragen, denn es ist sicherlich keiner – oder!?

Richtig, *Ardus*! Das ist *kein* Tippfehler, sondern ein Kennzeichen dafür, dass es sich um eine *Referenz* handelt. Wenn ich eine Variable an einen Funktionsparameter übergebe, dann wird in der Funktion mit einer Kopie dieser Variablen gearbeitet, die *keinen* Einfluss auf die Originalvariable hat. Die Funktion kann z.B. den Wert des Parameters verdoppeln. Das Original bleibt unangetastet. Damit ich aber innerhalb der Funktion das originale *Client*-Objekt nutzen kann, wird durch den Referenzoperator *&* die *Speicheradresse* des Originals übergeben. Innerhalb der Funktion arbeite ich quasi mit dem Original. Die Funktion zeigt zum einen die Werte der analogen Eingänge an und zum anderen horizontale Balken. Dazu nutze ich den *div*-TAG, der als Behälter für weitere *HTML*-Elemente genutzt werden kann. Ich nutze ihn an dieser Stelle, um einen bestimmten Bereich mit einer Farbe zu füllen. Es gibt die Möglichkeit über eine sogenannte *Style*-Angabe Höhen- bzw. Breiteninformationen anzuführen. Eine *HTML*-Zeile könnte z.B. wie folgt aussehen:

```
Analog Pin 0: 168<div style="height: 25px; background-color: #ff0000;
              width:168px; border: 2px solid;"></div>
```

Der *div*-Bereich hat in diesem Fall eine Höhe von *25* und eine Breite von *168* Pixeln. Für detailliertere Informationen muss ich auf Fachliteratur bzw. Internet verweisen.

Das könnte wichtig für dich sein

Hier ein paar Begriffe für die Suchmaschine, die dir sicherlich weitere interessante Informationen liefern:

- selfhtml
- cascading stylesheets
- div-tag

> Also eine Sache ist mir nach dem Versuchsaufbau etwas negativ aufgefallen. Die Werte der analogen Eingänge werden zwar wunderbar angezeigt, doch das war's dann auch. Drehe ich an einem der Potentiometer, ändert sich auf der Internetseite überhaupt nichts. Das hätte ich mir aber gewünscht.

Nun, *Ardus*, das ist ja auch ok so. Der *Web-Browser* ruft eine Seite beim *Web-Server* ab und stellt sie dar (dieser Vorgang wird auch *Rendern* genannt). Sendet der Browser keine weitere Anfrage, dann bleibt der Inhalt der Seite natürlich unverändert. Du kannst jedoch öfter mal die *Refresh-Taste* (*F5*) des Browsers drücken. Aber ich denke, dass das nicht deinen Vorstellungen entspricht. Ich habe eine Lösung für Dich. Modifiziere doch *die* Codezeile in deinem Sketch, in der *HTML_TOP* definiert wurde, und du wirst sehen, wie sich das Verhalten deines Browsers ändert.

```
#define HTML_TOP "<html>\n<head><title>Arduino Web-Server</title></
         head>\n \<meta http-equiv=\"refresh\" content=\"1\">\n<body>"
```

Der entscheidende Passus ist folgender:

```
<meta http-equiv=\"refresh\" content=\"1\">
```

Durch den gezeigten *meta-TAG* wird der Browser aufgefordert, seinerseits jede Sekunde automatisch einen *Refresh* durchzuführen. Der Backslash \, der am Ende der ersten Zeile der Definition von *HTML_TOP* angeführt ist, bewirkt übrigens, dass diese Zeile in der nächsten fortgeführt werden kann. Andernfalls kommt es zu einem Compilerfehler.

Troubleshooting

Wenn die Seite des Web-Servers nicht angezeigt wird, überprüfe Folgendes:

- Hast du die korrekte IP-Adresse in die Adresszeile deines Browsers eingegeben? Sie muss mit der im Sketch übereinstimmen.
- Kannst du den Web-Server über das Absetzen eines *ping*-Befehls in der Kommandozeile erreichen? Falls nicht, überprüfe dein Netzwerkkabel oder ggf. auch deine Firewall-Einstellungen. Eine erfolgreiche Ausführung des *ping*-Befehls liefert folgendes Ergebnis:

```
C:\Users\      >ping 192.168.2.110
Ping wird ausgeführt für 192.168.2.110 mit 32 Bytes Daten:
Antwort von 192.168.2.110: Bytes=32 Zeit=1ms TTL=128
Antwort von 192.168.2.110: Bytes=32 Zeit<1ms TTL=128
Antwort von 192.168.2.110: Bytes=32 Zeit<1ms TTL=128
Antwort von 192.168.2.110: Bytes=32 Zeit<1ms TTL=128

Ping-Statistik für 192.168.2.110:
    Pakete: Gesendet = 4, Empfangen = 4, Verloren = 0
    (0% Verlust),
Ca. Zeitangaben in Millisek.:
    Minimum = 0ms, Maximum = 1ms, Mittelwert = 0ms
```

- Das *Ethernet-Shield* besitzt einige LEDs, die Informationen über den Zustand liefern:

TX bzw. RX blinken, wenn Daten gesendet bzw. empfangen werden

Blinkt, wenn eine Ethernet-Kollision festgestellt wurde

Netzwerk arbeitet in Full-Duplex

100 MB/s Netzwerkverbindung erkannt

Netzwerk-Link festgestellt. Blinkt bei Transfer.

Ethernet-Shield hat Spannungsversorgung

- Überprüfe die Anzeige der LEDs. Es müssen auf jeden Fall die *PWR-* und die *LINK-LED* leuchten. Die *100M-LED* leuchtet nur bei einem *100MB/s*-Netzwerk. Bei *10MB/s* bleibt sie dunkel. Werden Daten wie im letzten Beispiel im Sekundentakt gesendet, dann blinken *TX-* bzw. *RX-LED* im selben Rhythmus.

Was hast du gelernt?

- Du hast in diesem Kapitel erfahren, wie du einen Web-Server mit dem *Ethernet-Shield* realisieren kannst.
- Du hast die analogen Eingänge abgefragt und gesehen, wie nahezu in Echtzeit die Werte angezeigt werden.
- Das Grundgerüst einer *HTML*-Seite dürfte dir jetzt ebenfalls bekannt sein.

Workshop

Schreibe doch einen Sketch, der zusätzlich neben den analogen Eingängen noch den Status der digitalen Eingänge auf deiner Arduino-Webseite darstellt.

Digital ruft analog

Projekt 33

Scope

In diesem Experiment behandeln wir folgende Themen:

- Die Herstellung eines Shields zur Generierung von analogen Signalen
- Was ist ein Digital-Analog-Wandler?
- Was ist eine *R2R*-Widerstandsleiter
- Was sind Portregister?
- Der komplette Sketch
- Analyse des Schaltplans
- Aufbau der Schaltung
- Workshop

Wie wandele ich digitale in analoge Signale?

Das Auswerten analoger Signale mit deinem Arduino-Board lässt sich über die analogen Eingänge denkbar einfach realisieren. Der umgekehrte Weg, also eine analoge Spannung über den Mikrocontroller zu erzeugen und auszugeben, ist lediglich über die digitalen Ausgänge mit PWM-Funktionalität möglich. Wenn du dir die Kurvenform der PWM-Signale angeschaut hast, wirst du schon bemerkt haben, dass sie nicht viel mit der eines analogen Signals gemeinsam hat. Die meisten Mikrocontroller bieten von Hause aus keine Umwandlung eines digitalen Signals in ein analoges Signal an. Dazu müssten sie intern über einen *DA-Wandler* verfügen.

Solch einen Konverter, der auch *DAC* (**D**igital-**A**nalog-**C**onverter) genannt wird, wollen wir in diesem Kapitel mit einfachen Mitteln herstellen. Das Stichwort hierzu lautet *R2R-Netzwerk*. Diese Bezeichnung ist dem Umstand geschuldet, dass der Konverter mittels mehrerer Widerstände realisiert wird, die kaskadenförmig angeordnet sind und sich in einem bestimmten Verhältnis zueinander befinden müssen. Die Anordnung der Bauelemente erinnert auch ein wenig an eine Leiter, so dass diese Art der Schaltung auch unter dem Begriff *Widerstandsleiter* in der Fachliteratur zu finden ist. Wir können festhalten, dass das Widerstandsnetzwerk zur Aufteilung einer Referenzspannung, die in unserem Fall +5V beträgt, dient. Die folgende Schaltskizze zeigt eine *R2R*-Widerstandsleiter mit einem 6-Bit Eingang.

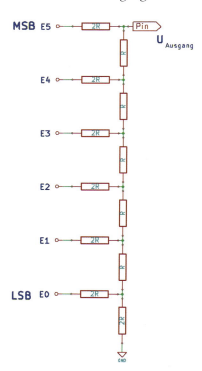

Abbildung 33-1 ▶
R2R-Widerstandsleiter mit 6-Bit Eingang

Vielleicht hast du dich schon gefragt, woher die Bezeichnung *R2R* stammt. Wenn du dir das Schaltbild genauer anschaust, siehst du, dass die gezeigten Widerstände keine festen Werte besitzen, sondern es werden lediglich die *Widerstandsverhältnisse* angezeigt. Die Werte der Widerstände (horizontal) an den Anschlüssen E_0 bis E_5, die mit den digitalen Ausgängen verbunden werden, sind doppelt so groß, wie die Werte an den Widerständen (vertikal), die als Bindeglied der Sprossenwiderstände der Leiter dienen und zum Ausgangspunkt U$_{Ausgang}$ führen. Der untere Widerstand, der mit Masse verbunden ist, hat das gleiche Verhältnis 2R wie die Sprossenwiderstände. Zum Ermitteln der Ausgangsspannung kann die folgende Formel herangezogen werden:

$$U_{Ausgang} = \frac{U_{e5}}{2} + \frac{U_{e4}}{4} + \frac{U_{e3}}{8} + \frac{U_{e2}}{16} + \frac{U_{e1}}{32} + \frac{U_{e0}}{64}$$

Für dieses Beispiel mit seinen 6 Eingängen kann eine Auflösung von

$$U_{Auflösung} = \frac{U_{Ref}}{64}$$

erzielt werden. Dabei ist U_{Ref} die Spannung, mit der die einzelnen Eingänge angesteuert werden. Für eine U_{Ref} von 5V würde das Ergebnis wie folgt lauten:

$$U_{Auflösung} = \frac{U_{Ref}}{64} = \frac{5V}{64} = 78{,}13 \; mV$$

Dieser Wert bedeutet die kleinste Schrittweite, wenn der 6-Bit-Eingang jeweils um den binären Wert von 1 hochgezählt wird. Die folgende Tabelle zeigt die ersten 4 Werte und den letzten Wert.

Binärwert	Ausgangsspannung
000000	0V
000001	78,13 mV
000010	156,26 mV
000011	234,39 mV
…	…
111111	5V

◀ **Tabelle 33-1**
Binärkombinationen und gerundete Ausgangsspannungen

Für unser geplantes D/A-Wandler-Shield haben wir also eine 6-Bit-Auflösung ($2^6 = 64$).

Das könnte wichtig für dich sein

Hier ein paar Begriffe für die Suchmaschine, die dir sicherlich weitere interessante Informationen liefern:

- R2R Netzwerk
- Widerstandsleiter

Wie wandele ich digitale in analoge Signale?

Vielleicht hast du bemerkt, dass ich dir bisher keine Widerstandswerte genannt habe. Das ist eigentlich auch nicht notwendig, solange das Widerstandsverhältnis exakt *2:1* beträgt. Zudem sollte die Toleranz der einzelnen Widerstände möglichst gering sein, um relativ genaue Ergebnisse zu erzielen. Für unser Vorhaben lassen wir das jedoch außer Acht.

Benötigte Bauteile

Für dieses Beispiel benötigen wir die folgenden Bauteile:

Benötigte Bauteile	
	17 x Widerstand *47K*
	1 x Set stapelbare Buchsenleisten *(2 x 8 + 2 x 6)*
	1 x Shield-Platine
	Litze in ggf. unterschiedlichen Farben

Vorüberlegungen

Das *R2R*-Netzwerk mit den Widerstandsverhältnissen von *2:1* mag dir vielleicht hinsichtlich der Realisierung Kopfschmerzen bereiten, da du Widerstandswerte finden musst, die im genannten Verhältnis zueinander stehen. Die Lösung ist aber recht einfach. Damit die fließenden Ströme nicht zu hoch werden, habe ich einen Widerstand von *47K* gewählt. Nun fragst du dich bestimmt, ob es einen Widerstandswert von *23,5K* gibt. Nun, ich denke *nicht*, und doch lässt sich dieser Wert ganz einfach erzielen. Wenn du zwei Widerstände mit dem gleichen Wert parallel schaltest, bekommst du genau die Hälfte des Einzelwiderstandes als Ergebnis. Wenn nämlich $R_1 = R_2$ ist, gilt Folgendes:

$$\frac{1}{R_{ges}} = \frac{1}{R_1} + \frac{1}{R_2} = \frac{1}{R} + \frac{1}{R} = \frac{2}{R}$$

$$R_{ges} = \frac{R}{2}$$

Simpel, nicht wahr!?

Arduino-Sketch-Code

```
int pinArray[] = {8, 9, 10, 11, 12, 13};
byte R2RPattern;
void setup(){
  for(int i = 0; i < 6; i++)
    pinMode(pinArray[i], OUTPUT);
  R2RPattern = B000001; // Bitmuster zur Ansteuerung der digitalen
                        // Ausgänge
}

void loop(){
  for(int i = 0; i < 6; i++){
    digitalWrite(pinArray[i], bitRead(R2RPattern, i) == 1?HIGH:LOW);
  }
}
```

Mit diesem recht kurzen Sketch werden die digitalen Ausgänge angesteuert, an denen sich das *R2R*-Netzwerk befindet. Diese Ansteuerung erfolgt mittels der Variablen *R2RPattern* und es wird am Netzwerk-Ausgang eine entsprechende Spannung geliefert.

Arduino-Code-Review

Für unser Experiment benötigen wir programmtechnisch gesehen die folgenden Variablen:

Variable	Aufgabe
pinArray	Eindimensionales Array zur Speicherung der angeschlossenen Pins der Anzeige
R2RPattern	Beinhaltet die zur Ansteuerung des R2R-Netzwerkes verwendete Bitkombination

◄ **Tabelle 33-2**
Benötigte Variablen und deren Aufgabe

In der folgenden Abbildung siehst du die Schaltung, die ich erst einmal auf einem Breadboard zusammengesteckt habe, bevor ich sie im Anschluss auf das *R2R-Shield* übertrage.

Abbildung 33-2 ▶
R2R-Netzwerk auf dem Breadboard (Ausgangsspannung für Binärkombination von 000001)

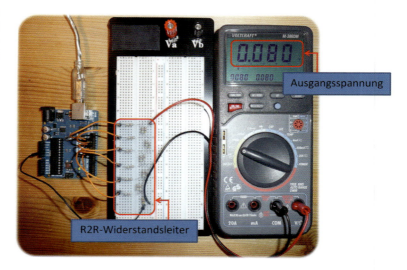

Ich habe das Netzwerk mit der Bitkombination *000001* aus dem Sketch angesteuert und das Messgerät zeigt eine Spannung von *0,080V* an, was natürlich *80mV* entspricht. Wenn du noch einmal einen Blick in die Tabelle mit den Ausgangsspannungen wirfst, dann findest du dort den Wert *78,13mV* für die verwendete Bitkombination. Der Ausgangswert von *80mV* stimmt also nicht ganz mit dem kalkulierten Tabellenwert überein, doch das ist schon *ok* so, denn das Ergebnis wird z.B. durch die Bauteiltoleranzen der verwendeten Widerstände oder auch durch Anzeigefehler des Messgerätes ein wenig verfälscht. Ich habe schon einmal ein *R2R-Netzwerk* aufgebaut, bei dem die Werte fast alle bis auf die zweite Nachkommastelle stimmten, doch das war reiner Zufall.

Der Schaltplan

Wie du erkennen kannst, besteht die Schaltung lediglich aus Widerständen, die in einer bestimmten Weise verbunden sind, so dass das Ergebnis das *R2R-Netzwerk* ist.

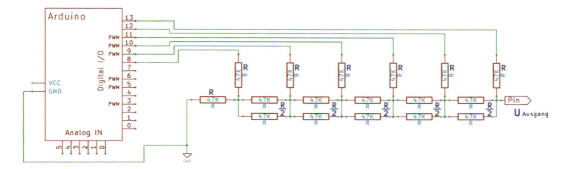

Die Widerstände, die mit R gekennzeichnet sind, haben natürlich den genannten Wert von *47K*. Die Widerstandspaare mit der Kennzeichnung *R/2* haben als resultierende Größe einen Wert von 23,5K.

▲ **Abbildung 33-3**
Die Ansteuerung des R2R-Netzwerkes über 6 digitale Ausgänge

Shieldaufbau

◀ **Abbildung 33-4**
Aufbau des R2R-Netzwerkes mit einem eigenen Shield

Auf dem Bild kannst du wunderbar die Widerstandsleiter erkennen, wobei der einzelne Pin am oberen Ende des Shields der *Ausgang* ist, an dem du dein Multimeter anschließen kannst, um die Ausgangsspannung zu messen.

Jetzt wird's interessant – Ansteuerung der Portregister

Ich erzähle dir nichts Neues, wenn ich hier erwähne, dass die gesamte Kommunikation des Arduino-Boards über die Ein- bzw. Ausgänge stattfindet. Das gilt also für die Steuerung der LEDs, der

Motoren, der Servos und das Einlesen von Werten eines Temperatursensors oder eines regelbaren oder lichtempfindlichen Widerstandes, um nur einige zu nennen. Dein Mikrocontroller *ATmega328p* arbeitet intern mit sogenannten *Registern*, die mit den Ein- bzw. Ausgängen (Pins) verbunden sind. Als *Register* werden in der Computertechnik Speicherbereiche innerhalb eines Prozessors bezeichnet, die unmittelbar mit der zentralen Recheneinheit verbunden sind. Das hat zur Folge, dass der Zugriff auf diese Bereiche sehr schnell erfolgt, da nicht der Umweg über externe Speicherbausteine genommen werden muss. Die einzelnen Pins deines Arduino-Boards sind intern mit Portregistern verbunden, die ich in der folgenden Abbildung farblich (grüne, rote und gelbe Umrandung) hervorgehoben und mit den Bezeichnungen *Port B*, *C* und *D* versehen habe.

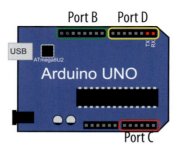

Abbildung 33-5 ▶
Portregister des Arduino-Boards

Dann greifen wir uns doch einfach einmal *Port B* und schauen ihn uns genauer an:

Abbildung 33-6 ▶
Portregister B

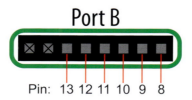

Du erkennst sicherlich die digitalen Ein- bzw. Ausgänge Pin *8* bis *13* sofort wieder. Die beiden linken Pins sind für unsere Portbetrachtung ohne Bedeutung, da sie *Aref* bzw. *Masse* zur Verfügung stellen und nicht manipuliert werden können. Also stehen uns im *Portregister B* ganze 6 Bits zur Verfügung, mit denen wir die unterschiedlichsten Dinge anstellen können. Was für ein Zufall, denn unser Widerstandsleiter wird auch mit 6 Bits angesteuert. Doch dazu später mehr. Jeder der drei gezeigten Ports wird innerhalb eines Sketches über die folgenden Bezeichner angesprochen:

- PORTB
- PORTC
- PORTD

Ok, dann wissen wir also schon einmal, wie die einzelnen Ports anzusprechen sind, wobei wir uns in unserem Beispiel – wie schon erwähnt – mit *Port B* befassen werden.

> Da habe ich direkt mal eine Frage. Wenn ich die digitalen Pins programmiere, muss ich doch innerhalb der *setup*-Funktion festlegen, wie ich diese verwenden möchte, ob als *Ein*- oder *Ausgang*. Wenn ich also ein *Port-Register* habe, wie soll ich denn diesem Register mitteilen, ob es als Ausgang oder als Eingang arbeiten soll?

Also *Ardus*. Wenn du nicht wärst, dann hätte ich nicht gewusst, wie ich zum nächsten Punkt überleiten kann, doch das war das passende Stichwort für mich. Ich muss aber zunächst kurz etwas klären: Du kannst natürlich jedem einzelnen Bit im Port-Register die individuelle Datenflussrichtung vorgeben. Das komplette Register arbeitet *nicht* in der Form, dass alle Pins als Ein- oder als Ausgänge arbeiten. Jeder Pin kann separat konfiguriert werden. Um genau das zu ermöglichen, sind weitere Register vorhanden, die die Datenflussrichtung der einzelnen Pins beeinflussen. Sie tragen den Namen *DDRx*, wobei das *x* für den jeweiligen anzusprechenden Port steht. Für unseren *PORTB* lautet das Register dann *DDRB*. Die drei ersten Buchstaben stehen für **D**ata **D**irection **R**egister, was übersetzt soviel wie Daten-Richtungs-Speicher heißt. Dann wollen wir mal schauen, wie das Ganze im Detail funktioniert. Bevor ich also einen Port verwende, muss ich erst die Datenflussrichtung über das entsprechende *DDR* definieren. In der folgenden Abbildung wird die Datenflussrichtung, die wir mit unserer Programmierung erreichen wollen, mittels der Pfeile angezeigt.

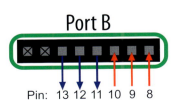

◄ **Abbildung 33-7**
Portregister B mit unterschiedlichen Datenflussrichtungen der einzelnen Pins

Wie wandele ich digitale in analoge Signale?

Ok, wir haben also folgende Gegebenheiten:

- Eingänge: Pin *8*, *9* und *10*
- Ausgänge: Pin *11*, *12* und *13*

Um einem einzelnen Pin die Datenflussrichtung vorzugeben, muss dieser im *DDR* mit dem folgenden Wert belegt werden:

Tabelle 33-3 ▶
Werte für das DDR

Wert	Arbeitsweise
0	Pin arbeitet als Eingang – vergleichbar mit pinMode(pin, INPUT);
1	Pin arbeitet als Ausgang – vergleichbar mit pinMode(pin, OUTPUT);

Das bedeutet für das *DDR* also die folgende Programmierung:

Abbildung 33-8 ▶
Initialisierung des DDR für die unterschiedlichen Datenflussrichtungen

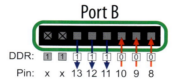

Jetzt können wir z.B. die digitalen Ausgänge Pin *11*, *12* und *13* auf *HIGH*-Pegel setzen, was über den *PORTB*-Befehl realisiert wird. Hier der entsprechende Abschnitt aus einem Sketch:

```
void setup(){
  DDRB  = 0b11111000; // Pin 8, 9, 10 als INPUT. Pin 11, 12, 13 als
                      // OUTPUT.
  PORTB = 0b00111000; // Pin 11, 12, 13 auf HIGH-Pegel setzen
}

void loop(){/* leer */}
```

Die beiden höchstwertigen Bits für die nicht verwendbaren Pins habe ich im *DDR* einfach mit *1* belegt. Das spielt keine weitere Rolle für uns. Wenn du dir das Setzen der Ausgänge auf *HIGH*-Pegel anschaust, was kannst du im Vergleich zur bisher bekannten Pin-Manipulation feststellen? Ich stelle beide Varianten einmal gegenüber:

```
digitalWrite(11, HIGH);           PORTB = 0b00111000;
digitalWrite(12, HIGH);
digitalWrite(13, HIGH);
```

Na, keine Idee? Ok. Über die herkömmliche Weise auf der linken Seite werden die einzelnen Pins *nacheinander* mit einem *HIGH*-Pegel versehen. Dagegen werden auf der rechten Seite mit einen einzigen Befehl alle Pins *gleichzeitig* auf *HIGH*-Pegel gesetzt, da das

Bitmuster unmittelbar auf alle Pins zur gleichen Zeit angewendet wird. Wenn es also schnell gehen soll, dann ist die neue Variante über die Port-Manipulation die bessere Wahl. Was hältst du von dem folgenden Sketch, der am Ausgang der Widerstandsleiter eine Linie in Form eines Sägeblattes erzeugt:

```
void setup(){
  DDRB = 0b11111111; // Alle Pins als Ausgang programmiert
}

void loop(){
  for(int i = 0; i <= 63; i++) // 63 = B00111111
    PORTB = i; // Ansteuerung des Port-B Registers
}
```

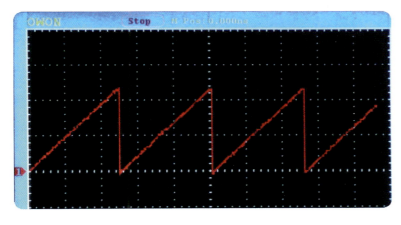

◀ **Abbildung 33-9**
Oszillogramm mit einer Sägeblattlinie

Was denkst Du, wie der Sketch angepasst werden muss, damit die folgende Kurve erzeugt wird?

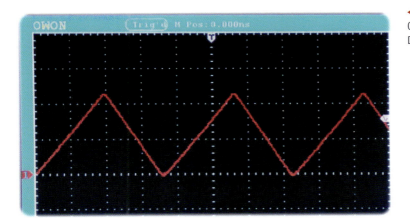

◀ **Abbildung 33-10**
Oszillogramm mit einer Linie im Dreiecksverlauf

Wie wandele ich digitale in analoge Signale?

Wenn du diese Lösung ins Auge gefasst hattest, dann liegst du goldrichtig.

```
void loop(){
  for(int i = 0; i <= 63; i++)
    PORTB = i; // Ansteuerung des Port-B Registers (aufsteigende Flanke)
  for(int i = 63; i >= 0; i--)
    PORTB = i; // Ansteuerung des Port-B Registers (abfallende Flanke)
}
```

Welche anderen Kurvenverläufe gibt es noch? Was ist mit einem Sinusverlauf? Da die *Sinus*-Funktion zur Berechnung der Werte eine gewisse Zeit benötigt, ist man dazu übergegangen, sogenannte *Lookup-Tables* (*LUT*) zu erstellen. Dabei handelt es sich um Tabellen, in denen die Ergebnisse einer Berechnung schon hinterlegt sind. Auf diese Weise kann z.B. der Kurvenverlauf einer *Sinus*-Funktion über die auf der Kurve liegenden Punkte abgebildet werden.

Abbildung 33-11 ▶
Oszillogramm mit einer Sinuskurve

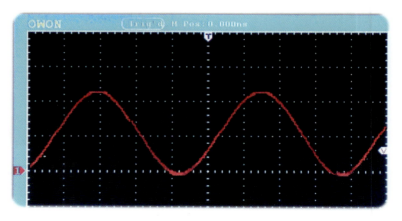

Der Sketch zur Generierung des Sinusverlaufs ist aufgrund der umfangreichen *LUT* recht mühsam abzutippen und darum verweise ich auf meine Internetseite.

```
byte LUT[] =
{31, 32, 32, 33, 33, 34, 34, 35, 35, 36, 36, 37, 38, 38, 39, 39, 40, 40,
 41, 41, 42, 42, 43, 43, 44, 44, 45, 45, 46, 46, 47, 47, 48, 48, 49, 49,
 50, 50, 50, 51, 51, 52, 52, 52, 53, 53, 54, 54, 54, 55, 55, 55, 56, 56,
 56, 57, 57, 57, 58, 58, 58, 59, 59, 59, 59, 60, 60, 60, 60, 60, 61, 61,
 61, 61, 61, 61, 62, 62, 62, 62, 62, 62, 62, 62, 62, 62, 62, 62, 62, 62,
 62, 62, 62, 62, 62, 62, 62, 62, 62, 62, 62, 62, 62, 62, 61, 61, 61,
 61, 61, 61, 60, 60, 60, 60, 60, 59, 59, 59, 59, 58, 58, 58, 57, 57, 57,
```

```
  56, 56, 56, 55, 55, 55, 54, 54, 54, 53, 53, 52, 52, 52, 51, 51, 50, 50,
  50, 49, 49, 48, 48, 47, 47, 46, 46, 45, 45, 44, 44, 43, 43, 42, 42, 41,
  41, 40, 40, 39, 39, 38, 38, 37, 36, 36, 35, 35, 34, 34, 33, 33, 32, 32,
  31, 30, 30, 29, 29, 28, 28, 27, 27, 26, 26, 25, 24, 24, 23, 23, 22, 22,
  21, 21, 20, 20, 19, 19, 18, 18, 17, 17, 16, 16, 15, 15, 14, 14, 13, 13,
  12, 12, 12, 11, 11, 10, 10, 10, 9, 9, 8, 8, 8, 7, 7, 7, 6, 6, 6, 5, 5,
  5, 4, 4, 4, 3, 3, 3, 3, 2, 2, 2, 2, 2, 1, 1, 1, 1, 1, 1, 0, 0, 0, 0, 0,
  0, 0, 0, 0, 0, 0, 0, 0, 0, 0, 0, 0, 0, 0, 0, 0, 0, 0, 0, 0, 0, 0, 0, 0,
  1, 1, 1, 1, 1, 1, 2, 2, 2, 2, 2, 3, 3, 3, 3, 4, 4, 4, 5, 5, 5, 6, 6, 6,
  7, 7, 7, 8, 8, 8, 9, 9, 10, 10, 10, 11, 11, 12, 12, 12, 13, 13, 14, 14,
  15, 15, 16, 16, 17, 17, 18, 18, 19, 19, 20, 20, 21, 21, 22, 22, 23, 23,
  24, 24, 25, 26, 26, 27, 27, 28, 28, 29, 29, 30, 30, 31};

void setup(){
  DDRB = 0b11111111; // Alle Pins als Ausgang programmiert
}

void loop(){
  for(int i = 0; i <= 360; i++)
    PORTB = LUT[i]; // Ansteuerung des Port-B Registers
}
```

Das Programm zur Generierung der *LUT* findest du ebenfalls auf meiner Internetseite.

Achtung

Es besteht ein nicht unerhebliches Risiko, deinen Mikrocontroller so zu programmieren, dass er anschließend nicht mehr reagiert. Wenn du dir Port-D anschaust, wirst du sicherlich bemerken, dass an *Pin 0* bzw. *Pin 1* die Steuersignale für *RX* bzw. *TX* liegen. *RX* ist für das Empfangen, *TX* für das Senden der Daten verantwortlich. Die Datenflussrichtung ist also folgende: *RX = INPUT, TX = OUTPUT*. Wenn du durch unachtsames Programmieren über *DDRD* diese Werte änderst, kannst du mit Sicherheit keinen Sketch mehr auf dein Arduino-Board übertragen. Du musst dir also ganz sicher, was du hier tust. Überprüfe deinen Sketch lieber dreimal, bevor du ihn an den Mikrocontroller schickst. Nähere Informationen findest du unter *http://www.arduino.cc/en/Reference/PortManipulation*.

Troubleshooting

Falls die Ausgangsspannung des *R2R*-Netzwerkes nicht den gewünschten Werten der gesendeten Binärkombination entspricht, überprüfe Folgendes:

- Haben alle verwendeten Widerstände des *R2R*-Netzwerkes den gleichen Wert?

- Hast du auch keinen der Anschlüsse zum Netzwerk vergessen? (Ich spreche aus Erfahrung, denn ich hatte mal einen Knotenpunkt vergessen und habe dann bestimmt *10* Minuten darauf ver(sch)wendet, den Fehler zu finden!)

Was hast du gelernt?

- In diesem Kapitel wurde dir ein *R2R*-Widerstandsnetzwerk vorgestellt.
- Mit diesem Netzwerk konntest du einen einfachen *Digital/Analog*-Wandler realisieren.
- Wir haben die Port-Register deines Mikrocontrollers kennengelernt und du hast über *Port-B* die digitalen Ausgänge manipuliert.

Workshop

Versuche einmal, durch Manipulation des *LUT*-Arrays unterschiedliche Kurvenformen zu erzeugen. Beachte dabei auf jeden Fall, dass dir lediglich *6-Bit* zur Verfügung stehen, um eine Kurve darzustellen. Das ist ein Wertebereich von *0* bis *63*. Wenn du darüber liegst, zerstörst du zwar nicht die Schaltung oder deinen Mikrocontroller, doch die Kurve sieht dann garantiert nicht so aus, wie du es beabsichtigt hast.

Shieldbau

Projekt 34

Scope

In diesem Kapitel wollen wir gemeinsam ein sogenanntes *Protoshield* konstruieren und dann zusammenbauen. Sicherlich kannst du dir solche universellen *Shields* fertig oder zum zusammenlöten in diversen Onlineshops bestellen, doch ich für mein Teil bastele so etwas gerne selber. Natürlich besitze ich auch ein gekauftes *Shield*, doch ich dachte mir, dass ich die Herstellung auch einfach mal selbst ausprobieren könnte. Hoffentlich kann ich dich mit dieser Liebe zur Frickelei ein wenig anstecken und dazu animieren, selbst Dinge zu entwerfen, dann zu löten und schließlich zusammenzubauen. In der folgenden Abbildung siehst du ein fertiges Protoshield der Firma *Sparkfun*. Auf ihm befinden sich sowohl zwei LEDs als auch Taster. In der Mitte ist unverkennbar ein kleines Breadboard zu erkennen, auf dem kleinere Schaltungen zusammengesteckt werden können. Das ist eine feine Sache, um auf kleinem Raum Schaltungen zu realisieren.

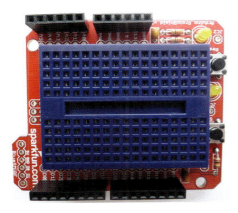

◀ **Abbildung 34-1**
Ein Protoshield der Firma Sparkfun

Natürlich kannst du auch auf einem *Shield* ohne Breadboardaufsatz Schaltungen für die Ewigkeit zusammenlöten, um sie bei Bedarf auf der Mutterplatine aufzustecken, so dass du so eine fertige Komponente besitzt. Ich habe mir die unterschiedlichsten *Shields* gebaut, die eben nur für den einen Anwendungszweck zu gebrauchen sind und sie eignen sich deshalb hervorragend zu Demonstrationszwecken oder weil es Spaß macht, etwas Fertiges vorweisen zu können, ohne lange mit Bauteilen und Steckbrücken hantieren zu müssen. Im Anschluss an diese Bauanleitung werde ich dir zeigen, wie wir den elektronischen Würfel auf einem *Shield* zusammenbauen.

Protoshield Marke Eigenbau

Wenn du ein bisschen Geschick und Fingerfertigkeit besitzt, und davon gehe ich aus, dann kannst du dir das folgende *Shield* selber bauen. Auf meiner Internetseite findest du ein Video, dass den Bau des *Shields* von Anfang bis Ende dokumentiert und dir zeigt, worauf du achten musst. Es ist aber wirklich recht simpel und du wirst es bestimmt hinbekommen. In der folgenden Abbildung siehst du das fertige Produkt.

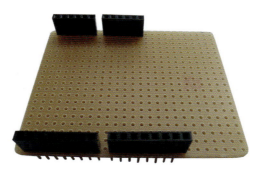

Abbildung 34-2 ▶
Das fertige Protoshield

Natürlich befinden sich auf der Platine außer den stapelbaren Buchsenleisten noch keine Bauteile. Das ist die Spielwiese, auf der du dich dann austoben kannst und auf der die Schaltungen, die du dir ausgedacht hast, ihr Zuhause finden.

Was wird so benötigt?

Werkzeug

Am besten ist natürlich eine Lötstation, doch es geht natürlich auch mit einem einfachen Lötkolben, den du schon für wenig Geld erwerben kannst. Außerdem sind eine kleine gebogene Zange und etwas Lötzinn erforderlich.

◀ **Abbildung 34-3**
Die benötigten Werkzeuge zum Bau eines Protoshields

Material

Neben dem Werkzeug benötigst du das Material zum Bau des *Shields*. Es handelt sich dabei um eine Lochrasterplatine und ein Set *stapelbarer Buchsenleisten*, die du z.B. bei der Firma *Watterott* bestellen kannst. Im Anhang findest du die Adresse, um dir ggf. die Teile dort zu bestellen.

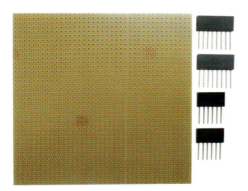

◀ **Abbildung 34-4**
Erforderliches Material

Die stapelbaren Buchsenleisten werden in einem Set zu 4 Stück (2 x 6 Pins + 2 x 8 Pins) geliefert.

Was wird so benötigt?

Verdammt, da stimmt doch was nicht!

Wir werfen zu Beginn einmal einen Blick auf die *Lochrasterplatine*, die es in unterschiedlichen Formaten auf dem Markt gibt. Meine Platine hat die Maße *100mm* x *100mm* und sieht folgendermaßen aus:

Abbildung 34-5 ▶
Lochrasterplatine

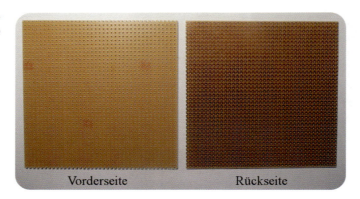

Die Platine besteht zum einen aus einem isolierenden Trägermaterial, das z.B. aus Hartpapier oder Epoxidharz-Glasfasermatten besteht, und zum anderen aus einer leitenden Kupferschicht. Die Lochrasterplatine hat, wie der Name schon sagt, zahlreiche Löcher in einem bestimmten Abstand, die von einer runden Kupferschicht umrandet sind. Steckst du von der Vorderseite den Anschlussdraht eines Bauteils zur Rückseite durch, dann wird dieser Draht über das Lötzinn mit der Kupferschicht verbunden und somit fixiert.

Abbildung 34-6 ▶
Vergrößerter Ausschnitt einer Lochrasterplatine

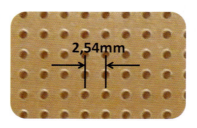

In diesem Ausschnitt habe ich den Abstand der Löcher zueinander, der in der Regel *2,54mm* beträgt, eingezeichnet. Und da bekommen wir es auch schon mit einem Problem zu tun. Mit der Lochrasterplatine ist alles in Ordnung, doch unser Arduino-Board hält sich nicht in jeder Hinsicht an diesen Standard und es ist mir ein Rätsel, warum die Entwickler etwas anderes wollten. Ich habe das *Proto-shield* hier mit der Elektronik-CAD-Software *Target 3001!* entwickelt und die Lochabstände eingetragen.

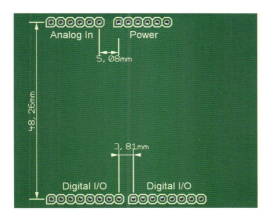

◀ **Abbildung 34-7**
Top-Ansicht des Protoshields mit Target 3001! erstellt

Die Lochrasterplatine hat dann später folgende Maße:

- Breite: *64mm*
- Höhe: *53mm*

Wollen wir jetzt mal ein wenig rechnen, um die Entfernungen der einzelnen Löcher zueinander zu verstehen. Die beiden oberen Lochreihen von je 6 Bohrungen für *Analog In* und *Power* bereiten uns keine Probleme, denn zwischen den beiden befindet sich ein freies Loch, das heißt, dass der Abstand *2 x 2,54mm = 5,08mm* beträgt. Für die Lochrasterplatine bedeutet dieser Abstand kein Problem. Jetzt kommen wir jedoch zu den unteren Bohrreihen für *Digital I/O*. Aus einem mir nicht bekannten Grund ist der Abstand zwischen den beiden Reihen eben nicht ein Vielfaches von *2,54mm*, sondern geringer. Er beträgt ca. *3,81mm*. Das bedeutet, dass es nicht ohne Weiteres möglich ist, die Buchenleisten mit den Steckpinnen in der hier vorliegenden Form zu verwenden. Du siehst aber auf dem fertigen *Shield*, dass ich sie trotzdem über die vorhandenen Bohrungen der Lochrasterplatine eingelötet habe.

> Kannst du mir dann verraten, wie das von dir hergestellte *Shield* auf die Buchsen der Arduino-Platine passen soll. Da verbiegst du dir aber ganz schön die Pins!

Genau das ich auch die Lösung des Problems. Du musst die Stifte der rechten Buchsenleiste etwas modifizieren. Schau' dir die folgende Abbildung an, dann siehst du die nach links gebogenen Stifte.

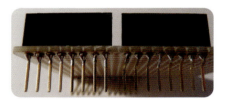

Abbildung 34-8 ▶
Stifte der digitalen Buchsenleisten

Falls das noch etwas zu undeutlich sein sollte, helfen dir sicherlich die beiden folgenden Abbildungen mit *Vorher-* und *Nachher-Effekt*. Zuerst die *Vorher-Grafik*:

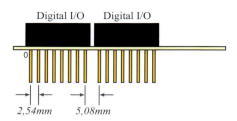

Abbildung 34-9 ▶
Mit diesem Pinabstand von 2x2,54mm = 5,08mm passt das Shield nicht auf das Arduino-Board.

Jetzt kommt die *Nachher-Grafik*:

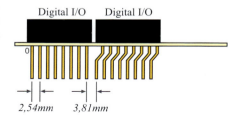

Abbildung 34-10 ▶
Durch das Zurechtbiegen der Pins passt das Shield jetzt problemlos auf das Arduino-Board.

Das Biegen der Pins der rechten Buchsenleiste nach links erfolgt mit der kleinen Zange, die ich dir am Anfang genannt habe. Gehe dabei sehr vorsichtig vor und biege die Pins nicht zu oft hin und her, denn dann kann es nämlich passieren, dass dir der Pin abbricht. *Aber keine Angst!* Bei mir hat es auch geklappt und es ist kein Hexenwerk. Der Biegevorgang pro Pin erfolgt dabei in zwei Schritten. Zuerst biegst du den Pin nach links und setzt danach die Zange etwas weiter unten an und biegst ihn wieder nach rechts. Auf diese Weise erhält er wieder eine senkrechte Ausrichtung, die einfach ein wenig nach links verschoben ist. Der Pin sollte sich jetzt über einem Loch der Buchsenleiste befinden. Beginne am besten mit dem linken äußeren Pin und arbeite dich nach rechts vor.

Ein erstes Beispiel für eine Anwendung

Du könntest dich jetzt fragen, warum wir uns die ganze Mühe gemacht haben, und deswegen möchte ich dir – wie versprochen – ein erstes Beispiel für eine interessante Anwendung zeigen. Wir haben doch einen elektronischen Würfel in einem der vorangegangen Kapitel entwickelt. Es wäre doch sicherlich ein lohnendes erstes Projekt, diesen Würfel auf das *Shield* zu bannen, damit seine Funktion immer verfügbar ist und du ihn bei Bedarf schnell und ohne größeren Aufwand vorzeigen kannst. Mit der folgenden Abbildung möchte ich dich ein wenig auf den Geschmack bringen, so dass du es selbst einmal versuchst.

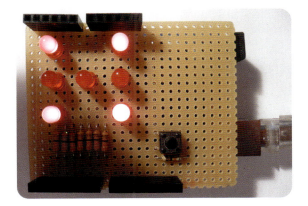

◀ **Abbildung 34-11**
Elektronischer Würfel auf einem Shield

Damit das auch alles einwandfrei funktioniert, liefere ich dir hier die notwendigen Informationen.

Benötigte Bauteile

Für dieses Beispiel benötigen wir die folgenden Bauteile:

Benötigte Bauteile	
	7 x rote LED
	7 x Widerstand 330
	1 x Widerstand 10K

Benötigte Bauteile

1 x Taster

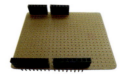

1 x Protoshield (Lochrasterplatine + stapelbare Buchsenleisten)

Sketch-Code

Den Sketch-Code kannst du natürlich aus dem Kapitel über den elektronischen Würfel übernehmen, denn schaltungstechnisch haben wir nichts verändert.

Shieldkonstruktion

Die Shieldkonstruktion habe ich mit der CAD-Software *Target 3001!* durchgeführt. Falls du dich dazu entschließen solltest, die Schaltung nicht auf einer Lochrasterplatine, sondern auf einer eigens dafür hergestellten Platine aufzubauen, dann findest du auf meiner Internetseite die notwendigen Dateien mit Schaltplan und Layout. Platinen können auf die unterschiedlichsten Weisen hergestellt werden. Du kannst sie z.B. ätzen oder auch eine Isolationsfräse verwenden. Weitere Informationen findest du ebenfalls auf meiner Internetseite.

Abbildung 34-12 ▶
Platinenansicht des elektronischen Würfels mit Blick auf die Bauteilseite

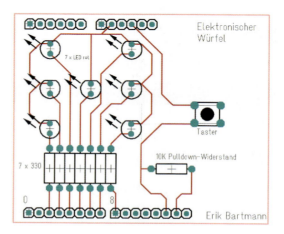

Diese Abbildung zeigt das *Shield* mit Blick auf die Oberseite, auf der sich die Bauteile befinden werden. Die Leiterbahnen befinden sich natürlich auf der Unterseite, und wenn du die Platine umdrehst, dann hast du natürlich eine gespiegelte Ansicht der Bauteilseite.

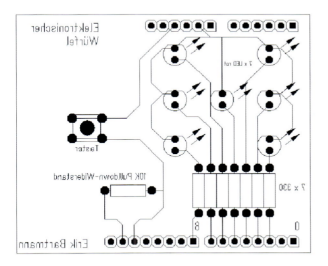

◀ **Abbildung 34-13**
Platinenansicht des elektronischen Würfels mit Blick auf die Unterseite

Werfen wir jetzt zum Schluss noch einen Blick auf die Unterseite des fertigen Boards, damit du den Verlauf der gelöteten Leiterbahnen erkennen kannst.

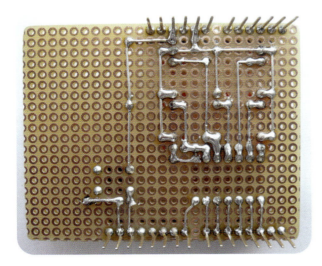

◀ **Abbildung 34-14**
Gelötete Leiterbahnen des elektronischen Würfels

Ein erstes Beispiel für eine Anwendung

Falls du genauere Informationen zum Löten benötigst, besuche meine Internetseite.

▶▶ Das könnte für dich wichtig sein

Wenn du vorhast, eine ganze Reihe solcher *Shields* mit den unterschiedlichsten Schaltungen zu bauen und du nicht immer eine Pinreihe der Buchsenleiste zurechtbiegen möchtest, dann kannst du auch einmalig ein Shield als quasi *Adapterplatine* herstellen. Darauf steckst du dann die *Shields*, bei denen natürlich der Lochrasterabstand *2,54mm* beträgt. Auf diese Weise kannst du dir das ständige Biegen der einzelnen Pins ersparen.

Die Anordnung der einzelnen Komponenten wäre dann die in der folgenden Abbildung dargestellte:

Abbildung 34-15 ▶
Arduino-Board + Adapterplatine + Shield

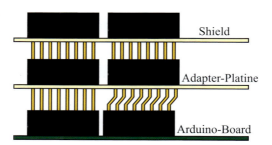

Alles hat seine Vor- und Nachteile, und für welche Variante du dich entscheidest, bleibt ganz allein dir überlassen. Hauptsache, du hast Spaß am Experimentieren und findest deinen eigenen Weg.

▶▶ Das könnte für dich wichtig sein

Falls du nicht mehrere Shields übereinander stapeln möchtest, kannst du auch – außer bei der Adapterplatine – auf die stapelbaren Buchsenleisten verzichten. Es gibt spezielle Stiftleisten mit überlangen Pins (ca. *13mm*) auf einer Seite.

Diese kannst du natürlich ebenfalls verwenden, so dass es u.U. etwas kostengünstiger wird.

Befehls-Referenz

Anhang A

Scope

In diesem Kapitel gebe ich einen groben Überblick über die verwendeten Befehle. Wenn du dir detaillierte Informationen einholen möchtest, dann schaue auf der Arduino-Internetseite *http://www.arduino.cc/en/Reference/HomePage* nach. Dort findest du auch Befehle bzw. Informationen, die ich aus Platzgründen in diesem Buch nicht aufnehmen konnte.

Wer macht was?

Sketch-Struktur

Die Struktur eines Arduino-Sketches muss zwingend die beiden folgenden Funktionen aufweisen.

setup

Die *setup*-Funktion wird beim Start des Sketches einmalig ausgeführt und in der Regel dazu verwendet, Programmteile wie z.B. Variablen zu initialisieren, d.h. mit Anfangswerten zu versehen. Ebenso werden z.B. die digitalen Pins an dieser Stelle über *pinMode* so programmiert, dass sie entweder als Ein- oder Ausgänge arbeiten.

loop

Die *loop*-Funktion lässt sich – wie der Name bereits vermuten lässt – mit einer Schleife vergleichen, die endlos durchlaufen wird. Sie ist quasi die treibende Kraft jedes Sketches und enthält alle notwendigen Befehle, wie z.B. das kontinuierliche Abfragen von Pins, um ggf. auf Einflüsse von außen reagieren zu können.

Kontrollstrukturen

Kontrollstrukturen ermöglichen dir, den Ablauf deines Sketches zu beeinflussen, und sie reagieren auf formulierte Bedingungen: Wenn dies oder das zutrifft, dann tue jenes.

if

Die *if*-Anweisung ist ein würdiger Vertreter dieser Kategorie. Die Syntax lautet wie folgt:

```
if(<Bedingung>)
    // dann führe diese Zeile aus
```

Sollen mehrere Befehle ausgeführt werden, dann müssen diese über eine Blockbildung mittels eines geschweiften Klammernpaares gruppiert bzw. zusammengefasst werden.

```
if(<Bedingung>){
    // führe diese Zeile aus
    // und auch diese, usw.
}
```

Wird die formulierte Bedingung als *wahr* bewertet, dann kommt es zur Ausführung des nachfolgenden Befehls bzw. die nachfolgenden Befehle.

if- else

Eine Erweiterung der *if*-Anweisung ist die *if-else*-Anweisung. Wird die formulierte Bedingung nicht als *wahr* bewertet, dann kommt der *else*-Zweig zur Ausführung.

```
if(<Bedingung>)
    // wenn wahr, dann führe diese Zeile aus
else
    // wenn nicht wahr, dann führe diese Zeile aus
```

Auch hier kann die gezeigte Blockbildung von Befehlssequenzen angewendet werden.

switch-case

Das *switch-case* Konstrukt wird meistens dann verwendet, wenn für eine formulierte Bedingung bestimmte Ergebnissequenzen bekannt sind. Zwar käme hier auch eine *if*-Anweisung in Betracht, doch die *switch-case* Variante ist diesbezüglich als die elegantere Variante anzusehen.

```
switch(<Bedingung>){
  case label:
    // Befehle
    break;
  case label:
    // Befehle
    break;
  default:
    // Befehle
}
```

Die mit dem Doppelpunkt markierten Namen sind sogenannte *Sprungmarken*, mit denen gekennzeichnet wird, wo die Ausführung in Abhängigkeit von der formulierten Bedingung fortgeführt wird. Die *break*-Anweisung stellt eine Unterbrechung in der Ausführung dar. Die *default*-Sprungmarke ist optional und wird immer dann angesprungen, wenn keine der vorher definierten Sprungmarken greift. Sie ist im weitesten Sinne vergleichbar mit dem *else*-Zweig in einem *if-else*-Konstrukt.

Schleifen

Schleifen dienen in der Programmierung dazu, bestimmte Anweisungen immer und immer wieder auszuführen. Die *loop*-Funktion gehört z.B. zu dieser Kategorie. Natürlich können wir eigene Schleifen programmieren.

for

Die *for*-Schleife kommt immer dann zum Einsatz, wenn beim Eintritt in die Schleife bekannt ist, wie oft sie durchlaufen werden soll.

```
for(<Initialisierung>; <Bedingung>; <Update>)
    <BefehlXYZ>; // Diese Zeile wird über die for-Schleife kontrolliert
```

Die im Schleifenkopf genannten Punkte haben folgende Bedeutung:

- Initialisierung – Festlegung des Startwertes für die Schleife
- Bedingung – Anzahl der *Iterationen* (Anzahl der Wiederholungen)
- Update – Anpassung der in der Initialisierung genannten Variablen

Hier ein Beispiel:

```
for(int i = 0; i < 10; i++)
    Serial.println(i); // Ich werde 10 x ausgeführt
```

while

Die *while*-Schleife hat im Gegensatz zur *for*-Schleife lediglich eine formulierte Bedingung im Schleifenkopf. Das bedeutet zwingend, dass z.B. die in der Bedingung benannte Variable inhaltlich im Schleifenkörper verändert werden muss, da wir es sonst ggf. mit einer Endlosschleife zu tun haben.

```
while(<Bedingung>){
    <BefehlXYZ>; // Diese Zeile wird über die while-Schleife kontrolliert
    <Update>;    // Sehr wichtig, da es sonst ggf. zur Endlosschleife kommt
}
```

Dieser Schleifentyp kommt meistens dann zum Einsatz, wenn zu Beginn der Schleifenausführung nicht eindeutig klar ist, wie oft die Schleife durchlaufen werden soll.

break

Hinsichtlich der genannten *for*- bzw. *while*-Schleifen, die ihre Durchläufe solange ausführen, wie es die formulierte Bedingung zulässt, gibt es noch ein *Notausstieg*, wie ich es einmal nennen möchte. Über die *break*-Anweisung kann eine Schleife vorzeitig verlassen werden, wobei die Sketch-Ausführung an *der* Stelle fortgeführt wird, die unmittelbar auf die Schleife folgt, also dort, wo es nach dem *normalem* Schleifendurchlauf auch weiter gehen würde. Hier ein Beispiel:

```
for(i = 0; i < 10; i ++){
    if(i > 5) // vorzeitiger Ausstieg aus der for-Schleife, wenn i > 5
        break;
    Serial.println(i);
}
```

Wichtige Konstanten

Bei der Programmierung eines Sketches kommst du immer wieder mit sogenannten *Konstanten* in Berührung. Diese verfügen über für uns menschliche Wesen recht verständliche Namen, hinter denen sich aber irgendwelche ominösen Werte verbergen.

INPUT

Die Konstante *INPUT* wird bei der Programmierung der digitalen Pins verwendet, wenn es darum geht, die Datenflussrichtung festzulegen. Soll ein digitaler Pin als *Eingang* arbeiten, dann wird über den *pinMode*-Befehl, auf den ich noch später in dieser Befehls-Referenz zu sprechen kommen werde, diese Konstante als ein weiteres Argument übergeben. Die folgende Befehlszeile konfiguriert Pin *13* als Eingang:

```
pinMode(13, INPUT);
```

OUTPUT

Die Konstante *OUTPUT* wird ebenfalls bei der Programmierung der digitalen Pins verwendet, wenn es darum geht, einen digitalen Pin als *Ausgang zu definieren*. Die folgende Befehlszeile konfiguriert Pin *13* als Ausgang:

```
pinMode(13, OUTPUT);
```

HIGH

Die Konstante *HIGH* wird z.B. beim Setzen eines digitalen Ausgangs auf *HIGH*-Pegel verwendet. Die folgende Befehlszeile setzt Pin *8* auf *HIGH*-Pegel:

```
digitalWrite(8, HIGH);
```

LOW

Die Konstante *LOW* wird z.B. beim Setzen eines digitalen Ausgangs auf *LOW*-Pegel verwendet. Die folgende Befehlszeile setzt Pin *8* auf *LOW*-Pegel:

```
digitalWrite(8, LOW);
```

true

Die Konstante *true* kommt z.B. bei Kontrollstrukturen innerhalb von Bedingungen zum Einsatz:

```
if(a == true)...
```

Wenn die boolesche Variable *a* den Wahrheitswert *true* aufweist, wird *der* Befehl, der der *if*-Anweisung folgt, ausgeführt.

Wer macht was?

false

Die Konstante *false* kommt z.B. bei Kontrollstrukturen innerhalb von Bedingungen zum Einsatz:

```
if(a == false)...
```

Wenn die boolesche Variable *a* den Wahrheitswert *false* aufweist, wird *der* Befehl, der der *if*-Anweisung folgt, ausgeführt.

Funktionen

Funktionen werden im Sprachgebrauch der Programmierer teilweise auch als *Befehle* bezeichnet.

Befehle der digitalen Pins

pinMode

Über den *pinMode*-Befehl wird ein digitaler Pin so programmiert, dass er entweder als Eingang oder als Ausgang arbeitet. Es werden dabei die bereits in dieser Befehlsreferenz angesprochenen Konstanten *INPUT* bzw. *OUTPUT* verwendet.

digitalWrite

Über den *digitalWrite*-Befehl wird zum einen der Ausgangspegel eines digitalen Pins beeinflusst, der mit *OUTPUT* als Ausgang programmiert wurde. Es kommen die in dieser Befehlsreferenz schon angesprochenen Konstanten *HIGH* bzw. *LOW* zum Einsatz. Zum anderen kann an einem digitalen Pin, der über *INPUT* als Eingang programmiert wurde, der interne *Pullup*-Widerstand aktiviert werden.

digitalRead

Mittels des *digitalRead*-Befehls kann der Pegel (*HIGH* bzw. *LOW*) eines digitalen Pins abgefragt werden. Die folgende Befehlszeile liest den Wert des Pins mit der Bezeichnung *inputPin* ein und speichert das Ergebnis in der Variablen *digValue* ab:

```
digValue = digitalRead(inputPin);
```

Befehle der analogen Pins

analogRead

Über den *analogRead*-Befehl wird ein *analoger* Eingang abgefragt, wobei ein Wert von *0* bis *1023* zurückgeliefert wird. Dieser Wertebereich beruht auf der *10-Bit*-Auflösung des analog/digital-Wandlers. Die folgende Befehlszeile liest den analogen Wert des Pins mit der Bezeichnung *inputPin* ein und speichert ihn in der Variablen *anValue* ab:

```
anValue = analogRead(inputPin);
```

analogWrite

Über den *analogWrite*-Befehl wird ein *digitaler* Ausgang, der mit PWM (**P**ulse-**W**eiten-**M**odulation) arbeitet, beeinflusst. Es handelt sich dabei nicht um ein echtes analoges Signal, sondern ein digitales Signal mit einem bestimmten *Puls-Pausen-Verhältnis*. Schaue dazu in das Kapitel über *PWM*.

Zeitgemäße Befehle

Es gibt einige Funktionen, die eine zeitliche Komponente beinhalten.

delay

Der *delay*-Befehl dient zur Unterbrechung der Sketch-Ausführung für den angegebenen Zeitraum, wobei der übergebene Wert als Angabe in *Millisekunden* interpretiert wird. Die folgende Befehlszeile bewirkt eine Unterbrechung für 3 Sekunden:

```
delay(3000);
```

delayMicroseconds

Falls der *delay*-Befehl aufgrund seiner Spezifikation hinsichtlich der Interpretation des Wertes als Angabe in Millisekunden *zu grob* ist, kann der *delayMicroseconds*-Befehl verwendet werden. Die Sketch-Ausführung wird für den angegeben Zeitraum unterbrochen, wobei der Wert in Mikrosekunden interpretiert wird. Die folgende Befehlszeile bewirkt eine Unterbrechung für *100* Mikrosekunden:

```
delayMicroseconds(100);
```

millis

Der *millis*-Befehl liefert einen Wert zurück, der die Zeit, die seit Sketchstart vergangen ist, in *Millisekunden* angibt. Es ist zu beachten, dass dieser Wert nach ca. *50* Tagen eine Größe erreicht hat, der dazu führt, dass die zur Speicherung verwendete Variable *überläuft* und die Zählung wieder bei *0* beginnt.

Zufallswerte

random

Über den *random*-Befehl können Pseudo-Zufallswerte erzeugt werden.

```
random(10);      // Generierung von Zufallszahlen von 0 bis 9
random(10, 20);  // Generierung von Zufallszahlen von 10 bis 19
```

Es ist zu beachten, dass der angegebene Maximalwert immer *exklusive* ist.

randomSeed

Über den *randomSeed*-Befehl wird die Initialisierung der Zufallszahlengenerierung neu gestartet. Auf diese Weise werden nicht immer die gleichen Zufallszahlen erzeugt.

```
randomSeed(analogRead(0));
```

Es wird der unbenutzte und offene analoge Eingang *Pin 0* verwendet, der nicht vorhersehbare Werte an *randomSeed* liefert.

Die serielle Schnittstelle

Hinsichtlich der seriellen Schnittstelle, die über das *Serial*-Objekt angesprochen wird, stehen unterschiedliche *Methoden* zur Verfügung.

begin

Die *begin*-Methode initialisiert das *Serial*-Objekt mit der gewünschten Übertragungsrate.

```
Serial.begin(9600); // Übertragungsrate von 9600 Baud
```

print

Die *print*-Methode versendet eine Nachricht an die serielle Schnittstelle, einmal ohne und einmal mit Zeilenvorschub:

```
Serial.print("Hier spricht Arduino!!!");    // ohne Zeilenvorschub
Serial.println("Hier spricht Arduino!!!");  // mit Zeilenvorschub
```

available

Die *available*-Methode überprüft, ob bei der seriellen Schnittstelle Daten zum Abholen bereitliegen.

```
if(Serial.available() > 0) {...}
```

read

Die *read*-Methode liest Daten von der seriellen Schnittstelle.

```
data = Serial.read();
```

Präprozessor-Direktiven

Wir haben in unseren Sketches zwei *Präprozessor-Direktiven* verwendet, die den Compiler zu einem bestimmtem Verhalten zwingt.

#include

Die *include*-Direktive veranlasst den Compiler, die angegebene Library mit in den aktuellen Sketch einzubinden. Da es sich um eine *Direktive* handelt, wird die Zeile nicht mit einem Semikolon abgeschlossen. Beispiel:

```
#include <Stepper.h>
```

#define

Über die *define*-Direktive können Konstanten mit einem Namen versehen werden. Der Compiler ersetzt beim Kompilieren innerhalb des gesamten Sketches den Namen durch die angegebene Definition. Da es sich um eine *Direktive* handelt, wird die Zeile nicht mit einem Semikolon abgeschlossen. Beispiel:

```
#define ledPin 8
```

Wo bekomme ich was?

Anhang B

Bezugsquellen

Natürlich ist es gerade am Anfang sehr wichtig, den einen oder anderen Hinweis zu erhalten, wo ich bestimmte Hardware bzw. Software beziehen kann. Deswegen möchte ich an dieser Stelle eine Liste mit Bezugsquellen zur Verfügung stellen, wobei die Reihenfolge rein willkürlich ist. Außerdem kann ich natürlich aufgrund der Vielzahl der Anbieter nur eine kleine Anzahl nennen.

Hardware

Arduino-Equipment (Inland)

www.komputer.de

www.tinkersoup.de

www.watterott.com

www.lipoly.de/arduino

Arduino-Equipment (Ausland)

www.sparkfun.com

www.seeedstudio.com

http://store.arduino.cc/eu/index.php?main_page=index

www.robotshop.com

www.adafruit.com

www.makershed.com

Elektronik-Bauteile

www.pollin.de

www.reichelt.de

www.conrad.de

www.voelkner.de

www.sander-electronic.de

www.segor.de

Software

www.arduino.cc

http://fritzing.org/

http://kicad.sourceforge.net/

Index

Symbole

\# 275
\#define 671
\#include 671
% (Modulo-Operator) 310
%-Operator 214, 310
& (UND-Operator) 286
++-Operator 227
+-Operator 486
. (Punktoperator) 230
==-Operator 185
=-Operator 184
>> (Shift-Operator) 260
?(Bedingungsoperator) 287
\ (Backslash) 468

A

A/D-Wandler 160
Abbruchbedingung 146
Abisolierzange 119, 123
Absolutfunktion 516
adafruit 673
Adapterplatine 662
Aktive Bauelemente 61
Algorithmus 133
Alphanumerische Anzeige 471
Ampelschaltung 271
Analog 40
Analog/Digital-Wandler 160
analoge Ausgänge 162
analoge Eingänge 159
analoger Port 159
analoges Signal 160
analogRead 350, 668

Analog-Tracker 577
analogWrite 669
AND (Operator) 262
Android 613
Android Software Development Kit 611
Android-Smartphone 607
Anode 75, 176
Anschlüsse 78
App 608, 615
App-Inventor 615
Application Programming Interface (API) 317
Arbeitsspeicher 3
ArduBot 521, 613
    ferngesteuert 613
ArduBotBT 615
Arduino
    API 316
    Befehls-Referenz 663
    Board 12
    Entwicklungsumgebung 27
    Library 316
    programmieren 22
    Programmierung 157
    serielle Schnittstelle 167
    Sketch 35, 133
Arduino Uno 12
Arduino-Board
    +-Pol 513
Arduino-Control 582
Arduino-Talker 581
Argumente
    Reihenfolge 288
Array
    eindimensional 297
    zweidimensional 297

Array-Variable 232
AT (Befehl) 598
ATmega 328 12
Atome 535
attach 381
Aufzählung 530
Ausführungsblock 154
Ausgabeport 17
Ausgang 43, 173
available 670

B

Backslash 468
Baudrate 598
Bauplan 325
Bauteile XIV
Bedingungsoperator 287
Befehl 45
begin 670
Betragsfunktion 516
Betriebsspannung 16
Bibliothek 216
Bibliotheken
    programmieren 315
BIN 261
binäres System 250
Bitmanipulation 258
Black-Box 40
Blockbildung 233
Bluetooth 593, 607, 613
Bluetooth-Adapter 595, 600
Bluetooth-Shield 595, 614
Bounce 217
Bounce-Library 216
Breadboard
    siehe Steckbrett 115
break 346, 666
byte 405

C

C# 2010 Express-Edition 581
Carriage Return 587
Cast-Operator 500
CD/DVD-ROM-Laufwerk 514
Coderedundanz 243
Combi-Tracker 577
Compiler 217
COM-Port 595
conrad 674

const 545
Container 321
CPU 3, 4
CR (Carriage Return) 569

D

Darlington-Leistungstransistor 541
Data Monitoring 567
Daten 134
Datenbus 5
Datenerfassung 567
Datenspeicher 3
Datenstrom 584
Datentypen 136
Datenübertragungsrichtung 178
Datenverarbeitung 135
DDR 648
Debugging 167
Deklaration 172
Deklarierung 153
delay 174, 434, 669
delayMicroseconds 669
Designtime 17
Dezimalpunkt 400
Dielektrikum 68
Digital 40
Digital-Analog-Converter (DAC) 640
digitale Ausgänge 158
digitale Eingänge 157
digitaler Port 157
digitalRead 668
digitalWrite 172, 668
Diode 74
Distanzhülsen 349
Doppeltes Anführungszeichen 468
Dot-Matrix 472
Drahtgitter 442

E

Eclipse 611
Editor 33
Einerkomplementbildung 139
Eingang 42, 157, 183
Einstiegspunkte 155
Elektronenfluss 50
Elektronik 49
elektronischer Würfel 293
Elementnamen 628
Empfänger 570

EN (siehe Enable) 512
Enable 512
Entlötpumpe 130
Entwicklungsumgebung
    Arduino 23
enum 530
Enumeration 530
EPROM 490, 492
Equipment 121
Escape-Sequenz 468
Ethernet 623
Ethernet-Shield 623
EVA 135
EVA (Eingabe, Verarbeitung, Ausgabe) Prinzip 18

F

false 668
Feldvariablen 321
Festwiderstand 61
Feuerzeug 119
Finite State Machine 271
Floppy-Laufwerk 510
Flussdiagramm 145
Folien-KeyPad 440
for 665
for-Schleife 145, 226
Frame 569
Freilaufdiode 111, 513, 541
Freischaum 340
Fritzing 190
fritzing 674
FTDI-Chip 597
Funk-Kommunikation 593
Funkortung 388
Funktion 152
Funktionen 668
Funktionsrumpf 243
Funktionssignatur 241
Fußgesteuerte Schleife 147

G

Gateway 625
Gerätemanager 602
geschlossene Stromkreise 57
Gleichheitsoperator 185
Gleichstrom 16, 54
globale Variable 172
Grenzwert 461
Grundschaltungen 97

H

Halbleiter 55, 78
Halbleiterelement 78
Hartpapier 113
H-Bridge 523
Header-Datei 324
Hertz 553
HIGH 667
HIGH-Pegel 41
Hochsprache 20
H-Schaltung 523
Hysterese 545
Hz
    siehe Hertz 553

I

I2C 489
IC-Ausziehwerkzeug 124
IDE (Integrated Development Environment) 22
if 664
if- else 664
if-Anweisung 184
if-else-Abfrage 184
Impulsdauer 178
Index 232
Initialisierung 153, 172
    hart verdrahtete 449
INPUT 42, 667
Input-Shield 568
Instanziierung 325
int 447
Integrated Circuit 1
integrierter Schaltkreis 82
Interface 39
Interrupt 7
interval 201
Intervalsteuerung 202
IP-Adresse 624
Isolatoren 55
ITead Studio 607

J

Java 21, 611

K

Kapselung 317, 322
Kathode 75, 176
Kaufmanns-Und (&) 262

KeyPad 439
Klammernpaar 233
Klasse 320
    Member 321
    Mitglieder 321
Klassendefinition 325
Kommentar 151
Kommunikation
    drahtlose 593
    unidirektional 360
Kommunikationswege 17
komputer 673
Kondensator 68
Kondensatorschaltungen 105
Konstante 275
Konstanten 172, 666
Konstruktor 448
Kontrollstrukturen 148, 664
Kugelrotation 345

L

Ladung 50
Ladungsmangel 53
Ladungsunterschied 53
Laufvariable 145, 227, 232, 233
Laufzeitfehler 47
LCD-Anzeige 471
LDR 65
Least-Significant-Bit (LSB) 251
LED 170
    Anode 176
    Kathode 176
    Kette 219
    Pegeländerung 211
ledStatus 201, 203
Lego 521
Leiter 55
Leitwert 55
Leuchtdiode 84
LF (Line Feed) 569
Library 216, 316
Lichtradar 387
Lichtsensoren 353
Light Dependent Resistor (LDR) 353
lipoly 673
Liquid Cristal Display (LCD) 471
LiquidCrystal 477
Lochrasterplatine 114, 656
logische Fehler 46
logische Zustände 397

logisches Verschieben 260
lokale Variable 226, 289
loop 175
loop-Funktion 154
Lötkolben 119, 130
Lötzinn 119, 130
LOW 667
LOW-Pegel 40
LSB 408

M

Mac 133
MAC-Adresse 625
Magic-Numbers 562
makershed 673
map 352
mapping 351
Maske 262
Masse 177
Master 491
Matrix 440
MAX7221 422
Messgenauigkeit 161
Methode
    Rückgabetyp 327
Methoden 230
Methodenname 325
Methoden-Signatur 325
Mikrocontroller 1
millis 201, 434, 669
Millisekunden 201
Miniroulette 339
Most-Significant-Bit (MSB) 251
Motor 88
    Drehrichtung 523
Motor-Shield 614
MSB 407
Multimeter 125
Multiplexing 412, 441

N

Netzwerk 621
Netzwerk-Kommunikation 621
Netzwerkmaske 624
Neutronen 535
noTone 555
NOT-Operator 266
Not-Operator 204
NOT-Operator (Ausrufezeichen) 430
NPN 81

O

Objekt
    Eigenschaften 230
    Methode 230
    Verhalten 230
Objektorientierte Programmierung 230, 318
ODER-Operator 268
Ohmsches Gesetz 56, 188
Onboard-LED 171
OOP
    siehe Objektorientierte Programmierung 230, 318
Operatoren
    bitweise 260
Oszilloskop 126
OUTPUT 43, 158, 667

P

Parallelschaltung 98, 100
Parameter 155
Parameterliste 325
Pascal 320
Passive Bauelemente 60
Payload 614
PC 133
Periodendauer 178
Pertinax 113
Physical Computing X
Piezo 551
Piezo-Element 96
ping-Befehl 636
pinMode 158, 172, 668
Pinnummer 157
Pins 1
PL15S-020 513
Platine 113, 656
PNP 81
PNP-Transistor 420
pollin 674
Pollin Electronic 514
Portdefinition 631
Porterweiterung 235, 255
Port-Expander 422
Portkommunikation 39
Portregister 645
Potentiometer 64, 568
Power-Jack 15
Präprozessoranweisung 217
Präprozessordirektive 274

Präprozessor-Direktiven 671
Prellen 209
prev 201
print 670
private 324
Processing 167, 567
Programm 133
Programmierparadigma 318
Programmiersprachen 19
Protokoll 568
Protonen 535
Protoshield 653
prozeduralen Programmierung 320
Prozeduren 320
Pseudozufallszahl 347
PTC 67
public 322
Pull-Down-Widerstand 186
Pullen 195
Pullup-Widerstand 193
Pulsbreite 378
Pulse-Width-Modulation 162
Pulsweitenmodulation 377
Punktoperator 230, 336
PuTTY 595
PWM 162

R

R2R-Netzwerk 644
Radar 388
random 233, 670
randomSeed 670
RC-Glied 216
read 671
Reaktionstester 423
Register 646
reichelt 674
Reichweite 594
Reihenschaltung 98
Relais 81, 87
Release Notes 22
Rendern 635
Richtungsdetektor 367
Roboterfahrzeug 522
robotshop 673
Roulette 339
Roulettespiel 339
Rückgabetyp 325
Runtime 17

S

sander-electronic 674
Schablone 262, 325
Schalter 85
Schaltlitze 118
Schieberegister 236
Schleife
    verschachtelte 299
Schleifen 143, 665
    kopfgesteuerte 144
Schleifenfuß 147
Schleifenkopf 226
Schnittstelle 39, 317
    seriell 670
Schnittstellen 318
Schrägstrich 629
Schraubendreher 123
Schrittmotor 90, 509
    bipolarer 511
Schutzdiode 513
SD-Card 623
seeedstudio 673
segor 674
Seitenschneider 119
Semikolon 564
Sender 570
Serial Clock Line 491
Serial Data Line 491
Serial Monitor 167, 312
Serial Peripheral Interface 422
Serial-Monitor 444
serielle Schnittstelle 167
Servo 93, 377
    Ansteuerung eines 377
    Pulsbreite 378
setup-Funktion 154
Shield 653
    Eigenbau 654
Shieldbau 653
Shift-Operator 260
Siebensegmentanzeige 397
Signalkopplung 70
Signalleitung 205
Signatur 325
sizeof 554
Sketch
    Struktur 663
Slave 491
Sound 551
Spannung 52
Spannungsabfall 99

Spannungsteiler 102, 356
Spannungsverhalten
    temperaturproportionales 537
Spannungsversorgung 16
sparkfun 673
Speicherbereiche 5
SPI (Serial Peripheral Interface) 422
Standardkonstruktor 327
Statemachine 271
Steckbrett 115
Steckbrücken 118
Stepper 518
Stream 584
Strom 51
Stromversorgung 15, 127
Supraleitung 55
Switch 622
switch-case 664
symbolische Namen 275
syntaktische Fehler 46

T

Taktgeber 3
Tastatur 440
Taster 86
    prellen 210
Tasterabfrage 199
tasterWert 213
Tastgrad 165, 178
TCP/IP 624
threshold 461
Tilde-Zeichen (~) 18
tinkersoup 673
Toggeln 203, 210
tone 553
Transistor 78
    PNP 420
Transistorschaltungen 107
Treiber
    Symbol 512
Treiberdatei 24
Trimmer 64
true 667

U

Überladung 327
Überlauf 201
Übertragungsprotokoll 568
    Ende-Kennung 569
    Start-Kennung 569

Übertragungsrate 598
Ubuntu 25
Umlenkrolle 520
UND-Operator 267
UND-Operator (&) 286
unsigned long 203
Unterprogramm 241
Update 227
Update-Ausdruck 227
USB-Port 17

V

Validierung 323
Variable
    Lebensdauer 289
    lokale 289
    vorzeichenlos 447
Variablen 135
    Update 227
Variablendeklaration 544
Verdrahtung
    fliegende 481
Verhaltensregeln XV
Versorgungsspannung 196
Verstärker 78
voelkner 674
Volt 53
Vorwiderstand 177, 188

W

watterott 673
Web-Browser 627
Web-Server 627
Wechselstrom 54
while 666
while-Schleife 146
Widerstand 55
Widerstands-Biegelehre 128
Widerstandsleiter 640
Widerstandsregler 458
Widerstandsschaltungen 97
Widerstandsverhältnisse 640
Wiederverwendbarkeit 318
Windows 7 23
Wire-Library 500
WLAN 594
Wrapper 317

X

XY-Schreiber 520

Z

zaehler 212
Zahnriemen 520
Zangen 122
Zeichenketten
    konkatenieren 486
Zeilenvorschub 468
Zugriffsmodifizierer 322
Zuordnung
    siehe mapping 351
Zuweisungsoperator 172, 184, 185, 530
Zweierkomplementbildung 139

DIY & Geeks

Processing

Erik Bartmann
576 Seiten, 2010, in Farbe, 34,90 €
ISBN 978-3-89721-997-7

Processing ist eine auf Grafik, Simulation und Animation spezialisierte objektorientierte Programmiersprache, die besonders für Menschen mit wenig Programmiererfahrung geeignet ist. Deshalb eignet sie sich vor allem für Künstler, Bastler und Programmiereinsteiger. Die Sprache wurde entwickelt, um mit relativ wenig Aufwand zu beeindruckenden Ergebnissen zu kommen. *Processing* führt den Leser zügig in die Programmier-Essentials ein und geht dann unmittelbar zur Programmierung grafisch anspruchsvoller Anwendungen über. Spielerisch wird dem Leser die 2D- und 3D-Programmierung, Textrendering, die Bildbearbeitung und sogar die Videomanipulation nahe gebracht. Das Buch ist durchgängig vierfarbig mit zahlreichen Illustrationen und erläuternden Farbfotos.

Make Thing Move

Dustyn Roberts, 360 Seiten, 2011, 29,90 €
ISBN 978-3-86899-139-0

Dieses Buch richtet sich an all jene, die keine formale Ingenieurausbildung besitzen, aber trotzdem Dinge bauen möchten, die sich bewegen. In diesem Buch werden Sie lernen, wie man erfolgreich Bewegungsmechanismen baut. Dazu nutzt die Autorin nichttechnische Erklärungen, Beispiele und faszinierende Do-it-yourself (DIY)-Projekte. Dustyn Roberts behandelt ein breites Themenspektrum, vom Anschluss von Kupplungen und Spindeln an Motoren bis hin zur Umwandlung von rotierender in lineare Bewegung. Sie werden mit Fotografien, Zeichnungen, Schaubildern und Darstellungen von 3D-Modellen durch die einzelnen Kapitel geführt.

Make: Elektronik

Charles Platt, 340 Seiten, 2010, 34,90 €
ISBN 978-3-89721-601-3

Ganz geschmeidig die Grundlagen der Elektronik lernen? Auch noch Spaß dabei haben? Und direkt richtige Elektronikprojekte realisieren? Das soll nicht gehen? Doch! *Make: Elektronik* startet mit den Basics und geht dann zügig über in komplexe DIY-Projekte. Die Projekte reichen von einer elektronischen Einbruchssicherung über einen Reaktionszeitmesser bis hin zum Bau eines Selbstlenkfahrzeugs, das seine Umgebung wahrnehmen und darauf reagieren kann. Detaillierte Schritt-für-Schritt-Bauanleitungen, über 500 farbige Fotos und Abbildungen und unzählige Themeninseln zu allen relevanten Elektronik-Grundlagenthemen machen *Make: Elektronik* zu einem Ausnahmebuch. Jeder Bastler, jeder Künstler und jeder Geek, der schon immer tiefer in die Materie vordringen wollte, wird dieses Buch nicht mehr aus der Hand legen, bis auch das letzte Projekt realisiert ist.

Visionäre der Programmierung: Die Sprachen und ihre Schöpfer

Federico Biancuzzi & Shane Warden
504 Seiten, 2009, 34,90 €
ISBN 978-3-89721-934-2

Java, Lua, Perl: In diesem Buch werden die Entwickler der bekanntesten Programmiersprachen der Welt interviewt. Der Leser erfährt dadurch detaillierte Hintergrundinformationen über die Entstehungsgeschichte der Sprachen, was die Ausgangssituation war und wieso bestimmte Designentscheidungen getroffen wurden. Die Interviewsammlung erlaubt einen tiefen Einblick in die Entstehung einer Programmiersprache, wie er bisher noch nie möglich war. Die klugen Interviewer beleuchten mit ihren Fragen sowohl den programmiertechnischen wie auch den zeitgeschichtlichen Hintergrund. Dadurch wird *Visionäre der Programmierung: Die Sprachen und ihre Schöpfer* zu einem einzigartigen Lesebuch.

Sieben Wochen, sieben Sprachen

Bruce A. Tate
360 Seiten, 2011, 34,90 €
ISBN 978-3-89721-322-7

Ruby – Io – Prolog – Scala – Erlang – Closure – Haskell: Mit diesen sieben Programmiersprachen verstehen Sie die wichtigsten Programmiermodelle unserer Zeit. Übertragen Sie das Konzept einer Sprache, um kreative Lösungen für eine andere Programmiersprache zu finden. Mit *Sieben Wochen, sieben Sprachen* lernen Sie nicht nur neue Sprachen, sondern verstehen auch, welcher Programmieransatz für welches reale Problem am besten geeignet ist. Von der Skriptsprache über die objektorientierte Programmierung bis hin zur funktionalen Programmiersprache – alles in einem Buch.

Der Geek-Atlas

John Graham-Cumming
592 Seiten, 2009, 24,90 €
ISBN 978-3-89721-933-5

Der Geek-Atlas listet 128 Orte auf der gesamten Welt auf, wo Wissenschaft, Mathematik oder Technik erlebt werden kann. Jeder Ort wird in einem eigenen Kapitel beschrieben und darüber hinaus wird ein technisches oder wissenschaftliches Thema behandelt, das mit diesem Ort in Verbindung steht. Ob als informatives Reisebuch oder zur Inspiration für den nächsten oder übernächsten Urlaub: *Der Geek-Atlas* ist ein einzigartiges Buch, das in keinem Geek-Rucksack und bei keiner Urlaubsvorbereitung fehlen darf. Beschrieben werden beispielsweise Bletchley Park in England, wo die Enigma geknackt wurde, Trinity Test Site in New Mexico, wo die erste Atombombe gezündet wurde, und das Escher-Museum in Den Haag/NL.

O'REILLY®

anfragen@oreilly.de • http://www.oreilly.de • +49 (0)221-97 31 60-0